法学实践教学系列丛书

丛书主编　吴英姿

经济刑法：原理与实训

编著　杨辉忠

南京大学出版社

前　言

　　经济刑法是以经济犯罪及其刑事责任为内容的刑法规范。从总体上说,经济刑法是一种特别刑法规范,属于刑法的一部分。但经济刑法又具有自己的特定的规制对象,即经济犯罪。而经济犯罪原本属于附属刑法规范,主要是规定在特定的部门经济法规之中,因此,从这个意义上说,经济刑法是介于经济法和刑法之间的法律规范,属于边缘法规范。

　　经济犯罪,从犯罪学的意义上说,是与"街头犯罪"、"暴力犯罪"、"蓝领犯罪"相比较而存在的一种由社会上具有一定的身份的人所进行具有智能型的"白领犯罪"。尽管从刑法学的意义上说,当今的经济犯罪并非都是由具有一定身份的人实施,但经济犯罪主体的身份性仍不失为经济犯罪的一大特征,这一点从绝大多数经济犯罪的主体构成要件中可见一斑。所以说,经济犯罪,自古有之。

　　我国的1979年刑法在分则中规定了一部分经济犯罪,但由于历史所限,当时的经济犯罪在20世纪80年代以后逐渐被摒弃或者被赋予了新的法律意义。① 中国的改革开放,为中国带来了举世瞩目的经济繁荣,但是,经济犯罪,尤其是新型的经济犯罪也在呈逐年上升趋势。"这些经济犯罪不仅吞噬了社会和公民积累的巨额财富,而且也在威胁着社会正常的经济秩序乃至社会的稳定。"②

　　我国学者对经济犯罪的研究,始于1982年全国人大常委会颁布的《关于严惩严重破坏经济的罪犯的决定》,以此为肇始,大量的关于经济刑法或者经济犯罪的著作面世,使我国关于经济刑法或者经济犯罪的研究一度呈现出繁荣昌盛的局面。而且,一些法律院校相继开设了有关经济刑法和经济犯罪的本科或者研究生课程。

　　由于我国的经济犯罪研究起步较晚,所以,对于经济犯罪的具体含义和具体范围,学术界和司法界争论不已,可谓众说纷纭,莫衷一是。而且,多数学者均将经济犯罪放在经济刑法里面,作为经济刑法的一部分,沿用传统的刑法学的理论研究体系进行研究,这势必分散对于经济犯罪理论的专门的深入研究,尤其是关于经济犯罪之总论原理的研究。本书就是为了弥补这一缺憾,特将经济犯罪的理论从经济刑法的总体框架中撷拾出来,进行专门地研究。

　　经济刑法的研究,一般来说分为两大部分,即经济刑法的总论部分和经济刑法的分

---

　　① 1979年刑法被认为是我国高度计划经济下的刑法,经济犯罪带有浓厚的计划经济色彩,如投机倒把罪。
　　② 孙国祥、魏昌东著:《经济刑法研究》,法律出版社2005年9月版,第1页。

论部分。

在经济刑法的总论部分,本书将对经济刑法的概念和特征、经济刑法的基本原则、经济刑法的立法及其解释等问题进行基础性研究。而后,又将经济犯罪的概念和特征、经济犯罪构成的四大要件(主体要件、主观方面要件、客观方面要件、客体要件)、经济犯罪的停止形态、共犯形态以及罪数形态、经济犯罪的刑事责任与刑事处罚等问题分专章研究,重点探讨了上述诸问题中的需要重点探讨的问题,比如经济犯罪主体的身份问题、经济犯罪的意图与目的问题、经济犯罪的情节与犯罪数额问题、经济犯罪中的混合身份共犯问题等等。

在经济犯罪之分论部分,本书将我国 1997 年《刑法》分则第三章——破坏社会主义经济秩序罪的每个经济犯罪逐个地进行了深入地探讨。[①] 另外,本书还结合几个刑法修正案,将新增的犯罪也纳入了研究范畴。在分析各个经济犯罪的构成特征方面,尤其是经济犯罪的客观方面特征方面,本书结合并参阅了最新的立法与司法解释,赋予各经济犯罪以新的内容,对于司法实践,也有一定的参考意义。

经济犯罪,从一定的意义上说,是一种意图犯罪,是一种数额犯罪,行为人总是基于一定的目的与意图去实施破坏社会经济秩序的行为,而这些犯罪的成立又往往要求达到一定的经济数额,或是非法所得数额,或是非法经营数额,或是非法获利数额,或是致使国家和人民的合法利益遭受损失的数额。社会是不断进步的,经济是不断发展的,尤其是近 20 年来中国经济的飞速增长,往往会使某些经济犯罪的定罪数额或者量刑数额发生一定的变化,而这些变化就是由相关的立法解释或司法解释来进行的。因此,研究经济犯罪与研究传统犯罪有所不同,必须紧密联系相关的立法解释或者司法解释,本书对于经济犯罪分则的研究就恰恰体现了这一点。

本书属于南京大学法学院"法律理论与实训"丛书中的一本,所以本书还突出了经济犯罪理论与实训的特色,尤其是在经济刑法的"犯罪论"部分,包括经济犯罪的概念与特征、经济犯罪的犯罪构成(犯罪主体、主观方面、客观方面、犯罪客体)、经济犯罪的停止形态、经济犯罪的共犯形态以及经济犯罪的罪数形态等方面,作者精挑了大量的经济犯罪的现实案例,附在其中。这些案例大多来源于我国各地、各级法院审判的经典案例,有些甚至是最高人民法院作为指导性案例予以发布。为了突出实训的特色,作者对这些案例(法律文书)基本上没有删减,以完整的面貌呈给读者,这样会使读者对法院的审判结果有一个全面的了解并研究探讨。当然,对于各个案例,作者都会进行一番学理上和司法实务上的详细分析与评注,这样也会使读者对审判机关的审判结果有一个更加深入的理解。

---

① 有学者认为经济犯罪也应该包括贪污贿赂犯罪、新型的财产犯罪(职务侵占罪、挪用资金罪、挪用特定款物罪),甚至还包括环境犯罪。笔者在本书中仅探讨刑法分则第三章的破坏市场经济秩序罪,本章属于典型的经济犯罪。

不过,需要说明的是:第一,对于经济刑法的导论部分(主要包括"经济刑法的概念与特征、经济刑法的立法),作者没有附上案例并分析。第二,对于经济犯罪的刑罚论部分,作者也没有附上案例并分析。因为这两部分或者属于基础理论,或者属于刑罚的具体应用,在司法实践中争论较少,并且争论较小,所以恕不附上案例。第三,对于经济犯罪的分则部分,本书共分为八章,一百多个犯罪,由于犯罪众多,而且多发罪、常见罪不在少数,所以,如果都附上案例进行分析的话,一则篇幅过长,二则也不太现实。故而,整个经济刑法分则部分都没有附上案例并进行分析。

本书在经济犯罪论部分,与案例实训相适应,在每个理论问题论述之后,还会有一个"拓展阅读"部分。在这一部分,作者往往精选关于相关理论的经典文献的部分文字供读者阅读。不过,因为经济刑法是刑法的一个特殊组成部分,经济犯罪是刑法中犯罪的一种特殊表现,因而,作者所精选的文字往往是传统刑法理论中关于相关理论的经典论述,而不仅限于经济刑法领域。另外,在"拓展阅读"部分,作者所精选的文字往往是与本书的基本观点相反的观点,目的是让读者开阔自己的眼界,从另一方面来看问题和理解问题。

感谢南京大学法学院、南京大学法学院吴英姿副院长对本书出版的大力支持。感谢南京大学出版社编辑陆燕女士对本书出版所做的辛勤的工作。

当然,经济犯罪的体系是庞杂的,各个经济犯罪的构成要件在不同的历史时期又是不太相同的,所以,本书在研究经济犯罪的过程中,不免会出现一些疏漏或者不足之处,望广大读者多多给予批评指正,以促进作者不断地进步,作者在此表示深深地感谢。

杨辉忠

2014 年 4 月于南京大学南秀村

目　录

第 一 章

经济刑法的概念与特征

第一节　经济刑法的概念

经济刑法是关于经济犯罪及其刑事责任的规定的法律规范的总称。从严格意义上说，经济刑法迄今仍不是一个法律概念，而是学者们为了便于研究经济犯罪问题而采用的一个学理概念。[①] 什么是经济刑法？国内外尚无一个统一之概念。

一、境外关于经济刑法的概念之争鸣

关于"经济刑法"这一概念的起源尚无确切之考证，但一般认为是在20世纪初，由德国学者首先提出来的。[②] 但关于经济刑法的确切含义，境外学者一直处于不断的探索与研究之中，由于对"经济"这一概念的理解不同，境外学者对于"经济刑法"的界定主要是从广义、狭义和折中等几个角度进行的：[③]

（一）广义的经济刑法概念

经济刑法是指一切与经济活动、经济利益有关的刑法规范。申言之，所有和经济生活有关的刑法规范，都是经济刑法，它既包括传统的财产犯罪，也包括一切散见于民商法、经济法以及经济行政法规中具有刑法性质的法律规范，还包括污染环境等"公害刑法"、从事经济管理的附属刑法等。这种观点，在早期刑法文献中被称为"经济的刑法"。

（二）狭义的经济刑法概念

经济刑法是指以整体经济及整体经济中具有重要功能的部门或制度为保护客体的刑法规范。这种观点将经济刑法的面限定得很窄，经过这种限定，传统的财产犯罪与新兴的公害犯罪均被排除在经济刑法之外。因而，我们称之为"狭义的经济刑法概念"。

（三）折中的经济刑法概念

经济刑法是指以违反经济法规的经济违法行为的处罚条件及其法律后果为内容的刑事法律规范。这里所谓的经济法规，是指规定所有经济生活与经济活动的法律规范。因此，折中的经济刑法概念即认为经济刑法就是规范与管制经济交易所需货物生产、制造、分配与交

---

① 陈泽宪主编：《经济刑法新论》，群众出版社2001年版，第14页。
② 陈兴良主编：《经济刑法学》（总论），中国社科出版社1990年版，第6页。
③ 林山田著：《经济犯罪与经济刑法》，台湾三民书局1981年版，第87页以下。

1

易等活动的刑法规范。根据这种观点,经济刑法包含经济犯罪与经济违法行为,两者统称为"经济违反行为"。

除此之外,国外也有些学者从另外的角度界定经济刑法的概念,如日本学者芝原邦尔认为,经济刑法是以企业实施的违法行为及其刑事制裁作为考察对象的法律规范。[①]

广义的经济刑法概念和狭义的经济刑法概念均不足为取,前者使经济刑法的调整范围过宽,外延过分扩大,而根据逻辑学的一般原理,外延越广,内涵就越小,其区别于其他事物的特质就越少,因而将经济刑法独立出来的意义就不大,与普通刑法规范也不好区分。[②] 而狭义的经济刑法又使经济刑法的调整范围变得过于狭窄,在任何一国的刑法当中,真正直接以整体经济秩序作为刑法保护对象的刑法规范并不多。有学者从法益的角度来看待经济刑法概念的界定。该学者认为,广义的经济刑法与狭义的经济刑法之争同现代西方国家将刑法保护的客体分为所谓"国家法益"、"个人法益"和"社会法益"是密切联系的。按照广义的经济刑法的本意,经济刑法保护的客体不仅是整体社会经济秩序与经济利益,也包括个人法益;而狭义的经济刑法则将经济刑法功能集中在保护整体经济秩序上。但在多种经济成分并存并以私有制为主的西方社会,所谓"个人法益"、"社会法益"和"国家法益"的区分也是相对的。有些犯罪看似仅仅侵犯个人的经济利益,但未必不影响社会整体的经济秩序。[③]

折中的经济刑法概念认为刑法所保护的法益包括个人的和超个人的经济利益,亦即经济社会的"公益"和消费者及参与经济活动者个人的财产利益,但又将那种在经济活动之外的传统形态的单纯侵犯个人财产的犯罪排除在经济刑法的调整范围之外。因此,折中概念既消除了广义的经济刑法调整范围太宽的弊病,又克服了狭义的经济刑法调整范围过窄的缺陷,因而显得相对科学。折中的经济刑法学说在德国学者中较为流行,这与德国经济刑法和立法发展的历史密切相关。例如被称为德国经济刑法立法之肇始的《钾盐贩卖法》,就规定了违反该法的行为,可根据具体情况分别适用罚金刑、轻惩役等刑罚,或者适用罚款与秩序罚。1949 年联邦德国的经济刑法的统一法,进一步将经济违反行为划分为经济犯罪行为和经济秩序违反行为,对前者处以刑罚,对后者则科以罚款。1954 年联邦德国的《简化经济刑法》仍然继承和延续区别经济犯罪行为和经济秩序违反行为的划分标准和适用不同法则的规定。[④]

二、我国学者关于经济刑法的概念之聚讼

经济犯罪,尤其是大量的经济犯罪的出现,促使我国学者对经济刑法的立法产生了浓厚的兴趣。但是,经济犯罪的概念与范围如何界定?经济刑法的概念与范围如何界定?这些问题,长期以来均在不停地探讨与研究之中。概括起来,对于经济刑法的概念,主要有以下几种主张:

(一)经济刑法是国家的统治阶级为了维护本阶级的政治、经济利益,根据自己的意志,通过国家立法机关,制定什么行为是经济犯罪以及对经济犯罪应当如何处罚的法律。[⑤] 随

---

① (日)芝原邦尔著:《经济刑法》(中译本),法律出版社 2002 年版,第 6 页。
② 孙国祥著:《经济刑法原理与适用》,南京大学出版社 1995 年版,第 5 页。
③ 孙国祥著:《经济刑法原理与适用》,南京大学出版社 1995 年版,第 6 页。
④ 陈泽宪主编:《经济刑法新论》,群众出版社 2001 年版,第 16 页。
⑤ 刘白笔:《经济刑法学初探》,载《中国法制报》1987 年 5 月 6 日。

后，该学者又在一本专著中，对经济刑法的概念进行了修正，他认为："一切与经济利益、经济活动有关的、破坏经济刑事法律规范，无论它是否存在于有关的经济法规或带经济性的行政法规中，都属于经济刑法的范畴。"[1]该种观点是早期人们探讨经济刑法概念的产物，并没有多少实际意义，因为它没有揭示出经济刑法的特征。[2] 另外，这种观点仅仅是传统的刑法概念的套用，没有明确指出经济刑法的特有属性。[3]

（二）经济刑法是指经济法规中有关刑罚条款的规定。即经济法规中所规定的对经济违反行为，情节严重，依法追究刑事责任的条款。[4] 该种观点只是简单地指出了经济刑法的范围，而并没有指出经济刑法本身的属性。[5]

（三）所谓经济刑法，是指违反我国经济管理法规，破坏社会主义经济秩序、经济制度及社会主义公共财产关系、财产制度的经济违法犯罪行为及处罚的法律规范的总和。[6] 该种观点虽然指明了经济刑法的内容，但"制度"、"秩序"、"财产关系"等词语的含义不明，违法和犯罪的界限不清，因而欠缺准确性。[7]

（四）经济刑法是指规定经济犯罪及其刑罚处罚的刑法规范。[8] 该概念过于简单，没有揭示出经济刑法应该具有的属性。[9]

（五）所谓经济刑法，是指我国刑事法律根据维护社会主义市场经济秩序、保护公共财产所有权、加强廉政建设的需要，规定什么行为是经济犯罪和如何追究其刑事责任的刑法规范的总和。[10] 这一概念从经济刑法所保护的客体上分析，具有一定的理论内涵，但该概念将侵犯公私财产所有权、破坏廉政建设的犯罪都作为经济刑法所规范的内容，同样是失之过宽。[11]

三、经济刑法概念的合理界定

笔者认为，欲正确地界定经济刑法的概念，必须要解决好以下两个方面的问题：

第一，经济刑法的调整范围。毋庸置疑，经济刑法的调整范围肯定是经济犯罪。因此，经济刑法的调整范围的界定取决于经济犯罪范围的正确界定。

在我国，关于经济犯罪的调整范围，有最广义、广义、狭义、最狭义与折中几种观点的分歧。最广义的经济犯罪概念认为，经济犯罪包括破坏社会主义经济秩序罪、贪污贿赂罪、侵犯财产罪和破坏环境资源保护的犯罪；广义的经济犯罪概念认为，经济犯罪主要包括破坏社会主义经济秩序罪、贪污贿赂犯罪、侵犯财产罪；狭义的经济犯罪概念认为，经济犯罪主要包

---

① 刘白笔、刘用生著：《经济刑法学》，群众出版社1989年版，第24页。
② 孙国祥、魏昌东著：《经济刑法研究》，法律出版社2005年版，第4页。
③ 赵长青主编：《经济刑法学》，法律出版社1999年版，第8页。
④ 参见马立著（主编）：《经济犯罪与经济刑法》，吉林大学出版社1988年版，第21页。
⑤ 赵长青主编：《经济刑法学》，法律出版社1999年版，第8页。
⑥ 参见马立著（主编）：《经济犯罪与经济刑法》，吉林大学出版社1988年版，第23页。
⑦ 赵长青主编：《经济刑法学》，法律出版社1999年版，第8页。
⑧ 陈兴良主编：《经济刑法学》，中国社会科学出版社1990年版，第18页。
⑨ 孙国祥、魏昌东著：《经济刑法研究》，法律出版社2005年版，第4页。
⑩ 赵长青主编：《经济刑法学》法律出版社1999年版，第8页。
⑪ 孙国祥、魏昌东著：《经济刑法研究》，法律出版社2005年版，第5页。

括破坏社会主义经济秩序罪和贪污贿赂犯罪;①最狭义的经济犯罪概念认为,经济犯罪仅指破坏社会主义经济秩序罪;②折中的经济犯罪概念认为,经济犯罪包括破坏社会主义经济秩序罪、贪污贿赂犯罪和新型的侵犯财产罪。③

笔者认为,将破坏环境资源保护的犯罪与所有的财产犯罪都纳入经济犯罪的研究范畴,范围失之过宽,同时也不利于对经济犯罪基本属性的正确揭示;但将贪污贿赂犯罪和一部分新型的财产犯罪均排除在经济犯罪的研究范畴之外,又使得经济犯罪的范围失之过窄,也不利于对经济犯罪基本属性的正确揭示。

因此,笔者认为,经济刑法的调整范围应该涵盖我国刑法第三章的破坏社会主义市场经济秩序罪、刑法分则第八章的贪污贿赂犯罪以及刑法分则第五章的一部分新型财产犯罪(主要是职务侵占罪、挪用资金罪以及挪用特定款物罪)。那些虽然由于经济活动而伴生的破坏环境资源的犯罪,因为与经济所有关系、经济运营关系、经济管理关系等关系不大,不能认为是经济犯罪。至于一般传统的财产犯罪,一般被认为是属于自然犯的范畴,与经济犯罪的法定犯的基本属性不太一致,因此将之排除于经济刑法的调整范围之外。

第二,经济刑法的调整手段。经济刑法是一种特别刑法,既如此,经济刑法乃是以刑罚处罚措施来规制与处罚经济犯罪的,而经济犯罪又是一种严重的违反经济法规,具有严重的社会危害性并且应当承担刑事责任的行为,因此,那些虽然具有一定的社会危害性,但尚未达到用刑罚措施予以规制与处罚的一般民事违法和行政违法行为,不属于经济刑法的范畴。

故而,笔者认为,经济刑法是规制与处罚经济犯罪行为的各种刑事法规的总和。广义地说,经济刑法不仅包括经济刑法典,而且包括各种经济单行刑法、经济附属刑法、相关的刑法修正案、相关的立法与司法解释以及在我国实行并生效的关于经济犯罪的国际刑事公约。

第二节　经济刑法的特征

经济刑法作为一种特别刑法,除了具有普通刑法的阶级性、社会性、文化共同性、规范性、强制性等非本质属性之外,还具有一些与普通刑法不同的自身独有的特征。

一、经济刑法的一般特征

(一) 经济刑法的强制性

经济刑法的强制性特征是附随于刑法的强制性特征而产生的,也是由刑法本身的特性所决定的。刑法在根本上与其说是一种特别的法律,倒不如说是对其他一切法律的制裁。④经济刑法作为一种特别刑法,其强制性尤其如此。在经济法范围内,人们的经济活动首先是得到经济法规的充分保障,在违犯相应的经济法规,破坏市场经济秩序时,应当首先由相应的经济法规予以调整,只有当某种经济违法行为具有严重的社会危害性,用民事或者行政制裁措施已经不足以惩罚与打击时,才最终求助于经济刑法,用刑事制裁的方法予以惩治。由

① 以上观点请参见高铭暄、王作富主编:《中国惩治经济犯罪全书》,中国政法大学出版社 1995 年版,第 36—37 页。
② 孙国祥、魏昌东著:《经济刑法研究》,法律出版社 2005 年版,第 5 页。
③ 笔者在给学生讲授《经济刑法学》时,主张这种观点。
④ (法)卢梭著:《社会契约论》(中译本),商务印书馆 1980 年版,第 73 页。

此可见,经济刑法的"后盾"性质特别明显,即经济刑法在整个国家经济法律体系中起到一种保障和后盾的作用。故而,也有学者将经济刑法的这个特征称为"经济刑法的补充性特征"。①经济刑法的补充性显然是由刑法的补充性特征所引申的,"刑法的补充性是指由于刑法具有暴力强制性,代价较大,因而只有在其他法律措施不能奏效时才动用刑法,使之成为其他法律的补充性措施"。②

(二) 经济刑法的社会性

经济刑法的社会性特征是刑法的社会性特征的延伸和具体表现,从终极意义上说,经济刑法的社会性也是法的社会性的具体体现。"为某一国人民所制定的法律,应该是非常地适合于该国的人民的;所以如果一个国家的法律竟能适用于另外一个国家的话,那只是非常凑巧的事。法律应该同建立或者将要建立的整体的性质和原则有关系,不论这些法律是组成整体的政治法规,或者维持整体的民事法规。"③

一方面,经济刑法的社会性表现在实行不同的社会制度的国家,其经济刑法的内容是不一样的。将什么样的违法行为规定为犯罪以及给这些经济犯罪行为以什么样的刑事处罚,都是由不同国家的不同的社会文化背景、整体结构、宗教信仰以及所实行的经济制度所决定的。内容上如此,即便是对于经济犯罪的归责原则上以及处罚上,也是如此。如有些国家或者地区的刑法在经济犯罪的归责上采取的是客观归责原则,只要是对国家的经济秩序和经济制度有所危害,即便是法律上没有明文规定,但是为了维护国家正常的经济管理和经济运行秩序,也要以经济犯罪进行处罚。"经济犯罪乃是使用非暴力的一种智力犯罪,经济犯罪以狡猾奸诈的手段,滥用自由经济结构所赖以为存的诚实信用原则,并利用民商法、经济法与财税法的漏洞而实行对健全之国民经济的危害的不法图利行为。"④在我国,利用民商法、经济法以及财税法上的漏洞而实施的危害行为,却很难界定为犯罪行为。⑤另外,由于各国所实施的法律原则与精神不一样,致使对经济犯罪的处罚也不一样。比如在我们国家很多的经济犯罪的法定刑最高可规定为死刑,但在西方的资本主义国家,其经济犯罪一般都处以较轻的刑罚,就更不用说死刑了。

另一方面,经济刑法的社会性还表现在即便是在同一个国家,由于其所实行的经济制度不一样,在不同的历史阶段,经济刑法的调整范围以及规定的内容也不一样。表现在经济犯罪的规定上,就更是如此。以我国的经济刑法规定为例,在20世纪80年代以前,我国实行的是计划经济,所以,凡是违反国家计划经济制度、破坏国家计划经济秩序的犯罪都规定为经济犯罪。那时我国禁止长途贩运行为,将长途贩运行为规定为"投机倒把罪"。但是到了20世纪80年代以后,我国实行了改革开放的经济政策,实行了社会主义市场经济,长途贩运行为由禁止转为默认甚至到提倡,因此也就废除了类似长途贩运一类的"投机倒把罪",直

---

① 孙国祥、魏昌东著:《经济刑法研究》,法律出版社 2005 年版,第 8 页。

② 陈兴良著:《本体刑法学》,商务印书馆 2001 年版,第 77 页。

③ (法)孟德斯鸠著:《论法的精神》,商务印书馆 2006 年版,第 6 页。

④ 林山田著:《经济犯罪与经济刑法》,台湾三民书局 1980 年版,第 13 页。另外参见赵长青主编:《经济刑法学》,法律出版社 1999 年版,第 44 页。陈泽宪主编:《经济刑法新论》,群众出版社 2001 年版,第 4 页。

⑤ 比如,对于不缴税务的行为,如果是故意行为,则为偷税,界定为犯罪行为;如果是过失,则界定为"漏税"行为,只要补缴就可以;对于既非故意又非过失的不缴税务的"避税行为",则界定为既不是违法行为,也不是犯罪行为。参见黄京平主编:《破坏市场经济秩序罪研究》,中国人民大学出版社 1999 年版,第 548 页。

至1997年刑法将"投机倒把罪"完全废除。① 但是在新的市场经济发展过程中,大量的新型经济犯罪应运而生而且逐渐猖獗,为了维护新型的社会主义市场经济秩序和经济制度,1997年刑法,我国在刑法典中又大量地规定一些新型的经济犯罪,如"妨害公司、企业管理罪"、"破坏金融管理秩序罪"、"金融诈骗罪"等。②

二、经济刑法的专有特征

(一)经济刑法立法对象的专门性和广泛性

所谓经济刑法的立法对象,即经济刑法立法应该规制的对象,表明经济刑法立法把什么性质的行为规定为经济犯罪,并纳入其调整领域之内。③

经济刑法的立法对象只能是经济犯罪,而经济犯罪只能是指那些发生在经济领域内的破坏经济管理秩序和运行秩序的严重的应当承担刑事责任的行为,这就是经济刑法立法对象的专门性。这一点与传统的刑法的立法对象有所区别。传统刑法的立法对象是一切犯罪,无论是经济犯罪、财产犯罪、腐败犯罪、人身犯罪,还是国事犯罪,抑或是军事犯罪,但是经济刑法是将传统刑法当中的经济犯罪专门抽出来作为一类立法对象而加以规定的。我国现行刑法的第三章——破坏社会主义经济秩序罪,是专门规制各种经济领域内的犯罪行为的,因此称之为经济犯罪,经济刑法的立法对象其实就是该章中的所有犯罪作为。经济犯罪的立法对象并不包括国事犯罪、财产犯罪、军事犯罪和腐败犯罪等。至于理论界关于经济犯罪的内涵与外延的争论,笔者将在后面专章中进行探讨,在此不赘述。

经济犯罪是发生在经济领域内的严重破坏经济秩序的一类犯罪的总称,是一个集合名词,但是,经济领域内的社会关系或者是法律关系又是由各个部门经济法规进行调整的,各种部门经济法规所调整的专门的法律关系一起构成了经济法律关系。严格地说,经济犯罪虽然在我国刑法当中有专章规定,但是,归根结底,这些经济犯罪主要来源于各个部门经济法规,其渊源主要是各个部门经济法规当中的附属刑法规范,因此,这也就决定了经济刑法立法对象的广泛性,它几乎涉及各个部门经济领域,无论是金融、税收、知识产权、市场管理、产品质量管理领域,还是公司、企业管理领域,抑或是市场管理领域。我国现行刑法第三章之所以分为八个小节,旨在说明该八类犯罪分属于部门经济法规的不同领域,比如生产、销售伪劣商品罪来源于产品质量法的附属规定,走私罪来源于海关法等等。

经济刑法立法对象的专门性和广泛性两个特点并不是矛盾的,其专门性主要是相对于传统刑法的立法对象而言,其广泛性主要是针对经济刑法本身的立法对象而言,无论经济刑法的立法对象多么广泛,其本身又都是传统刑法的立法对象的一部分,两者既有对立的一面,又有统一的一面。如果不将经济刑法单独立法,而像我国现行刑法典一样,那么所有的经济犯罪都属于传统刑法的立法对象。

---

① 投机倒把罪的废除,一般认为是罪名的废除,旧刑法中的有些属于投机倒把罪所规制的经济犯罪并没有完全废除,而是规定在新刑法中另外一些类罪之中,比如"生产、销售伪劣商品罪""非法经营罪"等一些犯罪就是由原来的投机倒把罪分解而来的。

② 其实,这些犯罪早在20世纪80年代中期就已经通过单行刑法的形式加以规定,而后进一步加以修正与梳理并规定在1997年的刑法典中。

③ 李建华著:《经济刑法立法研究》,吉林大学出版社2001年6月版,第38页。

（二）经济刑法的可变性

由于经济刑法调整社会经济运行过程中受经济犯罪侵害的社会关系，而经济运行本身是动态的，经济是不断发展变化的，经济犯罪与社会经济政策又有着密切的联系，因此，经济犯罪也是不断发展变化的。什么行为应当规定为经济犯罪，什么行为不应当规定为经济犯罪，取决于社会发展状况和社会经济政策的需要。情况变化了，关于经济犯罪的规定也相应地发生变化，这就决定了经济刑法具有可变性的特征，经济刑法所规定的经济犯罪大都随着形势的变化而变化。[①]

第一，经济刑法的可变性表现为经济犯罪的种类不断地发生变化。经济犯罪种类的变化主要是由于社会经济的发展，经济的性质发生变化导致了经济犯罪种类的变化。这一点在中国经济犯罪立法中表现得尤为明显。就我国而言，由于改革开放政策的实施以及改革开放力度的加大，包括社会经济生活在内的整个社会在各方面都发生了深刻的变化，尤其是经济体制、经济管理体制、经营方式等方面的变革，社会主义市场经济体制取代了计划经济体制，我国经济呈现高度开放化、社会化、市场化等特点和形态，各种经济管理体制和经营方式也纷纷登上历史舞台。经济成分、新的经济关系以及经济利益的多样化，经济形态现代化，经济利益扩大化，作为市场经济不可缺少的各种生产力要素市场，如资本市场、劳动力市场、生产资料市场及科学信息市场等逐渐形成，市场秩序也因关于社会主义市场体制方面的法律法规的完善而逐渐形成。在我国社会进步、经济发展和改革开放过程中，也出现了一些与社会变化、经济进步相伴的危害社会主义市场经济秩序的犯罪行为。1997年刑法分则第三章共设置了八大类经济犯罪，其中的多种经济犯罪都是社会主义市场经济条件下产生的，相对于传统的经济犯罪而言，有些学者将这些经济犯罪称为新型经济犯罪。[②]

第二，经济刑法的可变性还表现在同一个经济犯罪的犯罪构成不断地发生变化。在不同的历史发展阶段，在不同的经济发展时期，刑法赋予了同一个经济犯罪不同的内涵与外延。如同样是贪污罪，全国人大常委会以及最高人民检察院、最高人民法院曾多次以立法解释和司法解释的形式，甚至是以会议纪要的形式对贪污罪的主体问题以及国家工作人员的概念问题作出界定，致使司法实践中对于贪污罪的认定一度出现混乱不堪的局面。[③]同样是1979年刑法中规定的投机倒把罪，在相当长的一段时间内，基本的框架没有变，都是指违反工商管理法规、扰乱经济秩序，情节严重的行为。但其内涵与外延却在不断地发展变化之中。许多以往属于投机倒把性质的经济行为，在市场经济条件下已得到除罪化的肯定，而另一些经济违法行为则成为投机倒把罪外延的一部分，得到了犯罪化的评价。

在我国，经济犯罪种类的变化以及一些经济犯罪构成特征的变化主要是通过单行刑法、附属刑法以及刑法修正案的方式加以进行的。在1997年之前，主要是通过单行刑法以及附属刑法的方式。《关于严惩严重破坏经济的罪犯的决定》、《关于惩治走私罪的补充规定》、《关于惩治贪污贿赂罪的补充规定》、《关于惩治假冒注册商标罪的补充规定》、《关于惩治生

---

①　甘功仁主编：《经济刑法教程》，中国财政经济出版社1997年版，第6页。

②　高铭暄主编：《新型经济犯罪研究》，中国方正出版社2000年版，第5页。

③　1995年11月最高人民检察院出台的《关于办理商业受贿、侵占、挪用公司资金案件的通知》和1995年12月最高人民法院出台的《关于办理违反公司法受贿、侵占、挪用等刑事案件适用法律若干问题的解释》两个司法解释中对于"国家工作人员"的界定就曾存在着"职能论"和"血统论"的分歧，给司法实践带来不少的困难与障碍。

产、销售伪劣商品犯罪的决定》、《关于惩治侵犯著作权的犯罪的决定》、《关于惩治违反公司法的犯罪的决定》、《关于惩治偷税、抗税犯罪的补充规定》、《关于惩治破坏金融秩序犯罪的决定》以及《关于惩治虚开、伪造和非法出售增值税专用发票犯罪的决定》等单行刑法和不断修订的《公司法》、《企业法》等法律法规对经济犯罪的种类以及单个经济犯罪的构成特征的变化均发生了决定性的影响。在1997年之后,经济犯罪种类和个别经济犯罪构成的变化主要是通过刑法修正案的方式进行的。从1999年12月25日的《中华人民共和国刑法修正案》开始一直到2011年的《中华人民共和国刑法修正案(八)》,我国共颁布了八个刑法修正案,这些刑法修正案对于1997年之后我国经济犯罪种类以及个别经济犯罪的构成特征的变化也起到了关键性的作用。

第三节　经济刑法的渊源

经济刑法规范必须以一定的法律法规表现出来,申言之,经济刑法规范的法规化必须要有一定的载体,而这些载体便是经济刑法的渊源。一言以蔽之,经济刑法的渊源就是经济刑法的具体表现形式。

从世界各国以及我国的经济刑法的立法实践来看,经济刑法的渊源主要有以下几种:

一、刑法典

刑法典是国家的基本法律,又具有完备的结构和严谨的体系,一般来说易于了解与操作,而且,将经济犯罪作为一类罪在刑法典中加以规定,还可以节约立法成本。因此,多数国家都是在刑法典中对经济犯罪加以规定的。这是过去和现代各国立法的通例,甚至在经济与法律不甚发达的时代,刑法典也是经济刑法唯一的渊源。[①]

德国、法国、意大利、日本、瑞典等一些主要的大陆法系国家均是通过制定刑法典,对包括经济犯罪在内的各种犯罪进行统一规定。尽管各国刑法典的内容不尽相同,但是,刑法典作为各国统治阶级共同用以惩治和打击各种犯罪以维护其社会统治秩序的专门性手段和工具,又都具有相同点。

即便是在刑法典中对经济刑法加以规定,立法上也有不同的规定方式。有的是将经济犯罪进行集中,作为单独的一部分规定在刑法典中,如意大利刑法典。也有的不是将经济犯罪单独加以规定,而是分散于刑法典分则中的各章,如德国刑法典。值得说明的是,尽管有些国家在刑法典中对经济犯罪加以规定,但并不妨碍这些国家用单行刑法的方式对一些专门的经济犯罪另行立法,甚至有的国家专门制定了经济刑法典,如荷兰1950年的《经济犯罪法》、德国1954年的《简明经济刑法》等。[②]

我国是将经济犯罪作为单独的几章而规定在刑法典中的。其中,作为中国社会主义意义上的第一部刑法典——1979年刑法,在其第三章就规定了"破坏社会主义经济秩序罪"。而在1997年的修订刑法中,又将"破坏社会主义市场经济秩序罪"和"贪污贿赂罪"作为单独的两章分别规定于其分则的第三章和第八章。

---

① 孙国祥、魏昌东著:《经济刑法研究》,法律出版社2005年版,第10页。

② 林山田著:《经济犯罪与经济刑法》,台湾三民书局1981年版,第96页。

二、单行经济刑法

一般来说,经济犯罪是一种法定犯,经济犯罪的种类及其构成要件因为国家政权的性质、经济发展的水平以及经济结构等诸多因素的不同而有差异。因此,将经济犯罪规定在刑法典中是不太适宜的,因为刑法典作为国家的基本大法,具有相对的稳定性和严肃性,不允许朝令夕改。刑法典中所规定的犯罪应该是具有相对稳定性的自然犯。[①] 故而,世界上大多数国家的经济犯罪被规定在单行的经济刑法中。

英美法系的一些国家制定了一些包含经济犯罪的单行刑法,对经济犯罪的构成及其刑事责任以及处罚措施作出了规定,从而使单行刑法成为其经济刑法立法的重要的立法形式。如美国的《反组织犯罪侵害合法组织法》等。[②] 英国至今没有刑法典,但却制定了一些包含经济犯罪内容的单行刑法,如1967年的《刑事法》、1968年的《盗窃罪法》等。[③]

三、附属经济刑法

刑法典具有严肃性和稳定性,一般要求不能朝令夕改,制定专门的单行经济刑法又浪费立法资源,尤其是某些部门经济法领域的经济违法行为,能将之纳入刑事处罚领域的可能极少,制定一部专门的单行刑法不太符合现实,因此,在这种情况下,在各种部门经济法规范围内相应地规定某些刑事违法行为并辅之以刑罚处罚措施就成了比较经济而又合理的立法选择,于是,附属经济刑法也就成了较为主要的经济刑法的立法方式,也因此成为经济刑法的主要渊源。不管是在大陆法系国家还是在英美法系国家均是如此,尤以英美法系国家为最甚。一些主要的英美法系国家都在其经济管理、行政管理等单行法律、法规中专门规定了经济犯罪及其刑事责任和刑罚处罚措施的内容,并由此形成了附属经济刑法。比如,美国就制定了种类齐全、繁多的经济管理、行政管理的法律、法规,在很多法律、法规中都规定了经济犯罪及其刑事责任以及刑罚处罚措施的内容,并运用这些附属经济刑法手段来惩治与打击经济犯罪,强化经济管理和行政管理的效率与效力,并取得了良好的效果,《谢尔曼法》、《威尔逊关税法》、《哈勃斯法》等就是最好的例证。[④]

四、刑法修正案

利用单行刑法或者附属刑法对刑法典进行修正与完善,在刑法的适用上可能会产生某些障碍,因为无论是单行刑法还是附属刑法,它们在形式上与刑法典具有平行性,在内容上具有不可代替性,因此,在法条的适用上就会产生诸多的法条竞合现象,从而涉及特别法条与普通法条的适用问题。而刑法修正案通过直接对刑法典中的某些法条的内容进行修正、补充与删减,其修正的内容可以直接融入到刑法典中,因而刑法修正案与刑法典之间,在形

---

① 自然犯也叫刑事犯,是指即使不由刑罚法规规定为犯罪,行为本身就会受到社会伦理的非难。与之相对,法定犯也叫作行政犯,系指根据刑罚法规作为犯罪处罚时才受到非难的行为。刑法规范的内容与社会伦理的规范并非完全一致,而且根据社会状况的变化以及国民价值观的变化,也会出现自然犯的非犯罪化,或者出现法定犯的自然犯化的现象。(日)野村稔著:《刑法总论》,法律出版社2001年版,第81页。

② 周密主编:《美国经济犯罪与经济刑法研究》,北京大学出版社1993年版,第117页以下。

③ 参见李建华著:《经济刑法立法研究》,吉林大学出版社2001年版,第179页。

④ 参见李建华著:《经济刑法立法研究》,吉林大学出版社2001年版,第180页。

式上具有同一性，在内容上具有可代替性，所以，刑法修正案愈来愈成为修正刑法典的一种主要方式。

利用刑法修正案对刑法典进行修正，在大陆法系国家比较普遍，因为大陆法系国家都是成文法国家。在以不成文法和判例为主的英美法系国家，刑法修正案几乎没有存在的余地。一些主要的大陆法系国家从其刑法典诞生之日起，基本上都通过了若干刑法修正案对刑法进行过修正，如德国、瑞士、日本等。这些刑法修正案在对刑法修正的同时，有些可能就会涉及经济犯罪的修正与补充，因为经济犯罪与传统犯罪不同，经济犯罪具有明显的时代性特征，不同的历史时期，一种经济行为的合法与否是不确定的。经济制度的性质以及经济体制的内容在很大程度上决定着一种经济行为是否合法或者违法。

就我国而言，1997 年刑法是市场经济下的刑法，与 1979 年刑法相比，在经济犯罪的种类、犯罪构成以及刑罚处罚上都有很大的修正与完善，但是随着我国经济的迅猛发展，很多经济犯罪从无到有以至于逐渐猖獗，严重地危害着我国已经建立起来的市场经济秩序和经济制度，因此，从 1999 年开始，我国先后出台了八个刑法修正案，这八个刑法修正案应该说主要是以修正、补充与完善经济犯罪为主。从这个意义上说，刑法修正案也应该是经济刑法的一个主要渊源。

不过，值得指出的是，刑法修正案能否作为经济刑法的一个渊源，尚有探讨之处。因为刑法修正案是通过对刑法条文的直接修正、补充或者废除来对刑法典进行完善的，因此，刑法修正案在通过和生效的同时，其所有的内容就已经被刑法典所完全吸收，也就是说，各刑法修正案生效的时间也是它消亡的时间。所以，从这个意义上说，将刑法修正案作为经济刑法的一个渊源可能有些牵强。

五、国际刑事公约

与传统犯罪不同，经济犯罪往往具有国际性的特点，比如跨国走私、洗钱、侵犯知识产权等。因此，国际社会越来越认识到联合打击经济犯罪的必要性。因此，联合国以及一些主要的地区性的国际组织都在本地区内联合各成员国制定和签署了一些主要的旨在打击经济犯罪的国际公约和国际条约。

不过，国际刑事公约和条约往往只在原则上规定什么行为是犯罪，但对于某些犯罪的具体的犯罪构成却没有严格的规定，而且，国际刑事公约与条约也不规定某些经济犯罪的具体刑罚措施，因此国际刑事公约能否作为一个国家经济刑法的渊源还取决于该国是否签署该公约并且在多大程度上将国际刑事公约中的经济犯罪内化为本国的经济犯罪，只有该国将国际刑事公约中的经济犯罪内化为本国的经济犯罪时，该国际公约才能成为该国经济刑法的渊源。比如，《联合国反腐败公约》于 2003 年通过，但直到 2005 年我国才签署并承认该公约在我国生效，即便如此，《联合国反腐败公约》中的有些犯罪在我国刑法典中还没有规定下来。

第 二 章
经济刑法的立法

经济刑法的立法,是指专门机关将经济犯罪的犯罪构成特征及其刑事责任用一定的方式规定下来,从而形成一定的法律规范的活动。经济刑法立法所涉及的内容极其广泛,不但包括经济犯罪的界定、各种经济犯罪的犯罪构成特征、经济犯罪的刑事责任及其处罚,还包括经济刑法的立法主体、经济刑法的立法原则、经济刑法的适用范围以及关于经济刑法的一般性的原则规定等等。本书仅就经济刑法立法的一般性的几个问题进行探讨。

第一节　经济刑法的立法原则

一、必要性原则

经济刑事立法的必要性原则,是指立法者只有在必要的条件下才能将严重的危害社会的经济危害行为规定为犯罪,并追究其刑事责任,依法给予刑罚处罚。换言之,国家只有在运用民事的、行政的、经济的法律手段不足以惩治某些经济危害行为,无法维护其正常的经济秩序时,才可以运用刑事的方法,亦即将这些严重的经济危害行为规定为犯罪,通过刑罚处罚方法予以惩处。

经济刑法的必要性原则是与一国的经济制度、经济违法行为的社会危害性程度以及经济违法行为的刑事责任承担的必要性相联系的。

1. 经济制度——经济刑事立法的必要性之前提

笔者在前文说过,经济刑法所规制的经济犯罪是一种法定犯或者称为行政犯,它与一国的政治制度、经济制度、法律文化背景等要素具有紧密的联系,尤其是经济制度,直接决定着经济犯罪的种类与范围。申言之,一种经济行为是否违法进而规定为刑事犯罪,是与该国的经济制度直接相关的。

就我国刑法而言,我国 1979 年刑法是在计划经济背景之下而制定并实施的,因此,该刑法典里所规定的经济犯罪带有明显的计划经济的特色与烙印。例如该刑法典第 117 条规定的投机倒把罪,其在客观方面的行为表现均是按照当时的计划经济背景所设定的。但是到了 20 世纪 80 年代,也就是 1979 年刑法典颁布实施没几年,我国就开始进入全面的改革开放时代,经济领域内实行对外开放,对内搞活,所以,在计划经济条件下的很多为法律所禁止的经济行为均已被允许而变得合法。故而,1979 年刑法典中所规定的很多经济犯罪的构成要件也就必须加以纠正与修订。同时,由于在新的经济制度下的大量的新型经济违法行为不断产生并日益猖獗,严重地破坏了国家的新型经济秩序和经济制度,国家不得不动用刑法的手段,将这些新型的经济违法行为规定为犯罪并以刑事处罚的方式进行惩罚。因此,直至1997年刑法典修订之前,我国共出台了11个关于经济犯罪的单行经济刑法。在这些单行经济刑法中,除了对个别的如"投机倒把罪"的犯罪构成进行修订之外,还规定了许多新型的经济犯罪,如洗钱罪等。当然,必须要指出的是,在上述单行经济刑法中,我国立法机关除了对投机倒把罪进行修订外,还基于投机倒把罪的"口袋罪"之特征,对投机倒把罪进行了必要的分解,如生产、销售伪劣商品罪等都是从该罪当中分离出来的。

由此可见,一国的经济制度和经济性质对经济犯罪的界定起着至关重要的历史作用,同时也决定着该国经济刑事立法其他一切问题。

2. 经济违法行为的社会危害性程度——经济刑事立法的必要性之衡标

根据我国刑法第13条之规定,从质上讲,经济犯罪是一种危害社会经济秩序的行为,但从量上讲,并非一切危害社会经济秩序和经济制度的行为都是经济犯罪,经济犯罪还要求经济违法行为必须具有严重的社会危害性方可构成。因此,经济犯罪是一种严重的危害社会经济秩序、破坏社会经济制度的经济违法行为。

在立法过程中,如何确定一个经济违法行为的严重社会危害性,是个非常棘手的问题。因为经济犯罪具有智能性、复杂性等诸多特性。

首先,从经济危害行为本身进行判断。也就是说,从经济危害行为本身判断其是否具有危险性。对其危险性作出判断的目的在于发现对其运用刑罚加以制止的必要性。[1]申言之,对某种经济危害行为,如果不规定为犯罪,并且科以刑罚,那么国家的经济秩序和经济制度就会有遭到进一步非法侵害的危险。这种危险性,在立法的过程中,我们主要应该从经济危害行为所危害的对象、危害行为所造成的危害社会的结果以及经济危害行为所发生的地点、时间、方法、手段等诸多要素来加以考量。

其次,从危害行为人的主观恶性上加以判断。犯罪的主观方面是一切犯罪构成的必要条件,其主要表现形式有两种,即故意和过失。一般来说,犯罪故意的主观恶性大于犯罪过失。而表现在经济领域内的犯罪主要是故意犯罪,因为经济犯罪具有图利性的特征。[2] 绝大多数经济犯罪都要求行为人在主观上具有一定的图利的目的。[3]但是,经济犯罪的内容是相当复杂的,图利性是经济犯罪主观方面的共同特征,在判断经济危害行为人的主观恶性时,除了认定其犯罪目的外,还必须考量危害行为人的犯罪动机,只有这样,对判断危害行为人的主观责任是否达到应受刑罚处罚的程度,才具有重要的意义。

最后,认定一种经济危害行为是否具有严重的社会危害性,还不得不考虑危害行为所侵害的经济利益的性质。对于经济危害行为侵害社会主义经济利益的否定性评价,是经济犯罪之社会危害性的核心内容。[4] 一般地说,侵害国家的重要经济利益以及给国家重要经济利益造成严重损失的经济危害行为,均应认为达到了相当严重程度的社会危害性。至于怎

---

[1] 赵长青主编:《经济刑法学》,法律出版社1999年版,第20页。

[2] 并不排除少量的经济犯罪表现为过失的主观形式,如签订、履行合同失职被骗罪、中介组织人员提供证明文件重大失实罪等。

[3] 在国外的经济刑法理论中,一般都认为经济犯罪是一种图利犯罪,行为人主观上必须具有非法牟利或者营利的目的。这种在法律上要求行为人必须具有一定目的的犯罪,在国外叫作图利犯,而在我国称为目的犯。值得说明的是,我国刑法中的经济犯罪尽管一般都具有非法营利之目的,但刑法典并非将所有的经济犯罪都规定为目的犯。

[4] 赵长青主编:《经济刑法学》,法律出版社1999年版,第19页。

样判断经济危害行为是否已经达到相当的社会危害性,则是一个相当复杂的问题。我国的刑事立法机关,在总结了我国多年来同经济犯罪作斗争的经验,并结合我国维护社会主义市场经济秩序的需要,不仅确定了经济犯的罪名,而且还规定了各种经济犯罪的构成特征,以此作为判断经济犯罪的客观标准。但是,不得不承认,经济犯罪具有复杂性、隐蔽性等诸多特点,因此,从一定意义上说,我们不可能找到一整套十分严密而又精确的判断标准,对于经济危害行为的社会危害性的判断具有相当程度的模糊性。我们在具体的判断过程中,应该遵守利益等级保护原则和质量相统一的原则去深入研究各种经济犯罪行为,只有这样,才能正确地把握它的社会危害程度。

3. 经济违法行为的刑事责任的不可避免性——经济刑事立法必要性之结果

在确定某一经济违法行为是否规定为经济犯罪时,不仅要考虑该行为的社会危害性是否达到严重的程度,而且还要考察该行为是否有追究刑事责任之必要,即刑事责任承担之必要性。所谓刑事责任追究之必要性,是指立法对于特定的经济危害行为,如果不经国家最严厉的刑罚予以惩罚,就不足以惩罚与抑制该行为的社会危害性,也就不足以维护正常的经济秩序。可以说,经济刑事立法之所以要求刑事责任追究之必要性,是与商品经济发展的要求和刑罚的特点所决定的。社会主义市场经济是一种法治经济,如果将这种法治经济仅仅理解为依靠部门经济法和行政法以及民商法来进行规制与协调就足够了是片面的,只有将刑法适度地介入,才能有效地维护市场经济的正常秩序,营造一个宽松和谐的积极环境,以调动每一个市场经济参与主体的积极性、主动性和创造性,从而保障社会主义市场经济健康有序地发展。同时,刑罚具有社会保护和人权保障双重机能,社会保护就是通过刑罚的适当保护,使社会免遭犯罪行为的侵害;人权保障就是保障犯罪人不受刑罚的非法侵害。刑法的双重机制是刑罚功能对立统一的两个方面,它集中表现为通过损害法益来保护法益,因此,我们在实际运用刑罚时,应当注意保持两种机能之间的平衡。但是,由于我国文化传统和历史等诸多方面的原因,人们往往重视刑罚的社会保护机能,而忽视刑罚的人权保障机能。

二、前瞻性原则

我国的刑事立法,往往是那种“头痛医头,脚痛医脚”的短命立法,而刑法作为国家的基本大法,又具有严肃性和稳定性,不能朝令夕改,于是立法机关不得不通过大量的单行刑法和刑法修正案来对刑法典进行修改、补充与完善。①另外再辅之以最高人民法院和最高人民检察院的大量的司法解释。

经济犯罪是一种法定犯罪或行政犯罪,与普通的刑事犯罪不同,经济犯罪的内涵与外延往往随着国家政治、经济等因素的变化而变化。这就要求我们在进行经济刑事立法时必须要考虑立法的前瞻性原则。所谓经济刑事立法的前瞻性原则,就是指经济刑事立法应当充分地反映我国未来社会各方面尤其是经济方面的发展趋势,以及未来的经济犯罪的变化特点,从而能够使经济刑事立法紧跟历史发展的潮流,将经济刑事立法的稳定性与社会政治、经济发展的变化性高度地结合。

---

① 在1997年之前,我国主要是通过许多的单行刑法来对1979年刑法典进行修改、补充与完善的,而在1997年新刑法出台之后,对刑法修订以及完善的主要形式是刑法修正案。从1999年至今,我国共出台了八个刑法修正案,这其中多数都是针对经济犯罪来进行的。

从社会的角度讲，一国的经济刑事立法必须将现实的经济生活中存在的严重的经济危害行为规定为犯罪。但是，不可否认的事实是，一国的政治、经济等诸种因素始终是处于不断的发展变化之中，因此，经济犯罪的手段、形态和种类也是呈现出不断变化的趋势。如果在经济刑事立法中，立法者不能正确地预测未来的经济发展趋势，仅仅注重于现实社会，就会出现立法远远滞后于现实的尴尬局面，不利于对新型经济危害行为的严厉打击，当然也就不能有效地维护社会经济秩序。1979年的刑法典出台至今，我国的经济刑事立法就足以说明这一点。1979年刑法典是在十年动乱之后、拨乱反正的历史环境下仓促出台的，带有明显的计划经济的痕迹。但在该刑法典出台的第二年，我国的经济发展已由计划经济逐步向市场经济过渡。在这个过渡过程中，大量的新型的经济危害行为不断地出现，严重地侵蚀了我国的新型的经济制度与经济秩序，但是由于我国的1979年刑法典在立法时缺少前瞻性，致使这些新型的经济危害行为不能及时地得到刑法规制和惩罚，给我国的经济发展造成不可挽回的巨大损失。另外，我国的立法机关又不得不通过大量的附属刑法和单行刑法方式对已有的刑法典进行修订与完善，但是，当大量的单行刑法与附属刑法包括无数的司法解释与刑法典并行共存的时候，带来的问题也是不容置疑的，如犯罪构成要件规定的不和谐性、刑罚规定的失衡性、法条竞合现象的多发性等等，无不给我国的经济刑事司法带来了很多的不便与难题，严重地影响了我国对经济犯罪的打击与惩治。

从法律规范的角度上讲，经济刑事立法的超前性是指每个经济犯罪的构成要件及其法定刑的规定与设置都必须符合该犯罪未来的发展趋势，以增强其适应性。在经济刑事立法的时候，为了保证经济犯罪的构成要件和法定刑能正确地反映具体经济犯罪的未来发展趋势，就要求立法者在进行立法的时候，必须对每个经济犯罪的未来发展走向作出预测，申言之，立法者必须通过对商品经济诸要素以及其他社会因素的发展变化作出预测，以确定相应的经济犯罪的犯罪构成的内容与特点以及该犯罪的法定刑之轻重的设置，保证经济刑事立法对该种经济犯罪从规范层面上作出正确评价。坦率地说，在经济刑事立法的前瞻性方面，我们是有前车之鉴的，姑且不说1997年之前我国立法机关通过诸多的单行刑法以及附属刑法对旧刑法典进行修正与补充，即便是在1997年刑法典颁布之后，我国的经济刑事立法在超前性方面也存在着诸多不尽如人意之处。如刑法第191条关于洗钱罪的上游犯罪的规定，刑法典中仅规定为三类犯罪，即走私罪、毒品犯罪和黑社会性质的组织犯罪，然而随着国际形势以及国内政治与经济的不断发展，2001年11月29日的《刑法修正案（三）》将恐怖活动组织犯罪规定为其上游犯罪，2006年6月29日通过的《刑法修正案（六）》又将贪污贿赂罪、破坏金融管理秩序罪和金融诈骗罪规定为洗钱罪的上游犯罪。又如1997年刑法第163条的"公司、企业人员受贿罪"，仅将公司、企业人员规定为该罪的犯罪主体，但对于非国有性质的事业单位和社会团体中的工作人员的"收受他人贿赂并为他人谋取利益"行为却没有作出评判，致使司法实践中很多诸如"足球黑哨"、"医生收受红包、开高价药以赚取高额回扣的"的行为无法定罪，给国家和人民造成了极大的损失。故而，《刑法修正案（六）》将该罪主体扩大为"公司、企业或其他单位人员"，随后，最高人民法院也将该罪的罪名改为"非国家工作人员受贿罪"。同样的情形发生在刑法第164条。①当然，目前我国的经济刑事立法中出

---

① 值得说明的一点，关于刑法第163条和164条的规定，是立法机关在立法时缺乏前瞻性，还是本来就是立法机关的一个立法疏漏，抑或干脆是立法机关有意规避之，目前尚不能给出正确的合理的结论。

现的问题还很多，不一而足。在法定刑方面也是如此，根据我们国家反腐倡廉之需要，1988年，立法机关将贪污、受贿罪的最高法定刑提高到死刑，1997年刑法沿袭了该种立法，继续保持该两种腐败犯罪的死刑。但在2005年我国签署了《联合国反腐败公约》之后，反腐败犯罪的国际合作不得不要求我们对腐败犯罪的死刑问题进行重新审视。国内学术界和司法实践界取消腐败犯罪的死刑的呼声此起彼伏，因为，若不如此，我国在对腐败犯罪分子的引渡方面，就会面临国际社会的种种阻碍，因为，国际社会目前基本奉行"死刑犯不予引渡"的基本原则。①对余振东等腐败犯罪分子的引渡就是明显的例证。②上述所有这些，均要求我们在经济刑事立法时，应当对每种经济犯罪侵犯的客体、行为方式、主体范围以及整个国家的刑事政策的发展变化进行预测和分析，以保证经济犯罪构成要件和法定刑的规定与设置的前瞻性。

三、罪刑法定原则

罪刑法定原则是构筑近现代刑法的基石，其基本含义就是对任何行为进行定罪及处罚，必须在刑法中预先设置，刑法中没有规定为犯罪的行为，即便具有严重的社会危害性，也不能进行定罪，更不能进行刑罚处罚，即所谓"法无明文规定不为罪，法无明文规定不处罚。"

罪刑法定原则是倡导罪刑明确性，反对罪刑擅断的必然要求，是近现代刑法反对封建主义刑法的必然结果。对普通刑事犯罪尚且如此，那么作为法定犯范畴的经济犯罪，就更应该坚持该项原则。罪刑法定原则要求立法者和司法者在刑法的渊源上排斥习惯法，在刑法的效力上否定溯及力，在刑法的适用上禁止类推，在法定刑的设置和司法适用上反对不定期刑。

罪刑法定原则在经济刑事立法上首先要求立罪的法定性。所谓立罪的法定性就是指什么样的经济危害行为是犯罪，必须要有经济刑事立法的明文规定。经济犯罪属于法定犯，因此，立罪的法定性要求立法者在规定经济犯罪的时候必须要明确规定经济犯罪的犯罪构成要件，尽量少用或者不用简单罪状，而代之以叙明罪状。使用参考罪状时，必须要明确指出所要参考的法律法规。在犯罪情节的规定上应尽量少用或者不用"情节严重"、"情节恶劣"等诸如此类的词语，同理，在犯罪结果的构成上，也应该尽量少用或者不用"严重后果"、"特别严重后果"等词语，以便于此法操作。

我国现行刑法典在经济犯罪的立罪上，对于罪刑法定原则的贯彻是很不彻底的。首先，有些经济犯罪的构成要件规定得十分含糊，甚至在个别经济犯罪的构成上用了一些"兜底"性的词语，致使司法实践中"两可案件"增多，对经济犯罪的惩治与打击产生了不小的阻碍。如刑法第191条的洗钱罪规定有五种行为方式，其中第五种规定的是"以其他方法掩饰、隐瞒犯罪违法所得及其收益的性质和来源"。相同的规定还可以见于贷款诈骗罪、信用证诈骗罪、合同诈骗罪等。又如在某些经济犯罪的主体构成要件上也规定得不尽如人意，根据我国刑法的规定，一般的金融诈骗罪，既可以由自然人构成，也可以由单位构成，但是在贷款诈骗罪的主体上，刑法却只规定了自然人主体，而没有规定单位主体，致使司法实践中大量的以

---

① 张旭著：《国际刑法论要》，吉林大学出版社2000年版，第241—251页。

② 我国司法机关将余振东判处12年有期徒刑其实就是满足了被引渡方提出的"最高不能判处超过144个月"的引渡条件的底线。

单位名义进行贷款诈骗的案件无法定性，为此，最高人民法院不得不出台相应的司法解释，将单位的贷款诈骗行为定为"合同诈骗罪"。当然，对于我国刑法中经济犯罪的构成上使用"情节严重"、"后果严重"、"损失较大"等相关含糊词语的立法例不胜枚举，不一而足。所有这些，都给现实的司法实践带来了很多认定上的问题，全国人大常委会和最高人民检察院、最高人民法院又不得不出台大量的司法解释来解决这些问题，造成了巨大的立法与司法资源的浪费。

罪刑法定原则在经济刑事立法上还要求制刑的法定性。所谓制刑的法定性，就是要求立法者对具体经济犯罪的法定刑的设置必须明确，以更好地指导刑事司法。

法定刑，从种类上说，可以分为绝对确定的法定刑、绝对不确定的法定刑和相对确定的法定刑。绝对不确定的法定刑由于将自由裁量权最大限度地交给司法者，容易引起司法腐败或者司法混乱，因而在经济刑事立法中几乎不予使用。绝对确定的法定刑，由于立法者对某一经济犯罪行为所设置的法定刑过于绝对，司法者根本没法考虑行为人的其他的影响刑事责任的因素，大大地限制了司法者的自由裁量权，因而在经济刑事立法中也很少使用。只有相对确定的法定刑，既对经济犯罪行为设置了具体的刑种，又设置了相对的可以变化的刑罚幅度，既给司法者一定的自由裁量权，使司法者在量刑时还可以考虑行为人的主观恶性、犯罪样态等因素，同时又在一定的程度上限制司法者的自由裁量权，不致使司法者擅断刑法因而产生司法腐败现象，故而被认为是一种比较科学合理的法定刑。因此，相对确定的法定刑在当今世界各国的经济刑事立法中被广泛应用。

我国刑法中对经济犯罪法定刑的设置相对合理，如我国刑法在多数的经济犯罪的刑事处罚中，均规定了"倍比罚金制"。[①] 但也不能说没有不尽如人意之处。第一，在绝对不确定的法定刑方面，我国在罚金刑的设置上就规定了"无限额罚金制"，规定罚金数额须根据犯罪的情节予以确定，[②]这就大大地赋予了司法工作人员的自由裁量权，不能不说是一个遗憾。第二，在绝对确定的法定刑方面，我国立法者又走向了另一个极端，规定了"限额罚金制"，将某一个经济犯罪的罚金数额直接明确地规定在刑法条文中。这种规定，不仅限制了司法工作人员的一定的自由裁量权，而且随着经济的飞速发展，也越来越不利于打击日益猖獗的某种经济犯罪。

四、罪责刑相适应原则

罪责刑相适应原则也是近代刑法所确定的基本原则之一。著名法学家孟德斯鸠早就指出："惩罚应有程度之分，按罪之大小，定刑罚的轻重。"[③]意大利刑法学家贝卡利亚也指出："犯罪对社会的危害，是衡量刑罚的真正的标尺。"[④]该原则的基本要求是对犯罪所判刑罚的轻重，一方面要与他的犯罪的轻重相当，而且还要与其所负的刑事责任的轻重相适应。经济犯罪也是如此。"经济刑法立法的罪、责、刑相适应原则，要求基于经济犯罪及其刑事责任和刑法之间的相互关系，经济刑法立法对经济犯罪所规定的刑法应当与经济犯罪分子所犯罪

---

① "倍比罚金制"是"倍数罚金制"和"比例罚金制"的合称。"倍数罚金制"的立法例请参见刑法第 153 条。"比例罚金制"的立法例请参见刑法第 158 条。典型的"倍比罚金制"的立法例请参见刑法第 140 条。

② 刑法第 52 条规定：判处罚金，应当根据犯罪情节决定罚金数额。

③ （法）孟德斯鸠著：《波斯人的信札》，商务印书馆，第 141 页。

④ （意）贝卡利亚著：《论犯罪与刑罚》，中国大百科全书出版社 1993 年版，第 67 页。

行相适应,应当与经济犯罪分子所承担的刑事责任相适应,从立法规定上实现罪、责、刑三者之间关系的均衡化、对应化。"①基于罪责刑相适应原则的基本要求,经济刑法立法应当做到以下两个方面:

第一,经济刑法规定的某一经济犯罪的刑罚的轻重应当与犯罪分子所犯的罪行相适应。经济犯罪分子的罪行是经济犯罪分子实施的触犯经济刑法的经济犯罪行为,其本质在于它具有严重的社会危害性,也即是说,社会危害性对经济犯罪的成立起着决定性的作用。某一经济危害行为之所以称之为罪行而不是其他,就因为它本身具有严重的社会危害性。社会危害性决定着罪行的轻重,而罪行的轻重又直接决定着对经济犯罪分子所处刑罚的轻重,罪行重的,处罚就重,罪行轻的,处罚也就较轻。不能重罪轻刑,更不能轻罪重刑。

第二,经济刑法规定的某一经济犯罪的刑罚的轻重应当与经济犯罪分子所负的刑事责任的轻重相适应。刑事责任是犯罪分子就其严重的危害社会的犯罪行为所必须承担的法律后果。刑事责任的内涵非常广泛,不仅要考虑犯罪行为人的主观恶性和行为的社会危害性,还要考虑犯罪行为人对刑法所保护的法益侵害的轻重,一般来说,刑事责任重的,刑罚就重;刑事责任轻的,刑罚也较轻。

在经济刑法的立法中,罪、责、刑等三个方面绝不是孤立的,一定要体现出三者的密切的联系。经济犯罪的轻重,决定着刑事责任的轻重,而刑事责任的轻重又决定着刑罚的轻重。经济犯罪是刑事责任和刑罚的起点,而刑事责任又是经济犯罪和刑罚之间的桥梁,刑罚则是经济犯罪和刑事责任的最终落脚点。据此,该三者的关系可以通过对刑罚的科学规定得以落实和具体表现出来。这就要求立法者要根据经济犯罪行为和刑事责任的轻重确立科学严密、相互衔接的刑罚体系,要明确规定区别对待的处罚原则,要设置轻重不同但是合理恰当的刑种和刑度。"如果刑法的每一种刑罚都是依据犯罪的特殊性质去规定的话,便是自由的胜利。一切专断停止了,刑法不是依据立法者一时的意念,而是依据事物的性质产生出来的;这样,刑罚就不是人对人的暴行了。"②

纵观我国现行的经济犯罪立法,在罪责刑相适应的原则的贯彻上基本合理,但也有不无遗憾之处。贪污罪是国家工作人员利用职务之便侵吞、盗取、骗取或者以其他方法侵占公共财物的行为。就"监守自盗"型之贪污罪而言,与盗窃罪之间应该是一种想象竞合关系,③而贪污罪又是一种职务犯罪或者叫作身份犯罪,从理论上说贪污罪的刑事责任应该比一般主体所构成的盗窃罪要重,但是根据我国刑法的规定,盗窃罪的定罪数额是"500—2000元",④而贪污罪的数额却是 5000 元。⑤ 这一点完全违背了刑法的罪责刑相适应原则。另外,我国刑法中,贪污罪和受贿罪的最高法定刑都是死刑,挪用公款罪的最高法定刑是无期徒刑,但作为三者的衍生罪的"巨额财产来源不明罪"的最高法定刑却只有十年,与三者的最高法定刑有天壤之别。"巨额财产来源不明罪的构成往往是行为人主观上知道通过贪污、受贿等途

---

① 李建华著:《经济刑法立法研究》,吉林大学出版社 2001 年版,第 112 页。

② (法)孟德斯鸠著:《论法的精神》,商务印书馆 2005 年版,第 224 页。

③ 关于贪污与盗窃罪之间的关系,学术界有三种观点:其一,认为两者之间是想象竞合关系;其二,认为两者之间是法条竞合关系;其三,认为两者之间不存在任何的竞合关系,"盗窃"仅仅是法律规定的贪污罪的手段之一种而已。笔者比较倾向于第一种观点,但是,同时认为我国刑法所规定的盗窃罪和贪污罪的刑事责任有颠倒之嫌。

④ 参见 1998 年 3 月 17 日最高人民法院《关于审理盗窃案件具体应用法律若干问题的解释》。

⑤ 根据《刑法》第 383 条之规定,贪污罪并非绝对的数额犯,5000 元只是一个法定的一般界限,还可以根据情节的轻重将低于 5000 元的贪污行为认定为犯罪,也可以将高于 5000 元的贪污行为不认为是犯罪。

径获取非法财产而故意隐瞒、拒不说明，行为人的主观恶性较之贪污、受贿犯罪分子要大，其社会危害性也大。本来对之应科以重刑，然而却科以轻刑，违背了'罚当其罪'的原则。"[①]

五、与国际社会相接轨原则

20世纪80年代以后，我国全面进入了经济改革开放时期，开创了社会主义市场经济的新局面。我国在从国际社会汲取先进的市场经济管理理念、模式、手段以发展我国特色的市场经济的同时，国外的一些新型的经济犯罪类型和行为也在慢慢地深入我国的经济领域并不断猖獗与壮大。[②]

另外，在我国国有企业改制的过程中，一些国家工作人员利用自己的职务之便，侵吞国有资产，中饱私囊，贪污、受贿等犯罪现象层出不穷，使国家、集体和人民的利益遭受了重大的损失。

目前，生产、销售伪劣商品犯罪、侵犯知识产权犯罪、贪污贿赂、洗钱等腐败犯罪已经不是世界哪一个国家或者某几个国家的专有现象，也不是像某些学者所指出的是一些发展中国家或者贫穷国家的特别现象，而是世界各国和国际社会都正在面临的问题。

我国1979年刑法在其第三章也规定了经济犯罪，但是那些经济犯罪是计划经济的产物。到1980年以后，我国逐渐地以单行刑法的方式又规定了一些新型的经济犯罪，作为对1979年刑法的补充与完善，同时也是为了适应市场经济下打击经济犯罪的需要。1997年新刑法，将一些单行经济刑法加以梳理并将之规定在第三章的破坏社会主义经济秩序罪里面。其后，我国又以单行刑法和刑法修正案的形式对一些新型经济犯罪加以补充并对原先的某些经济犯罪的构成与刑事责任加以修正与完善。

近20年来，由于我国经济的全面开放，与国际社会的经济交往越来越多，因此，与国际社会共同努力，携手打击某一领域内的经济犯罪成为必要。在此大背景下，我国也签署或加入了某些旨在打击某一经济领域的经济犯罪的国际刑事公约，其中，《联合国反腐败公约》是具有代表性的一个。

在与国际社会合作打击经济犯罪的过程中，我们不得不承认，在很多方面，我国的经济犯罪立法与国外立法还存在着一定的差距。其一，在立罪方面，我国刑法是从质和量两个方面来界定经济犯罪的，既要考虑经济违法行为的实质危害性，还要考虑经济违法行为对社会的危害程度。[③] 但在西方一些国家，其经济犯罪的立罪标准就是经济违法行为的实质危害性，有时甚至根本不考虑行为对社会的危害程度。其二，在归责原则方面，我国刑法一般将经济犯罪设定为直接故意犯罪，[④]有些经济犯罪甚至直接将犯罪目的规定为该罪的主观构成要件之一。但是西方的一些发达国家在经济犯罪的归责方面，一般均采取严格责任或者绝对责任，只要行为人的行为造成了对整个国民经济秩序严重破坏的结果，致使国家、集体

[①] 金莲："浅议巨额财产来源不明罪之刑罚不当"，载《云南公安高等专科学校学报》2002年第1期。

[②] 之所以说这些经济犯罪类型和行为是新型的，乃是针对我国而言。其实在国外的几百年的经济发展历史过程中，有些犯罪对于他们来说乃是传统的。

[③] 从我国刑法第13条关于犯罪的定义可以得出这样的结论。另外，从分则规定上看，我国刑法中有些经济犯罪法条直接将数额、情节、结果等衡量行为的社会危害程度的东西规定在其中；即便在法条中没有规定这些衡量标准，全国人大常委会的立法解释、最高人民检察院和公安部的立案标准以及两高的司法解释也会明确地将上述衡量标准规定下来。

[④] 当然也不否定有些经济犯罪在我国刑法中表现为间接故意犯罪或者过失犯罪，如滥伐林木罪、签订、履行合同失职被骗罪等。

或者个人的利益遭受了重大损害,行为人无需证明自己主观上有无故意和过失,也可以定罪处罚。①

第二节　经济刑法的立法模式

作为经济刑法立法对象的经济犯罪,来源于不同领域的部门经济法规,其内容丰富而又庞杂。如何用一种立法方式将这些庞杂而丰富的经济犯罪串联并整合起来,形成一个有机的整体,是经济犯罪的立法模式所要承担的任务。

经济刑法的立法模式,就是规定经济犯罪及其刑事责任的法律规范的表现形式,具体地说,就是立法机关采用的将经济犯罪及其刑事责任的内容规定下来的具体的法律表现形式。有些学者也将此称为经济刑法的立法形式。②

一、影响经济刑法立法模式的因素

经济刑法的立法模式的选择,是经济刑法立法的一项重要内容。世界各国,在经济刑法立法模式的选择上都有不同。影响各国经济刑法立法模式的因素有很多,但归纳起来,不外乎有以下几点:

（一）经济刑法的立法对象

经济刑法的立法对象就是经济犯罪,而经济犯罪存在所有的不同的经济领域。经济犯罪一方面随着经济的发展而处在不断的发展变化之中,另一方面,大多数经济犯罪又具有复杂性、专业性、智能性和隐蔽性等特点。随着社会经济关系的发展以及国家经济政策与刑事政策的不断变化,新型的经济犯罪不断出现,而原有的经济犯罪也可能不复存在。这种发展与变化就决定着经济刑法的立法模式,即制定单一经济刑法典模式或者在刑法典中专章规定经济犯罪并非是理想的模式。"经济刑法调整范围的广泛性与复杂性,决定了经济刑法规范的载体即经济刑法立法形式的分散性。"③同时,"刑法调整范围的广泛性,决定了刑法规范不可避免的分散性。"④也就是说,经济刑法的立法模式最好的就是刑法典或者经济刑法典与单行经济刑法和附属刑法相结合的模式,而不是单一的专门法典模式。

（二）经济刑法的目的

经济刑法的目的在于确定和惩罚经济犯罪,维护社会的经济秩序,规制司法、保障经济的健康有序发展和公民的基本人权。⑤ 经济刑法的立法模式仅仅是一种手段,手段又是为目的服务的,只有采取适当的手段,才有可能达到经济刑法立法的预期效果与目的。经济刑法的立法模式作为国家用于惩治与打击经济犯罪的专门性手段,要想取得良好的社会效果,也必须采取有利于实现其最终目的的形式,即经济刑法的立法模式必须紧紧围绕惩治与打

---

① 严格责任一词有时会给人某种误导,似乎行为人实施了某种法律所禁止的行为,不具备某种犯罪心态,也可以定罪处罚。但事实上,严格责任犯罪是指只要行为人实施了法律所禁止的行为,在并不要求证明犯罪心态存在的情况下,即可定罪,而不是说没有犯罪心态方面的要求就单独根据行为定罪。

② 李建华著:《经济刑法立法研究》,吉林大学出版社 2001 年版,第 158 页。

③ 李建华著:《经济刑法立法研究》,吉林大学出版社 2001 年版,第 160 页。

④ （意）杜里奥·帕多瓦尼著:《意大利刑法学原理》,法律出版社 1998 年版,第 4 页。

⑤ 孙国祥、魏昌东著:《经济刑法研究》,法律出版社 2005 年版,第 8—9 页。

击经济犯罪、维护社会的经济秩序以及保障基本人权这一立法目的来进行,以能够最大限度地、最有效地预防与控制经济犯罪。

（三）经济刑法立法内容的表达方式

经济刑法的立法具有很强的技术性和专业性,为了科学地表达经济刑法的立法内容,应根据其立法内容所涉及的发生经济犯罪的不同专业、行业、部门以及立法调整对象范围的宽窄、立法内容数量的多少等方面的需要,选取和确立适合经济刑法立法内容的立法形式。[①]对于需要系统地对经济犯罪作出规定的立法内容即对于那些调整对象范围宽泛、内容数量大的立法内容,应该采用法典的形式;对于法典未作出的或者虽然作出了规定、但内容不全面、欠科学或者在法典颁布以后新产生的某一种类的经济犯罪,可采用单行刑法方式;对于刑法典和单行刑法均未作出规定,但又有必要将其纳入刑事处罚范围的经济违法行为,可以采用在部门经济法中加以规定的附属刑法的立法方式。[②]

二、国外经济刑法的立法模式

经济犯罪是伴随着市场经济的产生和发展而出现的副产品,因此,经济刑法立法的发展、完善状况与市场经济的发展状况是基本一致的。资本主义国家市场经济的发展时间较早,迄今已经达到相当完善的程度。为了及时、有效地惩治与打击市场经济领域内的各种犯罪,一些主要的资本主义国家的经济刑法无论在内容上抑或形式上,都得到了比较完善的发展。比较大陆法系国家和英美法系国家的经济刑法之立法,在立法模式上主要有以下几种形式:

（一）集中式

无论是大陆法系国家还是英美法系国家,其经济刑法立法的模式主要表现为集中式立法。这其中,又表现为以下几种形式:

1. 制定专门的经济刑法典,将经济犯罪完全集中规定在经济刑法典之中。这种经济立法的模式在世界各国并不多见,但在经济刑法立法史上也曾经出现过,或者是现在仍然存在。

荷兰早在 1950 年就颁布了专门的《经济犯罪法》,该法典当时有 87 个条文,但其主要规定的是经济犯罪的侦查与审判程序,至于经济刑法的实体内容,只是在该法典的第一条规定了经济犯罪违反法律的名称和条款,对于经济犯罪的构成要件更是没有提及。因此,这种立法方式被称为"框架立法",其只是提纲挈领地规定违法犯罪行为的性质,但其具体内容,包括经济犯罪的构成要件以及刑事处罚措施仍然规定在其他法律之中。[③]

市场经济较为发达的德国在 1954 年也颁布了《简明经济刑法》。但是,这部法典只规定了经济刑法总则的内容,基本上没有涉及具体的经济犯罪行为及其构成要件,其具体的经济犯罪行为及其构成要件仍然规定在刑法典和其他单行刑法之中。1976 年,德国制定了《反

---

① 李建华著:《经济刑法立法研究》,吉林大学出版社 2001 年版,第 161 页。

② 附属刑法的立法方式有其缺点,即在部门经济法中一般只规定什么样的经济违法行为应该受到刑事处罚,但部门经济法规一般不规定该种犯罪行为的刑罚处罚措施,因此,最终还要在刑法典中或者在单行刑法中规定该种经济犯罪行为的具体的犯罪构成和刑事处罚措施。

③ 参见孙国祥、魏昌东著:《经济刑法研究》,法律出版社 2005 年版,第 11 页。

经济犯罪的第一法案》,1986 年又制定了《反经济犯罪的第二法案》,对原先的经济刑法的内容进行了补充与完善。但是值得指出的是,德国所谓的经济刑法典仅仅包括几个很少适用并且相当不重要的条款,而且有关刑事制裁的规定只有一条,并且该条只有在战时或者在急难的情况下方能使用。因此,德国有的学者认为,将该部法典冠以经济刑法之名,实在是一个错误。①

专门的经济刑法典在世界上之所以比较少见,主要是因为经济刑法的概念至今无法精确地界定,独立的经济刑法典无法涵盖所有的经济犯罪,而且,随着经济的发展与不断地调整,经济犯罪与经济刑法的概念也在不断地发展与调整,但经济刑法典必须要维持其稳定性,因此,两者之间不可避免地产生冲突与矛盾。

2. 在普通刑法典中加以规定。由于刑法典是一国的基本法律,又基本上具有成熟与完整的体系,易于掌握与操作,因此,大陆法系的很多国家是将经济犯罪规定在刑法典中。但是,即便都是将经济犯罪规定在刑法典中,各国也还是采取不同的立法模式。

第一,将经济犯罪集中为一章,在刑法典中进行专章规定。如意大利等国的刑法典,就是将经济犯罪单独划为一类,在分则中独成一章。② 与有些国家的刑法典将经济犯罪与财产犯罪规定在一章不同,这种立法模式充分地认识到经济犯罪与财产犯罪之不同,将经济犯罪与财产犯罪并列规定,既突出了经济犯罪的特征,又突出了惩治与打击经济犯罪的重要性。当然,也有的学者认为,这种立法模式注意到了经济犯罪与财产犯罪侵害客体的不同,因而把经济犯罪与财产犯罪作为两种不同的犯罪类型并列,分别独立成章作出规定,能够确保分则对犯罪类型的划分遵循和贯彻统一的标准,增强分则与整个刑法典的科学性,而且将经济犯罪从财产犯罪中分离出来,有利于确保分则对各种犯罪规定的内容的对应与平衡,促进刑法典体例与结构的形式完善。③

第二,将经济犯罪分散地规定在普通刑法典的各章之中。如有些国家在财产犯罪中规定有经济犯罪、在腐败犯罪一章中也规定有经济犯罪、在妨害社会管理秩序罪中仍然规定有经济犯罪,另外还专门规定有经济犯罪一章。我国的现行刑法典即属此例。

(二)分散式

经济刑法是规定经济犯罪及其刑事责任的刑法规范,而经济犯罪又是各部门经济法规中所规定的严重违反经济法规并应承担刑事责任的行为。易言之,经济犯罪一开始多表现为附属经济刑法规范。而随着经济的不断发展,经济犯罪的内涵、构成要件以及刑罚处罚也相应地处在不断地变化之中。因此,采取集中式对经济刑法进行立法有诸多的不妥之处。因为不管是经济刑法典还是普通刑法典,都要维持法典的稳定性、长期性和严肃性,不能朝令夕改。这一点与经济犯罪的不断变化的趋势是相矛盾的。因此,不管是大陆法系国家还是英美法系国家,在经济刑法的立法模式上,多选择分散式立法模式。

分散式立法模式又可以分为以下几种形式:

1. 单行经济刑法。采用单行经济刑法的立法模式对经济刑法进行立法的多是英美法系国家。英美法系的一些国家制定了一些包含经济犯罪的单行刑法,对经济犯罪及其刑事

① 参见林东茂:"经济刑法导论",载《东海大学法学研究》1995 年第 9 期。
② 陈兴良主编:《经济刑法学》(各论),中国社会科学出版社 1990 年版,第 11 页。
③ 李建华著:《经济刑法立法研究》,吉林大学出版社 2001 年版,第 175 页。

责任和刑罚作出规定,从而使单行刑法成为其经济刑法立法的重要形式。如美国的《反组织犯罪侵害合法组织法》等。① 英国虽然至今尚没有制定专门的刑法典,但却制定了一些包含经济犯罪内容的单行刑法,如1967年的《刑事法》、1968年的《盗窃罪法》等。②

2. 附属经济刑法。多数国家除了在刑法典中规定经济犯罪内容之外,还在刑法典之外,采用其他立法方式规定经济犯罪,附属经济刑法便是其中典型的立法例,即在刑法典以外的部门经济法规和部门行政法规中附带规定一些包含经济犯罪的构成及其处的内容之规范。附属经济刑法规范包含两方面的含义,一方面,附属经济刑法中规定的罚金或者刑罚仅是附加的,主要是附带地为违反义务而规定的;另一方面,附属刑法存在于部门经济法规和行政法规之中,它依赖于部门法规的存在而存在。在这些部门法规中,经济犯罪及其处罚的内容不是主要的,而是次要及补充的,这些附属部门法规的经济刑法规范往往是为了强化部门法规的强制力或者是针对严重的违法行为而作出的补充规定。

三、我国经济刑法立法模式的选择

与国外诸多国家的经济刑法的立法模式不同,我国的经济刑法虽然在历史上经过了集中式、分散式再到集中式的立法模式,但最终严格意义上说,我国现行的经济刑法的立法模式还是采取了集中式的典型形式。

1979年刑法是新中国成立以来的第一部正式刑法典。在该部刑法的分则的第三章规定了"破坏社会主义经济秩序罪"的内容,虽然说该章当时仅包括15个罪名,但是却反映出我国最初的经济刑法的立法模式就是典型的集中式的立法模式,即将当时所有的经济犯罪集合在一起专门规定在刑法典的某章之中。

20世纪80年代之后,我国进入了全面的改革开放时期,传统的经济结构得以调整,新型的经济制度不断建立与完善,在这种经济结构调整和经济制度不断建立的过程中,新型经济犯罪的出现也是历史的必然,原先的在计划经济下不可想象的经济犯罪手段与形式大量地涌现并呈不断猖獗之势,严重地破坏了我国的新型的经济制度,腐蚀着新型的经济肌体。用刑法的方式惩治经济犯罪势在必行。于是,一些新型的经济犯罪就被零散地规定在一些新的部门经济法规之中。但是这些附属的经济刑法规范最后均要指向专门的刑事法律,因为附属于部门经济法规中的经济犯罪既没有专门的犯罪构成的规定,也没有专门的刑事责任的规定,几乎所有的附属经济犯罪最终都以一句"依照刑法的规定追究刑事责任"而结尾。但是这些新型的经济犯罪行为在1979年刑法中是找不到的,显然其指向的参照物在相关立法上是一种空白。而刑法作为一种基本法律,又具有稳定性和严肃性,不能朝令夕改。于是,全国人大常委会只好用单行刑法的方式来解决这一问题。故而,一些专门规定经济犯罪的单行刑法应运而生。也就是说,在1980年至1997年这段历史时期,我国的经济犯罪之立法主要采用的是一种分散式的立法模式。各种不同的经济犯罪主要是被规定在一些专门的单行刑法当中,但是这些单行刑法却是分散开来的。

在1997年的新刑法典中,立法机关将原本在分散的单行刑法中的诸多经济犯罪又进行了汇总,专门在刑法分则的第三章重新规定了"破坏社会主义市场经济秩序罪",不同的只是

① 周密主编:《美国经济犯罪和经济刑法》,北京大学出版社1993年版,第117—130页。
② 朱华荣主编:《各国刑法比较研究》,武汉大学出版社1995年版,第184—221页。

立法机关将该章辟为八节,以集中体现经济犯罪的领域性和手段性。[①] 但尽管如此,仍不失经济犯罪的集中式的立法模式之特色。

　　1997年之后,随着我国经济体制改革的深入,新型的经济犯罪还是不断涌现,如何解决新型经济犯罪的立法问题成为话题。值得肯定的是,我国的立法机关在这一问题上已经摒弃了单行刑法的立法模式,转而采用刑法修正案的立法方式。刑法修正案与单行刑法最大的不同点在于刑法修正案与刑法典在形式上具有同一关系,在内容上具有替代关系,因此,刑法修正案对刑法的修正的内容在修正案颁布的当时就完全被吸纳进刑法典之中,而不像单行刑法那样与刑法典是两种法律体系。[②] 这种方式也充分地保证了我国经济刑法立法的集中式特色。

---

　　① 1997年刑法的"破坏社会主义市场经济秩序"罪中的第四节"破坏金融管理秩序罪"和第五节"金融诈骗罪",虽均与金融有关,但第四节突出的是经济犯罪的领域性,而第五节突出的却是经济犯罪的手段性。
　　② 因此,笔者认为,刑法修正案颁布的时间也是它消亡的时间。

第 三 章

经济犯罪的概念与特征

经济犯罪的概念是研究经济刑法首先遇到的一个重要理论问题。对于这个问题，国外学者从不同的角度进行了长期的探索，但至今仍没有一个统一的看法。

我国 1979 年刑法在分则中虽然规定了若干经济犯罪的条款，但并没有将经济犯罪作为一类犯罪形态明确地表达出来。当然，在刑法理论研究中，也很少有人专门去研究经济犯罪。

随着 20 世纪 80 年代我国改革的深入，开放的扩大，市场经济得到了前所未有的发展，随之而来的就是破坏社会主义市场经济秩序犯罪案件的不断增多，在整个社会犯罪中的比例逐年上升，成为社会生活当中的一个突出问题。为了有力地打击和控制经济领域内的犯罪活动，1982 年 3 月 8 日第五届全国人大常委会第二十二次会议通过了《关于严惩严重破坏经济的罪犯的决定》，对 1979 年刑法的有关经济犯罪进行了相应的修改与完善，至此，经济犯罪得以以一种独立的犯罪形态规定在刑事法律之中。[①] 《关于惩治走私罪的补充规定》、《关于惩治贪污罪贿赂罪的补充规定》、《关于惩治偷税、抗税犯罪的补充规定》、《关于惩治假冒注册商标犯罪的补充规定》、《关于惩治生产、销售伪劣商品犯罪的决定》、《关于惩治侵犯著作权的犯罪的决定》、《关于惩治违反公司法的犯罪的决定》、《关于惩治破坏金融秩序犯罪的决定》以及《关于惩治虚开、伪造和非法出售增值税专用发票犯罪的决定》等打击经济犯罪的单行刑法的相继出台，对 1979 年刑法当中的经济犯罪进行了全面的修改、补充和完善。经济犯罪开始在我国刑法中占有相当突出的地位。

1997 年 3 月 14 日第八届全国人民代表大会第五次会议通过了修订的《中华人民共和国刑法》，该部刑法将 1979 年刑法以来的所有的关于经济犯罪的单行刑法的内容进行进一步的修改补充与完善，并将其作为刑法分则的单独一章——破坏社会主义市场经济秩序罪规定下来。至此，经济犯罪作为一种独立的犯罪形态在我国刑法中完全确立。

第一节　经济犯罪的概念

对经济犯罪现象的关注，从世界范围看，始于 19 世纪末期。当时资本主义商品竞争的加剧、市场垄断的发展，为经济犯罪的产生与发展提供了十分有利的土壤。如何加强对经济犯罪的控制，也日益成为犯罪学、刑法学研究领域内的一个十分重要而急迫的课题。[②] 因

---

① 甘功仁主编：《经济刑法教程》，中国财政经济出版社 1997 年 11 月版，第 43 页。
② 黄京平主编：《破坏市场经济秩序罪研究》，中国人民大学出版社 1999 年 5 月版，第 1 页。

此,西方的学者们从犯罪学和刑法学的角度各自提出了自己的经济犯罪的定义。

一、境外学者关于经济犯罪定义的各种表述

1939年,美国著名犯罪学者萨瑟兰(H. E. Sutheland)从经济犯罪的犯罪主体的角度,以犯罪学为视角提出了自己"白领犯罪"的概念。他说,所谓"白领犯罪",是指受社会所尊重及具有崇高社会地位与经济地位的人,在其职业活动中为谋取不法利益而破坏刑法的行为。20世纪30年代以前,西方犯罪学的注意力几乎全部集中在穷人的犯罪现象、原因与预防控制的研究上,而对于有钱有势的人所实施的犯罪现象的研究显得十分苍白。有钱有势的人的犯罪虽然不都是经济犯罪,但无疑主要属于经济方面的犯罪。换句话说,当时的经济犯罪尤其是严重的经济犯罪,大多是由白领阶层实施的。萨瑟兰的经济犯罪定义是从犯罪主体上来研究经济犯罪原因,同时也指出了经济犯罪的基本行为特征,具有重要的社会意义。从另一方面说,萨瑟兰关于白领犯罪概念的提出,为西方犯罪学研究开拓了一个重要的领域。[1] 从萨瑟兰的经济犯罪定义,我们可以看出,首先,经济犯罪是"白领犯罪",是相对于"蓝领犯罪"而言的一种身份犯罪,所以,也被称为"绅士犯罪"。其次,经济犯罪的犯罪行为是在职务活动中实施的,所以,经济犯罪也被称为"职务犯罪"或"职业犯罪"。

在萨瑟兰从犯罪主体出发并以社会学的角度定义经济犯罪的时候,也有的西方学者从犯罪客体出发并以刑法学为角度定义经济犯罪。

德国学者林德曼1932年指出,经济犯罪是一种侵害国家整体经济及其重要部门与制度的可罚性行为。这是典型的从经济犯罪所侵害的客体的角度所下的经济犯罪的定义。林德曼提出的经济犯罪的定义,其贡献在于突出经济犯罪的客体是国家整体经济利益和国家对经济活动的管理,试图将经济犯罪同以侵害个人财产为主的传统财产犯罪加以区别。[2]

荷兰学者莫勒以经济犯罪所违反的法规为出发点,认为所谓经济犯罪是指意图谋取不法利益,在经济活动中,直接和间接的违反经济法规,干扰经济生活秩序,破坏整个经济结构的犯罪。[3] 根据这种观点,经济犯罪所违反的法规分为两类:一类是国家干预经济活动的一切法律;另一类是国家保护个人财产法益的刑事法律规范。凡违反这两类法律、法规,且干扰与危害经济秩序的,均为经济犯罪。从这个定义出发,经济犯罪又被称为"图利犯罪"或者"财产犯罪"。

我国台湾著名的刑法学者林山田从经济犯罪的行为方式的角度出发,认为经济犯罪是指意图谋取不法利益,利用法律交往和经济交易所允许的经济活动方式,滥用经济秩序所赖以为存的诚实信用原则,违反所有直接或间接规范经济活动之有关法令,而足以危害正常之经济活动与经济生活秩序,甚至于破坏整个经济结构的财产犯罪与图利犯罪。[4] 在上述经济犯罪定义的基础上,林山田教授还将传统形态的财产犯罪与经济犯罪加以区别。他认为,从犯罪侵害的客体上看,传统的财产犯罪所侵害的客体是特定人的财产利益;而经济犯罪主要是整个社会或者社会中的某一群人的财产利益。从犯罪行为实施的方式上看,传统的财产犯罪多为暴力犯罪,而且与罪犯从事的职业无关,而经济犯罪多为智力性犯罪,而且与罪

① 杨敦先、谢宝贵主编:《经济犯罪学》,中国检察出版社1991年版,第26页。
② 杨敦先、谢宝贵主编:《经济犯罪学》,中国检察出版社1991年版,第26页。
③ 林山田著:《经济犯罪与经济刑法》,台湾三民书局1981年版,第12页。
④ 林山田著:《经济犯罪与经济刑法》,台湾三民书局1981年版,第12页。

犯所从事的职业多有关系。从林山田教授的这个经济犯罪的定义出发,我们也可以将经济犯罪成为"智能犯罪"。

二、我国大陆学者关于经济犯罪含义的理解

正如笔者前文所述,我国大陆刑法学界和犯罪学界对于经济犯罪概念的研究,始于20世纪80年代的改革开放以后,尤其是1982年的《关于严惩严重破坏经济的罪犯的决定》在刑事立法上首次使用了"经济犯罪"这一名词,很快地得到了刑法学界、犯罪学界和司法部门的广泛认可,并且引起了理论界关于经济犯罪的概念的深入研究与探讨。经济犯罪的研究从此成为大陆刑法学界一个炙手可热的焦点话题。有的学者还提出了经济犯罪学、经济刑法学、经济刑法等新学科概念与范畴。[①] 但是,在我国刑法学界,对于经济犯罪的概念迄今为止仍然没有达成一个共识。

我国刑法中的经济犯罪的概念,到底有几种表述,不得而知。但是很多学者在自己的著作中都有过归纳,这却是事实。有的学者将我国的关于经济犯罪概念的表述归纳为经济关系说[②]、经济领域说[③]、经济秩序说[④]、经济法规说[⑤]、主体行为方式说、主观图利说等几种学说;[⑥]有的学者从传统经济犯罪的特征将经济犯罪的概念归纳为客体说[⑦]、领域说[⑧]、行为说[⑨]和混合说[⑩],还有的学者从经济犯罪外延的大小将经济犯罪的概念归结为广义的经济犯罪概念(经济犯罪是指一切发生在生产、交换、分配、消费过程中,侵害经济管理关系、经济流转关系和经济所有关系,违反了经济刑法规范,依法应当承担刑事责任的行为。)、狭义的经济犯罪概念(经济犯罪是指发生在社会生产和再生产过程中,侵害经济管理关系和经济协调关系,违反刑法法规,依法应当承担刑事责任的行为。)和折中的经济犯罪概念(经济犯罪活动,或者表现为违反国家经济管理法规,破坏国家经济管理活动的行为;或者表现为侵害社会主义所有制关系,攫取公私财物的行为;或者表现为利用职权谋取利益的行为)。

笔者认为,要正确地界定经济犯罪的概念,必须要把握以下几点:

第一,要确定研究经济犯罪的范畴,也就是说给经济犯罪的概念所处的语境定位。经济犯罪一词,在不同的语境与研究范畴当中,含义是不一样的。在犯罪学中,经济犯罪是作为一种类型的危害社会的行为来看待的,这种类型的划分,可以以经济犯罪的主体身份为标

---

① 张晋藩主编:《经济犯罪与对策》,中国政法大学出版社1989年版,第21页。

② 该种学说认为,经济犯罪是指以非法占有或者以非法营利为目的,侵害社会主义经济关系,依照法律应当受到刑罚处罚的行为。

③ 该种观点认为,经济犯罪就是指在经济领域中,破坏社会主义经济,实施侵害我国刑法所保护的社会关系的行为。

④ 该观点认为,经济犯罪,是指自然人或者法人在商品生产、分配、流通及其管理过程中,故意违反经济管理法规,破坏经济秩序,情节严重的行为。

⑤ 经济犯罪就是指一切违反我国刑事法律、经济法规,破坏社会主义经济秩序,危害我国经济制度及公共财产关系,情节严重,应当追究刑事责任的行为。

⑥ 黄京平主编:《破坏市场经济秩序罪研究》,中国人民大学出版社1999年5月版,第4—5页。

⑦ 一切侵害社会主义经济关系的,依照法律应受刑罚处罚的行为,都是经济犯罪。

⑧ 经济犯罪就是经济方面的犯罪,或者是经济领域内的犯罪。

⑨ 经济犯罪实质行为人为了谋取不法利益,滥用经济往来中所允许的经济活动方式、信用原则,违反所有直接或间接规定的有关法律、法规,足以危害社会主义正常的经济活动、干扰经济活动秩序的行为。

⑩ 经济犯罪是指在经济领域中,破坏社会主义经济秩序、实施侵害我国刑法所保护的社会主义的行为。

准,也可以经济犯罪的行为方式为标准,还可以从经济犯罪危害社会的犯罪被害角度来进行划分。从不同的角度所得出的经济犯罪的含义是有差异的。英国学者希尔在其《犯罪的资本家》一书中首先提出的经济犯罪概念、美国学者萨瑟兰的"白领犯罪"的经济犯罪概念、犯罪学家 H·J·施耐德的"职业犯罪"的犯罪学概念,其实都是从犯罪学的角度来定义经济犯罪的。而在刑法学当中研究经济犯罪,我们所要注重的应该是除了经济犯罪的社会危害性之外,还要从形式上考虑经济犯罪的刑事违法性和应当承担刑事责任性。一个经济违法行为,尽管具有社会危害性,但尚没有达到违反经济刑法的地步,或者已经违反了经济刑法,但由于种种原因,行为人不应该受到刑事责任的追究,都不属于经济犯罪。1932 年德国学者林德曼提出的经济犯罪概念、荷兰学者莫勒提出的经济犯罪概念以及我国台湾学者林山田提出的经济犯罪概念,都应该属于刑法领域内的经济犯罪概念。

第二,要注意经济犯罪概念的历史性。在刑事法当中研究经济犯罪,必须要注意经济犯罪概念的历史发展性,因为,在不同的时期,经济的概念是不一样的,与之相关联的经济犯罪的概念也有一定的差异,尤其是在我国。我国大陆的刑法学者之所以对经济犯罪概念的界定有传统的经济犯罪概念和新型的经济犯罪概念之分,而且有些学者有将传统的经济犯罪概念分为大传统的经济犯罪概念、中传统的经济犯罪概念和小传统的经济犯罪概念,乃至于有些学者将经济犯罪的概念分为大经济犯罪概念、中经济犯罪概念以及小经济犯罪概念,无一不与经济概念的变迁有着密切的历史关系。[①] 从 20 世纪 80 年代初到现在,我国经历了从计划经济到市场经济、从产品经济到商品经济的历史转换,所以,在此过程中出现众多观点不一的经济犯罪概念也就不足为怪了。

第三,要确立一个定义经济犯罪概念的具体方法。从我国大陆刑法学者对经济犯罪概念的界定来看,似乎都存在一个共同的立场,那就是试图在经济犯罪的定义中具体确定经济犯罪存在的范围,不管是传统的经济犯罪概念还是新型的经济犯罪概念,不管是广义的经济犯罪概念、狭义的经济犯罪概念抑或是折中的经济犯罪概念,最后学者总是要着重指出其概念指导下的经济犯罪的范围,比如说我国刑法中的哪一章是属于经济犯罪等等。其实,这种界定经济犯罪概念的方法尽管是基于我国刑法的罪刑法定原则,但是却忽略了一个问题,那就是有些东西是不能严格遵守罪刑法定原则的。我国刑法第 13 条对犯罪概念的界定就是一例。"在理论界,迄今为止有各种各样的尝试,试图从这些具体的犯罪类型中抽出共通要素,以确立经济刑法的一般性概念。但是,过于追求概念的严谨化,往往会把现实中应当处罚的一些重要犯罪类型从定义中漏掉。""从如何解释具体犯罪类型的观点来看,对经济刑法的概念做出比以上定义更为严格的定义是没有必要的。"[②]

基于上述三点理由,笔者认为,对于经济犯罪概念的界定,不必过于具体,不必过于严谨,即便不考虑犯罪学中的类型化概念,但也至少要考虑经济犯罪的概念与经济发展的历史关系以及解释的方法对经济犯罪概念的影响。所以,笔者认为,所谓经济犯罪,就是指破坏社会经济秩序,违反经济刑事法规,应当承担刑事责任的行为。至于哪些秩序是社会经济秩序,哪些法规是经济刑事法规,可以根据不同历史时期的经济概念的确定而确定。

---

① "传统的经济犯罪概念"、"新型的经济犯罪概念"、"大传统、小传统和中传统的经济犯罪概念"的提法请参见高铭暄主编《新型经济犯罪研究》,中国方正出版社 2000 年 8 月版,第 2—8 页;"大、中、小经济犯罪概念"请参见赵长青主编:《经济刑法学》,法律出版社 1999 年 8 月版,第 48 页。

② (日)芝原邦尔著,金光旭译:《经济刑法》,法律出版社 2002 年 9 月版,第 110—111 页。

第二节　经济犯罪的特征

经济犯罪既是刑法中的一类犯罪，又是犯罪学当中重点研究的一类犯罪。刑法中研究经济犯罪，主要从犯罪的刑事法的共性上去研究，即主要研究经济违反行为是否违反了经济刑事法规，是否应当承担刑事责任等；而犯罪学上研究经济犯罪，则主要将其作为一种社会现象来进行，研究经济犯罪的特点、现状、原因与对策。所以，作为经济犯罪，它在刑法上与在犯罪学上研究的侧重点是不一样的，进而经济犯罪在刑法学上与在犯罪学上所表现出来的特征也差之甚矣。

一、经济犯罪的刑法学特征

即便是在刑法上研究经济犯罪，其特征主要表现在两个方面：一是经济犯罪与其他刑事犯罪一样所表现出来的共同特征；二是经济犯罪的构成特征。至于经济犯罪的构成特征，笔者将在下文中的"经济犯罪的构成"一章中专门论述，这里仅论述经济犯罪的一般特征。

（一）经济犯罪具有严重的社会危害性

近20多年来，是我国经济突飞猛进、快速发展时期，也是我国经济转型的时期，在这种经济转型中，由于缺乏一定的经验，所以立法滞后的状况在所难免；加上一些人为了满足不断膨胀的金钱欲望，不惜铤而走险，利用经济转型中经济运行与经济管理的漏洞，大胆地生产、销售伪劣商品、走私、破坏国家对公司企业的管理秩序、破坏金融管理、利用金融手段进行诈骗、妨害税收、侵犯他人的知识产权、扰乱市场管理、利用职务之便侵吞国有财产、挪用公款、收受贿赂等，严重地破坏了国家的经济管理，侵犯了国家和他人的合法利益，玷污了国家工作人员职务活动的廉洁性，使国有资产大量流失，给国家和社会及个人造成了巨大的不可估量的损失。物欲横流，腐败丛生，社会主义的社会经济面临着严峻的考验。至于经济犯罪给社会带来的危害之大、行为之恶劣、数目之惊心，笔者在此乃一笔所不能穷尽。

（二）经济犯罪具有经济刑事违法性

一般认为，经济犯罪是违反了经济刑法的行为。但我国并没有专门的经济刑法典，而是将经济犯罪作为专门的一章或者几章规定在刑法典当中，故，所谓违反经济刑法的行为，在我国就是违反刑法典的行为。

十一届三中全会以来，我国的国民经济之所以能够得到健康发展，是以稳定的社会主义市场经济秩序为前提的。而稳定的社会主义市场经济秩序，又以国家用以管理和维护市场经济秩序的大量法规为重要保障。社会主义经济管理法规涉及广泛的范围，包括调整生产、交换、分配等经济活动的各个环节，工业、农业、林业、渔业、财政、金融、贸易、工商、税务、海关等经济活动诸领域的法规。经济犯罪，就是在市场经济活动中，为了谋取个人或者局部的非法经济利益，而以直接违反上述经济管理法规的方式，干扰国家对市场经济的管理活动，侵害市场经济秩序，危害经济基础。所以，我国的刑事立法，对这一类犯罪予以了特别的关注。尤其是1997年刑法，将"破坏社会主义市场经济秩序罪"列为刑法专门的一章，又根据犯罪行为所侵害的经济管理秩序的具体领域，将该章的经济犯罪分为八节。新刑法又将原先属于财产犯罪的贪污罪和原先属于渎职犯罪的贿赂类犯罪进行修改和完善，列为刑法的专门一章。所有这些,为刑事法律打击经济犯罪提供了明确的刑事法律规定。所以,一般的经济违法行为,只能作为一般的违反经济法规的行为,给予适当的行政和经济制裁与处罚就可以了,一旦经济违法的程度触犯了刑事法律,就构成了经济犯罪,也就只能用刑事制裁的手段来遏制了。

(三) 经济犯罪具有应当承担刑事责任性

并不是所有的经济刑事违法行为都是犯罪,经济犯罪还必须具有应当承担刑事责任这一特征。应当承担刑事责任必须要从经济犯罪的主观和客观两方面进行考察,具体认定经济违法行为的实质、违法行为人的主观方面以及违法行为人的自身自然条件等。很多学者将经济刑法的这一特征概括为"经济犯罪的应受刑罚处罚性",笔者认为不妥。因为,我们知道,根据我国刑法的规定,刑事责任的承担有三种方式,即:刑罚处罚、非刑罚处罚以及仅宣告有罪。所以,一个人实施了犯罪行为,不一定要受到刑罚处罚,刑罚处罚仅仅是比较常用的一种刑事责任的承担方式而已。[①]经济犯罪也是如此,大多数的经济犯罪人应受到刑罚处罚,但也不否定对于一些较轻的经济犯罪行为只给予非刑罚处罚或者仅宣告有罪的情况。

二、经济犯罪的社会学特征

从犯罪学的意义上讲,作为一种特殊类型的经济犯罪,具有不同于其他犯罪的特征,只有深刻地认识经济犯罪的各种特征,才能切实把握经济犯罪的运动规律,从而为制定预防与控制经济犯罪的对策奠定坚实的基础。

(一) 经济犯罪具有相当的复杂性

在商品经济社会里,生产力迅速发展,社会分工越来越细,国家仅仅依靠调整财产关系的法律已经无法维持正常的经济秩序。为了保证商品经济得以顺利发展,国家不得不采取各种行政的、法律的和经济的手段,来调整日益复杂的经济关系。在这样一种复杂的经济环境下,经济领域内的犯罪活动也呈现出前所未有的复杂性的特点。其实,经济法律的复杂性,也是决定经济犯罪复杂性的一个重要因素。和其他的刑事犯罪不同,要想正确认定经济犯罪,仅仅熟悉刑法是不够的,因为,在我国刑法关于经济犯罪规定的条款中,大都采用的是空白罪状,也就是说,想认识和处罚某种经济犯罪,必须要将相关的经济法的内容和刑法的内容结合起来方可。

从另一种意义上说,经济犯罪的复杂性还表现在以下几个方面:第一,经济犯罪的主体相当复杂。根据刑法规定,经济犯罪的主体既有自然人,又有单位;自然人主体中既有一般主体,又有特殊主体。单位经济犯罪主体中,既有一般性质的单位,也有特殊身份的单位。第二,经济犯罪的范围相当复杂。刑法中规定的经济犯罪有两大章九大类,每一类犯罪都有自己特殊的犯罪领域。可以说,经济犯罪深入到国民经济的每一个环节和角落。最后,经济犯罪的手段和方法相当复杂。某一个经济犯罪一旦发生,侦查人员必须具备专门的知识和手段、技能和装备,才能侦破案件。

(二) 经济犯罪之智能性和隐蔽性

犯罪有自然犯罪与法定犯罪之别,有暴力犯罪与智力犯罪之分。一般来说,自然犯罪与

---

① 张明楷著:《刑法学》,法律出版社 1997 年版,第 2 页。

暴力犯罪都是属于传统犯罪之范畴，它们多数表现为公然藐视社会公德和公然反抗社会管理与破坏社会秩序的行为，也就是说，自然犯罪与暴力犯罪具有公然性。而法定犯罪和智力性犯罪却不是这样，往往表现为以一定隐蔽的手段实施犯罪行为。根据台湾学者林山田的观点，经济犯罪是一种智能犯罪。智能犯罪是采用智力手段所进行的犯罪。该类犯罪往往与犯罪主体的知识水平、职业经验密切相关。经济犯罪的主体，达到受到过良好的正规教育，甚至具有丰富的经济、财政、贸易、会计或者法律等方面的专门知识，具有长期从事经济活动的经验。经济犯罪主体的这种特殊地位和文化素质，使经济犯罪的行为人所采取的犯罪手段与其他刑事犯罪相比，具有更大的复杂性和隐蔽性。"在公众的眼里，经济犯罪之社会危害性就被涂上了一层朦胧的色彩。正是这种较为模糊的社会危害性，在很大程度上强化了经济犯罪的隐蔽性。"[1]

经济犯罪的隐蔽性和智能性同时决定了经济犯罪的不易侦查性以及高黑数性。经济犯罪人奸诈狡猾，作案手段高明，往往又有合法的形式作掩护，后面还有人予以包庇或开脱。而且许多经济犯罪的危害社会的后果并不是很直观明显，因此，不易被人发现，也不易被侦破。加之许多被害人基于种种顾虑的反常心理，讳莫如深，不愿意求助于司法机关进行追究，从而大大地限制了司法机关对于经济犯罪的刑事责任的追究，造成经济犯罪的"犯罪黑数"远远高于其他的刑事犯罪。"犯罪黑数"高，说明经济犯罪极大的潜在危害性，同经济犯罪作斗争的长期性和艰巨性。

（三）经济犯罪之进化性

经济犯罪具有进化性，主要表现在以下几个方面：第一，从经济犯罪的立法简史看，经济犯罪其实原本是由传统的财产关系发展而来。经济犯罪与传统的财产犯罪表现为一种千丝万缕的联系，乃至于到现在，很多的学者在界定经济犯罪的时候，还将传统的财产犯罪界定在经济犯罪范围之内。第二，从经济犯罪的发展趋势看，新型的经济犯罪不断出现。经济犯罪的产生，无一不以一定的经济关系为存在前提。在某种经济关系尚未建立之前，产生侵害这种经济关系的犯罪也不可能发生。但是随着经济的发展，新的经济关系不断产生和建立，进而侵害相应的经济关系的经济犯罪也如雨后春笋一般地产生出来。我国1997年刑法相对于1979年刑法的经济犯罪数量的明显增多，便是一个明显的例证。第三，经济犯罪之进化性，还表现在作为经济犯罪的内涵本身，也在不断地发生变化。同样是一个经济犯罪，在不同的历史时期，其含义、构成要件以及罪与非罪、重罪与轻罪的标准也是不一样的。"投机倒把罪"的分解、"金融诈骗罪"从"诈骗罪"中的分离、几种主要贪污贿赂犯罪的法定刑的提高，以及众多的新型的经济犯罪的确立，无一不在说明经济犯罪的含义是不断变化的，许多计划经济下的犯罪行为被平反昭雪，许多计划经济下的合法行为到市场经济下反而成了犯罪。即便在某个特别的经济犯罪本身，其含义也是在不断变化的。如贪污罪主体的不断修改和完善、经济型受贿和斡旋受贿的逐步建立，都说明了经济犯罪具有进化性。这种进化性发生在过去、现在，也会不断地发生在将来。

---

[1] 赵长青主编：《经济刑法学》，法律出版社1999年8月版，第56页。

第三节　经济犯罪的分类

经济犯罪属于复杂犯罪，其表现形形色色，涉及的领域非常广泛。国内外众多学者都试图对纷繁复杂的经济犯罪现象作以科学的分类，以便从中抽象出经济犯罪的规律性，并用以指导经济刑事立法和经济刑事司法。

一、经济犯罪分类的标准

经济犯罪与其他刑事犯罪一样，在分类时都有一个标准问题，以不同的标准进行的分类是不一样的。但经济犯罪与其他刑事犯罪又不太一样，由于经济犯罪涉及的领域极其广泛，主体的构成相当复杂，而且犯罪的手段多种多样，所以经济犯罪的分类标准不像其他刑事犯罪那样单纯。

经济犯罪的类型划分，可以有不同的角度与标准。但比较常用的分类标准有以下几个方面：

第一，以经济犯罪所侵害的客体为标准进行分类。这是最常用的一个标准，根据经济犯罪的客体不同，将经济犯罪分为不同的种类，其实也就是根据经济犯罪所属的不同的经济领域来进行分类的，比如我们将经济犯罪划分为金融犯罪、税务犯罪、知识产权犯罪等。

第二，以经济犯罪的犯罪手段为标准进行分类。经济犯罪是一种贪利性犯罪、智能性犯罪，这就决定了经济犯罪的手段有所区别，有些经济犯罪可能是诈骗的手段进行的；有些经济犯罪是利用职务之便进行的等等。

第三，以经济犯罪的犯罪主体为标准进行分类。有学者认为，经济犯罪是一种白领犯罪、身份犯罪、绅士犯罪，但并非所有的经济犯罪都是有特定身份的人进行的，有些经济犯罪是可以有一般主体实施的。如果以犯罪主体为标准进行分类，经济犯罪首先可以分为单位经济犯罪与自然人经济犯罪，然后在单位经济犯罪里又分为纯正的单位经济犯罪（如私分国有资产罪）和不纯正的单位经济犯罪；自然人经济犯罪又分为身份经济犯罪（贪污贿赂罪）和非身份经济犯罪等。

第四，以经济犯罪的发展历史结合我国经济性质的转变过程为标准。有的学者认为，我国作为一个社会主义国家，自新中国成立以来到 20 世纪 80 年代初，然后从 20 世纪 80 年代至今，经济的性质从计划经济发展到市场经济，相应地，经济犯罪也应该分为传统的经济犯罪和新型的经济犯罪两大类。我国对于经济犯罪的研究始于 20 世纪 80 年代，当时的中国学者所谓的经济犯罪，其范围包括两大类犯罪，即破坏社会主义经济秩序罪和侵犯财产罪。这就是所谓的传统的经济犯罪；20 世纪 90 年代，中国学者所探讨的经济犯罪，其范围包括破坏社会主义经济秩序罪、破坏环境资源保护的犯罪和刑法专门辟为一章的贪污贿赂犯罪，此乃所谓的新型的经济犯罪。

第五，混合标准。由于经济犯罪的复杂性质，决定了很难用某一个标准就能科学地将经济犯罪进行分类。因此，多数国家一般都采用混合标准来划分经济犯罪的类型。也就是用犯罪客体、犯罪方法与手段、犯罪主体等相结合的标准来划分经济犯罪。

笔者认为，以经济犯罪的发展历史为标准，将经济犯罪分为传统的经济犯罪与新型的经济犯罪，有商榷之处。因为，新型的经济犯罪往往都是在传统的经济犯罪的基础上基于新型的手段、方法和特定的领域而形成的,并不是与传统的经济犯罪而截然对立的,所以,两者具有交叉之处,不利于人们对经济犯罪性质的理解。如投机倒把罪是旧刑法中规定的经济犯罪,可谓传统,但新刑法将之分解为非法经营罪等犯罪,那么非法经营罪是传统的经济犯罪还是新型的经济犯罪呢? 以经济犯罪的主体身份为标准划分经济犯罪,往往会使同一性质的经济犯罪分居两室,割断经济犯罪的连续性和相关性,给经济犯罪的认识和使用带来一定的困难。其实,我国刑法中一般都是将单位经济犯罪和自然人经济犯罪放在同一个法条中予以规定,将特殊主体的经济犯罪和一般主体的经济犯罪也放在同一个法条中,以不纯正身份犯的形式规定下来。

相比之下,笔者认为,以经济犯罪侵害的特定领域为标准,辅以经济犯罪的方法和手段,对经济犯罪进行分类,比较合理。首先,将某类经济犯罪定位在某一领域,使所有相关的犯罪都集合在一起,容易使人们理解该类犯罪的本质,使人们更好地运用法律认定和处罚该类犯罪。其次,将侵害同一领域的经济犯罪放在一起,容易使人们对该类犯罪的立法与司法进行比较研究,找出该类犯罪在立法上的不足,更好地修改和完善法律。最后,侵害特定经济领域的犯罪,往往实施犯罪的手段都有其特殊性,如金融诈骗类的经济犯罪、走私犯罪等,手段的不同也就决定经济犯罪所侵害的法益不同,使人们更好地认识经济犯罪。实际上我国 1997 年刑法就是根据经济犯罪所侵犯的不同的经济领域,将 1979 年刑法实施期间直到 1997 年新刑法通过之前的全国人大及其常委会所制定的多部关于经济犯罪的单行刑法经过法典化的过程直接放入新刑法的经济犯罪一章,作为其单独的一节规定下来,便于认定与处罚。

二、经济犯罪的分类

根据经济犯罪侵害的客体和领域不同,辅以实施犯罪的方法与手段,我们可以将经济犯罪分为如下两类:

(1)破坏社会主义经济秩序的犯罪。

① 生产、销售伪劣商品罪;② 走私罪;③ 妨害对公司、企业管理的犯罪;④ 破坏金融管理秩序罪;⑤ 金融诈骗罪;⑥ 妨害税收管理的犯罪;⑦ 侵犯知识产权的犯罪;⑧ 扰乱市场管理秩序的犯罪。

(2)贪污贿赂犯罪①。

---

① 其实,刑法分则第五章中的"职务侵占罪"、"挪用资金罪"、"挪用特定款物罪"和刑法分则第三章中的"公司、企业人员受贿罪"也是经济犯罪,受经济犯罪分类的限制,笔者将这几种犯罪放在贪污贿赂罪一章,直接作为渎职经济犯罪来对待。另外,贪污贿赂犯罪是否属于经济犯罪,理论界素有争议,所以,本书在分则中暂不探讨该类犯罪。

第 四 章
经济犯罪的犯罪构成

[导入案例]

蒋中良、张淮波、马西凡被控合同诈骗宣告无罪案

公诉机关:安徽省蚌埠市人民检察院。

被告人蒋中良,男,1963年6月16日出生,汉族,高中文化,河南省商丘市人,原系杭州金国盾电子科技有限公司职工,住蚌埠市和平家园东单元4楼1户。2006年3月22日因涉嫌合同诈骗罪被刑事拘留,同年4月29日被逮捕。现羁押于蚌埠市第一看守所。

辩护人赵雪华,安徽北正律师事务所律师。

被告人张淮波,男,1967年2月20日出生,汉族,大专文化,安徽省蒙城县人,原系杭州金国盾电子科技有限公司、浙江国盾电子有限公司法定代表人,住蚌埠市禹会区圈堤西路8号。2006年4月14日因涉嫌合同诈骗罪被刑事拘留,同年4月28日因蚌埠市人民检察院决定不批准逮捕,于当日被释放,同年5月17日被逮捕。现羁押于蚌埠市第一看守所。

辩护人吴建农,安徽乐业律师事务所律师。

被告人马西凡,男,1959年5月16日出生,回族,小学文化,安徽省蚌埠市人,原系杭州金国盾电子科技有限公司职工,住蚌埠市雪华路3号。2006年4月14日因涉嫌合同诈骗罪被刑事拘留,同年4月28日因蚌埠市人民检察院决定不批准逮捕,于当日被释放,同年5月16日被逮捕。现羁押于蚌埠市第一看守所。

辩护人张向前、迮传兵,安徽乐业律师事务所律师。

蚌埠市人民检察院以蚌检刑诉(2007)09号起诉书指控被告人蒋中良、张淮波、马西凡犯合同诈骗罪,于2007年3月9日向本院提起公诉。本院依法组成合议庭,公开开庭审理了本案。蚌埠市人民检察院指派检察员康正营、董鑫出庭支持公诉,上列被告人及辩护人均到庭参加诉讼。现已审理终结。

蚌埠市人民检察院指控:(一)2002年初,广东国盾公司委派副总经理于志勇(另案处理)到浙江省开展国盾印章治安管理信息系统软件的推广、使用。随后,在没有资金的情况下,于志勇、付海龙(北京国盾高科技有限公司,另案处理)等人通过中介公司成立了杭州金国盾公司。

2002年4、5月份,被告人马西凡、张淮波认识了被告人蒋中良。蒋自称在公安部治安局工作,现负责公安部金盾防伪印章的推广。2002年7月20日,张淮波、马西凡在蒋的带领下前往北京国盾高科技有限公司,以470万元的价格从付海龙手中购买了杭州金国盾公

司及所谓的"杭州市防伪印章技术经营权"。同年 10 月 18 日,杭州金国盾公司变更了法人代表及股东登记。后来由于无力支付欠付海龙的资金,张、马向蒋中良提出不再做该项目,要求付海龙退款,蒋、付不同意,并称公司必须融资才能继续生存下去。之后,蒋中良通过叶连武认识浙江兽霸集团有限公司董事长徐建恩,将杭州金国盾公司 80% 股份以 1600 万元的价格转让给徐建恩。徐建恩要求蒋中良等人对相关合同条款进行担保。马西凡遂找到蚌埠民生担保有限公司。马、蒋等人向该担保公司隐瞒了公司经营的真实情况,提供了公司的前景资料及表面材料,骗取该公司的信任。2003 年 2 月 12 日,张淮波、马西凡等人与徐建恩签订了协议书,民生担保公司出具了担保函。同日,张淮波等人向民生担保公司出具了反担保承诺书。同年 2 月 14 日,徐建恩将 350 万元汇入民生担保公司账户,其中 30 万元作为担保费,另 320 万元被蒋中良、张淮波、马西凡提出。经查,杭州市至今未建立印章治安管理信息系统,未向任何单位发放独家经营印章计算机管理系统经营权,更不存在指定哪个单位实施印章计算机管理系统的唯一指定单位以取得合法经营权、承制权。

(二)在成立杭州金国盾公司后不久,于志勇等人采用同样手段成立了浙江国盾公司。2002 年 10 月 31 日,张淮波以 1000 万元的价格从付海龙手中买下浙江国盾公司 51% 的股份及所谓在浙江省的"防伪印章计算机管理信息平台经营权"。法定代表人变更为张淮波。之后,蒋中良通过郭泉松认识了叶连武。蒋中良不如实向叶提供"国盾印章治安管理信息系统"项目的真实情况,欺骗叶连武共同合作开发该项目。后又自称是"公安部三局三处处长",这次受"公安部副部长"、北京国盾公司老总付海龙的委派在全国推广经营"印章治安管理信息系统项目",浙江国盾公司已取得了在浙江省的经营权,其既是浙江国盾公司的副总经理,又持有该公司的股份,愿意将其在公司 10% 的股份(经查蒋中良在该公司没有股份)作价 550 万元进行转让。马西凡也证实蒋的身份和项目的真实性。在蒋、马的欺骗下,叶连武、朱民荣、吴叶光决定投资该项目。2003 年 3 月 22 日,蒋中良、马西凡到浙江省青田县,在该县华侨饭店,蒋中良(蒋多次供述受张淮波委托,代表浙江国盾公司)与朱民荣签订了协议书。协议书规定:1. 甲方同意将浙江国盾公司所占有的 10% 股份以人民币 550 万元价格转让给乙方。2. 甲方必须在 2003 年 12 月 31 日前办妥浙江省公安厅特种行业许可证,获得承建、经营、管理浙江省印章治安管理信息系统的经营权。事后,张淮波代表浙江国盾公司与朱民荣签订一份内容一致的补充协议及备忘录。2003 年 3 月 31 日至 8 月 5 日,叶连武等三人共付款 530 万元。其中 200 万元交给了付海龙,余款被张淮波用于公司经营和还账。至案发时,浙江国盾公司未能办妥浙江省公安厅特种行业许可证,获得承建、经营、管理浙江省印章治安管理信息系统的经营权。

公诉机关认为,被告人蒋中良、张淮波、马西凡向担保公司隐瞒了公司经营的真实情况,仅提供前景资料和表面材料,从而骗取担保公司的信任而提供了担保。此外,被告人蒋中良不如实向叶连武提供"国盾印章治安管理信息系统"项目的真实情况,伙同马西凡虚构身份,在其没有公司股份的情况下,欺骗叶连武等人投资该项目,并受张淮波的委托,代表国盾公司签订了协议书。至案发时,杭州市未有建立印章治安管理信息系统,且浙江国盾公司未能办妥浙江省公安厅特种行业许可证,获得承建、经营、管理浙江省印章治安管理信息系统的经营权。因此,三被告人在签订履行合同中,虚构身份和事实,骗取被害人钱款 700 万元,数额特别巨大,其行为均构成合同诈骗罪,应依据《中华人民共和国刑法》第二百二十四条、二十五条之规定,依法判处。

被告人蒋中良辩称自己的行为属于经济纠纷,不构成犯罪。其辩护人提出的辩护意见为:被告人蒋中良主观上没有诈骗的故意,客观上没有实施诈骗的行为,且所得钱款均用于公司经营与运作。起诉指控合同诈骗罪证据不足,不能成立。

被告人张淮波辩称自己没有诈骗被害人,不构成犯罪。其辩护人提出的辩护意见为:1. 杭州金国盾公司与浙江国盾公司均系张淮波等人控股的公司,浙江国盾公司已取得广东国盾公司的授权,负责实施承建该印章项目。故浙江国盾公司取得了经营权,则杭州市的市场就自然归属杭州金国盾公司。2. 在民生担保公司担保及向朱民荣转让股份的整个过程中,三被告人没有捏造事实和提供虚假资料。3. 防伪印章项目是实际存在的,但市场开发依附于政府的行政行为。担保公司担保的对象即是对预期履约行为和期待权利的担保。4. 指控的700万元全部用于印章项目,没有被任何个人占有。因此,起诉指控证据不足,不能成立。为此,其还提供了协议书等五份证据。

被告人马西凡辩称自己不构成犯罪。其辩护人提出的辩护意见为:1. 在担保公司提供担保过程中,被告人马西凡没有提供虚假材料,没有证据证明马西凡隐瞒了真实情况及如何隐瞒。2. 起诉指控的第二起中,没有证据证明马西凡证实过蒋中良是公安部的处长。3. 所得钱款全部用于公司经营,没有被个人非法占有。4. 基于同样的手段,并提供同样材料的情况下,公诉机关没有指控各被告人同徐建恩签订协议的行为构成犯罪,却指控同朱民荣签订协议的行为构成犯罪,二起指控自相矛盾,而且同徐建恩签订的协议已被浙江省高级人民法院生效判决确定为有效的民事行为。因此,同朱民荣签订协议的行为也应是民事法律行为,起诉指控证据不足,不能成立。

经审理查明:(一)广东国盾防伪技术实业开发有限公司(以下称广东国盾公司)和公安部第二研究所合作研制出国盾印章治安管理信息系统软件,并于2000年7月通过公安部防伪产品质量监督检验中心检验。2002年4月,广东国盾公司在浙江省印章治安管理信息系统招标会上中标,被确定为全省系统建设技术总牵企业。广东国盾公司遂委派副总经理于志勇(另案处理)到浙江省开展该软件的推广、使用工作。为了开拓市场,于志勇与北京国盾高科技有限公司法人代表付海龙(另案处理)等人先后于2002年6月6日、11月6日成立了杭州金国盾电子科技有限公司(以下称杭州金国盾公司)和浙江国盾电子有限公司(以下称浙江国盾公司),经营范围均为计算机信息网络技术的开发及咨询;成果转让等。2002年7月,杭州金国盾公司同舟山市公安局签订了印章防伪技术建设协议。

2002年4、5月份,被告人马西凡通过他人认识了被告人蒋中良,蒋自称在公安部工作,负责公安部金盾防伪印章的推广,并讲述了该项目的性质、前景等。马西凡遂找到朋友张淮波,介绍该项目。2002年7月20日,被告人张淮波、马西凡在蒋的带领下来到北京国盾高科技有限公司,后与付海龙签订合同,以470万元从其手中购买杭州金国盾公司及"国盾印章治安管理信息系统"在杭州市的经营权、使用权。2002年10月31日,被告人张淮波又以1000万元从其手中购买了浙江国盾公司51%的股份。截至2005年5月20日,因购买两个公司的股份,张淮波、马西凡共付给付海龙767万元。

2002年10月17日,张淮波等人与杭州金国盾公司原股东于志勇等人签订了股份转让协议,并于次日变更了公司登记,其中张淮波为法定代表人,蒋中良、马西凡为股东。进入杭州金国盾公司后,由于出现资金困难,蒋中良提出进行融资。之后,蒋中良通过奥地利籍华人叶连武认识了浙江兽霸集团有限公司董事长徐建恩。经过商谈,双方于2003年2月12

日签订协议,决定将杭州金国盾公司80%的股份以1600万元的价格转让给徐建恩。徐建恩要求蒋中良等人对"杭州金国盾公司能取得杭州市(包括市、区、县)的独家经营印章计算机管理系统的十年经营权以及负责协调杭州市政府及有关部门的关系,以取得有关部门的正式批准文件,确定杭州金国盾公司为杭州市(包括区、市、县)独家实施印章计算机管理系统的唯一指定单位,以取得合法的经营权、承制权,在杭州市推广应用"的合同条款进行担保,并在合同中约定如果在2003年年底前不能取得批文,应承担违约责任。马西凡遂找到蚌埠市民生担保有限公司(以下称民生担保公司),请求该公司提供担保。民生担保公司于2003年2月13日向徐建恩出具担保承诺函。当天,张淮波又与民生担保公司签订了反担保协议,承诺为该公司因承担保证责任所形成的一切损失提供反担保责任。次日,徐建恩将首付350万元汇入民生担保公司账户,其中30万元作为担保费扣除,320万元被蒋中良等人提出后,于同年2月16日交给付海龙217万元。因蒋中良等人未能履行合同,徐建恩于2005年1月25日提起民事诉讼。经杭州市中级人民法院及浙江省高级人民法院审理,判决蒋中良等人承担违约责任、民生担保公司对350万元承担连带责任,并已执行完毕。2006年3月11日,民生担保公司向公安机关报案。案发后,付海龙退回320万元,已发还民生担保公司。

(二)2003年2月20日,浙江国盾公司修改了章程,确定被告人张淮波占有公司51%的股份,并将法定代表人变更为张淮波。2002年年底,被告人蒋中良通过浙江省临安市工商会副会长郭泉松认识了叶连武。随后,蒋中良向其介绍防伪印章系统项目,叶连武又介绍朱民荣、吴叶光与蒋认识。经商谈,叶、朱、吴三人决定投资该项目。2003年3月22日,蒋中良代表浙江国盾公司与朱民荣签订了协议书,主要内容如下:"1.甲方同意将浙江国盾公司所占有的10%股份以人民币550万元的价格转让给乙方。2.甲方必须在2003年12月31日之前办妥浙江省公安厅特种行业许可证,获得承建、经营、管理浙江省印章管理治安信息系统的经营权"。事后,张淮波又代表浙江国盾公司与朱民荣签订一份内容与该协议一致的补充协议及备忘录。2003年3月31日至8月5日期间,叶连武等三人共计付款530万元。蒋中良等人将钱提出后,交给付海龙200万元,余款被用于公司经营及还账。2003年年底,朱民荣等人以蒋中良在浙江国盾公司没有股份为由要求退款,并于2005年11月到浙江省青田县公安局报案。

上述事实,控辩双方均无异议,且有以下证据予以证实:

1. 浙江省公安厅浙公通字(2003)1号文件、浙江省印章治安管理信息系统建设协议书、广东国盾公司授权书等书证证实,广东国盾公司研制的国盾印章系统软件在浙江省公安厅组织的印章治安管理信息系统招标中中标,被确定为全省系统建设技术总牵企业,并委托浙江国盾公司负责承建实施该项目。

2. 证人于志勇、付海龙、邓爱民证言、公司设立登记申请书、印章防伪技术建设协议等书证证实,广东国盾公司委派副总经理于志勇到浙江省开展印章治安管理信息系统的推广、使用,并先后了成立杭州金国盾公司和浙江国盾公司。此外,杭州金国盾公司于2002年已经同舟山市公安局签订了合作协议。

3. 证人付海龙证言、三被告人供述、付海龙收取股金的收条等书证证实,张淮波等人分别以470万元和1000万元的价格购买了杭州金国盾公司及浙江国盾公司的股份,并先后向付海龙支付了767万元。

4. 股份转让协议、公司变更登记审核表、公司章程等书证证实,通过股份转让及杭州市工商部门的合法变更,三被告人成为杭州金国盾公司及浙江国盾公司的股东、法定代表人。

5. 三被告人供述、朱民荣等三人陈述、股份转让协议书、民生担保公司担保函等书证证实,2003年2、3月份,因资金困难,蒋中良等人向徐建恩、朱民荣转让公司股份,并在协议中约定如果在2003年年底前不能取得相关批文,应承担违约责任。

6. 被告人蒋中良、张淮波供述证实,蒋中良是代表浙江国盾公司与朱民荣签订的协议,转让的是张淮波持有的10%股份。

7. 杭州市中级人民法院(2005)杭民二初字第151号及浙江省高级人民法院(2006)浙民二终字第18号民事判决书、和解协议、收据等书证证实,蒋中良等人向徐建恩转让股份及民生担保公司提供担保的行为已被生效判决确定为合法有效的民事行为,并已执行完毕。

8. 证人赵何银证言证实,2003年3月至2006年,其在担任浙江国盾公司会计期间,张淮波共交到公司现金约100万元,均用于了公司支出。

9. 三被告人供述、付海龙收取股金的收条、建设银行汇款凭证等书证证实,徐建恩、叶连武等人支付了股份转让款以及张淮波等人将其中的417万交给了付海龙。另证实在转让股份之前已向付海龙支付了350万元。

以上证据经庭审举证、质证、查证属实,应作为定案的依据。

本院认为,本案不符合合同诈骗罪的构成要件,公诉机关指控被告人蒋中良、张淮波、马西凡构成合同诈骗罪,证据不足。理由是:1. 杭州金国盾公司与浙江国盾公司都是广东国盾公司为了开展国盾印章系统的推广、使用而成立,股东变更后,法定代表人均为张淮波。两个公司及国盾治安管理信息系统均是真实存在的,且浙江国盾公司取得了广东国盾公司的授权。此外,杭州金国盾公司在2002年已经同舟山市公安局合作完成了该项目的建设。因此,两公司有权在杭州市和浙江省推广使用国盾印章系统。2. 张淮波等人通过合法途径取得两公司的股份,并经过了工商管理部门的依法变更。因此,三被告人作为公司合法的股东、法人代表,有权在经营过程中依法转让所持有的公司股份。其所签订的股份转让协议等均是双方当事人的真实意思表示,应属合法有效的民事行为,并且向徐建恩转让股份以及民生担保公司提供担保的合法有效性已经被生效民事判决所确定。3. 至案发时,杭州市没有建立该印章项目及浙江国盾公司没有取得浙江省公安厅特种行业许可证不能否定印章项目存在的真实性、合法性。此外,民生担保公司在提供担保及朱民荣在签订协议时,均明知三被告人有可能在2003年年底前不能取得相关批文,已经预知提供担保和购买股份具有一定的风险。因此,不能因为三被告人没有能够履行协议而认定其在签订协议时就具有诈骗的主观故意。4. 公诉机关关于"蒋、马二人隐瞒了公司经营的真实情况,提供了公司的前景资料及表面材料,骗取该公司的信任"的指控,仅有被告人马西凡在侦查期间的供述,无其他证据予以印证,且马西凡当庭又予以否认。此外,公诉机关没有提供证据证明三被告人向担保公司提供的其他资料是虚假的。关于"被告人蒋中良不如实向叶连武提供国盾印章治安管理信息系统项目的真实情况"的指控,公诉机关没有提供证据证明蒋中良隐瞒了哪些真实情况及如何隐瞒。关于蒋、马二人虚构身份的指控,仅有叶连武、朱民荣、吴叶光的陈述,但该三人与本案有重大利害关系,且被告人蒋中良、马西凡不予承认,又无其他证据印证。5. 关于"蒋中良不持有浙江国盾公司股份"的指控,经查属实。但蒋中良始终供述转让的不是本人持有的股份,其只是代表公司签订合同,事后张淮波又签了一份内容一致的补充协议。对此,起诉书中也予以了认定。因此,即使蒋中良在签订协议前没有得到授权,但张淮波作为法人代表在事后已经予以追认。因此,应认定蒋中良是代表公司转让股份,其签订协议的行为属于有效的民事法律行为。6. 现有证据能够证实有 417 万元被张淮波等人支付给了付海龙,余款被用于公司经营。因此,公诉机关没有提供证据证明三被告人非法占有了 700 万元。综上,被告人蒋中良、张淮波、马西凡与徐建恩签订的股份转让协议、民生担保公司的担保承诺函及反担保承诺书均系双方当事人的真实意思表示,应属合法有效的民事行为;被告人蒋中良代表浙江国盾公司与朱民荣签订股份转让协议的行为,事后得到了法人代表张淮波的追认,也属合法有效的民事行为。三被告人在签订协议后,未能如期履行,应依法承担违约责任。公诉机关既没有提供确实充分证据证明三被告人在签订履行合同过程中,虚构了身份或隐瞒事实真相,也不能提供确实充分证据证明三被告人骗取和非法占有了该钱款,因此,起诉指控三被告人构成合同诈骗罪证据不足。三被告人及辩护人的辩解辩护意见,予以采信。据此,依照《中华人民共和国刑事诉讼法》第一百六十二条第(三)项之规定,判决如下:

一、被告人蒋中良无罪。

二、被告人张淮波无罪。

三、被告人马西凡无罪。

[思考]

1. 什么是犯罪构成?犯罪构成的要件有哪些?

2. 犯罪构成的作用是什么?

第一节　经济犯罪的犯罪构成概述

经济犯罪是根据犯罪侵害的客体以及实施犯罪的特定的手段和方法为标准而从其他刑事犯罪中分离出来的一类特定的犯罪。与其他刑事犯罪一样,尽管经济犯罪的侵害领域相当广泛、主体构成非常复杂、犯罪的行为形形色色,但每一个经济犯罪也必须同时符合犯罪主体、主观方面、客观方面和犯罪客体等四个要件方能成立。

一、经济犯罪的犯罪构成的概念

经济犯罪作为刑事犯罪的一种特殊形式,虽然在很多场合与纷繁复杂的经济活动和经济行为有着千丝万缕的联系,但是不管经济犯罪活动如何变化,从刑法的角度来考察,对其认定仍然要遵循犯罪构成的一般规律。也就是说,研究经济犯罪的犯罪构成,也离不开一般犯罪构成理论的指导。因此,我们认为,经济犯罪的犯罪构成是指刑法所规定的,某一经济违法行为构成经济犯罪的所必需的一系列主观和客观要件的整合。与一般的刑事犯罪的犯罪构成一样,经济犯罪的犯罪构成也具备以下特征:

第一,经济犯罪的构成的法定性。这是说经济犯罪的各个构成要件必须是由刑法明文规定的。从犯罪形态上说,经济犯罪与传统的刑事犯罪有所区别,它是一种明显的法定犯,也就是说,经济犯罪行为必须是由各种经济法规和刑事法规预先设定其具有社会危害性和刑事违法性方能成立,如果一个经济行为没有法律规定其刑事违法性,它也就不是犯罪。投机倒把的某些行为在计划经济下被刑法规定为犯罪,而在市场经济下就变成了合法的行为,就充分地说明了这一点。

　　一般认为,经济犯罪的构成的法定性,是指经济犯罪的构成要件是由刑法明文规定的,所以,认定一个经济违法行为是否构成犯罪,首先必须要参考刑法。将一种经济违法行为放入刑法分则的相关的规定中,看其是否符合该经济犯罪的构成要件,符合就是犯罪,否则就不是犯罪。其次,在认定经济犯罪的刑事违法性时,我们应该注意一点,那就是我国刑法中的经济犯罪的罪状的规定一般都是采取空白罪状的形式,要想进一步地认定某个经济犯罪的具体的构成要件,尤其是客观方面的要件,我们就必须参考相关的经济法规。假如相关的经济法规规定了该行为是一种经济违法行为,则我们就进一步地认定其犯罪构成;假如相关的经济法规并没有禁止某种经济行为,那么该种经济行为就没有经济违法性,连经济违法性都没有,则该行为的刑事违法性就无从谈起了。[①]

　　那么,是不是所有的经济违法行为都是犯罪呢? 犯罪具有三个递进式特征,即社会危害性、刑事违法性和应当承担刑事责任性。而一般的经济违法行为只是具备了犯罪的第一个特征——社会危害性,至于该行为能否构成犯罪,还需进一步地认定它是否具有刑事违法性,即是否违反了刑法,即便是违反了刑法,也还需进一步地认定该行为是否受到刑事责任的谴责与否定。只有一个经济违法行为,同时又触犯了刑法的规定,而且还应当受到刑事责任的谴责与否定的,才能认为是经济犯罪。

　　第二,经济犯罪构成要件的整合性。所谓整合性就是指经济犯罪的犯罪构成是一系列主观要件和客观要件的有机结合,而不是像有些学者所说的那样是主观要件和客观要件的简单相加。经济犯罪的犯罪构成的这一特征,不仅反映了经济犯罪构成要件的多样性,而且也反映了经济犯罪构成要件之间的有机联系性。

　　经济犯罪的犯罪构成首先是一系列的主观和客观要件。主观要件是与经济犯罪主体和经济犯罪的罪过相联系的一些要件。包括犯罪主体的身份、年龄、生理和精神状态以及实施行为时的故意、过失、目的和动机等;经济犯罪的客观要件是指行为人实施犯罪的外在的表现形式。包括实施犯罪的行为、犯罪的危害社会的结果、实施犯罪的地点、时间、手段、方法以及犯罪所侵害的具体的社会关系等。

　　经济犯罪的犯罪构成其次是主观要件和客观要件的整合即有机结合。有的学者认为,犯罪构成是一系列主观要件与客观要件的总和即简单相加。[②] 笔者认为这种观点有待商榷,因为任何一种犯罪都有各种主观与客观要件,但是并不是这些要件对认定犯罪都有作用,有些犯罪可能要求所有要件都具备才能构成犯罪,而有些犯罪只需具备其中几个要件便可构成。比如多数犯罪并不需要犯罪的时间、地点、方法和手段,对于这些犯罪,上述这些要件就不是犯罪构成要件。但有些犯罪,如非法狩猎、非法捕捞水产品罪等就要求必须具备犯罪的时间、地点、方法与手段,在这些犯罪中,上述诸要件就是其犯罪构成要件。所以,从这个意义上说,犯罪构成是诸要件的有机结合即整合,而不是诸要件的简单相加即总和。

　　第三,经济犯罪构成的决定性。经济犯罪构成的决定性,是说经济犯罪的各个构成要件是决定某一经济违法行为是否构成犯罪的决定条件,也是决定行为人是否就其经济违法行为承担刑事责任的唯一的决定条件。一个经济违法行为只有具备了刑法规定的该种犯罪的

---

① 值得注意的是,有些经济行为,在部门经济法规中是合法行为,但在刑法中却可能被规定为犯罪。

② 孙国祥主编:《刑法学》,科学出版社 2002 年 5 月版,第 47 页。

所有的构成要件,才能认定为犯罪,让其承担刑事责任,否则,就不构成。

二、经济犯罪的犯罪构成的意义

(一)对于区分罪与非罪的意义

经济犯罪的犯罪构成是认定经济犯罪的依据,没有犯罪构成,就无法认定经济犯罪;经济犯罪的犯罪构成又是追究行为人刑事责任的基础,只有确认行为人的行为确实符合某一经济犯罪的犯罪构成要件,才能认定该种行为是经济犯罪,才能对该种经济犯罪的犯罪人进行刑事责任的追究。比如多数的经济犯罪都是贪利犯罪,这就决定了多数的经济犯罪是一种数额犯,也就是说,经济违法行为只有达到了一定的数额才是犯罪,没有达到法定数额,只能按照一般的经济违法行为进行处理,或者说如果行为人根本就没有贪利之目的,也就不能认定为经济违法行为,无论犯罪。

(二)对于区分此罪与彼罪的意义

即使在行为人的行为已经构成犯罪的情况下,由于经济犯罪行为的表现形式多种多样,在刑法上则将它们视为不同的经济犯罪,而划分此经济犯罪与彼经济犯罪之间的界限也只能是经济犯罪的犯罪构成。比如使用一般的虚构事实、隐瞒真相的方式骗取他人财物,数额较大,构成传统的经济犯罪中的"诈骗罪",但如果采用贷款的方法进行诈骗,则可能构成新型的经济犯罪中的"贷款诈骗罪"。"不按照犯罪构成的条件,任意地去追究行为人的刑事责任,这是对公民的正当权利和自由的侵犯,是对社会主义法制原则的破坏和践踏。"[①]

(三)对于经济犯罪量刑的意义

犯罪构成中的犯罪行为与犯罪结果对于认定犯罪具有重要的意义。相对于经济犯罪而言,犯罪行为往往表现为一种情节,犯罪结果往往以某种法定数额表现出来,所以,经济犯罪多数都是一种数额犯或者情节犯。根据我国刑法的特殊的立法方式,经济犯罪的数额不同或者情节不同,量刑的种类与幅度也不尽相同。因此,不同的量刑幅度就往往会与"数额较大"、"数额巨大"、"数额特别巨大"或者"情节严重"、"情节特别严重"相对应。

第二节 经济犯罪的犯罪构成的内容

经济犯罪不同于一般的刑事犯罪的特征,就是其复杂性。这种复杂性表现在犯罪的领域、犯罪的方法、犯罪人的身份,甚至犯罪人的特定目的与动机。但是作为刑事犯罪的一种,经济犯罪与一般的刑事犯罪又具有共通之处,其中较为典型的共性就是两者之间的犯罪构成共同要件的一致性,即经济犯罪的构成要件同样具有犯罪主体要件、主观方面要件、客观方面要件和犯罪客体要件等四个方面。

一、经济犯罪的主体

就是实施一定的经济犯罪行为,根据刑法的规定应当承担一定的刑事责任的人。包括达到特定的刑事责任年龄并且具有法定的刑事责任能力的自然人,也包括刑法规定的依照

---

① 韩玉胜主编:《经济犯罪释析》,中国审计出版社 1997 年 10 月版,第 11 页。

一定的法定程序成立的能够承担一定的刑事责任的单位。

二、经济犯罪的主观方面

就是指犯罪行为人在实施经济犯罪时对其犯罪行为能够引起的危害社会的后果所抱的一种心理态度。在某些国家的刑法理论中,也用"罪过"一词来指犯罪人的主观方面。根据我国刑法的规定,经济犯罪的主观方面包括犯罪的故意(包括直接故意和间接故意)、犯罪的过失(包括疏忽大意过失和过于自信过失)。当然,法定的犯罪目的和犯罪动机也是经济犯罪的主观方面的一个组成部分。

三、经济犯罪的客观方面

就是指经济犯罪活动的外在的客观表现。经济犯罪的外在客观表现是多种多样的,包括经济犯罪行为、经济犯罪结果、经济犯罪的时间、地点、方法、手段、状态以及经济犯罪行为与结果之间的因果关系等。就经济犯罪的特殊形态而言,经济犯罪的犯罪数额和犯罪情节,对于经济犯罪的认定,与一般刑事犯罪的认定相比,具有更为重要的意义。

四、经济犯罪的客体

社会经济关系是人们在经济运行、经济管理的过程当中所形成的人与人之间的相互关系,这种社会经济关系是一种客观的存在,是不以人的主观意志为转移的。任何的经济犯罪行为都必然地侵害特定领域内的社会经济关系,使社会经济关系受到破坏,这也是经济犯罪的社会危害性之本质所在。所以,经济犯罪的客体就是被经济犯罪行为所侵害的,为经济刑事法律所保护的社会经济关系。值得指出的是,最近刑法理论界有些刑法学者提出了在犯罪的构成要件中不予研究犯罪客体的观点。笔者认为,这种观点值得商榷,如果说在研究普通的刑事犯罪不予考虑犯罪客体尚能理解的话,那么在研究经济犯罪时忽略经济犯罪的客体就会使经济犯罪的认定与处罚陷入一种困境。我们知道,经济犯罪是发生在特定的经济领域之内被经济刑事法规所否定的行为,这种特定的经济领域其实就是某种经济犯罪行为所具体侵害的社会关系,只有将某种经济犯罪置入特定的经济关系之中,我们才能把握该经济犯罪的实质,才能正确地认定和处罚该经济犯罪行为。因此,客体要件在经济犯罪的犯罪构成中具有重要的意义。我国刑法中的几类经济犯罪其实也就是以某种经济犯罪侵害的不同领域的经济关系为标准来划分的。

［拓展阅读］

德国、日本刑法理论并无犯罪构成的概念,我国刑法理论将成立犯罪所必须具备的条件称为"犯罪构成"。不言而喻,我国的犯罪构成就是犯罪的成立条件。显而易见,犯罪构成应当是犯罪概念和犯罪的基本特征的具体化。

传统的刑法理论将犯罪的基本特征概括为社会危害性、刑事违法性和应受刑罚处罚性三个特征,同时又认为,犯罪构成是我国刑法规定的,决定某一具体行为的社会危害性及其程度,而为成立犯罪所必需的一切客观和主观要件的有机统一(四要件体系)。犯罪构成由犯罪客体、犯罪客观方面、犯罪主体、犯罪主观方面组成。从逻辑上说,既然认为犯罪具备上述三个特征,那么,接下来就应当说明,表明社会危害性的要件或者要素是什么,表明刑事违法性的要件或者要素是什么,表明应受刑罚处罚性的要件或者要素是什么。但是,传统刑法理论并没有这样做,而是认为,当行为具备犯罪构成的四个要件时,就具有社会危害性与刑事违法性,也具有应受刑罚处罚性;反之,如果行为缺少其中一个要件,就既不具有社会危害性,也不具有刑事违法性和应受刑罚处罚性。于是,犯罪的三个特征之间就没有区别,犯罪构成的各个要件就不能分别起作用,只能综合起来发挥作用。

犯罪的实质或者基本特征是违法性和有责性,所以,犯罪构成是刑法规定的,反映行为的法益侵害性与非难可能性,而为该行为成立犯罪所必须具备的违法性构成要件和有责性构成要件的有机整体。①

[**案例评点**] 犯罪构成是某个违法行为成立犯罪所需要的一系列主观与客观构成要件的整合。中国内地的四要件的犯罪构成理论认为,犯罪构成应该包括犯罪客体、犯罪客观方面、犯罪主体和犯罪主观方面四个要件。其中犯罪客体和犯罪的客观方面被称为犯罪的客观要件,而犯罪主体和犯罪的主观方面被称为该犯罪的主观要件。任何一个违法行为,必须同时符合这犯罪构成要件,才能成立刑法中的犯罪。因此,德、日大陆法系刑法中其实并没有犯罪构成的概念,他们一般将成立犯罪所需要的要件,称为犯罪的成立要件。经济犯罪作为刑事犯罪的一个重要组成部分,和一般的刑事犯罪一样,也必须符合某个犯罪的分则法条所明文规定的成立要件,才可以成立某个经济犯罪。

合同诈骗罪是从诈骗罪里面分离出来的一个特殊的诈骗罪,是指在签订、履行合同的过程当中,采取刑法规定的几种特定的诈骗方法,骗取他人财物,数额较大的行为。这几种特定的方法包括:(1)以虚构的单位或者冒用他人名义签订合同的;(2)以伪造、变造、作废的票据或者其他虚假的财产证明作担保的;(3)没有实际履行能力,以先履行小额合同或者部分履行合同的方法,骗取对方当事人继续签订和履行合同的;(4)收受对方当事人给付的货物、货款、预付款或者担保财产后逃匿的;(5)以其他方法骗取对方当事人财物的。

纵观本案,公诉机关既没有提供确实充分证据证明三被告人在签订履行合同过程中,虚构了身份或隐瞒事实真相,也不能提供确实充分证据证明三被告人骗取和非法占有了该钱款,因此,起诉指控三被告人构成合同诈骗罪证据不足。因此,三被告人的行为或者属于合法的民事行为,或者属于一般的违法行为,但不构成合同诈骗罪。因而法院判决三被告人的行为无罪是正确的。

---

① 张明楷著:《刑法学》(第四版),法律出版社 2011 年版,第 98—99 页。

第五章
经济犯罪的主体

［导入案例］

黄剑新保险诈骗、故意伤害案

被告人曾劲青。因涉嫌犯保险诈骗罪，于 2003 年 8 月 15 日被刑事拘留，2004 年 3 月 5 日被逮捕。

被告人黄剑新。因涉嫌犯故意伤害罪，于 2003 年 8 月 13 日被刑事拘留，同年 9 月 1 日被逮捕。

南平市延平区人民检察院以被告人曾劲青、黄剑新犯保险诈骗罪、被告人黄剑新犯故意伤害罪，向南平市延平区人民法院提起公诉。被告人曾劲青提起附带民事诉讼，要求被告人黄剑新赔偿经济损失 50 多万元。

起诉书指控：2003 年 4 月，被告人曾劲青因无力偿还炒股时向被告人黄剑新借的 10 万元，遂产生保险诈骗的念头，并于 2003 年 4 月 18 日至 22 日间，在中国人寿、太平洋、平安保险三家保险公司以自己为被保险人和受益人，投保了保险金额为 41.8 万元的意外伤害保险。为了达到诈骗上述保险金及平安公司为本单位在职普通员工投保的 30 万元人身意外伤害保险金的目的，被告人曾劲青找到被告人黄剑新，劝说黄剑新砍掉他的双脚，用以向保险公司诈骗，并承诺将所得高额保险金中的 16 万元用于偿还黄剑新的 10 万元本金及红利。被告人黄剑新在曾劲青的多次劝说下答应与曾劲青一起实施保险诈骗。之后，由被告人曾劲青确定砍脚的具体部位，由黄剑新准备砍刀、塑料袋等作案工具，在南平市辖区内寻找地点，伺机实施。2003 年 6 月 17 日 21 时许，二被告人骑车至环城路闽江局仓库后山小路，被告人黄剑新用随身携带的砍刀将曾劲青双下肢膝盖以下脚踝以上的部位砍断，之后，被告人黄剑新将砍下的双脚装入事先准备好的塑料袋内，携带砍刀骑着曾劲青的摩托车逃离现场，在逃跑途中分别将两只断脚、砍刀及摩托车丢弃。被告人曾劲青在黄剑新离开后呼救，被周围群众发现后报警。被告人曾劲青向公安机关、平安保险公司谎称自己是被三名陌生男子抢劫时砍去双脚，以期获得保险赔偿。2003 年 8 月 13 日与 15 日，被告人黄剑新、曾劲青尚未向保险公司提出理赔申请即先后被公安机关抓获。经法医鉴定，被告人曾劲青的伤情程度属重伤，伤残评定为三级。认定被告人黄剑新、曾劲青的行为均已构成保险诈骗罪，并系犯罪预备，被告人黄剑新的行为还构成故意伤害罪。

被告人曾劲青及其辩护人的辩解及辩护意见均称，没有骗到保险金，其行为不构成保险诈骗罪。

被告人黄剑新及其辩护人的辩解及辩护意见均称,不具备保险诈骗罪的主体资格,不构成保险诈骗罪。

南平市延平区人民法院经公开审理查明:

2003年4月间,被告人曾劲青因无力偿还炒股时向被告人黄剑新所借的10万元债务,遂产生保险诈骗的念头。被告人曾劲青于2003年4月18日在中国太平洋人寿保险股份有限公司南平中心支公司(以下简称太平洋保险南平支公司)以自己为被保险人和受益人,投保了两份太平如意卡B款意外伤害保险,保额为16.4万元;于2003年4月21日在中国人寿保险公司南平分公司(以下简称人寿保险南平分公司)投保了三份人身意外伤害综合保险(中国人寿卡),保额为18.9万元;于2003年4月22日在其单位中国平安人寿保险股份有限公司南平中心支公司(以下简称平安保险南平支公司)投保了6.5万元的人身意外伤害保险。被告人曾劲青为了达到诈骗上述保险金及其单位平安保险南平支公司为在职普通员工承保的30万元人身意外伤害团体保险金的目的,找到被告人黄剑新,劝说黄剑新砍掉他的双脚,用以向上述保险公司诈骗,并承诺将所得高额保险金中的16万元用于偿还所欠黄剑新10万元债务本金及红利。被告人黄剑新在曾劲青的多次劝说下答应与曾劲青一起实施保险诈骗。之后,由被告人曾劲青确定砍脚的具体部位,由黄剑新准备砍刀、塑料袋等作案工具,在南平市辖区内寻找地点,伺机实施。2003年6月17日晚9时许,被告人曾劲青按事先与被告人黄剑新之约骑上自己的二轮摩托车到南平市滨江路盐政大厦对面,载上携带砍刀等作案工具的被告人黄剑新到南平市环城路闽江局仓库后山小路,被告人黄剑新用随身携带的砍刀将曾劲青双下肢膝盖以下脚踝以上的部位砍断,之后,被告人黄剑新将砍下的双脚装入事先准备好的塑料袋内,携带砍刀骑着曾劲青的摩托车逃离现场,在逃跑途中分别将两只断脚、砍刀及摩托车丢弃。被告人曾劲青在黄剑新离开后呼救,被周围群众发现后报警,后被接警而至的110民警送医院抢救。案发后,被告人曾劲青向公安机关、平安保险南平支公司报案谎称自己是被三名陌生男子抢劫时砍去双脚,以期获得保险赔偿。2003年8月11日,被告人曾劲青的妻子廖秋英经曾劲青同意向平安保险南平支公司提出30万元团体人身险理赔申请,后因公安机关侦破此案而未能得逞。经法医鉴定与伤残评定,被告人曾劲青的伤情属重伤,伤残评定为三级。被告人曾劲青于2003年6月17日至7月10日在中国人民解放军第九十二医院(以下简称九二医院)住院治疗23天,共花去医疗费10055.05元。

南平市延平区人民法院认为:被告人曾劲青作为投保人、被保险人和受益人,伙同他人故意造成自己伤残,企图骗取数额特别巨大的保险金,其行为已构成保险诈骗罪;被告人黄剑新故意伤害他人身体,致人重伤,其行为已构成故意伤害罪。公诉机关指控被告人曾劲青犯保险诈骗罪、黄剑新犯故意伤害罪罪名成立。公诉机关认定被告人曾劲青为实施保险诈骗制造条件,系犯罪预备的指控不当,因被告人曾劲青通过其妻子廖秋英于2003年8月11日已向平安保险南平支公司申请金额为30万元的人身意外伤害团险理赔,从其开始申请理赔之日起,系其着手实施了保险诈骗的行为,由于其意志以外的原因而未能骗得保险金,因此,该案犯罪形态属犯罪未遂而不是犯罪预备。公诉机关指控被告人黄剑新犯保险诈骗罪不能成立,按照《中华人民共和国刑法》第一百九十八条的规定,保险诈骗罪的犯罪主体属特殊主体,只有投保人、被保险人或者受益人才能构成保险诈骗罪,另外保险事故的鉴定人、证明人、财产评估人故意为保险诈骗行为人提供虚假的证明文件,为其进行保险诈骗提供条件的,以保险诈骗罪的共犯论处,这是刑法对保险诈骗罪的主体及其共犯构成要件的严格界定,而本案被告人黄剑新既不是投保人、被保险人或者受益人,也不是保险事故的鉴定人、证明人、财产评估人,不具有保险诈骗犯罪的主体资格和构成其共犯的主体资格,因此,被告人黄剑新的行为不构成保险诈骗罪。被告人曾劲青曾因故意犯罪被判处有期徒刑,在假释期满后五年以内再犯应当判处有期徒刑以上刑罚之罪,系累犯,依法应当从重处罚;但其在实施保险诈骗过程中有 30 万元因意志以外的原因而未得逞,系犯罪未遂,另 41.8 万元属犯罪预备,依法可予减轻处罚。被告人黄剑新致被害人曾劲青重伤,应承担相应的民事赔偿责任,考虑系原告人曾劲青叫被告人黄剑新砍去其双脚,原告人曾劲青自己亦有过错,故双方各自承担一半的民事责任。对于被告人黄剑新及其辩护人提出被告人黄剑新不具备保险诈骗罪的主体资格不构成保险诈骗罪的辩解和辩护意见,理由成立,予以采纳。对于被告人曾劲青及其辩护人提出被告人曾劲青未实际骗取保险金,不构成保险诈骗罪的辩解和辩护意见,因保险诈骗罪作为一种直接故意犯罪,其中必然存在未完成形态,只要行为人实施了诈骗保险金的行为,不论是否骗到保险金,即不论诈骗是否成功,情节严重的,均可以构成本罪,而本案被告人曾劲青诈骗保险金额达 71.8 万元,其中 30 万元属犯罪未遂,另 41.8 万元属犯罪预备,数额特别巨大,被告人曾劲青的行为构成保险诈骗罪未遂,故被告人曾劲青所提该点辩解和辩护人所提上述辩护意见,依据不足,不予采纳。依照《中华人民共和国刑法》第一百九十八条第一款第(五)项、第二百三十四条第二款、第三条、第二十二条、第二十三条、第六十五条第一款、第二款、第五十二条、第三十六条第一款和《中华人民共和国民法通则》第一百一十九条的规定,判决如下:

1. 被告人黄剑新犯故意伤害罪,判处有期徒刑六年。
2. 被告人曾劲青犯保险诈骗罪,判处有期徒刑五年六个月,并处罚金人民币 30000 元。被告人曾劲青所并处的罚金应于本判决生效之日起三十日内缴纳。
3. 附带民事诉讼被告人黄剑新应赔偿附带民事诉讼原告人曾劲青经济损失共计人民币 53492.5 元。该款应于本判决生效之日起三十日内付清。
4. 驳回附带民事诉讼原告人曾劲青的其他诉讼请求。

一审宣判后,被告人曾劲青、黄剑新均不服,向南平市中级人民法院提出上诉。

上诉人曾劲青及其辩护人提出,保险诈骗罪只有既遂才构成,上诉人未领到保险金,且与其共同实施保险诈骗行为的黄剑新原判也未认定构成保险诈骗罪,要求改判无罪。

上诉人黄剑新及其辩护人提出,上诉人黄剑新伤害他人的行为是受曾劲青教唆和胁迫,原判对其量刑畸重。

南平市中级人民法院经审理认为:上诉人曾劲青作为投保人、被保险人和受益人,伙同他人故意造成伤残,企图骗取数额特别巨大的保险金,其行为已构成保险诈骗罪;上诉人黄剑新故意伤害他人身体,致人重伤,其行为已构成故意伤害罪。对上诉人曾劲青及其辩护人提出保险诈骗罪只有既遂才构成,其未领到保险金,且与其共同实施保险诈骗行为的黄剑新原判也未认定构成保险诈骗罪,因此要求改判上诉人曾劲青无罪的辩诉意见,根据最高人民法院《关于审理诈骗案件具体应用法律若干问题的解释》第一条第六款"诈骗未遂,情节严重的,也应定罪处罚"的规定,上诉人曾劲青已着手实施诈骗人民币 30 万元的保险金,虽因意志以外的原因诈骗未遂,但数额特别巨大,情节严重,应予定罪处罚。而上诉人黄剑新不具有保险诈骗犯罪的主体资格和构成共犯的主体资格,按照《中华人民共和国刑法》第三条法

45

无明文规定不为罪的原则,上诉人黄剑新的行为不构成保险诈骗罪。故上诉人曾劲青的上诉理由和辩护人的辩护意见均不能成立,本院不予支持。对上诉人黄剑新及其辩护人提出原判对其量刑畸重的诉辩意见,原判根据其犯罪事实和法律规定,对其处以的刑罚适当。故其上诉理由和辩护意见亦均不能成立。原判认定事实清楚,证据确凿,定罪准确,量刑适当,审判程序合法。依照《中华人民共和国刑事诉讼法》第一百八十九条第一项之规定,裁定驳回曾劲青、黄剑新的上诉,维持原判。

[思考]

1. 本案中的黄剑新为什么不构成保险诈骗罪?

2. 什么是刑法中的身份?

经济犯罪的主体,是指具有刑事责任能力,实施了一定的经济危害行为,依照刑法应当承担刑事责任的自然人和单位。经济犯罪主体具有以下几个特征:

第一,经济犯罪的主体是一定的自然人或者单位;

第二,经济犯罪的主体必须是实施了一定的危害社会行为的自然人或者单位;

第三,经济犯罪的主体必须是依照法律应当承担刑事责任的自然人或者单位。

第一节　经济犯罪的自然人主体[①]

一、经济犯罪主体的刑事责任年龄和刑事责任能力

经济犯罪主体,是指实施了一定的危害社会的经济违法行为,并能够承担刑事责任的自然人。

经济犯罪主体的刑事责任年龄是指我国刑法规定的,行为人对其实施的经济危害行为应负刑事责任的年龄。根据我国刑法第 17 条的规定。经济犯罪主体的刑事责任年龄与传统的刑事犯罪的年龄大同小异,也分为三个阶段:第一,完全负刑事责任年龄段,即年满 16 周岁;第二,完全不负刑事责任年龄,即年龄不满 16 周岁;第三,减轻刑事责任年龄,即年满 16 周岁不满 18 周岁。

值得注意的是,经济犯罪主体的无刑事责任年龄与减轻刑事责任年龄与传统的刑事犯罪有所不同,主要原因在于刑法第 17 条第 2 款的规定。我国刑法第 17 条第 2 款规定:"已满 14 周岁不满 16 周岁的人,犯故意杀人、故意伤害致人重伤或者死亡、强奸、抢劫、贩卖毒品、放火、爆炸、投毒罪的,应当负刑事责任。"根据最高人民法院刑事审判一庭审判长会议《关于已满十四周岁不满十六周岁的人绑架并杀害被绑架人的行为如何适用法律的研究意见》和全国人大常委会法制工作委员会《关于已满十四周岁不满十六周岁的承担刑事责任范围问题的答复意见》规定,对司法实践中出现的已满 14 周岁不满 16 周岁的人绑架之后杀害被绑架人,拐卖妇女、儿童而故意造成被拐卖妇女、儿童重伤或死亡的行为,依照刑法是应当追究刑事责任的。但不管是刑法抑或是上述的两个司法解释,其范围仅涉及传统的几个刑

---

① "经济犯罪的自然人主体"是相对于"经济犯罪的单位主体"而言的,一般意义上所讲的"经济犯罪主体"就是指"经济犯罪的自然人主体"。因此,下文中,笔者用"经济犯罪主体"概念来代替"经济犯罪的自然人主体"一词。

事犯罪,而不涉及经济犯罪,所以,我们认为,年满 14 周岁不满 16 周岁的未成年人对经济犯罪是不负刑事责任的。

经济犯罪的刑事责任能力是指行为人对其实施的经济危害行为所具有的辨认和控制能力。与传统的犯罪的刑事责任能力一样,经济犯罪的刑事责任能力也有如下三种:第一,完全刑事责任能力;第二,完全无刑事责任能力;第三,限制刑事责任能力。醉酒的人,实施经济犯罪行为,应当承担刑事责任。又聋又哑的人或者盲人实施经济犯罪,应当承担刑事责任,但是可以从轻、减轻或者免除处罚。

二、经济犯罪主体的身份

(一) 经济犯罪主体身份的概念

刑法中的身份,是指刑法明文规定的对定罪与量刑有一定影响的特定个人要素。这里所讲的身份,既包括犯罪主体的身份,也包括犯罪对象的身份。

身份犯是刑法中对犯罪主体进行限定而形成的一种犯罪形态,所以,对于身份犯而言,身份仅指犯罪主体的身份,而不包括犯罪对象的身份。

笔者认为,经济犯罪主体的身份,是指经济刑法明文规定的犯罪主体所具备的对经济犯罪定罪量刑有一定影响的特定的个人要素。

关于经济犯罪主体的身份,值得探讨的问题在于它是一种经济刑法规定的对定罪量刑有影响的个人要素还是经济刑法规定的对定罪量刑有影响的特定的个人要素? 也就是说,作为犯罪主体基础要件的刑事责任年龄、刑事责任能力、生理缺陷和精神缺陷等方面的因素能否看作是经济犯罪主体的身份? 有的学者认为,身份应该是犯罪主体在具备了刑事责任能力和刑事责任年龄这些基本的构成要件之外所应具备的"特定"的个人要素。根据刑法的规定,所有的犯罪主体都必须要达到刑事责任年龄和具备刑事责任能力,所以,像"刑事责任年龄"、"刑事责任能力"等要素,就应该纳入到犯罪主体的基础构成要件当中去研究,而不应看作是影响定罪量刑的"特定"的个人要素。因而,犯罪主体的身份应当是指那些除了刑事责任年龄、刑事责任能力之外的进一步影响定罪量刑的"特定"的个人要素。当然,有的学者持相反观点,认为既然犯罪主体的身份的作用在于影响定罪与量刑,那么所有的影响定罪量刑的个人要素都应该看作是刑法中的犯罪主体的身份。毋庸置疑,一个人的危害社会的行为是否构成犯罪,从行为主体的角度讲,首先要看该主体是否达到刑事责任年龄、是否具有刑事责任能力,也就是说刑事责任年龄和刑事责任能力是影响定罪量刑的最基本的要素,如果将这两者包含在犯罪主体的身份之内,显然是不合理的。

笔者认为,如果想正确地界定经济犯罪主体的身份,必须要解决以下几个问题:

第一,身份犯和一般主体犯罪的关系。刑法中的犯罪,根据不同的划分标准,可以划分为不同的犯罪形态:按行为的方式不同,可以将犯罪划分为作为犯和不作为犯;按照犯罪主体的数量不同,可以将犯罪分为单独犯和共犯;等等。身份犯是基于刑法对犯罪主体的身份不同的规定而与一般主体犯罪相对存在的,它是限定犯罪主体形态的一类犯罪。所以,它与一般主体犯罪的主要区别在于犯罪主体的身份不一样。不管是一般主体犯罪还是身份犯,犯罪主体首先都必须要具备一定的最起码的条件,即刑事责任年龄和刑事责任能力,也就是说,仅从刑事责任年龄和刑事责任能力出发是无法将一般主体犯罪和身份犯罪区别开来的。既然两者无法起到区分一般主体犯罪和身份犯罪的作用,那么,将两者看作是刑法中身份犯的身份也就没有什么道理啦。因此,笔者认为,犯罪主体的身份应该是除了刑事责任年龄和刑事责任能力之外的那些能够区分一般主体犯罪和身份犯的特定个人要素。

第二,刑法中的身份犯与我国刑法理论中的"特殊主体犯罪"的关系。一般认为,身份犯和特殊主体犯罪应该是同一概念,但是随着身份犯理论研究的逐渐深入,两者的区别浮出水面。我国刑法中的"特殊主体犯罪"是指主体身份仅对定罪有影响作用的一类犯罪,也就是说,在特殊主体犯罪中,主体的身份,仅仅是一种定罪身份,而不是量刑身份。但身份犯是指具有对定罪量刑有影响的身份的人所进行的一类犯罪,身份犯中的身份,或者对定罪有影响,或者对量刑有影响。比如,又聋又哑的人或者盲人的犯罪,我们不能将其称为"特殊主体犯罪",但是我们可以将其称为"身份犯"。从这个意义上说,有时候,行为人的年龄、精神状况和生理状况,也可以看作是刑法中身份犯的身份,如"未成年人"等等。但是,值得注意的是,对未成年人犯罪的从轻处罚是建立在未成年人的行为构成犯罪的基础之上的,它和我们前文所说的"刑事责任年龄"完全是两码事。因此,笔者认为,犯罪主体的身份应当将"刑事责任年龄"和"刑事责任能力"等犯罪主体的基本的构成要件排除出去。

基于以上分析,笔者认为,经济犯罪主体的身份,是指经济刑法明文规定的犯罪主体所具备的对经济犯罪定罪量刑有一定影响的特定的个人要素。

[拓展阅读]

刑法中的身份,一般是指刑法所规定的犯罪主体所必须具有的影响定罪量刑的特定的个人要素。该种要素可以分为自然要素和法定要素。自然要素是指自然人犯罪主体生来就具有的影响定罪量刑的要素,如性别、人身关系、国籍等。法定要素是指自然人主体在人生过程中经过后天的努力、学习、考核而被法律所赋予的要素,如国家工作人员、律师、军人、教师等。从这种意义上说,刑法中所说的身份,一般是指身份犯的身份。

其实,刑法中的身份,从广义上说,除了指犯罪主体的身份之外,还会包括犯罪对象所具有的影响定罪量刑的特定的个人要素,亦即犯罪主体的犯罪行为所指向的犯罪对象的身份不同,定罪也有不同。就一般的传统犯罪而言,比如强制侮辱他人,如果强行侮辱的是年满十四周岁以上的妇女,则可能构成强行侮辱妇女罪,但是如果强行侮辱的是男子,则可能构成侮辱罪;拐卖的对象如果是年满十四周岁以上的妇女,则构成拐卖妇女罪,如果拐卖的对象是儿童,则构成拐卖儿童罪;但如果拐卖的是年满十四周岁以上的男子,则一般不构成犯罪,即便有刑事处罚的可能,也只能按照非法拘禁罪定罪处罚。就经济犯罪而言,犯罪对象的身份不同,即便犯罪行为人的行为是同一性质的行为,也可能构成不同的犯罪。如行为人行贿的对象是国家工作人员,则构成行贿罪;若行为人行贿的对象是非国家工作人员,则构成对非国家工作人员行贿罪;但如果行为人行贿的对象是外国公职人员或者国际公共组织官员,则可能构成对外国公职人员、国际公共组织官员行贿罪。同理,行为人如果挪用的是公款,则构成挪用公款罪,如果行为人挪用的是特定款物,则构成挪用特定款物罪等。

鉴于整个著作体系的需要,本书中的身份,都是指经济犯罪主体的身份,而不探讨经济犯罪对象的身份。

[案例评点] 保险诈骗罪是从诈骗罪中分离出来的一种特殊的诈骗犯罪,是指投保人故意虚构保险标的,或者投保人、被保险人、受益人对发生的保险事故变造虚假的原因或

夸大损失的程度,或者变造未曾发生的保险事故,或者投保人、被保险人故意造成财产损失的保险事故,或者投保人、受益人故意造成被保险人死亡、伤残或疾病骗取保险金的行为。

从刑法的规定来看,保险诈骗罪是一种身份犯,只能由投保人、被保险人、受益人构成。该罪主体既可以是自然人,也可以是单位。本案中,被告人曾劲青自己既作为投保人,又作为被保险人和受益人向多家保险公司投了巨额的人身保险,然后又伙同他人故意伤害自己的身体,导致伤残,企图向保险公司骗取数额特别巨大的保险金,其行为已经构成保险诈骗罪。本案中,黄剑新行为的定性是一个值得探讨的问题。人民法院最后将黄剑新以故意伤害罪定罪并处六年有期徒刑,这个结果应该说没有问题,但是在论证方面可能值得商榷。法院认为,保险诈骗罪是特殊主体犯罪,即投保人、被保险人、受益人,而被告人黄剑新并不具有上述资格,因此,不构成保险诈骗罪。这一点也没有问题。但问题是黄剑新能否成为被告人曾劲青的共犯呢?《刑法》第198条第4款明文规定,保险事故的鉴定人、证明人、财产评估人故意提供虚假的证明文件,为他人诈骗提供条件的,以保险诈骗罪的共犯论处。人民法院认为该款是对保险诈骗罪的共犯的严格的规定,而被告人黄剑新的行为显然不属于该款的规定,因此不构成保险诈骗罪的共犯。笔者认为,法院的这个观点值得商榷,《刑法》第198条第4款的规定是一种注意性规定,即便刑法不这样规定,司法实践中出现这种情况,也应该按照保险诈骗罪的共犯论处。但这并不意味着除此之外就没有保险诈骗罪共犯的情形。像被告人黄剑新这样应约砍掉曾劲青双腿致其重伤,属于帮助曾劲青进行保险诈骗的行为,完全可以构成保险诈骗罪的共犯。因此,笔者认为,对于被告人黄剑新的行为可以理解为一个故意伤害行为,即触犯了故意伤害罪,又触犯了保险诈骗罪(共犯),应该按照想象竞合犯的处罚原则,从一重罪处断,最终按照故意伤害罪进行处罚。

(二)经济犯罪主体的身份的特征

第一,经济犯罪主体的身份是经济犯罪主体所具有的身份,即这种身份只能由经济犯罪主体所具有。相对于刑法中的身份而言,经济犯罪主体的身份的特殊性在于仅为经济犯罪主体所具有。所谓的"为经济犯罪主体所具有",是指为经济犯罪行为人本身所具有,与行为人密不可分,具有不可代替性,尤其是对于法定的主体身份而言,必须是经过一定的法定程序取得的身份,才算是经济犯罪主体的身份。另外,"为经济犯罪主体所具有",仅是指为经济犯罪的实行犯主体所具有,也就是说,我们所说的经济犯罪主体的身份只能是实行犯的身份,对于教唆犯、帮助犯、组织犯等其他共犯主体的身份一般不作要求。比如贪污罪、受贿罪的犯罪主体的身份,仅是指贪污罪、受贿罪的实行犯的身份,而对于其教唆犯、帮助犯的身份,刑法上并未规定,因此,即便没有"国家工作人员"的身份,照样可以与国家工作人员一起,构成贪污罪和受贿罪的共犯。

第二,经济犯罪主体的身份必须是经济犯罪主体在实施危害行为时就已经具有的而且尚未改变的身份,也就是说,只有经济犯罪行为人在实施犯罪以前就已经具有但在犯罪时还没有改变,或者临时形成的身份,才算是经济犯罪主体的身份。"行为人实施某特定犯罪时确实具有法定特殊主体的身份,而且该犯罪与其身份有关,至于行为人犯罪之前身份如何,犯罪之后身份又有何种变故,不影响法定特殊主体的成立。"[①]笔者将经济犯罪主体的身份

---

① 张金龙:《特殊犯罪主体初探》,载《学习与探索》1991年第2期。

的这个特征称为经济犯罪主体的身份的当时性。

要正确地理解经济犯罪主体的身份的当时性特征,必须要注意以下几个问题:

第一,通过犯罪行为本身才表现出来的个人要素,不能叫作身份犯的身份。刑法中某些犯罪所处罚的首要分子和积极参加者,都是通过犯罪行为本身所表现出来的个人要素和情状,因而不能算作身份犯的身份。有些学者认为,首要分子属于"从特定法律关系主体的角度规定特殊条件"的一类特殊主体。[①]笔者认为不妥,事实上,任何达到刑事责任年龄和具有刑事责任能力的自然人都可以成为首要分子或者积极参加者,所以应当属于一般主体。如果将这些通过实施犯罪行为而表现出来的情状或者要素也算作是经济犯罪主体的身份的话,那么刑法中就没有犯罪的特殊主体存在的余地了。有些学者还认为生产、销售伪劣商品罪的各个犯罪中的生产者、销售者也是身份犯的身份,[②]有些学者甚至将犯罪形态中的预备犯、未遂犯、中止犯等也看作是刑法中的身份犯的身份。[③] 笔者认为这些观点都值得商榷,因为他们都不是犯罪行为人实施犯罪行为之前就已经具有的,而是在犯罪的过程中通过犯罪行为本身而形成的所谓身份,因而都不是身份犯的身份。"特殊身份必须是行为人开始实施犯罪行为时就已经具有的特殊资格或者已经存在的特殊地位或者状态,因为实施犯罪才在犯罪活动或犯罪组织中形成的特殊地位(如首要分子)不是特殊身份。"[④]

第二,通过行为人犯罪以后所做的评价而形成的地位或资格,不能算作是经济犯罪主体的身份。经济犯罪行为人的某些地位和资格,既不是实施犯罪行为之前就已经具有的,也不是通过实施犯罪行为而表现出来的,而是犯罪以后通过一定的评价而形成的,这种身份不是经济犯罪主体的身份。比如,按照我国的刑法规定,行为人以前实施过故意犯罪行为,且被判处有期徒刑以上的刑罚,在刑满释放或者赦免之后五年之内又故意犯罪,而且也应该判处有期徒刑以上刑罚的,构成一般累犯。而行为人的行为是否构成一般累犯,必须要经过司法机关的进一步认定方成;同理,我国刑法规定,犯罪以后,自动投案,如实供述自己的犯罪事实的,是自首。在司法实践中,自首的认定相当复杂,所以,自首是行为人实施犯罪以后才得出来的评价,这种评价也不能说是经济犯罪主体的身份。张明楷教授还指出:"特殊身份必须是行为人开始实施犯罪行为时就已经具有的特殊资格或者已经存在的特殊地位或者状态,因此,行为人在实施犯罪以后才形成的特殊地位,不属于特殊身份。"[⑤]

值得探讨的问题是,行为人利用过去的地位或者职务造成的影响实施犯罪的,能否以身份犯论处? 刑法理论和刑事司法实践中,关于"余权受贿"案件的定性的争执颇为激烈,其实就反映了这个问题。对于该问题,理论上有不同观点:(1)否定说。离退休的国家工作人员不能成为受贿罪的主体。理由:第一,国家工作人员离退休以后,不再属于国家工作人员;第二,法律只规定"利用职务上的便利",并没有规定"利用过去职务的影响";第三,受贿罪的客体是国家机关工作人员的职务活动的廉洁性;第四,如果扩大受贿罪的主体,不仅会牵扯到其他人能否构成受贿罪的问题,而且行为的要件也必定扩大,这与罪刑法定的原则相去甚远。(2)肯定说。离退休的国家工作人员能构成受贿罪的主体。理由:第一,国家工作人员

① 余利平、戴群策主编:《中国刑法教程》,中国人民公安大学出版社2001年版,第94页。
② 张明楷著:《刑法学》(上),法律出版社1997年版,第183页。
③ 肖介清:《浅谈刑法中的身份与共同犯罪》,载《法律适用》1997年第3期。
④ 张明楷著:《刑法学》(上),法律出版社2001年版,第22页。
⑤ 张明楷著:《刑法学》(上),法律出版社1997年版,第180页。

离退休后仍享受国家工作人员待遇,与其在位时并没有本质的区别。第二,国家工作人员离退休后,虽然不再担任原职务,但原职务的影响依然存在,尚有"余权",甚至比某些现任的职权还管用。第三,两高《关于执行〈关于惩治贪污罪贿赂罪的补充规定〉若干问题的解答》指出:"已离退休的国家工作人员,利用本人原有职权或地位的便利条件,通过在职的国家工作人员职务上的行为,为请托人谋取利益,而本人从中向请托人索取或者非法收受财物的,以受贿论处。"笔者认为肯定说的观点值得商榷。第一,国家工作人员的本质在于他负有具体管理国家公共事务职务,即有职权和职责,离退休人员无权无责,也就丧失了国家工作人员的本质特征。两者在本质上是不同的。第二,离退休的国家工作人员已经没有职务,显然也就不能侵害国家工作人员职务活动的廉洁性。第三,如果承认离退休的国家工作人员可以成为受贿罪的主体,那么受贿罪的主体就必然会无限制地扩大。第四,肯定说虽然与司法解释相一致,但司法解释本身是否存在问题,还有待探讨。所以,笔者认为否定说的观点值得肯定。第一,虽然司法实践中有离退休的国家工作人员利用原权力的影响为他人谋取利益,并从中收受财物,但这种情况是否需要利用刑法调整,是值得探讨的。第二,国外虽然有相关规定,但仅限于在职期间为他人办事,离退休后收受财物的情况,即所谓的"事后受贿",但并没有规定上述情况也构成受贿罪。第三,1998年的安徽的陈晓事后受贿案,是按受贿罪定罪处罚的。被告人陈晓,男,1945年5月16日生,系中国电子物资公司安徽公司总经理。1992年初,中国电子物资公司安徽公司下达公司各部门承包经营方案。同年4月,能源化工处处长兼庐海公司经理李剑峰向陈晓递交书面报告,提出新的承包经营方案,建议超额利润实行三七分成。陈晓在没有通知公司其他领导的情况下,与公司党委书记、副总经理徐某(另案处理)、财物处长吴某及李剑峰四人研究李剑峰提出的建议,决定对李剑峰承包经营的能源化工处、庐海公司实行新的奖励办法,由陈晓亲笔草拟,并会同徐某联合签发《关于能源化工处、庐海实业有限公司实行新的奖励办法的通知》,规定超额利润70%作为公司利润上缴,30%作为业务经费和奖金分成,并由承包人支配。发文范围仅限于财务处、能源化工处、徐某及陈晓个人。1993年初,陈晓在公司办公会上提出全公司实行新的承包方案,主持制定《业务处室六项费用承包核算办法实施细则》。根据《关于能源化工处、庐海实业有限公司实行新的奖励办法的通知》和《业务处室六项费用承包核算办法实施细则》的规定,李剑峰于1992年提取超额利润提成21万元,1993年提取超额利润提成160万元。在李剑峰承包经营期间,陈晓以公司总经理的身份及公司名义于1992年11月、1993年5月先后两次向安徽省计划委员会申请拨要进口原油配额6.5万吨,交给李剑峰以解决其进口加工销售业务所需,并多次协调李剑峰与公司财务部门之间资金流通、使用等方面的矛盾。李剑峰为感谢陈晓为其制定的优惠政策以及承包经营业务中给予的关照,于1993年春节前,送给陈晓人民币3万元,1994年春节前后又两次送给陈晓人民币30万元、港币15万元。陈晓收受李剑峰的钱款后,其妻利某利用此款在广东珠海吉大花园购买房屋一套(价值人民币51万元)。安徽省合肥市人民检察院以被告人陈晓犯受贿罪向合肥市中级人民法院提起公诉。1998年初,合肥市中级人民法院一审判决认为,陈晓的行为虽然在客观上为李剑峰带来了利益,但行为是其正当的职务行为,陈某主观上不具有权钱交易的故意,李剑峰事后向陈晓付钱表示感谢而陈晓予以接受,这是一种事后受财的行为。因此检察机关指控的受贿罪罪名不能成立。一审判决作出以后,社会上舆论哗然。合肥市人民检察院认为一审判决确有错误,依法提起抗诉。安徽省高级人民法院于1999年12月10日作出二审判决,认定一审判决事实不清,遂撤销原判,发回原审人民法院再审。合肥市中级人民法院再审后,于 2000 年作出再审判决,认定检察机关指控的罪名成立,以受贿罪判处被告人陈晓有期徒刑 10 年。

因此,对于"余权受贿"的认定,应具体问题具体分析。通过上述分析及评价,我们认为 "余权受贿"的行为不应该作为受贿罪来处理。但下列行为应当作为犯罪处理:(1)离退休 以前收受他人财物,离退休后利用"余权"为他人谋取不正当利益的;(2)离退休以前为他人 谋取了不正当利益,离退休后收受他人财物的;(3)离退休人员与现任公职人员相勾结,采 取中介、介绍、代理等手段,利用现任公职人员的职权为他人谋取不正当利益,索取或者收受 请托人财物与现任公职人员共同分赃的。总之,笔者认为,行为人利用自己过去的地位或者 职务的影响而实施的犯罪,不宜以身份犯论处。

但是,值得说明的是,2009 年 2 月 28 日通过的《刑法修正案(七)》第 13 条规定,"离职 的国家工作人员或者其近亲属以及其他与其关系密切的人,利用该离职的国家工作人员原 职权或者地位形成的便利条件实施前款行为的,依照前款的规定定罪处罚。"这就从法律上 明确地承认了职后受贿的受贿性质。①

一般来说,经济犯罪是一种身份犯罪,所以,经济犯罪主体的身份对经济犯罪的定罪与 量刑就有着极其重要的意义。

第一,经济犯罪主体的身份能够区分经济行为的罪与非罪。同样的一个经济行为,由于 主体身份之不同,行为的性质会有本质的区别。经济犯罪是一种身份犯罪,因此,在我国刑 法所规定的经济犯罪中,很多经济犯罪都要求犯罪主体必须具有一定的身份,或者是"国家 工作人员"或者"国有公司、企业的董事、经理"等。对于具体的经济犯罪而言,如果行为人没 有该种经济犯罪所要求的特殊身份,就不可能构成该种犯罪。比如同样是基于单位的集体 决定分得国有资产的行为,若是单位的直接主管人员或者直接责任人员,就构成私分国有资 产罪,而一般分得国有资产的人,就不构成犯罪。又比如,同样是造成企业破产、亏损,如果 是国家工作人员造成国有公司、企业破产、亏损,则构成犯罪,而集体经济组织的工作人员造 成集体企业破产、亏损的,就不构成犯罪。

第二,经济犯罪主体的身份能够区分此罪与彼罪。同样是一个经济违法行为,由于身份 之不同,构成的犯罪可能就不同。比如同样是利用职务之便侵占单位财物、挪用单位资金、 收受他人财物并为他人谋取利益的行为,如果是国家工作人员,就可能构成贪污罪、挪用公 款罪和受贿罪;但如果是公司、企业人员,就只能构成职务侵占罪、挪用资金罪和非国家工作 人员受贿罪。

第三,经济犯罪主体的身份影响刑事责任承担的程度。同样是一个经济犯罪行为,而且 该经济犯罪理应判死刑,但是犯罪主体如果是未满十八周岁的未成年人或者是审判时怀孕 的妇女,根据刑法的规定,就得排除死刑的适用;但犯罪主体如果不具有这种身份,一般情况 下,判处死刑就是理所当然了。② 另外,由于经济犯罪主体身份的不同,其行为构成的经济 犯罪就有所不同,而不同的经济犯罪的刑罚处罚程度是不一样的,因此,这些经济犯罪主体 的身份,在影响定罪的同时同样也在影响着其刑事责任的轻重。总之,作为身份犯罪的一个

① 关于该条规定的罪名,有的学者称为"职后受贿罪",有的学者称为"影响力交易罪"。
② 我国刑法理论中,学者们探讨犯罪主体的特殊身份,一般都重点着眼于定罪身份,而忽略量刑身份,笔者认为这 是片面的。

类别,身份在经济犯罪的定罪量刑中具有决定性的作用。

［导入案例］

杨志华企业人员受贿案

被告人杨志华。因涉嫌犯受贿罪,于2003年6月23日被逮捕。

江苏省如东县人民检察院以被告人杨志华犯公司、企业人员受贿罪,向如东县人民法院提起公诉。

起诉书指控:1994年至2002年间,被告人杨志华利用担任村党支部书记、村民委员会主任、经济合作社社长的职务便利,在管理本单位生产、经营活动过程中,为他人谋取利益,非法收受人民币计27.35万元,数额巨大,其行为触犯了刑法第一百六十三条第一款的规定,应以公司、企业人员受贿罪追究刑事责任。

被告人杨志华对公诉机关指控的事实供认不讳。其辩护人提出,村民委员会并非公司或者企业,杨志华不具有公司、企业人员的主体身份,不构成公司、企业人员受贿罪;杨志华系自首,可以从轻或者减轻处罚;杨志华积极退赃,有悔改表现。

如东县人民法院经公开审理查明:

(一)青园大酒店是由如东县掘港镇青园村村委会申请,经如东县计划委员会、土地管理局等单位批准筹建的村办企业。经青园村村委会讨论决定,被告人杨志华任青园大酒店筹建组负责人。

1995年上半年至2002年下半年,被告人杨志华先后利用担任如东县掘港镇青园村党支部书记、村民委员会主任、村经济合作社社长、青园大酒店筹建负责人的职务便利,在建设及转让青园大酒店过程中,非法收受施工单位、材料供应单位、大酒店受让单位人民币计26.5万元。具体如下:

1. 1995年4月22日,被告人杨志华以青园村委会的名义与南通万通建筑安装工程有限公司(以下简称万通公司)签订了"建设工程施工合同",工程造价284万元(后增加为340万元)。1995年4月至1999年,万通公司经理胡学明为感谢杨志华在承接青园大酒店及工程结算方面给予的关照,先后两次送给杨人民币共计5.5万元。万通公司水电项目部经理杨慎均为感谢杨志华在承建青园大酒店项目上给予的关照,送给杨志华2万元。万通公司土建项目部经理沙爱国为感谢杨志华在承建青园大酒店项目过程中给予的关照,送给杨志华3万元。

2. 1995年8月20日,被告人杨志华以青园村委会的名义与南通新亚装潢公司(以下简称新亚公司)签订了青园大酒店的装修合同,工程造价250万元。新亚公司经理管济飞为感谢杨志华在承接青园大酒店装潢工程中给予的关照,送给杨志华5.5万元。

3. 1996年上半年,南通东方装潢家具公司总经理樊桂彬为感谢被告人杨志华从中协调承接了青园大酒店底层的装潢工程,送给杨志华5万元。

4. 1996年上半年,南通教育服务公司九洲宾馆用品配套部的顾锦炎为感谢被告人杨志华在购销地毯、窗帘等青园大酒店宾馆用品过程中给予的关照,送给杨志华2万元。

5. 1996年上半年,南通申艺不锈钢制品有限公司曹云山为感谢被告人杨志华在青园大酒店的灶具用品购销过程中给予的关照,送给杨志华4000元。

6.1997年,青园大酒店竣工后未申办营业执照前试营业。1999年5月,因严重亏损,经掘港镇人民政府批准,被告人杨志华代表青园村村民委员会、经济合作社与南通文都娱乐有限公司(以下简称文都公司)签订转让青园大酒店协议书,将实际投资1170万元的青园大酒店以980万元的价格转让给文都公司。2001年上半年至2002年下半年,杨志华在将青园大酒店转让给文都公司后,以缺钱为由,先后5次向文都公司经理张春生索要2.1万元。

(二)1996年至2000年间,南通达忆装饰材料有限公司(以下简称达忆公司)经理吴宝祥、何邱林为感谢被告人将青园村的10余万元资金拆借给达忆公司,以及调解达忆公司与青园村村民之间的矛盾,先后5次共计送给杨志华8500元。

在司法机关立案前,杨志华如实交代了自己的犯罪事实,并退出了全部赃款。

如东县人民法院认为,青园大酒店系经江苏省如东县人民政府批准设立的村办企业,被告人杨志华利用担任青园大酒店筹建组负责人的职务便利,在筹建、转让青园大酒店过程中,为他人谋取利益,非法收受人民币26.5万元,数额巨大,其行为已构成企业人员受贿罪。公诉机关指控杨志华犯企业人员受贿罪的事实清楚,证据确实充分,指控罪名成立,应予支持;指控杨志华利用担任村基层组织领导的职务便利,在管理村集体事务过程中,为达忆公司谋取利益,非法收受该公司经理吴宝祥、何邱林人民币共计8500元的行为,构成企业人员受贿罪,没有法律依据,但此8500元属于非法所得,应予没收。杨志华在司法机关立案前已如实供述犯罪事实,系自首,依法可减轻处罚。杨志华归案后认罪态度较好,积极退赃,可酌情从轻处罚。辩护人的此部分辩护意见予以采纳。依照《中华人民共和国刑法》第一百六十三条第一款、第六十七条、第六十四条的规定,于2004年9月9日判决如下:

1.被告人杨志华犯企业人员受贿罪,判处有期徒刑三年,并处没收财产人民币五千元。

2.已经追缴的二十七万三千五百元非法所得,予以没收,上交国库。

一审判决宣判后,杨志华没有上诉,判决发生法律效力。

[思考]

1.筹建中的企业工作人员利用职务之便为他人谋取利益非法收受、索取财物的能否以企业人员受贿罪定罪处罚?

2.什么是刑法中的身份犯?

[拓展阅读]

刑法中的身份犯,是指刑法分则条文明确规定的必须由具有特定身份的主体方能构成的一类犯罪。身份犯分为纯正身份犯和不纯正身份犯。所谓纯正身份犯,是指犯罪主体的身份影响定罪的身份犯罪,犯罪主体若不具有法定的身份,就不可能构成某种犯罪。所谓不纯正身份犯,是指犯罪主体的身份不影响定罪但却影响量刑的身份犯罪,亦即即便犯罪主体不具有某种特定的身份,也可以构成某个犯罪,只不过因为其特定的身份而使其刑事责任与一般人有异而已。

身份犯的实质是一种义务犯,即行为人违反了由自己的身份而产生的某种特定义务,实施了一定的犯罪行为,由此而产生了一定的刑事责任。

[案例评点]《刑法》第163条设立了"非国家工作人员受贿"。该罪是指公司、企业或

者其他单位的工作人员利用职务上的便利,索取他人财物或者非法收受他人财物,为他人谋取利益,数额较大的行为。值得探讨的问题是,该罪中的"公司"、"企业",既没有限定其性质,也没有限定其存在的状态。因此,可以理解为只要是依法设立的企业,其工作人员利用职务上的便利实施犯罪活动的,就应当适用刑法关于企业工作人员犯罪的条款。同时,企业的成立需要一个过程,不能将依法设立理解为已经取得了营业执照。实践中,筹建中的公司、企业因管理不规范,更容易出现侵占、受贿、挪用等腐败问题,如不将筹建中的公司、企业认定为刑法意义上的公司、企业,势必会放纵大量的此类行为。本案中,青园大酒店系经江苏省如东县人民政府批准设立的村办企业,被告人杨志华利用担任青园大酒店筹建组负责人的职务便利,在筹建、转让青园大酒店过程中,为他人谋取利益,非法收受人民币 26.5 万元,数额巨大,其行为已构成企业人员受贿罪。因此,如东县人民法院的判决值得肯定。

［导入案例］

被告人张贞练。因涉嫌犯虚开增值税专用发票罪,于 1996 年 9 月 17 日被逮捕。

广东省湛江市人民检察院以被告人张贞练犯虚开增值税专用发票罪,向湛江市中级人民法院提起公诉。

湛江市中级人民法院经公开审理查明:

被告人张贞练于 1991 年 1 月被汕头市同平区韩江物资供销公司聘任为其下属的湛江市湛汕经营部(集体所有制)经理,受聘时间为 1991 年 1 月 1 日至 1994 年 1 月 1 日。1993 年 6 月,张贞练向湛江市工商行政管理局提出将湛江市湛汕经营部变更为湛江市贸易开发公司(集体所有制)的申请,当月获批准。湛江市贸易开发公司于 1993 年底停止营业。1994 年 3 月,潮阳市成田镇居民马陈晓(在逃)找到张贞练,二人合谋以已停业的湛江市贸易开发公司的名义,为他人虚开增值税专用发票牟取非法利益。

同年 4 月,被告人张贞练到湛江市工商行政管理局、湛江市税务部门分别办理了湛江市贸易开发公司的营业执照年检和税务登记证并购领了增值税专用发票。

同年 6 月,被告人张贞练经马陈晓、张署光(在逃)介绍,先后为揭阳市南方集团公司虚开增值税专用发票 51 份,价款人民币 149562423.3 元,税额人民币 25425612.11 元。张贞练共收取手续费人民币 124 万元。为掩饰上述虚开增值税专用发票活动,张贞练与揭阳市南方集团签订了 8 份假购销合同,并将 9 张盖有湛江市贸易开发公司财务章及其本人名章的空白收款收据交给揭阳市南方集团公司,供其入账使用。上述 51 份增值税专用发票已有 48 份被抵扣税款,抵扣税款总额人民币 21325200 元。

同年 5 月,马陈晓找到被告人张贞练为潮阳市友谊公司虚开增值税专用发票,张贞练应允并为该公司虚开增值税专用发票 7 份,价款人民币 15243142.22 元,税款人民币 2591334.18 元。受票单位向税务机关申报抵扣税款人民币 2591334.18 元,税务机关发现上述发票系虚开而未予抵扣。

同年 5 月至 6 月间,被告人张贞练经马陈晓介绍,为潮阳市新世纪实业公司虚开增值税专用发票 13 份。价款人民币 1756246.61 元。马陈晓收取受票单位"手续费"后,付给张贞练人民币 5 万元。受票单位向税务机关申报抵扣税款人民币 1756246.61 元,税务机关发现上述发票系虚开而未予抵扣。

同年6月,被告人张贞练为汕头特区建银科技开发公司虚开增值税专用发票1份,价款人民币320025元,税款人民币54404.25元。受票单位向税务机关抵扣税款人民币54404.25元。后税务机关发现该发票系虚开,将抵扣的税款全部追回。

同年7月初,被告人张贞练向湛江市有关部门申请湛江市贸易开发公司停止营业,随即携带犯罪所得赃款潜逃。

综上所述,被告人张贞练为上述四个单位虚开增值税专用发票共72份,价款计人民币175456452.92元,税款计人民币29827597.15元。受票单位用上述发票抵扣税款,致使国家税款损失人民币21325200元。张贞练收取开票"手续费"计人民币129万元,其中数千元用于支付本公司租赁房屋及职工开支等费用,其余款项用于个人经商及挥霍。

被告人张贞练为他人虚开增值税专用发票的同时,为抵扣税款,还通过马陈晓联系,分别从黑龙江省哈尔滨市大成工贸公司、哈尔滨市威豪经贸公司、四川省协力经济发展公司、鄂川市轻工服装鞋帽总公司、株洲市庆丰城建实业公司、镇江市润洲行联物资公司虚开进项增值税专用发票共36份,并将7份内容虚假的中国工商银行信汇、电汇凭证作为货款往来凭证入账,以应付税务机关的检查。

湛江市中级人民法院认为:被告人张贞练为他人非法虚开增值税专用发票以及让他人为自己虚开增值税专用发票的行为已构成虚开增值税专用发票罪。虚开数额特别巨大,情节特别严重,给国家利益造成重大经济损失,应依法严惩。依照《中华人民共和国刑法》第十二条第一款、第二百零五条第一、二款、第五十七条的规定,于1998年11月26日判决如下:

被告人张贞练犯虚开增值税专用发票罪。判处死刑。剥夺政治权利终身,并处没收个人财产。

一审宣判后,被告人张贞练对判决认定其虚开增值税专用发票的事实无异议,但上诉提出:其虚开的增值税专用发票是由该公司向税务部门领购,由该公司对外开出的,不是个人犯罪而应认定为单位犯罪;其有自首情节。请求从轻处罚。

广东省高级人民法院经审理查明:原审判决认定上诉人张贞练于1994年5、6月,先后为揭阳市南方集团公司等四个单位虚开增值税专用发票72份,价款共175456452.92元,税额共29827597.15元,致使国家税款被抵扣而损失21325200元,张贞练共收取开票手续费129万元,绝大部分用于个人经商和挥霍。以及其通过马陈晓介绍,分别向黑龙江省哈尔滨市大成工贸公司等六个单位虚开进项增值税专用发票共36份,用于抵扣其为他人虚开增值税专用发票的税款事实清楚。

广东省高级人民法院认为:被告张贞练为他人虚开增值税专用发票以及让他人为其虚开增值税发票的行为已构成虚开增值税专用发票罪。其虚开的增值税专用发票被受票单位向税务机关抵扣税款21325200元,尚未能追回,给国家利益造成特别重大损失,犯罪情节特别严重,依法应予严惩。张贞练与他人密谋虚开增值税专用发票牟取不法利益后,即以停业的其任法定代表人的湛江市贸易开发公司名义向税务机关申请税务登记,领购增值税专用发票,专门从事为他人虚开增值税专用发票活动,根据最高人民法院《关于审理单位犯罪具体应用法律有关问题的解释》第二条的规定,对上诉人张贞练的行为应以个人犯罪论处,故张贞练提出该案属于单位犯罪的意见不能成立,不予采纳;上诉人张贞练犯罪后潜逃到广西桂林,侦查机关根据举报将其抓获归案,其提出有自首情节没有事实根据,要求从轻处罚不予采纳。原审判决认定事实清楚,定罪准确,量刑适当,审判程序合法。依照《中华人民共和

国刑事诉讼法》第一百八十九条第(一)项的规定,于 1999 年 9 月 8 日裁定如下:

驳回上诉。维持原判。

广东省高级人民法院依法将此案报请最高人民法院核准。

最高人民法院复核认为:被告人张贞练在没有货物购销的情况下。为他人虚开和让他人为自己虚开增值税专用发票的行为已构成虚开增值税专用发票罪。张贞练以停业的湛江市贸易开发公司名义办理营业执照年检和税务登记证,领购增值税专用发票,在公司重新营业的三个月的时间内只从事虚开增值税专用发票活动,违法所得除有数千元用于公司开支,其余归其个人占有。根据最高人民法院《关于审理单位犯罪案件具体应用法律有关问题的解释》的规定,张贞练以湛江市贸易开发公司名义进行的虚开增值税专用发票犯罪,应依照刑法有关自然人犯罪的规定定罪处罚。张贞练虚开的增值税专用发票被受票单位向税务机关抵扣税款人民币 21325200 元,且未能追回,数额特别巨大,情节特别严重,给国家造成了特别重大损失,应依法惩处。一审判决、二审裁定认定的事实清楚,证据确实、充分,定罪准确,量刑适当,审判程序合法。依照《中华人民共和国刑事诉讼法》第一百九十九条和《最高人民法院关于执行〈中华人民共和国刑事诉讼法〉若干问题的解释》第二百八十五条第(一)项的规定,于 2000 年 5 月 26 日裁定如下:

核准广东省高级人民法院(1999)粤高法刑经终字第 109 号维持一审以虚开增值税专用发票罪判处被告人张贞练死刑,剥夺政治权利终身,并处没收个人全部财产的刑事裁定。

[思考]

1. 单位犯罪的构成要件有哪些?

2. 单位犯罪和单位中的自然人犯罪如何区分?

第二节 经济犯罪的单位主体

一、单位经济犯罪立法简史

单位经济犯罪是市场经济社会特有的犯罪现象。同经济犯罪一样,高度发展的商品经济是它产生的必要条件。近年来,随着我国社会主义市场经济体制逐步建立,在我国,单位经济犯罪的发案率也逐年提高,成为一种多发的、独特的经济犯罪。

单位经济犯罪,简单说来就是由单位实施的经济犯罪。单位经济犯罪是单位犯罪的一个较大的组成部分。所有的单位经济犯罪都是单位犯罪,但并非所有的单位犯罪都是单位经济犯罪,单位犯罪的外延大于单位经济犯罪。但从刑事立法史考察,单位犯罪首先出现在经济犯罪领域,并且至今为止,单位犯罪也主要发生在经济领域中,在我国刑法规定的一百二十多种单位犯罪中,绝大多数都属于经济犯罪。

笔者之所以使用"单位经济犯罪"这一概念,是因为我国刑法在总则中明确规定使用了"单位犯罪"这个名称。有些学者将"单位犯罪"和"法人犯罪"等同,认为两者的外延是相同的,因此,将"单位经济犯罪"干脆就称为"法人经济犯罪"。[①] 笔者认为,尽管单位犯罪和法人犯罪指的是同一种社会现象,都是指依法成立的合法社会组织整体所实施的犯罪行为,但

---

① 甘功仁主编:《经济刑法教程》,中国财政经济出版社 1997 年 11 月版,第 78 页。

是二者的区别还是显而易见的。"单位犯罪"重在说明犯罪主体并不局限于具有法人资格的组织，还包括其他不具有法人资格的合法社会组织；"法人犯罪"则重在说明合法社会组织作为犯罪主体时，同传统的自然人犯罪主体的区别及对应关系，强调这种犯罪主体的非自然人性质。这就说明，"单位"在多数情况下都是"法人"，在多数情况下，"单位犯罪"可以认为是"法人犯罪"。但是在有些情况下，"单位"和"法人"不是一个概念，在概念的外延上，两者是有本质区别的，所以，在这些情况下，"单位犯罪"与"法人犯罪"的概念就不能等同使用。如果用"法人犯罪"的概念来代替"单位犯罪"的概念使用，势必就会使一些不具有法人资格的单位的犯罪行为游离于刑事处罚之外，不利于打击这些单位的犯罪行为。这也是我们国家的刑法之所以使用"单位犯罪"，而没有使用"法人犯罪"的重要原因。所以，为了与我国的刑法规定相一致，笔者认为，用"单位经济犯罪"这一概念比较适宜。

从单位经济犯罪的立法史上看，西方的一些主要的资本主义国家都使用"法人犯罪"的概念。所以，单位经济犯罪的立法史，在西方主要是"法人经济犯罪"的立法史。

19世纪末，特别是进入20世纪以后，法人经济犯罪大量出现。这时，生产和资本高度集中，形成了垄断统治，许多跨国大公司掌握了国家经济命脉，触角伸向社会经济生活的各个角落。为追逐巨额利润，它们不择手段，甚至不惜实施违法犯罪行为。例如1976年发生的洛克希德公司贿赂案，1988年发生的日本利库路特公司贿赂案等等。

西方第一个有影响的包含有法人经济犯罪条款的经济管理法规是1890年美国《谢尔曼反托拉斯法》，最早承认法人犯罪的是英国刑法，19世纪初英国法院已在判例法上确认"法人在民法和刑法上都应当像自然人一样承担责任"。英美法系中承认法人犯罪和法人经济犯罪并追究刑事责任的有：英国、美国、加拿大、印度、澳大利亚、新加坡和我国的香港等。

大陆法系中，法国封建社会的立法曾承认法人犯罪，拿破仑时的立法机关放弃了这一概念。最早在刑法上规定法人刑事责任的是日本，其后德国、法国、瑞士、荷兰、古巴、巴西、泰国、土耳其以及我国台湾省也都在刑法上承认法人的刑事责任。1994年修订后颁布的法国新刑法典是大陆法系刑法典具有划时代意义的突破，是世界上第一个在刑法典中明确规定法人犯罪和法人经济犯罪的国家。

在我国，新中国建立后，国民经济恢复时期，私营工商业企业的犯罪活动曾经非常严重，其中有一些可以视为法人经济犯罪行为。经过1956年对农业、手工业和资本主义工商业的社会主义改造高潮后，只存在国营、集体性质的企业，并逐步形成以中央集权、行政管理为特征的计划经济体制，不存在具有独立经济利益和独立人格的法人单位，法人经济犯罪亦不复存在。党的十一届三中全会以来，社会主义市场经济的初步确立与不断完善为法人的复出创造了条件，也产生了法人经济犯罪的客观条件。法人经济犯罪日益猖獗，发案率逐年上升，主要集中在法人走私、非法经营、生产、销售假冒伪劣商品、偷税、骗税、抗税等危害税收征管秩序、金融、合同、集资等经济诈骗、行贿、受贿、逃汇、倒卖外汇、侵犯知识产权、破坏资源污染环境等领域。在许多案件中法人经济犯罪造成的经济损失和社会危害性也都十分巨大。

我国刑事立法、刑事司法上确立法人经济犯罪、承认法人刑事责任起步较晚，但发展迅速。最早规定法人经济犯罪的是1987年1月22日通过的《海关法》明确规定法人可以成为走私罪的犯罪主体，对法人经济犯罪实行双罚制，此后还颁布了一些追究法人经济犯罪的单行刑事法律或法规。最突出的成就是，1997年3月14日颁布的修订后的刑法在总则中明确规定法人犯罪的概念（使用的是"单位犯罪"名称）和处罚原则，在分则中规定了120多种具体的单位犯罪(绝大多数是单位经济犯罪),使我国成为继法国之后,世界上第二个在刑法典中承认单位犯罪,规定追究其刑事责任的国家。

二、单位经济犯罪的概念和特征

所谓单位经济犯罪,是指公司、企业、事业单位、机关、团体实施的严重危害社会的,触犯了经济刑事立法,并依法应当承担刑事责任的行为。单位经济犯罪的概念,抽象地概括了单位经济犯罪现象的本质特征和法律特征。这些特征主要有:

(一)单位经济犯罪是危害社会的行为,具有严重的社会危害性

单位经济犯罪的社会危害性,集中体现为对经济秩序的破坏,对社会经济权益和国家经济关系的严重损害上。单位经济犯罪的对象非常广泛,从生产资料到生活、消费资料,几乎任何财富都可成为其犯罪的对象。这种犯罪所涉及的领域也很宽,从商品的生产、流通,到商品的分配、管理各个领域都有发生。

单位经济犯罪具有严重的社会危害性。主要表现在:

第一,由于单位掌握经营权力,有经济实力,实施犯罪时常以合法社会组织的名义和形式进行,可以动用本合法组织内的一切财力、物力、人力,能利用自己广泛的经营联络关系和渠道,实施跨越广泛地域的经济犯罪,犯罪能力非常强。

第二,单位经济犯罪数额和数量巨大,给国家造成的经济损失也比较严重,许多大要案涉及金额,动辄数百万,上千万元,甚至上亿元大案也不鲜见。因此,单位经济犯罪的危害性远远大于自然人经济犯罪。

第三,单位经济犯罪的危害性还体现在,有些经济犯罪在破坏国家经济结构和经济秩序的同时,也在严重地危害着人民群众的生命安全和身体健康。单位为牟取暴利,制造、贩卖假药、劣药、伪劣产品,污染环境等犯罪,往往对公众健康和生态环境造成严重损害。从这个意义上讲,单位经济犯罪的对象往往有直接对象和间接对象之分,单位经济犯罪的客体也往往表现为双重复杂客体。

(二)单位经济犯罪是违反国家经济刑事立法的行为,具有刑事违法性

单位在其独立的整体意志支配下实施的经济行为,从法律性质上,可简单划分为合法行为与违法行为两大类。单位经济违法行为又可以分为一般违法行为和犯罪行为(严重违法行为)两类。两者都是违反国家经济管理法规并具有一定社会危害性的行为。但单位的一般经济违法行为,由于社会危害性较小,刑法并没有将其纳入刑事立法的评价范畴,只有当单位的经济违法行为的社会危害性达到一定的严重程度,违反国家刑事法律的规定时,才能成为单位经济犯罪行为。单位经济犯罪既违反经济管理法规,同时也违反了国家刑事立法。单位经济违法行为与单位经济犯罪最本质的区别在于有无刑事违法性。例如,法人漏税、偷税都违背国家税收征管法规,都是经济违法行为;但在刑法中,只规定偷税情节严重的行为是犯罪,对于漏税则并未如此规定,所以,偷税具备刑事违法性,是单位经济犯罪。漏税不具备刑事违法性,只是单位经济违法行为。即便在单位的偷税行为中,也并非是所有的单位偷税行为都成立刑法上的偷税罪,只有偷税的数额达到刑法所规定的数额和比例时,方能成立偷税罪,否则,就是一般的违法行为。我国刑法典中规定的单位经济犯罪,大多集中在破坏社会主义市场经济秩序罪一章中。

衡量一个单位违法行为的严重性和刑事违法性的因素有很多,但从我国经济刑事立法和司法解释来看,我国经济刑事立法和司法解释往往是以犯罪结果和犯罪情节为主要标准来进行评判。因为经济犯罪一般都表现为图利犯罪和目的犯罪,犯罪人的目的往往在于追求非法的经济利益,因此,在衡量经济犯罪的危害社会的结果时,犯罪的数额也就理所当然地成为主要标准。在犯罪数额的规定中,有的犯罪是将行为人非法获取利益的数额作为衡量犯罪社会危害性的标准,也有的犯罪是将犯罪行为给国家、集体所造成的财产损失数额作为衡量行为的社会危害性的标准。我国的经济刑事立法和司法解释基本上均是将犯罪数额作为一些经济犯罪的构成要件和成立要件。有些经济犯罪的刑事立法和司法中,犯罪情节也可以作为经济犯罪的构成要件,主要是看经济犯罪行为人的目的、手段、行为等。

（三）单位经济犯罪是应当承担刑事责任的行为,具有应当承担刑事责任性

单位经济犯罪除具有社会危害性的社会特征和刑事违法性的法律特征之外,还具有应受刑罚处罚性的特征。单位经济违法行为虽然具有严重的社会危害性,但如果缺少应当承担刑事责任性,该种行为也不能作为犯罪来处理。单位经济犯罪的这一特征是从社会危害性和刑事违法性的特征中派生出来的,三者紧密联系,不可分割。

三、单位经济犯罪的犯罪构成

（一）单位经济犯罪构成的主体

单位经济犯罪的主体是公司、企业、事业单位、机关、团体。单位是由自然人组成的进行经济活动、社会活动以及国家某种职能活动的社会实体。单位虽然由自然人成员组成,但它是与自然人成员相分离的独立存在的实体。单位在对外经济来往时,不是以某位组织成员个人的名义而是以整个单位的名义来进行。当单位的经济行为严重违反国家法律,产生严重社会危害性,依刑法规定应当承担刑事责任,构成单位经济犯罪时,这种犯罪构成的主体是法人组织这一整体,而不是法人组织中某个具体的自然人成员。

单位经济犯罪的主体是单位。根据刑法第30条的规定,单位包括公司、企业、事业单位、机关、团体五大类。"公司"是由一个或者多个主体投资,并依法设立的以营利为目的的企业法人,包括股份有限公司和有限责任公司;"企业"即非公司企业,是指依法设立的从事商品生产和商品经营的经济实体,包括国有企业、集体企业、乡镇企业、私营企业、联营企业、合伙企业、三资企业、台资企业等;"事业单位"是指依靠财政拨款,从事文化、教育、卫生、科技活动的非营利组织,包括文化组织、教育组织、卫生组织、科技组织等;"机关"是指各级国家机关,包括权力机关、行政机关、审判机关、检察机关等;"团体"是由个人按照自愿原则组织和活动的单位,包括人民群众团体、社会公益团体、文艺工作团体、学术研究团体等。在这些单位中,并非所有的单位都是法人,也有很多是属于非法人单位,所以,我国将该类犯罪称为单位犯罪,而不称为法人犯罪。

从我国刑法对单位经济犯罪的规定来看,单位经济犯罪的主体——单位可以分为两类:一是有些犯罪的主体是任何性质的单位,刑法仅在其条文中笼统使用单位犯罪一词,而不对单位的性质与范围进行界定。可以说,刑法中规定的绝大部分的单位经济犯罪都属于这种情况。在刑罚处罚上,该种单位犯罪往往采取两罚制。二是有些单位经济犯罪的主体必须是特定性质的单位,刑法在其条文中对这些犯罪的主体性质和范围进行了严格的界定,只有

具备特定的性质的单位,方能成立该特定的犯罪,否则便不成立,如刑法第 387 条的单位受贿罪、第 396 条的私分国有资产罪、私分罚没财物罪等等,即属此类。① 此类单位犯罪在刑事处罚上,往往采取代罚制。②

一般来说,单位经济犯罪的主体是一种复合式主体,即绝大多数的单位经济犯罪,单位可以构成,自然人也可以构成。但有些单位经济犯罪的主体,刑法则仅限定在单位的范围内,自然人不能构成该单位经济犯罪,如刑法第 387 条规定的单位受贿罪,其主体就只能是国家机关、国有公司、企业、事业单位和人民团体。

(二)单位经济犯罪的主观构成要件

由于我国刑法第 30 条之规定的模糊性,对于单位经济犯罪的主观罪过问题,一直是刑法理论界争论不休的问题,主要有两种不同的观点:一种观点认为,单位犯罪在主观上具有为单位谋取非法利益的目的,由此也就决定,单位犯罪只能是故意犯罪。对于在单位发生的过失犯罪,应由有关个人负责,单位不承担过失的刑事责任。③ 第二种观点认为,单位犯罪的主观罪过形式既可以是故意,也可以是过失,只不过故意是主要的表现形式罢了。④

笔者认为,单位经济犯罪的主观罪过形式,应该从以下几个方面进行看待:

第一,所有的经济犯罪都只能是直接故意犯罪。西方的一些刑法学者和犯罪学者一般都将经济犯罪看作是一类图利犯罪,行为人必须为了谋取某种非法的经济利益方可构成。从这个意义上讲,单位经济犯罪作为经济犯罪的一种,也只能是图利犯罪或者有目的的犯罪,因此,单位经济犯罪只能存在于直接故意犯罪之中。我国有些学者也持此观点。

第二,多数单位经济犯罪只能是出于犯罪故意,既包括直接故意,也包括间接故意;其中相当一部分单位犯罪只能是出于直接故意,并且具有为单位谋取直接的非法利益的目的。

第三,少数单位经济犯罪也可能是出于过失。相对于过失单位经济犯罪而言,必须是符合刑法分则规定的条件方能构成,即必须是单位的过失行为造成了重大的损失的结果。重大损失,是单位经济犯罪结果质与量的规定性。在单位犯罪中,过失犯罪不是很多,因此,在单位经济犯罪中,过失犯罪的数量就显得少之又少了。刑法第 229 条规定的出具证明文件重大失实罪,就是典型的单位经济犯罪。

第四,同时我们也应该看到,在有些单位经济犯罪中,可能还会存在混合罪过形式。所谓混合罪过,就是指行为人对自己的行为所产生的危害社会主义市场经济关系和经济秩序的后果持有两种以上的罪过形式。有些学者也将这种罪过形式称为“复合罪过”、“双重罪过”、“模糊罪过”。刑法第 189 条规定的对违法票据承兑、付款、保证罪,就是典型的双重罪过单位经济犯罪。⑤

---

① 当然,也有些单位经济犯罪,刑法分则条文中并没有规定该种单位的特定的性质,但从罪状对于该种单位经济犯罪的构成要件的描述中,可以推定出来,该种犯罪的单位主体必须是特定性质的单位方可构成。

② 即仅处罚单位中的直接负责的主管人员和直接责任人员,对单位本身并不处罚。

③ 高西江编:《中华人民共和国刑法的修改与适用》,中国方正出版社 1997 年 4 月版,第 156 页。

④ 娄云生主编:《法人犯罪》,中国政法大学出版社 1996 年 5 月版,第 90 页。

⑤ 一般认为,混合罪过是指一个犯罪同时具有故意和过失两种罪过形式,但如果我们将直接故意和间接故意、疏忽大意过失和过于自信过失分别也看成是两种不同的罪过形式的话,那么在单位经济犯罪中,含有混合罪过形式的犯罪数量就会很多,比如生产、销售伪劣商品罪一节中的主要单位经济犯罪,基本上都具有直接故意和间接故意两种罪过形式,所以都应该是混合罪过的单位经济犯罪。

单位合法行为是单位意志的反映，单位违法行为也是单位意志的反映，单位为了其自身的特殊利益进行犯罪活动，就是其犯罪意志的集中反映。以直接故意的经济犯罪为例，可具体化为：在认识因素上，单位明知其所实施的经济犯罪行为会发生危害社会的结果；在意志因素上，单位为获取非法利益，希望这种结果发生，体现为积极追求的态度。当然，单位的直接故意犯罪的心理态度，仍然是由其自然人成员来体现的，即单位内部成员中的法定代表人，直接负责的主管人员或直接责任人员在其职权范围或法人授权范围内，为单位利益，以单位名义做出决策。

（三）单位经济犯罪的客观方面

单位经济犯罪在客观方面，必须是实施了危害社会主义市场经济关系和经济秩序并且由法律规定为单位经济犯罪的行为。这就是说，单位实施的行为必须是危害社会主义市场经济关系和经济秩序的行为，如果所实施的行为对社会主义市场经济关系和经济秩序没有危害甚至有益，就不能构成单位经济犯罪。同时，这种危害行为必须是法律规定为单位犯罪的行为，行为尽管对社会主义市场经济关系和经济秩序有害，但法律没有规定为单位犯罪的，仍然不能构成单位经济犯罪。

首先，对于绝大部分单位经济犯罪来说，必须是以单位的名义进行犯罪活动，是一种有组织的行为。所谓有组织的行为，即表现为有目的、有领导、有分工的行为。尽管单位本身不能像自然人那样自身发出直接作用于外部的动作，但它的行为可以通过单位内部的直接责任者或其他成员的行为来进行，但这些自然人的行为体现的是独立存在的单位意志，其活动的范围和内容都是由单位所规定的，是单位整体行为的具体化。

单位经济犯罪的行为方式非常独特，它是由若干个（组成单位的）自然人成员的行为以一定的结合方式组成的单位整体行为。这种整体行为不同于某个单位成员的个人行为，也不是各个单位成员个体行为的简单相加。它是单位的领导、决策机构为了单位自身的整体利益而策划的，由单位成员自觉、有分工、有配合、有组织地实施的危害国家、社会利益的整体行为。它是在单位整体意志支配下，由单位成员的自觉行为有机组合而构成的法人整体行为。

其次，对绝大部分的单位经济犯罪来说，必须是与单位活动有关的行为，即单位经济犯罪是在单位的业务活动过程中实施的。从司法实践中看，这些单位经济犯罪与业务活动的关联性主要表现为以下几个方面：（1）在业务活动中从事非法经营；（2）在业务活动中非法侵权；（3）在追求业务目标时从事法律禁止的其他犯罪活动。[①]

单位的经济犯罪行为与经济违法行为有着质的差别，应注意区分。从理论上讲，只有当单位经济违法行为的社会危害性，达到刑法所规定的严重程度，成为触犯刑律的、有刑事违法性的、应当用刑罚加以处罚的时候才构成犯罪行为。这种质的差别是通过量的积累、变化而显现的。例如，单位有偷税行为，偷税数额达到应纳税额的10％以上并且偷税数额在一万元以上时，才构成偷税罪，没有达到这个数量标准就还是一般违法行为。

单位经济犯罪行为可以通过积极活动的作为方式来实施，如走私、非法经营、行贿等，也

---

① 孙国祥主编：《刑法学》，科学出版社2002年5月版，第171页。

可以由消极的不作为方式来实施，如偷税罪。①

在前面我们说过，单位经济犯罪行为是单位成员有组织、有分工地实施的以一定方式组合而成的整体行为。那么这种行为与共同犯罪是否相同呢？共同犯罪是由二个以上故意实施的危害性行为。二者的区别何在？区别主要有四点：其一，共同犯罪中有二个以上的犯罪构成的主体，而单位经济犯罪是一个主体，单位成员都是这一主体的构成要素；其二，共同犯罪人各自都有犯罪的故意，并且二个以上的故意之间有犯意的沟通和联络，而单位经济犯罪中各单位成员是在一个单位整体犯罪故意支配下进行活动的，并无二个以上各自独立的犯罪故意，其三，共同犯罪中每个行为人都有各自独立的行为，并且因各自行为的作用大小不同而有实行犯、帮助犯、主犯、从犯的区分。单位经济犯罪中，每个单位成员实施的行为组合成单位整体行为，其个人行为失去独立的意义，都只是整体行为的一个组成部分，因此，并无各自独立的数个行为，从而也无主从犯之分。其四，共同犯罪只能由故意构成，过失不能构成共同犯罪，而单位经济犯罪，既可由故意构成，也可由过失构成。必须注意的是，如果实施经济犯罪行为的组织体，不是依法定程序注册登记而成立的合法组织，就不能构成单位经济犯罪构成的主体。非法组织实施的经济犯罪就属于共同犯罪，其中组织严密，经常勾结在一起、稳定性较强的是犯罪集团。

（四）单位经济犯罪行为侵害的客体是我国的社会主义市场经济关系和经济秩序

单位经济犯罪是经济犯罪的一种独特形式，就犯罪构成的客体而言同经济犯罪是一致的。从犯罪构成的同类客体来看，单位经济犯罪主要集中在破坏社会主义市场经济秩序罪一章中。在犯罪构成的直接客体上，单位经济犯罪可能侵犯多种社会关系和各种社会经济利益，破坏各种具体的经济秩序，如单位虚报注册资本罪，侵害的是国家对公司、企业的管理秩序，单位转贷牟利罪则侵害了国家金融管理秩序。

[拓展阅读]

所谓单位犯罪应该包括两种情况：一种情况是单位代表或者机关成员自身在履行单位业务中所实施的违反刑法的行为，另一种情况是单位的一般从业人员在业务活动过程中所实施的违反刑法的行为。前一种情况下，由于单位代表或机关是单位意思的形成机关和中枢机构，由他们所实施的行为当然应当看作是单位自身的行为，追究单位的刑事责任；在后一种情况下，之所以也要追究单位自身的刑事责任，是因为，单位作为其下属单位的监督者（通过单位代表或者上级管理阶层的人）和利益的归属主体，对于其下级从业人员在业务活动过程中的违法行为负有监督责任，当单位没有履行这种责任而引起严重的违法后果时，就得追究单位自身的刑事责任。这样理解单位的刑事责任，应当说，也是符合单位犯罪的实际情况的。尤其是现代社会中，由于单位代表或者机关的监督措施不力而使单位自身体制存在缺陷或设定的组织目标不切合实际而导致单位从业人员犯罪的情况是大量存在的。而且，应当说，这种由于单位自身的原因而导致单位从业人员犯罪的情况是体现单位自身在产

---

① 从偷税罪的整体构成要件看，行为人具有纳税义务，有能力纳税而不予缴税，是一种不作为犯罪。但要从偷税罪的行为方式看，行为人却可能是以作为的形式来实施。抗税罪也是如此。

生或促进犯罪的最恰当表现,是单位犯罪的典型形式。在单位自身促进或产生单位组成人员的犯罪方面,正如美国学者所言,"大组织(单位)不是人的集合体,而是由可替换的人们所拥有的地位的集合体。这些可替换的人们受到他们所拥有的地位的限制。拥有这些地位的人所受到的训练便是以某种方式行事和提高组织的利润。例如,对公司解雇实践所进行的一项重要研究发现,评价他们最重要的标准是利润,在研究者们看来,这就意味着,'如果不能带来高利润的经理被解雇,就不能指望他们把社会责任看得比利润更重要。'无论经理是谁,追求利润的责任迫使他们降低成本,随之而来的可能是导致污染、不安全的工作条件、妨害反托拉斯法和生产不安全产品。这则进一步表明,当某个组织中的个人从事犯罪活动时,组织本身也可能是罪犯。"①因此,当单位组织的某一下级从业人员按照事先所设计好的业务程序进行操作,但最终引起了严重的违法后果时,尽管该从业人员的行为和单位代表或机关或负责人没有任何联系,但它因是单位自身的原因引起的,所以也应当看作是单位自身的犯罪行为。②

[**案例评点**] 我国刑法第 30 条规定了单位犯罪,是指公司、企业、事业单位、机关、团体实施的危害社会的,应当受到刑法处罚的行为。从该条的规定来看,单位犯罪并没有"为了单位的利益"这一构成要件,但是刑法理论界和司法实践中,在认定单位犯罪时,往往会考虑单位犯罪的主观要件,即必须是为了单位的利益,以单位的名义实施的犯罪,才能成立单位犯罪。③ 也就是说,仅以"单位的名义实施的犯罪"这一标准尚不能判断一个行为到底是不是单位犯罪。有些犯罪,名义上是以单位名义进行的,但是确实是为了某些个人谋取非法利益,这种情况是单位犯罪呢? 还是自然人犯罪? 理论界和司法实务界颇有争论。为此,1999年 6 月 25 日最高人民法院出台了《关于审理单位犯罪案件具体应用法律有关问题的解释》。该《解释》第二条明文规定:"个人为进行违法犯罪活动而设立的公司、企业、事业单位实施犯罪的,或者公司、企业、事业单位设立后,以实施犯罪为主要活动的,不以单位犯罪论处。"该《解释》第三条还规定:"盗用单位名义实施犯罪,违法所得由实施犯罪的个人私分的,依照有关自然人犯罪的规定定罪处罚。"2001 年 1 月 21 日最高人民法院《全国法院审理金融犯罪案件工作座谈会纪要》进一步明确指出,只有以单位名义实施犯罪,违法所得归单位所有的,才成立单位犯罪。

本案中,被告人张贞练先是以停业的湛江市贸易开发公司名义办理营业执照年检和税务登记证,领购增值税专用发票,而后在公司重新营业的三个月的时间内只从事虚开增值税专用发票活动,违法所得除仅有区区数千元用于公司开支,其余大部分的非法所得都归其个人占有。首先,可以认定重新开业的湛江市贸易开发公司是以实施虚开增值税专用发票罪为主要活动的;其次,足以证明张贞练用单位名义实施犯罪但违法所得归其个人所有。根据最高人民法院《关于审理单位犯罪案件具体应用法律有关问题的解释》的规定以及《全国法院审理金融犯罪案件工作座谈会纪要》的精神,对张贞练应依照刑法有关自然人犯罪的规定定罪处罚。张贞练虚开的增值税专用发票被受票单位向税务机关抵扣税款人民币 21325200元,且未能追回,数额特别巨大,情节特别严重,给国家造成了特别重大损失,应依法惩处。

---

① (美)D•斯坦利•艾慈恩、杜格•A•蒂默著,谢正权等译:《犯罪学》,群众出版社 1989 年版,第 306 页。
② 黎宏著:《刑法总则问题思考》,中国人民大学出版社 2007 年版,第 206—207 页。
③ 当然,极个别的属于间接故意和过失的单位犯罪除外。

四、单位经济犯罪的刑事责任的承担方式

(一)单位经济犯罪的刑事责任概述

单位经济犯罪的刑事责任如何实现,取决于刑事责任承担方式的选择。世界上虽然规定单位经济犯罪的国家越来越多,但对单位经济犯罪如何承担刑事责任,各国却有不同的做法,综观规定单位经济犯罪的各国立法例,单位经济犯罪的刑事责任的承担方式可归纳为三种主要类型:

1. 直接处罚制

直接处罚制,就是对单位经济犯罪,只处罚单位本身,而不处罚单位中的自然人。即由单位本身承担其犯罪的刑事责任并接受刑罚的处罚。这一原则是基于"仆人过错、主人负责"的民事侵权行为的归责原则推演而来的。对单位能够适用的刑种仅限于财产刑,而且主要是罚金。直接处罚制强调单位组织的整体性,但单位本身又是自然人所组成的,单位的行为离不开自然人意志的支配,仅对单位进行处罚,刑罚的威慑作用不大,同时也忽略了对单位中的某些自然人的主观恶性的刑法规制。

2. 代罚制

代罚制,是指对单位经济犯罪,仅处罚单位中的有关自然人。即由单位中的某些自然人(如法定代表人、直接责任人员)代替法人承担刑事责任和接受刑罚处罚。由于是由单位中自然人代替法人承担刑事责任,因而在刑事责任的承担方法上,既可以适用财产刑,也可以适用自由刑。代罚制试图通过对单位中的自然人的处罚来达到处罚单位的目的。但代罚制有明显的弊端,因为自然人本身是受单位控制的,他在为单位牟取利益,如果仅仅处罚他,就有失刑法公正原则。

3. 两罚制

两罚制,是指对单位经济犯罪,既处罚单位中的有责任的自然人(可处财产刑和自由刑),同时也处罚单位本身(适用的刑种是财产刑,主要是罚金)。两罚制克服了代罚制和直接处罚制的弊端,符合单位经济犯罪的实际情况。因为在单位犯罪故意中,是掺杂了个人意志的,有责任的自然人也具备了刑事责任的主客观基础的。此外,两罚制也有利于刑罚目的的实现。因此,现代各国追究单位犯罪的刑事责任以两罚制居多。

(二)我国刑法对单位经济犯罪的处罚

我国刑法第31条规定:"单位犯罪的,对单位判处罚金,并对其直接负责的主管人员和其他直接责任人员判处刑罚。本法分则另有规定的,依照规定。"这就是说,我国刑法中的单位犯罪,其基本的处罚原则是两罚制,既处罚单位,又处罚单位犯罪的直接责任人员。因此,我们认为,我国刑法对单位经济犯罪的刑事责任的承担方式也是采取两罚制。对单位的刑罚,是判处罚金;而对直接负责的主管人员和其他直接责任人员的适用的刑种则没有限制。直接负责的主管人员,是指在单位实施的犯罪中起决定、批准、授意、纵容、指挥等作用的人员,一般是单位的主管负责人,包括法定代表人。所谓其他直接责任人员,是指在单位犯罪中具体实施犯罪并起较大作用的人员,既可以是单位的经营管理人员,也可以是单位的职工,包括聘任、雇佣的人员。根据最高人民法院《关于审理单位犯罪案件对其直接负责的主管人员和其他直接责任人员是否区分主犯、从犯问题的批复》,"在审理单位故意犯罪案件

时,对其直接负责的主管人员和其他直接责任人员,可不区分主犯、从犯,按照其在单位犯罪中所起的作用判处刑罚。"

刑法分则中对少数单位犯罪采取的是代罚制。如刑法第 273 条挪用特定款物罪、第396 条私分国有资产罪、私分罚没财物罪等,都只处罚直接负责的主管人员和其他直接责任人员,对单位本身不处罚。

第六章

经济犯罪的主观方面

[导入案例]

胡平春非国家工作人员受贿无罪案

原公诉机关河南省平顶山市石龙区人民检察院。

上诉人(原审被告人)胡平春,男,1965年1月30日出生。因涉嫌非国家工作人员受贿罪于2011年7月21日被刑事拘留,同年7月28日被监视居住,因涉嫌职务侵占罪于2011年8月4日被执行逮捕。现羁押于平顶山市看守所。

辩护人李玉宝、赵碧波,河南博识律师事务所律师。

河南省平顶山市石龙区人民法院审理石龙区人民检察院指控原审被告人胡平春犯非国家工作人员受贿罪、职务侵占罪一案,于2012年6月15日作出(2012)平龙刑初字第9号刑事判决。宣判后,原审被告人胡平春不服,提出上诉。本院依法组成合议庭,经过阅卷、讯问被告人、听取辩护人意见,认为本案事实清楚,决定不开庭审理本案。现已审理终结。

原审查明,2007年4月28日,平顶山市豫鹰翔商贸有限公司发包其公司综合楼建筑项目,被告人胡平春以该公司董事长身份,与工程承包商杨××签订工程施工合同。杨××应被告人胡平春提议,向被告人胡平春给付人民币15万元,后被告人胡平春购买雪佛兰轿车一辆(车牌号为豫DE5553)。

另查明,被告人胡平春购买雪佛兰轿车一辆(车牌号为豫DE5553)的购车发票及税收凭证显示,该车车主均为平顶山市豫鹰翔商贸有限公司。

以上事实有下列证据予以证实:

1. 被告人胡平春供述:平顶山市豫鹰翔商贸有限公司发包其公司综合楼建筑项目,与杨××签订了工程施工合同后,杨××垫资15万元用于他购买雪佛兰轿车一辆(车牌为豫DE5553),该车入了公司的户,但是没有入账。

2. 证人杨××证言,证实杨××给被告人胡平春人民币15万元。

3. 证人孙××(平顶山市豫鹰翔商贸有限公司出纳)、王××(平顶山市豫鹰翔商贸有限公司会计)证言,证实被告人胡平春在会上说该公司的桑塔纳2000型轿车(车牌号为豫D35988)卖了,有谁能卖高于4万元钱,他还把车开回来,但卖车款没有入账。被告人胡平春购买雪佛兰轿车一辆(车牌号为豫DE5553),没有从公司支钱,也没有入公司的账。

4. 证人王玉×(平顶山市豫鹰翔商贸有限公司副经理)证言,证实被告人胡平春经手购买了雪佛兰轿车一辆(车牌为豫DE5553)。

5. 证人付××(平顶山市豫鹰翔商贸有限公司办公室主任)证言,证实平顶山市豫鹰翔商贸有限公司发包其公司综合楼建筑项目,与杨××签订了工程施工合同的经过。

6. 证人刘××证言,证实被告人胡平春从杨××处拿了15万元。

7. 证人姚××、张××证言,证实被告人胡平春从杨××处拿了15万元,被告人胡平春将该公司的桑塔纳2000型轿车(车牌号为豫D35988)卖给了杨××。

8. 被告人胡平春户籍证明及个人照片、无前科证明,证实被告人胡平春身份及无刑事、行政处罚记录的情况。

9. 被告人胡平春抓获经过,证实被告人胡平春抓获情况。

10. 雪佛兰轿车(车牌号为豫DE5553)的购车发票及税收凭证,证实被告人胡平春用杨××给的15万元买车入户的情况。

11. 石龙区公安局扣押物品清单,证实车牌号为豫DE5553的黑色雪佛兰轿车已被公安机关扣押情况。

12. 建设工程施工合同,证实2007年4月28日,被告人胡平春与工程承包商杨××签订工程施工合同。

13. 平顶山市人民政府会议纪要、平顶山市石龙粮油贸易公司改制项目资产评估报告书,企业基本注册信息查询单,平顶山市豫鹰翔商贸有限公司董事会决议,证实平顶山市豫鹰翔商贸有限公司的性质,资产情况,及董事长兼总经理系被告人胡平春。

14. 车牌号为豫DE5553的黑色雪佛兰轿车车辆信息查询单,证实该车入户情况。

石龙区人民法院根据上述事实及证据认为,被告人胡平春作为平顶山市豫鹰翔商贸有限公司的主要股东,以公司董事长及总经理的身份,利用职务之便,在发包工程过程中,非法收取他人现金15万元,事后虽用此款购买轿车一辆,并入其公司户名,但不能掩盖其受贿的犯罪事实,其行为构成非国家工作人员受贿罪。被告人及其辩护人辩称其不构成非国家工作人员受贿罪的理由不能成立,不予支持,公诉机关指控被告人胡平春犯职务侵占罪的证据不足,理由不充分,不予支持。依据《中华人民共和国刑法》第一百六十三条、第六十四条之规定,判决:1. 被告人胡平春犯非国家工作人员受贿罪,判处有期徒刑五年;2. 依法追缴车牌号为豫DE5553的黑色雪佛兰轿车一辆。

上诉人胡平春上诉称,收受杨××15万元钱买车入的是公司的户名,并非个人占有,没有入账,只是违反财务制度的行为,不构成非国家工作人员受贿罪。

辩护人李玉宝辩护称,胡平春收取对方15万元没有归个人所有,其购买车辆入的是其公司的账户,该车日常使用产生的费用仍在单位报销,未入账系违反财务制度的行为,不构成犯罪。

辩护人赵碧波辩护称,胡平春没有非国家工作人员受贿的主观故意,没有损害公司的利益,也没有给杨××谋取利益,因而不构成非国家工作人员受贿罪。

二审经审理查明的事实与一审判决所认定的事实相一致。二审期间,上诉人未提供新证据支持其上诉理由。原判所列证据亦经一审开庭当庭予以出示、宣读并质证,本院予以确认。

本院认为,上诉人(原审被告人)胡平春身为非国有公司的董事长兼总经理,在经济往来中将杨××提供15万元所购买的汽车登记于公司名下,并用于公务,主观上没有受贿的故意,客观上没有将车辆据为己有。杨××陈述称,胡平春说过所收受的15万元,待工程开工后补给杨××,因此,杨××提供15万元购买汽车实际上是一种为企业事先"垫资"行为,故上诉人胡平春及其辩护人"不构成非国家工作人员受贿罪"的上诉及辩护意见,本院予以采纳。依照《中华人民共和国刑事诉讼法》第一百八十九条第(二)项、第一百六十二条第(二)项之规定,判决如下:

一、撤销河南省平顶山市石龙区人民法院(2012)平龙刑初字第 9 号刑事判决,即"一、被告人胡平春犯非国家工作人员受贿罪,判处有期徒刑五年。二、依法追缴车牌号为豫 DE5553 的黑色雪佛兰轿车一辆"。

二、上诉人(原审被告人)胡平春无罪。

[思考]

犯罪故意包括哪些要素?如何认定犯罪故意?

经济犯罪的主观方面是指刑法规定的、构成某种经济犯罪所必需的、行为人对自己所实施的某种经济犯罪行为及其危害结果所持的心理态度。经济犯罪的主观方面具有以下几个方面的特征:

第一,法定性。经济犯罪的主观方面在我国的刑法中大多都有明文规定。有的犯罪,刑法明文规定其主观方面为"明知",如洗钱罪、销售假冒注册商标的商品罪等;有的犯罪,刑法明文规定其主观方面必须具有某种目的,如集资诈骗罪的"以非法占有为目的"、侵犯著作权罪的"以营利为目的"等;还有的犯罪在罪状中隐含该犯罪的主观方面为过失,如签订、履行合同失职被骗罪、提供证明文件失职罪等。

第二,必要性。即经济犯罪的主观方面是某个经济犯罪成立所必需的心理态度。有的经济犯罪要求行为人必须具有某个特定的目的,如果行为人欠缺这种目的,就不能构成该犯罪。有的经济犯罪要求行为人在行为时必须明知某种事实,如果行为人不明知,则不能成立该犯罪。一般说来,经济犯罪是一种图利犯罪,行为人往往以谋取某种非法的经济利益为其犯罪目的。但是并非所有的经济犯罪都是目的犯,经济犯罪的目的犯必须是基于经济刑事法规的明文规定。不过,有一点必须指出,有些经济犯罪虽然没有在法律条文中明文规定其犯罪的目的,但我们可以从该罪的所规定的其他的犯罪构成要件中推理出其犯罪的目的是必要要件,这种犯罪,我们也可以称为经济犯罪的"隐性目的犯"。[①]

第三,指向性。即经济犯罪的主观方面是指行为人行为时对自己的行为和可能造成的危害社会的结果所抱的一种心理态度。一般而言,经济犯罪的故意或者过失,是指行为人对自己的行为的结果是持希望、放任还是排斥的态度,但在某些情况下,刑法还要求行为人对自己的行为的违法性有所认识,如果行为人对自己的行为缺少违法性认识,也不能构成某种犯罪。对行为的违法性认识,在经济犯罪的犯罪构成、认定和处罚中具有重要的意义。任何一个国家刑法中规定的经济犯罪都是法定犯,而法定犯以法律的明文规定为其构成基础与要件,因此,对行为的违法性认识是经济犯罪主观方面的重要内容。

---

① 目的犯分为两种,其一是明示目的犯,就是在法律条文中明确地规定了该种犯罪的目的要件;其二就是隐性目的犯,法律条文虽然没有明文规定其犯罪目的要件,但从其他构成要件中能推理出来其必要的目的要件。

第一节　经济犯罪的主观方面的内容

经济犯罪与一般的刑事犯罪一样,其主观方面的内容不外乎两种,即故意和过失,在某些经济犯罪里面,刑法还明确规定该犯罪的成立必须具有特定的目的。

一、故意

经济犯罪的故意,是指行为人明知其实施的经济行为会发生危害社会的结果,并且希望或者放任这种结果发生的心理状态。与普通刑事犯罪一样,经济犯罪的故意也分为直接故意和间接故意两种。经济犯罪的直接故意,是指行为人明知其实施的经济行为会发生危害社会的结果,并且希望这种结果发生的心理态度。绝大多数经济犯罪都有一定的犯罪目的,所以说,直接故意是经济犯罪中一种比较常见的故意形式。经济犯罪的间接故意,是指行为人明知自己的经济行为可能会发生危害社会的结果,并且放任这种结果发生的心理状态。因为,经济犯罪从总体上说是一种贪利犯罪,行为人往往追求一定的经济目的。所以,在经济犯罪中,间接故意只存在于极个别的犯罪中,比较典型的是刑法第345条规定的滥伐林木罪。

［拓展阅读］

犯罪的主观要件具有重要意义,故司法工作人员在办案过程中,必须如实地查明行为人的心理态度,判断该心理态度是否符合犯罪主观要件。首先应当认识到,行为人的主观心理态度是可以查明的。因为作为犯罪实践结构上的这种主观心理态度是客观存在的,它不是只停留在行为人的大脑中,而是已经外向化、客观化,司法机关完全可以根据案件事实,采取正确的方法,判断行为人的心理态度是否符合犯罪主观要件。

判断行为人的心理态度的根据,只能是其实施的活动及其他有关情况。因为人的活动由其主观心理支配,活动的性质由主观心理决定;人的活动是人的主观思想的外向化、客观化,因而它反映人的思想。因此,在判断行为人的主观心理态度时,必须以其实施的活动为基础。此外,还要联系其他有关情况,如行为的时间、地点、条件、被告人与被害人的关系、行为人的一贯表现、事后的态度等进行判断,因为这些事实可以从某一方面证明行为人的主观心理态度。总之,要综合所有事实,经过周密论证,排除其他可能,才能得出正确的结论。

应当特别注意的是,不能简单地运用效果逆推动机(广义的),即不能简单地运用结果逆推行为人的主观心理态度。动机与效果的统一并不是一个规律,二者有时统一,有时并不统一。因为动机不等于行为,行为并不等于效果,在一个动机支配下实施的行为,极可能造成这样的效果,也可能造成那样的效果;效果不能决定行为的性质。例如,故意杀人行为,有的造成死亡结果,有的造成伤害结果,有的没有造成任何结果,用结果逆推行为人的主观心理态度,就会得出错误结论。当然,结果可以作为推测主观心理态度的一种可能的根据,但这仅仅是一种可能性,司法机关工作人员还应想到有其他种种可能性,作出的结论一定是要经过周密的论证,排除其他各种可能,并且提出充分、切实可靠的证据。[①]

---

① 苏惠渔主编:《刑法学》,中国政法大学出版社2012年版,第92—93页。

二、过失

经济犯罪的过失,是指行为人应当预见自己实施的经济行为可能发生危害社会的结果,因为疏忽大意而没有预见或者已经预见但轻信能够避免的主观心理态度。与一般的刑事犯罪一样,经济犯罪过失也分为经济犯罪的疏忽大意过失和经济犯罪过于自信过失。经济犯罪疏忽大意过失,是指行为人应当预见自己的经济行为可能会发生危害社会的结果,但是由于疏忽大意而没有预见,以致发生危害结果的一种心理状态。经济犯罪疏忽大意过失的关键在于认定行为人是否"应当预见"。根据刑法的一般理论,"应当预见"主要包括以下内容:一是行为人具有预见的义务;二是行为人当时是否具有预见的能力,只有将行为人的预见义务、预见能力与当时行为人所处的客观环境结合起来,才能正确地认定行为人是否成立疏忽大意过失。经济犯罪过于自信过失,是指行为人已经预见到自己的行为可能会发生危害社会的结果,但轻信能够避免,以致发生一定犯罪结果的心理状态。根据一般的刑法理论,过于自信过失成立的前提是行为人已经预见到危害结果发生的可能性,这一点与疏忽大意过失的"没有预见"是有区别的。其次是行为人轻信能够避免危害结果的发生。最后,行为人的这种轻信的依据是不可靠的。

[**案例评点**] 《刑法》第163条规定了非国家工作人员受贿罪。该罪是指公司、企业或者其他单位的工作人员,利用职务上的便利,索取他人财物或者非法收受他人财物,并为他人谋取利益,或者在经济往来中,违反国家规定收受各种名义的回扣、手续费,归个人所有,数额较大的行为。本罪的主体是作为非国有公司、企业或者其他单位的工作人员;本罪的主观方面是故意,并且具有非法占有他人财产的目的,这种非法占有财物的目的,虽然在索取或者非法收受他人财物的客观要件中没有明文规定,但在司法实践中,往往要对该目的予以认定;尤其是在经济往来中违反国家规定收受他人各种名义的回扣或好处费时,该种回扣和好处费必须被行为人占为己有,方能构成非国家工作人员受贿罪。本罪的客观方面有两种情形:一种是行为人利用职务之便,索取或者非法收受他人财物,并为他人谋取利益;另一种是在经济往来中,违反国家规定收受各种名义的数额较大的回扣、好处费,归个人所有。本罪的客体是公司、企业或者其他单位工作人员的廉洁性。

在认定非国家工作人员的受贿罪时,收受财物的归属应该是一个影响定罪量刑的关键因素。本罪的主观方面是故意,并且具有非法占有他人财产的目的,这种非法占有财物的目的,虽然在索取或者非法收受他人财物的客观要件中没有明文规定(《刑法》第163条第1款),但在司法实践中,往往要对该目的予以认定;尤其是在经济往来中违反国家规定收受他人各种名义的回扣或好处费时,该种回扣和好处费必须被行为人占为己有,方能构成非国家工作人员受贿罪(《刑法》第163条第2款)。司法实践中,如果行为人将非法收受了他人的财物及时上交或者退还的,不以非国家工作人员受贿罪论处。同理,在经济往来中,行为人虽然收受了他人的回扣、好处费,但并没有占为己有,而是用于所在单位的公用用途的,也可不作犯罪处理。

本案中,被告人胡平春身为非国有公司平顶山市豫鹰翔商贸有限公司的董事长兼总经理,虽然在经济往来中收受了杨××提供15万元的好处费并购买了一辆"雪佛兰"轿车,但是汽车是登记于公司名下,并用于公务,没有证据证明被告人胡平春将该轿车占为己有,所以,无法认定胡平春主观上有受贿的故意。另外,根据杨××的陈述,胡平春说过所收受的

15 万元,待工程开工后补给杨××,因此,可以认定杨××提供 15 万元购买汽车实际上是一种为企业事先"垫资"的行为,故被告人胡平春及其辩护人"不构成非国家工作人员受贿罪"的辩护意见是成立的,故而人民法院最终判决被告人胡平春无罪无疑是正确的。

第二节 经济犯罪的犯罪目的

[导入案例]

郭建升贷款诈骗案

一、基本案情

被告人郭建升。因涉嫌犯贷款诈骗罪。于 1999 年 5 月 18 日被逮捕;同年 11 月 2 日被取保候审。

北京市人民检察院第一分院以被告人郭建升犯贷款诈骗罪,向北京市第一中级人民法院提起公诉。

北京市第一中级人民法院经公开审理查明:

1993 年 9 月,被告人郭建升通过向北京市宣武区大栅栏联社(现更名为北京市大栅栏工商实业总公司)借款人民币 30 万元及个人投入部分资金,在工商部门申请注册成立了北京市糊涂楼饭庄(集体所有制性质)。挂靠于北京市朝阳区离退休人才开发服务中心。后变更隶属于北京市大栅栏工商实业总公司。郭建升与该公司签订承包经营协议。任饭庄法定代表人兼总经理,每年上缴管理费,并按月报送财务报表。因饭庄经营较好,郭建升等人先后在本市、外埠及澳大利亚和美国设立分店、分公司十余家。1995 年 10 月,郭建升与张志宏、鲜威为管理北京市糊涂楼饭庄及所属分店、分公司的经营及火锅研制开发项目,三人共同出资人民币 300 万元(大部分为北京市糊涂楼饭庄固定资产折价,少部分为投入资金)注册成立了北京市升宏餐饮有限责任公司(以下简称升宏公司),郭建升为该公司法定代表人、董事长。该公司为其他混合所有制性质的有限责任公司。

1996 年 7 月 20 日,升宏公司经董事会研究决定,通过无业人员郭永瑞介绍向原招商银行北京分行中关村营业部(现更名为招商银行北京分行中关村支行,以下简称中关村营业部)提出贷款人民币 300 万元申请,用于购进生产多用途火锅原材料。该申请书中所列企业经营业绩、企业发展自我陈述和企业财务状况等项目,均按北京市糊涂楼饭庄及分店的业绩、发展情况和财务状况进行填写。升宏公司提交给银行的资产负债表、损益表(均为 1996 年 6 月 30 日)中的数字,部分为饭庄及分店的汇总数额,部分为会计推算和照抄郭永瑞提供的一份报表数字。

北京市大栅栏工商实业总公司经中关村营业部对该公司的担保能力等核保后。为该贷款申请出具了不可撤销担保书。中关村营业部对升宏公司此次贷款未做贷前调查,原因是:北京市糊涂楼饭庄和升宏公司在 1995 年 8 月 22 日和 1996 年 5 月 2 日,先后从该营业部贷款人民币 100 万元和 200 万元(本息均已归还),该两次贷款申请书和担保书与升宏公司此次贷款人民币 300 万元的申请书内容基本相同。信贷员何凡曾多次到该公司和饭庄查验营业执照、财务账目及现场营业情况,并听取被告人郭建升关于两企业为一体经营和报送的财务报表系饭庄及分店的汇总表等情况的介绍,因此对升宏公司本次贷款,何凡经核保后便填写了贷前调查报告,并按照审批程序批准同意贷款人民币300万元。同年8月2日,中关村营业部将贷款人民币300万元转入升宏公司在该营业部设立的账户内,贷款期限10个月。

8月6日后,升宏公司将贷款人民币195万余元用于北京市糊涂楼饭庄及本公司的经营,余款人民币104.0625万元,被告人郭建升以支票形式支付给北京市建工集团总公司房地产开发经营部,以个人名义购买了本市朝阳区安慧北里秀园16号楼1209号、1210号房产两套。1997年底,该房产由北京市糊涂楼饭庄原聘用人员刘荟梅以人民币80余万元的价格转卖给他人,后被告人郭建升又用卖房所得之款以个人名义购买了河北省三河市燕郊怡园别墅6号、15号房产两幢。同年12月16日,被告人郭建升将该房产抵押给中国金谷国际信托投资有限责任公司,以升宏公司的名义贷款人民币200万元用于公司经营。

升宏公司贷款人民币300万元后,先后支付银行贷款利息及罚息7次,共计人民币50余万元,至1998年1月停止付息。1997年6月1日贷款期满,中关村营业部分别给升宏公司和担保单位北京市大栅栏工商实业总公司发出贷款到期催收函,两公司均复函表示同意履行还款及全额担保还款义务。因升宏公司和北京市糊涂楼饭庄在贷款逾期前后经营不善,资金周转发生困难,中关村营业部曾多次与被告人郭建升联系还款,郭表示因经营资金困难暂无还款能力,待经营好转收回资金后再还款。至案发时升宏公司未能偿还该贷款。

北京市第一中级人民法院认为,被告人郭建升所任职的升宏公司与北京市糊涂楼饭庄及分店虽分别注册登记为独立法人单位,但在实际经营管理运作过程中,两单位确有着密不可分的关系。升宏公司的多次贷款均是为饭庄的经营所用,升宏公司也实际上起到了管理公司的作用。升宏公司在贷款时提供了有效担保,对北京市大栅栏工商实业总公司签订的不可撤销担保书及所附手续,招商银行有关部门经核保后认为真实无误。同时,郭建升没有与担保单位恶意串通欺骗银行的行为,升宏公司向银行提供的贷款担保是真实有效的,符合有关法律规定。贷款到期后,因公司经营管理不善等客观原因致使贷款不能按期归还,但升宏公司曾表示尽快归还贷款本息。据此,起诉书关于被告人郭建升编造虚假事实,骗取贷款人民币300万元并非法占有的指控,缺乏证据。被告人郭建升系单位的法定代表人,代表公司提出贷款请求系单位行为,不应视为个人行为;在取得贷款后,郭用其中人民币100余万元以个人名义购买了房产,其余贷款用于单位经营,而后将房产抵押给金融机构以公司名义再次贷款用于企业经营的支出,亦不应认定被告人郭建升个人挥霍贷款。北京市人民检察院第一分院指控被告人郭建升犯贷款诈骗罪的证据不足。指控的犯罪不能成立。依照《中华人民共和国刑事诉讼法》第一百六十二条第(三)项的规定,于1999年11月2日判决如下:

1. 被告人郭建升无罪;
2. 扣押在案的物品予以发还(附清单)。

一审宣判后,原公诉机关北京市人民检察院第一分院提出抗诉。主要理由是:原审被告人郭建升在贷款人民币300万元的过程中,欺骗银行信贷员并将北京市糊涂楼饭庄经营业绩冒充为升宏公司的业绩,伪造虚假的申报材料,在骗得银行贷款人民币300万元后又将贷款用于其个人经营及挥霍。郭建升主观上有非法占有国有财产的犯罪故意,客观上实施了虚构事实、隐瞒真相的诈骗银行贷款、逾期拒不归还的犯罪行为,且数额特别巨大。

原审被告人郭建升的辩护人提出:检察机关指控郭建升主观上具有恶意占有银行贷款

资金,是没有事实依据的;郭建升在申请300万元贷款的整个过程中,不存在采取编造事实、蒙蔽、欺骗银行工作人员等欺诈手段骗取银行贷款的犯罪事实;郭建升不存在实际非法占有银行贷款资金,并将贷款用于个人经营活动及个人挥霍的事实,其逾期未还贷款亦非拒不归还贷款。

北京市高级人民法院经审理查明:

升宏公司是在工商行政管理机关正式登记注册的其他混合所有制性质的有限责任公司。该公司成立时,郭建升参股时在总资产中(指升宏公司注册资金)80%的股份均来自北京市糊涂楼饭庄的固定资产折价。升宏公司与北京市糊涂楼饭庄名义上是两个独立的法人,但两个公司(企业)之间又确实存在密不可分的联系,且升宏公司成立的初衷及国家工商行政管理机关核发的营业执照中,也确实有"管理公司咨询"及火锅的研制开发与生产(此项目系糊涂楼饭庄的主营项目)。郭建升既是升宏公司的法定代表人,又是北京市糊涂楼饭庄及第一分店的法定代表人。案发前,升宏公司也实际起到了管理公司的作用。郭建升作为升宏公司的法定代表人,在以本公司名义向招商银行申请贷款的过程(先后2次,一次200万元、一次即本案的300万元)中,并未欺骗、隐瞒本公司与北京市糊涂楼饭庄及分店的关系。郭建升在此次申报300万元所需填报的企业资产负债表、损益表中部分数字有夸大和不实的情况下,违规行使法人职权,予以签字、盖章,确属错误,但其目的是为获取贷款用于公司经营活动,并非诈骗银行贷款资金。郭建升在以升宏公司名义向招商银行申请贷款过程中,多次按照规定向银行申报了担保单位,而银行亦多次对该担保单位进行了核保。并与该单位签订了具有法律效力的"不可撤销担保书"。同时,郭建升没有与担保单位存在恶意串通,共同诈骗银行贷款的事实。升宏公司在申请贷款之前及至本案案发前并非不具有申请及偿还贷款的能力,招商银行经审查及核保后向其先后发放了人民币600万元贷款,其中300万元均已如期偿付利息及本金,对其余逾期未还的贷款,升宏公司及担保单位均已书面承诺偿还。因此,检察机关指控郭建升在升宏公司"不具备还款能力"的情况下骗取银行贷款资金,显然缺乏事实依据,亦与银行提供的贷款审核报告等证明是不相符的。

另查明:升宏公司及北京市糊涂楼饭庄及分店均属正式登记注册成立的法人,而郭建升作为前述公司、企业的法定代表人,其在申请银行贷款的过程中,始终是在以公司、企业的法定代表人名义,行使其法定代表人的职务行为,而并非是郭建升的个人行为。郭建升确实已将申请到的300万元贷款中的绝大部分共计人民币195万余元贷款用于了升宏公司及糊涂楼饭庄及分店的经营活动。此外,郭建升虽违规使用了贷款人民币104万余元购置房产,并以其个人名义登记产权,但此系郭建升根据本公司股东会关于"购置房产以待升值后用作固定资产抵押再行贷款"的决议而为的单位行为,其以个人名义登记产权,也系公司股东认可的。况且,最终郭建升在将前述两处房产变卖又购入两套别墅后,又确实用于抵押,而从其他金融机构贷款所得人民币200万元也用于了公司及糊涂楼饭庄及分店的经营。贷款人民币300万元未能归还并非郭建升个人恶意占有及用于个人经营及挥霍所致。郭建升作为公司、企业的法定代表人,因经营决策的失误,导致公司投资规模、范围过大过宽及违规使用了部分贷款,陷入经营不善,资金周转困难,是造成本案300万元贷款未能及时归还的重要原因。此外,当银行在贷款到期仍未归还的初始阶段,确曾几次向郭建升所在单位及担保单位催告,郭建升所在单位向银行也支付了逾期加罚利息达半年之久,并一再表示将承担还贷责任及违约责任,担保单位亦表示一定履行担保责任,并帮助郭建升做好公司及饭庄的经营,以便尽快偿还贷款。当银行后来按照正式程序向郭建升所在单位及担保单位发出贷款催收函后,升宏公司及担保单位均在回复函上表示一定归还贷款,尤其是担保单位更未拒绝担保,仍承诺其有不可撤销担保责任。

北京市高级人民法院认为,原审被告人郭建升身为集体所有制和其他混合所有制企业、公司的法定代表人,在行使法定代表人职权,以本公司名义向银行申请贷款的过程中,虽在财务报表中对部分数字的申报有推算和虚假成分,但不影响其代表本公司与银行签订的贷款人民币 300 万元的借款的效力,且此项贷款业务已由有关单位提供经银行确认为真实、有效的担保保证,郭建升亦最终将贷款人民币 300 万元分别以现金形式或者以所购房产用作贷款抵押等方式用于了企业经营活动,而并非用于其个人经营活动及挥霍;贷款未能如期归还,确因郭建升等人对公司、企业经营管理不善所致。但该公司始终表示将尽快归还贷款本息,且担保单位亦未拒绝承担担保责任。综上,原审被告人郭建升在向银行为本公司申请贷款人民币 300 万元的过程中,确无个人非法占有贷款的犯罪目的和犯罪故意及诈骗犯罪行为。北京市人民检察院第一分院所提抗诉意见缺乏充分的事实及法律根据,故不予采纳;原审被告人郭建升及其辩护人分别所作郭建升无罪并请求维持一审法院判决的辩解及辩护意见成立,予以采纳。北京市第一中级人民法院根据郭建升在本案中行为的事实、性质、情节所作的判决,认定事实清楚,证据确实、充分,适用有关法律认定起诉书指控被告人郭建升犯贷款诈骗罪的证据不足,指控的犯罪不能成立,对其宣告无罪正确,审判程序合法,应予维持。依照《中华人民共和国刑事诉讼法》第一百八十九条第(一)项的规定,于 2000 年 9 月 30 日裁定如下:

驳回北京市人民检察院第一分院的抗诉。维持原判。

[思考]

如何认定经济犯罪中的"非法占有目的"?

一、经济犯罪的目的的概念

经济犯罪的犯罪目的,是指行为人希望通过经济犯罪行为达到特定结果的一种心理态度。经济犯罪是一种贪利犯罪,或者叫图利犯罪,行为人往往希望通过自己的经济犯罪行为达到一定的犯罪结果,这种结果多数情况下表现为获取一定的经济利益,但在有些情况下,也不排除行为人的目的仅仅在于破坏经济秩序而对自己是否获得经济利益而在所不问的情况。

经济犯罪的目的具有以下特征:

(一)具体性。所谓具体性,是指刑法条文对某种经济犯罪的目的的规定必须具体。经济犯罪虽然多为图利犯罪,其犯罪目的大体具有相同性,即都具有非法获取经济利益的目的。但具体的经济犯罪,其要求的具体的犯罪目的可能也有不同。就我国刑法典规定的经济犯罪的犯罪目的而言,有"以非法占有的目的"、"牟利的目的"、"营利的目的"、"谋取不正当利益的目的"、"传播的目的"等几种。

(二)法定性。所谓法定性,是说经济犯罪的目的是由法律明文规定的。经济犯罪的目的分为两个层次:一是任何直接故意经济犯罪都有一定的目的,这些目的并非是这些犯罪的构成要件,是不需要法律明文规定的。二是某些经济犯罪的特定目的,这种目的是刑法明文规定的构成该种经济犯罪所必需的,无此目的,便不能构成该罪,理论上一般称之为"目的犯之目的"。

二、经济犯罪的目的的类型

根据我国刑法的规定,我国经济犯罪中的犯罪目的主要有以下几种:

1. 以非法占有为目的。根据我国刑法规定,某些经济犯罪必须具有"以非法占有为目的",才可以构成犯罪。如集资诈骗罪(第 192 条)、贷款诈骗罪(第 193 条)、合同诈骗罪(第 224 条)等。在民法理论中,占有权是一项最基本的也是最能体现所有权性质的权能,是所有权的其他三项权能即使用权、收益权和处分权的基础。占有是对财产进行实际控制的权利,占有可以分为合法占有和非法占有两种。合法占有是根据法律规定和其他合法的原因对财产进行占有。非法占有是指非所有人没有法律的根据和其他合法的原因对他人的财产进行占有。作为经济犯罪的主观目的,即属于非法占有。"以非法占有为目的"的经济犯罪在破坏社会主义市场经济秩序的同时,也对他人的财产所有权进行了侵害。在我国的经济犯罪中,"以非法占有为目的"的经济犯罪分为两种,一种是刑法明文规定某种经济犯罪是"以非法占有为目的",该种犯罪在刑法理论上叫作目的犯;另一种是刑法虽然没有明文规定某种经济犯罪"以非法占有为目的",但在刑法理论上和司法实践中,在认定该罪的时候要求行为人必须有非法占有的目的,此种情况在刑法理论上叫作"隐性目的犯",如我国刑法中的盗窃罪、诈骗罪等一些传统的经济犯罪,即属此类。

2. 以牟利为目的。在我国的经济犯罪中,有些经济犯罪要求行为人主观上必须具有非法牟利的目的。如走私淫秽物品罪(第 152 条)、高利转贷罪(第 175 条)、非法拆借、发放贷款罪(第 187 条)、非法转让、倒卖土地使用权罪(第 228 条)、非法收购盗伐、滥伐的林木罪(第 345 条第 3 款)等。所谓以牟利为目的,是指行为人在从事某种经济犯罪活动在主观上是为了谋求非法的经济利益。值得指出的是,在司法实践中,虽然有很多经济犯罪的犯罪行为人都有这种目的,但是只有在立法上作出了明确规定的,才能将其视为犯罪构成的主观要件之一。至于行为人现实中是否实现该目的,一般不影响犯罪的成立。

3. 以营利为目的。我国刑法中的某些经济犯罪,不仅要求行为人实施了某一方面的经济犯罪行为,而且还要求行为人在主观上具有营利的目的。如侵犯著作权罪(第 271 条)、销售侵权复制品罪(第 218 条)等。所谓营利,是指行为人通过实施某种经济犯罪行为从中谋求非法的利润。由于上述经济犯罪要求行为人在主观上必须具有营利的目的,所以,对于那些主观上没有这种目的的行为则不能按照犯罪处理。我国近几年来比较多的发生的某些高校教师为了评职称、申报社会科学或者自然科学基金项目等,剽窃、抄袭他人的论文、著作等行为,虽然侵犯了他人的著作权,但是行为人主观上不是为了营利,缺乏刑法上规定的"侵犯著作权罪"的"以营利为目的",因此,不能作刑事犯罪处理。[1]

4. 以谋取不正当利益为目的。刑法中有些犯罪要求行为人主观上必须以谋取不正当利益为目的。该种犯罪目的多见于贿赂犯罪之中。如对公司、企业人员行贿罪(第 164 条)、行贿罪(第 389 条)、对单位行贿罪(第 391 条)等。该行贿类犯罪是目的犯,谋取不正当的利

---

[1]　刑法上的"营利"是否就只能限定在经济利益? 如果只能限定在谋取经济利益,则该种行为就不能构成犯罪,但若将"营利"作扩大解释,也包括所谓的"沽名钓誉",则该种行为也可以作为犯罪处理。况且,一旦职称上去了,经济利益就会随之而来。因此,笔者认为,司法机关的相关司法解释具有片面之处。

益,是行贿罪构成的必要条件,无论是主动行贿还是被动行贿。

如何理解刑法中的"不正当利益",理论界和司法实践界有"广义说"、"狭义说"和"折中说"等三种学说。"广义说"认为,"不正当利益"只是区别于国家、集体、他人利益的一个中性的概念,并不仅是指非法利益,而且是采取不正当的行为手段而获得的利益。"狭义说"认为,"不正当利益"就是指非法利益,即法律禁止行为人得到的利益。"折中说"认为,刑法上的"不正当利益",应该包括三种情形:第一,法律、法规规定的违法犯罪行为所取得的利益,如走私、非法经营所得的利益;第二,依法应履行的义务,通过不正当的手段,不履行或者不完全履行而得到的利益,如通过偷税行为所得的利益;第三,通过不正当的手段所取得的不确定的利益。所谓不确定的利益,是指利益本身是合法的,但利益的归属是尚待确定的,为取得这种利益而采取不正当手段的,就是不正当利益。而对于以不正当的手段谋取的正当的特定的利益,不属于不正当利益。1999年3月4日,最高人民法院、最高人民检察院联合制发了《关于办理受贿犯罪大要案的同时要严肃查处严重行贿犯罪分子的通知》,该《通知》第2条对行贿犯罪的"谋取不正当利益"作了专门规定:"谋取不正当利益",是指谋取违反法律、法规、国家政策和国务院各部门规章规定的利益,以及要求国家工作人员或者有关单位提供违反法律、法规、国家政策和国务院各部门规章规定的帮助或者方便条件。根据这一规定,笔者认为,"不正当利益"应该包括两个方面:其一,非法利益。即违反法律、法规、国家政策和国务院各部门规章规定的利益。其二,要求他人或者单位提供违法的帮助或者方便条件所取得的利益。

5.以传播为目的。我国刑法第152条第1款对"走私淫秽物品罪"的主观方面采取了选择式的规定方式,即构成本罪,行为人既可以出于牟利的目的,也可以出于非法传播的目的。所谓"以传播为目的",主要是指行为人走私淫秽物品不仅是为自己使用或者欣赏,而且准备将其扩散、流传。刑法之所以要作出这样的规定,主要是想通过这一规定,适当地扩大本罪的刑事责任的适用范围,对那些虽然不是出于牟利的目的,但是出于传播目的的,也应当以犯罪论处。

［拓展阅读］

在大陆法系国家的刑法理论中,对非法占有的目的,有三种不同的理解:一是排除权利者意思说,认为非法占有的目的,是指排除权利者行使所有权的内容,自己作为财物的所有者而行动的意思。二是利用处分的意思说,认为非法占有的目的,是指按财物经济的(本来的)用法利用、处分的意思。还有一种折中说,认为非法占有的目的,是指排除权利者对财物的占有,把他人之物作为自己的所有物,按其经济的用法利用或处分的意思。[①]

另外,与非法占有目的内容相关的还有以下几个问题,在德日等国也有认识分歧:(1)关于非法占有目的所指向的对象,在德国存在物体说与价值说的对立。前者认为非法占有的目的所指向的对象是作为财物的物体本身,而后者认为所指向的是财物的价值。自从莱比锡裁判所的判例将两说并用以来,德国的通说是采用这种两者并用的折中说。但是,在日本,关于这一问题的争论并没有展开,学者们大都采用折中说。(2)在德国,对于非法

---

① (日)曾根威彦:《刑法的重要问题》(各论),成文堂1996年日文补订版,第130页。

占有行为的非法占有目的被分为积极的一面与消极的一面。其消极面是排除权利者对财物的支配，其积极面是对财物确立类似于所有权行使的支配关系。在日本，也有类似的见解认为，"排除权利者"的意思是非法占有目的的消极面，"把他人之物作为自己之物……利用或者处分"的意思是非法占有目的的积极面。(3)关于非法占有的目的是否必须以永久的、完全的占有为目的，在德国也有争论。英美国家一般认为要以永久占有（或永久剥夺他人财产）为目的。但日本的判例和学说几乎一致认为，即使是以一时的完全获得对财物的支配为目的，也可以认为有非法占有的目的。(4)非法占有的目的是否要求有获利的意思，在德国也是有异议的问题。另外，瑞士刑法第117条、意大利刑法第624条、希腊刑法第373条都把获利的意思当作盗窃罪的要件。为此，日本也有学者认为，非法占有的目的要求有获利的意思，但是，多数学者认为，日本刑法的所谓取得罪中，由于盗窃罪和不动产侵夺罪不属于利益罪，所以，不应当把非法占有的目的与获利的目的（意思）等同看待。

我国刑法没有明文规定盗窃等取得罪必须以非法占有为目的，但理论上的通说一致认为，应该要以非法占有为目的。[①] 只不过对非法占有目的的理解，学者们的认识不完全一致。一种是"意图占有说"，认为"所谓非法占有目的，是指明知是公共的或他人的财物，而意图把它非法转归自己或第三者占有。"这是我国刑法理论界的通说。[②] 另一种是"不法所有说"，认为"非法占有目的包括两种情况：一是非法暂时占有（狭义）、使用为目的……；二是以不法所有为目的。"对非法占有目的或不法所有目的，不能理解为只是意图占有或控制财物，而应该按照前述大陆法系国家的第三种学说（即折中说）来理解，即应该包括利用和处分财物的目的在内。[③] 还有一种与此类似的观点认为，由于犯罪分子实施侵犯财产的犯罪，并不仅仅是为了占有或控制财物，而是为了使用或处分财物，也就是说其目的是想得到所有权的全部内容，因此，应该把"非法所有目的"（而不是把"非法占有目的"）作为盗窃等取得罪的要件。[④] 另外，还有一种"非法获利说"，认为盗窃等非法取得他人财物的犯罪都属于图利性的犯罪，其主观要件不是以非法占有或不法所有为目的，而是以非法获利为目的。[⑤] 这种观点实质上与前述大陆法系国家的第二种学说（即利用处分意思说）比较接近。

从各国刑法的规定和刑法理论上的解释来看，非法占有目的的内涵并不十分清楚。如果仅从字面上来理解，所谓"非法占有目的"，无非是指非法掌握控制财物的目的。我国刑法理论界多数人采用的"意图占有说"就是从这个意义上来理解的。这种从字面的、本来的含义上理解的非法占有目的，可以称为"本义的非法占有目的"。笔者也赞成作这样的理解。而大陆法系国家多数学者和我国部分学者所作的前述解释大多超出了其字面的含义的范围，附加了一些特殊的内容。对这种附加了特定含义的非法占有目的，可以称之为"附加含义的非法占有目的"。[⑥]

[案例评点] 贷款诈骗罪是从诈骗罪里面分离出来的一个特别的金融诈骗犯罪。根据《刑法》第193条的规定，贷款诈骗，是指以非法占有为目的，用法定的虚构事实、隐瞒真相

---

① 高铭暄、马克昌主编：《刑法学》(下编)，中国法制出版社1999年版，第889—890页。

② 高铭暄主编：《中国刑法学》，中国人民大学出版社1989年版，第502—503页。

③ 张明楷：《刑法学》(下)，法律出版社1997年版，第761—762页。

④ 刘白笔等：《经济刑法学》，群众出版社1989年版，第385—386页。

⑤ 张瑞幸主编：《经济犯罪新论》，山西人民教育出版社1991年版，第255—256页。

⑥ 刘明祥：《财产罪比较研究》，中国政法大学出版社2001年版，第65—67页。

的方法,骗取银行或者其他金融机构的贷款,数额较大的行为。这些法定的虚构事实、隐瞒真相的方法包括:(1)编造引进资金、项目等虚假理由;(2)使用虚假的经济合同;(3)使用虚假的证明文件;(4)使用虚假的产权证明作担保或者超出抵押物价值进行重复担保;(5)以其他方法诈骗贷款。司法实践中,使用欺诈的手段骗取银行贷款的现象时有发生,行为人为了得到贷款,有时也会用一些欺诈的手段。但是否所有的运用欺诈的手段进行贷款的行为,都构成贷款诈骗罪呢? 笔者认为不能一概而论。还要综合考虑贷款行为前后的具体情节,以认定行为人是否具有非法占有贷款的目的。没有非法占有贷款目的的行为,可以认为是贷款欺诈行为,按照民事上的贷款纠纷进行处理即可。

对于如何认定行为人具有"非法占目的",早在2001年1月21日最高人民法院《全国法院审理金融犯罪案件工作座谈会纪要》中就有规定:"应当坚持主客观相统一的原则,既要避免单纯根据损失结果客观归罪,也不能仅凭被告人自己的供述,而应当根据案件具体情况具体分析。对于行为人通过诈骗的方法非法获取资金,造成较大损失不能归还,并具有下列情形之一的,可以认定为具有非法占有的目的:(1)明知没有归还能力而大量骗取资金的;(2)非法获取资金后逃跑的;(3)肆意挥霍骗取资金的;(4)使用骗取的资金进行违法犯罪活动的;(5)抽逃、转移资金、隐匿财产,以逃避返还资金的;(6)隐匿、销毁账目,或者假破产、假倒闭,以逃匿返还资金的;(7)其他非法转移资金、拒不返还的行为。"

本案中,被告人郭建升身为集体所有制和混合所有制公司、企业的法定代表人,在向银行申请贷款的过程中,提交的财物报表对部分数字的申报有推算和虚假成分,尽管不影响其代表该公司与银行签订的贷款人民币300万元的借款的效力,且此项贷款业务已由有关单位提供经银行确认为真实、有效的担保保证,但是其利用含有虚假项目的财务报表向银行申请贷款的行为,可以认定为属于贷款诈骗的"其他方法"的行为。但是该行为是否就一定构成贷款诈骗罪,还必须进一步借助于其他的行为事实来证明被告人郭建升主观上是否具有"非法占有目的"。

综合本案中贷款的使用、不能归还贷款的原因以及郭建升对偿还贷款的主观态度等案件事实来分析,并不能证明郭建升在申请贷款的过程中以及取得贷款之后具备"非法占有贷款的目的"。也就是说,郭建升最终将300万元的银行贷款分别以现金形式或者以所购房产用作贷款抵押等方式用于了企业经营活动,而并非用于其个人的非法经营活动或者挥霍;贷款未能如期归还,确因郭建升等人对公司、企业经营管理不善所致,但该公司始终表示将尽快归还贷款本息,且担保单位也未拒绝承担保证责任。故而尽管被告人郭建升利用含有虚假项目的财务报表申请贷款,但根据《纪要》的相关规定和精神,郭建升的行为显然应该属于贷款欺诈行为,属于民事上的违法行为。检察机关以贷款诈骗罪对郭建升进行起诉,显然是未能正确区分贷款诈骗罪(刑事犯罪)和贷款欺诈(民事违法行为)之间的界限。笔者认为,综合本案的各种情节,可以认定被告人郭建升主观上没有"非法占有贷款的目的",应该宣告为无罪。

第七章

经济犯罪的客观方面

[导入案例]

原公诉机关:天津市人民检察院第一分院。

原审上诉人(原审被告人):马萍,女,吉林省长春市人,汉族,澳大利亚国籍(护照号码:E7058220),原系天津澳中投资发展有限公司及天津冠博实业发展有限公司(原天津鑫万房地产开发有限公司)股东。2001年9月7日,因涉嫌高利转贷犯罪被拘留,同年9月20日被逮捕,2003年6月10日被监视居住。现在境外。

辩护人:杨华,北京市金瀚律师事务所律师。

原审上诉人(原审被告人):张牧,男,汉族,北京市人,原系天津冠博实业发展有限公司股东。2001年9月7日,因涉嫌高利转贷犯罪被拘留,同年9月20日被逮捕,同年10月25日被取保候审。2002年4月25日被逮捕。2003年6月10日被监视居住。张牧与马萍为夫妻关系。

天津市第一中级人民法院审理天津市人民检察院第一分院指控被告人马萍、张牧犯高利转贷罪一案,于2002年4月30日,作出(2001)一中刑初字第177号刑事判决。马萍、张牧不服,提出上诉。天津市高级人民法院于2004年4月14日作出(2002)高刑终字第089号刑事判决。上述判决发生法律效力后,马萍以其行为不符合刑法规定的高利转贷罪构成要件为由,向本院提出申诉。经本院审查认为,马萍的申诉理由符合《中华人民共和国刑事诉讼法》第二百零四条第(三)项规定的重新审判的条件。依照《中华人民共和国刑事诉讼法》第二百零五条第二款的规定,本院于2006年4月12日作出(2004)刑监字第158-1号提审决定。本院依法组成合议庭。经过阅卷审查,认为事实清楚,决定不开庭审理,现已审理终结。

天津市第一中级人民法院一审认定,1999年10月,被告人马萍、张牧经人介绍结识了张淑莹(天津鼎泰置业发展有限公司法定代表人,另案处理)、王承(天津市开发区世成置业有限公司职员)等人。张淑莹、王承以用款人给付存款数额11.2%的高息为条件,要求马萍、张牧将资金存入指定银行,1年内不得支取,由张世莉(天津亿辰置业发展有限公司法定代表人,另案处理)等人用款。马萍、张牧同意,同年10月25日,马萍、张牧将张牧母亲吴亚茹名下人民币2000万元存款电汇至用款人张世莉指定的中国银行天津和平支行凯旋门分理处。10月27日,应原凯旋门分理处主任杨兆源(另案处理)及张世莉的要求,马萍、张牧将存款转入天津鑫万房地产开发有限公司账户内,办理定期1年存款手续。马萍在中国银行单位存款凭条上留下"凭本人前来持存款凭条、印章、护照原件、身份证支取"的字样。期间,马萍与张世莉商定，加付5%的"保证金"，以16.2%的比率收取高额回报。1999年12月，张世莉与马萍联系用款事宜，允诺继续给付16.2%回报。同年12月28日和2000年1月3日，经张牧联系，马萍用张牧名下408.4万美元存单质押，以个人综合消费贷款的名义，先后从中国工商银行北京市分行南礼士路支行西四储蓄所贷款人民币3020万元。马萍、张牧将人民币3020万元贷款连同其他款项人民币480万元共计人民币3500万元一并存入中国银行天津和平支行凯旋门分理处。马萍、张牧按照与张世莉事先的约定，收取高息人民币1272万元，其中人民币3020万元贷款实得转贷高息456.84万元。1999年12月29日、2001年1月5日、1月6日，张世莉等人通过杨兆源取得上述人民币5500万元存款证实书和预留印鉴卡，伪造了天津鑫万房地产开发有限公司印章、财务专用印章及张牧个人印鉴，假冒天津鑫万房地产开发有限公司的名义，以中国银行单位存款证实书作质押，先后在中国银行天津和平支行开出人民币5500万元承兑汇票贴现使用。经中国银行天津分行举报，公安机关侦查，马萍、张牧于2001年9月7日被抓获，天津鑫万房地产开发有限公司名义存款人民币3500万元被冻结，非法所得人民币767.71万元随案移送。

天津市第一中级人民法院一审认为，被告人马萍、张牧以转贷牟利为目的，套取金融机构信贷资金再以高利转贷他人，违法所得数额巨大，其行为构成高利转贷罪，二人在共同犯罪中地位、作用相当，不分主次。决定对马萍以高利转贷罪，判处有期徒刑六年，罚金人民币2284万元，并处驱逐出境；对张牧以高利转贷罪，判处有期徒刑三年，罚金人民币1827万元。违法所得人民币456.84万元予以没收。宣判后，马萍以认定高利转贷罪证据不足，应该宣告无罪为由，张牧以是从犯，应该从轻处罚为由提出上诉。

天津市高级人民法院二审认定，马萍、张牧为牟取张淑莹、张世莉允诺给付存款16.2%的高额利息，用张牧名下美元408.4万元存单作质押，编造个人消费的虚假事由，从北京银行套取贷款人民币3020万元存入张世莉指定的银行，由张淑莹、张世莉等人实际使用。马萍、张牧转贷人民币3020万元，实得转贷高息人民币312万元，银行存款1年利息人民币67.95万元。

天津市高级人民法院二审认为，上诉人马萍、张牧以转贷牟利为目的，用美元408.4万元存单作质押，编造"个人综合消费"的虚假事由，从银行套取信贷资金人民币3020万元，按照与用款人的约定，高利转贷给用款人，违法所得数额巨大。马萍在共同犯罪中起主要作用，是主犯，张牧起次要作用，是从犯。马萍、张牧转贷人民币3020万元，实得高息人民币312万元，原判认定实得高息人民币456.84万元有误，导致对马萍、张牧罚金刑数额失当，应予纠正。判决维持一审对马萍、张牧的定罪及对马萍判处有期徒刑六年，并处驱逐出境部分。改判马萍罚金人民币1900万元；改判张牧有期徒刑三年，缓刑三年，罚金人民币1520万元。违法所得人民币67.95万元依法没收，上缴国库。

马萍的辩护人杨华辩称，质押贷款不需套取，马萍在北京银行质押贷款符合银行要求。马萍存进天津银行人民币3020万元被杨兆源、张淑莹、张世莉等人骗走。原判认定马萍的行为构成高利转贷犯罪与事实不符，适用法律错误，应该对马萍宣告无罪。

经本院查明，1999年10月，原审被告人马萍、张牧通过张淑莹与张世莉结识，商定由马萍将资金存入用款人张世莉指定的银行，张世莉按照存款比例的16.2%付给高息。1999年10月25日至27日，马萍、张牧在张淑莹、张世莉陪同下，将张牧母亲吴亚茹名下存款人民币2000万元，从北京市商业银行阜城门支行转存到中国银行天津和平支行凯旋门分理处，并按照杨兆源、张世莉的要求将存款存入天津鑫万房地产开发有限公司账户内。马萍、张牧在中国银行单位存款凭条上留下"凭本人前来持存款凭条、印章、护照原件、身份证支取"的字样。之后，马萍、张牧按照事先约定的比例收取高息。同年10月27日，张淑莹从杨兆源手中取走天津鑫万房地产开发有限公司存款证实书、预留印鉴等材料，交给了徐广发（天津市开发区世成置业有限公司法人代表，另案处理）。10月28日，张世莉在凯旋门分理处，用私刻的天津鑫万公司公章、财务专用章及张牧名章以天津鑫万公司存款证实书作质押，开出人民币2000万元银行承兑汇票贴现归己使用。

1999年12月28日、2000年1月3日，马萍、张牧在张世莉陪同下，用张牧名下美元408.4万元存单作质押，以"个人综合消费"的名义，从中国工商银行北京市分行南礼士路支行西四储蓄所贷款人民币3020万元及其他款项共计人民币3500万元，存入中国银行天津和平支行凯旋门分理处，收取张世莉等人支付高息人民币312万元。1999年12月29日、2000年1月5日，张世莉、徐广发凭据私刻的公章、财务专用章及个人名章，用天津鑫万房地产开发有限公司的存款证实书作质押，欺骗银行开具汇票，承兑人民币3500万元现金据为己有。

2000年10月，张世莉向马萍、张牧表示如再向银行存款，愿付定金5万元，并指定中国银行天津南开支行士英路分理处为存款银行。同年11月26日，马萍、张牧在张世莉陪同下，前往指定银行办理人民币480万元转存手续。银行工作人员告诉马萍、张牧，张世莉自称是天津鑫万房地产开发有限公司会计，企图拿走单位存款证实书后，马萍、张牧随即到中国银行天津支行凯旋门分理处询问人民币5500万元存款的安全，被告知存款被人承兑贴现，二人向天津市公安局报案。

上述事实有银行票据、账单、承兑协议、合同及证人证言、刑事科学技术鉴定书、马萍、张牧供述及被询问笔录予以证实，天津市第一中级人民法院（2002）一中刑初字第113号刑事判决书和天津市高级人民法院（2003）津高刑二终字第005号刑事判决书，证明张淑莹、张世莉、徐广发等人犯诈骗罪；天津市和平区人民法院（2002）和刑初字第277号刑事判决书和天津市第一中级人民法院（2003）一中刑终字第328号刑事裁定书，证明杨兆源犯票据诈骗罪。

本院认为，马萍、张牧出于牟取高于银行存款利息的目的，编造"个人综合消费"的理由，用个人名下美元408.4万元存单作质押，从中国工商银行北京市分行南礼士路支行西四储蓄所贷款人民币3020万元，存入张世莉、徐广发指定的中国银行天津支行凯旋门分理处，收取人民币312万元高息属实。但马萍、张牧的行为不构成高利转贷罪。马萍、张牧在中国银行天津支行凯旋门分理处存款人民币5500万元，其中包括银行贷款人民币3020万元，办理的存款手续合法。马萍、张牧作为存款人与银行之间形成存款关系。张世莉、徐广发利用杨兆源提供的上述款项的存款证实书，伪造相关印章和张牧印鉴，骗取银行信贷资金，不能证明马萍、张牧的行为属于转贷性质。马萍、张牧的行为违反了《中华人民共和国商业银行法》的相关规定，但不构成犯罪。原判认定马萍、张牧行为构成高利转贷罪，属于适用法律错误。辩护人提出马萍、张牧在银行存款系被他人骗走，其存款行为不构成犯罪的理由成立，应予采纳。依照《中华人民共和国刑事诉讼法》第二百零六条、《最高人民法院关于执行中华人民共和国刑事诉讼法若干问题的解释》第176条第（4）项、第305条、第312条第（2）、（4）项的规定，判决如下：

一、撤销天津市第一中级人民法院（2001）一中刑初字第177号刑事判决；天津市高级人民法院(2002)高刑终字第 089 号刑事判决。

二、宣告马萍、张牧无罪。

经济犯罪的客观方面要件是指刑法所规定的,某种经济违法行为构成犯罪所必需的各种客观的事实特征。经济犯罪的客观要件主要有以下几个特征:

一、法定性。经济犯罪,尤其是新型的经济犯罪是我国刑法中的一种新的犯罪种类,人们对于新型的经济犯罪的构成要件尚待理解和把握,所以,在新刑法中,刑法分则对于经济犯罪尤其是新型的经济犯罪的构成要件,犯罪的行为方式、具体犯罪数额等各种客观方面的要件都作了详细的规定。但我们也应该知道。经济犯罪是图利犯罪和数额犯罪,而经济又是不断发展的,所以,有些经济犯罪的客观方面在刑法中是不便作出具体规定的,只能通过单行刑法和相关的司法解释来规定,如某种经济犯罪的数额等。

二、整合性。经济犯罪的客观方面的要件有很多,包括犯罪行为、犯罪结果、行为与结果之间的因果关系、犯罪的时间、地点、方法、手段以及状态等等。我们所说的某一个经济犯罪的客观方面要件,不是指上述要件中的某一个要件,也不是指上述要件中的所有要件,而是某个经济犯罪构成所要求的一个或者几个要件。如时间、地点并不是每个经济犯罪的方面的构成要件,只有极个别的犯罪才具体要求犯罪的时间、地点等。

三、必要性。经济犯罪的客观方面的要件与主观要件、主体要件、客体要件一样,都是经济犯罪构成的必要要件,而不是可有可无的。尤其是在某些经济犯罪里面,它会要求一些特殊的客观要件,比如犯罪的方法、手段、状态、数额等。

第一节 经济犯罪的客观方面的内容

一、经济犯罪行为

(一) 经济犯罪行为的概念与特征

经济犯罪行为是指犯罪行为人所实施的危害国家经济秩序,并受国家经济刑事法规所禁止的行为。经济犯罪行为是经济犯罪客观方面的核心内容,任何一种经济犯罪,必须表现为一定的符合构成要件的行为方可成立,这种行为既可以是经济犯罪的实行行为,也可以是经济犯罪的预备行为。单纯的犯意表示,不能成立经济犯罪。从这个意义上说,经济犯罪的犯罪行为是经济犯罪的必要要件。

具体地说,经济犯罪行为有以下几个方面的特征:

第一,经济犯罪行为的危害性。经济犯罪行为危害了国家的经济关系,破坏了国家的经济运行与经济管理秩序,所以,具有危害性和破坏性。经济犯罪的危害性不仅仅表现为对社会经济制度和经济秩序的现实危害,也表现为对经济制度和经济秩序以及其他社会关系所造成的一种危险状态。我国刑法中的经济犯罪有个别犯罪被规定为一种危险犯,即只要经济犯罪行为对刑法所保护的社会关系造成了一定的危险状态,就成立该种犯罪的既遂,这种危险状态,既可以是行为所造成的一种现实危险状态,如生产、销售不符合卫生标准的食品罪,也可以是行为所造成的一种抽象危险状态,如生产、销售有毒有害食品罪。

第二,经济犯罪行为的违法性。首先,经济犯罪行为违反了相关的经济法规,包括经济运行法规和经济管理法规;其次,经济犯罪行为违反了相关的刑事法规,包括刑法典和单行的经济刑事法规。

需要指出的是,经济犯罪行为违反相关的刑事法规一般以行为违反一定的经济法规为前提,只有严重的违反经济法规的行为才可能被规定为违反相关的刑事法规而受到刑事处罚。但是,在司法实践中也有一些行为可能没有违反一定的经济法规,即行为符合经济法规中所有的合法要件,但从刑事法的规定来看,可能会是一种犯罪行为。如银行对相关票据承兑时只审查票据上的形式上承兑条件,但对于权利主体一般不作实质审查。假如一个人捡到一张印鉴和其他承兑要件都齐全的支票,自己拿到银行进行承兑并主张权利,银行是必须要承兑的。该种行为从票据法上来说是完全合法的行为,但按照刑法的规定,该行为人是一种典型的票据诈骗犯罪行为。

第三,经济犯罪行为具有罪过性。即经济犯罪行为是在一定的罪过的支配下而实施的,如果某个经济行为虽然造成了一定的危害社会的结果,但不是基于行为人的故意或者过失,而是由于无法预见或者不可抗拒的原因而引起的,不认为是经济犯罪行为。另外,某些经济犯罪行为还要求必须是在一定的目的支配下实施的,如果行为不是基于该特定的目的,则行为人的行为也无法认定具有罪过性。还有一些经济行为,行为人主观上具有故意,客观上也实施了具体的行为,国家或者集体的利益也因此受到了一定的损害,但是由于国家法律规定的不完善,该行为表现为一种规避法律规定的行为,则应当认为该种行为阻却违法而不应当承担刑事责任,如合理的避税行为,因为这是罪刑法定原则的应有之义。此时的行为人的"故意"不能认为是刑法上的罪过。

(二)经济犯罪行为的具体形式

1. 作为

经济犯罪构成的作为,是指行为人积极实施经济刑法所禁止的经济危害行为。经济犯罪构成的作为形式是绝大多数经济犯罪的行为方式。

2. 不作为

经济犯罪构成的不作为,是指行为人应当履行某种义务,能够履行某种义务而不予履行的消极的破坏国家经济秩序的行为。

3. 非法持有行为

我国刑法规定的经济犯罪中,有个别经济犯罪,如非法持有伪造的货币罪等,是由非法持有的行为构成的。非法持有的行为,是指行为人违反国家经济刑法的禁止性规定,持有某些国家法律规定禁止持有的物品,应当交出而不予交出的行为。

4. 混合行为

有些经济犯罪,国家刑法规定有几种行为方式,该几种行为方式中,有的是作为,有的是不作为,如偷税罪。还有的经济犯罪,从整个犯罪行为的性质上看,是不作为犯罪,但其具体的行为方式却是作为,如抗税罪。对于上述两种经济犯罪行为,理论中很难认定其到底是作为犯罪,还是不作为犯罪,所以,笔者将其认为是混合行为的经济犯罪。

[拓展阅读]

犯罪是侵害法益的行为。所以,作为犯罪构成要件的行为也被我国刑法理论称为危害行为……

　　行为概念具有多种功能。首先,行为概念具有界限功能。犯罪是行为,没有行为就没有犯罪;因此,任何举动,只要它不是行为,一开始便可以排除在刑法的考虑范围之外。其次,行为概念具有定义功能(结合要素的机能)。行为概念具有许多实质内容,是犯罪的特征、成立要件包含在其中,如"犯罪是违法有责的行为"。最后,行为概念具有分类功能。一方面,刑法规定的具体犯罪类型,都以行为为其构成要件要素,行为不同,构成要件也异,从而犯罪类型不同;另一方面,对犯罪的其他一些分类也离不开行为概念,如故意行为与过失行为,实行行为、教唆行为与帮助行为等。[①]

［拓展阅读］

　　成立犯罪,首先必须具有符合特定的构成要件的行为。这一行为就是实行行为。因此,在认定犯罪之际,首先就得考虑确定该实行行为。确定实行行为,靠是否符合构成要件来决定,因此,就得判断该行为或事实在形式上是否充分满足法定的构成要件。另外,由于所有的构成要件都是以保护一定法益为目的而被法律规定出来的,因此,成为实行行为,仅在形式上满足构成要件还不够,还必须是具有实施该行为的活动,通常就能引起该构成要件所预定的法益侵害结果程度类型的危险,换句话说,必须是具有侵害法益的现实危险的实质,在形式上和实质上都符合特定构成要件。

　　这样,所谓实行行为,是具有侵害法益的现实危险,在形式上和实质上都符合构成要件的行为……另外,即便在形式犯和抽象危险犯中,行为只要没有该构成要件所预定的侵害法益的现实危险的实质,就不是实行行为。只是,在这些情况下,行为只要在形式上满足构成要件要素的话,原则上就具有该种构成要件中所要求的危险性,没有必要讨论其实质而已。

　　关于实行行为的内容的侵害法益的现实危险,有(1)指科学法则上的迫切危险的见解,和(2)行为时一般人所感受到的现实危险的见解之间的对立。由于构成要件是以社会一般观念或社会心理为基础的可罚行为的类型,向国民明确表示什么样的行为是犯罪,什么样的行为不是犯罪,因此,构成要件阶段的危险性,应当看作是:对于该行为自身,具有通常判断能力的社会一般人所感受到的客观危险性。所以(2)种见解妥当。本来,完全没有科学法则上的危险的话,一般人也不会感到危险,因此,应当根据科学上的法则来严密认定"危险",但是,危险的有无,最终还是应当根据一般人对客观危险的恐惧来判定。从这种观点出发的话,故意、过失等主观的构成要件要素也要在危险性的判断中加以考虑,因此,故意行为和过失行为的实行行为,即便在行为的客观方面具有同样的危险,但作为实行行为,仍然有别。[②]

　　［案例评点］ 根据《刑法》第175条的规定,高利转贷罪,是指行为人以转贷牟利为目的,套取金融机构信贷资金高利转贷他人,违法所得数额较大的行为。本罪的主体是一般主体,单位和自然人均可构成。本罪的主观方面表现为故意。本罪是一种目的犯,刑法要求行为人主观上必须具有高利转贷的目的才可以构成本罪。本罪的客观方面表现为以各种名义,套取金融机构信贷资金,然后高利转贷给他人,从中牟利,数额较大的行为。所谓"套

---

① 张明楷著:《刑法学》(第四版),法律出版社2011年版,第143页。
② (日)大谷实著,黎宏译:《刑法总论》,法律出版社2003年版,第104—105页。

取",是指行为人在不符合贷款条件的情况下,以虚假的贷款理由或者贷款条件,向金融机构申请贷款,并且获取由正当程序无法得到的贷款。所谓"高利",是指利率高于中国人民银行贷款利率的上限。[①] 所谓"他人"是指行为人本身以外的任何他人。

在本案中,认定马萍、张牧两人是否构成高利转贷罪,主要是从高利转贷罪的主客观构成要件来进行分析。从案件所给出的行为事实来进行分析。

首先,马萍、张牧两人符合高利转贷罪的主体要件,因为高利转贷罪的主体是一般主体,相对于自然人而言,只要是年满 16 周岁并且具有法定责任能力的人均可构成。

其次,从行为的主观方面进行分析,马萍、张牧两人确实有将贷款转给他人,从中谋取巨额利差的目的。

本案的认定的困难在于马萍、张牧的行为是否符合高利转贷罪的客观的行为要件。第一,两人的行为是否属于"套取"? 本罪中的"套取",是指行为人编造虚假的贷款理由,从金融机构申请贷款的行为。从本案来看,(1)1999 年 10 月 25 日,马萍、张牧将张牧母亲吴亚茹名下人民币 2000 万元存款电汇至用款人张世莉指定的中国银行天津和平支行凯旋门分理处,不算套取银行贷款,因为这 2000 万元本身就是个人存款,而不属于"贷款"的范畴。(2)1999 年 12 月 28 日和 2000 年 1 月 3 日,经张牧联系,马萍用张牧名下 408.4 万美元存单质押,以个人综合消费贷款的名义,先后从中国工商银行北京市分行南礼士路支行西四储蓄所贷款人民币 3020 万元。马萍、张牧将人民币 3020 万元贷款连同其他款项人民币 480 万元共计人民币 3500 万元一并存入中国银行天津和平支行凯旋门分理处。该种行为也不应该属于"套取",尽管马萍以"个人消费"的名义从银行申请了贷款 3020 万元,形式上符合具有虚假的贷款理由的构成要件,但是马萍是以账目名下的 408.4 万美元的存单作质押。正如马萍的辩护人杨华所言,质押贷款不需套取,马萍在北京银行质押贷款符合银行贷款的要求。(3)2000 年 10 月,张世莉向马萍、张牧表示如再向银行存款,愿付定金 5 万元,并指定中国银行天津南开支行士英路分理处为存款银行。同年 11 月 26 日,马萍、张牧在张世莉陪同下,前往指定银行办理人民币 480 万元转存手续。姑且不谈这 480 万元是否是两人从银行套取来的银行贷款,但从"5 万元定金"的性质而言,这 5 万元是否就是转贷的高额利差? 就值得商榷。

本案还有一个容易迷惑人的地方。高利转贷罪的客观方面要求行为人转贷的对象必须是"他人",正如上文所言。"他人"是指行为人本身以外的任何其他人。但是,就高利转贷罪立法的本意来看,行为人转贷行为直接指向的对象应该是"他人",也就是说,行为人将贷款从银行套取出来之后,应该将该贷款直接给予"他人",并从中谋取高额利差。而本案中的马萍和张牧的行为,恰恰不符合这个条件,两人的行为仅仅表现为将存款和贷款从一家银行取出来而存入了另外一家银行,这与直接将贷款给予他人有着本质的区别。因为就前者而言,使用贷款的人还必须符合贷款的条件才能将这些贷款从另一家银行中取出来,这也就是本案中的使用贷款者即张世莉、徐广发、杨兆源最后为什么要伪造相关证件从银行取得资金的原因。

综上所述,天津市高级人民法院再审认为,马萍、张牧出于牟取高于银行存款利息的目的,编造"个人综合消费"的理由,用个人名下美元 408.4 万元存单作质押,从中国工商银行

---

① 王作富主编:《刑法分则实务研究》(上),中国方正出版社 2003 年版,第 488—489 页。

北京市分行南礼士路支行西四储蓄所贷款人民币 3020 万元,存入张世莉、徐广发指定的中国银行天津支行凯旋门分理处,收取人民币 312 万元高息属实。但马萍、张牧的行为不构成高利转贷罪。马萍、张牧在中国银行天津支行凯旋门分理处存款人民币 5500 万元,其中包括银行贷款人民币 3020 万元,办理的存款手续合法。马萍、张牧作为存款人与银行之间形成存款关系。张世莉、徐广发利用杨兆源提供的上述款项的存款证实书,伪造相关印章和张牧印鉴,骗取银行信贷资金,不能证明马萍、张牧的行为属于转贷性质。马萍、张牧的行为违反了《中华人民共和国商业银行法》的相关规定,但不构成犯罪。这个判决结果无疑是正确的。

二、经济犯罪的危害结果

(一)经济犯罪的犯罪结果的概念与特征

经济犯罪的危害结果,是指犯罪主体实施的经济犯罪行为对国家的经济关系和经济秩序所造成的客观损害事实。它具有如下几个特征:第一,犯罪结果的危害性。经济犯罪的犯罪结果是具有社会危害性,危害社会经济关系和经济秩序的客观事实。这种危害多数是直接对经济关系和经济秩序造成的危害,但有些经济犯罪的结果也可能会是对人身权利造成的伤害,但这种结果往往是通过对国家经济关系和经济秩序的破坏所引起。如生产、销售劣药罪的对人体健康造成严重损害的结果,行为人必须实现违反和侵害了国家的药品管理制度,非法或者违规生产、销售劣质药品,从而才对人身造成严重损害。第二,犯罪结果的客观性。作为经济犯罪的客观方面的构成要件,犯罪结果必须是对经济秩序或者人身造成的实际损害。尽管有些经济犯罪也将经济犯罪行为可能造成的危害结果作为经济犯罪的定罪和量刑要件,如生产、销售假药罪的"足以危害人体健康"的结果,但这种结果也往往是基于犯罪行为所必然包含的危害社会的因素所得出的,因此也应该看作是客观的东西,而不是主观的臆断。第三,经济犯罪结果的两重性。一般来说,有经济犯罪行为,就一定会引起一定的犯罪结果。然而,经济犯罪行为是经济犯罪的客观方面的必要要件,而经济犯罪的结果却是选择要件,这说明,经济犯罪的结果具有两重性:其一,任何经济犯罪都有犯罪结果,即经济犯罪行为所引起的危害社会的状态;其二,并不是所有的由经济犯罪行为所引起的犯罪结果都是某种经济犯罪所必需的要件。有些经济犯罪要求必须造成一定的危害结果才可以构成,但有些经济犯罪,即便行为没有造成一定的结果也能成立。前者如经济犯罪的结果犯、数额犯等,后者如经济犯罪中的行为犯、危险犯等。

(二)经济犯罪的犯罪结果的形式

经济犯罪作为一类既侵害国家的经济秩序,又可能侵害公民的人身和财产权利的犯罪,其危害社会的结果有多种表现形式。

1. 财产损失结果。经济犯罪是破坏国家经济管理秩序的犯罪,既然破坏了国家的经济管理秩序,就会在一定程度上使国家在经济上遭受一定的损失,因此,财产损失的结果是绝大多数经济犯罪的犯罪结果的表现形式。如走私犯罪给国家造成的损失、破坏金融管理秩序给国家造成的损失、危害国家税收征管给国家税收带来的损失、侵犯他人知识产权给知识产权的合法权利人带来的损失等都属于财产损失结果。贪污行为、挪用公款行为、受贿行为、私分国有资产行为等国家工作人员的渎职犯罪行为也都会给国家带来一定的财产损失。

2. 造成人身损害或者足以造成人身损害的结果。有些经济犯罪,在破坏国家经济管理秩序的同时,还会给人身带来一定的损害。所以,刑法中规定有些经济犯罪以一定的危害人身或者足以危害人身的结果作为该经济犯罪的犯罪结果。生产、销售伪劣商品罪中的某些犯罪的结果,如生产销售假药罪的"足以严重危害人体健康"、生产、销售劣药罪的"对人体造成严重危害"的结果,即属此类。

3. 造成某种社会危险状态或者足以造成某种社会危险状态的结果。有些经济犯罪要求必须造成某种社会危险状态或者足以造成某种社会危险状态才可以成立,如生产、销售不符合卫生标准的食品罪中的"足以造成严重食物中毒事故或者其他食源性疾患",生产、销售有毒、有害食品罪中的"造成严重中毒事故或者其他食源性疾患"的结果,即属此类。

4. 非法获利的结果。经济犯罪同时也是一类"图利犯罪",犯罪行为人在破坏经济秩序的同时,总是将"获得某种利益"作为自己犯罪的目的,因此,刑法中多数的经济犯罪又规定"获得非法的利益"作为该经济犯罪的犯罪结果。刑法中规定的某些"牟利性犯罪"、"营利性犯罪"、"非法占有性犯罪"以及"谋取不正当利益性犯罪",即属此类。

值得指出的是,上述经济犯罪的犯罪结果的形式是从某一个方面单独来说,从我国刑法对经济犯罪的犯罪结果的规定来看,有些犯罪要求单一的结果作为构成要件,如生产、销售劣药罪的"对人体造成严重危害"的结果,而有些犯罪要求的是复合结果作为构成要件的,如虚假出资、抽逃出资罪的"数额巨大、后果严重或者由其他严重情节"的结果;还有些经济犯罪要求的是一种选择结果,如偷税罪的"偷逃税额占应纳税额的百分之十以上不满百分之三十并且偷逃税额在一万元以上不满十万元的,或者因偷税被税务机关给予两次以上行政处分"的结果。

［导入案例］

原审公诉机关:上海市闵行区人民检察院。

原审被告单位:上海江沪实业有限公司,住所地海伦路 178 号 3 楼。

法定代表人李铁梅,经理。

辩护人周锐,上海市君悦律师事务所律师。

辩护人钱留青,法苑杂志社工作人员,住上海市浦东新区上南三村 25 号 401 室。

原审诉讼代表人姜恩平,上海江沪实业有限公司临时负责人。

原审被告人谢益元,男,汉族,中专文化,原系湖南省邵阳市江沪实业有限公司(上海江沪实业有限公司系该公司子公司)法定代表人。

上海市闵行区人民检察院指控原审被告单位上海江沪实业有限公司、原审被告人谢益元假冒注册商标一案,本院于 2000 年 1 月 26 日作出(1999)闵刑初字第 601 号刑事判决。判决发生法律效力后,原审被告单位上海江沪实业有限公司向本院提出申请再审。本院于 2003 年 2 月 9 日作出(2003)闵刑监字第 1 号刑事裁定,本案由本院另行组成合议庭进行再审。2003 年 4 月 4 日、4 月 11 日,本院两次通知原审公诉机关上海市闵行区人民检察院出庭履行职务。原审公诉机关认为原审指控被告单位上海江沪实业有限公司、被告人谢益元犯假冒注册商标罪的事实清楚、证据充分确实,决定不出席本案再审开庭审理。本院根据《最高人民法院关于刑事再审案件开庭审理程序的具体规定》第六条第(五)项之规定,不开庭审理了本案,现已审理终结。

原审公诉机关上海市闵行区人民检察院指控被告单位上海江沪实业有限公司(以下简称江沪公司)在被告人谢益元负责经营期间,于1997年5月至1998年4月,未经生产"TIPAQUE(泰白克)"牌R930钛白粉的日本石原产业株式会社许可,将从甘肃华原企业总公司上海分公司购进的国产钛白粉加工后,装入印有"TIPAQUE"、"TITANIUMDIOXIDE"、"R930"字样的包装袋中,冒充石原产业经过注册的"TIPAQUE(泰白克)"牌R930钛白粉,出售给上海科益化工技术开发部44.5吨,上海良良化工有限公司30吨,非法经营额计1120950元。据此认为被告单位江沪公司及其直接负责的主管人员谢益元,未经注册商标所有人许可,在同一种商品上使用与其注册商标相同的商标,情节严重,已构成假冒注册商标罪,提请本院判处。

原审被告单位诉讼代表人姜恩平及被告人谢益元对检察机关的指控均不持异议,并表示认罪和接受处罚。被告人谢益元的辩护人对指控的定性不持异议,但提出认定被告人出售冒充的泰白克R930钛白粉74.5吨的证据不足,其理由是(1)江沪公司也曾从中国化工华东供销公司购买过日本产的泰白克R930,并予销售;(2)谢益元供述买进假包装袋400只;(3)陈秀良不识英文,江沪公司自己产品的包装袋也印英文,陈无法分辨。辩护人还提出被告人认罪态度较好,并曾为社会慈善出过力,故请求予以从轻处罚,适用缓刑。

本院原审审理查明:湖南省邵阳市江沪实业有限公司在沪开设了子公司,即被告单位江沪公司,由被告人谢益元负责经营。1996年6月,江沪公司租赁了位于本区北翟路2910号华漕村钱更浪生产队的仓库作为化工原料仓储和生产加工场所。期间于1997年5月至1998年4月,江沪公司从他处非法购得印有"ISHIHARASANGYOKAISHA.LTD"(译为"石原产业株式会社")、"MADE IN JAPAN"(译为"原产国日本")、"GRADER930"(译为"品名R930")、"TIPAQUE"(系登录商标)英文标记的仿冒包装袋,又从甘肃华原企业总公司上海分公司购进华原公司生产的钛白粉,进行再加工后,装入仿冒包装袋内,冒充日本石原会社经商标注册的R930钛白粉,以低于同期一级代理商销售日产R930钛白粉的价格在市场上销售,其中销售给上海科益化工技术开发部44.5吨、上海良良化工有限公司30吨,非法经营额共计人民币1120950元。

原审认定上述事实的证据有:1.日本石原产业株式会社上海代表处证明"泰白克"(TIPAQUE)牌R930钛白粉系本会社产品,该商标经中华人民共和国工商行政管理总局登记注册。2.中华人民共和国商标注册证证明"泰白克"TIPAQUE系石原产业株式会社(日本)的注册商标。3.三井物产(上海)贸易有限公司及该公司孙嘉音的证言证明三井物产系日本泰白克牌钛白粉在中国内地的总经销商,独家代理,三井物产与江沪公司无业务关系。4.钱更浪生产队诸永发证言证明江沪公司租赁其生产队仓库作工场,其目睹江沪公司工人将国产钛白粉翻装到日本包装袋中再运出去。5.上海良良化工有限公司陈秀良证言证明其原在上海科益化工技术开发部工作时向江沪购进R930钛白粉44.5吨,后到良良公司工作继续从江沪公司购过此钛白粉30吨,包装袋都是印日本制造的。6.上海良良化工有限公司的出库单证明提供一袋从江沪公司购入的R930钛白粉作样品,陈秀良证明所有购入的R930都是一样的包装袋。7.石原产业株式会社的鉴定书证明送检的(上海江沪公司)R930钛白粉包装袋系仿冒品。8.仿冒的包装袋及生产现场的照片证明江沪公司生产假冒的日产钛白粉及装入仿冒包装袋的情况。9.增值税专用发票证明江沪公司销售给上海科益、上海良良 R930 钛白粉的数量、价格;该价格与中国化工供销总公司出具的同期中国市场钛白粉经销商(三井物产)销售的价格相比,每吨低 2000 元左右。(卷 P46)10.甘肃华原企业总公司上海分公司的统计反映,江沪公司自 1996 年至 1998 年从该公司购买其公司产的钛白粉共 2522 吨。

上述证据均经原审公诉机关当庭出示质证。

原审审查认为,各证据间相互连贯并能印证,内容无矛盾,且举证程序合法,应依法予以采信。辩护人提出江沪公司曾经销过正宗日本产泰白克 R930 和被告人供述只买过 400 只仿冒包装袋均查无实据,陈秀良虽不懂英文,但陈秀良陈述其长期从事化工行业,对日本钛白粉的包装袋尚能辨识,且江沪公司包装袋上印制英文的字母与石原会社包装袋上的英文字母及商标标记截然不同,并不难分辨,故辩护人提出的辩护意见及理由均不予采信。

原审另查明:被告单位就本案所指假冒注册商标行为已被行政机关处以罚款。

本院原审认为:被告单位江沪公司非法购入印有日本石原株式会社经注册的商标标记和字样的泰白克 R930 钛白粉仿冒包装袋,并将经自己加工生产的钛白粉装入该仿冒袋中,在市场上非法销售,其未经注册商标所有人的许可,在同一种商品上使用与他人注册商标相同的商标的行为,侵犯了国家对商标管理的制度和他人注册商标的专用权,且非法销售数额较大,当属情节严重,符合假冒注册商标罪的构成要件,触犯了《中华人民共和国刑法》(以下简称刑法)第二百一十三条之规定,构成假冒注册商标罪,依照刑法第二百二十条之规定,应当判处罚金。根据《最高人民法院关于执行中华人民共和国刑事诉讼法若干问题的解释》第三百五十九条第三款规定,行政机关对被告单位就同一事实已经处罚的部分,在执行时可予以折抵。被告人谢益元系被告单位直接负责的主管人员,根据刑法第二百二十条规定,在对被告单位判处罚金的同时,对被告人也应依照刑法第二百一十三条规定处罚。检察机关指控成立,应予确认。鉴于被告人系犯罪单位的直接负责主管人员,在处罚时可酌情考虑区别于自然人犯同种罪的情况予以从轻处罚。据此判决如下:一、被告单位上海江沪实业有限公司犯假冒注册商标罪,判处罚金1481389 元(含已处的行政罚款),罚金于判决生效之日起十日内如数缴纳;二、被告人谢益元犯假冒注册商标罪,判处有期徒刑二年,缓刑二年。

本院再审中,原审公诉机关认为指控原审被告单位江沪公司、原审被告人谢益元犯有假冒注册商标罪,事实清楚、证据确实充分。

原审被告单位江沪公司辩解的主要理由是:日本石原会社注册商标是"TIPAQUE 泰白克",由中英文统一组合,仅用中文或英文都不能视作为其注册商标,而被告单位从未使用过"TIPAQUE 泰白克"这一完整、特定的注册商标,其行为不构成假冒注册商标罪。

原审被告人谢益元未作辩解。

本院再审查明:原审查明的被告单位江沪公司于 1997 年 5 月至 1998 年 4 月,从他处非法购得印有"ISHIHARASANGYOKAISHA.LTD"(译为"石原产业株式会社")、"MADE IN JAPAN"(译为"原产国日本")、"GRADER930"(译为"品名 R930")、"TIPAQUE"(系登录商标)英文标记的仿冒包装袋,又从甘肃华原企业总公司上海分公司购进华原公司生产的钛白粉,进行再加工后,装入仿冒包装袋内,以低于同期一级代理商销售日产 R930 钛白粉的价格在市场上销售,其中销售给上海科益化工技术开发部 44.5 吨、上海良良化工有限公司 30 吨,非法经营额共计人民币 1120950 元。上述事实清楚,证据充分确凿,再审予以认定。

再审另查明：日本石原产业株式会社在我国注册的商标为"TIPAQUE、泰白克"中英文组合文字。

本院再审认为：依照刑法第二百一十三条"未经注册商标人所有人许可，在同一种商品上使用与其注册商标相同的商标，情节严重的，处三年以下有期徒刑或者拘役，并处或者单处罚金；情节特别严重的，处三年以上七年以下有期徒刑，并处罚金。"以及《最高人民法院、最高人民检察院关于办理侵犯知识产权刑事案件具体应用法律若干问题的解释》第八条第一款"刑法第二百一十三条规定的'相同的商标'是指与被假冒的注册商标完全相同，或者与被假冒的注册商标在视觉上基本无差别、足以对公众产生误导的商标。"的规定，日本石原产业株式会社在我国注册的商标为"TIPAQUE、泰白克"中英文组合文字，而本案江沪公司使用的商标为"TIPAQUE"英文，并非完全等同于日本石原产业株式会社在我国注册的商标，也不具有"在视觉上基本无差异"的情形，不宜以假冒注册商标罪论处。原审公诉机关指控原审被告单位上海江沪实业有限公司、原审被告人谢益元的罪名不成立。原审被告单位江沪公司的行为不构成犯罪，其直接负责的主管人员原审被告人谢益元的行为也不构成犯罪。本院原审认定江沪公司冒充日本石原产业株式会社之名销售钛白粉的事实无误，但认定被告单位和被告人构成假冒注册商标罪定性不当，应予纠正。原审被告单位提出其未完整使用过日本石原产业株式会社在我国注册的"TIPAQUE、泰白克"中英文组合商标，不构成犯罪的辩护意见，本院予以采纳。综上所述，依照《中华人民共和国刑事诉讼法》第一百六十二条第（三）项、第二百零五条第一款、第二百零六条之规定，判决如下：

一、撤销本院(1999)闵刑初字第601号刑事判决；

二、宣告原审被告单位上海江沪实业有限公司无罪；

三、宣告原审被告人谢益元无罪。

[思考]

1. 什么是犯罪对象？

2. 犯罪对象与犯罪客体之间是一种什么关系？

三、经济犯罪的对象、数额、情节

（一）经济犯罪的对象

经济犯罪的对象，是指行为人所实施的经济危害行为所具体指向的人、物或者某种权益。在传统刑法理论中，犯罪的对象都是指危害行为所直接指向的人或者物，但在有些经济犯罪中，犯罪对象既有危害行为直接指向的人或物，也有危害行为虽未直接指向，但却直接危害着的人或者物。我们将前者称为经济犯罪的直接对象，而将后者称为经济犯罪的间接对象。如生产、销售假药罪，该罪的行为人直接作用的对象是假药，假药就是该罪的直接对象，但该罪直接危害的是不特定多数人的身体健康或者生命，那么人的身体健康或者生命就是该犯罪的间接对象。和传统的刑事犯罪不同，有些经济犯罪的对象是特定的，即必须是刑法明文规定的，如伪劣产品、武器弹药、核材料、伪造的货币、文物、贵重金属、珍贵动物及其制品、珍稀植物及其制品、有价证券、银行票据、增值税专用发票、注册商标、专利、商业秘密、证明文件等。[1]

---

① 甘功仁主编：《经济刑法教程》，中国财政经济出版社，1997年11月第1版，第76页。

[拓展阅读]

行为对象也叫犯罪对象（行为客体），一般是指实行行为所作用的物、人与组织（机构）。
……

在许多犯罪中，如何确定行为对象还存在疑问。例如，在销售伪劣产品的犯罪中，究竟伪劣产品本身是行为对象，还是相应的合格产品是行为对象？在使用假币犯罪中，究竟假币是行为对象，还是相应的真货币是行为对象？理论上的看法并不一致。如果认为作为行为对象的物，必须体现法益，就不能将犯罪行为对之施加了影响却不体现法益的物当作行为对象。据此，销售伪劣产品的行为，实际上是以伪劣产品冒充相应的合格产品，即以伪劣产品作用于合格产品，似应以合格产品作为行为对象。使用假币意味着以假币冒充真货币，按理真货币才是行为对象，真货币才体现货币的公共信用。基于同样的理由，在假冒注册商标罪中，行为对象是他人已经注册的受法律保护的商标，而不是假冒的商标本身。……行为对象并不必然是体现法益的要素，有时是对行为定型的要求。联系故意的认识内容与事实（对象）认识错误来考虑，宜将上述犯罪中的伪劣产品、假币、假冒的注册商标认定为行为对象。例如，行为人误将假药作为一般伪劣产品予以销售的，属于抽象的事实认识错误；误将假币作为真币而持有的，缺乏持有假币罪的故意。倘若不将上述犯罪中的伪劣产品、假币、假冒的注册商标作为行为对象，就难以解决故意认识内容与事实认识错误问题。
……

行为对象与保护法益的关系较为密切。一般认为，行为对象反映保护法益，保护法益制约行为对象。但应注意的是，相同的对象在不同情况下，也会体现不同的法益。例如故意杀人罪与故意伤害罪的行为对象是人或人的身体，二者是相同的，但故意杀人罪的保护法益是人的生命，故意伤害罪的保护法益是人的身体健康。反之，保护法益相同时，行为对象也不一定相同。例如，假冒注册商标罪与销售假冒注册商标的商品罪，保护法益相同，但行为对象不同。

行为对象与保护法益具有明显区别：首先，一般来说，行为对象所呈现的是事物的外部特征；而保护法益则是内在本质。其次，根据本书的观点，特定的行为对象是许多犯罪的构成要件要素；但保护法益本身不是构成要件要素。再次，行为对象并非在任何犯罪中都受到伤害；而保护法益在一切犯罪中都受到了侵犯。最后，行为对象不具有法益所具有的多种机能。例如，法益具有刑事政策的机能、违法性评价机能、解释论的机能、分类的机能等，而行为对象则没有多种机能。①

[案例评点] 根据《刑法》第213条的规定，假冒注册商标罪，是指未经注册商标所有人许可，在同一种商品上使用与其注册商标相同的商标，情节严重的行为。根据该规定，假冒注册商标罪的主体是一般主体，自然人和单位均可以构成；主观方面表现为故意，明知假冒他人的注册商标为法律所不许而仍然为之，虽然行为人一般具有非法牟利的目的，但该目的并非刑法所规定的该罪的构成要件要素，所以，是否具有非法牟利的目的，并不影响假冒他人注册商标罪的构成。本罪的客观方面表现为违反国家法律法规，未经注册商标人许可，在

---

① 张明楷著：《刑法学》（第四版），法律出版社2011年版，第163—165页。

同一种商品上使用与其注册商标相同的商标,情节严重的行为。

本案争论的不在于犯罪的主体和主观方面,而在于犯罪的客观要件,即行为人使用的是否是与他人注册商标相同的商标,亦即犯罪的对象是否符合本罪的犯罪构成。刑法理论认为,所谓"同种商品",是指同一品种的商品或者完全相同的商品。我国颁布的《商品分类(组别)表》中,对所有商品按照类、组、种三个级次进行分类,同种商品就是指在同一种目下所列举的商品。所谓"相同商标",刑法理论上颇有争议。有学者认为,从范围上讲,"相同"可以有广义和狭义两种理解:狭义的"相同"是指音、形、意完全相同;广义的"相同"是指音、形、意完全相同与基本相同。也有的学者认为,认定商标是否相同时,应当考虑消费者的通常识别能力,只要足以使一般消费者误认为是相同的商标,就可以认定为"相同"。2004年12月8日最高人民法院、最高人民检察院《关于审理侵犯知识产权刑事案件具体应用法律若干问题的解释》第八条明确规定:刑法第二百一十三条规定的"相同的商标",是指与被假冒的注册商标完全相同,或者与被假冒的注册商标在视觉上基本无差别、足以对公众产生误导的商标。显然,我国的司法解释基本上采用的是狭义上的"相同"的含义,可以称为修正的"相同"的标准。

综观本案,日本石原产业株式会社在我国注册的商标为"TIPAQUE、泰白克"中英文组合文字,而被告人江沪公司使用的商标为"TIPAQUE"英文,并非完全等同于日本石原产业株式会社在我国注册的商标,也不具有"在视觉上基本无差异"的情形,因此,不宜以假冒注册商标罪论处。

［导入案例］

滕昭文被控虚开抵扣税款发票宣告无罪案

抗诉机关:广东省从化市人民检察院。

原审被告人滕昭文。因本案于2005年11月3日被羁押,同年11月27日被取保候审。2006年12月5日被逮捕,2007年12月14日被从化市人民法院判处无罪并当庭释放。

辩护人许可、张丽蓉,均系广东卓信律师事务所律师。

广东省从化市人民法院审理广东省从化市人民检察院指控原审被告人滕昭文犯虚开抵扣税款发票罪一案,于2007年12月14日作出(2007)从刑初字第123号刑事判决。判决后,广东省从化市人民检察院提出抗诉。本院受理后,依法组成合议庭,公开开庭审理了本案。广州市人民检察院指派检察员张勇出庭履行职务。原审被告人滕昭文及其辩护人许可、张丽蓉均到庭参加了诉讼。现已审理终结。

原审判决认定:2000年12月,被告人滕昭文在从化市温泉镇龙岗墟投资注册经营广州市华安达运输有限公司,被告人滕昭文是公司法人。2002年2月至12月间,被告人滕昭文为谋非法利益,将"广东省广州市搬运装卸专用发票"第二联空白发票撕下交给同案人潘惠志(另案处理),将发票第一联、第三联采取虚构运输业务、"大头小尾"由被告人自己填写的方法,先后为同案人潘惠志虚开31张,合计金额20013元,被告人滕昭文则以每张发票向潘惠志收取手续费500元。后同案人潘惠志凭被告人滕昭文提供的该运输装卸发票向广州日立冷机有限公司收取运费达942855元,广州日立冷机有限公司支付运费后凭上述运输装卸专用发票向从化市国家税务局第二分局抵扣税款 65999.85 元。

原审法院以被告人滕昭文的供述;证人许某辉、许某昌、谭某某的证言;广州市华安达运输有限公司的税务登记证、企业法人营业执照、公路运输经营许可证;广州市华安达运输有限公司申购发票凭证等物一批;广州市华安达运输有限公司开出给广州日立冷机有限公司的运输装卸发票 31 张;被告人滕昭文指认由其填写的第一联运输装卸发票 31 张;从化市国家税务局第二税务分局出具的证明一份;从化市国家税务局稽查局出具的税务处理决定书;抓获经过等证据作为认定依据,认为被告人滕昭文的行为属非法出售抵扣税发票,鉴于被告人滕昭文非法出售的可用于抵扣税款的发票只有 31 份,未达到追诉标准,不以犯罪论处,依照《中华人民共和国刑事诉讼法》第一百六十二条第(二)项之规定,判决被告人滕昭文无罪。

从化市人民检察院抗诉认为:滕昭文主观上是应朋友要求而为他人虚开抵扣税款发票,客观上实施了采取虚构运输业务,开"阴阳票"的手段为他人虚开抵扣税款发票的行为。其收取的只是每张 500 元左右的税率手续费,并没有通过出售发票牟利的主观故意,其行为应构成虚开抵扣税款发票罪。原判认定其行为属非法出售抵扣税款发票,因未达追诉标准而不以犯罪论处确有错误,请求二审法院依法改判。

原审被告人滕昭文及其辩护人辩解辩护认为:滕昭文的行为是非法出售抵扣税款发票的行为而并非虚开抵扣税款发票的行为,其行为未达到法律规定的追诉标准,依法不构成犯罪。

本院审理查明的事实与原审判决认定的事实相同。原审判决认定本案事实的书证、证人证言以及被告人供述等证据均经原审法院庭审质证,查证来源合法,证据间相互印证,足以证实原审判决认定的事实清楚,证据确实充分,本院予以确认。

对于控、辩双方争议的原审被告人滕昭文的行为是否构成虚开抵扣税款发票罪的问题,经查:(1)原审被告人滕昭文将可用于抵扣税款的发票提供给潘惠志,并非按所开发票的金额去收取费用,而是固定地收取每张 500 元;(2)现有证据不能证实第二联发票是由原审被告人滕昭文填写,其也并不知道发票上面填写的金额,因此,其客观上没有实施虚开的行为;(3)目前没有证据证明原审被告人滕昭文有明知他人有实际经营活动而为他人代开可用于抵扣税款的发票的主观故意。因此,原审被告人滕昭文的行为依法应当认定是出售可用于抵扣税款的发票行为。本案中原审被告人滕昭文非法出售的可用于抵扣税款的发票只有 31 份,未达《最高人民检察院、公安部关于经济犯罪案件追诉标准的规定》第五十九条规定的 50 份以上的追诉标准,因此,原审法院作出无罪的判决依法有据,本院予以支持。

本院认为,原审被告人滕昭文非法出售可用于抵扣税款的发票 31 份,未达到法律规定的追诉标准,其行为依法不构成犯罪。抗诉机关认定原审被告人滕昭文构成虚开抵扣税款发票罪的依据不足,本院不予支持。原审被告人滕昭文及其辩护人的意见本院予以支持。综上所述,原判认定的事实清楚,证据确实、充分,适用法律准确,判决恰当,审判程序合法。依照《中华人民共和国刑事诉讼法》第一百八十九条第(一)项的规定,裁定如下:

驳回抗诉,维持原判。

[思考]

1. 如何认定经济犯罪的数额?

2. 什么是数额犯?对数额犯的立法应如何评价?

（二）经济犯罪的数额

经济犯罪的数额是指某个经济犯罪的构成或者成立所必须达到的数量或者金额。这种数量与金额通常是由刑法典或者相关的司法解释加以规定的。从经济犯罪的犯罪形态来看，经济犯罪有数量犯和数额犯之分。所谓数量犯，刑法规定某种经济违法行为必须达到一定的数量方可构成经济犯罪，则该种犯罪就叫作数量犯。例如，刑法第 151 条第 1 款的走私武器弹药罪、走私伪造的货币罪，刑法第 151 条第 2 款的走私贵重金属罪、走私文物罪、走私珍贵动物及其制品罪、走私珍稀职务及其制品罪、走私淫秽物品罪等等，都要求行为人的行为结果必须达到某种法律规定的数量才能构成该犯。所谓金额犯，刑法规定某种犯罪必须是行为人的行为所造成的结果达到一定的金额方能成立。经济犯罪大都是以营利、获利、牟利等为目的的犯罪，所以，大部分的经济犯罪都是以非法营利、获利或者牟利的数额大小作为罪与非罪的界限，也将数额大小作为处罚轻重的一个依据。

关于经济犯罪数额的分类，以分类标准的不同而有不同的分类方法。

1. 行为数额与结果数额。所谓行为数额也叫指向数额，是指犯罪行为所指向的实际数额。如虚假出资罪中的数额、抽逃出资罪中的数额等等。所谓结果数额，也称所得数额，是指行为人通过犯罪行为所得的数额或者损害公私财物的数额。主要包括非法所得数额、损失数额、销售数额、获利数额等等。

2. 经济犯罪总额、参与数额、分赃数额和平均数额。这几种经济犯罪数额的划分，主要是以共同经济犯罪的犯罪数额以及各共同犯罪人定罪与承担经济犯罪的刑事责任的数额为标准进行的。所谓经济犯罪总额：是指整个共同经济犯罪的总共数额。如 1989 年 11 月两高院《关于执行〈关于惩治贪污罪贿赂罪的补充规定〉若干问题的解答》中规定，对于首要分子及其情节严重的主犯，可以按照贪污总额数额确定其刑事责任。所谓参与数额：是指各共同犯罪人具体参与实施的经济犯罪的数额。如 1992 年 12 月 11 日两高院《关于办理盗窃案件具体应用法律的若干问题的解释》第 4 条规定：对共同盗窃犯罪中的从犯，应按照参与共同盗窃的总数额进行计算。所谓分赃数额：是指共同经济犯罪实施者所分得的赃款的数额或者赃物的数量。如 1992 年 12 月 11 日两高院《关于办理盗窃案件具体应用法律的若干问题的解释》第 3 条第 8 项规定，盗窃后的销赃数额作为量刑情节考虑，但销赃数额高于按本解释计算的盗窃数额的，则盗窃数额应按销赃数额计算。所谓平均数额：是指共同经济犯罪人按照经济犯罪参与人的人数平均分配共同犯罪总额所得的数额。如 1989 年 11 月两高院《关于执行〈关于惩治贪污罪贿赂罪的补充规定〉若干问题的解答》中规定：……而对于其他情节的一般主犯和从犯，则可按照各共犯成员间的平均数额来确定他们的刑事责任。

3. 全国统一的数额和地区统一的数额。所谓全国统一的数额：是指立法机关或者司法机关确定某种经济犯罪的数额的幅度和限度。从幅度方面看，如 1998 年 3 月 17 日最高人民法院《关于审理盗窃案件具体应用法律若干问题的解释》规定：盗窃罪之"数额较大"是指个人盗窃公私财物价值人民币 500 元至 2000 元以上……从限度方面看，如刑法第 140 条规定：生产销售伪劣产品罪必须销售数额在 5 万元以上，方可成立。所谓地区统一的数额：各省、自治区、直辖市根据全国统一的数额幅度，结合本地区的实际情况所确定的数额。

4. 一般财物的数额与特殊财物的数额。所谓一般财物的数额，是指可以按照统一计算尺度折价称人民币的财物数额。一般的或者说绝大多数的经济犯罪的数额都是一般财物的数额。所谓特殊财物的数额：其实就是指犯罪对象的数量。如 2000 年 12 月 11 日最高人民法院《关于审理破坏森林资源刑事案件具体应用法律若干问题的解释》中规定:盗伐林木之"数额较大"是指以 2—5 立方米或者幼株 100—200 株为起点等等。另外,关于毒品、淫秽物品以及走私等诸多经济犯罪中的数额,也都是特殊财物的数额。

5. 直接经济损失与间接经济损失。所谓直接经济损失:是指犯罪行为直接给被害人带来的财产数量的减少或者财产价值的丧失。所谓间接经济损失:是指由犯罪行为引起的或者牵连的其他物质损失数额。如 1986 年 3 月 24 日最高检察院《人民检察院受理经济检察案件立案标准的规定》指出:行贿、受贿或介绍贿赂虽不足一定数额,但因贿赂行为致使国家、集体、公民个人利益遭受重大损失的,也可立案。

6. 赃物数额与销赃数额。所谓赃物数额:是指赃款额或者赃物本身按照一般的原则所计算出来的数额。如 1998 年 3 月 17 日最高院《关于审理盗窃案件具体应用法律若干问题的解释》就规定对于不同流通领域的赃物、不同质量的赃物、不同时空的赃物、有价证券、农副产品、金银珠宝等赃物进行折价,以折价额作为盗窃行为的数额,而进一步进行定罪量刑。所谓销赃数额:是指行为人销售赃物所得的数额。如 1998 年 3 月 17 日最高院《关于审理盗窃案件具体应用法律若干问题的解释》规定,以牟利为目的,盗劫他人通信线路、复制他人电信码号的,盗窃数额按当地邮电部门规定的电话初装费、移动电话入网费计算;销赃数额高于电话初装费、移动电话入网费的,盗窃数额按销赃数额计算。

7. 挥霍数额、追缴数额与退赔数额。所谓挥霍数额:是指行为人将其非法所得的公私财物用于非法活动而不能返还的数额。所谓追缴数额:是指将犯罪行为人非法所得的财物予以追回、上缴国库的数额。所谓退赔数额:是指责令犯罪行为人将其非法所得退还给受害单位或个人,以及无法退还而照价赔偿的数额。

数额作为经济犯罪构成要件,主要有以下几个方面的特征:第一,法定性。即经济犯罪的数额必须是由刑法明文规定的。但是因为我国正处于经济高速发展时期,某一时期的经济总量有很大的不同,所以,多数经济犯罪的数额不是由刑法典明文规定,而是根据某个时期的不同情况,由司法机关通过司法解释的形式加以规定,而只有极少数的经济犯罪,如生产销售伪劣产品罪、偷税罪等,是由刑法典加以规定的。另外,由于我国不同地区的经济发展不同,所以,有些经济犯罪的数额是由刑法典或者最高司法机关规定一个经济犯罪的数额幅度,而授权地方司法机关根据本地区的经济状况,再规定一个具体的定罪或者量刑数额。如盗窃罪等。第二,适用的统一性和相对的稳定性。即经济犯罪的数额一经刑法典或者司法机关确定,在全国范围内或者在某一地区就有一体适用的效力,任何机关或者部门都不能擅自改变这种适用的数额。而且该种规定的数额在一定的时期内相对地稳定,即便是最高司法部门也不能朝令夕改。第三,相对可变性。与相对的稳定性相对应的是经济犯罪数额的相对的可变性,就是说经济犯罪的数额也不是绝对不能改变的,立法机关或者司法机关根据不同的历史时期、不同地区的不同经济发展状况,可以通过立法或者司法解释的方式重新规定某些经济犯罪的定罪数额或者量刑数额。

经济犯罪的数额在经济犯罪定罪和量刑中起着重要的作用。从立法上看,数额在经济犯罪的定罪中主要有以下几个方面的作用:第一,数额是确定经济违法行为是否达到经济犯罪的决定性条件。刑法中的很多经济犯罪都规定一定的数额或者规定"数额较大"作为经济犯罪定罪的起点。如盗窃、诈骗、贪污、受贿等。第二,数额是确定经济违法行为是否达到犯罪的选择性要件。有些经济犯罪,刑法规定将数额和其他犯罪情节作为定罪的要件加以选择,只要行为人具备数额或者其他情节要件之一,就可构成犯罪。如刑法第 271 条:以营利为目的,有下列侵犯著作权行为之一,违法所得数额较大或者有其他严重情节的,处三年以下有期徒刑或者拘役,并处或者单处罚金。第三,数额是确定经济违法行为是否构成经济犯罪的复合条件。对于有些经济犯罪,刑法将数额和其他的犯罪情节结合在一起规定,仅达到法定数额,还不足以构成该种犯罪,必须还要符合其他条件,犯罪方能成立。如刑法第 179 条,未经国家主管部门批准,擅自发行股票或者公司、企业债券,数额巨大,后果严重或者有其他严重情节的,处五年以下有期徒刑或者拘役。第四,数额是确定经济违法行为是否构成经济犯罪的潜在条件。有些经济犯罪,数额并没有在法条中规定,但根据该种经济犯罪的特点,司法实践中往往是以行为人违法所得或者营利、牟利数额的多寡来作为该种犯罪是否成立的条件。如刑法第 216 条:假冒他人专利,情节严重的,处三年以下有期徒刑或者拘役,并处或者单处罚金。

[拓展阅读]

数额是否为经济犯罪的定罪要件,刑法理论和司法实践中有不同的理解。一种观点认为,数额是经济犯罪的构成要件,只有当经济犯罪形成一定数额时,才能构成经济犯罪,否则就不是犯罪。另一种观点则认为,数额不是经济犯罪的定罪要件,只是影响量刑的一个重要因素,因为许多条文并没有明确要以数额作为犯罪构成要件。例如有论者在评论贪污贿赂犯罪数额时曾指出:数额标准实际上是客观标准,将数额作为受贿罪定罪量刑的起点,"无疑带有客观归罪的色彩,也不符合立法的精神和刑事解释学的基本原则"。[①] 前一种观点实际上是我国古代立法"按赃论罪"的传承,在封建法律集大成的《唐律》中,对监守自盗、受贿等犯罪都有数额的规定。我国现行立法中对某些经济犯罪往往也有数额的规定。后一种观点实际上是目前大多数国家的立法例。如前所述,国外的刑事立法很少有关于涉案数额的规定。

我们认为,上述两种观点都是有失偏颇的。行为的社会危害性及其程度是定罪量刑的总标准,而经济犯罪的社会危害性首先表现在物质损失上,反映这种物质损失的经济犯罪数额就是衡量经济犯罪的社会危害程度进而决定罪与非罪、罪轻罪重的重要标准。数额在经济犯罪的定罪中具有特殊意义,那种将经济犯罪的数额与经济犯罪的一般情节等同起来,否定、降低数额在定罪中的作用的观点是错误的。但同时也应看到,数额并不是客观要件的唯一因素,与数额并列的还有其他一些客观因素(如作案的原因、次数、手段、造成非物质损失的情况以及认罪态度、退赃情况等),这些非物质因素同样反映了行为的社会危害性大小,从而成为定罪考虑的因素。因此,绝对夸大数额的作用,把数额与其他定罪情节对立起来的观点就陷入"唯数额论",这可能使刑事司法、执法呈现极大的形式主义和机械化的倾向,将复杂的犯罪行为和精密的司法活动通过一种极为简单、幼稚的方式加以处理。[②]

[评注] 滕昭文被控虚开抵扣税款发票宣告无罪案的争论之处主要在于一点,那就是被告人滕昭文的行为是虚开抵扣税款发票的行为还是非法出售抵扣税款发票的行为? 然后

---

① 吴学斌、史凤琴:"贪污贿赂犯罪数额起点辨析",载《中国刑事法杂志》1998 年第 3 期。
② 孙国祥、魏昌东著:《经济刑法研究》,法律出版社 2005 年版,第 122—123 页。

再结合两罪关于定罪数额的规定,来进一步认定其行为是否构成相应的犯罪。

根据《刑法》第 205 条的规定,虚开抵扣税款发票罪,是指违反发票管理法规,实施为他人虚开、为自己虚开、让他人为自己虚开、介绍他人虚开抵扣税款发票的行为。对于本罪中的"虚开"的行为方式和性质,刑法理论界和司法实务界颇有争议。观点一认为,"虚开",是指行为人采取无中生有或者以少开多的手段,开具并无真实交易活动的专用发票。观点二认为,"虚开行为"是指没有货物销售或者没有提供应税劳务而开具上述发票或者所有货物销售或者提供了应税劳务但开具内容不实的上述发票。观点三认为,"虚开"是指行为人在没有实际商品交易的情况下,凭空填开货名、数量、价款和销项税额等商品交易的内容,或者有一定商品交易的情况,填开发票时随意改变货名、虚增数量、价款和销项税额。观点四认为,从广义上说,一切不如实开具发票的行为都是虚开行为,它包括没有经营活动而开具或者尽管有经营活动,但作了不真实的开具的情形。从狭义上说,虚开应当是指对能够反映纳税人纳税情况、纳税数额等内容进行了不真实填写从而使所开具的发票与实际交易不符的情形。为了在司法实践中,准确确定本罪构成要件"虚开"行为的方式,1996 年 10 月 17 日最高人民法院就"虚开增值税专用发票"在《关于适用〈全国人民代表大会常务委员会关于惩治虚开、伪造和非法出售增值税专用发票犯罪的决定〉的若干问题的解释》中对"虚开"行为的具体表现形式进行了明确的界定。该解释第 1 条第 1 款规定:具有下列行为之一的,属于"虚开增值税专用发票":(1) 行为人在根本不存在货物购销或者提供应税劳务的情况下,为他人、为自己、让他人为自己、介绍他人开具专用发票;(2) 行为人在客观上存在货物购销或者提供、接受了应税劳务,但为他人、为自己、让他人为自己、介绍他人开具数量或者金额不实的增值税专用发票;(3) 进行了实际经营活动,但让他人为自己代开增值税专用发票。

根据《刑法》第 209 条的规定,非法出售抵扣税款发票罪,是指违反发票管理法规,非法出售用于抵扣税款的发票的行为。

纵观本案事实与所有随案证据,被告人滕昭文的行为应该为非法出售可以用于抵扣税款的发票的行为,而不是虚开用于抵扣税款发票的行为,因为(1) 原审被告人滕昭文将可用于抵扣税款的发票提供给潘惠志,并非按所开发票的金额去收取费用,而是固定地收取每张 500 元;(2) 现有证据不能证实第二联发票是由原审被告人滕昭文填写,其也并不知道发票上面填写的金额,因此,其客观上没有实施虚开的行为;(3) 目前没有证据证明原审被告人滕昭文有明知他人有实际经营活动而为他人代开可用于抵扣税款的发票的主观故意。

根据 2010 年 5 月 7 日最高人民检察院、公安部《关于公安机关管辖的刑事案件立案追诉标准的规定(二)》第 61 条的规定,虚开增值税专用发票或者虚开用于骗取出口退税、抵扣税款的其他发票,虚开的税款数额在 1 万元以上或者致使国家税款被骗数额在 5000 元以上的,应予立案追诉。而按照上述《立案标准(二)》第 67 条的规定,非法出售可以用于骗取出口退税、抵扣税款的非增值税专用发票 50 份以上或者票面额累计在 20 万元以上的,应予立案追诉。所以,若将本案被告人滕昭文的行为定性为虚开,则可能就构成犯罪,因为其数额已经达到;但是若将滕昭文的行为定性为非法出售,则因为其出售的份额只有 31 份,没有超过司法解释的 50 份的法定数额,因而不构成犯罪。

(三) 经济犯罪的情节

经济犯罪的情节,是指行为人实施经济危害行为构成经济犯罪所必须具备的法定情节。经济犯罪作为一种法定犯形态,他要求构成犯罪的情节必须是法律明文规定的,任何司法机关和个人不能擅自决定经济犯罪的构成情节,否则就违背了我国刑法中的罪刑法定原则,不利于司法,同样不利于对犯罪嫌疑人权利的保护。经济犯罪的情节是某些经济犯罪的特殊的构成要件,但并不是所有经济犯罪构成的共同要件。[①]

由于经济犯罪主要是以获得非法利益为目的的犯罪,所以,在经济犯罪中,在法律没有明文规定的情况下,犯罪情节主要是以非法所得的犯罪数额作为情节来加以认定,但是,有些经济犯罪,刑法将数额作为唯一的标准,或者将数额与犯罪情节结合起来加以规定,那么在这些犯罪中,犯罪情节就是指犯罪数额以外的对定罪有影响的其他情形,如社会影响、对犯罪对象造成的危害程度等。

---

① 甘功仁主编:《经济刑法教程》,中国财政经济出版社 1997 年 11 月版,第 76 页。

第 八 章
▲
经济犯罪的客体

[导入案例]

李兰香票据诈骗案

被告人李兰香。因涉嫌犯诈骗罪,于 2003 年 9 月 28 日被逮捕。

江西省南昌市人民检察院以被告人李兰香犯诈骗罪,向南昌市中级人民法院提起公诉。

起诉书指控:2003 年 7 月,江西清华泰豪公司拟在广东省深圳市成立深圳市萨普泰技术有限公司,委托被告人李兰香办理工商注册登记和税务登记,被告人李兰香乘机将江西清华泰豪公司的注册资金人民币 49 万元据为己有。案发后,赃款已全部追缴。被告人李兰香的行为构成诈骗罪,且数额特别巨大,请法院依法惩处。

被告人李兰香辩称其诈骗是被迫的。其辩护人认为:起诉指控被告人李兰香犯诈骗罪罪名不当,被告人李兰香的行为属于侵占;其退清了全部赃款,有悔罪表现,且孙江海也有一定过错,请求法院依法予以从轻或者减轻处罚。

南昌市中级人民法院经公开审理查明:

江西清华泰豪科技集团有限公司拟在广东省深圳市成立深圳市萨普泰技术有限公司,经公司财务总监孙江海具体联系后,委托时在深圳代办工商登记的被告人李兰香购买他人证件并以他人名义办理公司设立和税务登记手续,双方约定委托费为人民币 7000 元,事成后支付。在李兰香非法购买万勇、刘伟两个虚假身份证之后,孙江海于 2003 年 7 月 4 日在招商银行总行营业部(深圳市)开设了深圳市萨普泰技术有限公司临时账户,分别以万勇(30万元)、刘伟(20 万元)为出资人存入人民币 50 万元作为注册资金。之后,被告人李兰香依照约定办理了深圳市萨普泰技术有限公司的工商设立登记、税务登记手续,刻制了公司公章、财务专用章以及公司法定代表人万勇的虚假印章。同年 7 月 29 日,李兰香在招商银行总行营业部开设了深圳市萨普泰技术有限公司一般账户,并将该公司临时账户上的注册资金 50 万元转入该账户,以公司财务专用章和万勇私章作为印鉴。同年 8 月 5 日,李兰香冒用深圳市萨普泰技术有限公司财务专用章、公司法定代表人万勇的印章开出支票,在招商银行总行营业部深圳市萨普泰技术有限公司一般账户上提取现金人民币 5 万元,并转账人民币 44 万元至其他公司后提现占为己有。次日,李兰香即关停手机,携款潜逃回南昌。案发后,公安机关追缴李兰香赃款 49 万元并发还失主。

南昌市中级人民法院认为,李兰香以非法占有为目的,冒用他人支票诈骗人民币 49 万元,已构成票据诈骗罪。公诉机关指控被告人李兰香犯诈骗罪的罪名不能成立。关于被告人李兰香犯侵占罪的辩护意见,因被告人李兰香实施犯罪前并没有合法持有被害人的财产,其行为不符合侵占罪的犯罪构成,故不予采纳。被告人犯罪数额特别巨大,但案发后赃款被全部追回,量刑时可予适当考虑。依照刑法第 194 条第 3 项之规定,判决如下:

被告人李兰香犯票据诈骗罪,判处有期徒刑 13 年,并处罚金人民币 5 万元。

一审宣判后,被告人李兰香不服,向江西省高级人民法院提出上诉。

被告人李兰香上诉提出:将自己保管的被害人的财产非法据为己有,属于侵占而非票据诈骗;犯意的产生源于被害人不支付代理费用,具有从轻处罚情节,请法院依法改判。

江西省高级人民法院经审理认为,被告人李兰香采取冒用他人支票的方法,非法占有他人财物 49 万元,其行为已构成票据诈骗罪,且数额特别巨大。被告人李兰香关于其行为属于侵占罪的上诉意见,因无相应的事实支持,不予采纳。关于因被害人不支付代理费而产生犯意的上诉意见,不影响本案的定性,且原判对此情节在量刑时已经有所考虑,故不予支持。原判认定事实清楚,证据确实充分,定罪量刑正确,审判程序合法。依照《中华人民共和国刑事诉讼法》第 189 条第 1 项之规定,裁定驳回上诉,维持原判。

[思考]

犯罪客体的意义是什么?

第一节　经济犯罪客体的概念和特征

犯罪客体,是为犯罪行为所侵害的刑法所保护的社会关系。也有学者认为,犯罪客体是刑法所保护的被犯罪行为所侵害的法益。

近年来,刑法学界有学者对犯罪客体的理论研究问题产生质疑,认为我国刑法中没有犯罪客体的明文规定,而且在现实司法实践中,犯罪客体的研究与应用价值不大,因此主张在刑法理论研究中应剔除犯罪客体的研究内容。笔者认为该种观点值得商榷。我们承认在我国刑法典中没有专门的客体的内容的规定,但是因此就否定犯罪客体在刑法中的地位或者在司法实践中的作用,是不适当的。

首先,犯罪客体有助于我们进一步认识犯罪的本质。日常生活中,人们对犯罪的危害的认识常集中在犯罪对某个特定的个人带来的各种具体的损害上,而通过犯罪客体的分析可以发现,犯罪的本质不在于给某个特定的受害者造成的损害,而在于对社会关系的侵犯,破坏了一定的社会关系的稳定,是对全社会的挑战。这有助于深刻认识犯罪的本质,提高人们同犯罪作斗争的自觉性;

其次,研究犯罪客体,有助于准确认定犯罪的性质,正确地定罪。犯罪客体不仅反映了行为的危害本质,而且不同的犯罪客体所反映的社会危害程度也不一样,侵害的客体的性质常常决定此罪与彼罪进而决定罪轻罪重的界限;

再则,研究犯罪客体,可以帮助正确量刑。由于犯罪客体是影响行为的社会危害程度的主要因素之一,而量刑的轻重又是以社会危害程度为主要根据的。因此,行为侵害不同的客体,其量刑的轻重自然就不一样。

在经济犯罪中,犯罪客体的作用尤为重要。因为大多数经济犯罪都属于双重或者多重客体犯罪,到底以哪种客体对经济犯罪的性质进行界定,有助于我们对经济犯罪有一个正确的认识。

经济犯罪的客体非常复杂,其原因就在于经济犯罪大多来源于各个部门经济法规,而不同的经济法规所保护的是经济活动的某一特定领域的经济制度和经济秩序。另外,经济犯罪不但一方面破坏了经济制度与经济秩序,而且另一方面,有些经济犯罪还可能会对国家、集体的财产利益或者个人的生命、健康与财产造成一定的损害,从这种意义上讲,经济犯罪的客体也是异常复杂的。即便在经济刑法理论中,关于经济犯罪的客体的探讨与表述也是观点纷呈,莫衷一是。

一、经济犯罪客体的概念

关于经济犯罪的客体,目前我国学术界有下列几种观点:

第一种观点认为,经济犯罪的客体,大都为复杂客体,它不仅侵害了国家、集体或个人的合法权益,而且同时也必然地直接地分割了国家整体的经济关系和经济秩序。[①]

第二种观点认为,经济犯罪的客体,是我国社会主义市场经济秩序。"公司管理秩序、国家正常的货币管理秩序、正常的证券交易秩序、正常的金融秩序、国家对注册商标的管理秩序、正常的税收征收管理秩序等等,都是我国社会主义市场经济秩序的各个组成部分,侵害这些组成部分的某一经济秩序,也就是侵害了我国的社会主义市场经济秩序,从而构成破坏社会主义市场经济秩序罪。"[②]

第三种观点认为,经济犯罪的客体是刑法所保护的为经济犯罪行为所侵害的社会主义市场经济管理秩序、社会主义市场经济条件下的公私财产所有关系以及与经济范围相关联的其他社会经济关系。[③]

第四种观点认为,经济犯罪侵害的客体是社会主义经济关系中的经济管理关系。[④] 与此相类似,有的学者认为,经济犯罪侵害的客体是国家的经济管理制度。[⑤]

第五种观点认为,经济犯罪的客体,即经济犯罪行为所侵害的社会关系和社会秩序。[⑥]

第六种观点认为,经济犯罪的客体是我国经济、行政、民事和刑事法律所保护的而为经济犯罪行为所侵害的社会主义经济关系。[⑦]

从上述几种观点可以看出,我国学术界对于经济犯罪客体的认识与研究是一个循序渐进、由浅入深的过程。先前的学者对于经济犯罪的客体的认识仅局限于经济秩序的某一方面,如第一种观点和第二种观点其实就将经济犯罪界定在我国刑法分则第三章的破坏社会主义经济秩序罪方面,从而去研究经济犯罪的客体;而第四种观点仅将经济犯罪的客体界定在经济管理秩序或者经济管理制度方面,均有失偏颇。后来由此推而广之,将经济犯罪的客体界定于刑法所保护的为经济犯罪行为所侵害的社会主义市场经济关系和经济秩序,就显得全面而科学。

笔者认为,经济犯罪的客体,就是受经济刑事法规所保护的而被经济犯罪行为所侵害的

① 高铭暄主编:《新型经济犯罪研究》,中国方正出版社 2000 年 8 月版,第 10 页。
② 马克昌主编:《经济犯罪新论——破坏社会主义经济秩序罪研究》,武汉大学出版社 1998 年 10 月版,第 14 页。
③ 赵长青主编:《经济刑法学》,法律出版社 1999 年 8 月版,第 85 页;刘白笔、刘用生著:《经济刑法学》,群众出版社 1989 年 8 月版,第 87 页。
④ 张穹主编:《中国经济犯罪罪刑论》,大地出版社 1989 年版,第 6 页。
⑤ 王作富主编:《经济活动中罪与非罪的界限》,中国政法大学出版社 1993 年 5 月版,第 41 页。
⑥ 夏黎阳等著:《当代中国经济犯罪》,四川人民出版社 1990 年 8 月版,第 68 页。
⑦ 夏吉先著:《经济犯罪与对策——经济刑法原理》,世界图书出版公司 1993 年 9 月版,第 98 页。

社会主义经济关系和经济秩序,具体包括经济管理、经济流通和经济所有关系和秩序。

二、经济犯罪客体的特征

以上对经济犯罪的客体的界定中,我们可以得出,经济犯罪的客体具有以下几个特征:

(一)经济犯罪的客体是社会主义市场经济关系和经济秩序

经济关系是通过物质而形成的人与人之间的关系,又称物质利益关系。经济关系包括经济管理关系、经济所有关系和经济流通关系。经济秩序是指所有调整经济活动的法律和规则。所以,我们认为那种将经济犯罪的客体仅仅界定为经济管理关系或者经济流通关系、经济所有关系的其中一个或者两个方面的观点是片面的。经济犯罪的客体应该是经济关系和经济秩序。

根据我国刑法的规定,我国的经济犯罪的客体主要包括:(1)产品质量的管理制度;(2)海关监管秩序;(3)公司、企业的管理秩序;(4)金融管理秩序;(5)税收征收管理制度;(6)国家对知识产权的保护制度;(7)市场管理秩序等几个方面。另外,经济领域内的国家工作人员的职务的廉洁性,因为与经济管理关系、经济流通关系和经济所有关系密切相关,因此也作为经济犯罪的客体之一规定下来。

不过,这里所讲的经济犯罪的客体是指该类犯罪的共同客体。本类犯罪的各个具体犯罪也可能侵害其他客体,如生产、销售假药罪所侵害的客体,除正常的药品管理秩序外,还有不特定多数人的生命健康权利;集资诈骗罪所侵害的客体,除正常的金融秩序外,还有公私财产所有权;洗钱罪所侵害的客体,除正常的金融管理秩序外,还有打击毒品犯罪、黑社会性质的组织犯罪、走私犯罪以及恐怖组织犯罪、贪污贿赂犯罪以及金融犯罪的正常的司法活动。但是,不特定多数人的生命健康权利、公私财产所有权、正常的司法活动等,都不能认为是经济犯罪的同类客体,因为他们既不是社会主义市场经济秩序的组成部分,也不是经济犯罪中的每一个犯罪都侵害的客体。所以,这些被经济犯罪行为所侵害的社会关系,可以称之为某些经济犯罪的间接客体或者选择客体。

(二)经济犯罪的客体是我国经济刑法所保护的社会主义市场经济关系和经济秩序

某种特定的社会主义市场经济关系和经济秩序能否成为经济犯罪的客体,关键是要看该种经济关系和经济秩序是否被纳入刑法所保护的范围,如果某种经济关系和经济秩序不属于刑法保护的范畴,尚不能视其为经济犯罪的客体。这是因为,尽管刑事立法对各种经济犯罪的规定都是建立在经济法规、民事法规、行政法规的规定的基础之上的,但也并非所有的经济法规、民事法规、行政法规所保护的社会主义市场经济关系和经济秩序都属于经济犯罪的客体之列。犯罪是具有严重的社会危害性、刑事违法性并具有应当承担刑事责任性的行为。经济犯罪也是如此,一般的经济违法行为,只要还没有达到具有严重的社会危害性并应当承担刑事责任的程度,那么它只受经济法规、民事法规、行政法规的调整,只有那些严重危害了经济关系和经济秩序并应当以刑事处罚来对待的危害经济关系和经济秩序的行为,才被纳入刑法的范畴,从而成立经济犯罪。

（三）经济犯罪的客体是为经济犯罪行为所侵害的社会主义市场经济关系和经济秩序

经济关系和经济秩序不仅要受到刑法的保护,而且还必须为一定的经济犯罪行为所危害,才能成为经济犯罪的客体。这种侵害不仅是具体的、现实的,还要求必须达到一定的程度。因此,经济犯罪的客体与经济危害行为及其对象是密切联系,不可分割的,无经济危害行为,也就无经济犯罪的客体。

［拓展阅读］

尽管可以将法益概念简略地定义为法所保护的利益,但学者们为法益概念作出了许多定义。定义的分歧主要体现在以下几个方面:法益是前实定法的概念还是实定法的概念?即在实定法将法益予以保护之前,是否已经存在法益或者法益的内容? 法益是刑法保护的对象,还是一般法或所有法都保护的对象? 法益是观念的东西(精神的东西)还是感觉的东西(物质的东西)? 法益的内容是状态还是利益? 法益的主体是谁? 即除了个人之外,国家与社会是否是法益的主体?

界定法益概念必须遵循下列原则:(1)法益必须与利益相关联。利益是能够满足人们需要的东西,当某种状态反映的是人们所需求的一种秩序时,它便是法益。所有的法都是为着社会上的某种利益而生;离开法益就不存在法的观念;"说法是利益的规律,和说法是正义的规律,不相抵触。利益是法所规律的目的,而正义则是法所规律的最高标准。"①(2)法益必须与法相关联,某种利益尽管能够满足主体的需要,但当它并不受法保护时,无论如何也不能称之为法益。所谓前实定法的法益概念,也只是意味着法益的内容及利益本身在实定法之前就已经存在,法对这种利益的确认并加以保护,使之成为或者上升为法益。(3)法益作为犯罪所侵害或者威胁的利益,必须具有可侵害性。所谓侵害或者侵害的危险,都必然是一种事实或者因果的现象,故价值观本身不是法益。(4)法益必须与人相关联。刑法目的是为了保护人的利益,故只有人的利益才能称之为法益。只有人的利益才值得刑法保护。(5)法益必须与宪法相关联。刑法将什么作为利益予以保护,必须符合宪法的原则;宪法要求刑法保护的利益,应当成为刑法上的法益。法益,是根据宪法的基本原则,由法所保护的、客观上可能受到侵害或者威胁的人的生活利益。其中由刑法所保护的人的生活利益,就是刑法上的法益。所谓"人的生活利益",不仅包括个人的生命、身体、自由、名誉、财产等利益,而且包括建立在保护个人利益基础之上还原为个人利益的国家利益与社会利益。

从受侵犯的角度而言,法益被称为被害法益,即犯罪所侵害或者威胁的利益。从受保护的角度而言,法益被称为保护法益(即法所保护的利益)或者保护客体。显然,将二者联系起来就会发现,法益实际上就是我国传统刑法理论上所说的犯罪客体。传统犯罪理论认为,犯罪客体是刑法所保护的,而为犯罪行为所侵犯的社会主义社会关系。诚然,刑法所保护的利益,都可以用社会关系来概括,但不免有些牵强。如刑法规定破坏环境资源罪,是为了保护生态环境与自然资源,用法益来概括比用社会关系来表述更为合适。由于社会关系的内容是权利和义务关系,一方面社会关系说容易演变为"犯罪客体是刑法所保护的权利",因而不

---

① （日）美浓部达吉著,林纪东译:《法之本质》,台北商务印书馆1993年版,第43页。

能说明许多犯罪;另一方面,社会关系说容易使人误认为犯罪的本质是违反义务,刑法是维护义务的手段,个人成为国家、民族、社会共同体发展的工具,因而十分危险。①

[案例评点] 传统刑法理论中,经济犯罪的犯罪客体的主要作用在于区分罪与非罪、此罪与彼罪、一罪与数罪,所以,犯罪行为所侵害的客体的有无,决定着行为是否构成犯罪;犯罪行为所侵害客体的不同,决定着犯罪性质的不同以及犯罪数量的多寡。

根据《刑法》第270条规定,侵占罪,是指将他人的保管物、埋藏物、遗忘物占为己有,拒不归还,数额较大的行为。本罪的犯罪对象是他人的保管物,或者埋藏物、遗忘物。其中,对于他人的保管物而言,刑法要求必须是他人交予行为人合法保管的物品,也就是说,行为人对于该保管物的占有是合法的,是经过权利人允许的。但要求行为人限期必须归还,如果待特定的情状消失以后,经保管物的所有权人的请求,行为人拒不归还,则可能构成侵占罪。从本案看,江西清华泰豪科技集团有限公司拟在广东省深圳市成立深圳市萨普泰技术有限公司,经公司财务总监孙江海具体联系后,委托时在深圳代办工商登记的被告人李兰香购买他人证件并以他人名义办理公司设立和税务登记手续,双方约定委托费为人民币7000元,事成后支付。在李兰香非法购买万勇、刘伟两个虚假身份证之后,孙江海于2003年7月4日在招商银行总行营业部(深圳市)开设了深圳市萨普泰技术有限公司临时账户,分别以万勇(30万元)、刘伟(20万元)为出资人存入人民币50万元作为注册资金。之后,被告人李兰香依照约定办理了深圳市萨普泰技术有限公司的工商设立登记、税务登记手续,刻制了公司公章、财务专用章以及公司法定代表人万勇的虚假印章。第一,深圳市萨普泰技术有限公司的临时账户是江西清华泰豪科技集团有限公司的财务总监在招商银行总行营业部(深圳市)设立的,其存入的50万元资金仅仅是设立工商登记和税务登记的证明,但并没有将这50万元交给李兰香实际保管;第二,从李兰香私刻法定代表人万勇的虚假印章的行为来看,江西清华泰豪科技集团有限公司也没有将这50万元交给李兰香实际控制。所以,该50万元不能说是《刑法》第270条所谓的"保管物",既然如此,认定被告人李兰香构成侵占罪,显然于法无据。

根据《刑法》第192条的规定,票据诈骗罪,是指明知是伪造、变造、作废的、非本人或者非他人授权使用的汇票、本票、支票而使用,或者签发空头支票或者预期预留印鉴不符的支票,或者汇票、本票的出票人签发无资金保证的汇票、本票或者在出票时作虚假记载,骗取财物数额较大的行为。票据诈骗罪其实是从诈骗罪中分离出来的一种特别的诈骗犯罪。两者属于法条竞合关系,当行为人的行为同时触犯这两个法条时,应按照法条竞合的"特别法条优于普通法条",以特别法条来进行定罪。本案中,被告人李兰香的行为属于冒用他人的支票的手段,非法占有他人资金49万元,虽然也属于虚构事实,隐瞒真相,骗取他人数额特别巨大的财物,构成诈骗罪,但同时也构成了票据诈骗罪,所以根据法条竞合的处罚原则,以票据诈骗罪来定,较为适宜。

值得指出的是,侵占罪属于财产犯罪,犯罪行为所侵害的仅仅是财产权利,而票据诈骗罪属于经济犯罪,其主要客体是金融制度和金融秩序,次要客体才是财产权利。被告人李兰香冒用他人支票,从银行提取资金49万元,其行为主要侵害的应该是我国的金融管理制度和金融秩序,于此,也应该定票据诈骗罪。

① 张明楷著:《刑法学》(第四版),法律出版社2011年版,第67—68页。

第二节 经济犯罪客体的分类

一、经济犯罪的一般客体、同类客体和直接客体

（一）经济犯罪的一般客体

经济犯罪的一般客体，是指所有经济犯罪行为所侵害的社会主义市场经济关系和经济秩序。有的学者也将其称之为经济犯罪的共同客体。[①] 由于经济犯罪现象非常复杂，经济犯罪的种类也千姿百态，但是，不管经济犯罪的行为的表现形式如何，它们都侵害了我国刑法所保护的社会主义市场经济关系和经济秩序。所以，经济犯罪的一般客体是对所有的经济犯罪行为所共同侵害的社会本质的揭示，是对经济犯罪客体的共同说明。任何一种经济犯罪行为都涉及我国的社会主义市场经济能否健康有序地发展的根本问题。因此，通过对经济犯罪的一般客体的研究和探讨，可以帮助我们更加深刻地认识到同各种经济犯罪行为作斗争的社会意义。

（二）经济犯罪的同类客体

经济犯罪的同类客体是指某些经济犯罪行为所共同侵害的社会主义经济关系和经济秩序，也就是我国刑法所保护的经济关系和经济秩序的某一方面。前文我们已经讲过，根据我国 1997 年刑法，基于某些经济犯罪行为所侵害的社会主义经济关系和经济秩序的领域不同，我国经济犯罪的同类客体主要有以下八种：（1）产品质量管理制度；（2）国家对外贸易监督管理制度；（3）公司、企业的管理制度；（4）国家的金融管理秩序；（5）国家的税收征收管理制度；（6）国家对知识产权的保护制度；（7）国家对市场的管理秩序；（8）社会主义市场经济条件下的国家廉政制度。

经济犯罪的同类客体揭示了某一类经济犯罪行为的共同本质，对于我们正确地认识某一类经济犯罪行为的社会危害性的大小，对形形色色的经济犯罪进行科学合理的分类，都具有极其重要的意义。

（三）经济犯罪的直接客体

经济犯罪的直接客体，是指某种具体的经济犯罪行为所直接侵害的社会主义市场经济关系和经济秩序。经济犯罪的直接客体往往最能直截了当地揭示某一具体经济犯罪的个性，因此，对于我们正确地区分经济危害行为的罪与非罪、经济犯罪的此罪与彼罪、重罪与轻罪等都具有非常重要的意义。

二、经济犯罪的简单客体和经济犯罪的复杂客体

（一）经济犯罪的简单客体

经济犯罪的简单客体，是指一种经济犯罪行为只侵害了刑法所保护的某一种社会主义市场经济关系和市场经济秩序。如偷税罪仅侵害了国家的税收征收管理制度；伪造货币罪仅侵害了国家的金融管理秩序等等，都是属于经济犯罪的简单客体。

---

① 赵长青主编：《经济刑法学》，法律出版社 1999 年 8 月版，第 87 页。

（二）经济犯罪的复杂客体

经济犯罪的复杂客体，是指某一种经济犯罪行为同时侵害了两种以上的社会主义市场经济关系和经济秩序。如贪污罪既侵害了国家工作人员的职务廉洁性，又侵害了公共财产所有权；挪用公款罪，既侵害了国家工作人员的职务廉洁性，又侵害了公款的使用权等等，都属于经济犯罪的复杂客体。

值得说明的是，经济犯罪的复杂客体，从一般意义上说，并不是说一种经济犯罪行为所侵害的两个以上的客体都是社会主义市场经济关系和经济秩序，也可能是一种经济犯罪行为所侵害的两个以上的社会关系中，一种是属于经济关系和经济秩序，而另外的可能就属于非经济关系的客体，如生产销售伪劣产品罪，既侵害了国家的产品质量管理制度，又侵害了公民的生命和身体健康，我们一般也称这种情况为经济犯罪的复杂客体。其实，我们一般所说的经济犯罪的复杂客体，更多的则是从后一种意义上来讲的。

经济犯罪的一般客体、同类客体和直接客体是按照经济犯罪行为所侵害的经济关系的范围所作的划分，三者之间是一种整体与部分、一般与个别、抽象和具体的关系。因此，我们在分析某一经济活动或者经济行为是否构成经济犯罪或者构成何种犯罪以及重罪轻罪时，可以在经济犯罪的一般客体的基础上，逐步推进，进行分析，从而正确地认清行为的本质，为在司法活动中正确地定罪与量刑提供坚实的理论基础。

第九章

经济犯罪的停止形态

[导入案例]

公诉机关:陕西省西安市人民检察院

被告人:郝根石

陕西省西安市中级人民法院经审理查明:2007 年 10 月份以来,被告人郝根石陆续从外地人手中购进假冒的茅台系列酒及"西凤红花酒",并将这批酒存放于其租用的西安市莲湖区邓家村库房内,准备对外销售。2008 年 11 月 18 日,西安市公安局根据群众举报在被告人郝根石所租用的库房内查获茅台系列"京玉吉祥如意"酒 50 箱、"京玉典藏"酒 92 箱、50度"西凤红花酒"867 箱。所查获的茅台系列酒,经贵州茅台酒厂集团技术开发公司鉴证为假冒产品,核算价值为 38376 元;所查获的西凤系列酒,经陕西西凤酒股份有限公司鉴证为假冒产品,核算价值为 65025 元。

西安市中级人民法院经审理认为,被告人郝根石违反国家商标管理法规,明知是假冒注册商标的商品而予以销售,数额较大,其行为已触犯《中华人民共和国刑法》第 214 条之规定,构成销售假冒注册商标的商品罪。西安市人民检察院指控被告人郝根石所犯罪名成立。审理中被告人郝根石的辩护人提出郝根石的行为属于犯罪未遂的辩护意见。经查,被告人郝根石出于销售营利的目的,从他人手中购买假冒他人注册商标的酒并且予以储存,已经着手实行犯罪,但由于其意志以外的原因而未能得逞,属于犯罪未遂,依法可以比照既遂犯从轻处罚。其辩护人提出的此项辩护意见成立,一审法院依法予以采纳。被告人郝根石自愿认罪,如实供述犯罪事实,能积极缴纳罚金,认罪态度较好,故对其辩护人提出的对其从轻处罚的辩护意见,一审法院亦依法予以采纳。综上,一审法院依照《中华人民共和国刑法》第二百一十四条、第二十三条、第五十二条、第六十四条和《最高人民法院、最高人民检察院、司法部关于适用普通程序审理"被告人认罪案件"的若干意见(试行)》第九条之规定,判决:(一)被告人郝根石犯销售假冒注册商标的商品罪,判处有期徒刑六个月,并处罚金人民币20000 元(已缴纳);(二)扣押在案的假冒酒,依法予以没收。

一审宣判后,被告人未提出上诉,检察机关亦未提出抗诉,判决已发生法律效力。

[思考]

1. 本罪是犯罪预备还是犯罪未遂?

2. 区分犯罪预备和犯罪未遂的根本标志是什么?

第一节　经济犯罪的停止形态概述

一、经济犯罪停止形态的概念

经济犯罪的停止形态，是指直接故意经济犯罪在其开始实施到犯罪完成的过程当中，由于行为人主观方面或者客观方面的原因而使经济犯罪发生停顿所呈现出来的各种犯罪样态。根据我国刑法理论和刑法规定，犯罪的停止形态包括犯罪的预备形态、犯罪的未遂形态、犯罪的中止形态和犯罪的既遂形态四种，经济犯罪也是一样，在其发展的过程中，由于主客观方面的原因，也可能存在经济犯罪的预备形态、经济犯罪的未遂形态、经济犯罪的中止形态和经济犯罪的既遂形态四种。

经济犯罪从开始实行到犯罪终了，是经济犯罪的整个过程，我们称之为犯罪过程。在整个经济犯罪过程中，可以分为经济犯罪的预备和经济犯罪的实行两个阶段，而经济犯罪的实行阶段又分为经济犯罪未终了的阶段和经济犯罪终了阶段。而经济犯罪的停止形态是指在经济犯罪过程中的各个阶段，由于犯罪行为人意志以外的原因或者出于犯罪行为的主观意志而使犯罪停止下来所呈现出来的各种样态。因此，犯罪过程、犯罪阶段和犯罪的停止形态在经济刑法中并非是同一概念。

在前述的四种经济犯罪的停止形态中，经济犯罪的既遂形态是行为人完成了某种经济犯罪的所有构成要件的形态，所以，我们称之为经济犯罪的完成形态；而经济犯罪的预备形态、未遂形态和中止形态则是因为某种原因而使行为人没有着手实施犯罪或者已经着手实施经济犯罪但最终没有完成某种经济犯罪的所有构成要件，因此，我们称之为经济犯罪的未完成形态。

经济犯罪的未完成形态即未遂、中止抑或预备形态，虽然没有完成某种经济犯罪分则所规定的所有的构成要件，但他们和经济犯罪的既遂一样，同样是属于符合犯罪构成的犯罪行为（理论上称之为修正的犯罪构成），也应当按照刑法之规定承担相应的刑事责任。

二、经济犯罪的停止形态存在的范围

（一）犯罪的停止形态仅存在于某些直接故意的经济犯罪之中

按照我国刑法理论的通说，犯罪的停止形态只能存在于直接故意犯罪之中，直接故意犯罪的犯罪行为人在希望、追求完成某种特定犯罪的主观罪过的形式的支配下，客观上就会有一个进行犯罪预备行为、实施犯罪实行行为和完成犯罪的过程与阶段。在这一阶段顺利完成的情况下，就形成了犯罪的完成形态即既遂形态，如果在此过程和阶段中，因主客观原因而使犯罪停止下来，就会形成犯罪的未完成形态即预备、未遂和中止形态。[①] 经济犯罪作为犯罪的一种，其停止形态的存在范围也是一样，只能存在于直接故意的经济犯罪之中。因为只有基于直接故意实施经济犯罪行为的人，才会为自己的犯罪行为进行一系列的准备行为、才会实行一系列的实行行为，也只有在这种一系列的预备和实行行为的过程中，才会出现因为各种原因而停顿下来的诸种犯罪形态。

---

① 高铭暄、马克昌主编:《刑法学》北京大学出版社、高等教育出版社 2000 年 10 月版，第 147 页。

但是不是所有的直接故意经济犯罪都存在犯罪的停止形态呢？或者说是不是所有的经济犯罪都存在四种停止形态的所有形态呢？笔者认为，答案应该是否定的。其实并不是所有的直接故意经济犯罪都存在停止形态的全部形态。

第一，对于有些数额犯，就不存在犯罪的未遂。经济犯罪一般来说是以谋取某种不法经济利益的犯罪，而现实司法实践中，该种不法经济利益主要是以行为人的犯罪数额为标准进行认定，所以，大多数的经济犯罪都表现为一种数额犯。而我们认为数额犯是一种即成犯，行为人的犯罪数额达到刑事法律所规定的标准，就成立犯罪，没有达到法定标准，就不成立犯罪，只能作为一般违法、违纪、违规行为进行处理。因此，数额犯不应该有犯罪的未遂形态。当然，有些学者认为，数额犯可以分为行为数额犯和结果数额犯。行为数额犯就是行为人的行为所指向的数额作为定罪标准的一类犯罪，如敲诈勒索罪、盗窃罪等；而结果数额犯是以行为人的犯罪结果的数额作为定罪标准的一类犯罪，如生产销售伪劣产品罪、偷税罪等。对于行为数额犯应当有既遂、未遂形态之分，而对于结果数额犯则不应该有既遂、未遂形态之分。[①] 笔者认为，这种观点值得商榷。因为在刑法理论司法实践中，一个经济犯罪的数额，到底是作为构成要件的行为数额还是作为构成要件的结果数额，本身就是一个很难界定的问题。不过，我国的刑事立法中，也有不少关于数额犯的既遂和未遂的规定，如盗窃罪的未遂、生产销售伪劣产品罪的未遂等等。如何解决这个问题？笔者认为，应当采取刑法分则特别规定的立法方式解决，即哪些数额犯可以处罚未遂以及哪些数额犯不处罚未遂，都应该在刑法分则条文中明确加以规定。

第二，对于情节犯，不存在犯罪的未遂。我国刑法中，有不少经济犯罪被规定为必须达到"情节严重"或者"情节恶劣"才能成立犯罪，这些犯罪和数额犯一样，都是即成犯，所以不存在犯罪的未遂形态。

第三，经济犯罪中的情节加重犯和结果加重犯，由其构成特征决定，也不存在犯罪的未遂形态。[②]

（二）过失经济犯罪不存在犯罪的停止形态

过失经济犯罪由于行为人主观上具备的不是故意危害社会而是基于过失的心理，客观上我国刑法又规定只有发生危害结果且刑法分则有明文规定的才构成经济犯罪，因而过失犯罪不可能存在犯罪的预备、未遂、中止形态。这些未完成的犯罪形态不具备法定的危害结果，由于犯罪的完成形态是与犯罪的未完成形态相对而言的，过失犯罪既然无犯罪的未完成形态的存在，因而，也就无犯罪的完成形态的存在，过失经济犯罪既没有犯罪的预备、未遂和中止形态，也没有犯罪的既遂形态。也就是说，过失经济犯罪只有是否成立或者是否构成犯罪的问题，而没有犯罪的停止形态问题。[③] 有些学者将过失犯罪称为结果犯，这种观点也是值得商榷的，因为结果犯是犯罪既遂形态的一种，而既遂形态只有在直接故意犯罪中才存在，过失犯罪不存在犯罪的既遂形态，因此，过失犯罪不能称为结果犯，只能称为即成犯。

---

① 刘之雄著：《犯罪既遂论》，中国人民公安大学出版社2003年8月版，第132—138页。

② 有些学者认为，结果加重犯和情节加重犯是可以存在犯罪未遂形态的，当基本犯罪是未遂的时候，就能成立结果加重犯和情节加重犯的未遂。笔者认为，这种观点忽略了一个问题，即结果加重犯和情节加重犯的未遂与未遂的结果加重犯和未遂的情节加重犯实际上不是一回事。

③ 传统的刑法理论认为，过失犯罪不存在犯罪的未完成形态。这个观点值得商榷。

（三）间接故意经济犯罪不存犯罪的停止形态

间接故意经济犯罪不存在犯罪的停止形态，是由其主客观特征决定的。

第一，从主观方面讲，间接故意经济犯罪主观方面的特点是行为人表现为对自己的行为可能造成的危害社会的结果的发生与否持一种放任的态度。行为人所放任的危害结果未发生时，这种结局也就是行为人的放任心理所包含的。放任心理由其所包含的客观结局的多样性和不确定性所决定，根本谈不上对特定犯罪的结果的追求。而犯罪的预备、未遂和中止形态的行为人，原本都存在着实施和完成特定犯罪的犯罪意志与追求心理。之所以在未完成犯罪的时候停止下来，或者是因为行为人意志以外的原因，或者是因为行为人的自己的主观意志而停止犯罪或有效地防止犯罪结果的发生。可见，间接故意犯罪主观上的放任心里是不符合未完成形态的主观特征的，所以也就不可能存在犯罪的未完成形态。

第二，从客观方面看，犯罪的未完成形态在客观方面表现为行为人开始实施犯罪的预备行为或者着手实施犯罪行为之后，由于行为人意志以外的原因或者自己的意志而使犯罪停止在未完成的状态下。间接故意经济犯罪由其主观上的"放任"心理的支配，而在客观方面不可能存在未完成某种特定犯罪的状态，因为客观上出现的各种不确定状态都是符合行为人的放任心理的。因而，间接故意经济犯罪应以结果的实际出现决定定罪问题，也就不存在犯罪的未完成状态问题。

同过失犯罪一样，既然间接故意经济犯罪不存在犯罪的未完成形态，而完成形态又是与未完成形态相对应而存在，所以，过失犯罪也不存在犯罪的完成形态。间接故意经济犯罪只有犯罪的成立与否问题，而没有犯罪的停止形态问题。基于上述原因，间接故意犯罪也不能称为结果犯，只能称为即成犯。

［拓展阅读］

犯罪的特殊形态，只存在于故意犯罪中。过失犯罪不可能有预备行为；没有发生结果时，也不可能成立过失犯罪。所以，过失犯罪没有犯罪预备、未遂和中止形态。由于过失犯罪没有预备形态，肯定其有犯罪既遂也没有实际意义（没有必要将过失犯罪称为犯罪既遂）；对于过失犯罪而言，只有成立与否的问题。我国传统刑法理论认为，犯罪的特殊形态仅存在于直接故意中，间接故意犯罪没有犯罪的特殊形态。因为间接故意是放任结果的发生，所以不可能为犯罪准备工具、制造条件；在没有发生结果的情况下，不可能认定行为人有间接故意。所以，间接故意犯罪不可能有犯罪预备、未遂与中止形态，也只有成立与否的问题。但事实上，司法实践中确实存在行为人放任结果发生，而结果没有发生，且值得科处刑罚的情况；从规范意义上说，间接故意犯罪与直接故意犯罪没有质的区别，没有理由仅处罚直接故意犯罪未遂，而不处罚间接故意犯罪未遂；而且直接故意犯罪人与间接故意犯罪人可以成立共同犯罪，既然如此，在共同犯罪未遂的情况下，没有理由仅处罚直接故意犯罪人而不处罚间接故意犯罪人；至于在间接故意犯罪未遂的情况下，由于没有发生结果，难以认定行为人是否放任结果的发生，则是证据认定问题，而不是否认间接故意存在犯罪未遂与中止的理由。所以，间接故意也存在犯罪未遂与犯罪中止形态。一般来说，由于犯罪预备以确定的犯意为前提，故间接故意原则上没有犯罪预备形态。[①]

---

① 张明楷著：《刑法学》（第四版），法律出版社 2011 年版，第 308—309 页。

[**案例评点**] 在本书的这一部分导读这个案例,主要聚焦的是本案的既遂和未遂形态问题。若上升到理论的高度,其实也就是讨论数额犯有无犯罪的停止形态问题。

根据《刑法》第214条以及2004年12月8日最高人民法院、最高人民检察院《关于办理侵犯知识产权刑事案件具体应用法律若干问题的解释》(以下简称《解释》)第2条第1款的规定,销售明知是假冒注册商标的商品,销售金额在五万元以上的,应当以销售假冒注册商标的商品罪判处三年以下有期徒刑或者拘役,并处或者单处罚金。问题是,该处的"销售金额"是销售假冒注册商标的商品罪的成立要件还是既遂要件? 一种观点认为,"销售金额在五万元以上"是本罪的成立要件之一,即销售假冒注册商标的商品的行为,必须是销售的金额达到五万元以上,才构成犯罪;如果销售金额不足五万元,不构成犯罪,而属于一般违法行为,可以由有关部门给予吊销营业执照,或者责令停止销售,没收违法销售的产品和违法所得、罚款等行政处罚。另一种观点则认为,"销售金额五万元以上"是本罪的既遂要件。销售者已经购进了假冒注册商标的商品,准备销售或者正在销售,销售金额可达到五万元以上,但尚未销售或者实际销售金额尚不足五万元即被查获的,应以犯罪未遂论。我们认为,该《解释》第2条第1款所规定的"销售金额在五万元以上"是销售假冒注册商标的商品罪的犯罪既遂要件之一而不是本罪的犯罪成立要件。理由在于:首先,认定该罪的关键在于行为人的行为是否具备了销售假冒注册商标的商品罪的本质,行为人是否实施了销售假冒注册商标的商品的行为或者是否具有销售假冒商品的意图,而不在于行为人是否已经获得销售款。只要行为人的行为已经具备了销售假冒注册商标的商品罪的本质,就可认定其行为构成犯罪。而所谓"行为具备销售假冒注册商标的商品罪的本质"就是指行为人的行为已经具备了该罪的本质特征,主要表现为行为人主观上具有销售假冒商品的意图,客观上已经实施、正在实施或者将要实施销售假冒注册商标的商品的行为,侵犯了或者可能侵犯《刑法》所保护的某种合法利益。就本案来说,被告人已经购进假冒注册商标的商品准备出售,已经侵犯了商标权人的商标专用权和消费者的合法利益。销售金额作为一个可量化的指标,反映了行为人销售假冒注册商标规模大小、危害范围以及其主观恶性的程度,实际上也是在客观上反映了行为的特征,它并不能直接决定本罪的成立。决定本罪是否成立,应以行为人的行为是否具备销售假冒注册商标的商品罪的本质为标准。其次,根据该《解释》第9条的规定,"销售金额"是指销售假冒注册商标的商品后所得和应得的全部违法收入。由此可见,销售金额不仅包括既得利益,也包括期待利益,本案中被告人购买的假冒酒虽然没有销售出去,没有产生销售金额,没有既得利益,但可能实现的销售金额数额较大,这种可期待利益是应得收入,应当认定为销售数额。这样能保证对此种具有严重社会危害性的行为予以处罚,有利于加大对知识产权的《刑法》保护力度,从而防范社会上日益严重的商标犯罪问题。最后,2001年4月9日最高人民法院、最高人民检察院《关于办理生产、销售伪劣商品刑事案件具体应用法律若干问题的解释》第2条第2款规定:"伪劣产品尚未销售,货值金额达到刑法第一百四十条规定的销售金额3倍以上的,以生产、销售伪劣产品罪(未遂)定罪处罚。"这一规定已经承认数额犯其实是可以存在未遂的,尤其是在生产、销售伪劣商品案件和相关的侵犯知识产权案件当中。因此,可以将该《解释》的"销售金额五万元"视为该罪的既遂要件。

既然承认销售假冒注册商标的商品罪存在未遂形态,那么对于行为人购进假冒注册商标的商品尚未销售即被抓获的情况,应当认定为犯罪预备还是未遂呢? 这主要是看如何认定该罪的"着手"行为。一种意见认为：销售者在购买者出现之前为了实现销售商品的目的而进行的任何活动，都只能是销售的准备活动，只有销售者找到购买者之时，才能认定其销售行为已经着手，在此之前的行为属于犯罪预备行为。另一种意见则认为，销售假冒注册商标的商品罪是情节犯，该类犯罪只有已经着手实施，并且达到"销售金额数额较大"时犯罪才能成立。而犯罪预备则是在行为人着手实施犯罪之前的一种犯罪形态，由此可见，即使情节犯的行为人实施了预备行为，也不构成犯罪形态意义上的犯罪预备，故此类犯罪不存在犯罪预备。另外，行为人明知是假冒注册商标的商品予以采购，且销售目的很明确，购买行为成为销售的一个重要环节，犯罪已经着手实施，由于意志以外的原因未将假冒商品销售出去应该属于犯罪未遂。刑法理论认为，认定一个行为是否"着手"，主要的标准是要看该行为对于所要侵害的法益是否具有了现实的危险性和紧迫性，有危险性和紧迫性，就是"着手"，否则，就是预备。

纵观本案，被告人郝根石已经将假冒的商品买进，伺机出售；而销售假冒注册商标的商品罪的客体是国家的商标管理制度和他人依法享有的注册商标专有权，也就是说，被告人的行为已经侵犯了刑法所保护的法益。因此，将被告人的行为认定为未遂较为适宜。

第二节 经济犯罪的具体停止形态

一、经济犯罪的既遂形态

经济犯罪的既遂形态是指行为人故意实施的某种经济危害行为已经符合了某种经济犯罪的全部构成要件。

传统的刑法理论认为，认定经济犯罪的既遂与否，主要看行为人的主观目的是否实现，或者行为人所追求的结果是否发生。这种观点已经面临着现实的挑战。首先，用犯罪目的的实现来说明犯罪的既遂，是不全面的。因为，一方面虽然所有的直接故意经济犯罪都有犯罪目的，但刑法并非都将它们作为犯罪完成的条件，如生产、销售假药罪、生产、销售不符合卫生标准的食品罪、生产、销售有毒、有害食品罪等，行为人主观上虽然都有营利的目的，但刑法并没有将这些营利目的的实现作为这些犯罪的构成要必备要件。既然这些犯罪的成立与否不以犯罪目的作为要件，因此犯罪的完成与否也就不以这些犯罪的目的是否实现作为认定的标准。另一方面，即便是有些犯罪将犯罪目的作为犯罪的构成要件而成为经济刑法中的目的犯，但目的犯中的目的是某种经济犯罪的主观故意内容还是超越于主观故意以外的要素？刑法理论中尚有争论。一般认为，目的犯中的目的属于超越的主观要素，不为犯罪的主观故意所包括。其次，以犯罪结果的发生来决定犯罪的既遂也是不科学的。因为有些经济犯罪，只要行为人的犯罪行为已实施完毕就构成犯罪既遂，并非要求一定要发生特定的危害结果。[①] 如很多的经济犯罪都是危险犯或者行为犯，只要行为人的经济犯罪行为足以引起某种特定的危险或者达到某种状态，就已经符合了该犯罪的法定的构成要件，达到犯罪

---

① 值得指出，刑法中的结果分为构成要件的结果和非构成要件的结果，笔者这里所谓的结果是指构成要件的结果，而不是指非构成要件的结果。因为有些经济犯罪虽然没有达到犯罪构成所要求的结果，但并非没有造成任何危害社会的后果。

既遂。因此,认定某一犯罪是否既遂,既不能采取犯罪目的实现说,也不能采取犯罪结果发生说,即是说,认定行为人所实施的某一行为是否构成经济犯罪的既遂,不能单纯地从行为人所追求的目的的有无达到或者结果的有无发生的角度来考察,而应当以某一行为是否具备了某一经济犯罪的全部构成要件为标准。①

关于经济犯罪的既遂形态,根据我国刑法的规定,主要有以下几种:

(一)结果犯。行为人不仅要实施刑法分则所规定的某种经济犯罪行为,而且还要发生某种法定的危害结果,才能构成某种经济犯罪的既遂。如生产销售劣药罪,必须发生对人体造成严重危害的结果,才能构成本罪的既遂。另外,生产销售不符合标准的医用器材罪、生产、销售不符合安全标准的产品罪等,均属此列。

经济犯罪中,有很多犯罪被规定为数额犯。一般理论认为,数额犯应该属于结果犯的范畴。但笔者认为,一般意义上说,可以这么认为,但从严格的意义上说,这种观点值得商榷。因为结果犯是以法定的结果作为犯罪既遂成立标准的一类犯罪,而数额犯中有很多的数额犯是以法定数额的达到作为犯罪成立标准的一类犯罪,在这类犯罪中无犯罪的未遂与既遂之分,所以两者在概念上不能等同。②

(二)行为犯。即行为人只要实施了刑法分则所规定的某种经济犯罪行为,不论是否发生特定的危害结果,都构成犯罪既遂。如生产、销售有毒、有害食品罪,行为人只要在生产、销售的食品中,掺入有毒、有害的非食品原料,或者明知是掺有有毒、有害非食品原料的食品而仍然予以销售,就构成生产、销售有毒有害食品罪的既遂。

(三)危险犯。即行为人实施了刑法分则所规定的某种足以造成一定危险状态的经济犯罪行为,即使尚未造成严重结果,也构成犯罪的既遂。如生产、销售假药罪,只要行为人实施了生产、销售假药的行为,而假药中含有足以严重危害人体健康的成分,就构成该罪的既遂。又如生产、销售不符合卫生标准的食品罪,也属此列。

经济犯罪的既遂是经济犯罪的完成形态,我国刑法中对经济犯罪的法定刑的设置都是按照既遂形态进行的,所以,对经济犯罪处罚时,只要依照刑法分则对某种经济犯罪所规定的刑事责任直接适用即可。

二、经济犯罪的预备形态

经济犯罪的预备形态是指行为人为了实施某种经济犯罪,在准备工具、制造条件的过程中,由于意志以外的原因而没有着手实行的犯罪停止状态。

经济犯罪的预备形态,主要有以下几个特征:

(一)行为人为了实施某种经济犯罪已经开始准备活动

这里的为了实施,主要是为了着手实施。这里的准备活动,依照我国刑法的规定,主要

---

① 有的学者从间接故意犯罪和过失犯罪的角度来论述这个问题。该学者认为,间接故意犯罪和过失犯罪一样,都存在犯罪的既遂形态。但是间接故意犯罪和过失犯罪又都不是具有犯罪目的的犯罪,所以,以犯罪目的的是否实现来认定犯罪的既遂,是没有道理的。参见甘功仁主编:《经济刑法教程》,中国财政经济出版社1997年11月版,第101页。笔者认为,这种观点值得商榷。因为笔者在上文说过,间接故意经济犯罪和过失经济犯罪是没有犯罪目的的经济犯罪,不可能有犯罪的停止形态问题。当然,间接故意经济犯罪和过失经济犯罪都会有犯罪结果的发生,但这种结果的发生是两者成立的条件,而不是犯罪既遂的条件。既然间接故意经济犯罪和过失经济犯罪没有犯罪的停止形态问题,所以去谈什么既遂与未遂的标准也没有任何的意义。

② 同理,在传统刑法理论中将间接故意犯罪和过失犯罪也叫作结果犯的说法是值得商榷的。

包括两方面:第一,准备工具。即为了实施某种经济犯罪而准备工具。如为制造假币而准备纸张、扫描仪、打印机等的行为。第二,制造条件。即为了实施某种经济犯罪而制造条件。如为了进行合同诈骗而伪造公文、印章、证件等的行为。

行为人在准备工具或者制造条件的时候,主观上必须是为了进行某种经济犯罪,才能成立经济犯罪的预备,否则不能视为犯罪预备行为。如某个财务管理人员或经手人员,因为粗心大意,将账目搞错,只要他在主观上没有将公共财物占为己有的故意,就不能将该行为认定为贪污罪的预备。现实司法实践中的很多漏税行为,一般都是由于行为人的粗心大意,税务机关只要责成纳税单位将漏税补交即可,一般不按偷税罪进行追究。

我国刑法之所以处罚经济犯罪的预备行为,是因为经济犯罪的预备行为对我国的社会主义经济关系和经济秩序已经构成了现实的威胁,它同经济犯罪的犯意表示有着本质的区别。如果行为人在主观上具有某种经济犯罪的犯意,但客观上并没有实施具体的预备活动,不能将其作为有罪的行为进行处罚。

(二) 行为人所进行的准备活动在预备阶段被迫停止下来

经济犯罪的行为人所实施的行为只有在经济犯罪的预备阶段停止下来,才能成立经济犯罪的预备形态。亦即是说,行为人所实施的行为仅限于着手实行某种经济犯罪以前的准备活动,如果其行为已经跨越了某种经济犯罪的预备阶段,而进入了该种经济犯罪的实行阶段,则永远也不能成立经济犯罪的预备形态。所以,有无实施某种经济犯罪的着手行为,是区分经济犯罪的预备形态和未遂形态的根本标志。

(三) 行为人所进行的犯罪行为之所以在预备阶段停滞下来,是由于行为人的意志以外的原因

所谓"意志以外的原因",是指某种经济犯罪的停止是由犯罪分子主观意愿的外在因素所造成,犯罪分子并不是基于自己的意愿而停止犯罪活动。如果是犯罪行为人基于自己的意愿而在预备阶段停止,就成立经济犯罪的预备阶段的中止形态,而不是成立经济犯罪的预备形态。因此,是否由于行为人意志以外的原因而使犯罪活动在预备阶段停止,是区分经济犯罪的预备形态和预备阶段的停止形态的根本标志。

对于经济犯罪的预备犯应当如何处罚? 根据我国刑法第22条第2款之立法精神,对于经济犯罪的预备犯,可以比照该种经济犯罪的既遂犯从轻、减轻或者免除处罚。

[导入案例]

吕芸购买假币案

公诉机关:浙江省慈溪市人民检察院

被告人:吕芸

浙江省慈溪市人民法院经审理查明:2009年9月10日左右,潘怀民(另案处理)在被告人吕芸在浙江省新昌县经营的饭店内就餐付账时,谎称其使用的50元面额的人民币系假币,但可当真币使用。被告人吕芸信以为真,与潘怀民互留了联系方式。后潘怀民多次电话联系被告人吕芸,使吕芸产生了购买假币的意图。被告人吕芸提出向潘怀民购买1万元数额的假币,但潘怀民坚持必须一次性购买 50 万元数额的假币才肯交易,后被告人吕芸表示同意,双方约定到慈溪市验货。同月 13 日,被告人吕芸同潘怀民至慈溪市浒山街道迪欧咖啡店内,潘怀民将六张面值为 50 元的人民币冒充"假币样品"交给被告人吕芸检验,后被告人吕芸在使用上述"假币样品"过程中未遇到任何障碍,其对潘怀民所言深信不疑。同月 19 日上午,被告人吕芸至慈溪市浒山街道彼岸咖啡店 7 号包厢,以人民币 9 万元的价格向潘怀民及潘伟、马龙飞(均另案处理)购得 50 万元"假币",事后发现其购得的"假币"实系冥币、人民币复印件等。

2009 年 11 月 19 日,被告人吕芸至慈溪市公安局投案自首。

浙江省慈溪市人民法院认为,被告人吕芸违反金融管理秩序,购买假币,数额特别巨大,由于意志以外的原因而未得逞,其行为已构成购买假币罪。公诉机关指控的罪名成立。被告人吕芸犯罪未遂,又有自首情节,依法予以减轻处罚。根据被告人吕芸的犯罪情节和悔罪表现,依法可以适用缓刑。遂判决被告人吕芸犯购买假币罪,判处有期徒刑三年,缓刑五年,并处罚金人民币五万元。

一审宣判后,被告人吕芸没有提出上诉,一审判决已经生效。

[思考]

1. 什么是犯罪未遂?

2. 如何认定犯罪未遂?

三、经济犯罪的未遂形态

经济犯罪的未遂是指行为人已经着手实施某种经济犯罪行为,但由于行为人意志以外的原因而没有得逞的犯罪状态。

关于经济犯罪的未遂形态,主要有以下几个特征:

(一)行为人已经着手实行某种经济犯罪

所谓的"着手"就是指行为人已经开始实行刑法分则所规定的某一经济犯罪的具体构成要件的行为。如生产、销售伪劣产品罪,行为人已经开始生产伪劣产品,或者明知是伪劣产品而开始销售的行为。因此,行为人是否着手实行某种经济犯罪的具体构成要件行为,是区别某一经济犯罪的预备形态和未遂形态的根本标志。

经济犯罪中的"着手"应当具备主观和客观两个方面的基本特征:(1) 主观上,行为人实行具体经济犯罪的意志已经直接支配客观实行行为并通过后者充分表现出来,而不同于在此之前预备实行犯罪的意志;(2) 客观上,行为人已经开始实行某种经济犯罪的具体的构成要件的客观方面的行为,这种行为已经不再属于为犯罪的实行创造便利条件的预备犯罪的性质,而具有实行犯罪的性质,已经使刑法所保护的具体权益初步受到危害或者面临实际存在的威胁。在有犯罪对象的场合,这种行为已经直接指向犯罪对象,如果不出现行为人意志以外的原因的阻碍或者行为人自动中止犯罪,就会继续进行下去,直到犯罪完成即犯罪既遂。在犯罪既遂包含犯罪结果的犯罪中,还会发生犯罪结果。

着手实行犯罪是客观的犯罪的实行行为与主观的实行犯罪的意图相结合的产物以及标志。这两个主客观基本特征的结合,从犯罪构成的整体上反映了着手实行犯罪的社会危害性及其程度。

行为人着手实行经济犯罪,是经济犯罪的未遂形态必须具备的特征之一,也是经济犯罪的未遂形态和经济犯罪的预备形态相区别的主要标志。因为经济犯罪的未遂形态和经济犯罪的预备形态都是由于行为人意志以外的原因而被迫停止了继续实施犯罪，因而两者的区别的关键就在于着手实行犯罪与否。

（二）行为人所实施的经济犯罪没有得逞

也就是说，行为人没有完成某种经济犯罪的全部构成要件。与经济犯罪既遂形态相对应，在认定经济犯罪的未遂时，需要注意两个问题：第一，不能将没有达到犯罪目的或者没有产生犯罪结果的行为，一概视为经济犯罪的未遂形态。这是因为，有些经济犯罪，刑法并未要求必须在行为人达到某种犯罪目的或者其行为已经产生某种危害结果的情况下才算是既遂。在这种情况下，不管行为人的目的是否达到，其行为有没有产生一定的危害结果，只要行为人实施了某一经济犯罪行为，或者其行为足以对社会产生一定的危险性，即可以成立犯罪的既遂。第二，不能将没有完成某种经济犯罪同没有发生任何损害结果等同起来。这是因为，某些经济犯罪虽然没有发生某种损害结果，但是都不同程度地侵犯了刑法所保护的社会主义经济关系和经济秩序，因此，其行为的本身仍然是有害的。这也正是刑法对经济犯罪的未遂犯追究刑事责任的内在依据。

（三）某种经济犯罪之所以没有得逞，是由于行为人意志以外的原因

所谓"行为人意志以外的原因"，主要是指违背犯罪分子意愿的其他因素。这些因素从主观方面说主要有：由于犯罪分子对实施犯罪的对象、手段、方法等产生认识错误，使得犯罪分子不能达到犯罪目的；犯罪分子对作案现场周围客观环境认识的障碍；等等。这些因素从客观方面说主要有：犯罪分子本身能力的限制；有关单位或其他人的举报或制止；执法机关和有关部门的发现和查处；其他意外情况的发生；等等。

以上三个方面的特征是经济犯罪的未遂形态的成立所必须同时具备的，缺少任何一个条件，都不能成立经济犯罪的未遂形态。

对于经济犯罪未遂犯应该如何处罚？[①] 根据我国刑法第 23 条第 2 款的规定，我们认为，对于经济犯罪的未遂犯，可以比照某种经济犯罪的既遂犯从轻或者减轻处罚。

[拓展阅读]

在实行的着手的意义上，有主观说、形式的客观说、实质的客观说、折中说以及结果说之间的对立。（1）主观说由来于主观主义的刑法理论，认为"在行为人的行为中能确定地认识到犯意时"，"能认识到犯意的飞跃性表动时"，或"行为人的犯罪意思已经确定无疑，具有体现不可能取消的确定性的行为的场合"，就应当理解为具有行为的着手；（2）形式的客观说认为，实施属于构成要件的行为，和属于构成要件的行为有密切关系的行为，或开始实施在犯罪计划上，属于构成要件行为之前但和构成要件行为密切相关的行为，就是着手；（3）实质的客观说认为，实行的着手就是实施具有发生结果的现实危险性的行为；（4）折中说认为，实行的着手，是实施从行为人的犯罪计划的整体来看，属于引起侵害法益的迫切危险的

---

① 经济犯罪的未遂犯应该是指一种犯罪没有得逞的状态，是一种犯罪形态。有的学者认为经济犯罪的未遂犯是指经济犯罪行为处于未遂状态的罪犯。这种观点值得商榷。参见甘功仁主编：《经济刑法教程》，中国财政经济出版社1997 年 11 月版，第 100 页。

行为;(5) 结果说认为,在实行行为之后,侵害法益的危险性达到一定程度时,就是实行的着手。

……

主观说在重视"完成行为"或"表动"这些客观要素方面,和客观说接近,但是由于重视犯罪意思,结果使处罚时期提前的同时,还使客观要素的范围难以确定,招致判断的任意性,所以,这种学说不能支持。形式的客观说在重视形式性的一点上,和罪刑法定原则是一致的,但是,正如从口袋中掏枪杀人的行为,什么阶段上可以看作为开始实施杀人行为的部分行为,在形式上难以确定,因此,以这种形式的判断基准来区别未遂和预备,实际上是不可能的,所以,也不妥当。折中说试图从行为人的犯罪计划整体上来判断有无危险,因此,在过于重视行为人的主观意思方面,会受到和主观说同样的批判。结果说在引起危险的一点上来寻求未遂犯的处罚根据方面是妥当的,但在区分实行行为和未遂中所必要的实行的着手的一点上,有不妥当之处。既然未遂犯的处罚根据在于:引起了实现构成要件或发生结果的现实危险,那么,关于实行的着手也应当从引起现实危险方面来考虑,所以,实质的客观说是妥当的。因此,实行的着手,是开始实施具有引起构成要件结果的现实危险的行为。[①]

[案例评点] 《刑法》第 23 条第 1 款规定:"已经着手实行犯罪,由于犯罪分子意志以外的原因而未得逞的,是犯罪未遂。"根据这一规定,对本案被告人吕芸以 9 万元人民币的价格购得 50 万元"假币"的行为进行分析,认定被告人吕芸购买假币罪的行为系犯罪未遂。就该未遂情节,现分析如下:

1. 犯罪未遂的基本特征

犯罪未遂包含三个基本特征:一是犯罪分子已经着手实行犯罪,这是犯罪未遂的前提条件;二是犯罪未得逞,这是犯罪未遂的形态条件;三是犯罪未得逞是由于犯罪分子意志以外的原因,这是犯罪未遂的主观条件。首先,被告人吕芸以 9 万元的价格向他人购买 50 万元"假币"交易行为的进行,意味着其已经着手实行了犯罪。其次,被告人吕芸购买的"假币"系冥币和人民币复印件,不属于伪造的货币。购买假币罪作为结果犯的一种,应当以法定的犯罪结果是否发生,作为犯罪是否得逞的标志。在此,由于冥币和人民币复印件不具备假币的特征要素,被告人购买假币的目的尚未得逞,犯罪未遂的形态要件也已具备。最后,被告人吕芸本意是购买伪造的货币使用,而实际上购得的却是无法进入流通市场的冥币和人民币复印件,这一结果显然出乎被告人的意料。综上,被告人吕芸的犯罪行为完全符合犯罪未遂的三个基本特征。

2. 犯罪未遂的状态

犯罪未遂状态具有多样性。以犯罪行为实际上能否达到既遂状态为标准,可以把犯罪未遂分为能犯未遂和不能犯未遂。其中,不能犯未遂又可以细分为工具不能犯的未遂和对象不能犯的未遂。本案中,被告人吕芸因受人蒙骗,误将冥币和人民币复印件当作假币予以购买的事实,实际上同误以兽为人而开枪射击,不可能达到杀人既遂是一个道理。由于冥币和人民币复印件缺少假币的特征要素,它不可能像假币一样可以流入到社会被人当作假币使用,在根本上对金融秩序不会产生破坏。综上,被告人吕芸购买假币未遂应当属于对象不

[①] (日)大谷实著,黎宏译:《刑法总论》,法律出版社 2003 年版,第 275—276 页。

能犯的未遂。①

［导入案例］

舒茗保险诈骗案

公诉机关：江苏省灌南县人民检察院，检察员：茆虎成。

被告人（上诉人）：舒茗。因本案于 2009 年 2 月 27 日被刑事拘留，同年 4 月 3 日被逮捕。

辩护人：王廷明，江苏连云港海西律师事务所律师。

公诉机关指控称：2008 年 3 月至 6 月间，被告人舒茗在国泰人寿保险有限责任公司、联泰大都会人寿保险有限公司等十余家保险公司，以本人为被保险人，投保了近千万元人民币的伤害保险。2008 年 10 月 16 日上午，被告人舒茗利用在家剁排骨之机，故意将自己左食指剁伤，致近节指离断，制造保险公司七级伤残保险事故。被告人舒茗在向国泰人寿保险有限责任公司、中国人寿保险股份有限公司灌南支公司申请理赔保险金人民币 25 万元未果后，于 2008 年 12 月 31 日向灌南县人民法院起诉，要求中国人寿保险股份有限公司灌南支公司支付其保险金人民币 5 万元，后案发。被告人舒茗的行为已构成保险诈骗罪，提请依法判处。

被告人舒茗辩称：其只向中国人寿保险股份有限公司灌南支公司申请理赔保险金人民币 5 万元，对其余的 20 万元已放弃理赔。其辩护人的辩护意见为：(1) 公诉机关指控被告人舒茗保险诈骗的数额无事实依据；(2) 被告人舒茗诈骗国泰人寿保险有限责任公司保险金 20 万元的行为属犯罪中止。

江苏省灌南县人民法院经公开审理查明：被告人舒茗为骗取保险金，从 2008 年 3 月起至 6 月间，分别在中国人寿保险股份有限公司灌南支公司、国泰人寿保险有限责任公司、联泰大都会人寿保险有限公司、新华人寿保险股份有限公司等十余家保险公司，以本人作为投保人和被保险人，投保了保险金额达 1000 余万元人民币的人身意外伤害保险。2008 年 10 月 16 日上午，被告人舒茗利用在家剁排骨之机，故意将自己左食指剁伤，致左食指近节指端离断，经鉴定属七级伤残，依据人身意外伤害保险合同所附《人身保险残疾程度与保险金给付比例表》规定，该伤残应按投保金额的 10% 的比例给付保险金。2008 年 10 月 30 日，被告人舒茗谎称其在家剁排骨时不慎将自己左食指剁断，到中国人寿保险股份有限公司灌南支公司、国泰人寿保险有限责任公司分别要求理赔保险金人民币 5 万元和 20 万元。同年 12 月 31 日，被告人舒茗又向灌南县人民法院提起诉讼，要求中国人寿保险股份有限公司灌南支公司支付其保险金人民币 5 万元，后因案发而未得逞。

---

① 传统的中国刑法理论当中，凡是已经着手实施犯罪行为，但由于行为人意志以外的原因而未得逞的，都是犯罪未遂。犯罪未遂可以分为能犯未遂和不能犯未遂，而不能犯未遂又可以分为手段不能犯未遂和对象不能犯未遂。但在德日大陆法系刑法理论中，未遂犯和不能犯是有区别的。所谓不能犯，是指行为人基于实现犯罪的意思实施了行为，但该行为在其性质上，不可能引起结果发生的行为。因此，应该说，中国传统刑法理论中的不能犯未遂，有一部分是可以作为不能犯来看待的。纵观本案，将被告人吕芸的购买冥币和人民币复印件的行为认定为犯罪未遂，即便是从中国刑事法理论和司法实务出发，应该说都是值得商榷的。

　　上述事实有下列证据证明：

　　1. 证人刘政、彭兆新、陈尚军、王巧英、沈加军、朱怡、刘辉、刘振伟的证言，及要求理赔的申请书、起诉书等，证实被告人舒茗向中国人寿保险股份有限公司灌南支公司和国泰人寿保险有限责任公司理赔情况。

　　2. 中国人寿保险股份有限公司灌南支公司、国泰人寿保险有限责任公司等十余家保险公司与被告人舒茗签订的保险单、合同书及调查笔录等材料，证实被告人舒茗的投保情况。

　　3. 连云港市灌南县中医院司法鉴定所出具的司法鉴定意见书、法医学人体损伤检验报告、连云港市公安局物证鉴定所出具的生物物证鉴定书、有关病例等，证实被告人舒茗的身体伤害情况。

　　4. 灌南县公安局出具的提取笔录、扣押物品清单、提取的作案工具菜刀和刀板、现场勘验检查工作记录、现场图和现场照片，证实被告人舒茗的作案现场和工具情况。

　　江苏省灌南县人民法院经审理认为：被告人舒茗以非法获取保险金为目的，故意造成自己伤残，向保险公司骗取保险金，侵犯了保险公司的财产所有权，妨害了国家的保险制度，其行为已构成保险诈骗罪，且诈骗数额特别巨大，依法应予惩处。公诉机关指控被告人舒茗犯保险诈骗罪的事实清楚，证据确实、充分，指控的罪名成立，本院予以支持。被告人舒茗以骗取保险金为目的，故意造成自己伤残，并实施向中国人寿保险股份有限公司灌南支公司和国泰人寿保险有限责任公司提出请求支付保险金人民币25万元的行为，属于已经着手实行保险诈骗行为，但由于其意志以外的原因没有骗取到保险金，属于保险诈骗罪的未遂犯，可以比照既遂犯减轻处罚；而相对于其余保险公司而言，被告人舒茗故意造成保险事故的行为，只是为诈骗保险金创造了前提条件，还没有着手实施保险诈骗犯罪，即被告人舒茗并未提出保险金的索赔或支付行为，依据《中华人民共和国刑法》第一百九十八条第一款第（五）项的规定，投保人、受益人不仅需要具备制造保险事故的行为，同时还应具备"骗取保险金"的行为，而"骗取保险金"不包括尚未向保险人骗取保险金的行为，被告人舒茗对中国人寿保险股份有限公司灌南支公司和国泰人寿保险有限责任公司以外的保险公司还没有着手实行保险诈骗，可不作为犯罪评价，但应作为量刑因素予以考虑，故对公诉机关认为被告人舒茗对全案保险诈骗数额应认定为未遂的意见不予支持。对被告人舒茗辩称其只向中国人寿保险股份有限公司灌南支公司申请理赔保险金人民币5万元，对其余的20万元已放弃理赔以及辩护人发表的认为公诉机关指控被告人舒茗保险诈骗的数额无事实依据和被告人舒茗诈骗国泰人寿保险有限责任公司保险金20万元的行为属犯罪中止的辩护意见，与庭审查明的事实不符，本院不予采纳。被告人舒茗归案后能如实交代犯罪事实，认罪态度较好，在庭审中又能自愿认罪，可以酌情从轻处罚。

　　江苏省灌南县人民法院依照《中华人民共和国刑法》第一百九十八条第一款第（五）项、第二十三条、第五十二条、第五十三条、第六十四条，作出如下判决：

　　1. 舒茗犯保险诈骗罪（未遂），判处有期徒刑六年，并处罚金人民币50000元。

　　2. 随案移交的犯罪工具菜刀一把、刀板一块，予以没收。

　　一审判决宣告以后，被告人不服，提出上诉。舒茗诉称：自己没有蓄意投保、故意制造保险事故骗取保险金，之所以供认骗保，系侦查机关刑讯逼供所致。请求撤销一审判决，对本案改判或发回重审。在二审进行过程中，上诉人舒茗曾申请撤回上诉。

　　江苏省连云港市中级人民法院经审理认为：原审认定上诉人舒茗犯保险诈骗罪的事实

清楚,证据确实、充分,适用法律正确,量刑得当,审判程序合法。上诉人舒茗提出的撤回上诉申请,是其真实意思表示,符合相关法律规定,依法应予准许。江苏省连云港市中级人民法院依照最高人民法院《关于执行〈中华人民共和国刑事诉讼法〉若干问题的解释》第二百三十九条、第二百四十四条,作出如下裁定:

准许上诉人(原审被告人)舒茗撤回上诉。

[思考]

1. 本案能否认定为犯罪中止?

2. 犯罪中止和犯罪未遂的根本区别是什么?

四、经济犯罪的中止形态

经济犯罪的中止形态,是指行为人在经济犯罪的过程中,由于自动放弃犯罪或者自动有效地防止犯罪结果的发生,而使犯罪没有完成的一种未完成形态。

关于经济犯罪的中止形态,一般认为主要有以下几个特征:

(一)经济犯罪中止的时间性

经济犯罪的中止可以存在于某个经济犯罪的整个过程之中,亦即是说,不管在经济犯罪的预备阶段还是在经济犯罪的实行阶段,也不管是在经济犯罪的实行未终了阶段,还是在经济犯罪的实行终了阶段,都可以存在经济犯罪的中止形态。因此,经济犯罪的中止形态可以分为预备阶段的中止形态、实行未终了阶段的中止形态和实行终了阶段的中止形态。关于经济犯罪是否存在实行终了的中止形态,理论上有争议。有的学者认为,如果行为人所实施的经济犯罪行为已经具备刑法分则所规定的某一经济犯罪的全部构成要件,则即构成既遂,即使行为人采取挽救措施,力图避免某种危害结果发生,仍不能成立经济犯罪的中止。因此,与其他的刑事犯罪项比较,经济犯罪的中止不可能出现于某一行为已经实施完毕而危害结果尚未发生之前这一特定的时间内,故经济犯罪不存在实行终了的中止情况。[①] 另一种观点认为有的经济犯罪可能会存在实行终了的中止情况,如"挪而未用",如果行为人挪了公款之后,基于自己的意愿未用公款而予以归还,就可以认定未挪用公款罪的中止。[②] 笔者认为,这个问题尚待进一步探讨,在某些特定的经济犯罪的特定的情况下,可能会存在实行终了的中止形态,不过,在现实的司法实践中,这种情况一般司法机关都引用刑法第十三条的规定,不作犯罪来处理而已。

(二)经济犯罪中止的自动性

经济犯罪中止的自动性是指行为人本来可以将经济犯罪实行完毕,直到发生预期的结果,但行为人却基于自己的意愿主动地放弃了犯罪或者有效地防止了犯罪结果的发生。如果行为人在实施某一经济犯罪的过程中,由于自身不能预见或者不能克服的原因而放弃犯罪,则只能成立经济犯罪的预备或者未遂,而不能成立经济犯罪的中止。因此,在经济犯罪的过程中,行为人是否基于自己的意愿而放弃犯罪,是区分经济犯罪的中止形态与经济犯罪的预备形态或者未遂形态的根本标志。

---

① 参见赵长青主编:《经济刑法学》,法律出版社 1999 年 8 月版,第 109 页。

② 杨涛:《查处挪用公款犯罪中几个问题的思考》,载于《河南省政法管理干部学院学报》2001 年第 6 期。

不过,在司法实践中,行为人放弃犯罪是否基于自己的意愿,是一个很难认定的问题。比如行为人有的是基于法律的威慑,有的是基于亲友的规劝等等,就很难认定行为人是否是基于自己的意愿而放弃犯罪。但是笔者认为,这些情况下,本着"有利被告"或者"疑罪从轻"的原则,应该按照经济犯罪的中止形态予以认定。

（三）经济犯罪中止的彻底性和有效性

彻底性,是指行为人对自己所实施的某种经济犯罪行为在主观上必须是完全放弃,在客观上必须是彻底停止。有效性,是指行为人所采取的措施必须是有效地防止了犯罪结果的发生。经济犯罪中止的彻底性,是经济犯罪中止的一个关键要素,也是判断行为人是否成立经济犯罪中止的根本标志。如果一个行为人不是彻底地放弃犯罪或者有效地防止危害结果的发生,而是基于某种原因暂时打消了犯罪的念头,或者虽然采取了一定的措施,但并没有有效地防止犯罪结果的发生,都不能成立经济犯罪的中止。当然,经济犯罪中止的彻底性,仅仅是指行为人彻底放弃了已经实施预备或正在实施着手的某个具体的经济犯罪行为,而不是指行为人永远放弃再犯其他任何经济犯罪的可能性。

关于经济犯罪的中止犯的处罚,根据我国刑法第 24 条第 2 款的规定,对于经济犯罪的中止犯,没有造成损害的,应当免除处罚,造成损害的,应当减轻处罚。

有些学者认为,对于经济犯罪的中止犯,应当免除处罚,因为经济犯罪的中止犯,均是在尚未造成某种危害结果的情况下放弃犯罪的,虽然其行为本身具有一定的社会危害性,但由于行为人彻底放弃了自己的犯罪行为,没有给社会造成一定的危害结果,加上行为人主观上的恶性小,因此,对其免除处罚,不仅符合罪刑相适应的立法精神,同时也可以鼓励某些经济犯罪分子悬崖勒马,自觉地防止危害社会结果的发生。[1] 笔者认为,行为人自动放弃经济犯罪行为,并不意味着没有给社会造成危害结果,所以,简单地免除经济犯罪中止犯的刑事责任,是不符合立法精神和司法实践的。

[拓展阅读]

对中止犯实行特别对待的根据,学说上,大致来说,有刑事政策说和法律说之分。

刑事政策说认为,对中止犯进行宽大处理的根据,是出于在未然之中防止完全实现犯罪的政策性考虑,可以分为将中止犯看作为"改悔金桥"（李斯特）的一般预防说和由于中止而使行为人的危险性减少、消失的特别预防说之分。法律说认为,对中止犯进行宽大处理的根据在于,作为犯罪成立要件的违法性或者责任性已经减少。认为由于犯罪行为的中止而减少了违法性的是违法性减少说。认为减少了责任的是责任减少说。还有将刑事政策说和法律说并用的见解,即认为应当将形势政策说和违法性减少说,或者将刑事政策说和责任减少说结合理解的结合说,以及刑事政策说、违法性减少说以及责任减少说综合把握的综合说。

……

我国刑法和德国刑法不同,对中止犯只是规定必须减免处罚而已,应当说,本条款对于阻止行为人完成犯罪的动机所具有的效果,并没有抱太大希望,所以,将在未然之中防止完成犯罪的政策作为唯一根据的刑事政策说并不妥当。其次,法律说之中的责任减少说认为,

---

① 参见赵长青主编:《经济刑法学》,法律出版社 1999 年 8 月版,第 110 页。

责任是对决定实施犯罪意思的谴责可能性,因此,只要撤回了该决定,就是减少了谴责可能性,或者说,根据中止行为重新形成了规范的人格态度,因此,谴责可能性在减少或者消失。按照这种说法的话,只要撤回了决定或者实施了中止行为,就是谴责可能性的减少或者消失,不管是以未遂而告终还是达到了既遂,都应当成立中止犯,这种观点作为立法论就不用说了,在只有"已经中止犯罪"即只在未遂犯的场合才认可中止犯的现行刑法之下,这种解释显然是不妥的。因此,在承认责任减少说之外,还试图将其与其他学说结合或者综合起来的结合说或综合说,也不能赞成。

……

未遂犯的处罚根据在于引起结果的现实危险,一旦产生故意,并且着手实行,就是已经造成了危险,在事后放弃故意,或者亲自防止结果发生的场合,属于在事后减少发生结果的现实危险或者行为的反社会性,应当将其看作为违法性的减少,因此,违法性减少说基本上是妥当的。但是,我国刑法对于中止犯,并不是一律规定不可罚或者免除处罚,而是希望通过宽大处理,在未然之中防止完成犯罪,换句话说,并非完全没有一般预防的效果,因此,将违法性减少说和刑事政策说相结合的综合说是妥当的。[①]

[案例评点] 本案争论的焦点在于下面两个问题:

1. 被告人舒茗保险诈骗的行为是犯罪的预备、中止还是未遂?

我国刑法中将故意犯罪的未完成状态分为犯罪的预备、未遂和中止三种状态,并分别比照犯罪的既遂,规定了不同的处罚标准。《刑法》第22条规定:"为了犯罪,准备工具、制造条件的,是犯罪预备。对于预备犯,可以比照既遂犯从轻、减轻或者免除处罚";《刑法》第23条规定:"已经着手实行犯罪,由于犯罪分子意志以外的原因而未得逞的,是犯罪未遂。对于未遂犯,可以比照既遂犯从轻或者减轻处罚";《刑法》第24条规定:"犯罪过程中,自动放弃犯罪或者自动有效地防止犯罪结果发生的,是中止犯。对于中止犯,没有造成损害的,应当免除处罚;造成损害的,应当减轻处罚"。

犯罪预备与犯罪中止、犯罪未遂有着明显的区别,即犯罪分子仅仅处于为犯罪准备工具、制造条件的"未着手实施"犯罪的行为状态,其危害性较小,所以处罚也较轻。实践中,难以区分的是已经着手实行的犯罪中止(而非预备阶段的中止)和犯罪未遂。着手实行的犯罪中止和犯罪未遂共同特点是都已经着手实施犯罪,但最终没有造成行为人所积极追求的危害后果,其本质的区别是危害后果没有发生的促成因素不同:中止犯是因为行为人主动、自愿、彻底放弃犯罪行为,未遂犯是迫于"由于意志以外的原因"被动不能完成犯罪行为。

首先,被告人舒茗的行为是不是犯罪预备?根据传统的刑法理论,只要为犯罪"准备工具、制造条件"的行为,就构成犯罪预备,具体到本案而言,被告人舒茗投保的行为,就是蓄意为保险诈骗制造条件的行为,其不实施投保行为,就不具有制造事故、申请理赔骗保的条件。本案中,被告人舒茗投保行为是否构成犯罪预备可以通过犯罪形态理论来予以排除。根据刑法的犯罪形态理论,在一个犯罪行为中,只能确定一种犯罪形态,如果具有连续性的多个犯罪形态并存的,则距离犯罪既遂状态近的形态吸收距离较远的形态,本案中,被告人舒茗具有距离既遂状态更近的未遂或中止状态,其投保行为的预备状态被吸收,不予单独考虑,其投保的总金额,可以作为量刑时的参考依据。故舒茗犯罪预备的状态首先可以排除。

---

① (日)大谷实著,黎宏译:《刑法总论》,法律出版社2003年版,第288—289页。

其次,被告人舒茗的行为属于犯罪中止还是犯罪未遂? 如上所述,着手实行的犯罪中止与犯罪未遂的共同点是已经着手犯罪,区别是没有发生危害后果的原因是主动还是被动。本案中,舒茗制造保险事故后,分别向受害人中国人寿保险股份有限公司灌南支公司、国泰人寿保险有限责任公司提出 5 万元和 20 万元的理赔申请,虽仅对中国人寿保险有限公司灌南支公司提起诉讼,但保险诈骗的"着手实施"是以制造保险事故与理赔申请的结合为要件,提起诉讼并非必需要件,其向两家保险公司的索赔属于已经"着手实施",其因为保险公司报案案发而未能得逞,是属于"意志以外"因素,所以,对舒茗的行为应当认定为犯罪未遂,其尚未起诉国泰人寿保险有限责任公司并非其主观上自愿、主动放弃犯罪,而是由于案发而不能,所以也属于犯罪未遂。

2. 舒茗保险诈骗的犯罪金额如何确定:以合同金额、赔偿基准、理赔金额还是起诉金额为准?

犯罪金额是犯罪行为人通过犯罪行为希望得到的财产价值或金钱数量。而保险合同诈骗犯罪的定罪量刑的情节分为:数额较大、数额巨大、数额特别巨大几个量刑幅度。对于保险诈骗犯罪这种特殊的诈骗犯罪案件,刑法及相关司法解释没有专门的特别定罪量刑规定,司法实践中,该类犯罪的定罪量刑是依照普通诈骗犯罪的定罪量刑标准,来确定罪与非罪和量刑幅度金额。最高人民法院《关于审理诈骗案件具体应用法律若干问题的解释》第八条根据犯罪的金额,规定了诈骗犯罪三个不同的量刑幅度:个人进行保险诈骗数额在 1 万元以上的,属于"数额较大";个人进行保险诈骗数额在 5 万元以上的,属于"数额巨大";个人进行保险诈骗数额在 20 万元以上的,属于"数额特别巨大"。所以,如何确定舒茗的犯罪金额,对于为其准确量刑至关重要。本案中,舒茗保险诈骗犯罪过程中,涉及四个金额:投保合同金额、法定赔偿金额、申请理赔金额和起诉索赔金额。舒茗在十多家保险机构投保的意外伤害险合同总金额超过1000 万元;按照合同约定,如发生七级伤残的保险事故,保险公司按规定应按投保保险金额 10% 的标准向其赔偿保险金,即超过 100 万元;在事故发生后,其暂时仅向两家保险机构分别申请理赔,合计申请理赔金额为 25 万元;在保险公司理赔支付前,其只向法院起诉中国人寿保险股份有限公司灌南支公司,要求判决赔偿保险金 5 万元。四个涉案金额分属上述司法解释中规定的三个量刑幅度档次。

第一,订立意外伤害保险合同的最高总额,不能作为对其量刑的犯罪金额。首先,如前所述,订立保险合同,仅仅是为实施犯罪行为制造可能条件,是一种犯罪预备的状态,而该状态已被距离犯罪既遂状态更近的犯罪状态吸收,应当以最终认定的犯罪形态所涉金额作为定罪量刑依据。其次,被告人保险合同中的 1000 余万元保险金额,是其发生意外死亡、保险人按照合同应当支付的保险金的最高限额,在保险事故发生前,尚不能确定理赔金额,所以该金额不能作为对被告人进行理赔的金额。最后,犯罪未遂状态的定罪量刑是参照既遂状态从轻、减轻或免除处罚,而保险诈骗犯罪的既遂是以行为人实际获得理赔金额为标准。实际理赔金额是根据保险事故登记相对应的理赔比例与保险金额的乘积,所以,保险诈骗犯罪未遂状态中犯罪金额的确定,应当根据假设其既遂可能得到的赔偿金额确定,1000 余万元不能成为其犯罪金额。

第二,现有保险事故等级的法定赔偿金额,不能作为对其量刑的犯罪金额。本案中,根据舒茗与保险公司订立的保险合同,如果发生造成被保险人七级伤残的意外保险事故,保险公司应按照合同约定保险金额 10% 的比例支付保险赔偿,即 100 余万元,是所有保险人均按照合同约定比例,向其支付保险赔偿金的情况下,其应得的最高限额的保险金,是一种理论上的"应然"金额。但是事实上,舒茗并没有向全部保险公司提出理赔申请,按照其已经申请理赔所能得到的"实然"保险金额,与其理论上的"应然"金额差距明显,如果按照"应然"量刑,则不符合罚当其罪的罪责刑相适应基本原则的要求,所以,100余万元也不能成为其犯罪金额。

第三,提起诉讼要求判决赔偿的请求金额,不能成为对其定罪量刑的犯罪金额。虽然舒茗只向法院起诉中国人寿保险股份有限公司灌南支公司,要求其赔偿保险金5万元,但是因为保险诈骗犯罪案件的着手实施并非以提起诉讼为必需,所以在提出理赔申请、启动理赔程序的前提下,是否对被申请理赔的保险公司提起诉讼不影响对其保险诈骗犯罪的定罪量刑,起诉要求判决支持的索赔金额,与其保险诈骗金额无关,其起诉要求赔偿的5万元金额不能成为其犯罪金额。

第四,申请理赔的请求总金额,应当作为对其定罪量刑的犯罪金额。与一般犯罪的犯罪"着手"状态有别的是,保险诈骗犯罪在订立保险合同、制造了犯罪前提条件之后,制造保险事故并非着手保险诈骗的开始,因为发生合同约定的保险事故只是启动保险理赔程序的一个必要条件,而非充分条件。简言之,保险理赔,必须以保险事故发生为条件,但保险事故发生,并非必然导致保险赔偿发生。保险赔偿程序的启动,还必须有投保人的理赔申请,理赔申请是保险诈骗"着手实施"标志。因为保险事故发生后,投保人如果不申请理赔,保险赔偿程序不会自动启动,投保人即使制造了保险事故,也构不成保险诈骗犯罪。本案中,舒茗在故意制造保险事故后,分别向两家保险公司提出了合计金额为25万元的理赔申请,两家保险公司已经受理了其申请,并已经开展理赔调查、核实,启动了理赔程序。其申请理赔的行为,是其保险诈骗犯罪真正"着手实施",其申请赔偿的金额25万元才是其犯罪行为真正涉及的金额,至于其向国泰人寿保险有限责任公司索赔的20万元并未提起诉讼,如前所述,因为起诉并非已经受理理赔申请的保险赔偿的必经程序,其不影响保险理赔程序的进行,也就对保险诈骗犯罪的金额不产生实质性影响。所以,其申请理赔的25万元请求金额是对其定罪量刑的法定金额。[①]

[①]　此处的点评来自灌南县人民法院法官王永仑的评点资料,笔者认为,其评点意见恰到好处,故稍作修改,加以引用。

第十章

经济犯罪的共犯形态

[导入案例]

卢林来贪污、受贿案

公诉机关：杭州市萧山区人民检察院。

被告人：卢林来。曾先后担任萧山区交通局县乡公路管理所义蓬站、义盛站、靖江站（均为同一单位不同时期的名称）站长和该局县乡公路管理所下属的县乡公路建设有限公司副总经理。

2000年9月至2002年春节前后，卢林来在担任义盛站、靖江站站长和县乡公路建设有限公司副总经理期间，伙同该站副站长（后任靖江站长兼萧山市县乡公路建设有限公司靖江分公司经理）曹国飞（因犯贪污、受贿罪被判处有期徒刑十四年），利用职务上的便利，共同或单独侵吞公款7次，共计人民币36.5万元，个人分得26.5万元。具体分述如下：

1. 卢林来从1996年担任义蓬站站长起至2001年止，通过收入不入账、虚增工程款等方式在本单位私设了100余万元的账外账（即小金库）资金，除安排该站职工曹国飞管钱外，主要由他本人控制资金来源和开支。小金库资金主要用于包括单位争取工程过程中的费用支出等单位财务不便于入账的相关费用。2000年9月27日，卢林来为了在刚成立的萧山市（后改为萧山区）县乡公路建设有限公司（萧山市县乡公路管理所的下属单位）投资入股，安排曹国飞从单位的小金库拿出现金20万元，以他们俩私人的名义入股。曹国飞于当日办理了每人10万元的入股手续，并将入股票据归两人各自保管。

2002年4月24日，由于公司停止经营，该公司将20万元入股款以交通银行存折的方式分别退还给了卢林来和曹国飞。后卢林来、曹国飞各自从存折上取走了10万元，并先后分得分红款3.16万元。

2. 2000年12月17日，卢林来被县乡公路建设有限公司聘任为该公司副总经理，2001年4月17日，其被免去靖江站站长职务。在卢林来离任靖江站站长前后，他同曹国飞对小金库的资金进行了清算，尚有余额为92185.01元。其后，卢林来以开支业务费、看望病人费用等名义先后三次从曹国飞手中要走小金库资金4.5元。另外，卢林来还伙同曹国飞，将小金库余额47185.01元，连同其他工程款和管理费2814.99元，合计5万元，予以共同侵吞。卢林来合计侵吞公款9.5万元，具体分述如下：

（1）2001年4月27日，卢林来以要感谢曾经给过靖江站工程业务的领导和人员为名，从曹国飞掌管的小金库中要走了2万元资金。

（2）2001年9月份的一天，卢林来以要感谢曾给予过靖江站帮助和支持的人员，需开支业务费为名，从曹国飞掌管的小金库中要走了2万元资金。

（3）2001年9月19日，卢林来以看望县乡公路建设有限公司总经理彭某某（因车祸负伤）为名，从曹国飞掌管的小金库中要走了5000元资金。

（4）2001年11月左右，卢林来考虑到曹国飞和靖江站的职工卢某某、王某某、平某等人欠自己的债务（其中曹国飞欠1万元左右赌债，卢某某欠1万元左右赌债，王某某欠8000元左右赌债，平某欠5000元左右赌债并有1万元借款）不好收回，于是，卢林来向曹国飞提出：将小金库的余额凑成5万元整数（当时余额为47185.01元）交给他，他们的债务就免了。曹国飞认为自己有利可图，于是同意此事。2001年11月22日，曹国飞从某镇城建办收回5万元工程款，于次日将此款交给了卢林来。2002年4月4日，曹国飞用小金库的47185.01元的开支发票和从单位收回的工程款和管理费中开支的2814.99元发票冲平了这5万元收入。

3.2002年初，卢林来认为乐河线河庄段工程是自己任站长期间拿到的工程，于是以自己在该工程中开支了业务费为名，要求该工程包工头戚某某在工程决算时，虚增2万元工程款给他。此后，卢林来把上述情况告知了曹国飞。戚某某在该工程决算时，按照卢林来的要求，以虚增工程款的方式套取现金2万元。此款套出后，经曹国飞认可后由戚某某将此款直接交给了卢林来，卢林来将此款据为己有。

4.从2001年4月后，卢林来被调至萧山县乡公路建设有限公司任职，其多次欺骗曹国飞，以自己以前任站长时为靖江站开支业务费为由，要求曹国飞以奖金的名义补偿其业务费5万元。曹国飞在卢林来再三催促下，迫于无奈，同意给卢林来在账外开支。2002年2月，曹国飞趁戚某某决算塘顶工程之机，虚增工程量，从中套取现金后，安排戚某某将其中5万元现金交给了卢林来，卢林来将此款据为己有。

另还查明：1996年年底至2002年12月份前，卢林来在担任萧山区交通局县乡公路管理所义蓬站、义盛站、靖江站站长以及萧山县乡公路管理所新街至凉亭、坎山至红山公路建设指挥部指挥期间，利用其职务之便，为他人谋取利益，先后收受个体工程包工头和某公司项目经理等6人18次所送的财物，共计价值人民币16.1万元。

杭州萧山区人民检察院以卢林来犯贪污罪、受贿罪起诉至萧山区人民法院，萧山区人民法院经审理认为：卢林来身为国有事业单位中从事公务的人员，利用职务上的便利，为他人谋取利益，非法收受他人财物，其行为已构成受贿罪；又利用职务之便，侵吞公共财物，其行为已构成贪污罪，部分贪污系共同犯罪。公诉机关指控罪名成立。鉴于卢林来在犯罪后自动投案，如实供述了自己的受贿、贪污罪行，系自首，故对卢林来的受贿罪减轻处罚，对其贪污犯罪从轻处罚。2006年12月29日，萧山区人民法院以受贿罪判处卢林来有期徒刑六年，以贪污罪判处其有期徒刑十年，合并执行有期徒刑十五年。判决后，卢林来没有提出上诉，检察机关也没有提出抗诉。

[思考]

1. 刑法中成立共同犯罪的要件有哪些？

2. 如何认定共同犯罪中的"共谋"？

第一节　经济犯罪的共犯形态概述

一、经济犯罪的共同犯罪的概念

经济犯罪既可以是单个人进行，也可以有多个人共同故意实施，而且在司法实践中，经济犯罪的共同犯罪往往比其他类型犯罪的共同犯罪更为常见。与其他类型的共同经济犯罪或者经济犯罪的单独犯罪相比，经济犯罪的共同犯罪具有更大的社会危害性。经济犯罪的共同犯罪不是几个单独力量的简单相加，而是数个犯罪人彼此寻求犯罪的力量、互相配合故意实施犯罪，它可以产生一种集体的力量，实施那些单个人难以完成的重大的犯罪，可能对国家、社会以及个人的利益造成更大的危害。而且，在司法实践中，涉案数额巨大的重大经济犯罪案件，往往多为经济犯罪的共同犯罪。

经济犯罪的共同犯罪，也称共同经济犯罪，是指两个以上的法人、其他组织和个人共同故意实施侵犯社会主义市场经济关系和经济秩序的犯罪。它是相对于个人实施经济犯罪而言的，属于经济犯罪主体构成的复杂形式或经济犯罪修正的构成形式。

二、经济犯罪的共同犯罪的特征

相对于单个主体的经济犯罪，共同经济犯罪的成立应当具有如下几个条件：

（一）共同经济犯罪的主体条件

根据刑法第 25 条的规定，共同经济犯罪的主体必须是两个以上的人。这里的"人"，既可以是自然人，也可以是单位。对于自然人而言，必须达到刑事责任年龄，具有刑事责任能力。对于单位而言，则必须是依法成立的而且能够成为某种经济犯罪主体的公司、企业、事业单位、机关和团体。共同经济犯罪，既可以发生在两个以上的自然人之间，也可以发生在两个以上的单位之间，也可以发生在两个以上的自然人和单位之间。如果一个达到刑事责任年龄、具有刑事责任能力的自然人和一个没有达到刑事责任年龄、具有刑事责任能力的自然人一起进行某种经济犯罪行为，不能认为是共同经济犯罪；同理，如果是一个合法组织和一个非法组织共同进行某种经济犯罪行为，也不能视为共同经济犯罪。当然，如果两个都是非法组织，一起共同进行某种经济犯罪行为，则不能认为是两个单位构成的共同经济犯罪，而只能视为自然人相互间构成的共同经济犯罪。

（二）共同经济犯罪的主观要件

各行为人在主观上必须具有共同的犯罪故意，是共同经济犯罪成立的主观基础。与单个的经济犯罪故意相似，共同的经济犯罪故意也包括认识因素和意志因素两个方面。

从共同经济犯罪的认识因素来看，各共同经济犯罪人都不仅认识到自己在进行某种经济犯罪，而且还认识到有他人与自己一起进行该种犯罪；各共同经济犯罪人都不仅认识到自己的行为与他人的共同经济犯罪行为的结合会发生危害社会经济秩序的结果，而且还认识到他们的共同经济犯罪行为与经济犯罪结果之间的因果关系。

从共同经济犯罪的意志因素来看，凡是参与某种经济犯罪的共同犯罪人对他们的共同经济犯罪行为产生的危害社会经济秩序的结果均持有希望或者放任的心理态度。共同的希望或者放任的心理态度的结合可以有以下几个方面：一是有的犯罪主体持有希望的态度，而有的犯罪主体持有放任的态度；二是所有的共同经济犯罪的主体对结果的发生都抱有希望的心理态度；三是所有的共同经济犯罪的主体对于结果的发生都抱有放任的心理态度。

[拓展阅读]

　　不构成共同犯罪的几种情形

　　1. 二人以上共同过失行为。造成一定危害结果的，不构成共同犯罪。……。对于这种情形，我国《刑法》第25条第2款规定："二人以上共同过失犯罪的，不以共同犯罪论处；应当负刑事责任的，按照他们所犯的罪分别处罚。"

　　2. 一方是故意，一方是过失，也不构成共同犯罪。……

　　3. 二人以上同时先后实施某种犯罪，但是他们彼此在主观上和客观上都没有联系，也不能构成共同犯罪。……

　　4. 二人以上在共同故意实施犯罪过程中，有的超出了共同犯罪故意的范围，单独实施了另外的犯罪，其他的共同犯罪人对此不负共同犯罪的责任。……

　　5. 包庇、窝藏犯罪的人，事先无通谋的，不以共同犯罪论处。……

　　6. 包庇走私、贩卖、运输、制造毒品的犯罪分子，为犯罪分子窝藏、转移、隐瞒毒品或者犯罪所得的财物，事先通谋的，以走私、贩卖、运输、制造毒品罪论处。事先无通谋的，不构成共同犯罪，依照《刑法》第349条的规定定罪处罚。[①]

[拓展阅读]

　　是否承认片面共犯，关键在于如何认识共同犯罪的因果性。在共同犯罪中，正犯行为（实行行为）直接引起结果，教唆行为与帮助行为通过正犯行为间接引起结果。共同犯罪的因果关系包括物理的因果关系与心理的因果关系，前者是指物理地或客观地促进了犯罪的实行与结果的发生；后者是指引起犯意、强化犯意、激励犯行等从精神上、心理上促进犯罪的实行与结果的发生。如果肯定共同犯罪的物理的因果性，那么，片面共犯也可以共同引起法益侵害，因而成立共同犯罪。而且，暗中教唆、帮助他人犯罪乃至片面共同实行犯罪的现象确实存在；如果承认片面帮助，就没有理由否认片面教唆与片面实行。如果只是强调共同犯罪的心理的因果性，即强调相互沟通、彼此联络所产生的心理上的影响，那么，片面共犯似乎并不符合共同犯罪的特征。可是，既然是片面共犯，当然仅对知情的一方适用共同犯罪的处罚原则，对不知情的一方不适用共同犯罪的处罚原则。……

　　首先，应当肯定片面的帮助犯。……

　　其次，应当肯定片面的教唆犯。……

　　最后，应当肯定片面的共同正犯。……[②]

　　[案例评点] 卢林来贪污受贿一案在起诉和审判阶段，对犯罪事实和定性均没有提出

---

　　① 苏惠渔主编：《刑法学》（第五版），中国政法大学出版社2012年版，第132—133页。

　　② 张明楷著：《刑法学》（第四版），法律出版社2011年版，第392—393页。

不同意见。但是,本案在侦查期间,对贪污犯罪第 2、3、4 部分事实的犯罪构成争议颇大。因为卢林来是在离开靖江站站长这个特定的职务后,采用侵吞和骗取的手法将 16.5 万元款项据为己有的,卢林来在侵吞和骗取这 16.5 万元款项中,是不是利用了自己职务上的便利,是单独犯罪还是共同犯罪等问题,不仅是本案在犯罪构成方面的关键和难点,也是此类犯罪在犯罪构成中出现的新情况,值得深入研究。

1. 本案的背景。卢林来与曹国飞的 20 万元贪污行为是他们利用自己当初设立和掌管小金库资金的职务便利而实施的,在 2000 年 12 月 17 日,卢林来被萧山区交通局县乡公路建设有限公司聘任为该公司副总经理后,2001 年 4 月 17 日,卢林来被免去靖江站站长职务,在卢林来离任靖江站前后,他同继任站长曹国飞将小金库的资金进行了清算,当时尚余有现金 92185.01 元。卢林来后来的贪污行为就是从盯着余下的这一部分小金库资金开始实施的。

2. 卢林来贪污 16.5 万元是单独犯罪还是共同犯罪,是本案在犯罪形态方面首先应当关注的问题。尽管卢林来利用担任站长职务或县乡公路建设有限公司副总经理的职务便利,可以单独完成贪污犯罪,但本案在客观上存在着他没有直接掌握单位财务的现实,他的侵占行为必须要利用曹国飞的行为来共同完成或帮助其完成。从本案来看,卢林来后来所侵占的 16.5 万元公款都是经过了曹国飞之手或是经他认可了的。所以,本案在探讨中存在两种不同的观点,一种认为卢林来与曹国飞之间的行为属共同犯罪行为,二者密不可分,缺一不可,应当以共同犯罪论处。另一种观点认为卢林来与曹国飞之间是否属于共同犯罪,应区别对待,不应一概而论,即使有共同的行为,但是如果没有共同的犯罪故意,也不可能构成共同犯罪,而本案就是这样一种特殊情况。因此,对卢林来将 16.5 万元公款据为己有的 6 次行为,应分别研究其犯罪构成情况,以确定他们之间的行为是否属于共同犯罪。采用此观点的人认为:这 6 次犯罪中,有 1 次是共同犯罪,其余 5 次是单独犯罪,其理由是:

(1) 2001 年 11 月 23 日,卢林来侵占 5 万元公款的前提是提议免去曹国飞等人的债务(这里面大多是赌债),在这种情况下,曹国飞明知卢林来是为了贪污公款,为了免除自己和他人的债务,还是帮助他完成了贪污行为,其主观上存在着犯罪故意,所以,应对其行为认定为共同犯罪。

(2) 卢林来在其余 5 次侵占公款行为中,采用了骗取的手法,用各种理由使曹国飞被动地交出公款。尽管曹国飞对卢林来的理由有所怀疑,但是,鉴于卢林来是自己的领导,加上卢对他有知遇(培养和推荐他继任靖江站站长)之恩,还有他们之间有共同贪污 20 万元的事实使他感到自己已授人以柄,所以,他不可能对卢的理由进行查证,他只能是被动地甚至是不情愿地(如后来从戚某某处套取 5 万元)将公款交给卢林来。鉴于上述情况,曹国飞没有帮助卢林来贪污的主观故意,其行为不构成共同犯罪。

3. 利用职务之便的情况分析。从贪污罪的构成要件上看,如果认定卢林来和曹国飞是共同犯罪,则利用职务上的便利不存在什么问题;但是,如果认定卢林来是单独犯罪,在曹国飞的行为不构成贪污犯罪的情况下,则卢林来必须要利用自己职务上的便利,才具备贪污犯罪的要件要求,也才能构成贪污罪。但本案中的特殊之处在于,卢林来已经不再担任靖江站站长了,他是利用的什么职务之便实施的贪污犯罪行为呢? 第一种观点认为,卢林来是利用靖江站站长这个职务的延续性(或利用这个职务所形成的影响)来实施的犯罪。卢林来在 2001 年 4 月 17 日被免去靖江站站长职务,其便无法直接支配靖江站的财产,但由于小金库资金为卢林来任站长时所设,且在卢林来调离之后便不再设置,剩余的9万余元小金库余额实际上是由卢林来和曹国飞所秘密控制,脱离了靖江站的监督。根据两者使用小金库的一贯方式(曹国飞管钱,卢林来使用),卢林来虽被调离了靖江站,但作为老站长仍对其一手创立的小金库资金有实际的控制权,因而卢林来贪污9.5万元小金库资金依赖的是其站长职务在离任后不久所具有的延续性,即利用了其担任站长职务的便利;而此后,卢林来以自己任站长时获得了工程以及为站上作出了贡献为由,经曹国飞同意后,从单位账务上套取7万元工程款,实际上也是以老站长的身份,利用的是原职务上的影响和自己对曹国飞的知遇之恩,通过曹国飞从单位套取公款,因此,卢林来贪污7万元套取的工程款也是利用了这种职务的延续性,仍是利用了其担任站长职务的便利。第二种观点认为,卢林来是利用县乡公路有限公司副总经理这个职务来实施的犯罪。在2000年12月17日,卢林来被任命为萧山区县乡公路建设有限公司副总经理,该公司在靖江公路管理站设有分公司(以下简称靖江分公司),经理一职由站长曹国飞兼任,这样就形成了新的上下级关系,而靖江分公司和靖江站是两块牌子一套人马,所以,卢林来作为总公司的副总经理,对靖江分公司及其经理曹国飞都具有一定的领导和制约作用,其贪污16.5万元也利用了领导县乡公路建设有限公司靖江分公司的职务之便。第三种观点认为,卢林来贪污16.5万元利用的是担任站长职务和领导县乡公路建设有限公司靖江分公司两个职务的便利,这里面又有两种观点:一种观点认为卢林来贪污16.5万元都利用了这两种职务上的便利,另一种观点认为,卢林来贪污9.5万元利用了靖江站站长的职务便利,贪污7万元利用了副总经理职务的便利。

笔者认为:上述观点均值得商榷。因为本案从客观行为来看,贪污实施行为实际上又是两种情形作用的结果:一是直接贪污小金库剩余的资金9.5万元,二是采用造假账的方式从单位账中套取7万元现金予以侵吞。这两种侵占公款的方式从形式上说是不一致的,但从作案手法上,如果我们对侵占小金库剩余资金9.5万元(差额部分2814.99元实际上也是采用假发票套取单位账户资金进入小金库进行开支方式进行的,只是在处理此款时,采用了简化程序)进行分析,就不难发现,除去与曹国飞共同贪污5万元外,其余的方式都是采用骗取的方式让曹国飞帮助其完成了贪污犯罪行为。在采用骗取手段侵占的4.5万元公款中,卢林来显然不是利用县乡公路有限公司副总经理这个职务来实施的犯罪,他利用其作为靖江站站长的职务所形成的影响进行贪污的理由似乎更为充分。但是,我国刑法对于贪污贿赂犯罪规定中,只是对受贿罪利用职权所形成的影响有特别规定。刑法第三百八十八条明确规定:"国家工作人员利用本人职权或者地位形成的便利条件,通过其他国家工作人员职务上的行为,为请托人谋取不正当利益,索取请托人财物或者收受请托人财物的,以受贿论处。"由此可见,按照罪刑法定原则,对于这类行为,是要通过立法严格规定才能按照犯罪行为进行处理的。所以,在现行刑法没有明确规定贪污罪可以有相同情形存在的前提下,对贪污罪是不能以职务的延续性和利用本人职权或者地位形成的影响来作为犯罪构成要件探讨的。对于后两次作案中的7万元,说卢林来是利用县乡公路有限公司副总经理的职务便利实施的行为似乎更有道理,但是,在本案中,卢林来始终是用的他在担任站长期间,开支了相关费用或者是需要开支相关费用为前提,这与他所担任的副总经理职务没有直接的联系,所以,认为副总经理的身份是他后来实施贪污犯罪所利用的职务便利,理由显然不是很充分。此外,县乡公路建设有限公司是股份制公司,卢林来被该公司聘任为副总经理,其身份是否符合贪污罪的主体也值得商榷。在卢林来的两种身份都不可能为其贪污犯罪提供职务上的便利的情况下,我们就有必要回过头来看看本案中卢林来到底是不是利用了职务上的便利,是利用的谁的职务上的便利侵占了公款的。

从上面的分析我们不难看出,卢林来在实施贪污行为过程中,他主观上有利用自己职务便利的故意,但客观上却因为自己的职务与实施该种贪污犯罪行为所需要的职务要求是两个不同的概念,所以,我们称其为客观不能犯。但是,如果从上面的分析就简单地得出卢林来没有利用职务上的便利,就不构成贪污罪而应对这些行为以诈骗等其他罪名论处这样的结论,这难免显得太过简单。在本案中,卢林来在实施犯罪中,虽然存在着客观不能犯状态,但在实际上却是利用了曹国飞掌管单位财务这一客观条件,促使其为自己的贪污行为的完成实施了客观行为,所以,尽管卢林来没有利用自己职务上的便利,但是,在客观上,他利用了曹国飞职务上的便利,完成了自己的贪污行为。同时应当看到,由于曹国飞与他没有主观上的犯意联系,这就导致曹国飞尽管在客观行为上有协助卢林来实施犯罪的行为,但他却没有主观上的共同犯意联系,根据刑法主客观相一致的原理,曹国飞不构成贪污罪是无疑的。

综上所述,本案如果要认定卢林来是单独犯罪,则缺乏贪污犯罪的客观组成要件;如果要认定卢林来和曹国飞是共同犯罪,又缺乏曹国飞的主观故意要件,所以,利用我国现行刑法理论,无论是单独犯罪理论还是共同犯罪理论,似乎都已经陷入了两难境地,无法解决此案所存在的客观现象。笔者认为:本案在犯罪构成上,应属于共同犯罪,但曹国飞的行为不构成犯罪。在我国刑法理论难以对此案作出解释的时候,大陆法系中的间接正犯理论和片面共犯理论能不能正确解释本案呢?

4. 关于本案是否属于间接正犯或片面共犯的分析。在曹国飞的行为不构成犯罪的前提下,曹国飞利用自己掌管小金库和单位财务上的便利,为卢林来的贪污犯罪完成提供帮助的行为更接近于作案工具功能。从这种意义上考证,本案的犯罪形态似乎接近于大陆法系中的间接正犯,因为间接正犯是利用不为罪或不发生共同犯罪关系的第三人实行犯罪,其所利用的"中介"由于具有某些情节而不负刑事责任或不发生共同犯罪关系,间接正犯对于其所通过中介实施的犯罪行为完全承担刑事责任。这种实施犯罪行为的间接性和承担刑事责任的直接性的统一,就是间接正犯。在通常情况下,有上下级隶属关系的国家工作人员在贪污犯罪中,如果处于下属地位的国家工作人员在当时情形下完全无法预见上级命令的违法性,则他实际上成为上级犯罪的工具,该上级构成"利用缺乏构成要件的故意"的间接正犯。在本案的犯罪实施期间(仅指卢林来侵占 11.5 万元公款期间),尽管卢林来和曹国飞在公司管理上有上下级隶属关系,但是,卢林来的副总经理身份显然无法要求曹国飞运用靖江站站长职务在靖江站财务上来帮助他完成贪污犯罪行为,卢林来实际上利用的是他对小金库的控制权和对靖江站的经营状况的知情权,这与贪污犯罪间接正犯所要求的上下级隶属关系存在着明显的不同。而且,间接正犯不是共同犯罪,它仅存在于单独犯罪之中,如果卢林来的行为被视为是单独犯罪,则他就会因为自身缺乏利用职务上的便利这一客观要件,使他的行为只能从职务犯罪沦为普通犯罪范畴,这必将导致本案的定性改变,这也是犯罪形态决定犯罪定性的罕见个案。

片面共犯是共同犯罪的修正形式,尽管我国刑法总则也没有确立片面共犯,但是,在刑法分则的保险诈骗罪、制造毒品罪、侵犯知识产权罪、骗购外汇罪中却存在着片面共犯的立法例。在司法实践中,贪污罪是否存在着片面共犯鲜有相关的案例报道。所谓片面共犯,是指共同行为人中的一方有与他人共同实施犯罪的意思,并参与他人的犯罪行为,而他人却不知情，因而缺乏彼此共同故意的犯罪形态。从本案来看，卢林来与曹国飞之间缺乏彼此的共同故意联系，即卢林来有贪污犯罪意图，但因为他采用的是骗取的手法，所以，曹国飞在没有犯意联系下帮助卢林来完成了贪污犯罪，这与片面共犯中只有单方面或片面的犯意联系是相吻合的。但是，仅有这一点是不够的，片面共犯有一个显著的特征，就是要有两个人实施犯罪，一个人的犯罪是建立在另一个人犯罪的基础之上的，"片面共犯只是加工协力于正犯的行为，对法益所造成的侵害有时是间接的，有时侵害的后果甚至是无形的，如果没有一定的正犯行为作为依托，那么片面共犯本身就失去了存在的根基。"片面共犯的这一规定，使本案与之存在着明显的差异。但笔者认为，片面共犯仅限于双方都要构成犯罪的要件要求，显得太过狭窄。目前，片面共犯的研究常常局限于任意共同犯罪，对于必要共同犯罪少有著述。既然片面共犯是共同犯罪的修正形式，则片面共犯应广泛地存在于共同犯罪之中，也就是说，在必要共同犯罪中也应当存在着片面共犯。在实践中，必要共同犯罪在一方没有犯意联系的情况下，另一方面也可以构成片面共犯，如重婚犯罪，在甲不知乙已结婚的状态下与之结婚，尽管甲不构成犯罪，但乙还是构成重婚罪，乙也就成了片面共犯。但是，必要共同犯罪中的片面共犯情况是否也存在于任意共同犯罪之中，目前还没有相关的论证依据，但它却对本案是否能用片面共犯理论解释有着极为重要的预期。[①]

［导入案例］

刘岗、王小军、庄志德金融凭证诈骗案[②]

被告人刘岗。因涉嫌犯金融凭证诈骗罪，于1997年11月20日被逮捕。

被告人王小军。因涉嫌犯金融凭证诈骗罪，于1997年11月20日被逮捕。

被告人庄志德。因涉嫌犯金融凭证诈骗罪，于1997年11月20日被逮捕。

江苏省无锡市人民检察院以被告人刘岗、王小军、庄志德犯金融凭证诈骗罪、被告人庄志德犯违法发放贷款罪，向无锡市中级人民法院提起公诉。

被告人刘岗对指控未提异议。其辩护人提出，刘岗有投案自首和立功表现，并能积极退赃，要求从轻判处。

被告人王小军辩称：其行为属于工作上的失误，未与刘岗共同合谋诈骗。其辩护人提出，认定王小军参与变造银行存单进行诈骗的证据不足。

被告人庄志德辩称，受刘岗欺骗，未与刘岗合谋诈骗，银行对违法发放贷款一事已作过处理，要求在量刑时从轻判处。其辩护人提出，认定庄志德参与变造银行存单进行诈骗的证据不足。

无锡市中级人民法院经公开审理查明：

1996年9、10月间，被告人刘岗和王小军合谋，由刘岗以高额贴息为诱饵拉"存款"，刘岗先存入宜兴市十里牌信用社小额存款，王小军在开具存单时故意拉开字距，刘岗再在存单

[①]　此处的点评意见主要来自浙江省杭州市萧山区人民检察院的检察官苟红兵对于此案的法理分析。笔者认为苟红兵检察官的分析具有很深的理论和司法意义，因此，稍加修改，全文引用。

[②]　本案只做上述"卢林来贪污、受贿案"的引申阅读，旨在说明共同犯罪的主观构成要件，不做具体分析。特此说明。

第二联上添字变造成巨额存单交给储户,骗取钱财。

1996年9月11日,被告人刘岗伙同被告人王小军,以高额贴息引诱杨玉琴介绍袁仲良携带30万元人民币到宜兴存款。被告人刘岗、王小军以上述添字方法,将3万元存单变造成30万元存单交给杨玉琴、袁仲良。扣除14.53%的贴息及3万元存款,被告人刘岗、王小军实际骗得袁仲良人民币22.641万元。

1996年10月4日,被告人刘岗伙同被告人王小军以高额贴息引诱谈浩增、谈满增携带190万元人民币到宜兴存款。被告人刘岗、王小军以上述添字方法,将一张50元和一张140元存单变造成50万元和140万元存单。因50万元存单变造痕迹明显,王小军重开一张50万元真存单,连同变造的一张140万元存单给谈浩增。扣除17%贴息及140元存款,被告人刘岗、王小军实际骗得谈浩增、谈满增人民币107.686万元。

1996年11月,被告人刘岗和被告人庄志德合谋,由刘岗以高额贴息为诱饵拉"存款",刘岗存入中国农业银行宜兴市支行芳桥办事处小额存款,庄志德将存单第二联交刘岗,由刘岗添字或在空白第二联上变造成巨额存单交给储户。

1996年11月26日,被告人刘岗伙同被告人庄志德以高额贴息引诱谈浩增、谈满增携带120万元人民币到宜兴存款。被告人刘岗、王小军以上述添字方法,将120元存单变造成120万元存单交给谈浩增。后被告人庄志德与被告人刘岗合谋,改用抽出存单第二联(储户联),由刘岗在该空白第二联上填写数字的方法变造存单。同月28日,刘岗存入芳桥办事处3万元人民币,伙同庄志德抽出3份存单的第二联,刘岗在每份存单一、三联上填写1万元,将抽出的存单第二联其中1份变造成120万元存单,并以此换回用添字法变造的120万元存单。扣除17%贴息及1万元存款,被告人刘岗、庄志德实际骗得谈浩增、谈满增人民币98.6万元。

1996年12月18日,被告人刘岗伙同被告人庄志德,以高额贴息引诱谈浩增、谈满增携带120万元人民币到宜兴存款。被告人刘岗在芳桥办事处用上述3份1万元存单中抽出的存单第一联中的1份变造成120万元给谈浩增。扣除17%贴息及1万元存款,被告人刘岗、庄志德实际骗得谈浩增、谈满增人民币98.6万元。

1997年1月6日,被告人刘岗伙同被告人庄志德,以高额贴息引诱谈浩增、谈满增将130万元人民币存入芳桥办事处,并用上述3份1万元存单中抽出的存单第二联中的1份变造成130万元给谈浩增。扣除17%贴息及1万元存款,被告人刘岗、庄志德实际骗得谈浩增、谈满增人民币106.9万元。

综上,被告人刘岗进行金融凭证诈骗5起,实际骗得人民币434.427万元;被告人王小军参与金融凭证诈骗两起,实际骗得人民币130.327万元;被告人庄志德参与金融凭证诈骗3起,实际骗得人民币304.1万元。被告人刘岗分别与被告人王小军、庄志德共同诈骗所得赃款均由刘岗使用,刘岗将部分赃款用于购买房产、偿还个人债务等。案发后,公安机关从被告人刘岗等人处追缴赃款赃物计人民币421万余元,造成10余万元的经济损失。

被告人庄志德在任中国农业银行宜兴市支行芳桥办事处主任期间,于1996年3月至5月,采用开具定期存单吸收存款、发放贷款均不入账等手法,先后三次向刘岗发放贷款人民币610万元,除追回部分贷款及价值88.5529万元的房产外,至今尚有401.4471万元无法追回,使国家财产遭受特别重大损失。

无锡市中级人民法院认为:被告人刘岗、王小军、庄志德共同变造银行存单诈骗他人钱款,数额特别巨大,已构成金融凭证诈骗罪。其中被告人刘岗在共同犯罪中系主犯,被告人王小军、庄志德系从犯,应予从轻处罚。被告人庄志德身为中国农业银行宜兴市支行芳桥办事处主任,违反法律法规,向关系人以外的其他人发放贷款,造成特别重大损失,其行为已构成违法发放贷款罪。公诉机关起诉指控被告人刘岗、王小军、庄志德犯金融凭证诈骗罪,被告人庄志德犯违法发放贷款罪的定性正确,提请依法判处理由成立,应予采纳。

被告人刘岗的辩护人提出刘岗有投案自首、立功和积极退赃的情节,要求从轻判处的辩护意见,经查,被告人刘岗归案后仅交代了与王小军共同诈骗的犯罪事实,未如实供述自己的主要犯罪事实,故不能认定为投案自首;被告人刘岗在看守所协助管教干部做好监管工作一节是事实,但不能认定为立功;被告人刘岗在案发后能配合公安机关追缴赃款赃物属实,故在量刑时可酌情从轻处罚。被告人王小军、庄志德在庭审中均否认参与共同诈骗的犯罪事实,两被告人的辩护人提出认定两人犯罪证据不足的辩护意见,与庭审查明的事实不符,不能成立,不予采纳。被告人庄志德提出银行已对其违法发放贷款一节作过处理,要求在量刑时从轻判处的辩解意见,经查,银行对其犯罪行为仅作行政处分显属不当,故其辩解意见不予采纳。根据《中华人民共和国刑法》第十二条第一款、第一百七十七条第一款第(二)项、第一百九十四条第一、二款、第二十五条第一款、第二十六条第一、四款、第二十七条第一、二款、第五十七条第一款、第五十六条第一款、第五十五条第一款,第六十九条第一、二款,第五十二条,第五十三条,全国人大常委会《关于惩治破坏金融秩序犯罪的决定》第九条第二款之规定,于1999年3月31日判决如下:

1. 被告人刘岗犯金融凭证诈骗罪,判处无期徒刑,剥夺政治权利终身,并处罚金人民币三十万元;

2. 被告人王小军犯金融凭证诈骗罪,判处有期徒刑十年,剥夺政治权利二年,并处罚金人民币五万元;

3. 被告人庄志德犯金融凭证诈骗罪,判处有期徒刑十三年,剥夺政治权利二年,并处罚金人民币五万元;犯违法发放贷款罪,判处有期徒刑六年,并处罚金人民币二万元。决定执行有期徒刑十八年,剥夺政治权利二年,并处罚金人民币七万元。

一审宣判后,被告人刘岗、王小军、庄志德均服判,未提出上诉。

[思考]

主观意思不一致的能否成立共同犯罪?

(三)共同经济犯罪的客观要件

共同经济犯罪要求各共同经济犯罪的主体在客观上必须有共同的经济犯罪行为。这是共同经济犯罪成立的客观基础。所谓共同的经济犯罪行为,是指各共同经济犯罪人的行为都是为了实现同一个经济犯罪的目的,指向同一犯罪目标,彼此联系,相互结合,构成一个有机的经济犯罪行为整体。

共同的经济犯罪行为并非是指共同的经济犯罪实行行为,而是指为了实现同一个犯罪目的而实施的所有的经济犯罪行为,可以是组织行为,也可以是帮助行为,也可以是教唆行为,最常见的也可以是实行行为。不管行为人实施的是上述行为的哪种行为,只要其具体指向的目标是同一的,都应该成立共同经济犯罪的犯罪行为。

从共同经济犯罪行为的行为形态上来说,可以分为经济犯罪的作为行为和经济犯罪的不作为行为。所以各共同经济犯罪人之间的经济犯罪行为的结合可以分为以下几种情况:

一是共同的经济犯罪的作为行为的结合;二是共同的经济犯罪的不作为行为的结合;三是作为和不作为的结合。不管共同经济犯罪的行为人实施的是作为行为,还是不作为行为,只要是两者的结合共同产生了危害社会主义经济关系和经济秩序的结果,都可以看作是共同的经济犯罪行为。

共同的经济犯罪行为,主要有以下三个方面的含义:第一,各共同经济犯罪人所实施的行为必须都是经济犯罪行为;第二,各共同经济犯罪人所实施的经济犯罪行为尽管在具体的分工与表现形式上有所不同,但他们彼此互相联系,互相配合,从而形成一个有机联系的经济犯罪行为的整体;第三,各共同经济犯罪人的经济犯罪行为都与所发生的危害社会主义经济秩序和经济关系的结果之间具有因果关系。

三、共同经济犯罪的形式

共同经济犯罪形式是指共同经济犯罪的内在构成形式或者结构形式。其分类如下:

(一)事前有通谋的共同经济犯罪和事前无通谋的共同经济犯罪

根据共同经济犯罪在着手实施犯罪前是否有通谋,可以把共同经济犯罪分为事前有通谋的共同经济犯罪和事前无通谋的共同经济犯罪。前者是指共同经济犯罪主体在着手实施经济犯罪前已经形成了共同故意的共同经济犯罪;后者是指共同经济犯罪人在着手实施经济犯罪前无共同故意,而是在着手实施经济犯罪行为时或行为中形成共同故意的共同经济犯罪。

(二)简单共同经济犯罪和复杂共同经济犯罪

根据共同经济犯罪人之间有无具体分工,我们把共同经济犯罪分为简单共同经济犯罪和复杂共同经济犯罪。前者是指二个以上的经济犯罪人共同实施某一具体经济犯罪的实行行为的犯罪形式,即行为人之间没有具体的分工,实施的都是某种经济犯罪的实行行为。后者是指共同经济犯罪人之间存在着复杂分工形式的共同经济犯罪。在复杂的共同经济犯罪中,行为人实施的并非都是实行行为,而是有的人是实行行为,有的人则是教唆、组织或者帮助行为。

(三)一般共同经济犯罪和经济犯罪集团

根据共同经济犯罪的组织形式,可以把共同经济犯罪分为一般共同经济犯罪和经济犯罪集团。这种分类是法定的共同犯罪的分类。前者是指二个以上的共同经济犯罪人没有固定组织形式而共同实施经济犯罪的共同经济犯罪。后者是指三个以上的共同经济犯罪人为共同实施经济犯罪而组成的较为固定的经济犯罪组织。刑法第26条第2款规定:"三人以上为共同实施犯罪而组成的较为固定的犯罪组织,是犯罪集团。"一般认为,犯罪集团应当具备以下几个条件:第一,主体为三人以上;第二,成员较为固定;第三,组织形式严密;第四,犯罪目的明确。我国刑法不仅在总则中对一般共同犯罪和犯罪集团作出了明确规定,而且在刑法分则中也作了规定。如刑法第382条第3款规定:"与前两款所列人员勾结伙同贪污的,以共犯论处。"这里的"勾结"、"伙同贪污"应是指一般共同贪污犯罪。刑法第170条规定:"伪造货币……有下列情形之一的……(一)伪造货币集团的首要分子……"当然刑法分则并没有对所有经济犯罪的一般共同犯罪和犯罪集团都作出了明确规定,而是由司法人员根据刑法总则规定的原则进行认定。

[导入案例]

张秋聚、尤强军销售伪劣产品案

公诉机关:北京市丰台区人民检察院

被告人张秋聚(别名张亚飞),男,25岁(1981年7月20日出生),汉族,出生地河北省邯郸市,初中文化,河北省邯郸市大名县束馆镇胡气村农民,住该村。因涉嫌犯销售伪劣产品罪,于2006年1月12日被羁押,同年2月16日被逮捕。现羁押于北京市丰台区看守所。

辩护人贾长兴,北京市开创律师事务所律师。

被告人尤强军,男,20岁(1986年5月5日出生),汉族,出生地河北省邯郸市,初中文化,河北省邯郸市大名县束馆镇胡气村农民,住该村。因涉嫌犯销售伪劣产品罪,于2006年1月12日被羁押,同年2月26日被取保候审。

北京市丰台区人民检察院以京丰检刑二诉字(2006)第71号起诉书指控被告人张秋聚、尤强军犯销售伪劣产品罪,于2006年8月9日向本院提起公诉。本院依法组成合议庭,公开开庭审理了本案。北京市丰台区人民检察院指派代理检察员杨微出庭支持公诉,被告人张秋聚及其辩护人贾长兴、被告人尤强军到庭参加诉讼。现已审理终结。

北京市丰台区人民检察院起诉书指控:2005年至2006年1月间,被告人张秋聚为获取非法利益,在本市丰台区南宫桂亭商店购入大量假冒的"中华"、"玉溪"、"小熊猫"、"红塔山"等品牌的香烟,后其向本市丰台区朱家坟京玖超市的李保平、丰台区张郭庄万世达商店的张玉兰、丰台区长辛店南关个体商店的李运生等人的烟草销售点进行销售,期间被告人尤强军帮助销售。2006年1月12日10时许,被告人张秋聚为逃避查处,指使被告人尤强军将存放在本市丰台区南宫乡西王佐村一出租房内的假烟,装到车中准备运走时被查获。当场查扣假冒伪劣香烟4176条,价值人民币209000余元。后被告人张秋聚被查获。并提供了下列证据:证人尤现红、史桂亭、梁旺、黄志刚、李保平、张玉兰、李运生证言,北京市公安局丰台分局辨认笔录,北京市烟草质量监督检测站检验报告,北京市丰台烟草公司价格证明,北京市丰台区烟草专卖局查获卷烟清单,北京市丰台区烟草专卖局提取说明、工作说明,个体商户营业执照,北京市公安局丰台分局云岗派出所破案报告、到案说明,公诉机关认为被告人张秋聚、尤强军的行为触犯了《中华人民共和国刑法》第一百四十条之规定,构成销售伪劣产品罪。提请本院依法惩处。

被告人张秋聚、尤强军对起诉书指控其犯销售伪劣产品罪没有提出异议。

被告人张秋聚辩护人意见为,被告人张秋聚犯罪未遂,且认罪态度较好,建议法庭从轻处罚。

经审理查明:2005年至2006年1月间,被告人张秋聚为获取非法利益,在本市丰台区南宫桂亭商店购入大量假冒的"中华"、"玉溪"、"小熊猫"、"红塔山"等品牌的香烟,后其向本市丰台区朱家坟京玖超市的李保平、丰台区张郭庄万世达商店的张玉兰、丰台区长辛店南关个体商店的李运生等人的烟草销售点进行销售,期间被告人尤强军帮助销售。2006年1月12日10时许,被告人张秋聚为逃避查处,指使被告人尤强军将存放在本市丰台区南宫乡西王佐村一出租房内的假烟,装到车中准备运走时被查获。当场查扣假冒伪劣香烟4176条,价值人民币 209000 余元。后被告人张秋聚被查获。

此项事实,有下列证据证明:(1)证人李保平、张玉兰、李运生证言证实被告人张秋聚向其销售假冒伪劣香烟的事实。(2)证人尤现红、史桂亭证言证实被告人张秋聚、尤强军使用史桂亭的营业执照销售卷烟的事实。(3)证人黄志刚证言证实其帮助被告人张秋聚、尤强军运送假烟的事实。(4)证人梁旺证言证实被告人张秋聚从其处租赁位于北京市丰台区王佐房屋的事实。(5)北京市公安局丰台分局辨认笔录证实证人李保平、张玉兰、李运生辨认出被告人张秋聚是向其销售假烟的行为人。(6)北京市烟草质量监督检测站检验报告证实从尤强军驾驶的汽车及被告人张秋聚租用的房屋内起获的卷烟为假冒伪劣卷烟。(7)北京市丰台烟草公司价格证明证实起获的假烟批发价格为 209041.4 元。(8)北京市丰台区烟草专卖局查获卷烟清单,北京市丰台区烟草专卖局提取说明、工作说明证实查获、处理假冒、伪劣卷烟的数量。(9)个体商户营业执照证实北京市南宫桂亭百货商店经营者为史桂亭。(10)北京市公安局丰台分局云岗派出所破案报告证实该案的破获情况。被告人张秋聚、尤强军的供述与以上证据证明的情况在基本事实上相互印证。足以证实被告人张秋聚、尤强军犯销售伪劣产品罪的事实。故本院对公诉机关所举证据予以确认。

本院认为,被告人张秋聚、尤强军无视国家法律,违反烟草专卖法律、法规规定,为牟取非法利益,销售伪劣烟草制品,其行为均已构成销售伪劣产品罪。北京市丰台区人民检察院指控被告人张秋聚、尤强军犯销售伪劣产品罪,事实清楚,证据确实充分,罪名成立。被告人张秋聚在共同犯罪中起主要作用,系主犯,被告人尤强军在共同犯罪中起次要及辅助作用,系从犯。鉴于从被告人张秋聚、尤强军处起获的卷烟尚未销售,系犯罪未遂,且认罪态度较好,故对被告人张秋聚、尤强军予以减轻处罚,并对被告人尤强军适用缓刑。为严肃国家法律,维护国家对产品质量的管理制度和消费者的合法权利,打击刑事犯罪,对被告人张秋聚依照《中华人民共和国刑法》第一百四十条、第二十三条、第二十五条第一款、第二十六条第一款、第五十二条、第五十三条、第六十一条之规定,对被告人尤强军依照《中华人民共和国刑法》第一百四十条、第二十三条、第二十五条第一款、第二十七条、第七十二条第一款、第七十三条第二、三款、第五十二条、第五十三条、第六十一条之规定,判决如下:

一、被告人张秋聚犯销售伪劣产品罪,判处有期徒刑九个月,并处罚金人民币三十万元。

(刑期自判决执行之日起计算。判决执行以前先行羁押的,羁押一日折抵刑期一日,即自 2006 年 1 月 12 日起至 2006 年 10 月 11 日止。罚金已交人民币三万元,其余罚金人民币二十七万元于判决生效后一个月内缴纳)。

二、被告人尤强军犯销售伪劣产品罪,判处有期徒刑六个月,缓刑一年。并处罚金人民币二十六万元。

(缓刑考验期限,从判决确定之日起计算。罚金已交人民币一万元,其余罚金人民币二十五万元于判决生效后一个月内缴纳)。

[思考]

1. 什么是共同犯罪中的主犯和从犯?
2. 主犯和从犯的界限在哪里?

第二节 共同经济犯罪人的分类及其刑事责任

根据各个共同经济犯罪人在共同经济犯罪中所起的作用,兼顾有些共同经济犯罪人在共同经济犯罪中的分工,经济刑法将共同经济犯罪人分为经济犯罪的主犯、从犯、胁从犯和教唆犯四种。

一、共同经济犯罪的主犯及其刑事责任

刑法第 26 条第 1 款规定:"组织、领导犯罪集团进行犯罪活动的或者在共同犯罪中起主要作用的,是主犯。"据此,共同经济犯罪的主犯是指组织、领导经济犯罪集团的或者在一般共同经济犯罪中起主要作用的罪犯。从这一概念出发,共同经济犯罪的主犯可以分为以下两种:第一,经济犯罪集团的首要分子,即经济犯罪集团的组织犯。[①] 第二,一般共同经济犯罪的主犯。这种主犯主要是指在一般共同经济犯罪中起主要作用或者起组织、指挥作用的罪犯。

根据我国刑法第 26 条第 3 款、第 4 款的规定,对于共同经济犯罪的主犯的处罚分为两种情况:一是对于经济犯罪集团的首要分子,按照经济犯集团所犯的全部罪行处罚,即按照该集团所犯的全部罪行进行处罚,至于行为人是否参与每次犯罪,则在所不问;二是对于一般共同经济犯罪的主犯,应当按照其所参与的或者组织、指挥的全部罪行处罚,即按照该犯罪分子所参与的经济犯罪进行处罚,犯罪分子参与多少次就按照多少次进行处理。例如全国人大常委会 1988 年颁布的《关于惩治走私罪的补充规定》第 4 条第 2 款规定:"二人以上共同走私的,按照个人走私货物、物品的价格及其在共同犯罪中的作用,分别处罚。对走私集团的首要分子,按照走私集团走私货物、物品的总价额处罚;对其他共同走私犯罪中的主犯,情节严重的,按照共同走私货物、物品的总价额处罚。"又如 1988 年全国人大常委会颁布的《关于惩治贪污贿赂罪的补充规定》也指出:"二人以上共同贪污的,按照个人所得数额及其在犯罪中的作用,分别处罚。对贪污集团的首要分子,按照集团贪污的总数额处罚,对其他共同贪污犯罪中的主犯,情节严重的,按照共同贪污的总数额处罚。"

二、共同经济犯罪的从犯及其刑事责任

刑法第 27 条第 1 款规定:"在共同犯罪中起次要或者辅助作用的,是从犯。"据此,经济犯罪的从犯是指在共同经济犯罪中起次要作用或辅助作用的罪犯。一般来说,经济犯罪的从犯可以分为以下两种:第一,在共同经济犯罪中起次要作用的犯罪分子。通常是指在共同经济犯罪中起次要作用的实行犯,即行为人虽然直接参与了某一经济犯罪活动,但在经济犯罪活动中,并不起主要作用。第二,在共同经济犯罪中起辅助作用的犯罪分子。通常是指为某种共同经济犯罪的实施创造有利条件,帮助实行犯实行某种经济犯罪的犯罪分子。

对于共同经济犯罪的从犯的处罚,根据我国刑法第 27 条第 2 款的规定,应当从轻、减轻处罚或者免除处罚。至于在司法实践中,对经济犯罪的从犯是从轻、减轻还是免除处罚,应当根据经济犯罪的性质、情节和从犯本人所起作用的程度,分别确定。

---

① 赵长青主编:《经济刑法学》,法律出版社 1999 年 8 月版,第 113 页。

三、共同经济犯罪的胁从犯及其刑事责任

共同经济犯罪的胁从犯是指被胁迫参加经济犯罪的犯罪分子。所谓"被胁迫"，是指受他人的威胁或者逼迫而参加某种经济犯罪的情况，与犯罪分子的身体被强制、根本没有犯罪意图而在客观上实施的危害社会的行为不同。前者虽然在精神上受到一定的强制，但最终参与犯罪仍是基于自己的主观意愿，有一定的社会危险性；而后者根本就没有选择之余地，只是机械地被强制按照犯罪分子的要求做出某种行为，从主观上说，这种人没有主观恶性，也没有期待可能性，因而没有承担刑事责任的基础。从司法实践来看，胁从犯在共同经济犯罪人中存在较少，这是由经济犯罪的性质和特点所决定的。

根据刑法第28条的规定，对于共同经济犯罪的胁从犯，应当按照他在共同经济犯罪中的犯罪情节，减轻处罚或者免除处罚。共同经济犯罪中的胁从犯的犯罪情节，可以参照以下两方面的因素进行确定：第一，被胁迫的程度。被胁迫的程度越轻，其参与犯罪的主动性和自觉性就越强，行为的社会危害性就越大，应当承担的刑事责任也就越重。第二，胁从犯在共同经济犯罪中所起的作用。所起的作用越大，应当承担的刑事责任就越重。总之，对胁从犯是减轻处罚还是免除处罚，应当根据其参加犯罪的性质、被胁迫的程度以及对造成危害结果所起的作用等方面进行综合分析，分别确定。

四、共同经济犯罪的教唆犯及其刑事责任

共同经济犯罪的教唆犯是指教唆他人实施经济犯罪行为的罪犯。首先，行为人在主观上必须有教唆他人实施经济犯罪的故意；其次，行为人在客观上须具有教唆他人实施经济犯罪的行为。这种教唆行为包括言谈、举止在内。以上两个方面的条件必须同时具备，方能成立经济犯罪的教唆犯。

关于教唆犯的性质，我国刑法理论中早就有从属性和独立性的二重性学说。因此经济犯罪的教唆犯也可以分为从属性教唆犯和独立性教唆犯两种。前者是行为人教唆他人实施经济犯罪后，被教唆人按照教唆犯的教唆实施了该种犯罪，教唆犯的教唆行为与被教唆犯的实行行为构成共同经济犯罪；后者是指行为人教唆他人实施经济犯罪后，被教唆人并未实施该教唆之罪，对于教唆犯应当独立定罪，而不以实行犯的实行行为为转移。

根据我国刑法第29条的规定，对于经济犯罪的教唆犯的处罚，应当分为以下三种情况：

第一，教唆他人犯罪的，应当按照他在共同犯罪中所起的作用处罚；如果是起主要作用的，就按照主犯的处罚原则进行处罚；如果是起次要作用或者是起辅助作用的，就按照从犯的处罚原则进行处罚。教唆犯起胁从犯作用的情况，在现实司法实践中很少见。

第二，教唆不满18周岁的人犯罪的，应当从重处罚。

第三，如果被教唆的人，没有犯被教唆的罪，对于教唆犯，可以从轻或者减轻处罚。这里的"没有犯被教唆的罪"，既可以指被教唆者接受教唆后并没有犯罪，也可以指被教唆者接受教唆后所犯的罪并非是教唆者的教唆之罪。这种情况在刑法理论上称为教唆未遂。

［拓展阅读］

共犯人的分类，是指按照一定的标准将共同犯罪成员划分为不同的类别。一般认为国

内外刑法主要存在两种分类:一是将共犯人分为(共同)正犯、教唆犯、帮助犯,有的还增加一个组织犯。二是将共犯人分为主犯、从犯,有的还增加一个胁从犯。我国刑法理论的通说认为,我国刑法采取的是后一种分类方法,将共犯人分为主犯、从犯与胁从犯。众所周知,德国、日本关于正犯与共犯的区分,并不是采取形式的客观说,而是采取了犯罪事实支配理论或者实质的客观说。因此,其中的正犯也可谓主犯。反过来说,即使从解释论的角度来说,也可能认为我国刑法所规定的主犯就是正犯,从犯与胁从犯就是帮助犯。然而,应当注意的是,我国刑法与司法实践中关于主从犯的区分标准,比国外的正犯、教唆犯与帮助犯的区分标准更为实质。所以,在国外属于共同正犯的,在我国依然可以仅成立从犯。

我国刑法第26条至第29条分别规定了主犯、从犯、胁从犯与教唆犯(旧刑法第23条至第26条也是如此)。刑法理论的通说认为,刑法将共犯人分为主犯、从犯、胁从犯与教唆犯四类,使作用分类法与分工分类法统一起来,于是教唆犯是与主犯、从犯、胁从犯并列起来的共犯人。本书认为,如果认为上述两种分类的标准不一,那么,我国刑法仅将共犯人分为主犯、从犯、胁从犯三类,刑法对教唆犯做了专门规定,但教唆犯并不是与主犯、从犯、胁从犯并列的共犯人。根据本书的观点,主犯、从犯、胁从犯的观点具有相对性,即有的共犯人可能属于共同犯罪中的主犯或者从犯,但由于存在责任阻却事由,而不得对其以犯罪论处,但不影响对其他共犯人定罪量刑。[①]

[案例评点] 虽然我国刑法对于主犯和从犯进行了明确的界定和区分,但是,依照刑法的规定,从犯包括两种情形,一是在共同犯罪起次要作用的人,二是在共同犯罪中起辅助作用的人。刑法理论和实务界一般将前者称为次要的实行犯,而将后者称为帮助犯。如果从犯在共同犯罪中仅起帮助或者辅助作用,那么,在司法实践中,和主犯易于区分;但是,如果从犯在共同犯罪中起次要的实行作用,这是因为从犯也进行了一定的实行行为,至于作用的大小,在司法实践中要想将其与主犯分开,可能就是一个难题。因为在主犯当中也有一类人,他既不是首要分子,也不是聚众犯罪的组织者、策划者和指挥者,这种人在共同犯罪中仅仅是起主要作用的人。2010年2月8日最高人民法院《关于贯彻宽严相济刑事政策的若干意见》第三十一条明确规定:"对于一般共同犯罪案件,应当充分考虑各被告人在共同犯罪中的地位和作用,以及在主观恶性和人身危险性方面的不同,根据事实和证据能分清主从犯的,都应当认定主从犯,有多名主犯的,应当在主犯中进一步区分出罪行最为严重者……"

本案审理查明,2005年至2006年1月间,被告人张秋聚为获取非法利益,在本市丰台区南宫桂亭商店购入大量假冒的"中华"、"玉溪"、"小熊猫"、"红塔山"等品牌的香烟,后其向本市丰台区朱家坟京玖超市的李保平、丰台区张郭庄万世达商店的张玉兰、丰台区长辛店南关个体商店的李运生等人的烟草销售点进行销售,期间被告人尤强军帮助销售。2006年1月12日10时许,被告人张秋聚为逃避查处,指使被告人尤强军将存放在本市丰台区南宫乡西王佐村一出租房内的假烟,装到车中准备运走时被查获。当场查扣假冒伪劣香烟4176条,价值人民币209000余元。后被告人张秋聚被查获。

从本案的事实来看,被告人张秋聚主要从事销售假冒香烟业务,尤强军只是帮助其销售以及帮助其隐匿货物,所以张秋聚是主犯,尤强军是从犯。

---

① 张明楷著:《刑法学》(第四版),法律出版社2011年版,第405页。

[导入案例]

刘有金受贿案

公诉机关淇县人民检察院。

被告人刘有金。因涉嫌受贿于2009年4月15日经淇县人民检察院决定,同日被淇县公安局监视居住,于2009年4月17日经淇县人民检察院决定,于2009年4月18日被淇县公安局刑事拘留,2009年4月29日被逮捕。现押于淇县看守所。

辩护人闫纬,河南世纪唐人律师事务所律师。

被告人赵运海。因涉嫌受贿于2009年4月19日经淇县人民检察院决定,同日被淇县公安局监视居住,2009年4月22日被淇县公安局刑事拘留;因涉嫌贪污犯罪于2009年4月30日被逮捕。现押于淇县看守所。

辩护人李庄福,河南名星律师事务所律师。

辩护人任建文,河南大正永衡律师事务所律师。

被告人李启明。因涉嫌行贿于2009年4月19日被淇县公安局刑事拘留,因涉嫌贪污犯罪于2009年4月29日被逮捕。2009年11月25日被我院取保候审,2010年2月21日我院撤销取保候审。现押于淇县看守所。

辩护人王振宇,河南大正永衡律师事务所律师。

淇县人民检察院以淇检刑诉(2009)49号起诉书指控被告人刘有金、赵运海犯贪污、受贿罪;被告人李启明犯贪污罪,于2009年8月13日向本院提起公诉。本院依法组成合议庭,于2009年8月28日公开开庭审理了本案。淇县人民检察院指派检察员王永军出庭支持公诉,被告人刘有金、赵运海、李启明及其辩护人到庭参加诉讼。公诉机关申请补充新证据,本院决定本案延期审理一个月。2009年11月15日作出(2009)淇刑初字第74号刑事判决,宣判后,被告人刘有金、赵运海不服,提起上诉,经鹤壁市中级人民法院二审,裁定撤销原判,发回重审。本院另行组成合议庭,于2010年3月25日公开开庭进行了审理。经合议庭评议并报院审判委员会讨论决定,本案现已审理终结。

淇县人民检察院指控:

一、贪污罪

2007年10月份,时任鹤壁煤电股份有限公司(以下简称煤电公司)第八煤矿(以下简称八矿)总会计师的被告人刘有金与该矿运销科科长被告人赵运海,利用职务上的便利,伙同鹤壁市金辉物资有限公司经理被告人李启明,以八矿卖给金辉公司的煤质差需要补亏吨为由从八矿骗出4000吨煤,李启明将这4000吨煤私下变卖得款100万元。三人将该款私分,刘有金得款人民币55.9614万元,赵运海得款人民币37.4566万元,李启明得款人民币6.582万元。

二、受贿罪

(一)2003年夏天至2005年底期间,鹤壁煤电股份有限公司第九煤矿(以下简称九矿)服务公司九龙机械加工厂下属的手编网厂厂长袁某某,为感谢时任九矿总会计师的刘有金在其竞争承包手编网厂过程中的支持及在生产经营中的帮助,先后四次送给刘有金共计人民币27000元,刘有金予以收受。

（二）2007 年四五月份的一天,袁某某(手编网厂厂长)为使手编网厂的供货款在八矿挂账付款,在刘有金办公室,送给时任八矿总会计师的刘有金人民币 30000 元,刘有金予以收受。

（三）2004 年中秋节前至 2006 年 4 月份期间,九矿服务公司九龙机械加工复修厂承包人李某某,为在生产经营中得到时任九矿总会计师刘有金的帮助,先后五次送给刘有金人民币各 1 万元,共计人民币 5 万元,刘有金予以收受。

（四）2007 年上半年和年底,九矿服务公司九龙机械加工厂下属的冷拔丝网厂承包人闫某某,为感谢刘有金帮忙将冷拔丝网厂的供货款磨转到八矿账上付款,先后两次送给时任八矿总会计师的刘有金人民币各 4 万元,共计 8 万元,刘有金予以收受。

（五）2007 年春节前的一天,鹤壁金辉物资有限公司经理李启明,为在八矿购买煤炭中得到时任八矿运销科科长赵运海的帮助,送给赵运海人民币 5 万元,赵运海予以收受。

公诉机关认为,被告人刘有金、赵运海身为国家工作人员,利用职务之便,伙同被告人李启明骗取国有企业财物价值 100 万元私分据为己有,其行为均已构成贪污罪。被告人刘有金利用职务上的便利,非法收受人民币 18.7 万元,为他人谋取利益;被告人赵运海利用职务上的便利,非法收受人民币 5 万元,为他人谋取利益,二被告人之行为均已构成受贿罪。提请本院依法惩处。

被告人刘有金及其辩护人、被告人赵运海及其辩护人、被告人李启明及其辩护人对起诉书指控的事实无异议。

被告人刘有金及其辩护人辩解:鹤煤集团、鹤壁煤电股份有限公司不是国有公司。被告人刘有金不属于国家工作人员,其行为不符合贪污、受贿罪的主体资格;收受袁某某 3 万元和闫某某 8 万元不应构成犯罪。被告人刘有金有自首、立功、积极退赃情节,应从轻、减轻处罚。

被告人赵运海及其辩护人辩解:被告人赵运海不具有国家工作人员身份,公诉机关指控赵运海犯有贪污罪和受贿罪缺乏事实和法律依据。赵运海在与他人一起从八矿骗取 4000吨煤的过程中,所起的作用较小,且认罪态度较好,能主动退赃,望从轻处罚;公诉机关指控赵运海收受李启明 5 万元构成犯罪的证据不足。

被告人李启明的辩护人辩解:公诉机关指控被告人李启明的共同犯罪行为不应构成贪污罪,应定职务侵占罪。在共同犯罪中李启明系从犯;李启明主动检举揭发他人受贿的事实,已经查证属实,具有立功表现;李启明能积极退赃,认罪态度较好。请求对被告人李启明减轻处罚。

公诉机关就其指控贪污罪的犯罪事实,向本院提交了以下证据:

1. 被告人刘有金供述:2007 年 10 月一天,我和八矿运销科科长赵运海到郑州每人买了一辆丰田锐志轿车,每辆 21 万多元,共计 43 万多元,是赵运海拿的钱。停了十几天,赵运海说他在老区九大汤河街买了两套住宅房,他要的二楼,让我要三楼,我去看房时李启明也在,我们三人说以后想办法把这两套房和那两辆车款处理一下,赵运海说以"补亏吨煤"的方式给李启明的公司补些煤,卖掉处理房和车的钱。停了几天,赵运海拿着李启明的金辉公司申请补亏吨的信去我办公室找我,说金辉公司申请补亏吨煤就是处理我俩的车、房款,我见他在信上已签过字,补吨数量是 4000 吨,我就在信上面签了"同意办理"和我的名字。然后赵运海拿着信去办理煤本手续。停了一二十天,赵运海给了我那套楼房的钥匙和 7 万元,说房子装修好了,卖那 4000 吨煤的钱扣除我俩买房和车钱,李启明得一部分,剩下一部分我俩分分,给我这 7 万元钱,意思是这样补 4000 吨煤的钱就清了。买车 21 万多元,房子连装修 15 万元,我给车内装修、下户时赵运海给我 3 万元,最后赵运海给我房子钥匙时给我 7 万元,我共得了 46 万多元。我那辆车下户用的是我哥刘某某的名字。

2. 被告人赵运海供述:2007 年八九月份,鹤壁市金辉公司的负责人李启明在山城区九大汤河街垫钱给我和刘有金各买了一套房子,共计 23 万多元,我的房装修、买家具用了 10 万元,刘有金的房装修用了 5 万元,这些钱都是我拿的。2007 年 10 月的一天,我和刘有金、李启明到郑州买了两辆丰田锐志车,我和刘有金每人一辆,共计 43 万多元,车钱是我拿的。停了几天,我和刘有金、李启明在饭店吃饭,商量采取让李启明的公司申请八矿"补亏吨煤"的方法,从八矿给李启明补些煤,让他把煤卖掉来处理车、房款。停了几天,李启明拿了一份申请信,申请补 4000 吨煤,我在信上签了字,他又找刘有金签了字。后李启明拿着信运销科副科长张化灵办煤本,办好煤本后我再在上面签字,李启明就可以去拉煤了。停了十几天,李启明在老区主席像附近,给我 50 万元,过了一星期,李启明又给我 10 万元。后我分两次给刘有金 10 万元,当时我对刘有金说补亏吨煤处理车、房款的事就清了。这样,李启明给我 60 万元,减去我给刘有金的 10 万元,减去我给刘有金房子的装修 5 万元,加上我的房钱,我共得 34 万多元。我买车、房子用的是骆付贵的名字。

3. 被告人李启明供述:2007 年下半年,我和刘有金、赵运海一起到郑州,他们二人每人买了一辆丰田锐志车,每辆 21.6 万元,是赵运海拿的钱。相隔没几天,赵运海跟我说想在老区买两套房子,我就在老区九大汤河饭店找到两套住宅楼,赵运海让我把两套房钱先垫出来,两套共计 23 万多元。后赵运海对我说两套房装修需要 10 万元,我给了赵运海 10 万元。之后没几天,刘有金、赵运海和我在开发区一个饭店吃饭,他们对我说,想把他们俩买房和车的钱处理一下,让八矿以补亏吨煤的方式,给我补 4000 吨煤,用煤款处理他们的房和车钱。他俩说不会让我吃亏,我就同意了。办好煤本后,用了一二十天我就把 4000 吨煤处理完了,共卖了 100 万元。我给了赵运海 50 万元。共给他们二人用了 83 万元。2008 年春节前的一天,刘有金给我打电话说,他要用 10 万元钱,第二天我就给了他 10 万元。我自己得了 6 万多元。

4. 证人张某某证言:我自 2003 年 7 月任八矿运销科副科长。2007 年 10 月份一天,金辉公司老板李启明拿着一张亏吨补煤 4000 吨的信到我办公室让我给他办煤本。当时信上有主管领导刘有金和运销科长赵运海的签字。我让统计员程某某给他办理了煤本。

5. 证人程某某证言与张某某证明的情节印证。

6. 证人李某某(过磅组长)证言:证明 2007 年给金辉公司补过亏吨煤。张某某科长把煤本和过磅单底联拿走了。

7. 证人谢某某(八矿矿长)证言:2007 年 6 月至 2007 年 12 月期间,刘有金未向其汇报过给用户补亏吨煤的事情。

8. 证人刘某某(刘有金哥)证言:证明本人没买过汽车、楼房,刘有金用过其身份证。

9. 证人骆某某证言:本人没买过汽车、楼房。赵运海用过其身份证。

10. 证人王某某证言:山城区九大汤河街饭店商住楼是我和李某某合伙开发的。于 2007 年后半年盖成。卖给骆某某两套楼房的收款日期和实际买房时间不符。

11. 机动车销售统一发票:证明 2007 年 10 月 12 日,刘有金、赵运海所买两辆汽车下户情况。

12. 住宅房屋出售协议书：证明刘有金、赵运海所买两套楼房的时间、价格。

13. 价格鉴定结论书：证明刘有金所买楼房室内装修工程价值 20724 元。

14. 鹤壁煤电股份有限公司关于下达地销煤最低价格的通知：从 2007 年 7 月 27 日前地销混煤每吨价格 381.94 元，7 月 28 日至 10 月 21 日执行 393.24 元。

以上证据经当庭质证，三被告人及其辩护人均无异议。

本院认为，公诉机关提交的证据来源合法，证明的内容客观真实，相互关联，本院予以确认。

公诉机关就起诉书指控被告人刘有金、赵运海受贿的犯罪事实，向本院提交了以下证据：

1. 被告人刘有金供述：2003 年夏天，我在九矿任总会计师，主管财务。我矿职工袁某某竞选九矿下属的多种经营企业编网厂的厂长，我是评委之一，我投了她的票，竞争上厂长之后，她送给我 2000 元，目的是感谢她在竞争厂长中我对她的帮忙。2004 年春节前，袁某某给我送了 5000 元；2004 年底、2005 年底，袁某某分别送给我 10000 元，共计 27000 元。她给我送钱是为了感谢我对她们厂工作的支持。

2007 年上半年，袁某某送给我 30000 元，目的是以前她通过八矿职工甘合梅卖给八矿一批配件，因渠道不正规八矿不给她挂账付款，当时我已调至八矿任总会计师，主管财务，袁某某给我送 30000 元的目的是让我帮忙将她这笔账在八矿挂账付款。

2007 年上半年至 2007 年底，闫某某分三次共送给我 10 万元钱。当时闫某某是九矿下属一个编网厂的负责人，他的厂给鹤壁矿务局物资供应公司的货不好要钱，他找到我让我帮忙把物资供应公司欠他的账转到八矿，从八矿付给他货款。这 10 万元中的 2 万元我送给了领导。

2004 年至 2006 年，逢年过节时，九矿下属的九龙机械加工复修厂的负责人李某某分五次送给我 50000 元，每次都是 10000 元。目的是为了让我平时对他的工作给予照顾，因为当时我是九矿的总会计师，主管财务。

2. 被告人赵运海供述：2007 年春节前，李启明到我办公室给我 5 万元钱。他给我钱的目的，是因我当时任八矿的运销科科长，他是做煤购销生意的，想让我在八矿多卖给他些煤。

赵运海当庭供述：2007 年春节前，我收到李启明送来的 5 万元钱，这是事前我说想借他的，我知道他想让我帮忙，他送我就收了。

3. 证人袁某某证言：我自 2001 年任九龙机械加工厂手编网厂长。我承包手编网厂后，分四次给当时的财务老总刘有金送 27000 元。我给他送钱一是因为他是九矿的总会计师，主管财务。我承包网厂给矿上供货挂账和付款都需要他签字。2007 年四五月份，我给刘有金送现金 3 万元，主要是因为当时刘有金是八矿的总会计师，主管财务。一是让他帮忙找谢春旺矿长说说把我们供的货款付了，二是挂账和付款需要刘有金签字和同意。

4. 证人李某某证言：2004 年到 2006 年，当时刘有金任九矿总会计师，主管财务，为了能让他给我的厂顺利挂账和付款，我分 5 次给刘有金送过 5 万元。

5. 证人闫某某证言：2007 年上半年和当年年底，我分两次送给刘有金现金 10 万元，因为刘有金在九矿和八矿都是主管财务的领导，他能帮我办理转账的事。我让刘有金帮我用转账协议书的方式把钱从供应公司转到八矿，矿上把钱全部付给我。

6. 被告人李启明供述:2007 年年初的一天,我送给赵运海现金 5 万元。因为赵运海是主管八矿原煤销售的科长。给他送钱的目的是为了从八矿多批点煤。

7. 九龙机械厂加工厂内部厂点承包合同书:证明袁某某自 2004 年至 2008 年承包该厂。

8. 淇县人民检察院反贪污贿赂局破案经过:2009 年 4 月 13 日,鹤壁市人民检察院指定淇县人民检察院管辖的鹤壁煤业机械设备制造有限公司总经济师刘有金涉嫌受贿犯罪线索,该院于 2009 年 4 月 14 日立案,同日将刘有金抓获。经讯问,刘有金主动交代了伙同他人贪污的犯罪事实,并揭发他人涉嫌受贿的犯罪事实。

9. 刘有金(2009 年 4 月 17 日)交代材料:供述了伙同赵运海、李启明骗取 4000 吨煤的事实。

10. 淇县人民检察院反贪污贿赂局破案报告:2009 年 4 月 18 日,淇县人民检察院接到鹤壁市人民检察院指定管辖的鹤煤公司八矿运销科科长赵运海涉嫌贪污犯罪线索。于 2009 年 4 月 19 日立案,同日将赵运海抓获,经讯问赵运海对其伙同他人贪污的犯罪事实供认不讳。

11. 淇县人民检察院反贪污贿赂局归案经过:2009 年 4 月 18 日,该局在办理鹤煤公司第八矿总会计师刘有金涉嫌受贿一案时,发现李启明向刘有金行贿 10 万元的犯罪线索。于 2009 年 4 月 18 日对李启明立案,同日将李启明抓获。经讯问,李启明对其行贿的事实供认不讳,并供述了向赵运海行贿的犯罪事实。

12. 淇县人民检察院证明:被告人刘有金、赵运海、李启明已将赃款全部退出。

13. 被告人刘有金、赵运海、李启明户籍证明、强制措施证明。

以上证据经当庭质证,被告人刘有金、赵运海、李启明及其辩护人均无异议。

本院认为,公诉机关提交的证据来源合法,证明的内容客观真实,相互关联,本院予以确认。

控辩双方就指控被告人刘有金、赵运海的主体资格,向本院提交了以下证据:

(一)公诉机关就其指控三被告人构成贪污、受贿罪提交了以下主要证据,以此证明被告人刘有金、赵运海属于国家工作人员。

1. 中共鹤壁煤业(集团)有限公司委员会、鹤壁煤业(集团)有限公司文件:聘任刘有金同志为九矿总会计师。2000 年 7 月 21 日;

2. 中共鹤壁煤电股份有限公司委员会、鹤壁煤电股份有限公司文件:刘有金同志聘任为八矿总会计师,免去九矿总会计师职务。2006 年 10 月 7 日;

3. 鹤壁煤业(集团)有限公司董事会文件:刘有金同志聘任为机械设备制造公司副总会计师。2008 年 5 月 23 日。

4. 中共鹤壁煤业(集团)有限责任公司委员会组干部 2009 年 4 月 23 日的证明:刘有金同志在鹤煤公司所属有关基层单位任副处级领导干部的经历如下:

5. 中共鹤壁煤电股份有限公司八矿委员会、鹤壁煤电股份有限公司八矿文件:赵运海聘任为运销科科长。2003 年 7 月 7 日。

6. 鹤壁煤电股份有限公司企业法人营业执照、公司章程:证明鹤壁煤电股份有限公司为股份有限公司;营业期限自 2001 年 1 月 10 日至 2024 年 1 月 10 日;股东分别为:

鹤壁煤业集团有限责任公司,占 98.71%;

北京清华北方科技开发中心,占 0.56%;

中国矿业大学铜山产学研中心,占 0.37%；

国营华中器材厂,占 0.18%；

鹤壁电力集团有限公司,占 0.18%。

7. 鹤壁煤业集团有限责任公司的企业法人营业执照：

鹤壁煤业集团有限责任公司,经济企业类型有限责任公司(国有独资),自 2000 年 3 月至 2003 年 3 月。

8. 河南省财政厅文件豫财企(2000)45 号:关于对鹤壁煤电股份有限公司(筹)国有股权管理方案的批复：

鹤壁煤电股份有限公司(筹)是经河南省人民政府 2000 年 10 月批准,由鹤壁煤业集团有限责任公司为主发起人,联合北京清华北方科技开发中心、中国矿业大学铜山产学研中心、鹤壁电力集团有限公司、国营华中器材厂共同发起筹备设立的有限公司。

其中鹤壁煤业集团有限公司持有其三、四、六、八矿和电厂的经营性资产投入,为国有法人股,占总股本 98.71%；北京清华北方科技开发中心为国有法人股,占 0.56%；中国矿业大学铜山产学研中心,为国有法人股,占 0.37%；鹤壁电力集团有限公司为法人股,占 0.18%；国营华中器材厂为国有法人股,占 0.18%。

经当庭质证,被告人刘有金、赵运海、李启明及其辩护人对上述证据均无异议。上述证据来源合法,证明的内容客观真实,相互关联,本院予以确认。

(二)辩护人向本院提交了以下证据,以此证明被告人刘有金、赵运海不属于国家工作人员。

1. 公司设立登记申请书(2000 年 12 月 19 日)证明鹤壁煤电股份有限公司董事长为李永新。股东有五家,分别是：

鹤壁煤业集团有限公司,占股份总额 98.71%；(国有)

北京清华北方科技开发中心,占股份总额 0.56%；(全民)

中国矿山铜山产学研究中心,占 0.37%；(全民)

国营华中器材厂,占 0.18%；(国有)

鹤壁电力集团有限公司,占 0.18%。(集体)

2. 中华人民共和国商务部(批件)(2007 年 12 月 6 日)

商务部关于同意鹤壁煤电股份有限公司变更为外商投资股份有限公司的批复、河南省人民政府国有资产监督管理委员会文件(2007 年 10 月 19 日)证明:增资扩股后,

鹤壁煤业(集团)有限责任公司占股本总额 69.95%；

清华控股有限公司占 0.4%；

中国矿业大学铜山产学研究中心占 0.26%；

国营华中器材厂占 0.13%；

鹤壁电力集团有限公司占 0.13%；(三个集体、28 个人)

香港国浩发展有限公司占 29.13%。

3. 2004 年 1 月,国营华中器材厂将全部国有资产转让给鹤壁市华中科技电子有限责任公司,鹤壁市华中科技电子有限责任公司 2008 年 3 月 1 日致函鹤煤电股权变动,并予以工商登记。

企业性质:鹤壁市华中科技电子责任有限公司,股东为自然人。

4. 企业法人营业执照:证明鹤壁煤业(集团)有限责任公司,法定代表人李永新,企业类型有限责任公司(国有独资),成立日期2000年3月18日。

鹤壁煤业(集团)有限公司章程(2002年8月)

股东为河南省煤炭工业局(国有持股方),占63.16％;

中国信达资产管理公司,(国有独资)占33.17％;

中国华融资产管理公司,(国有独资)占3.67％。

5. 河南省人民政府文件豫政文(2002)88号:河南省人民政府关于鹤壁煤业集团有限责任公司组建新的有限责任公司的批复……鹤壁煤业集团有限责任公司法定代表人为省属国有股的股东代表,对出资人负责,并承担国有资产的保值增值责任。

6. 公司变更登记申请书、关于由鹤壁市福田投资公司购买华融资产管理公司所持鹤煤(集团)公司股权的临时股东会议决议:证明国资持股方省煤炭工业局或省煤炭工业局指定的由鹤煤(集团)公司全体员工入股组建的鹤壁市福田投资有限公司购买中国华融资产管理公司所持鹤煤(集团)公司3.67％的股权。(2003年12月22日)

7. 企业法人营业执照:鹤壁市福田投资有限公司法定代表人周永信,企业类型有限责任公司;股东名称:周永信,占57％;李轩,占15％;李庆江,占0.8％;鹤壁福田工贸集团有限责任公司,占18％。营业期限自2003年11月至2004年12月。

8. 鹤壁煤业(集团)有限公司章程(2003年12月)

股东为:河南省煤炭工业局(国有持股方),占63.16％

中国信达资产管理公司,占33.17％;

鹤壁市福田投资有限公司,占3.67％

9. 鹤壁煤业(集团)有限责任公司公司变更登记申请书(2005年1月17日)、鹤煤集团第三次股东会议(2004年12月29日)、鹤煤集团章程修正案(2004年12月29日)、鹤煤集团章程(2004年12月),证明:

股东为:河南省煤炭工业局(国有持股方),占66.7％;

深圳市滢水投资集团有限公司,占29.98％;

鹤壁市福田投资有限公司,占3.32％。

10. 企业法人营业执照、股东信息:深圳市滢水投资集团有限公司,法定代表人刘俊涛。企业类型有限责任公司;股东刘俊涛,占75％、李跃芳,占25％;营业期限自2002年6月至2023年6月。

经当庭质证,公诉人对辩护人所提交的证据没有异议。本院认为,辩护人提交的证据来源合法,证明的内容客观真实,相互关联,本院予以确认。

根据上述有效证据,本院确认以下案件事实:

鹤壁煤业集团有限公司(以下简称煤业公司)成立于2000年3月,企业性质为国有独资,2003年12月煤业公司变更为有限责任公司。鹤壁煤电股份有限公司(以下简称煤电公司)成立于2001年1月,企业性质为股份有限公司。被告人刘有金于2000年7月被煤业公司聘任为九矿总会计师,2006年10月7日被煤电公司聘任为八矿总会计师。2003年7月7日被告人赵运海被煤电公司八矿聘任为运销科科长。

一、贪污罪

2007年10月份,时任煤电公司第八煤矿(以下简称八矿)总会计师的被告人刘有金与该矿运销科科长被告人赵运海,利用职务上的便利,伙同鹤壁市金辉物资有限公司经理被告人李启明,以八矿卖给金辉公司的煤质差需要补亏吨为由,从八矿骗出 4000 吨煤,李启明将这 4000 吨煤以 100 万元变卖,三人将该款私分。刘有金得款人民币 55.9614 万元,赵运海得款人民币 37.4566 万元,李启明得款人民币 6.582 万元。

二、受贿罪、非国家工作人员受贿罪

1. 2003 年夏天至 2005 年底期间,鹤壁煤电股份有限公司第九煤矿(以下简称九矿)服务公司九龙机械加工厂下属的手编网厂厂长袁爱凤,为感谢时任九矿总会计师的刘有金在其竞争承包手编网厂过程中的支持及在生产经营中的帮助,先后四次送给刘有金共计人民币 27000 元,刘有金予以收受。

2. 2007 年四五月份的一天,袁爱凤(手编网厂厂长)为将手编网厂的供货款在八矿挂账付款,在刘有金办公室,送给时任八矿总会计师的刘有金人民币 30000 元,刘有金予以收受。

3. 2004 年中秋节前至 2006 年 4 月份期间,九矿服务公司九龙机械加工复修厂承包人李为民,为在生产经营中得到时任九矿总会计师刘有金的帮助,先后五次送给刘有金人民币各 1 万元,共计人民币 5 万元,刘有金予以收受。

4. 2007 年上半年和年底,九矿服务公司九龙机械加工厂下属的冷拔丝网厂承包人闫新春,为感谢刘有金帮忙将冷拔丝网厂的供货款磨转到八矿账上付款,先后两次送给时任八矿总会计师的刘有金人民币各 4 万元,共计 8 万元,刘有金予以收受。

5. 2007 年春节前的一天,鹤壁金辉物资有限公司经理李启明,为在八矿购买煤炭中得到时任八矿运销科科长赵运海的帮助,送给赵运海人民币 5 万元,赵运海予以收受。

本院认为:煤业公司成立于 2000 年 3 月,系国有独资公司。煤电公司成立于 2001 年 1 月系股份有限公司,但该公司成立的主发起人是煤业公司。被告人刘有金于 2000 年 7 月 21 日被煤业公司聘任为九矿总会计师,于 2006 年 10 月 7 日又被煤电公司聘任为八矿总会计师至 2008 年 5 月。根据本案情况,煤业公司虽于 2003 年 12 月增加了由鹤煤业全体员工入股组建的福田公司,但被告人刘有金在被煤业公司和煤电公司聘任为八矿、九矿总会计师期间,其不是代表非国有股东参与经营管理,因此被告人刘有金的身份属于国有公司委派在煤业公司、煤电公司中从事公务的人员,应以国家工作人员论。

被告人赵运海于 2003 年 7 月 7 日被八矿聘任为运销科长,但八矿不具备独立的法人资格,隶属于煤电公司,煤电公司系股份有限公司。根据本案实际情况,被告人赵运海不属于受国有公司其他国有单位委派在公司中从事公务的人员。

被告人刘有金身为国家工作人员,利用自己主管八矿财务工作的职务便利,伙同赵运海、李启明采用非法手段,骗取八矿 4000 吨煤,变卖得款 100 万元,三人私分,其行为已构成贪污罪。被告人赵运海、李启明二人虽不是国家工作人员,但主观上具有犯罪的故意,客观上又积极参与,与被告人刘有金共同实施了将本单位财物占为己有的犯罪行为,已构成共同犯罪,应以贪污罪追究被告人赵运海、李启明的刑事责任。淇县人民检察院指控三被告人构成贪污罪成立,本院予以支持。在共同犯罪中,被告人刘有金、赵运海起主要作用,系主犯;被告人李启明起次要作用,系从犯。三被告人及其辩护人辩解三被告人的行为构不成贪污罪,应以职务侵占罪定罪处罚的理由不足,本院不予采纳。

被告人刘有金身为国家工作人员,利用职务上的便利,非法收受他人财物,共计 18.7 万元,为他人谋取利益,其行为已构成受贿罪。淇县人民检察院指控罪名成立。被告人刘有金及其辩护人辩解构不成受贿罪的理由不足,本院不予采纳。

被告人赵运海身为煤电公司八矿的工作人员,利用自己担任运销科长的职务便利,非法收受他人现金5万元,为他人谋取利益,其行为已构成非国家工作人员受贿罪。淇县人民检察院指控的该项事实清楚,但指控罪名不当,应予变更。被告人赵运海及其辩护人辩解公诉机关指控赵运海构成犯罪证据不足的辩解,本院不予采纳。

被告人刘有金被司法机关采取强制措施后,主动供述司法机关尚未掌握贪污的犯罪事实,依照《中华人民共和国刑法》第六十七条第二款之规定,是自首,可减轻处罚;被告人刘有金归案后,能揭发他人受贿的犯罪事实,已被司法机关查证属实,依照《中华人民共和国刑法》第六十八条第一款之规定,是立功,可对其所犯之罪减轻处罚。辩护人辩解被告人刘有金具有自首、立功情节,可减轻处罚的辩护理由符合法律规定,本院予以采纳。被告人李启明及辩护人辩解被告人李启明主动检举揭发他人受贿的事实,已查证属实,属于立功。事实是被告人李启明如实向司法机关交代自己行贿的事实及行贿对象,属于主动坦白,行贿是法律所禁止的行为,不符合立功的构成要件。故被告人及其辩护人的该项辩解理由不足,本院不予采纳。李启明在共同犯罪中系从犯,所起作用较小,应对其减轻处罚。被告人刘有金、赵运海犯有数罪,依照《中华人民共和国刑法》第六十九条之规定,应数罪并罚。鉴于三被告人归案后认罪态度较好,且能积极退赃,可酌情从轻处罚。

综上所述,依照《中华人民共和国刑法》第三百八十二条、第三百八十三条第一款第一项、第三百八十五条第一款、第三百八十六条、第二百七十一条第二款、第一百六十三条第一、三款、第九十三条第二款、第二十五条第一款、第二十六条第一款、第二十七条、第六十七条、第六十八条、第六十九条、第七十二条第一款、第七十三条第二、三款、第六十四条的规定,判决如下:

一、被告人刘有金犯贪污罪,判处有期徒刑七年;犯受贿罪,判处有期徒刑六年,数罪并罚,决定执行有期徒刑十二年;

二、被告人赵运海犯贪污罪,判处有期徒刑十年;犯非国家工作人员受贿罪,判处有期徒刑一年,数罪并罚,决定执行有期徒刑十年;

(刑期从判决执行之日起计算。判决执行以前先行羁押的,羁押一日折抵刑期一日。即刘有金刑期自2009年4月17日起至2021年4月16日止;赵运海刑期自2009年4月22日起至2019年4月21日止)

三、被告人李启明犯贪污罪,判处有期徒刑三年,缓刑五年。

(缓刑考验期自判决确定之日起计算)。

四、被告人刘有金、赵运海、李启明犯罪所得赃款,由扣押机关上缴国库。

如不服本判决,可自收到判决书的第二日起十日内,通过本院或直接向鹤壁市中级人民法院提出上诉。书面上诉的,应提交上诉状一份,副本两份。

[思考]

1. 混合身份共犯的概念和特征?

2. 身份对于经济犯罪的共同犯罪有什么影响?

第三节 犯罪主体的身份对共同经济犯罪定罪的影响

经济犯罪属于身份犯的一种,身份犯是刑法明文规定的由具有一定身份的人所实施的与其身份相关的犯罪。身份犯包括自然身份犯和法定身份犯,法定身份犯又包括国家工作人员职务犯罪和公司、企业人员职务犯罪等。从类型上分,经济犯罪属于法定身份犯。

在我国刑法分则第三章的破坏经济秩序罪和第八章贪污贿赂罪两章中关于身份犯的规定较为普遍。司法实践中,如果有身份者仅仅利用自己的身份单独进行经济犯罪活动,比较容易认定。不过,基于逃避法律制裁或者掩人耳目等诸多原因,有身份者往往和那些无身份者在一起利用自己的身份进行共同经济犯罪,笔者在本书将其称之为"混合身份共犯"。易而言之,所谓"混合身份共犯",是指具有一定身份的人和不具有一定身份的人,基于共同的犯罪故意,利用其职务之便所进行的犯罪。司法实践中,较为常见的混合身份共犯,是有特定身份的人和无身份的人共同进行的与身份相关的犯罪。[1] 混合身份共犯,给司法实践提出了一个较为棘手的难题,即对混合身份共犯如何定性。对于混合身份共犯的定性,我国司法部门一直处于较为混乱、不能统一的状态,在学术理论界,也是观点纷呈,莫衷一是。

[拓展阅读]

在某些共同犯罪中,有的行为人有特定身份,有的行为人没有特定身份,有的行为人没有任何身份,那么,我们说,该共同犯罪的主体之间的身份是一种混合的身份,亦即各行为人所具有的身份的性质是相异的。由几个身份性质相异的主体共同参与的犯罪,我们可以将之称为混合身份主体的共同犯罪,简称为混合身份共犯。准确地说,所谓的混合身份共犯,就是有特定身份者与无特定身份者所共同进行的犯罪。

从理论上说,混合身份共犯的含义有广义和狭义之分。广义的混合身份共犯,是指具有不同身份的行为人基于共同的故意所共同进行的犯罪。

广义的混合身份共犯包括两种情况:第一,有特定身份的人与无特定身份的人基于共同的故意而进行的非身份犯罪,如国家工作人员甲和非国家工作人员乙基于盗窃的故意,并非利用国家工作人员甲的身份而盗窃不属于国家工作人员甲所保管的财物,则两个人构成共同盗窃罪;第二,有特定身份的人与无特定身份的人,基于共同的故意,共同利用有身份者的特定身份,而实行一种一般仅能由有身份者才能构成的身份犯罪,如国家工作人员甲与非国家工作人员乙共同利用国家工作人员甲的身份去盗窃甲所保管的公共财物,两人构成共同贪污罪。

狭义的混合身份共犯其实就是上述广义的混合身份共犯的第二种情况,即是指有身份的人与无身份的人基于共同的故意,共同利用有身份的人的身份而进行刑法规定只有有身份的人才能构成的身份犯罪。[2]

---

[1] 严格地说,混合身份共犯还包括另外两种情形:其一,有特定身份者和无特定身份者(虽然也具有某种身份)各自利用其职务之便共同进行犯罪,这一点,笔者将在后文论及。其二,有身份者和无身份者(无任何身份)共同进行的与职务无关的犯罪。因为这种情形不是身份犯,所以笔者在本文不予研究。

[2] 杨辉忠著:《身份犯研究》,中国检察出版社 2007 年版,第 179—180 页。

一、目前国内关于混合身份共犯定性的各种学说

对于经济犯罪中的混合身份共犯如何定性以及对其主体如何确定刑事责任，目前主要有以下几种学说：

（一）主犯罪质决定说

该种学说主张按照主犯的行为确定罪名。其根据是来自 1985 年 7 月 18 日两高的《关于当前办理经济案件中具体应用法律的若干问题的解答（试行）》，该解答规定："内外勾结进行贪污或盗窃活动的共同犯罪……，应按照其共同犯罪的基本特征定罪。共同犯罪的基本特征一般是由主犯犯罪的基本特征决定的。如果共同犯罪中主犯犯罪的基本特征是贪污，同案犯中不具有贪污罪主体身份的人，应以贪污罪的共犯论处……，如果共同犯罪中主犯犯罪的基本特征是盗窃，同案犯是国家工作人员，不论是否利用了职务上的便利，应以盗窃罪的共犯论处。"2000 年 6 月 27 日最高人民法院《关于审理贪污、职务侵占案件如何认定共同犯罪几个问题的解释》第 3 条也规定："公司、企业或者其他单位中，不具有国家工作人员身份的人与国家工作人员勾结，分别利用各自的职务便利共同将本单位财物非法占为己有的，按照主犯的犯罪性质定罪。"

"主犯罪质决定说"在某些情况下是具有一定的合理性的，即在有身份者亲自实施犯罪行为且是主犯的情况下是可行的，两高的某些解答以及司法解释也基于此。因为司法实践中，大部分的混合身份共犯都是有身份者是实行犯而且是主犯，无身份者仅起教唆或帮助作用。但"主犯罪质决定说"的缺陷也很明显：

第一，根据刑法第 26 条的规定，主犯可以有两种，一是组织、领导犯罪集团的首要分子；二是在共同犯罪中起主要作用的人。因此，在司法实践中往往就会出现这样的问题，即在共同犯罪中，如果有身份者和无身份者均为主犯，应该按哪一个主犯的罪质来定罪呢？

第二，如果无身份者是教唆犯，但在共同犯罪中却起主要作用即是主犯，若是按主犯性质定罪，即按照教唆犯的性质定罪，这就与我国的刑法理论不合，因为，在我国的刑法理论中，教唆犯的罪质是从属于实行犯的罪质的，并不单独定罪。所以说，从刑法理论上讲，主犯、从犯都是根据行为人在共同犯罪中所起的作用的大小来划分的，只能作为量刑的根据，而不能作为定罪的根据。

（二）实行犯罪质决定说

该说认为，犯罪的性质总是由犯罪的实行行为的基本特征来决定的，认定行为构成什么性质的共同犯罪，应以实行犯实行的何种犯罪构成要件的行为为根据来认定。[①]

当有身份者是实行犯而无身份者不是实行犯时，"实行犯罪质决定说"具有一定的合理性的。但是如果无身份者和有身份者都是实行犯时，如何定罪，就遇到了难题。或者当无身份者是实行犯，而有身份者不是实行犯时，就会定为非身份犯罪，这与世界各国刑法的规定均不相符。如现行日本刑法第 65 条规定："（一）凡参与因犯人身份而构成之罪的犯罪行为人，虽不具有这种身份，仍为共犯。"1974 年奥地利刑法典第 14 条规定："（1）法律规定行为之可罚性、刑度系取决于与不法行为有关行为人之个人特定身份关系时，如参与人中仅有一

[①] 高铭暄：《中国刑法学》，中国人民大学出版社 1989 年 4 月第 1 版，第 205 页。

人具有这种身份关系时，所有参与人均使用此项规定。行为之不法系取决于行为人于直接实施犯罪或以其他特定方式参与行为之际，应具备特定身份关系者，亦同。"具有与此相类似规定的还有台湾刑法第31条。

除此之外，"实行犯罪质决定说"还违反了罪刑相适应原则。因为，如果有身份者是实行犯，整个共同犯罪就会定性为身份犯罪，那么将无身份者的行为也定为身份犯罪，势必会加重无身份者的刑事责任，相反，当无身份者是实行犯时，整个共同犯罪就会定性为无身份犯罪，那么将有身份者的行为定为无身份犯罪，则势必会减轻有身份者的刑事责任。

（三）各自罪质决定说

该说认为，在共同犯罪中，公职人员按职务犯罪论，其他人员（包括没有利用职务之便的公职人员），按非职务犯罪论。[①]

该说体现了共同身份犯罪中各行为人的犯罪行为具有独立性，并且定罪时考虑自身行为的犯罪构成，是可取的。但是这种观点过于强调了身份犯罪主体的特殊性，忽略了共同犯罪的整体性和共犯行为之间的联系。该种学说的缺陷在于：

其一，有悖于共同犯罪原理。共同犯罪是指两人以上共同故意犯罪。各个共犯主观上具有共同犯罪故意，客观上具有共同犯罪行为。在共同犯罪中，虽然行为人的分工不同，参与程度不同，所起的作用也有大小，但所有共犯的行为总是有机联系在一起的，并共同指向犯罪目标。在整个犯罪链条中，每一共犯的行为和所发生的犯罪结果之间都具有因果关系。如果承认在身份共同犯罪中，身份人员和非身份人员可以分别定罪，无异于承认在同一共同犯罪中存在两个以上的犯罪故意，同时割裂共犯之间的联系性，这是与共同犯罪原理相矛盾的。

其二，不利于定罪处罚。定罪是处罚的前提，定罪不当必然导致处罚不当。如在当前司法实践中，贪污、盗窃、诈骗的定罪数额相差悬殊，如分别定罪，必然使国家工作人员和普通人员在量刑上出现很大差异。此时，如果承认在共同经济犯罪中，国家工作人员与普通人员应分别定性，那么，在许多场合，对普通人员的行为根本不能定罪。如国家工作人员与普通人员共谋收受贿赂的行为，如果对普通人员不按受贿罪的共犯处理，就无法认定其犯罪，这就有损于执法的严肃性和统一性。

笔者对于上述第二种意见是持肯定态度的，但是对于第一种意见，笔者认为值得商榷。对于混合身份共犯进行分别定罪，是否割裂共同犯罪原理？笔者持否定态度。笔者认为，对于两个不同身份的人共同进行某种身份犯罪，分别定罪，从形式上看确实有割裂共同犯罪原理之嫌，但若从本质上加以深入分析，则就得出相反的结论。例如，一个国家工作人员和一个非国家工作人员基于共同的故意，共同利用国家工作人员的职务之便侵占国家工作人员所保管的公共财物，此时，按照分别定罪说非国家工作人员定为盗窃罪肯定无疑，但国家工作人员由于其特殊的身份，则同时构成盗窃罪和贪污罪，此种情形属于刑法上的想象竞合，按照想象竞合犯的处罚原则，择一重罪处断，则构成贪污罪。虽然形式上看两者分别定为贪污罪和盗窃罪，但是国家工作人员的盗窃罪和非国家工作人员的盗窃罪却是共同的，因此，从本质上讲，分别定罪并未割裂两者的共犯联系，当然也就不存在割裂共同犯罪原理之嫌。

---

① 陈兴良：《经济刑法学》（总论），中国社会科学出版社1990年版，第331页。

（四）具体分析说

该说认为,公职人员与非公职人员共同犯罪,若同为犯罪的实行犯,前者是职务犯罪,后者是普通犯罪。若公职人员教唆、帮助非公职人员犯罪的,由于非公职人员不能构成职务犯罪,所以都应以普通犯罪论。[①]

该说主张有身份者与无身份者同为经济犯罪的实行犯时,分别定罪,这就无异于"分别定罪说"。所以,"分别定罪说"所具有的各种优缺点该说都有。该说主张有身份者教唆、帮助无身份者犯罪时,以普通犯罪论的观点也是不合适的。如果有身份者教唆或者帮助无身份者犯非身份犯罪即普通犯罪,以普通犯罪论是不容置疑的,但是如果有身份者教唆或者帮助无身份者犯身份犯罪,其实有身份者是把无身份者当作"有身份但无故意"的工具,是一种间接正犯,应该依身份犯罪来定罪,而无身份者则是其身份犯罪的共犯。

（五）有职务者罪质决定说

该说认为,有职务者与无职务者共同实行犯罪行为,应以有职务者所犯之罪定罪。[②] 依有职务者的罪质来决定混合身份共犯的性质,笔者认为,应该说有其一定的合理之处。[③] 但是,它仍然不能从根本上解决混合身份共犯的定性问题。假如无身份者和有身份者虽然一起进行某种共同犯罪,但并没有利用有身份者的身份和职务之便,或者有特定身份者和无特定身份者各自利用自己的身份共同实行某种犯罪行为,如何定性,还有待进一步地探讨和研究。

笔者认为,"身份犯罪质决定说"有其一定的合理之处,理由如下:

首先,"身份犯罪质决定说"充分体现了刑法对有身份者的身份犯罪从严惩处的立法精神。这主要表现在:

第一,同一犯罪行为因犯罪主体的不同而规定不同的罪名,设定不同的量刑幅度,有身份者从重惩处,而非身份者则从轻处罚。在我国的刑法中,同一种犯罪行为因犯罪主体的身份不同而设定不同罪名和设定不同的法定刑的情况比比皆是。如受贿罪与公司、企业人员受贿罪;挪用公款罪与挪用资金罪;职务侵占罪与贪污罪;公司、企业人员签订履行合同失职被骗罪与国家机关工作人员签订履行合同失职被骗罪等等。第二同一犯罪行为,虽罪名相同,但对有身份者要从重处罚,而对于非身份者,则科以通常之刑。这种关于不纯正身份犯的规定,在我国刑法中,为数也不少。例如非法拘禁罪、诬告陷害罪、非法搜查罪、非法侵入他人住宅罪等等。同样一种具有社会危害性的行为,因主体不同而直接影响犯罪构成。国家工作人员以犯罪论处,而普通人员却不能以犯罪论处。如巨额财产来源不明罪、受贿罪等。混合身份共犯作为身份犯罪的一种表现形式,理应体现这一精神。

其次,"身份犯罪质决定说"符合身份犯罪的构成要件。身份犯的犯罪构成必须具备以下两个特征:其一,身份犯罪之主体必须是有一定的特殊身份的人。其二,身份犯罪在客观

---

① 周红梅:《职务犯罪中的共同犯罪》,载《法律科学》1991 年第 4 期。

② 张兆松:《职务犯罪中的共犯之我见》,载《法律科学》1992 年第 2 期。

③ 比如,两高关于混合身份共犯的司法解释大多采取此学说,从一定的意义上讲,正是因为此学说比较有利于司法实践。职务犯罪既然是一种身份犯,那么,有职务者的职务应该是定罪的前提和基础。在混合身份共犯中,不管有职务者是主犯抑或从犯,是实行犯抑或非实行犯,没有有职务者的职务之便一般是不可能实施或者完成犯罪的。最重要的是该学说在当前的形势下符合我国刑法对职务犯罪从严惩处的立法精神和党的反腐倡廉的整风政策。

方面表现为有身份者利用身份带来的便利条件进行犯罪活动。"身份"是身份犯罪的前提和基础。在混合身份的共同犯罪中,不管有身份者是主犯还是从犯,是实行犯还是非实行犯,没有有身份者的身份所带来的便利条件一般是不能实施或完成犯罪的。

再次,"身份犯罪质决定说"符合我国的刑事立法和司法精神。身份对于共同犯罪的定罪和量刑具有重要意义。1952 年公布实施的《中华人民共和国惩治贪污条例》第 12 条的规定、1988 年 1 月 21 日全国人大常委会公布施行的《关于惩治贪污罪贿赂罪的补充规定》第 1 条第 2 款的规定、最高人民法院、最高人民检察院 1989 年 11 月 6 日公布的《关于执行〈关于惩治贪污罪贿赂罪的补充规定〉若干问题的解答》第 2 条第 6 项的规定以及最高人民法院、最高人民检察院、公安部在《关于当前办理强奸案件中具体应用法律的若干问题的解答》、最高人民法院 2000 年 6 月 27 日《关于审理贪污、职务侵占案件如何认定共同犯罪几个问题的解释》第 3 条规定,乃至我国 1997 年刑法分则的第 382 条针对贪污罪中的混合身份共犯所作的专门规定,都肯定了非身份者可以成为有身份者的犯罪的共犯。由此可见,对于混合身份共犯中的非身份者以有身份者的犯罪来处罚符合我国法律和司法解释的规定。

最后,"身份犯罪质决定说"还有利于司法实践。这不仅表现在有利于体现身份犯罪定性标准的统一性,而且表现在它有利于贯彻罪刑相一致原则,更表现在它有利于惩治内外勾结的职务犯罪,同时也避免了对于混合身份共犯的刑事责任承担的许多争论。

但是,有的学者也提出了异议,认为该说解决不了"公职人员与非公职人员一起没有利用职务之便而共同犯罪的问题"。笔者认为,我们探讨的是身份对共同犯罪的影响问题,如果不是利用职务之便而与普通人员共同犯罪,其实就不是职务犯罪,也就走出了"身份犯与共同犯罪"的研讨圈子。

"身份犯罪质决定说"是当前许多国家解决混合身份共犯的定罪处罚问题的主流学说,该学说主要体现了各国对身份犯罪的重点打击的态度,尤其是在当前世界各国均面临着严重的腐败犯罪的情况下,该种学说就更显十分重要。具体到我国而言,我国当今刑法在解决混合身份共犯问题上,是采用该学说的,但在司法实践中,兼采其他诸种学说,如主犯决定说、分别定罪说等等。我国在立法上之所以采用身份犯罪质决定说,也是由我国的国情决定的。当前我国正处在经济体制变革时期,有的国家工作人员趁着这种新的经济体制还没有建立但旧的经济体制已经变更的混乱情况下,不惜用手中的职权大肆侵吞国有资产、非法收受他人的贿赂而为他人谋取不正当利益,导致国有资产大量流失,使国家和集体蒙受了巨大的经济损失。而所有这一切,都是国家工作人员利用职权行为具体实施的,或者是与国家工作人员的职权行为密切相关的。所以,将所有的非国家工作人员和国家工作人员相勾结的犯罪都以职务犯罪的共犯来定罪处罚,既有力地打击了现实司法实践中严重的贪污腐败犯罪,而且有力地保证了社会主义经济秩序的有效和正常地运行,对社会主义市场经济的改革与发展有着极其重要的意义。

但是,我们也不能不看到,"身份犯罪质决定说",如果撇开刑事政策的影响,但从刑法理论而言,它也同样有着致命的缺点,即违背了罪责刑相适应原则。将与国家工作人员一起犯罪的非国家工作人员一律按照国家工作人员犯罪来定罪处罚,其本身就是不甚合理的。

二、混合身份共犯的具体定性

经济犯罪中的混合身份共犯是不同身份的主体一起进行的共同犯罪,所以,其主体的构成可能比较复杂。其中既有有身份者,也有无身份者,既有有特定身份者,也有无特定身份者。但是无论如何,司法实践中,经济犯罪的混合身份共犯的客观行为无非就表现在以下三个方面,即(一)有身份者和无身份者一起利用有身份者的身份之便而共同进行犯罪;(二)有身份者和无身份者一起进行共同犯罪,但并没有利用有身份者的身份;(三)有特定身份者和无特定身份者各自利用自己的身份而进行共同犯罪。在这三种情况下,混合身份共犯应如何定性? 其主体应该如何承担刑事责任? 笔者将分别予以探讨。

(一)有身份者和无身份者一起利用有身份者的身份进行经济身份犯罪

这是司法实践中最为常见的一种混合身份共犯形式。它主要表现为共犯的主体必须利用有身份者的身份方能实现犯罪的目的,否则,便不能完成犯罪。如国家工作人员与非国家工作人员共同贪污或共同受贿等。对于这种情况,笔者认为,应当依有身份者的行为所成立的犯罪的性质作为共同犯罪的性质。这样做,主要是承认了主体的特殊身份对案件整体性质的影响。特殊身份主体在涉及混合身份共犯的案件中,应当具有决定案件性质和全部共同犯罪人罪名的主导作用。这一点,不但表现在有身份者与无身份者共同实行犯罪的构成要件行为的场合,也表现在一方教唆或帮助另一方实行犯罪构成要件行为的场合。如无身份者若教唆或帮助有身份者实施贪污行为,显然,无身份者就是贪污罪的共犯。另一方面,如果有身份者教唆或帮助无身份者利用自己的身份去盗取自己所保管的公共财物,那么,有身份者就是贪污罪的间接正犯。需要指出的是,对有身份者与无身份者共同实施某种身份犯罪的场合,最主要的原因是因为无身份者利用了有身份者的特殊身份和职务之便,从而使其罪质发生了变化,与有身份者的犯罪行为连成了一个密不可分的犯罪整体。[①] 也就是说,如果无身份者若不利用有身份者的身份与职务之便,便不可能去实施某种身份犯罪。很显然,普通公民无法贪污,也无法受贿,因为,贪污罪和受贿罪是真正身份犯,身份是其构成的必要条件,只有具备了这种身份,方能实现该种犯罪。

另外必须指出的是,如果无特定身份者与有特定身份者一起利用有特定身份者的身份和职务之便进行某种特定的身份犯罪,也应该依有特定身份者的行为性质来决定共同犯罪的性质。因为,相对于必须由有特定身份者的特定身份才能构成的真正身份犯而言,这里的"无特定身份者"其实就相当于"无身份者"。如企业、事业或其他单位的人员与国家工作人员一起利用国家工作人员的职务之便而侵占公共财物的,以贪污罪论。[②] 同样,无身份者与无特定身份者一起利用无特定身份者的身份而共同实施某种真正身份犯的,应依无特定身份者的行为性质来确定共同犯罪的性质。如无身份者与企业、事业或其他单位的人员相勾结,利用企业、事业或者其他单位的人员的职务之便,共同将该单位的财物占为己有的,以职务侵占罪的共犯论处。[③]

---

① 这种学说在日本几乎成为通说。他们认为,在共同犯罪中,应该重点去看待共同犯罪人之间的主观方面的意思联络,只要无身份者和有身份者有实施某种身份犯罪的共同意思,那么无身份者就会因为与有身份者同心一体而取得有身份者的身份。我国的部分学者也承认这种观点。

② 最高人民法院在《关于审理贪污、职务侵占案件如何认定共同犯罪几个问题的解释》中说:"行为人与国家工作人员勾结,利用国家工作人员的职务便利,共同侵吞、窃取、骗取或者以其他手段非法占有公共财物的,以贪污罪共犯论处。"笔者认为,这里的"行为人"也包括公司、企业或者其他单位的人员。

③ 最高人民法院《关于审理贪污、职务侵占案件如何认定共同犯罪几个问题的解释》。

（二）有职务者与无职务者共同犯罪，但并未利用有职务者的职务之便①

有些时候，混合身份的主体一起进行共同犯罪，并不一定利用有职务者的职务之便，也就是说，有职务者的身份和职务在共同犯罪中仅起了很小的作用或者干脆不起作用。笔者认为，在这种情况下，如果再按有职务者的行为性质来确定共同犯罪的性质，就会显得有些牵强。先看一个判例：②被告人申某（中国人民银行陕西省铜川市分行业务部出纳；在逃）找被告人高金有（普通公民），要求高去盗窃自己与另一出纳共同保管的现金。高同意。1998年7月23日上午，申带高到其业务部熟悉地形，并暗示了存放现金的保险柜和开启保险柜的另一把钥匙的存放地点。7月30日，申将高带进其业务部套间藏进自己保管的大壁柜内，上班后，申与另一出纳从金库提回现金40万元，放进保险柜的顶层。10时30分，申进入套间向高指认了藏款的保险柜。10时40分，申趁其他工作人员外出吃饭之际，打开壁柜将自己保管的保险柜钥匙交给高，并告诉高其他人都走了。尔后，自己也外出吃饭。高即撬开另一出纳的办公桌抽屉，取出钥匙，打开保险柜，将30万元人民币装入旅行袋内，又在办公室将申某等人的保险柜撬开，然后逃离现场。在本案的审理过程中，对本案的定性存在两种观点。一种观点认为，高与申是共同犯罪，而申是银行出纳，具有特殊身份，所以，应以申的行为性质来确定本罪的性质，即全案定为贪污罪，而高虽无特定身份，但可以认为是贪污罪的共犯。而另一种观点则认为，申虽为银行出纳，也利用其便利条件带高熟悉了作案的地形和情境，但仅有这些，高尚不足以盗到现金，高必须撬开另一出纳的办公桌，偷得另一把钥匙，打开保险柜，方能实现犯罪的目的。而这一系列的行为，都是高一人独立完成的。所以，本案应定盗窃罪。最后，铜川市中级人民法院以及陕西省高级人民法院也是以盗窃罪判处并核准高某死缓。③ 笔者认为，如果混合身份的主体共同实施某种身份犯罪，而其中并不是也没有利用有身份者的身份之便，那就说明，这一犯罪，即便不利用有身份者的身份之便也能完成或实现，因此，这一犯罪就是一种不真正身份犯，而不是真正身份犯。对于不真正身份犯，不论两者是共同实施，还是一方教唆或者帮助另一方，都应该在承认共同犯罪的基础之上分别定罪。④ 这里，笔者必须重点指出，分别定罪必须是在承认共同犯罪的基础之上分别定罪。就本案而言，高某构成盗窃罪。而申某则构成两个罪，即盗窃罪之教唆犯和贪污罪之间接正犯，从理论上讲，贪污罪要比盗窃罪量刑要重，⑤所以，对申某应以贪污罪论处。但我们还得承认，高与申在盗窃罪上是共同犯罪。

（三）有特定身份者和无特定身份者各自利用自己的身份共同实施身份经济犯罪的情况

以上两种情形都是一方是有身份者，另一方是无身份者（没有任何身份），而笔者要论及的第三种情形是一方是有特定身份者（如国家工作人员），另一方则是无特定身份者（尽管有一定的身份，如公司、企业或者其他单位的人员）。如果这两种身份的人在一起共同犯罪，而

---

① 有些人认为，这种情况不应该看作是一种身份犯罪。笔者认为不然，与"现役军人和普通公民共同偷越国（边）境"案例一样，尽管无身份者没有利用有身份者的身份，但并不排除身份犯的可能性，只是在定罪方面有所探讨罢了。

② 本案例选自《刑事审判参考》2000年第2期。

③ 由于申某在逃，所以，法院并未就申某的行为作出裁决，对于申某行为的定性，尚有待探讨。

④ 陈兴良：《共同犯罪论》，1992年6月第1版，第352—365页。

⑤ 至于在我国立法上和司法上的贪污罪和盗窃罪的量刑的规定，还有待探究和完善。

且各自利用自己的身份,应该如何定罪呢?

对于这一种情形的混合身份共犯的定性,学术理论界和司法实践中主要存在两种观点。第一种观点认为,因为两者有共同的意思联络,尽管各自利用自己的身份,行为的性质不同,但不能说行为的形式不同,从严格的意义上说,应该是共同犯罪,只不过定罪的时候,主要看谁的行为是主要的,按主要的犯罪人的行为的性质来确定共同犯罪的性质,即采取"主犯罪质决定说"。这两种观点在司法实践中可以说都有相应的判例和司法根据予以支持。第二种观点认为,既然各个主体都是利用自己的身份,没有利用对方的职务和身份,那么,可以这样认为,主体之间仅有主观意思的共同一致,但却没有共同的行为,根据主客观相一致原则,应该分别定罪,各自承担刑事责任。

第一种观点应该说是有法律依据的。贪污罪和职务侵占罪是两种不同性质的犯罪,但是两者的客观方面的行为方式却是相同的,而且两者都是身份犯,只不过主体的身份不同罢了。在司法实践中如何处理此二者的混合身份共犯呢? 为此,最高人民法院于 2000 年 6 月 27 日通过了《关于审理贪污、职务侵占案件如何认定共同犯罪几个问题的解释》。该解释第三条规定:"公司、企业或者其他单位中,不具有国家工作人员身份的人与国家工作人员勾结,分别利用各自的职务之便,共同将本单位财物非法占为己有的,按照主犯的犯罪性质定罪。"很显然,在该情形下,最高人民法院采取的是"主犯罪质决定说",即国家工作人员是主犯时,该共同犯罪的性质就是贪污罪,如果公司、企业或者其他单位的人员是主犯,则该共同犯罪就是职务侵占罪。最高人民法院的这种解释不无道理,因为,若按犯罪构成来说,有特定职务者和无特定职务者各自具有不同的身份,又各自利用自己的职务之便实施了性质不同的行为,应该成立各自的身份犯,分别定罪。但是,由于是共同犯罪,若分别定罪,则有悖于共同犯罪理论,割裂了共同犯罪的联系,于是,采取"主犯罪质决定说"至少能保证共同犯罪的同一性、相联性和不可分割性,同时,与职务犯罪理论也比较吻合,不管以哪一种身份犯来确定共同犯罪的性质,也都是职务犯罪。

不过,最高人民法院的这个解释也有不尽合理之处:其一,这种情形毕竟不像第一种情形,即无身份者如果不利用有身份者的身份就不可能完成某种身份犯罪,要完成犯罪,无身份者必须与有身份者紧密结合,合二为一才行。而这种情形,无特定身份者即便不与有特定身份者一起进行,照样可以取得某种非法利益。有特定身份者的特定身份对无特定身份者来说是一种可有可无的东西。反之亦然,这里不存在身份的取得与转化问题,所以,仅以主犯的行为性质来确定共同犯罪的性质似有不妥。其二,从一定的意义上说,我国刑法明文规定对主犯的处罚分三种情况。[1] 假如有特定身份者和无特定身份者在某一犯罪过程中均起到主要作用,都是主犯,那么该如何定罪呢? 不能不说是一个难题。

至于第二种观点认为应该分别定罪,也有其一定的道理。其一,有特定职务者和无特定职务者,本来就是两种具有不同身份的主体,从主体形态上就已经决定了两者只能构成不同的身份犯罪。我们说,身份犯是由于主体形态的不同而从普通犯罪中分离出来的,同时,也正是由于主体形态的不同,才使得此身份犯区别于彼身份犯。其二,由于主体的身份不同,他们所实施的行为,尽管从形式上看是相同的,但其实质却不同。两种不同性质的行为若按

---

[1] 一是犯罪集团的首要分子,按照集团所犯的全部罪行处罚;二是聚众犯罪中的首要分子,按照其组织、指挥的全部犯罪处罚;三是首要分子以外的主犯,按照其参与的全部犯罪处罚。

其中的一种行为的性质来评价,显然是说不通的。其三,现实的司法实践中,有很多的案件只有对混合身份的共犯分别定罪,才能使犯罪者合理地承担刑事责任,做到正确地、合理地定罪量刑。例如:被告人苟兴良(四川省通江县百货公司经理,属非国家工作人员)伙同被告人毕洪兴(四川省通江县百货公司副经理,属国家工作人员)、苟在全(四川省通江县百货公司党支部副书记,属国家工作人员)、刘书洪(四川省通江县百货公司副经理,属国家工作人员)一起利用各自的职务之便先后多次索取、收受他人贿赂和侵占本单位财物。其中,苟兴良伙同他人或者单独受贿 14 次、个人分得赃款 68000 元、伙同他人或者单独侵吞公款 6 次、个人分得赃款 19000 元;苟在全伙同他人受贿 8 次、个人分得赃款 49000 元、伙同他人贪污 6 次、个人分得赃款 13000 元;毕宏兴伙同他人受贿 5 次、个人分得赃款 26900 元、伙同他人贪污 7 次、个人分得赃款 15500 元;刘书洪伙同他人受贿 4 次、个人分得赃款 17500 元、伙同他人贪污 7 次、个人分得赃款 16000 元。① 本案是一个典型的混合身份共犯,但是如果给该四人统一定罪,显然不能做到罪刑相适应,因为,苟兴良尽管不是国家工作人员,但在本案中却起到了主要作用,其他三人尽管不是主犯,但却具有特定的职务,社会危害性较大。最后,经四川省高级人民法院判决,苟兴良犯商业受贿罪和职务侵占罪;其他三人均构成受贿罪和贪污罪。

笔者认为,对于这种情形的混合身份共犯的定性,不能绝对地就按"主犯罪质决定说"或者"分别定罪说",而应该具体问题具体分析。共同犯罪在一般情况下,应当定一个统一的罪名,但这并不是绝对的,在承认共同犯罪的故意、共同犯罪的行为的同时,根据法律规定的主体身份的要求,分别确定不同的罪名,分别给予不同的处罚,既体现了共同犯罪人对自己所参与的犯罪行为负责的要求,也体现了罪刑相适应的处罚原则。当然,共同犯罪中的同案犯具有不同的特定身份,也不是一律依其不同的身份分别定罪,关键是看被告人是否分别利用了本人的职务便利实施犯罪。

对于有特定身份者和无特定身份者一起利用各自的身份共同实施犯罪的定性,笔者认为应该按照行为的社会危害性来确定。我们知道,"社会危害性"是一个综合指标,它不仅仅决定于犯罪主体的身份、主观恶性、危害行为、危害结果某一个方面或者某几个方面,而是要把这几个方面综合起来,再加上整个社会的评判,方能得出正确的结论。当一个有特定身份者和一个无特定身份者一起各自利用自己的身份实施共同犯罪的时候,我们不要单纯地去考虑谁是主要行为实施者或者谁是有特定身份者,而是既要考虑行为者行为时本身的主客观因素,又要考虑行为者的行为对整个社会的客观影响以及人们对这种行为的评判。

如果对混合身份共犯进行分别定罪,是否就意味着否定其共同犯罪,或者意味着割裂了其共同犯罪的同一性?笔者认为不然。虽然对其定性是分别的,但我们并不否定他们在某些方面是共同的。比如一个有身份者教唆一个无身份者去盗窃自己负责保管的财物,对于无身份者而言,应定盗窃罪,而有身份者,一方面他构成了盗窃罪的教唆犯,但另一方面,他又构成贪污罪的间接正犯,其实是一个行为触犯两个罪名,按想象竞合犯的原则,从一重处,应定贪污罪。所以,尽管对他们分别定了罪,但我们并不否定他们在盗窃罪方面是一种共同犯罪。只不过在司法实践中,就要求我们的司法工作者在书写司法文书的时候,尽量借鉴西方国家的司法文书的行文方式,将这一点在文书中予以说明,以免去人们的误解。

---

① 《刑事审判参考》1999 年第 4 期第 34 页。

[案例评点] 刘有金贪污受贿案所聚焦的问题有二:

第一,国家工作人员和非国家工作人员共同侵占公共财产的案件如何定性? 也就是贪污和职务侵占案件如何认定共同犯罪的性质?

我国《刑法》第382条规定了贪污罪,根据该条的规定,贪污罪,是指国家工作人员利用职务上的便利,侵吞、窃取、骗取或者以其他手段非法占有公共财物的行为,或者受国家机关、国有公司、企业、事业单位、人民团体委托管理、经营国有财产的人员,利用职务上的便利,以上述手段非法占有国有财物的行为。本罪的主体包括两种人:一是国家工作人员。关于国家工作人员的范围,根据《刑法》第93条的规定,包括:(1)国家机关中从事公务的人员;(2)国有公司、企业、事业单位、人民团体中从事公务的人员;(3)国家机关、国有公司、企业、事业单位、人民团体委派到非国有公司、企业、事业单位、社会团体中从事公务的人员;(4)其他依法从事公务的人员。二是受国家机关、国有公司、企业、事业单位、人民团体委托管理、经营国有财产的人员。

《刑法》第382条第3款还规定,与上述两类人员勾结,伙同贪污的,以共犯论处。

我国《刑法》第271条规定了职务侵占罪。根据该条的规定,职务侵占罪,是指非国有公司、企业或者其他单位的人员,利用职务上的便利,将本单位的财物非法占为己有,数额较大的行为。

对于在非国有公司、企业或者其他单位中,受国有单位委派的国家工作人员和非国家工作人员公共侵占单位的公共财物的行为如何定性? 一直是刑法理论界和实务界争论不休的问题。一种观点认为,两者都应当认定为贪污罪。因为根据《刑法》第382条第2款的规定,凡是伙同国家工作人员共同贪污的,以共犯论处。另一种观点认为,两者应当分别定罪,国家工作人员定贪污罪,非国家工作人员定职务侵占罪。当然还有观点认为,两者都应该定职务侵占罪。为了消弭理论上和实务界的争论,更好地指导司法实践。2000年6月30日最高人民法院出台了《关于审理贪污、职务侵占案件如何认定共同犯罪几个问题的解释》。该《解释》第1条规定:"行为人与国家工作人员相勾结,利用国家工作人员的职务便利,共同侵吞、窃取、骗取或者以其他手段非法占有公共财物的,以贪污罪共犯论处。"该《解释》第2条规定:"行为人与公司、企业或者其他单位的人员相勾结,利用公司、企业或者其他单位的人员的职务便利,共同将该单位财物非法占为己有,数额较大的,以职务侵占罪共犯论处。"该《解释》第3条规定:"公司、企业或者其他单位中,不具有国家工作人员身份的人与国家工作人员勾结,分别利用各自的职务便利,共同将本单位财物非法占为己有的,按照主犯的犯罪性质定罪。"

本案中,鹤壁煤业集团有限公司成立于2000年3月,系国有独资公司。鹤壁煤电股份有限公司成立于2001年1月,系股份有限公司,但该公司成立的主发起人是煤业公司。被告人刘有金于2000年7月21日被煤业公司聘任为九矿总会计师,于2006年10月7日又被煤电公司聘任为八矿总会计师至2008年5月。根据本案情况,煤业公司虽于2003年12月增加了由鹤壁煤业全体员工入股组建的福田公司,但被告人刘有金在被煤业公司和煤电公司聘任为八矿、九矿总会计师期间,其不是代表非国有股东参与经营管理,因此被告人刘有金的身份属于国有公司委派在煤业公司、煤电公司中从事公务的人员,应以国家工作人员论。而被告人赵运海于2003年7月7日被八矿聘任为运销科长,但八矿不具备独立的法人资格,隶属于煤电公司,煤电公司系股份有限公司。根据本案实际情况,被告人赵运海不属于受国有公司其他国有单位委派在公司中从事公务的人员。被告人刘有金身为国家工作人员，利用自己主管八矿财务工作的职务便利，伙同赵运海、李启明采用非法手段，骗取八矿4000吨煤，变卖得款100万元，三人私分，其行为已构成贪污罪。被告人赵运海、李启明二人虽不是国家工作人员，但主观上具有犯罪的故意，客观上又积极参与，与被告人刘有金共同实施了将本单位财物占为己有的犯罪行为，已构成共同犯罪，应以贪污罪追究被告人赵运海、李启明的刑事责任。所以，三人成立贪污罪的共同犯罪。

第二，国家工作人员和非国家工作人员利用职务之便共同受贿的案件如何定性？

对于国家工作人员和非国家工作人员利用职务之便共同受贿案件的定性，一如贪污罪，在刑法理论界和司法实务界也有争论。各方所持观点也和贪污罪的共同犯罪大同小异，恕不赘述。2008年11月20日最高人民法院、最高人民检察院《关于办理商业贿赂刑事案件适用法律若干问题的意见》第11条规定：非国家工作人员与国家工作人员通谋，共同收受他人财物，构成共同犯罪的，根据双方利用职务之便的具体情形分别定罪追究刑事责任：(1)利用国家工作人员的职务便利为他人谋取利益的，以受贿罪追究刑事责任；(2)利用非国家工作人员的职务便利为他人谋取利益的，以非国家工作人员受贿罪追究刑事责任；(3)分别利用各自的职务便利为他人谋取利益的，按照主犯的犯罪性质追究刑事责任，不能分清主从犯的，可以受贿罪追究刑事责任。但是该解释第(3)项，有待商榷。因为我国刑法第26条将主犯分为三类，那就有可能在非国家工作人员和国家工作人员分别利用职务之便为他人谋取利益的案件中出现两者都是主犯的情况，如果都按照受贿罪进行定罪处罚，势必违反了罪责刑相适应的基本原则，所以，在司法实践界，各审判机关对于该类情况，多采用"分别定罪说"，即国家工作人员定受贿罪，而非国家工作人员定非国家工作人员受贿罪。这一点与贪污罪与职务侵占罪的共同犯罪的定性不同，因为《刑法》第382条第3款可以理解为，凡是伙同国家工作人员共同贪污的，都以贪污罪的共犯定罪处罚。但《刑法》在受贿罪中并没有相应的类似规定。

因此，本案中刘有金定受贿罪，而赵运海和李启明定非国家工作人员受贿罪。

第十一章

经济犯罪的罪数形态

第一节 经济犯罪的罪数形态概述

一、经济犯罪的罪数的概念

经济犯罪的罪数是指行为人实施的经济危害行为构成经济犯罪的个数。它是揭示经济犯罪的一罪与数罪的关系以及数罪的不同表现形式和论处形式。从本质上讲,经济犯罪的罪数形态主要是指经济犯罪的不同数罪表现形式和论处形式,因为经济犯罪的一罪属于犯罪的单一构成,不属于多种犯罪构成形式。因此,确立经济犯罪的罪数形态不仅有利于准确地定罪,而且也有利于对罪犯的正确量刑。

二、经济犯罪罪数的区分标准

关于罪数的区分标准,中外刑法理论中大致有如下几种标准:第一,行为标准说。行为标准说认为,罪数的单复数应当以行为的个数为标准。一行为即为一罪,数行为即为数罪。第二,结果标准说。结果标准说认为,由于犯罪是给社会造成一定危害结果的行为,因而计算犯罪的单复就不能以行为的个数为标准,而应以危害结果的个数或多少作为认定标准,一个结果为一罪,数个结果为数罪。第三,法益标准说。法益标准说认为,由于犯罪行为都侵犯了刑法所保护的法益,因而侵害法益的个数也就决定着犯罪的单复数。侵害一个法益的为一罪,侵害数个法益的为数罪。第四,犯意标准说。犯意标准说认为,犯罪是有犯意的行为,刑事责任的根据是犯意,行为和结果不外是犯意的体现,只有犯意才是犯罪的本质,因而应当把犯意的单复数作为区分罪行单复数的标准。一个犯意的为一罪,数个犯意的为数罪。第五,构成要件标准说。构成要件标准说认为,认定罪数的标准是犯罪构成要件的数量。凡是犯罪事实符合一个构成要件的,就是一罪,符合两个以上的犯罪构成标准的,就是数罪。

我们认为区分经济犯罪的一罪与数罪,不能以行为标准说、结果标准说、法益标准说、犯意标准说作为依据,因为这些学说紧紧抓住犯罪构成的主观或者客观的某一方面,都没有贯彻主客观相统一的刑法原则,因而在很大程度上不能正确地将一罪与数罪科学地区别开来。根据我国刑法理论的通说,我们认为,区分经济犯罪的一罪与数罪,应以构成要件标准说作为依据,因为它不仅坚持了主客观相统一的刑法原则,而且科学地贯彻了犯罪构成的理论体系。

[导入案例]

熊漓斌等生产、销售假药案

被告人熊漓斌。因涉嫌犯销售假药罪,于1999年8月6日被逮捕。

被告人谢庆庄。因涉嫌犯生产假药罪,于1999年8月6日被逮捕。

被告人莫忠明。因涉嫌犯生产假药罪,于1999年8月6日被逮捕。

被告人唐荣付。因涉嫌犯销售假药罪,于1999年8月6日被逮捕。

被告人兰忠灵。因涉嫌犯销售假药罪,于1999年8月6日被逮捕。

桂林市七星区人民检察院以被告人熊漓斌、谢庆庄、莫忠明、唐荣付、兰忠灵犯生产、销售假药罪,向七星区人民法院提起公诉。

桂林市七星区人民法院经公开审理查明:

1998年10月的一天,被告人熊漓斌找到被告人兰忠灵、唐荣付,与兰、唐在桂林商量做三金片(药品名)的生意,兰忠灵找到被告人谢庆庄让其出资做三金片的内包装,谢庆庄同意后找到被告人莫忠明共同出资做三金片的内包装,莫忠明表示同意。1999年5月1日,被告人兰忠灵与谢庆庄、莫忠明到桂林找到被告人熊漓斌商量制作三金片的具体事宜后,决定由熊漓斌负责提供药片、塑料瓶并负责销售,由谢庆庄和莫忠明负责所有的内包装以及生产、包装,并谈好获利后由熊漓斌与兰忠灵、谢庆庄、莫忠明四六分成。5月至6月间,被告人熊漓斌提供穿心莲片(药品名),被告人兰忠灵、谢庆庄、莫忠明在柳州租房请工人将熊漓斌提供的穿心莲片用三金片的包装瓶进行分瓶包装。因兰忠灵与谢庆庄等人发生矛盾,谢庆庄与熊漓斌将包装工作转到广西来宾县莫忠明提供的房间内进行,共计包装好264件假三金片。6月27日,被告人谢庆庄、莫忠明租车将造好的假三金片从来宾县运到桂林交给熊漓斌存放。当天熊漓斌将假三金片已运到桂林的情况告诉了唐荣付,并让唐一起找客户。6月28日8时许,被告人熊漓斌用电话与柳州地区医药工业公司的莫明新联系,向莫谎称该批药是唐荣付的亲戚从桂林三金药业集团公司内部得到的正宗三金片,被告人唐荣付也在电话里向莫明新证实了熊漓斌的说法,莫明新表示要货,被告人唐荣付将假三金片运到桂林市国际贸易中心停车场停放。11时30分左右,莫明新与妻子邱雪松应约到桂林三金药业集团公司门口。被告人熊漓斌和唐荣付在此等候。熊漓斌假装让唐荣付到厂里提货,唐荣付把预先已装在货车上的180件假三金片从国际贸易中心停车场运到三金药业集团公司门前的路口,称这批货是从公司里提出来的,事先已交代好的司机也做同样的回答。莫明新夫妇信以为真。之后,莫明新夫妇在本市平山停车场验货后以每件1200元的价格购得该180件假三金片,共付货款人民币216000元。被告人熊漓斌分得赃款57150元,谢庆庄分得赃款67850元,莫忠明分得赃款55000元,唐荣付分得赃款36000元。案发后分别从被告人熊漓斌、唐荣付、谢庆庄、莫忠明追缴赃款5700元、9050元、20209.10元、36000元;被告人莫忠明的亲属已主动为莫忠明退出赃款19000元,以上共计人民币899591.10元,已退还被害人莫明新夫妇。

桂林市七星区人民法院认为:被告人熊漓斌、谢庆庄、莫忠明、兰忠灵、唐荣付明知是假药而非法生产、销售,足以严重危害他人身体健康,五被告人的行为均已构成生产、销售假药罪。依照《中华人民共和国刑法》第一百四十一条、第二十五条第一款、第七十二条、第七十三条第二、第三款的规定,于 1999 年 11 月 12 日以生产、销售假药罪分别判处熊漓斌、谢庆庄、唐荣付、莫忠明、兰忠灵有期徒刑三年;有期徒刑三年;有期徒刑二年六个月,缓刑三年;有期徒刑二年,缓刑三年;有期徒刑一年,缓刑二年。

判决宣判后,上述被告人均未提起上诉。

[思考]

1. 生产、销售假药进行诈骗的行为如何认定?

2. 什么是想象竞合犯?

第二节 经济犯罪的具体的罪数形态

一、经济犯罪之继续犯

所谓经济犯罪的继续犯,也称经济犯罪的持续犯,是指经济危害行为实施后,在一定时间内,经济不法行为与不法状态同时处于继续状态的犯罪形态。刑法第 172 条规定的非法持有伪造的货币罪,应属于经济犯罪中典型的继续犯。

继续犯的特征包括:

第一,行为人只实施了一个危害行为;

第二,危害行为实施后必须处于继续状态;

第三,危害行为的继续必须与行为引起的不法状态同时进行;

第四,必须是在一定时间内继续;

第五,危害行为在继续过程中侵害对象必须是同一的。

经济犯罪的继续犯,从本质上说是属于本来的一罪、实质的一罪,属于一行为法律规定为一罪的情况,因此,无论行为人的行为持续时间有多长,都应该按照一罪处理,而不应当按照数罪进行处罚。

二、经济犯罪之想象竞合犯

想象竞合犯是指行为人基于一个罪过,实施一个危害行为,同时触犯数个罪名的犯罪形态。想象竞合犯在我国刑法的起草过程中曾试图在法典中规定,但最终并未规定。因此想象竞合犯主要是刑法学和司法实践中使用的概念。

想象竞合犯的特征包括:

第一,行为人只有一个罪过,行为人既可能出于一个犯罪故意,也可能出于一个犯罪过失;

第二,行为人只实施了一个危害行为;

第三,行为人的行为须同时触犯数个罪名。在现实司法实践中,经济犯罪想象竞合的现象非常普遍,如刑法第 140 条的生产、销售伪劣产品罪与刑法第 214 条的销售假冒注册商标的商品罪之间的竞合、刑法第 382 条的贪污罪与刑法第 264 条的盗窃罪之间的竞合,均属于想象竞合的情况。

对于想象竞合犯的处罚,刑法学界多主张"从一重罪处断"的原则。所谓从一重罪处断就是按其触犯的数个犯罪之中处罚较重的犯罪论处。所谓"处罚较重",一般理解为法定刑较重。但在特殊情况下,也应该按照具体犯罪行为所触犯的数个犯罪的不同法定刑幅度进行比较,然后按照较重的刑罚进行论处。但是,有的学者也提出,对于想象竞合犯,应该按照"从一重重处断"原则进行处罚。[①] 笔者比较赞成该种观点,因为如果仅按照数罪中的处罚较重的犯罪对行为人进行处罚,就体现不出对行为人较轻犯罪的主观恶性的评价,此为其一。另外,司法解释也为我们采用"从一重重处断原则"提供了一定的法律依据。如最高人民法院、最高人民检察院 1987 年 11 月 27 日《关于办理盗窃、盗掘、非法经营和走私文物案件具体应用法律的若干问题的解答》第 3 条第 2 项规定:"破坏珍贵文物、名胜古迹的犯罪行为,同时又触犯其他罪的,应按照其中的重罪从重追究刑事责任。"该解释的这条规定就是想象竞合犯的"从一重重处断原则"的典型体现。

［拓展阅读］

……所谓一个行为,不是从构成要件的评价上看是一个行为,而是基于自然的观察,在社会的一般观念上被认为是一个行为。但是,这里的一个行为与触犯数个罪名相关联,因此,除了进行社会一般观念的理解外,还要进行某种程度的规范评价。即当某个行为还能被分成两个行为时,要根据二者之间有无重合关系来判断是否一个行为。至于达到何种程度的重合关系时,才被认定为一个行为,在理论上存有争议。例如,不法持有枪支的人故意杀人,可以分成两个行为:非法持有枪支与杀人;在判断其是否属于想象竞合犯时,必须考虑两个行为之间具有何种程度的重合关系,才是一个行为。主要部分重合说认为,符合构成要件的各自然行为至少其主要部分重合时,才是一个行为;一部重合说认为,只要各自然行为在某一点上重合,就是一个行为;着手一体说认为,各自然行为在着手实施阶段一体化时,则是一个行为;不能分割说认为,实施其中一种自然行为必然实施另一种自然行为时,方为一个行为。多数学者采取主要部分重合说。在上例中,如果行为人以前一直非法持有枪支,后来产生杀人故意,则主要部分不是重合的,不是一个行为,不成立想象竞合犯,而是数罪;如果行为人仅仅是为了杀人而不法持有枪支的,则主要部分是重合的,属于一个行为,成立想象竞合犯。

问题是如何评价不作为犯中的一个行为,例如,甲负有两个法律上的义务,只要实施一个积极行为,便可以同时履行两个作为义务,但甲没有实施积极行为,因而违反了两个作为义务,造成两个法益侵害。假定的作为同一性说认为,由于不可能根据不作为的外观判断其行为的数量,故应以设想的履行作为义务所需要的行为数量来判断一行为与数行为。因此,当一个积极行为可以履行数个作为义务时,一个积极行为可以防止数个法益侵害时,就是一个行为。在这种情况下,即使违反了数个作为义务,也仅认定为一罪(想象竞合犯)。反之,如果行为人负有数个作为义务,且需要数个积极行为履行该义务,则是数行为,不成立想象竞合犯。时间的同一性说(同时性说)则认为,在同一时间发生的,属于一个行为;在数个不同时间发生的,成立数个行为。然而,时间的同一性具有偶然性,其结论也具有偶然性。所以,假定的作为同一性说具有合理性。[②]

---

① 参见吴振兴著:《罪数形态论》,中国检察出版社 1996 年 4 月版,第 72 页。
② 张明楷著:《刑法原理》,商务印书馆 2011 年版,第 419—420 页。

[案例评点] 按照当时的《刑法》第141条的规定,生产、销售假药罪,是指违反药品管理法规,生产、销售假药,足以严重危害人体健康的行为。① 按照《刑法》第266条的规定,诈骗罪,是指以非法占有为目的,虚构事实,隐瞒真相,骗取他人财物,数额较大的行为。将假药当作真药予以销售,显然是一种虚构事实,隐瞒真相的行为。

所以,在熊漓斌等生产、销售假药案审理过程中,对于本案的定性,出现了两种意见:第一种意见认为,行为人的行为构成生产、销售假药罪,因为本案中的几个被告人以穿心莲片冒充三金片,已属于生产假药的范围。如果假冒的三金片流入到社会,病人服用后,延误了治疗,势必严重危害人体健康。另外,行为人明知是假药而销售的,也构成了销售假药罪。根据刑法的基本原理,生产、销售假药罪属于选择性罪名,行为人既生产假药,又销售假药的,构成生产、销售假药罪一罪,而不进行数罪并罚。第二种观点认为,行为人的行为构成诈骗罪,因为,行为人生产销售假药的行为并未完全实现,尤其是假药并没有销售,没有流入市场,不可能"足以严重危害人体健康",所以不符合生产、销售假药罪的构成要件。

笔者认为,正如上文所述,生产、销售假药罪是一种选择性罪名,并不一定要生产、销售两个行为同时具备才可以构成犯罪,只要是为了销售而生产假药,即便没有流入市场,照样可以构成该罪。另外,本罪是危险犯,即便是现实的危险犯,也只是指只要在生产的假药中含有对人体有严重危害的成分,就可以认定该假药"足以危害人体健康"。

综合本案,被告人熊漓斌等为了营利而生产假药,将穿心莲冒充的假三金片销售给受害人,骗取受害人的钱财,确有以假充真的诈骗行为。诈骗行为在本案中是作为一种销售方式而存在的。而这种以假充真的销售方式应该说正是生产、销售假药罪的构成特征。此外,生产、销售假药罪是以"足以严重危害人体健康"作为本质的构成要件,而诈骗罪是以骗取数额较大的公共财物作为构成要件,两者侵犯的法益明显不同。所以,只要是为了营利而生产假药,不管有没有卖出去,都应该构成生产、销售假药罪。故而,被告人熊漓斌等人的行为认定生产、销售假药罪较为适宜。

[导入案例]

孟祥国、李桂英、金利杰侵犯著作权案

被告人孟祥国。因涉嫌犯侵犯著作权罪,于2001年7月18日被逮捕。

被告人李桂英。因涉嫌犯非法经营罪,于2001年6月28日被逮捕。

被告人金利杰。因涉嫌犯非法经营罪,于2001年6月28日被逮捕。

2001年3月1日,北京市通州区人民检察院以被告人孟祥国、李桂英、金利杰犯侵犯著作权罪,向北京市通州区人民法院提起公诉。

北京市通州区人民法院经公开开庭审理查明:

1978—1995年,被告人孟祥国在北京市新华印刷厂工作,后辞职从事个体经营。1999年底,孟祥国发现上海外语教育出版社和高等教育出版社出版的《大学英语》《高等数学》《中专英语综合教程》等教材在市场上畅销,遂起意盗印上述图书牟取非法利益。

---

① 《刑法修正案(八)》第23条将该罪中的"足以严重危害身体健康"的要件予以删除,从而将该罪从危险犯变成了行为犯。

2000 年初,被告人孟祥国从他人处得知北京市通州区胡各庄乡三元装订厂(以下简称三元装订厂)能够印刷无委印手续书刊,便电话与时任三元装订厂厂长的被告人李桂英取得联系,称自己是书商,想印一些书,并约见面细谈。后李桂英带着本厂业务员被告人金利杰在北京市丰台区六里桥与孟祥国商谈,孟祥国对李、金二人讲,其准备印一些大学教材,但无任何手续,李桂英认为所要印的教材不是"黄色"和"反动"的,即同意印刷。经过协商,双方商定:由孟祥国提供盗版图书的印刷软片及封皮,三元装订厂负责印刷正文和装订图书,并将成品书送到孟祥国所指定的托运站,每个印张 0.3 元。依据约定,李桂英安排工人从事盗版图书的印刷及装订,金利杰将成品书送到孟祥国指定的托运站。孟祥国接货后通过石家庄科教书店经理王聪南、浙江省三通商业教材发行站四方书店经理徐树、沈阳市文源书店经理夏志国等人将书销往全国各地。

自 2000 年 3 月至 2001 年 2 月间,被告人孟祥国、李桂英、金利杰为牟取非法利益,在明知无复制、发行等权利的情况下,未经许可复制发行外语教育出版社享有专有出版权的《大学英语》系列教材、高等教育出版社享有出版权的《中专英语综合教程》《高等数学》等教材共计 22 万余册,非法经营额达人民币 272 万余元。

北京市通州区人民法院认为:被告人孟祥国无视国家法律,以营利为目的,出版上海外语教育出版社、高等教育出版社享有专有出版权的《大学英语》《高等数学》《中专英语综合教程》等教材,被告人李桂英身为北京市通州区胡各庄乡三元装订厂的厂长,被告人金利杰身为北京市通州区胡各庄乡三元装订厂的业务人员,在明知无图书印制委托书等相关手续的情况下,为牟取非法利益,未经许可印刷、装订上述教材,非法经营数额达人民币 272 万余元,被告人李桂英负主管责任,被告人金利杰是直接负责的责任人员,三被告人的行为均侵犯了他人的专有出版权和国家的著作权管理制度,构成侵犯著作权罪。被告人孟祥国犯罪情节特别严重,被告人李桂英、金利杰犯罪情节严重,对三被告人均应依法予以惩处。在共同犯罪中,被告人孟祥国、李桂英起主要作用,系主犯,应当按照二被告人所参与的全部犯罪进行处罚。被告人金利杰系从犯,且在犯罪后协助公安机关抓捕其他犯罪嫌疑人,有立功表现,依法对其从轻、减轻或免除处罚。依照《中华人民共和国刑法》第二百一十七条第(二)项、第二百二十条、第二十五条第一款、第二十六条第一款、第四款、第二十七条、第六十八条第一款、《最高人民法院关于审理非法出版物刑事案件具体应用法律若干问题的解释》第二条和《最高人民法院关于处理自首和立功具体应用法律若干问题的解释》第五条的规定,于2002 年 6 月 3 日判决如下:

1. 被告人孟祥国犯侵犯著作权罪,判处有期徒刑五年,并处罚金人民币五万元;
2. 被告人李桂英犯侵犯著作权罪,判处有期徒刑二年六个月,并处罚金人民币三万元;
3. 被告人金利杰犯侵犯著作权罪,免予刑事处罚。

宣判后,孟祥国、李桂英、金利杰均未上诉,检察机关未提出抗诉。判决发生法律效力。

[思考]

1. 什么是法条竞合犯?法条竞合犯的处罚原则是什么?
2. 本案中的犯罪人为什么不能适用非法经营罪?

三、经济犯罪之法条竞合犯

经济犯罪之法条竞合犯,是指行为人实施一个经济犯罪行为,但同时触犯了两个以上的法条,由于数个法条之间具有包容或者交叉的逻辑关系,仅适用其中一个法条进行处罚的情况。

经济犯罪之法条竞合犯的特征主要有:

第一,行为人实施了一个经济犯罪行为;

第二,该一个经济犯罪行为同时触犯了数个法条;

第三,数个法条之间具有一定的逻辑关系,该种逻辑关系或者表现为一个法条包含另外的法条,或者表现为一个法条与另外的法条发生交叉;

第四,仅适用其中的一个法条进行处罚,而对另一个法条就不再评价。

经济犯罪之法条竞合的情形在我国刑法中表现得尤为突出。如刑法第 140 条中的生产、销售伪劣产品罪与紧随其后的生产、销售假药罪、生产、销售劣药罪、生产、销售有毒、有害食品罪等产品犯罪之间的竞合,就属于典型的法条竞合。此外,又如破坏社会主义经济秩序罪中的所有的金融诈骗罪与侵犯财产罪中的诈骗罪之间的竞合,也属于典型的法条竞合的情形。有的学者认为,刑法第 151 条、第 152 条所规定的各种走私特定对象的犯罪与第 153 条规定的走私普通货物、物品之间的竞合也属于法条竞合。[①] 对于这种观点,笔者不敢苟同。因为,笔者认为,刑法第 151 条、第 152 条所规定的核材料、伪造的货币、贵重金属、武器弹药、珍贵动物及其制品、珍稀植物及其制品等都属于特殊的物品,他们与刑法第 153 条规定的普通物品、货物之间是一种相对立而存在的关系,而不是包容与被包容的关系,所以,其法条之间不存在法条竞合关系。但是,刑法第 153 条的走私普通货物、物品罪与刑法第 347 条、第 350 条所规定的走私毒品罪、走私制毒物品罪之间,应该视为一种法条竞合关系。

关于经济犯罪之法条竞合形成的情况,我国刑法的规定,主要有以下几种:

第一,因为主体的特殊而形成的竞合;如刑法第 171 条第 2 款的金融工作人员购买假币罪与刑法第 171 条第 1 款的购买假币罪之间的竞合;

第二,因犯罪手段的特殊而形成的法条竞合。如所有的金融诈骗罪与普通诈骗罪之间的竞合;

第三,同时因为多种构成要件的特殊而构成的法条竞合。如刑法第 193 条的贷款诈骗罪和刑法第 266 条的诈骗罪之间的竞合,就是由于对象、手段等多种要件的特殊而形成的法条竞合。

对于经济犯罪之法条竞合犯的处罚原则,根据我国刑法的规定和一般的刑法理论,主要有两种:

第一,特别法优于普通法。在某种经济犯罪行为同时触犯同一法律中规定的普通法条和特殊法条时,应当按照特别的法条所规定的罪行论处。如刑法第 266 条规定的诈骗罪属于普通法条,而刑法分则第三章中规定的集资诈骗、贷款诈骗罪等金融诈骗罪均属于特别法条,行为人如果利用集资、贷款、保险等手段进行诈骗,就既触犯了集资诈骗罪、贷款诈骗罪、保险诈骗罪等金融犯罪,又触犯了普通的诈骗罪,但是按照特别法条优于普通法条的原则,只能按照所构成的金融诈骗罪进行论处,而不能认定为普通诈骗罪。

第二,重法优于轻法。当某一经济犯罪行为同时触犯同一法律中的普通法条合特别法条,而按特别法条进行处罚又做不到罪刑相适应时,则只能适用重法优于轻法的处罚原则,

① 赵长青主编:《经济刑法学》,法律出版社 1999 年 8 月版,第 117 页。

按照处罚较重的法条进行论处。从我国刑法的规定来看,在出现法条竞合的情况下适用重法优于轻法的处罚原则已经有了法定的依据。如刑法第149条第2款规定:"生产、销售本节第140条至148条所列产品,构成各该条规定的犯罪,同时又构成本节第140条规定之罪的,依照处罚较重的规定定罪处罚。"也就是说,如果生产、销售特定伪劣产品,在构成各该法条规定的犯罪的同时,又构成生产、销售伪劣产品罪的,应当按照处罚较重的法条进行定罪处罚。

四、经济犯罪之结果加重犯

经济犯罪之结果加重犯,是指行为人基于一个罪过,实施一个经济犯罪行为,但出现了比基本结果要重的加重结果,刑法就此加重结果专门规定了相应法定刑的情形。

经济犯罪之结果加重犯主要有以下几个特征:

第一,行为人基于一个基本的犯罪罪过,该罪过既可以是故意,也可以是过失;

第二,行为人仅实施了一个基本的经济犯罪行为;

第三,出现了比基本结果重的加重结果;

第四,刑法就此加重结果规定了专门的法定刑;

第五,处罚时按照加重结果所对应的法定刑进行处罚。

在经济犯罪中,结果加重犯主要的表现形式就是数额犯的结果加重犯。经济犯罪一般表现为行为人追求不法经济利益的犯罪,所以在我国刑法中,很多经济犯罪都被规定为数额犯,以一定的犯罪数额作为定罪与量刑的法定依据。尤其在量刑方面,我国刑法根据行为人所获得的不法经济利益的数额的不同设置了不同的量刑幅度,我们一般可以将这种情况看作是经济犯罪的结果加重犯。

对于经济犯罪的结果加重犯的处罚,只要依照刑法根据不同的结果程度所设置的法定刑处罚即可。

[拓展阅读] ....

法条竞合,是指一个行为同时符合数个法条规定的犯罪构成,但从数个法条之间的逻辑关系来看,只能适用其中一个法条,当然排除适用其他法条的情况。

现实社会中的犯罪现象千姿百态,有的犯罪行为是另一犯罪行为的一部分,有的犯罪行为的一部分也是另一犯罪行为的一部分。错综复杂的犯罪现象,反映在刑事立法上便是错综复杂的规定。在刑法上,此一法条规定的犯罪,可能是另一法条规定的犯罪的一部分,或者此一法条所规定的犯罪的一部分,可能是另一法条所规定的犯罪的一部分。这就导致了一个犯罪行为可能同时符合数个法条规定的犯罪构成。例如,军人故意泄露军事秘密的,即符合刑法第398条的故意泄露国家秘密罪的构成要件,又符合刑法第432条的故意泄露军事秘密罪的构成要件。在这种情况下,由于客观上只有一个行为,主观上只有一个犯意,行为符合数个法条规定的犯罪构成是由刑法错综复杂的规定所致,故不可以同时适用数个法条,只能适用其中一个法条。

一个犯罪行为同时符合数个法条规定的犯罪构成的现象,不仅客观存在,而且也得到了刑法的承认。例如,刑法第235条规定:"过失伤害他人致人重伤的,处三年以下有期徒刑或者拘役。本法另有规定的,依照规定。"该规定表明,如果某种行为虽然符合过失致人重伤罪的犯罪构成,但又符合其他法条规定的犯罪构成要件的,则应以其他法条论处,不再适用刑法第235条。这既肯定了法条竞合的存在,也肯定了法条竞合时只能适用其中一个法条。[①]

[案例评点] 根据《刑法》第217条规定,侵犯著作权罪,是指以营利为目的,违反国家著作权管理法规,侵犯他人著作权益,违法所得数额较大或者有其他严重情节的行为。侵犯著作权的行为方式是多种多样的,刑法列举了四种情况:(1)未经著作权人许可,复制发行其文字作品、音乐、电影、电视、录像作品、计算机软件及其他作品的。最高人民法院1998年12月23日施行的《关于审理非法出版物刑事案件具体应用法律若干问题的解释》(本节以下简称《解释》)第3条指出:"刑法第二百一十七条第(一)项中规定的'复制发行',是指行为人以营利为目的,未经著作权人许可而实施的复制、发行或者既复制又发行其文字作品、音乐、电影、电视、录像作品、计算机软件及其他作品的行为。"(2)出版他人享有专有出版权的图书的;(3)未经录音录像制作者许可,复制发行其著作的录音录像的;(4)制作、出售假冒他人署名的美术作品的。

孟祥国等人侵犯著作权案在审理过程中,有两种分歧意见:第一种意见认为,被告人孟祥国等人的行为构成侵犯著作权罪。因为孟祥国等人以营利为目的,盗印外语教育出版社享有专有出版权的《大学英语》系列教材、高等教育出版社享有专有出版权的《中专英语综合教程》《高等数学》等教材共计22万余册,非法经营数额达人民币272万余元。根据《刑法》第217条的规定,孟祥国等人的行为应认定为侵犯著作权罪。第二种观点认为,被告人孟祥国不是《大学英语》《中专英语综合教程》《高等数学》等教材的出版者,被告人李桂英、金利杰身为印刷业务的从业人员对此也是明知的,却为了谋取非法利益,违反《出版管理条例》第33条第3款关于"印刷或者复制单位不得接受非出版单位和个人的委托印刷报纸、期刊、图书或者复制音像制品、电子出版物,不得擅自印刷、发行报纸、期刊、图书或者复制、发行音像制品、电子出版物"的规定,接受个人委托,违法印刷《大学英语》《中专英语综合教程》《高等数学》等教材,不仅侵犯了外语教育出版社和高等教育出版社的著作权,还严重扰乱了出版物市场管理秩序,情节严重,其行为同时触犯了刑法第217条和第225条的规定。根据最高人民法院、最高人民检察院《关于办理生产、销售伪劣商品刑事案件具体应用法律若干问题的解释》第10条关于"实施生产、销售伪劣商品犯罪,同时构成侵犯知识产权、非法经营等其他犯罪的,依照处罚较重的规定定罪处罚"的规定,应当依照处罚较重的非法经营罪定罪处罚。

笔者认为,以非法出版物为犯罪对象的非法经营罪与侵犯著作权罪之间属于法条竞合关系,非法经营罪属于普通法条,而侵犯著作权罪属于特别法条。在刑法没有特别规定的情况下,应当采用法条竞合犯的处罚原则进行定罪处罚,即特别法条优于普通法条。在本案中,被告人孟祥国等人的行为应该定侵犯著作权罪。这一点在最高人民法院的司法解释中也能找到佐证。最高人民法院《关于审理非法出版物刑事案件具体应用法律若干问题的解释》第11条规定:"违反国家规定,出版、印刷、复制、发行本解释第一条至第十条规定以外的其他严重危害社会秩序和扰乱市场秩序的非法出版物,情节严重的,依照刑法第二百二十五条第(三)项的规定,以非法经营罪定罪处罚"。也就是说,对于以非法出版物为犯罪对象的

犯罪行为,只有在没有特别法条可以适用的情况下,才能适用刑法第二百二十五条,以非法经营罪定罪处罚。

综上,审判机关以侵犯著作权罪给被告人孟祥国等人定罪处罚是合适的。

五、经济犯罪之连续犯

经济犯罪之连续犯,是指行为人出于概括的或者同一的犯罪故意,连续实施数个独立的同一性质的经济犯罪行为,从而触犯同一罪名的情况。

经济犯罪之连续犯主要有以下几个特征:

第一,行为人必须是数个独立的同一性质的经济犯罪行为,即行为人连续实施的数个经济犯罪必须是同一性质的犯罪。如行为人在一年的时间内连续贪污数十次,而且每次的数额与情节都达到犯罪的程度,就是贪污罪的连续犯。

第二,数个独立的经济犯罪之间在时间上必须具有连续性。如何认定时间上的连续性,在刑法理论上有主观说、客观说以及折中说的纷争。笔者认为,时间上的连续性,并非像一般人所认为的是时间上的短暂性,应当本着主客观相统一的原则,具体从时间的连续、行为的连续等诸多方面进行认定。

第三,连续实施的数个经济犯罪行为触犯的必须是同一个罪名。所谓同一罪名,是指行为人所实施的数个经济犯罪不仅行为性质完全相同,而且在犯罪构成的其他要件上也必须完全相同。[①]

第四,数次实施的经济犯罪行为必须是基于同一的或者概括的犯罪故意。故意的内容既可以是确定的,也可以是不确定的。

经济犯罪之连续犯所实施的犯罪行为虽然有多次,但由于各个行为都是基于同一的或者概括的犯罪故意,并且呈现连续状态,因此,对于经济犯罪之连续犯多主张采取"以一罪从重处罚原则"而不实行数罪并罚。对于以一定的数额作为量刑情节而设定几个量刑幅度的经济犯罪,应当按照行为人的数额所符合的量刑幅度进行处罚。

值得指出的是,在经济犯罪之连续犯的处罚中,我国刑法规定几种经济犯罪可以按照"累计相加"的处罚原则进行处罚。这种累计相加的处罚原则,主要表现在数额犯中。这种累计相加的数额如果作为量刑数额,则符合连续犯的一般处罚原则。但是如果将这种累计相加的数额作为定罪数额,则可能就会将连续犯、惯犯和徐行犯等几种罪数形态结合起来,而不能单纯地认为是一种连续犯。

---

① 值得注意的是,在我国刑法中,很多经济犯罪采用的是选择性罪名的立法方式,这样就会产生个罪名与亚个罪名之分。同一罪名指的是必须是同一的个罪名呢? 还是同一的亚个罪名? 如行为人第一次实施生产假药犯罪,第二次实施销售假药犯罪,第三次又实施生产假药犯罪,如果按照个罪名,该行为人构成连续犯,但如果按照亚个罪名,则行为人的第二次销售假药的行为就不能与第一次、第三次行为一起构成连续犯。笔者认为这个问题尚待探讨。

[导入案例]

王昌和变造金融票证案

一、基本案情

被告人王昌和。因涉嫌犯变造金融票证罪,于 1999 年 6 月 18 日被逮捕。

某县人民检察院以被告人王昌和犯变造金融票证罪,向某县人民法院提起公诉。

某县人民法院经公开审理查明:

1998 年 10 月 18 日,被告人王昌和在某县城关信用社存款 130 元,至 11 月 25 日已两次支取 125 元,存折上余额为 5 元。1999 年 6 月 29 日,被告人王昌和在自己家中将存折上存款余额涂改为 10805 元。同年 7 月 1 日上午 10 时许,王持涂改后的存折到本县城关一发廊按摩嫖娼,结账时无现金支付,便同发廊老板、卖淫女三人乘三轮车到城关信用社取款,信用社工作人员发现存折被涂后即报警,公安人员遂将王昌和抓获。

某县人民法院认为:被告人王昌和以牟取不正当利益为目的,以真实的金融凭证为基础,采取涂改存款余额的手段,改变金融凭证的内容,主观上表现为故意,客观上实施了涂改存单上存款余额的行为,其行为构成变造金融票证罪。检察机关指控被告人王昌和犯变造金融票证罪的事实清楚,证据确实、充分。依照《中华人民共和国刑法》第一百七十七条的规定,于 1999 年 10 月 25 日判决如下:

被告人王昌和犯变造金融票证罪,判处有期徒刑二年,并处罚金人民币二万元。

宣判后,王昌和没有上诉,检察机关亦未抗诉,判决发生法律效力。

[思考]

1. 本案的判决有无值得商榷之处?

2. 什么是牵连犯? 我国刑法中牵连犯的处罚原则有哪些?

六、经济犯罪之牵连犯

经济犯罪之牵连犯是指行为人实施一个经济犯罪行为,其犯罪的手段行为或者结果又同时触犯了其他罪名的犯罪形态。如行为人为了实施信用卡诈骗犯罪而事先伪造信用卡,又如行为人在实施了伪造、变造国家有价证券犯罪后又使用伪造、变造的国家有价证券进行诈骗犯罪。它们之间都属于牵连犯关系。刑法第 171 条第 3 款规定:"伪造货币并出售或者运输伪造的货币的,依照刑法第 170 条的规定定罪从重处罚。"伪造货币罪是行为人实施的基本犯罪行为,出售伪造的货币或运输伪造的货币是伪造货币罪的结果行为。

经济犯罪之牵连犯的特征包括:

第一,行为人须出于一个犯罪目的;

第二,行为人须实施两个以上的不同性质的犯罪行为;

第三,这些犯罪行为之间存在手段行为和目的行为、原因行为和结果行为之间的牵连关系。

对经济犯罪之牵连犯的处罚，一般采取"从一重处断原则"，[①]在法律作特别规定的情况下，也可以采取数罪并罚原则。如刑法第 157 条第 2 款规定："以暴力、威胁方法抗拒缉私的，以走私罪和刑法第 277 条规定的阻碍国家机关工作人员依法执行职务罪，依照数罪并罚的规定处罚。"又如根据刑法第 198 条第 2 款规定的精神，行为人为骗取保险，而又触犯其他犯罪的，应该按照保险诈骗罪与所触犯的其他犯罪进行数罪并罚。

［拓展阅读］

关于数个行为中的手段和结果的关系，有(1) 某种犯罪和手段或结果之间必须具有通常关系的客观说，(2) 行为人具有将数罪作为手段或结果进行牵连的意思的主观说，(3) 数个行为在其性质上，通常来说，具有手段与结果的关系，并且行为人也具有牵连意思的折中说之间的对立。牵连犯在性质上是并合罪，刑法上之所以将其作为科刑一罪，是由于在经验法则上，通常伴随有作为某种犯罪的手段或结果的情况，所以，没有必要作为并合罪独立进行刑法上的评价，因此，(1)说妥当。

［**案例评点**］　根据《刑法》第 177 条的规定，伪造、变造金融票证罪，是指行为人以各种方法，伪造、变造汇票、本票、支票或者委托收款凭证、汇款凭证、银行存单等其他银行结算凭证的，或者伪造、变造信用证或者附随的单据、文件或伪造信用卡的行为。

根据《刑法》第 194 条规定，金融凭证诈骗罪，是指以非法占有为目的，使用伪造、变造的委托收款凭证、汇款凭证、银行存单等银行结算凭证，骗取财物的行为。

王昌和的案件主要应该解决两个问题：

第一，罪数形态问题。

被告人王昌和先变造银行存折，数额较大，构成变造金融票证罪；而后又用变造的银行存折到银行取钱，企图诈骗，又构成金融票证诈骗罪。两者是一种牵连关系，变造金融凭证的目的是为了进行金融凭证诈骗。王昌和的行为应该按照牵连犯的处罚原则，择一重罪处断。

第二，行为的具体定性问题。

根据《刑法》第 177 条的规定，犯编造金融票证罪的，处 5 年以下有期徒刑或者拘役，并处或单处 2 万元以上 20 万元以下罚金；情节严重的，处 5 年以上 10 以下有期徒刑，并处 5 万元以上 50 万元以下罚金；情节特别严重的，处 10 年以上有期徒刑或者无期徒刑，并处 5 万元以上 50 万元以下罚金或者没收财产。而按照《刑法》第 194 条的规定，犯金融票证诈骗罪的，处 5 年以下有期徒刑，并处 2 万元以上 20 万元以下罚金；数额巨大或者有其他严重情节的，处 5 年以上 10 年以下有期徒刑，并处 5 万元以上 50 万元以下罚金；数额特别巨大或者有其他特别严重情节的，处 10 年以上有期徒刑或者无期徒刑，并处 5 万元以上 50 万元以下罚金或者没收财产。两罪的刑罚处罚基本相同，唯一不同的是，两罪在第一个量刑幅度内，编造金融票证罪是"并处或单处 2 万元以上 20 万元以下罚金"，而金融票证诈骗罪则是"并处 2 万元以上 20 万元以下罚金"。两者相比，显然，金融票证诈骗罪比变造金融票证罪

---

① 有些学者认为，与想象竞合犯一样，也应该采取"从一重重处断原则"。参见吴振兴著：《罪数形态论》，中国检察出版社 1996 年 4 月版，第 285 页。

的处罚要重。所以,王昌和的行为理应按照金融票证诈骗罪处罚。但是,值得注意的是,本案中,王昌和的变造金融票证罪是既遂,而金融凭证诈骗罪是未遂,两者相权衡,最终,审判机关对王昌和是以变造金融票证罪定罪处罚。

[导入案例]

周福棠等假冒注册商标案

公诉机关:广东省中山市市区人民检察院。

被告人(上诉人):周福棠。因本案于 2000 年 1 月 14 日被逮捕。

辩护人:梁煜明,中山市泰力律师事务所律师。

被告人:甘菊疆。因本案于 2000 年 1 月 14 日被逮捕。

辩护人:官丽群,中山市海天律师事务所律师。

被告人:黄锡英。因本案于 2000 年 1 月 14 日被逮捕。

广东省中山市市区人民检察院指控称:

被告人周福棠、黄锡英、甘菊疆于 1999 年 8 月至 11 月期间,共同经营中山市东升镇益康食品饮料厂,为谋取暴利,生产假冒的椰树牌天然椰子汁共 9224 箱,销往湖南等地 7872 箱,销售金额共计人民币 32.5192 万元。1999 年 11 月 29 日,中山市技术监督局会同公安机关在中山市东升镇益康食品饮料厂内,当场查获假冒的椰树牌天然椰子汁成品 1352 箱,半成品 1.2 万瓶,假冒的商标标识、包装纸箱、封箱胶纸、造假材料及设备等物。认为三名被告人的行为已构成《中华人民共和国刑法》第一百四十条规定的生产、销售伪劣商品罪,提请中山市人民法院依法惩处。

三名被告人对被指控的主要事实无异议。被告人周福棠的辩护人辩称,三名被告人合伙经营东升镇益康食品饮料厂,生产合格的益康牌椰子汁,假冒椰树牌天然椰子汁的行为只应认定为假冒商标罪。其生产的椰子汁虽然经检验为不及格,但其本身没有掺假和以次品冒充合格产品,主观上没有生产伪劣产品的故意,不能认定为生产、销售伪劣产品罪,且起诉书认定的数量不科学,被告人周福棠是初犯,又是从犯,家庭困难,请求对被告人从轻处罚。

被告人甘菊疆的辩护人提出,被告人甘菊疆是从犯,并且是初犯,认罪态度好,请求对被告人甘菊疆从轻处罚。

一审事实和证据

中山市人民法院经公开审理查明:

1999 年 4 月,被告人周福棠、黄锡英、甘菊疆共同出资经营中山市东升镇益康食品饮料厂,并于 1999 年 7 月正式申领了中山市东升镇益康食品饮料厂的营业执照(经济性质属个体工商户,负责人是被告人周福棠),并开始投入生产益康牌椰子汁。因其产品销路不好,该厂处于长期亏损状态。三名被告人为牟取暴利,共同商定假冒海南省椰树集团注册的椰树牌商标,生产假冒的椰树牌天然椰子汁。后三名被告人分别从广东省江门市郊区丰盛联合制罐厂、东升镇新永华包装厂、小榄镇菊城食品厂的罗锦章(另处理)及小榄镇的胡林和(在逃)等处购买假冒海口市椰树牌天然椰子汁的易拉罐、包装纸箱、封箱胶纸及商标标签等物。从 1999 年 8 月至 11 月间,三名被告人利用益康食品饮料厂的生产设备及生产技术,生产假冒的椰树牌天然椰子汁9224箱,并以平均每箱41元的价格,销往湖南等地7872箱,销售金额共计人民币32.5192万元。1999年11月29日,中山市质量技术监督局会同公安机关在中山市东升镇益康食品饮料厂内,当场查获假冒的椰树牌天然椰子汁成品1352箱,半成品1.2万瓶,假冒的商标标识、包装纸箱、封箱胶纸、造假材料及设备等物,并抓获了被告人周福棠、甘菊疆。1999年12月1日上午,被告人黄锡英主动到公安机关投案自首。

中山市人民法院根据上述事实和证据认为:

被告人周福棠、甘菊疆、黄锡英无视国法,为增加自己的产品销路,未经注册商标所有人许可,在同一种商品上使用与其注册商标相同的商标,销售金额合计人民币32.5192万元,情节严重,其行为均已构成假冒注册商标罪,应依法惩处。鉴于被告人黄锡英在公安机关尚未对其采取强制措施的情况下,主动到公安机关接受处理,并如实供述了犯罪事实,可认定为自首,依法可从轻处罚。中山市市区人民检察院指控三名被告人的犯罪事实查证属实,予以认定,但指控三名被告人构成生产、销售伪劣产品罪定性不准,应予纠正。因为生产、销售伪劣产品罪是指生产者、销售者故意在产品中掺杂、掺假,以假充真,以次充好或者以不合格产品冒充合格产品,销售金额在5万元以上的行为。主观上必须是故意,必须是明知伪劣产品而予以生产、销售。本案三名被告人合伙办厂生产益康牌天然椰子汁,并注册了益康牌天然椰子汁的注册商标,该产品于1999年7月份经检验为合格产品,本案中并无证据显示三名被告人主观上具有生产、销售伪劣产品的故意。三名被告人只是为了增加自己的产品销路,未经注册商标所有人许可,在同一种商品上使用与椰树牌天然椰子汁的注册商标相同的商标,显然三名被告人的行为符合假冒注册商标罪的特征,构成假冒注册商标罪,而不构成生产、销售伪劣产品罪。辩护人梁煜明认为三名被告人的行为,构成假冒商标罪的意见成立,予以采纳;关于辩护人梁煜明辩称起诉书指控三名被告人造假的数量不够科学的意见,经查,三名被告人共同经营的中山市东升镇益康食品饮料厂的收款收据证实,被告人周福棠、黄锡英、甘菊疆从1999年8月至11月间,销售假冒的椰树牌天然椰子汁的数量是7872箱,销售金额共计人民币32.5192万元,且三名被告人亦当庭予以确认,因此,辩护人所提无理,不予采纳;又查,三名被告人共同出资,合伙经营食品厂,因产品销路不好而假冒他人商标,在共同犯罪中均采取分工负责,积极参与实施假冒椰树牌天然椰子汁的行为。因此,辩护人认为被告人周福棠、甘菊疆是从犯的意见不能成立,不予采纳。

中山市人民法院依照《中华人民共和国刑法》第二百一十三条、第二十五条、第六十七条、第六十四条、第七十二条第一款、第七十三条第二、三款之规定,作出如下判决:

1. 被告人周福棠犯假冒注册商标罪,判处有期徒刑二年,并处罚金人民币5万元,上缴国库。

2. 被告人甘菊疆犯假冒注册商标罪,判处有期徒刑一年零六个月,并处罚金人民币5万元,上缴国库。

3. 被告人黄锡英犯假冒注册商标罪,判处有期徒刑一年,缓刑二年(缓刑考验期由2000年8月6日起至2002年8月5日止);并处罚金人民币5万元,上缴国库。

宣判后,被告人周福棠不服,向中山市中级人民法院提出上诉。周福棠认为,原判对假冒椰子汁销售金额的认定不科学;其未参与商议假冒椰树牌椰子汁,直到生产后才知道,应认定为从犯;原判对本人的摩托车和手机予以没收的处理不当。

中山市中级人民法院认为:上诉人周福棠和原审被告人黄锡英、甘菊疆无视国家法律,未经注册商标所有人的许可,在同一种商品上使用与其注册商标相同的商标,情节严重,其行为均已构成假冒注册商标罪,应依法惩处。原审被告人黄锡英有自首情节,可依法从轻处罚。原审判决认定事实清楚、证据充分、定罪准确、量刑适当、审判程序合法。上诉人周福棠所提上诉理由,经查均不能成立,不予采纳。

中山市中级人民法院依照《中华人民共和国刑事诉讼法》第一百八十九条第(一)项之规定,作出如下裁定:

驳回上诉,维持原判。本裁定为终审裁定。

七、经济犯罪之吸收犯

吸收犯是指数个犯罪行为之间因存在法定的主从或轻重关系,而由一个犯罪行为吸收其他犯罪行为的犯罪形态。首先,行为人必须实施了两个以上的犯罪行为。其次,数个犯罪行为之间存在法定的主从或轻重关系,如生产和销售行为,前者为主,后者为从,后者依附于前者;预备行为和实行行为,前者从属于后者。再次,吸收犯包括主行为吸收从行为、重行为吸收轻行为、实行行为吸收预备行为等。最后,对吸收犯应按吸收后的罪名论处,不实行数罪并罚。

[拓展阅读]

我国的传统观点认为,吸收关系存在三种情况:即重行为吸收轻行为、实行行为吸收预备行为、主行为吸收从行为。本书认为,吸收关系只有重行为吸收轻行为一种形式。所谓重行为吸收轻行为,是指罪质重、违法性重、法定刑高的犯罪行为,吸收罪质轻、违法性轻、法定刑低的犯罪行为。在通常情况下,以法定刑为标准即可明确犯罪行为的轻重。所谓实行行为吸收预备行为,并不具有意义。因为某种行为的预备行为发展为实行行为后,会出现两种结局:要么预备行为对定罪没有独立意义,要么预备行为仍然是独立的犯罪。例如准备杀人工具后实施了杀人行为,即使没有吸收犯的概念,也只能认定为一个杀人罪。又如,行为人非法侵入他人住宅后实施杀人的实行行为,非法侵入他人住宅虽然触犯了另一罪名,但即使行为人没有实施杀人的实行行为,对该行为也应认定为故意杀人的预备行为,而不宜认定为非法侵入他人住宅罪,故非法侵入他人住宅是杀人行为的一部分;由于该行为确实触犯了另一罪名,具有一行为触犯了数罪名的特点,成立想象竞合犯,而不是吸收犯。如果承认牵连犯的概念,也可以认为非法侵入他人住宅杀人的,属于手段行为触犯了其他罪名,因而成立牵连犯。所谓主行为吸收从行为,也难以成立。目前关于主行为吸收从行为所举之例,是主犯吸收从犯或者胁从犯。由于共犯人是主犯,还是从犯、胁从犯,需要根据其在共同犯罪中所起的作用认定,而这种作用大小必须综合考察,故不存在吸收问题。换言之,共犯人的所有行为,都是认定其属于主犯、从犯还是胁从犯的事实根据(判断资料),不存在一部分行为吸收另一部分行为的问题。而且,在罪数理论中论述吸收犯,是为了区分一罪和数罪,所谓主犯吸收从犯、胁从犯,只是为了确定行为人属于哪一类共犯人,并不涉及罪数问题。故吸收关系中并不存在主行为吸收从行为的关系。可见,吸收犯的吸收关系只有一种形式:重行为吸收轻行为。①

---

① 张明楷著:《刑法原理》,商务出版社2011年版,第425—426页。

[案例评点] 处理本案,应注意下面两个问题:

第一,生产、销售伪劣产品罪与假冒注册商标罪、销售假冒注册商标的商品罪之间的界限

1. 假冒注册商标罪与销售假冒注册商标的商品罪的区别和联系。

假冒注册商标罪,是指违反国家商标管理法规,未经注册商标所有人许可,在同一种商品上使用与其注册商标相同的商标,情节严重的行为。销售假冒注册商标的商品罪,是指违反商标管理法规,销售明知是假冒注册商标的商品,销售金额数额较大的行为。假冒注册商标罪与销售假冒注册商标的商品罪的主要区别是:第一,假冒注册商标罪侵犯的客体是国家商标管理制度和他人注册商标的专用权;而销售假冒注册商标的商品罪侵犯的客体除了国家商标管理制度和他人注册商标专用权外,还破坏了国家对市场的管理秩序,侵犯了消费者的合法权益。第二,假冒注册商标罪侵犯的对象是他人的注册商标;而销售假冒注册商标的商品罪侵犯的对象是假冒注册商标的商品。第三,假冒注册商标罪在客观上表现为未经注册商标所有人许可,在同一种商品上使用与其注册商标相同的商标,情节严重的行为;销售假冒注册商标的商品罪在客观上表现为销售明知是假冒注册商标的商品,且销售金额较大的行为。一般情况下,二者是容易加以区别的。实践中,假冒注册商标罪与销售假冒注册商标的商品罪往往交织在一起,即假冒注册商标者,往往又销售假冒注册商标的商品,这里就存在一个如何适用法律的问题。销售假冒注册商标的商品,是假冒注册商标行为的延伸和继续,假冒注册商标是主行为,销售假冒注册商标的商品是从行为,这时应按吸收犯的处理原则,以主行为吸收从行为,按主行为定罪,即以假冒注册商标罪定罪处罚。但是,如果行为人实施假冒注册商标的行为已构成犯罪,又实施了销售其他假冒注册商标的商品也构成犯罪的,由于两个犯罪行为之间没有关系,则应当实行数罪并罚。

2. 生产、销售伪劣产品罪与销售假冒注册商标的商品罪的区别和联系。

生产、销售伪劣产品罪,是指生产者、销售者在产品中掺杂、掺假,以假充真,以次充好,或者以不合格产品冒充合格产品,销售金额5万元以上的行为。销售假冒注册商标的商品罪,是指违反商标管理法规,销售明知是假冒注册商标的商品,销售金额数额较大的行为。二者的主要区别是:前者侵犯的主要客体是国家对产品质量的监督管理制度和工商管理制度,而后者侵犯的主要客体是他人注册商标的专用权;前者的犯罪对象是伪劣产品,而后者的犯罪对象是假冒注册商标的商品。一般情况下,该两罪也是比较容易区分和认定的。但当销售的假冒注册商标的商品同时又是伪劣产品时,二者便有了一定的联系,并发生了法律的适用问题。此种情况下,是一个行为触犯两个罪名,存在两罪的竞合关系,应从一重罪处断,即应以生产、销售伪劣产品罪定罪处罚。

综上,行为人的行为不构成生产、销售伪劣产品罪。生产、销售伪劣产品罪在主观上只能由故意构成,其故意的内容为明知是伪劣产品而予以生产或销售,且一般具有非法营利的目的。主观上出于过失的,不构成本罪。结合本案而言,被告人周福棠等人依法注册成立的益康食品厂具有生产椰子汁的技术、设备和资格,且其生产的益康牌椰子汁于1999年7月经检验为合格产品,后由于其产品销路不好才将其生产的椰子汁假冒椰树牌天然椰子汁予以销售,虽然查获的假冒的椰树牌椰子汁经检验客观上为不合格产品,但没有证据证实被告人周福棠等人主观上明知其生产、销售的椰子汁质量已下降为不合格产品,故不符合生产、销售伪劣产品罪的主观要件,不构成生产、销售伪劣产品罪。公诉机关指控被告人构成生

产、销售伪劣产品罪的意见不能成立。

第二,行为人先假冒注册商标而后销售假冒注册商标的商品的行为之间的关系,即本案的罪数形态的认定

如前所述,被告人周福棠等人假冒注册商标的行为是主行为,销售假冒注册商标的商品的行为是假冒行为的后续、延伸行为,是从行为,应为假冒注册商标的行为所吸收。故本案应以假冒注册商标罪定罪处罚。

根据上述分析,应当肯定,人民法院对本案行为人的行为以假冒注册商标罪定罪处罚的判决是完全正确的。

第 十 二 章

经济犯罪的刑罚

第一节　经济犯罪的刑事责任

一、经济犯罪的刑事责任的概念

刑事责任是刑法学的范畴之一。对于刑事责任的界定,刑法学中有不同的观点。主要有后果说和义务说两种主流观点。有的学者认为,刑事责任是指犯罪人实施刑法所禁止的行为后向国家担负的刑事法律后果。[①] 也有学者认为,刑事责任是指犯罪人因犯罪行为而应当承担的实体性刑事法律义务。[②] 笔者认为,刑事责任是犯罪行为人因其犯罪行为而应承担的刑事法律后果。因此,经济犯罪的刑事责任,就是指经济犯罪的犯罪行为人因其经济犯罪行为而应当承担的刑事法律后果。

经济犯罪的刑事责任是连接经济犯罪和经济犯罪的刑罚的桥梁,是两者之间的中间概念。[③] 经济犯罪的刑事责任是由经济犯罪所引起,它一方面意味着国家对经济犯罪的否定性评价和谴责,另一方面又体现了对实施了经济犯罪的行为人的强制、制裁和惩罚。

经济犯罪的刑事责任与经济犯罪的联系非常密切。它是由经济犯罪行为所引起,是经济犯罪的必然后果,也就是说,只要犯罪行为人实施了经济犯罪行为,就必然要承担一定的刑事法律后果即刑事责任。如果行为人根本没有实施破坏经济秩序的行为,或者其实施的仅仅是一般违法行为,也就无所谓经济犯罪的刑事责任可言。

经济犯罪的刑事责任和经济犯罪的刑罚之间的关系必须加以梳理,否则,就会出现像有些学者那样将刑事责任和刑罚混为一谈的局面。

经济犯罪的刑事责任和经济犯罪的刑罚之间具有密切的联系。首先,经济犯罪的刑罚是经济犯罪的刑事责任的承担方式之一,没有经济犯罪的刑事责任,也就没有经济犯罪的刑罚。[④] 其次,经济犯罪的刑事责任的轻重直接决定着经济犯罪的刑罚的轻重。刑事责任重,

---

① 孙国祥主编:《刑法学》,科学出版社 2002 年 5 月版,第 43 页。

② 甘功仁主编:《经济刑法教程》,中国财政经济出版社 1997 年 11 月版,第 136 页。

③ 有的学者认为,经济犯罪的刑事责任是经济犯罪及其刑罚的上位概念。(参见:甘功仁主编:《经济刑法教程》,中国财政经济出版社 1997 年 11 月版,第 136 页。)笔者认为这种表达似乎不妥。经济犯罪的刑事责任是刑罚的上位概念,但相对于经济犯罪来说,应当是下位概念。

④ 但是,有了经济犯罪的刑事责任,不一定导致经济犯罪的刑罚。根据刑事法的相关规定,经济犯罪的刑事责任还可能有另外的两种承担方式,即非刑罚的处罚和单纯宣告有罪。

刑罚就重，刑事责任轻，刑罚也就相应较轻。正是通过经济犯罪的刑事责任这一范畴，刑法才能实现经济犯罪及其刑罚之间的相互均衡。

经济犯罪的刑事责任和经济犯罪的刑罚之间又有很大的区别。首先，如上文所述，经济犯罪的刑罚仅仅是经济犯罪的刑事责任的基本承担方式，但并不是经济犯罪的刑事责任的唯一的承担方式，不是有责必有刑。其次，经济犯罪的刑事责任与经济犯罪的刑罚具有截然不同的性质。经济犯罪的刑事责任是犯罪行为人实施经济犯罪行为之后而必须承担的刑事法律后果，比较抽象，而经济犯罪的刑罚则是刑法规定的对犯罪行为人的刑事处罚措施，比较具体，经济犯罪的刑事责任必须要经过刑罚和其他的方式才能表现出来。最后，经济犯罪的刑事责任随着经济犯罪行为的实施而同时产生，但经济犯罪的刑罚则是通过法院的有效裁判而生效。

二、经济犯罪的刑事责任的特征

经济犯罪的刑事责任虽然属于刑法中的犯罪的刑事责任的一部分，有着一般的刑事责任的共同特性，但也有着自己所特有的特性。

（一）经济犯罪刑事责任的非难性和制裁性

经济犯罪的刑事责任本身包含着对经济犯罪行为的非难性和制裁性。所谓非难性，就是法律上的否定评价。经济犯罪的刑事责任之所以具有非难性，就是因为经济犯罪的刑事责任产生于经济犯罪行为，而经济犯罪行为不仅对经济管理制度和经济管理秩序进行了破坏，而且也从另一方面反映了行为人的主观恶性。客观危害性和主观恶性结合在一起，就决定了经济犯罪的可非难性，而这种非难必须经过刑事责任的追究方能实现。从经济犯罪行为人本身而言，这种性质责任的追究，也意味着一种刑事制裁。刑事制裁是所有制裁措施中最为严厉的一种制裁，因为其前提是经济犯罪行为。尽管我们认为，经济犯罪主要是一种财产犯罪，相比起传统的刑事犯罪而言，应当使用较为温和的刑事制裁措施，比如限制和取消死刑的适用、尽量多适用财产刑等等，但相比起一般的民事违法行为、行政违法行为的制裁而言，也还是最严厉的制裁措施。

（二）经济犯罪刑事责任的个人性

刑事责任总是一种严格的个人责任，只能追加于经济犯罪人本人，不可转移，也不可替代，严禁株连无辜。这是罪责自负原则的基本要求。[①] 另一方面，经济犯罪的刑事责任又是一种个别化的责任。经济犯罪是一种"白领犯罪"、"身份犯罪"，经济犯罪的主体身份的不同，即便它们实施相同的危害社会的行为，在刑事责任的追究方面，也不会相同。经济犯罪的刑事责任作为经济犯罪和经济犯罪的刑罚之间的一种纽带和调节器，既引导着报应之刑，又引导着预防之刑。[②] 这一点反映了经济犯罪的刑事责任的不平等性。对这种"不平等性"要做全面的正确的理解，它与"刑法面前人人平等原则"并不矛盾。因为，"平等绝不意味着

---

① 有些人认为，对单位犯罪实行两罚制，既处罚单位本身，又处罚单位中的直接主管人员和直接责任人员，违反了个人原则，株连了无辜。笔者认为不然，单位犯罪是经单位集体研究决定，以单位的名义，并由自然人实施的犯罪行为，单位中的负有责任的主管人员和直接责任人员的主观意志已经溶入单位的意志之中，单位犯罪的主观恶性中就包含着这些人员的主观恶性，他们理应对单位犯罪负责。所以，对单位犯罪实行两罚制或者代罚制并不违反罪责自负之原则。

② 甘功仁主编：《经济刑法教程》，中国财政经济出版社1997年11月版，第141页。

绝对的同罪同罚。刑法面前人人平等并不否定因犯罪人或者被害人的个人情况而在立法上、司法上允许定罪量刑尤其符合刑法公正性的区别对待。"①根据经济犯罪的犯罪行为和犯罪分子的不同情况,对犯罪分子分别定罪,酌定量刑,本身依据的就是法律,与刑法面前人人平等原则并不矛盾。

（三）经济犯罪的刑事责任的法定性

从实体法上说,经济犯罪的刑事责任是由刑法予以严格规定的,对什么样的经济违法行为追究刑事责任? 经济违法达到何种程度方能追究刑事责任? 对经济犯罪行为应该追究什么样的刑事责任? 如何实现经济犯罪的刑事责任? 这些都是由刑法明文规定的。这是罪刑法定原则的基本要求。任何超出刑法的规定的区域之外擅自追究刑事责任的行为,均属违法。另外,从程序法上说,经济犯罪的刑事责任的追究必须依照法定的程序进行,即只能在刑事诉讼过程中由司法机关决定。经济犯罪的刑事责任的法定刑是司法机关对经济犯罪的犯罪人追究刑事责任的有力保障。

（四）经济犯罪的刑事责任的适度性

这是由经济刑法的谦抑性原则决定的。所谓经济刑法的谦抑性,就是指立法者在制定经济刑法规范时,应力求以最小的支出获得最大的收益。对于危害社会的某种经济违法行为,只有在运用民事制裁、经济制裁和行政制裁等制裁措施均无法遏制时,才可以动用刑事制裁手段,才可以对其设置刑事责任予以抗制。这主要是因为在一定的历史时期内,经济犯罪的增长有其必然性,许多国家的情况表明,在经济起飞初期和与之相随的社会变革过程中,犯罪现象都有一个较快的增长期。这就要求我们在经济犯罪的刑事政策上,要贯彻"经济手段为主,刑法手段为辅"的方针。另外,经济犯罪一方面迫切需要法律的介入,另一方面,市场经济的繁荣与发展,又要求国家给予商品生产者、经营者以更大的自由度和法外空间,因此,刑法对市场经济的调整也应当尊重市场经济规律。所以,经济犯罪的刑事责任,无论在规范设置上,还是在具体实现上,都应当讲究适度性。

（五）经济犯罪的刑事责任的温和性和实现方式的财产性

按照德国学者林德曼与荷兰学者莫勒的观点,经济犯罪是一种不法的图利犯罪。经济犯罪的犯罪行为人的犯罪目的主要在于谋取非法的经济利益。除少数的职务犯罪、走私犯罪和生产、销售伪劣商品犯罪之外,绝大多数的经济犯罪和传统的刑事犯罪（如杀人、爆炸、抢劫等暴力性犯罪）相比,其社会危害性相对较小。而且,经济犯罪往往没有直接的、明显的被害人,引发的社会冲突不甚激烈,其犯罪结果又多可以弥补,因而社会公众心里对于经济犯罪较能容忍。因此,刑事立法上对大多数经济犯罪不应设置重刑,应更多地设置财产刑,如罚金、没收财产等。对于经济犯罪,一般不设置死刑或者设置但严格控制适用死刑。② 既然,经济犯罪的犯罪行为人的主要目的在于谋取非法的经济利益,而非法的经济利益可以直接用金钱和财产予以量化;经济犯罪的负价值也主要表现为犯罪行为破坏经济秩序、对社会经济利益造成的损害和犯罪分子所谋取的非法的经济利益的价值。因此,对犯罪人从经济

---

①　孙国祥主编:《刑法学》,科学出版社 2002 年 5 月版,第 22 页。

②　在我国,对于经济犯罪是否适用死刑,争论已久。笔者认为,在我国当今的经济犯罪态势下,对于职务经济犯罪保留死刑是有必要的,但是在司法中应严格限制经济犯罪的死刑的适用。

上予以制裁,如罚金和没收财产,正是罪刑相适应的要求,也是刑法正义性的体现。

三、经济犯罪的刑事责任的根据

经济犯罪刑事责任的根据包含两方面的含义,第一,实施经济犯罪的行为人为什么要对自己的犯罪行为负刑事责任? 第二,根据什么样的法律事实来确定经济犯罪行为人的刑事责任的有无和大小? 我们将前者称为经济犯罪刑事责任的理论根据,而将后者称为经济犯罪刑事责任的事实根据。

（一）经济犯罪刑事责任的理论根据

探讨经济犯罪刑事责任的理论根据,旨在从哲学角度阐明经济犯罪的可归责原理,以便揭示经济犯罪刑事责任存在的必然性和合理性。[1]

关于一般意义上的刑事责任的根据,西方学者曾提出过不同的主张。刑事古典学派就提出过道义责任论和心理责任论,刑事社会学派也提出过社会责任论、规范责任论和人格责任论。不管是刑事古典学派还是刑事社会学派,其观点都有片面之处,他们要么将刑事责任归结于行为人的自由意志,要么将刑事责任归结于整个社会。

马克思主义的辩证法强调客观现实对人的意识和意志的决定作用,同时又承认人的意识和意志具有自觉的能动性,人能反作用于客观现实,具有相对的意志自由。马克思主义的责任观认为,人的犯罪行为是犯罪意识和犯罪意志的外在表现和结果。犯罪意识和犯罪意志不是先天就有的,也不是决定于人的自身产生的邪恶意念,而是产生犯罪现象的一系列社会因素综合作用的结果,是存在决定意识。但是,人的意识和意志并不是完全地受制于客观世界而毫无自由可言,人的意识不是消极、被动的,而是有自觉能动性的,并且对存在具有反作用。总之,人的犯罪行为是人的犯罪意识和犯罪意志相对自由选择的结果,这就是犯罪人承担刑事责任的可归责原理,反映了犯罪人承当刑事责任的合理性。

经济刑事法规反映的是国家意志,经济活动的主体应该遵守这些法规,使自己的相对的自由意志与国家意志保持一致。但是,由于经济活动中各种利益的矛盾冲突,有些经济活动的主体为了谋取非法的经济利益,置国家利益、集体利益和他人利益于不顾,这样,就必然与本应遵守的国家意志相违背,严重的就可能构成经济犯罪。于是,经济犯罪人的不良意志就成了国家意志的否定对象,也就成为其承担刑事责任的主观根据。

（二）经济犯罪刑事责任的事实根据

经济犯罪刑事责任的事实根据是反映经济犯罪的社会危害性的有无及其程度的主客观事实的总和。

经济犯罪刑事责任的事实根据首先是行为人的行为必须符合某个经济犯罪的犯罪构成,既符合某个经济犯罪的主体要件、主观方面要件、客体要件和客观方面要件等。有些经济犯罪可能还要求行为人的行为必须符合某个经济犯罪的特殊的构成要件。如主体的身份、经济犯罪的数额等方面。上述的经济犯罪的行为人的行为符合某个犯罪的构成要件,解决的是经济犯罪刑事责任的有无问题。其次,有些非构成要件的因素可能影响着经济犯罪刑事责任的大小与程度。如属于非构成要件的数额、犯罪动机、犯罪目的、犯罪的时间、地

---

① 甘功仁主编:《经济刑法教程》,中国财政经济出版社1997年11月版,第144页。

点、方法、手段等。另外,犯罪人的行为所属的停止形态、共同犯罪中的犯罪人的地位与作用、行为人最后的表现以及犯罪行为人的一贯表现等要素都从一定的程度上反映了犯罪的主观恶性和危害社会的程度,也是衡量经济犯罪的犯罪行为人的刑事责任大小的事实根据。

四、经济犯罪的刑事责任的实现方式

经济犯罪刑事责任的实现方式,是指国家依法追究经济犯罪的刑事责任或者经济犯罪的犯罪行为人承担刑事责任的具体方式。

根据我国的法律规定,经济犯罪的刑事责任的实现方式具体有三种:第一,刑罚是经济犯罪刑事责任的基本的、主要的实现方式;第二,非刑罚处罚措施是经济犯罪刑事责任的辅助的、次要的实现方式;第三,单纯宣告有罪是经济犯罪刑事责任的特殊的实现方式。

第二节 经济犯罪的刑事处罚

一、经济犯罪的刑事处罚的概念和特征

经济犯罪的刑事处罚,是指国家审判机关在查清经济犯罪事实的基础上,依照刑事立法的有关规定,对经济犯罪行为人运用刑罚进行处罚的经济刑事审判活动。根据这一概念,经济犯罪的处罚具有如下特征:

(一)经济犯罪的刑事处罚首先表现为一种经济刑事审判活动,这是经济犯罪的刑事处罚有别于一般刑事审判活动与其他审判活动的主要标志,也是经济犯罪的刑事处罚的性质之所在。从司法实践中开展的各项刑事审判活动的内容来看,经济刑事审判占有相当大的比重。与其他刑事审判活动一样,经济刑事审判也包括定罪与处罚两个环节。其中,经济犯罪的定罪是经济犯罪处罚的基础,而经济犯罪的刑事处罚则是经济犯罪定罪的必然结果,是经济刑事审判活动的最终归宿。

(二)经济犯罪的刑事处罚作为一项刑事审判活动,其审判权只能由人民法院行使,也即是说,只有人民法院才能成为经济刑事审判的主体。除了人民法院以外,其他任何机关、团体和个人都无权对经济犯罪进行刑事处罚。

(三)经济犯罪的刑事处罚作为人民法院的一项重要的刑事审判活动,其针对的对象只能是实施了某种经济犯罪行为的自然人与单位。如果某个自然人或者单位没有实施某种经济犯罪行为,就不能将其作为经济犯罪处罚的对象。

(四)根据我国新刑法确立的罪刑法定原则之规定,对任何犯罪进行处罚时,都必须严格按照法律的规定行事。这一规定对经济犯罪的刑事处罚来讲,也不能有所例外。从司法实践来讲,对某种经济犯罪是处以重刑还是处以轻刑,是处以此种刑罚还是处以彼种刑罚,都只能按照刑事立法的规定而定。

二、经济犯罪的刑事处罚的原则

所谓经济犯罪的处罚原则,是指人民法院在对经济犯罪分子进行处罚的过程中应当遵循的行为准则。根据我国刑法所确立的基本原则和量刑的一般原则的规定,结合经济犯罪处罚的实际情况,我们认为,对经济犯罪进行处罚,应当坚持以下两个方面的原则:

（一）相当性原则

所谓相当性原则是指在处罚某种经济犯罪的时候，要充分地考虑到经济犯罪与刑事处罚之间的关系，做到罪刑相当，罚当其罪，既防止用刑过重，又防止用刑不足。那么，如何做到罪刑相当呢？我们认为，可以从以下两个方面来把握：首先，在对经济犯罪进行处罚时，应当以已然的经济犯罪为依据，使之与法律规定的刑罚相当。具体而言，应当考虑以下几个方面的因素：(1) 经济犯罪数额的差异与刑罚轻重的关系；(2) 经济犯罪行为方式的轻重与刑罚轻重的关系；(3) 经济犯罪的危害结果发生与否与刑罚轻重之间的关系；(4) 经济犯罪人主观恶性的大小与刑罚轻重的关系。其次，在对经济犯罪的行为人进行刑事处罚时，还要兼顾未然的经济犯罪的可能性，使之与经济犯罪的预防效应相当。所谓未然的经济犯罪的可能性，包括一般人初犯的可能性和犯罪人再犯的可能性。对经济犯罪的刑事处罚与初犯可能性相当就是指经济犯罪刑罚的适用应当与抑制初犯可能性的需要相当。具体来讲，它又包括三方面的内容：(1) 刑罚应与威慑潜在经济犯罪人的需要相当；(2) 刑罚应与安抚被害人的需要相当；(3) 刑罚应与鼓励自觉守法人的需要相当。对经济犯罪的处罚与再犯可能性相当就是指经济犯罪刑罚的适用应与防止经济犯罪人再次实施经济犯罪的可能性相当。关于这个问题，也可从以下三个方面来考虑：(1) 经济犯罪人系常业犯还是机会犯；(2) 经济犯罪人在主观上有悔罪表现还是无悔罪表现；(3) 经济犯罪人系一贯表现良好还是历来劣迹斑斑。只有正确地把握好以上诸多方面的因素，才能使经济犯罪刑罚的裁量与其社会危害性相一致。从而收到良好的社会效果。①

（二）有效性原则

所谓有效性原则是指人民法院在对经济犯罪分子进行处罚时，应当根据经济犯罪本身的特点，有针对性地适用刑罚，从而达到有效地遏制经济犯罪的目的。关于经济犯罪处罚的有效性原则，在司法实践中，应当注意以下两个方面的问题：第一，应当加大对经济犯罪财产刑的处罚力度。由于经济犯罪具有贪财图利的特点，对经济犯罪加大财产刑的处罚力度，应当是不言而喻的。但在我国以往的司法实践中，对经济犯罪应当施以财产刑处罚，却没有引起足够的重视，以至于只打不罚、打重罚轻的现象非常严重。为了有效地遏制经济犯罪现象，动用经济的手段来治理经济犯罪，做到以毒攻毒，罚当其罪，在司法实践中应当增加财产刑的适用比率，加大财产刑的处罚力度。一般情况下，对犯罪分子单独判处财产刑时，应当根据犯罪的具体情况，对经济犯罪数额大的，判处的财产刑处罚也应重一些；反之，则应考虑处罚轻一些。在对犯罪分子并处财产刑时，既要克服"打重罚轻"的倾向，又要克服"打轻罚重"的倾向，真正做到打罚结合，罚当其罪，既使得犯罪分子从经济犯罪活动中得不到好处，又能够有效地剥夺犯罪分子继续进行犯罪的物质基础，从而达到预防经济犯罪的最佳效果。第二，应当适当避免对经济犯罪适用短期自由刑。关于这一问题，应当注意以下两个方面：其一，由于经济犯罪带有彼此影响、相互感染的特点，为了防止经济犯罪分子相互传习犯罪经验，造成交叉感染，在司法实践中，对于经济犯罪的初犯、偶犯和罪行比较轻微的经济犯罪分子，能够适用财产刑的，尽量施以财产刑，不必对其适用拘役等短期自由刑。其二，由于经济犯罪分子大多具有好贪占以饱私欲的习惯性心理定势，且这种心理一般比较顽固，若判处

---

① 赵长青主编：《经济刑法学》，法律出版社 1999 年 8 月版，第 131 页。

短期自由刑,很难达到对其进行改造和防范的目的。因此,在司法实践中,对于惯犯、累犯和罪行较重的经济犯罪分子,应当判处中期自由刑或者长期自由刑,使这些犯罪分子在劳动改造中,根除好逸恶劳的思想观念和贪财图利的犯罪动机,从而真正将他们改造成为对社会有益的公民。[①]

第三节　经济犯罪处罚中的财产刑适用

财产刑作为一种刑事处罚方法,在刑事犯罪的处罚措施中,是一种普遍使用的处罚方法,在世界各国的刑罚体系中都占有重要的地位。据史料记载,财产刑是从原始社会末期限制复仇的赔偿制度演变而来的,其出现早于自由刑,是世界上最早的刑事处罚方法之一。经济犯罪作为一种图利犯罪,行为人往往具有非法占有他人财产或者谋取非法经济利益的目的,因此,对经济犯罪处以财产刑,往往能达到以毒攻毒之效果。在西方国家的经济刑法规范中,财产刑是处罚经济犯罪的最主要的方式和方法。在我国,随着对经济犯罪刑罚适用观念的转变,财产刑在经济犯罪中的地位将变得越来越重要。因此,加强对经济犯罪财产刑的研究,不仅具有非常重要的理论意义,而且具有十分重大的现实意义。

财产刑在我国刑事立法中,包括罚金和没收财产两种刑罚方法。对经济犯罪的刑事处罚而言,这两种财产刑的地位和作用都是举足轻重的。所以,笔者在本书中将财产刑放在自由刑、生命刑和资格刑之前予以研究。

一、罚金

罚金刑是人民法院依法判处犯罪分子向国家缴纳一定数额的金钱的刑罚方法。在我国刑法体系中,罚金刑属于附加刑的一种,它既可以附加适用,也可以独立适用,是一适用范围较为广泛的财产刑。

(一)罚金刑的适用对象

罚金刑的适用对象主要有:第一,图利型犯罪,如我国刑法第三章的破坏社会主义经济秩序罪,绝大多数都有罚金刑的规定;第二,财产型犯罪,如我国刑法分则第五章的侵犯财产罪,绝大多数也都有罚金刑的规定;第三,扰乱型犯罪,如我国刑法第六章的妨害社会管理秩序罪,也有许多条文有罚金刑的规定;第四,单位犯罪,我国刑法中的绝大多数的单位犯罪都是实行两罚制,既对单位判处罚金,又对单位负有责任的主管人员和直接责任人员判处一定的刑罚;第五,其他犯罪,如多数的过失犯罪;等。关于罚金刑适用对象的这种规定,一方面适应了我国社会主义市场经济发展的需要,另一方面也与目前国际上刑事立法的潮流相合拍。

(二)罚金的数额

根据我国新刑法的规定,对经济犯罪的罚金刑数额的规定方式,主要有以下几种情况:

1.无限额罚金制。所谓无限额罚金制指的是刑法分则对某种经济犯罪的罚金数额没有规定具体的标准。我国刑法第52条规定:"判处罚金,应当根据犯罪情节决定罚金数额。"

---

① 赵长青主编:《经济刑法学》,法律出版社 1999 年 8 月版,第 132 页。

因此,在司法实践中,应该依据具体案件的犯罪情节予以定夺。一般而言,无限额罚金制主要规定在对单位犯罪的处罚上。我国刑法对单位犯罪判处罚金时,均采取的是无限额罚金制。另外,我国刑法分则在对某些经济犯罪规定选处罚金、并处罚金或者单处或并处罚金的场合,也都不规定具体的罚金数额。

2. 倍数罚金制。所谓倍数罚金制,是指刑法分则条文将某一数额作为基数,而罚金的数额是这个基数的一定倍数的一种罚金制度。例如,我国刑法第 202 条规定:"以暴力、威胁方法拒不缴纳税款的,处 3 年以下有期徒刑或者拘役,并处拒缴税款 1 倍以上 5 倍以下罚金;情节严重的,处 3 年以上 7 年以下有期徒刑,并处拒缴税款 1 倍以上 5 倍以下罚金。"

3. 比例罚金制。所谓比例罚金制,是指刑法分则条文将某一数额确定为基数,而罚金的数额是该基数的一定比例的一种罚金制度。例如,刑法第 179 条第 1 款规定:"未经国家有关主管部门批准,擅自发行股票或者公司、企业债券,数额巨大、后果严重或者有其他严重情节的,处 5 年以下有期徒刑或者拘役,并处或者单处非法募集资金金额 1％以上 5％以下罚金……"

4. 倍比罚金制。所谓倍比罚金制,是指刑法分则条文将某一数额确定为基数,而罚金的数额是这个基数的一定比例和倍数的一种罚金制度。如刑法第 141 条第 1 款规定:"生产、销售假药,足以严重危害人体健康的,处 3 年以下有期徒刑或者拘役,并处或者单处销售金额 50％以上 2 倍以下罚金;对人体健康造成特别严重危害的,处 3 年以上 10 年以下有期徒刑,并处销售金额 50％以上 2 倍以下罚金;致人死亡或者对人体健康造成特别严重危害的,处 10 年以上有期徒刑、无期徒刑或者死刑,并处销售金额 50％以上 2 倍以下罚金或者没收财产。"

5. 定额罚金制。所谓定额罚金制是指刑法分则条文对某些经济犯罪的罚金数额规定了一定的上限和下限,而具体的罚金数额只能在该限度内选择确定的一种罚金制度。例如,刑法第 173 条规定:"变造货币、数额较大的,处 3 年以下有期徒刑或者拘役,并处或者单处 1 万元以上 10 万元以下罚金;数额巨大的,处 3 年以上 10 年以下有期徒刑,并处 2 万元以上 20 万元以下罚金。"①

罚金的数额的确定问题,是司法机关在对某一经济犯罪的罚金刑进行裁量时应当注意的问题。根据我国刑法第 52 条规定:"判处罚金,应当根据犯罪情节决定罚金数额。"因此,犯罪情节是人民法院裁量犯罪人罚金数额的主要依据,某一经济犯罪情节的轻重对罚金数额的大小起着决定性的作用。所谓犯罪情节主要是指刑法规定的或者司法活动中酌情考虑的、据以定罪和量刑的各种事实。在这里,所谓犯罪情节,主要是指定罪情节以外的或者犯罪构成下一层次的事实情况。② 诸如犯罪后果、犯罪对象、违法所得多少、犯罪手段、犯罪目的和动机等等。比如,某一经济犯罪分子手段卑劣,有贪财动机且造成的经济损失较大,则可以认为是情节严重,在处罚金时应当对其处罚重一些,反之,则应当处罚轻一些。在对经济犯罪人进行罚金裁量时,除了要以犯罪情节为依据外,还要考虑犯罪人经济承受能力,尽管这一点在立法上没有明文规定,但是在司法实践中也应当引起充分重视。就是说,对某一经济犯罪分子判处罚金时,既不能重刑轻判,让犯罪人在经济上占到便宜,也不能超过犯罪

人的实际负担能力,给犯罪人家属带来生活上的困难。

（三）罚金的规定方式

从我国新刑法对经济犯罪罚金刑的规定来看,关于罚金刑的适用方法,主要有以下几种规定方式:

1. 独立适用。独立适用又分为两种情况:其一,将罚金作为唯一的法定刑单独适用。如对单位判处罚金。其二,将罚金与自由刑并列,且与自由刑选择适用,若选罚金,则只能单独适用。这种情况一般适用于情节较轻的经济犯罪。如刑法第 270 条规定:"将代为保管的他人财物非法占为己有,数额较大,拒不退还的,处 2 年以下有期徒刑、拘役或者罚金;……",即属于这种方式。

2. 附加适用。即将罚金刑与自由刑合并适用,罚金只能作为自由刑的附加刑适用,而不能独立适用。也有两种情况:其一是必须并处罚金,即在判处自由刑的同时必须判处罚金。这种情况一般适用于情节较重的经济犯罪。其二是可以并处罚金,即人民法院可以根据案件的具体情况及犯罪分子的财产状况,决定是否适用罚金刑。

3. 择一适用。即既可以附加适用,也可以单独适用。如刑法第 342 条的规定,行为人犯非法占有耕地罪的,处 5 年以下有期徒刑或者拘役,并处或者单处罚金。在这种情况下,究竟是并处还是单处罚金,应当根据犯罪情节的轻重来确定。

（四）罚金的缴纳方式

关于罚金的缴纳方式,根据刑法第 53 条之规定,主要有以下几种执行方式:

1. 一次或者分期缴纳。这种执行方式主要是指对某一经济犯罪人所判处的罚金,在规定的期限内,应当一次或者分期缴清。这是罚金缴纳的一般方法。一般来讲,一次缴纳在执行时间上没有任何伸缩性,对依法判处的罚金应当一次缴清。而分期缴纳在执行时间上则有一定的回旋余地。对那些被判处的罚金数额较多且无力一次缴纳的犯罪人,可以在规定的期限内分成多次予以缴清。

2. 强制缴纳。即对被判处罚金的经济犯罪分子,在缴纳期满以后,有能力缴纳而不缴纳的,可采取查封、拍卖财产、扣发工资或者其他合法收入的方法,强制犯罪人缴清所处的罚金。

3. 随时追缴。即在某一经济犯罪分子对人民法院判处的罚金不能全部缴纳的情况下,人民法院在以后任何时候只要发现被执行人有可以被执行的财产的,都有随时强制被执行人缴纳罚金的权利。这种追缴方式,在很大程度上可以有效地防止犯罪人逃避罚金的缴纳。

4. 减免缴纳。对被判处罚金的经济犯罪分子,如果由于遭受不能抗拒的灾祸,缴纳罚金确实有困难的,可以按照一定的程序对原判罚金予以适当地减少或者免除。

二、没收财产

没收财产是指将犯罪分子个人所有财产的一部分或者全部强制无偿地收归国有的刑罚方法。在我国刑法对经济犯罪的法定刑中,没收财产作为附加刑,也得到了较大范围的适用。因此,如何正确地搞好没收财产刑的适用,在司法实践中是一个至关重要的问题。

（一）没收财产的适用方式

从我国刑法对没收财产的规定来看,没收财产的适用方式有以下两种情况:

1. 并处没收财产。即在判处主刑的同时,规定并处没收财产。并处又分为两种情况:(1) 必须并处,即"必并制"。如刑法第 383 条规定,犯贪污罪,个人贪污数额在 10 万元以上情节特别严重的,处死刑,并处没收财产。在这种情况下,必须并处没收财产,司法人员没有选择之余地。(2) 可以并处,即"得并制"。如刑法第 163 条第 1 款规定:"公司、企业的工作人员利用职务上的便利,索取他人财物或者非法收受他人财物,为他人谋取利益,数额较大的,处 5 年以下有期徒刑或者拘役;数额巨大的,处 5 年以上有期徒刑,可以并处没收财产。"在这种情况下,可以并处也可以不并处,是否并处,由司法人员酌定裁量。

2. 与罚金选择并处,即规定并处罚金或者没收财产。如刑法第 140 条规定,对生产、销售伪劣产品的犯罪行为,"销售金额 200 万元以上的,处 15 年有期徒刑或者无期徒刑,并处销售金额 50% 以上 2 倍以下罚金或者没收财产。"在这种情况下,同一条文同时规定罚金和没收财产两种附加刑供选择适用,所以,也称"选科制"。

（二）没收财产的范围

从所有权的角度看,没收财产的范围只能是犯罪分子个人所有的财产,不得没收属于犯罪分子家属所有或者应有的财产。根据我国新刑法第 59 条规定:"没收财产是没收犯罪分子个人所有财产的一部或者全部。没收全部财产的,应当对犯罪分子个人及其抚养的家属保留必需的生活费用。""在判处没收财产的时候,不得没收属于犯罪分子家属所有或者应有的财产。"在这里,所谓"犯罪分子个人所有的财产"一是指犯罪分子实际所有的一切财产以及在其他共有财产中应得的份额,包括动产和不动产。所谓"家属所有的财产"是指纯属犯罪分子家属自己所有的财产,比如家属自己穿用的衣物、家属自己通过劳动所得购置的供本人使用的物品等。所谓"家属应有的财产"是指家庭成员共有的财产中,应当属于犯罪分子家属的那一部分财产,对于犯罪分子与他人共有的财产,属于他人所有的部分,也不得没收。在对经济犯罪分子执行没收财产时,也应当严格遵守刑法的这一规定,切不能将不属于经济犯罪分子本人所有的财产给无端地予以没收。

从数额上看,没收财产的范围,既可以没收财产之全部,也可以没收财产之一部分。究竟没收多少,视案件情况而定,但在判决书中应当写明没收的财产是全部财产还是部分财产以及财产的名称与数量。如果没收全部财产,应当为犯罪分子及其抚养的家属保留必要的生活费用。

没收财产有全部没收与部分没收之分。在司法实践中,对某种经济犯罪分子在处以没收财产时,是决定全部没收还是部分没收,应当注意考虑以下因素:(1) 经济犯罪分子所处主刑的轻重。如果对某个经济犯罪分子所判处的主刑较轻,由于该犯罪人所处的刑期不长,将在服刑完毕后很快回到社会中去,如全部没收其财产,不利于其再社会化,在这种情况下,可以考虑判处部分没收。反之,如果对犯罪分子所判的主刑较重的,则可以考虑判处全部没收。(2) 经济犯罪分子再犯可能性的大小。在司法实践中,经济犯罪分子实施某种经济犯罪往往都需要一定的财产作支撑,一定的财产不仅为经济犯罪分子纵情挥霍提供了物质来源,而且为经济犯罪分子从事某种经济犯罪活动提供了物质基础。为预防经济犯罪分子再次走上犯罪的道路,在判处没收财产的时候,应当尽可能地考虑其再犯之可能性。如果经济犯罪分子再犯的可能性大,则可以考虑没收其全部财产;反之,如果其再犯的可能性小的,则可以考虑没收其部分财产。(3) 经济犯罪分子的家庭经济状况。对经济犯罪分子判处没收财产,一方面要考虑其处刑的轻重和再犯之可能性,另一方面也应当适度地考虑其家庭的经济状况。如果经济犯罪分子本身家庭生活困难,经济状况不佳的,判处没收全部财产,会使其家庭陷入更大的生活窘境,在这种情况下,则可以考虑没收部分财产。①

（三）以没收财产偿还正当债务

根据刑法第 60 条规定:"没收财产以前犯罪分子所负的正当债务,需要以没收的财产偿还的,经债权人请求,应当偿还。"在适用这一规定的时候应当注意以下几个方面的条件:（1）偿还的债务发生的时间。偿还的债务只能是在没收财产以前犯罪分子所欠的债务,如果犯罪分子的债务发生在没收财产以后,未经有关执行机关的同意,不得从没收的财产中偿还。（2）偿还的债务的性质。偿还的债务必须是犯罪分子所欠的正当债务。所谓正当债务,是指犯罪分子确因家庭经济困难、婚丧病残事故或者遭遇自然灾害向债权人合法借贷所负的债务和由于正当的买卖、租赁所负的债务。如果不属于犯罪分子所欠的正当债务,诸如犯罪分子赌博、嫖娼、吸毒等所欠的债务,不在偿还之列。（3）偿还债务的依据。对犯罪分子债务的偿还,必须要有债权人的请求,如果债权人没有提出偿还请求的,不予偿还。（4）偿还债务的范围。偿还的债务只能在没收的财产范围内按照一定的顺序偿还。超出没收财产部分的债务,国家不予偿还。至于具体的清偿顺序,依照民事诉讼法的有关规定执行。

第四节 经济犯罪处罚中的自由刑适用

所谓自由刑,是指以剥夺犯罪人的人身自由为内容的刑罚方法。由于自由刑期限较长,幅度较大,适用范围最广泛,已为世界各国刑法所广泛采用。在我国刑事立法所确立的刑罚体系中,自由刑占据了非常重要的位置。刑法规定的五种主刑中,除了死刑外,其余四种刑罚方法均为自由刑。因此,以自由刑为中心,是我国刑罚体系的一大重要特色。

一、经济犯罪的无期徒刑

无期徒刑是剥夺犯罪分子终身自由的刑罚方法,是仅次于死刑的重刑。在我国刑事立法中,无期徒刑是对那些情节严重的经济犯罪人进行处罚的有效方法,并且具有一般威慑的功能。因此,无期徒刑在惩治经济犯罪中具有重大意义。

（一）无期徒刑的立法规定

根据我国刑法之规定,对经济犯罪适用无期徒刑主要有以下两种情况:

1. 凡是规定有死刑的条文,一般将无期徒刑规定为可供选择的法定刑。在刑法对经济犯罪的规定中,采取这种立法方式的条文有很多,例如,刑法第 141 条规定的生产、销售假药罪、第 151 条规定的走私武器、弹药等走私罪、第 153 条规定的走私普通货物、物品罪、第 170 条规定的伪造货币罪、第 192 条规定的集资诈骗罪、第 205 条规定的虚开增值税专用发票用于骗取出口退税、抵扣税款发票罪、第 382 条规定的贪污罪、第 385 条规定的受贿罪,都属于这方面的规定。这种立法方式,主要是考虑到无期徒刑具有限制死刑适用的功能。也即是说,对于某些经济犯罪分子,如果罪行确实极其严重的,可以判处死刑,而对于那些情节虽然特别严重,但是判处死刑又不够标准的犯罪分子,则可以判处无期徒刑。

---

① 赵长青主编:《经济刑法学》,法律出版社 1999 年 8 月版,第 155 页。

2.在没有将死刑规定为法定最高刑的条文中,大多数经济犯罪将无期徒刑规定为法定最高刑。例如,刑法第140条规定的生产、销售伪劣产品罪、第152条规定的走私淫秽物品罪、第171条规定的出售、购买、运输假币罪、金融工作人员购买假币、以假币换取货币罪、第178条规定的伪造、变造国家有价证券罪、第193条规定的贷款诈骗罪、第207条规定的非法出售增值税专用发票罪、第224条规定的合同诈骗罪、第266条规定的诈骗罪、第267条规定的抢夺罪、第384条规定的挪用公款罪、第390条规定的行贿罪等,均采取的是这种规定方式。刑法对无期徒刑之所以要采取这种立法方式,主要是考虑对某种经济犯罪判处死刑没有必要、判处有期徒刑又嫌太短的,则将无期徒刑推上了法定刑的最高刑的位置。

（二）无期徒刑的司法裁量

笔者认为,对经济犯罪适用无期徒刑,应当从以下两个方面进行考察:第一,要考察已经发生的经济犯罪的社会危害性是否达到了应当适用无期徒刑的程度。在刑法所规定的五种主刑当中,无期徒刑是仅次于死刑的重刑,对经济犯罪分子在适用这种刑罚的过程中,应当特别慎重,罪行没有达到相当严重的程度的,不能对其适用无期徒刑。第二,要考察未然的经济犯罪的可能性。如果某一经济犯罪分子在实施经济犯罪后悔罪表现好,或者有自首与立功表现的,可以考虑不适用无期徒刑。如果某一经济犯罪分子罪行相当严重,并且认罪态度不好,有抗拒表现的,则可以考虑适用无期徒刑。当然,除此之外,还应当兼顾社会对经济犯罪人的反映,从而收到一般预防的社会效果。

二、经济犯罪的有期徒刑

有期徒刑是我国刑法中适用范围最广泛的一种刑罚的方法,从新刑法对经济犯罪的规定看,也同样反映了这一立法规律。这是因为,就经济犯罪而言,在司法实践中,被判处死刑或者无期徒刑的总是极少数;而被判处有期徒刑的,总是大多数。因此,在刑法理论上,如何加强对经济犯罪的有期徒刑适用的研究,具有十分重要的现实意义。

在所有的经济犯罪分则条文中,每一个条文都规定了有期徒刑。规定的方式不下十余种之多,情况比较复杂。有的与无期徒刑甚至与死刑一起作为选择刑之一的法定刑而予以规定,有的甚至与管制一起作为选择刑之一的法定刑予以规定。即便是作为有期徒刑本身,其规定的方式也有很多,如5年以下、2年以上7年以下、3年以上7年以下、3年以上10年以下、5年以上10年以下、7年以上等等,不一而足。

因此,在适用有期徒刑时,首先应当根据犯罪事实、犯罪性质、犯罪金额、犯罪危害社会的严重程度来确定适用哪一个档次的法定刑,然后以社会的危害程度和刑事责任的大小(有无从轻、减轻或者从重处罚的情节)等,依照刑法的规定,确定应当适用多少期限的有期徒刑。

总之,有期徒刑是我国刑法中适用最广泛的一种刑罚方法。刑法分则中凡是规定有法定刑的条文,都规定了有期徒刑。由于有期徒刑轻重幅度大,可适用性广,便于人民法院根据各种案件的具体情况和特点,灵活机动地加以运用。对于罪行较重的经济犯罪分子可判处长期徒刑,对于罪行较轻的经济犯罪分子则可以判处短期徒刑。因而在司法实践中,适用这一刑罚方法的比适用其他任何种类的刑罚都多。

三、经济犯罪的拘役

拘役是短期剥夺犯罪分子的人身自由的刑罚方法,在刑法理论上属于短期自由刑。对于经济犯罪是否应当适用短期自由刑以及如何适用短期自由刑,在刑法理论上都存在着很大争议。虽然我们主张在司法实践中对经济犯罪不宜适用短期自由刑,但新刑法却对这一刑罚方法在经济犯罪中作了大量的规定,从而从法律上赋予了拘役刑被适用于经济犯罪的可能性。因此,我们在研究自由刑的适用时,仍然必须涉及拘役刑的立法规定与司法裁量问题。

从我国新刑法的规定来看,拘役刑作为有期徒刑和管制的选择刑,在经济犯罪规定的法定刑中占有较大的比重。关于拘役刑对经济犯罪的适用效果究竟是利大于弊还是弊大于利,目前在国内外的刑法专家和学者中均是有所争议的问题。虽然争议的双方都有各自的理由,但是我们倾向于在经济犯罪的适用上不使用拘役刑这一刑罚方法。这是因为,经济犯罪的犯罪人有好逸恶劳的习惯,对其判处拘役,实难产生良好的教育与改造效果。况且,经济犯罪的证据收集相对困难,经过旷日持久的审判,一经判决,其羁押期往往已经超过拘役的期限。因此,就司法实践的实际情况来看,对经济犯罪分子适用拘役意义不大。然而,在目前刑法中设有大量拘役的情况下,完全对经济犯罪不适用拘役也极不现实。

对经济犯罪适用拘役进行裁量时,应当注意以下几个方面的问题:第一,要考虑经济犯罪案件的严重程度。根据我国刑事立法的规定,拘役是一种轻刑,因此只有对那些罪行比较轻微的经济犯罪案件才能适用。当然,同样是可以判处拘役的经济犯罪案件,其社会危害性亦有程度上的差别,因此,在决定拘役的刑期时,应具体案件具体分析,切不可等量齐观。第二,要考虑经济犯罪的犯罪分子再犯可能性的大小。由于拘役的适用对象的限制,在经济犯罪案件中,只有对那些再犯可能性小的经济犯罪分子方可适用拘役进行处罚。当然,在同样可处拘役的经济犯罪案件中,犯罪人的再犯可能性大小仍然具有量的差别。因此,在确定拘役的刑期时,也应当做到具体问题具体分析,不能搞一刀切。第三,要考虑其他情节。在司法实践中,不同的经济犯罪案件,其犯罪的情节也可能有所不同,因此,在对不同情节的经济犯罪案件进行拘役裁量时,也应当分清不同的情况,分别进行处理。

四、经济犯罪的管制

管制是我国刑罚体系中最轻的一种主刑,是一种开放性的自由刑,长期以来被认为是中国独创的刑罚方法,在司法实践中曾经创造过不可磨灭的历史功绩。但由于受管制刑本身的特点所限,我国 1979 年刑法在经济犯罪的规定中,基本上没有设置管制这种刑罚方法。新刑法在这一方面作了某些修改和完善,对经济犯罪也适当地规定了一些管制刑,从而改变了我国以往的刑事立法中经济犯罪没有管制的历史。

从我国新刑法对管制刑的规定来看,在经济犯罪中,管制刑的规定,在经济犯罪中涉及管制刑的法条不多,从这些法条规定的犯罪来看,主要是一些性质较轻的经济犯罪,由于在经济犯罪中规定管制刑是刑事立法的新尝试,因此在司法实践中是一个值得注意的新问题。

关于管制刑的司法裁量,在经济犯罪的适用中,应当注意以下几方面的问题:第一,根据某一经济犯罪案件的具体情况来裁量。管制刑作为我国刑罚体系中最轻的自由刑,只能适用于那些罪行比较轻微的经济犯罪分子。但尽管如此,由于可处管制的经济犯罪分子社会危害程度和犯罪情节上尚有一定的差异,因此,在司法实践中,对各种不同的经济犯罪分子,可以根据实际情况,在刑法规定的管制刑期之内给予不同的处罚。第二,根据具体案件的具体情况,管制可以作为拘役的替代刑来适用。由于拘役的期限较短,加上短期自由刑本身存在的缺陷,对经济犯罪适用拘役刑利少弊多。有鉴于此,对于刑法分则条文中规定有拘役和管制两种刑罚方法的经济犯罪,在对其适用法定刑的时候,可以将管制作为拘役的替代刑来适用。这是因为,管制是一种开放性的刑罚方法,在社会上行刑,不会产生交叉感染的问题。另外,管制的期限较之拘役要长,可以对经济犯罪分子通过较长时间的教育和改造,帮助其矫正恶习,重新回归社会,成为对社会有益的公民。

第五节 经济犯罪处罚中的资格刑适用

资格刑在刑法中是一个理论概念,它是对以剥夺犯罪人的某种资格为内容的刑罚方法的总称。在国外的刑事立法中,资格刑的适用范围较广,其主要类型有剥夺一定的权利,禁止担任一定的职务,禁止从事一定的职业,禁止驾驶,剥夺荣誉称号,剥夺亲权及其他民事权利,剥夺国籍和驱逐出境等等。在我国刑法中,资格刑主要指的是剥夺政治权利。但从刑事立法规定的内容来看,无论是1979年刑法还是现行新刑法,除了犯某种经济犯罪被判处死刑或者无期徒刑的犯罪分子应当附加剥夺政治权利终身的以外,资格刑基本上与经济犯罪无缘。因此,如何在客观地分析我国现行刑事立法得失的基础上,进一步加强对经济犯罪分子的资格刑的适用,的确是一个值得继续探讨的问题。

一、我国经济犯罪刑事处罚中的资格刑立法的评价

根据我国修订后的新刑法的规定,资格刑的适用对象有两个方面:一是附加适用的对象只限于危害国家安全的犯罪分子,采取暴力方法严重破坏社会秩序的犯罪分子和被判处死刑、无期徒刑的犯罪分子。二是独立适用的对象只限于危害国家安全罪,侵犯公民人身权利、民主权利罪,妨害社会管理秩序罪和危害国防利益罪这四章中所规定的某些犯罪分子。对新刑法中所规定的经济犯罪的各章节,根本没有规定剥夺政治权利刑。尽管立法机关作出这样的规定有其自身的考虑,但是从理论上来讲,这种规定方式的非科学性是明显的。因为,从司法实践来看,大量的经济犯罪均与手中握有一定权力的人关系较大,以权换钱是我国当前经济犯罪最突出的特点,如果对于某些从事经济犯罪活动的犯罪人不剥夺其政治权利,就难以消除其继续进行经济犯罪的可能性,因此,我们认为,应当将剥夺政治权利刑适用于经济犯罪。

二、关于经济犯罪处罚中资格刑立法完善之动议

鉴于我国新刑法在资格刑立法中存在的上述问题,我们认为,对经济犯罪处罚中的资格刑的适用,在今后的立法中应当注意以下几个方面的问题:第一,对经济犯罪规定资格刑应当考虑经济犯罪活动本身的特点。在我国,经济犯罪的滋生,与权力的变异有着密切的联系,要切断权力与金钱之间的联系的脐带,就必须剥夺某些不法之徒手中所掌握的权力。因此,我们认为,对于经济犯罪分子,不仅被判处死刑、无期徒刑的应当附加剥夺政治权利,对于某些被判处5年以上有期徒刑的经济犯罪分子,也应当规定可以剥夺政治权利。这样,一

方面可以惩患于已然,另一方面也可以防患于未然。第二,对经济犯罪规定资格刑应当考虑实行分项剥夺的方法来适用。我国 1979 年刑法与现行刑法规定的剥夺政治权利都是从整体上进行剥夺的,这种立法方式存在的缺陷在刑法修订讨论的过程中就已经有不少刑法学者指出过,但是这方面的意见最终被否决。我们认为,尽管实行分项剥夺在司法实践中执行起来要相对复杂一些,但是经过认真地论证和研究,还是觉得这种剥夺方式更科学。这是因为:首先,这种执行方式克服了对某些犯罪刑罚适用过剩的问题,避免出现对某些经济犯罪人罚不当罪的情况;其次,这种执行方式可以针对不同的经济犯罪人适用不同的剥夺方法,从而更具有针对性。第三,对经济犯罪应当增设行之有效的资格刑。我国目前刑事立法中规定的资格刑所涵盖的内容比较单一,只限于剥夺政治权利这一个方面,其适用面相对较窄。尽管这一方面的问题在刑法修订的过程中,有不少专家、学者曾提出过这方面的问题,立法机关也曾考虑增设其他刑罚方法,但这一意见最后被否决。我们认为,为了有效地惩治经济犯罪,针对经济犯罪本身的特点,增设某种资格刑是必要的,诸如剥夺某些经济犯罪分子从事工商活动的权利或者从事某一职业的权利,等等。这样,不仅可以改变我国目前的刑事立法中资格刑单一的局面,同时也可以更有针对性地惩治某些经济犯罪活动,从而收到更为良好的社会效果。[1]

第六节 经济犯罪刑事处罚中的生命刑之适用

生命刑是以剥夺犯罪人的生命为内容的一种最严厉的刑罚方法,由于它在所有的刑罚方法中已达极点,故又称之为极刑。对于经济犯罪应否适用生命刑以及如何适用生命刑,是一个十分慎重的问题,因此,研究生命刑对经济犯罪的适用具有非常重大的意义。

一、关于经济犯罪刑事处罚中应否规定生命刑的理论之争

在我国,长期以来,在对待生命刑存废的态度上,始终坚持的是保留生命刑的观点。具体方针是坚持少杀,严禁错杀,反对滥杀。近些年来,在我国刑法修改的浪潮中,虽然提出要废除一般刑事犯罪中生命刑的观点较少,但提出要废除经济犯罪中的生命刑的观点却大行其道,一度成为刑法修改讨论中的热点问题。如有的同志认为,对经济犯罪适用死刑,违背罪刑等价观念,不能做到罪刑相称,因而缺乏报应根据;对经济犯罪不能产生理想的预防、威慑效果,反而可能产生严重的副作用,实际结果是得不偿失,因而也不具有功利根据。由此可以导出这样的结论:对经济犯罪适用死刑缺乏正当根据,在人类理性与文明之光普照的国度,用剥夺罪犯生命的方法来惩罚经济犯罪,应当得到禁止。但是,在刑法修订的过程中,立法部门考虑到我国目前治安的形势严峻,经济犯罪的情况严重,还不具备减少死刑的条件,因而对以往刑事立法中规定的死刑既未增加也未减少。

笔者认为,在我国目前的经济转型时期,一些犯罪分子利用法律的不完善,实施一些严重危害社会经济管理秩序和经济运行秩序的犯罪,给我国的社会主义市场经济的破坏力是极大的,严重地阻碍了我国的市场经济改革的顺利进行和社会主义市场经济的健康发展,尤其是一些有特别职务者,利用手中的权力,大肆地侵吞国家财产和集体财产,利用职务之便

---

[1] 赵长青主编:《经济刑法学》,法律出版社 1999 年 8 月版,第 143—144 页。

为他人谋取非法利益,并从中索取贿赂和非法收受贿赂,更有甚者,在国有经济改制的过程中,利用国家所赋予的权利,私分国有资产,使国有资产大量地流失。在这种情况下,一概地废除死刑,仅用自由型和财产刑或者单纯的资格刑,是不能达到惩罚经济犯罪和预防经济犯罪的目的的,因此,笔者认为,保留死刑,在当今的中国,是十分必要的。但另一方面,笔者也认为,在惩罚经济犯罪时,死刑应该谨慎适用。因为,经济犯罪侵害的是社会主义市场经济秩序,与剥夺他人生命的杀人罪、抢劫罪等严重暴力犯罪,毕竟有所不同,因而通常不宜适用剥夺他人生命的死刑。

二、经济犯罪刑事处罚中生命刑之具体适用

根据我国新刑法的规定,生命刑只能适用于罪行极其严重的犯罪分子。对于经济犯罪而言,同样不能离开这一最起码的标准。在司法实践中,何种经济犯罪行为才算罪行极其严重,应当有个具体量定的尺度。从我国新刑法的规定来看,对经济犯罪适用死刑往往都有一个数额、情节、后果与范围的限制。这里的数额、情节、后果与范围就分别成为对某一经济犯罪分子应否适用死刑的具体尺度。第一,数额与情节对死刑适用的影响。在我国刑法分则规定的经济犯罪中,对大多数都有死刑的条款,都有数额与情节的限制。例如,刑法第170条规定的伪造货币罪,要对犯罪人适用死刑,必须符合以下三种情形:(1)伪造货币集团的首要分子;(2)伪造货币数额特别巨大;(3)有其他特别严重情节的。又如,刑法第151条第1款与第2款规定的各种走私犯罪,只有达到情节特别严重这一标准的,才可以考虑对犯罪人适用死刑。第二,危害后果对死刑适用的影响。从新刑法对经济犯罪的规定来看,适用死刑的具体标准除了数额和情节以外,还有危害结果的因素的影响。例如,刑法第141条规定的生产、销售假药罪,第144条规定的生产、销售有毒有害食品罪,要对犯罪人判处死刑,只有达到致人死亡或者对人体健康造成严重危害这一标准的,才可以予以考虑。又如,刑法第192条、194条、第195条规定的各种金融诈骗犯罪。要对其判处死刑,必须达到数额特别巨大并且给国家和人民利益造成特别重大损失这一适用标准。

死缓制度是我国刑法独创的一项重要制度,它对于限制和减少死刑的实际执行,具有非常重大的意义。需要注意的问题是,死缓只是死刑的一种执行方式,而不是一个独立的刑种,因此,死缓的适用必须以行为人所犯的罪行达到死刑执行的标准为限。一般而言,在对某一经济犯罪分子考虑判处死缓时,首先应当考察该犯罪人是否符合某种经济犯罪规定的死刑适用条件,若已符合,还应当进一步考察其犯罪性质和其他情节,看有无立即执行之必要,如果通过各方面的分析,认为确实没有立即执行之必要的,方可判处死缓。

根据《刑法》第48条、《刑事诉讼法》第199条和第200条的规定,判处死刑立即执行的案件,除依法由最高人民法院判决的以外,都应当报请最高人民法院核准;判处死缓的案件,可以由高级人民法院判决或者核准。最高人民法院判处和核准的死刑立即执行的判决,应当由最高人民法院院长签发执行死刑的命令。上述对死刑案件特别规定的复核程序,是正确适用死刑的重要保证。对于经济犯罪死刑案件的适用来讲,也必须严格遵守以上各个方面的核准程序,决不能有丝毫的忽视。

第 十三 章
生产、销售伪劣商品罪

第一节 生产、销售伪劣商品罪概述

一、生产、销售伪劣商品罪的概念

生产、销售伪劣商品罪,是指生产者、销售者违反国家有关产品质量、安全、监督管理法规,生产、销售伪劣商品,侵害消费者合法权益,危害消费者健康和生命、财产安全,破坏社会主义商品市场秩序,情节严重或者危害较大的行为。

本类犯罪在立法上有一个发展的过程。1979 年的《刑法》只规定了生产、销售假药的犯罪,而对一般生产、销售伪劣产品的行为未作具体的规定。但当时将情节严重的生产、销售伪劣产品的行为作为投机倒把的犯罪处理。有关的司法解释就把掺杂使假、以次充好的行为作为投机倒把的客观表现之一。针对假冒伪劣产品充斥市场、泛滥成灾的严重情况,1993 年 7 月 2 日,八届人大第二次会议通过了《关于惩治生产、销售伪劣商品犯罪的决定》,将生产、销售伪劣商品的犯罪独立成罪,并规定了较重的法定刑。1997 年修订《刑法》时,在原决定的基础上又作了修改和补充。本类犯罪规定在现行《刑法》第 140 条至第 148 条,共有 9 个罪名。2001 年 4 月,最高人民法院、最高人民检察院联合制发了《关于办理生产、销售伪劣商品刑事案件具体应用法律若干问题的解释》(本节以下简称《解释》),又对这一类犯罪作了较为详细的司法解释,从而形成了现在的惩治与打击生产、销售伪劣商品罪的刑事法律体系。

二、生产、销售伪劣商品罪的构成特征

生产、销售伪劣商品罪主要有以下特征:

(一) 生产、销售伪劣商品罪的主体是一般主体,既包括生产者,也包括销售者;既包括自然人,也包括单位。自然人既包括个体工商户,也包括非法从事经营活动、年满 16 周岁的具有刑事责任能力的个人。①

(二) 本类犯罪的主观方面是故意,对于违反法规的行为本身而言,行为人是一种直接

---

① 关于本罪属于一般主体还是特殊主体的犯罪,刑法理论上有分歧,通说认为本罪由一般主体构成,但有观点认为本罪系特殊主体犯罪,即"生产者"、"销售者"就是特定的身份。(参见黄京平主编:《破坏市场经济秩序罪研究》,中国人民大学出版社 1999 年版,第 91 页)笔者倾向于通说,认为本罪的主体应当是一般主体,任何达到刑事责任年龄,具有刑事责任能力的自然人和任何合法成立的单位均可以构成本罪。

故意，但在以一定危害结果作为构成要件的犯罪里面，行为人对于危害结果的发生，却是出于间接故意。行为人实施该类犯罪的目的一般是为了牟取非法利益，但根据刑法的规定，牟取某非法利益并非该类犯罪的构成要件。对于某些销售伪劣商品的犯罪而言，还要求行为人对伪劣商品有所认识，即明知是某种伪劣商品而故意予以销售方能构成犯罪。如果行为人在不知情的情况下，销售了某些伪劣商品，不构成犯罪。但如何认定行为人的"明知"，不能仅靠行为人的口供，而应该结合案件的其他客观事实予以具体分析，只要证明行为人应当知道或者可能知道是他人生产的伪劣商品而仍然予以销售的，就可以认定为"明知"。①

（三）该类犯罪的客观方面主要表现为违反产品质量管理法规以及其他特殊商品的相关管理法规，生产、销售伪劣商品，破坏社会主义商品经济秩序，危害人身和财产安全的行为。

生产、销售一般伪劣商品的行为的表现方式多种多样，但概括起来，主要有以下四种方式：第一，掺杂、掺假；第二，以假充真；第三，以次充好；第四，以不合格商品冒充合格商品；等。

生产、销售伪劣商品的行为，主要是指生产、销售不符合保障人体健康、人身、财产安全的国家标准、行业标准的商品或者失效变质的商品的行为。其范围主要包括以下几种：（1）生产、销售假药的行为；（2）生产、销售劣药的行为；（3）生产、销售不符合卫生标准的食品的行为；（4）生产、销售有毒有害食品的行为；（5）生产、销售伪劣医疗器械、医用卫生材料的行为；（6）生产、销售不符合安全标准的产品的行为；（7）生产、销售伪劣农业生产资料的行为；（8）生产、销售不符合卫生标准的化妆品的行为。

该类犯罪由于特定商品的特性不一样，所以在犯罪的既遂形态上要求也不同。（1）行为犯，即行为人只要实施某一犯罪行为，不论犯罪结果是否发生，都构成犯罪既遂的情形，如生产、销售有毒有害食品罪。（2）危险犯，即行为人实施了足以发生某种危害结果的行为及构成犯罪既遂的情形，如生产、销售假药罪等。（3）结果犯，即行为人实施了某种特定的犯罪行为，必须造成一定的法定结果方能构成犯罪既遂的情形，如生产、销售劣药罪等。（4）结果加重犯，即行为人实施了某种犯罪行为，发生了基本犯罪结果以外的重结果而刑法加重其刑的情形，如生产、销售不符合安全标准的产品罪就属于这种情形。

（四）该类犯罪的客体是社会主义商品市场经济秩序和广大消费者的合法权益。为维护社会主义商品市场秩序和广大消费者的合法权益，国家制定了一系列的商品质量监督管理法规。而生产、销售伪劣商品罪就是违反了这些法规，破坏了国家对商品质量的监督管理制度，侵害了消费者的合法权益，破坏了社会主义市场经济秩序。

三、生产、销售伪劣商品罪的种类

根据刑法分则第三章第一节的规定，生产、销售伪劣商品罪主要包括以下几类：

（一）生产、销售伪劣产品罪（第 140 条）。

（二）生产、销售伪劣药品的犯罪，包括生产、销售假药罪（第 141 条）；生产、销售劣药罪（第 142 条）。

---

① 因为生产、销售伪劣商品的犯罪对社会的危害性往往较大，会造成重大的人身伤亡或者财产损失，所以有的学者建议将该类犯罪规定为"严格责任犯罪"，这个问题有待于进一步探讨。

（三）生产、销售伪劣食品的犯罪，包括生产、销售不符合卫生标准的食品罪（第143条）；生产、销售有毒有害食品罪（第144条）。

（四）生产、销售危害人身、财产安全的产品的犯罪，包括生产、销售不符合标准的医用器材罪（第145条）；生产、销售不符合安全标准的产品罪（第146条）；生产、销售不符合卫生标准的化妆品罪（第148条）。

（五）生产、销售伪劣农业生产资料的犯罪，包括生产销售伪劣农药、兽药、化肥、种子罪（第147条）。

第二节　生产、销售伪劣商品罪具体罪名

一、生产、销售伪劣产品罪

（一）生产、销售伪劣产品罪的概念和特征

生产、销售伪劣产品罪，是指商品生产者、销售者，违反产品质量管理法规和工商管理法规，在所生产、销售的产品中，掺杂、掺假、以假充真、以次充好、以不合格产品冒充合格产品，销售金额数额超过5万元的行为。本罪的主要特征是：

1. 本罪的主体是伪劣产品的生产者、销售者，既可以是自然人，也可以是单位。关于本罪属于一般主体还是特殊主体的犯罪，刑法理论上有分歧，通说认为本罪由一般主体构成，但有观点认为本罪系特殊主体犯罪，即"生产者"、"销售者"就是特定的身份。① 笔者倾向于通说，认为本罪的主体应当是一般主体，任何达到刑事责任年龄，具有刑事责任能力的自然人和任何合法成立的单位均可以构成本罪。

2. 本罪的主观方面是故意，其故意内容表现为行为人故意违反法律规定，明知生产、销售的是伪劣产品而进行生产、销售。

关于本罪是否是目的犯，曾有观点认为，"牟取非法利润是本罪主观方面的特别要素"，②笔者认为，这种观点是不全面的，虽然本罪的行为人主观上一般具有牟取非法利益的目的，但也不排除出于行为人其他目的（如不当竞争目的）而实施本罪。笔者对本罪是目的犯的说法持否定态度，虽然本罪一般情况下表现为追求非法利益，但刑法并未将"追求非法利益"作为本罪的构成要件。而且1997年刑法将以前单行刑法中所规定的"违法所得数额"改为"销售金额"，也正是说明了这一问题。

关于本罪是直接故意犯罪还是间接故意犯罪，学术界观点不一，有的学者认为本罪是直接故意犯罪，表现为行为人明知生产、销售的是伪劣产品而仍然予以生产、销售。③然而，有的学者也认为，本罪也是间接故意犯罪，即行为人对自己所生产、销售的伪劣产品所造成的危害社会的后果（主要是人的生命安全与健康）持有一种放任的态度。④ 笔者认为，从对行为性质的认识上说，本罪是直接故意犯罪，从行为产生的结果上说，本罪是间接故意犯罪，所

---

① 黄京平主编：《破坏市场经济秩序罪研究》，中国人民大学出版社1999年版，第91页。
② 黄京平主编：《破坏市场经济秩序罪研究》，中国人民大学出版社1999年版，第97页。
③ 孙国祥主编：《刑法学》，科学出版社2002年5月版，第344页。
④ 甘功仁主编：《经济刑法教程》，中国财政经济出版社1997年11月版，第201页。

197

以,将本罪界定为故意犯罪,包括直接故意和间接故意两方面,较为适宜。

3. 本罪的客观方面表现为生产者、销售者在产品中掺杂使假、以假充真、以次充好或以不合格的产品冒充合格的产品,销售金额数额较大的行为。

首先,行为人实施了生产销售伪劣产品的行为。根据 2001 年 4 月最高人民检察院、最高人民法院《关于办理生产、销售伪劣商品刑事案件具体应用法律若干问题的解释》(以下简称《解释》)的规定,生产、销售伪劣产品的行为方式是多种多样的,具体而言,本罪主要表现为四种方式:(1) 掺杂、掺假。在产品中掺杂、掺假,是指在产品中掺入杂质或者异物,致使产品质量不符合国家法律、法规或者产品明示质量标准规定的质量要求,降低、失去应有使用性能的行为。(2) 以假充真。"以假充真",是指以不具有某种使用性能的产品冒充具有该种使用性能的产品的行为。(3) 以次充好。"以次充好"是指以低等级、低档次产品冒充高等级、高档次产品,或者以残次、废旧零配件组合、拼装后冒充正品或者新产品的行为。(4) 以不合格的产品冒充合格的产品。"不合格产品",是指不符合《中华人民共和国产品质量法》第二十六条第二款规定的质量要求的产品。《解释》同时规定,对上述行为难以确定的,应当委托法律、行政法规规定的产品质量检验机构进行鉴定。

生产与销售是两个密切联系的环节,生产的目的是为了牟利,而只有通过销售才能牟利,因此,生产与销售伪劣产品常常联系在一起。但销售伪劣产品也可以是独立的,如行为人明知是次品却冒充正品销售,生产厂家不一定有责任,构成犯罪的应是销售者。同一行为人如既生产,又销售伪劣产品,由于两个行为的密切联系,故只能以一罪论处。由于本罪必须是销售金额达到 5 万元方能成立,所以,单独的生产伪劣产品者原本不能构成本罪,但是为了体现对造假者的严厉打击,《解释》第 2 条规定:伪劣产品尚未销售,货值金额达到《刑法》第 140 条规定的销售金额三倍以上的,以生产、销售伪劣产品罪(未遂)定罪处罚。不过,根据该解释,单独的生产伪劣产品者,只能构成生产、销售伪劣产品罪的未遂。

其次,本罪是数额犯。行为人生产、销售的伪劣产品必须销售金额在 5 万元以上才能构成犯罪。根据《解释》第 2 条的规定,"销售金额",是指伪劣产品的生产者、销售者出售伪劣产品后所得和应得的全部违法收入。所谓"所得",是指行为人出售伪劣商品后已经实际得到的违法收入;所谓"应得"指行为人已经出售伪劣商品按照合同或者约定将要得到的违法收入。"销售金额"是指"全部违法收入",即没有扣除成本及各种费用的所得和应得的违法收入。因此,"销售金额"不同于"非法获利数额","非法获利数额"通常是指违法收入中扣除成本、费用、税收数额的简称。也就是说,即使犯罪分子生产、销售伪劣产品没有实际获利,但只要销售金额在 5 万元以上,就可追究刑事责任。

4. 本罪侵害的客体是国家产品质量管理制度和消费者的权益。本罪的对象是伪劣产品。包括以假充真的产品和质量低劣的产品两大类。

(二) 生产、销售伪劣产品罪的认定

1. 生产、销售伪劣产品案件中的罪与非罪的界限。划清本罪与非罪的界限,可以从两方面着手:第一,销售金额的数额。《刑法》以销售金额 5 万元作为追究刑事责任的起点数额,没有达到这个数额的,一般不构成犯罪;第二,行为人的主观心理态度。即是看行为人主观上是否出于故意。有时行为人虽然生产、销售了伪劣产品,但由于是过失行为造成的,生产、销售者不构成本罪。

2. 本罪既遂未遂的界限。根据《解释》第 2 条的规定,伪劣产品尚未销售,货值金额达到《刑法》第140条规定的销售金额三倍以上的，以生产、销售伪劣产品罪（未遂）定罪处罚。这一规定解决了未遂的定罪量刑问题。根据司法解释，货值金额按照伪劣产品的标价计算；没有标价的，按照市场上同类产品的价格计算；计算困难的，可以委托有关中介机构评估。①

3. 本罪的共同犯罪的认定。生产者、销售者如事先通谋生产、销售伪劣产品，则属于生产、销售伪劣产品罪的共犯，应以共同犯罪论处。此外，根据《解释》第9条规定："知道或者应当知道他人实施生产、销售伪劣商品犯罪，而为其提供贷款、资金、账号、发票、证明、许可证件，或者提供生产、经营场所或者运输、仓储、保管、邮寄等便利条件，或者提供制假生产技术的，以生产、销售伪劣商品犯罪的共犯论处。"

4. 本罪罪数的认定。（1）关于本罪法条竞合的认定。本罪是普通法条，《刑法》第141条至第148条规定的犯罪，都是生产、销售特定物品而构成的犯罪，是特别法条。从广义上讲，生产、销售假药等特定的伪劣产品，也符合生产、销售伪劣产品罪的构成要件，但根据特别法优于普通法的犯罪适用原则，应按《刑法》第141条至第148条规定的具体犯罪定罪量刑。但有时按特别法优于普通法的适用原则难以做到罪刑相适应时，该如何处理？《刑法》第149条规定，"生产、销售本节第一百四十一条至第一百四十八条所列产品，不构成各该条规定的犯罪，但是销售金额在五万元以上的，依照本节第一百四十条的规定定罪处罚。生产、销售本节第一百四十条至第一百四十八条所列产品，构成各该条规定的犯罪，同时又构成第一百四十条规定的犯罪的，依照处刑较重的规定定罪处罚。"也就是说，在前述情形下，可以补充使用"重法优于轻法"的处罚原则。例如生产、销售劣质化妆品的行为，根据《刑法》第148条的规定，造成严重后果的，处3年以下有期徒刑或者拘役。如果行为人生产销售劣质化妆品没有造成严重后果，不构成生产、销售劣质化妆品罪，但符合生产、销售伪劣产品罪规定的，应以《刑法》第140条生产、销售伪劣产品罪定罪量刑。而如果行为人生产、销售劣质化妆品，虽然造成一定的严重后果，但销售金额在20万元以上的，以生产、销售劣质化妆品罪论处只能处3年以下有期徒刑，而生产、销售伪劣产品，则可处2年以上7年以下有期徒刑，二者相比，后者重，则应定生产、销售伪劣产品罪。②（2）关于本罪想象竞合的认定。行为人生产、销售伪劣产品，可能同时触犯其他罪名，形成想象竞合。根据想象竞合犯"从一重处断"的原则，应按照具体犯罪行为可能判处的具体刑罚的轻重，选择可能被判处较重刑罚的犯罪定罪处罚。《解释》第10条规定："实施生产、销售伪劣商品犯罪，同时构成侵犯知识产权、非法经营等其他犯罪的，依照处罚较重的规定定罪处罚。"（3）关于数罪并罚的规定。《解释》第11条规定："实施刑法第一百四十条至第一百四十八条规定的犯罪，又以暴力、威胁方法抗拒查处，构成其他犯罪的，依照数罪并罚的规定处罚。"

（三）生产、销售伪劣产品罪的刑事责任

根据《刑法》第140条和第150条的规定，犯生产、销售伪劣产品罪，根据销售金额的不同，分别追究刑事责任：销售金额在5万以上不满20万元的，处2年以下有期徒刑或者拘役，并处或单处销售金额50%以上2倍以下的罚金；销售金额在20万元以上不满50万元的，处2年以上7年以下有期徒刑，并处销售金额的50%以上2倍以下的罚金；销售金额在

---

① 本罪是数额犯，而且是结果数额犯，所以，本罪有无未遂形态，学术界争论不已，但两高的司法解释承认本罪有犯罪未遂。笔者认为，该解释的合理性有待探讨。关于单独造假者的刑事责任问题，可以通过完善立法进行。

② 孙国祥主编：《刑法学》，科学出版社2002年5月版，第345页。

50 万以上不满 200 万元的,处 7 年以上有期徒刑,并处销售金额的 50% 以上 2 倍以下的罚金;销售金额在 200 万以上的,处 15 年有期徒刑或者无期徒刑,并处销售金额的 50% 以上 2 倍以下的罚金或者没收财产。单位犯本罪,对单位判处罚金,并对其直接负责的主管人员和其他直接责任人员,依照个人犯本罪的规定处罚。

二、生产、销售假药罪①

（一）生产、销售假药罪的概念和特征

生产、销售假药罪,是指违反药品管理法规,生产、销售假药的行为。本罪的构成特征是:

1. 本罪的主体是一般主体,既可以是自然人,也可以是单位。

2. 本罪的主观方面是故意。其故意内容表现为行为人明知自己生产、销售假药的行为是违反国家药品管理制度的,而仍然予以生产、销售。行为人对自己生产、销售假药所可能带来的危害人体健康或者生命的结果,往往是一种放任的态度。司法实践中,由于工作失误或其他非故意的原因,生产或销售了假药的,不能构成本罪,但视其情况可以以行为人所构成的其他相应的犯罪追究其刑事责任。

3. 本罪的客观方面表现为违反药品管理法规,生产、销售假药的行为。

本罪的行为方式可以分为生产假药和销售假药两种。"生产假药",是指违反药品管理法规,仿照根据批准的药品的式样或自己编造新药非法进行生产的情况。一切制造、加工、采集、收集某种物品充当合格或特定药品的行为,都是生产假药的行为。"销售假药",是指明知是假药而非法销售的行为,即一切有偿提供假药的行为。销售假药的方式既可以是公开的,也可以秘密的;既可能是批量销售,也可能是零散销售;既可能是行为人请求对方购买,也可能是对方请求行为人转让;既可能是直接交付对方,也可能是间接交付对方;有偿转让假药既可能是获得金钱,也可能是获得其他物质利益;既可能是在交付假药的同时获得利益,也可能是先交付假药后获取利益或者获取利益后再交付假药。②

4. 本罪侵害的客体是复杂客体,不仅侵犯了国家药品管理制度,而且危害了不特定多数人的生命健康安全。本罪的对象是假药。根据《中华人民共和国药品管理法》第 48 条的规定,"有下列情形之一的,为假药:(一) 药品所含成分与国家药品标准规定的成分不符的;(二) 以非药品冒充药品或者以他种药品冒充此种药品的。有下列情形之一的药品,按假药论处:(一) 国务院药品监督管理部门规定禁止使用的;(二) 依照本法必须批准而未经批准生产、进口,或者依照本法必须检验而未经检验即销售的;(三) 变质的;(四) 被污染的;(五) 使用依照本法必须取得批准文号而未取得批准文号的原料药生产的;(六) 所标明的适应症或者功能主治超出规定范围的。"不过,本罪中所规定的假药仅指人用药品,而不包括农药和兽药,如果生产、销售伪劣农药、兽药,不能构成本罪,但视其情况可能构成生产、销售伪劣农药、兽药罪。

（二）生产、销售假药罪的认定

1. 生产、销售假药案件中罪与非罪的界限。主要从主观方面看,行为人有无故意。基

---

① 本罪经过《中华人民共和国刑法修正案(八)》第二十三条修正。

② 张明楷著:《刑法学》(第四版),法律出版社 2011 年版,第 650 页。

于过失生产、销售了名不副实的药品,不能构成本罪,但应承担相应的民事责任。

2. 本罪与诈骗罪的界限。生产、销售假药在以假充真、骗取钱财这一点上实际也是一种虚构事实、隐瞒真相的诈骗活动,同诈骗罪有某些相似之处。两者的主要区别在于:第一,侵犯的客体与对象不同。前者侵犯的是不特定多数人的生命健康权利以及国家的药品管理制度,犯罪对象仅限于假药;而后者侵犯的是公私财产所有权,犯罪对象是所有的财物。第二,构成犯罪的条件不同。前者是危险犯,生产、销售的假药只要足以危害人体健康,就构成犯罪;而后者是数额犯,只有骗取财物数额较大方能构成犯罪。不过,生产、销售假药可以看作是一种特殊的诈骗活动:两者之间具有想象竞合关系,应该按照"从一重处断"的原则处理,一般按照生产、销售假药罪处罚。

（三）生产、销售假药罪的刑事责任

依照《刑法》第141条的规定,犯本罪的,处3年以下有期徒刑或者拘役,并处罚金;对人体健康造成严重危害或者有其他严重情节的,处3年以上10年以下有期徒刑,并处罚金;致人死亡或者有其他特别严重情节的,处10年以上有期徒刑、无期徒刑或者死刑,并处罚金或者没收财产。根据最高人民法院、最高人民检察院2009年5月13日《关于办理生产、销售假药、劣药刑事案件具体应用法律若干问题的解释》规定,生产、销售的假药被使用后,造成轻伤以上伤害,或者轻度残疾、中度残疾,或者器官组织损伤导致一般功能障碍或者严重功能障碍,或者有其他严重危害人体健康情形的,应当认定为"对人体健康造成严重危害"。生产、销售的假药被使用后,造成重度残疾、3人以上重伤、3人以上中度残疾或者器官组织损伤导致严重功能障碍、10人以上轻伤、5人以上轻度残疾或者器官组织损伤导致一般功能障碍,或者有其他特别严重危害人体健康情形的,应当认定为"情节特别严重"。单位犯本罪的,对单位判处罚金,并对直接负责的主管人员和其他直接责任人员依照上述规定处罚。

三、生产、销售劣药罪

（一）生产、销售劣药罪的概念和特征

生产、销售劣药罪,是指违反药品管理法规,生产、销售劣药,对人体健康造成严重损害的行为。本罪的主要构成特征是:

1. 本罪的主体是一般主体,自然人和单位都可以构成。

2. 本罪的主观方面是故意。通常以牟取非法利润为目的,但"牟取非法利润"并非本罪的构成要件。

3. 本罪的客观方面表现为违反药品管理法规,生产、销售劣药,对人体健康造成严重危害的行为。

从行为方式上看,本罪的行为方式表现为生产或者销售劣药两种行为之一。"生产劣药"是指违反药品管理法规,加工、制造不符合国家药品标准的劣药的行为。"销售劣药",是指违反药品管理法规,将自己或他人生产的劣药出售的行为。行为人实施生产、销售行为之一的,即构成本罪,同时实施上述两种行为的,也只按照一个生产、销售劣药罪处罚,不实行数罪并罚。

从结果形态看,本罪是结果犯。生产、销售劣药必须对人体健康造成严重危害,才能构成犯罪。根据上述关于假药、劣药的司法解释,生产、销售劣药被使用后,造成轻伤以上伤害,或者轻度残疾、中度残疾,或者器官组织损伤导致一般功能障碍,或者严重功能障碍,或者有其他严重危害人体健康情形的,应当认定为"对人体健康造成严重危害"。

4. 本罪侵害的客体是复杂客体,即国家的药品管理制度和公民的身体健康与生命权利。本罪的犯罪对象是劣药。根据《药品管理法》第四十九条的规定:"药品成分的含量不符合国家药品标准的,为劣药。有下列情形之一的药品,按劣药论处:(一)未标明有效期或者更改有效期的;(二)不注明或者更改生产批号的;(三)超过有效期的;(四)直接接触药品的包装材料和容器未经批准的;(五)擅自添加着色剂、防腐剂、香料、矫味剂及辅料的;(六)其他不符合药品标准规定的。"

（二）生产、销售劣药罪的认定

1. 本罪与非罪的界限。主要从两个方面看:第一,从主观方面看,行为人是否基于故意而生产、销售劣药。因过失生产、销售劣药的,如在药品流通过程中,因疏于检验,不知药品不符合国家的规定标准或者已经过期而出售的,不能构成本罪;第二,从客观方面看,行为人生产、销售劣药的行为是否已经对人体健康造成严重危害的结果,如果对人体健康没有造成严重危害,则不能构成本罪。

2. 本罪同生产、销售假药罪的界限。两者的主要区别在于:第一,犯罪对象不同。前者生产、销售的是劣药,而后者生产、销售的是假药。第二,两者的既遂形态不同。前者属于结果犯,必须对人体健康造成严重危害才能构成犯罪,而后者属于行为犯,只要有生产、销售假药行为,即使尚未发生危害结果,也能构成犯罪。

（三）生产、销售劣药罪的刑事责任

依照《刑法》第142条和第150条的规定,犯本罪的,处3年以上10年以下有期徒刑,并处销售金额50%以上2倍以下的罚金,后果特别严重的,处10年以上有期徒刑或者无期徒刑,并处销售金额50%以上2倍以下的罚金或者没收财产。根据上述关于假药、劣药的司法解释,生产、销售的劣药被使用后,致人死亡、重度残疾、3人以上重伤、3人以上中度残疾或者器官组织损伤导致严重功能障碍、10人以上轻伤、5人以上轻度残疾或者器官组织损伤导致一般功能障碍,或者有其他特别严重危害人体健康情形的,应当认定为"后果特别严重"。单位犯本罪的,对单位处罚金,对其直接负责的主管人员和其他直接责任人员,按自然人犯本罪的法定刑处罚。

四、生产、销售不符合安全标准的食品罪[①]

（一）生产、销售不符合安全标准的食品罪的概念和特征

生产、销售不符合安全的食品罪,是指违反食品安全管理法规,生产、销售不符合食品安全标准的食品,足以造成严重食物中毒事故或其他严重食源性疾患的行为。本罪的构成特征是:

1. 本罪的主体是一般主体,自然人和单位都可以构成本罪。

2. 本罪的主观方面只能由故意构成,即明知自己生产、销售的是不符合食品安全标准

的食品而仍然为之。

3. 本罪的客观方面表现为违反了食品安全法规,生产、销售不符合食品安全标准的食品,足以造成严重食物中毒或者其他严重食源性疾患的行为。

首先,必须违反食品安全法规,即行为人无视国家食品安全管理的有关规定。主要是指《中华人民共和国食品卫生法》。违反食品安全管理是本罪构成的前提。

其次,行为人生产、销售了不符合安全标准的食品。"不符合安全标准",是指某种食品对于保证人体健康所必须达到的基本安全要求没有达到我国《食品安全法》的规定。

最后,本罪是危险犯,必须是足以造成严重食物中毒事故或者其他严重食源性疾患。只要行为人实施生产、销售不符合安全标准的食品的行为,足以造成严重食物中毒事故或者其他严重食源性疾患的,即为本罪的既遂。根据 2001 年 4 月 5 日最高人民法院、最高人民检察院《关于办理生产、销售伪劣商品刑事案件具体应用法律若干问题的解释》第 4 条的规定:"经省级以上卫生行政部门确定的机构鉴定,食品中含有可能导致严重食物中毒事故或者其他严重食源性疾患的超标准的有害细菌或者其他污染物的,应认定为《刑法》第一百四十三条规定的'足以造成严重食物中毒事故或者其他严重食源性疾患'"。

4. 本罪侵害的客体是复杂客体,既破坏了国家食品安全管理制度,又危害不特定多数人的人体健康。食品是人们生活必须消费的商品,食品卫生直接关系到广大人民群众的生命与健康。国家为了保障人民群众的生命与健康,保障食品卫生,建立了一整套保证食品卫生的管理制度和生产、销售食品的卫生标准。行为人生产、销售不符合卫生标准的食品,就直接破坏了国家的食品卫生管理制度,同时也危害了不特定多数人的人体健康和生命安全。

(二) 生产、销售不符合安全标准的食品罪的认定

在认定本罪的过程中,主要是认定罪与非罪的界限。认定本罪的罪与非罪,主要从以下两个方面进行:第一,行为人的主观方面有无故意。本罪只有基于故意方能构成,如果是基于过失而生产、销售了不符合安全标准的食品,不构成本罪,但是可以视其情况构成其他犯罪。第二,行为人所生产、销售的食品,是否足以造成严重食物中毒和其他严重的食源性疾患。如果生产、销售的不符合卫生标准的食品,不足以造成前述事故或者疾患,就不能构成本罪。

(三) 生产、销售不符合卫生标准的食品罪的刑事责任

根据《刑法》第 143 条和第 150 条的规定,犯本罪,处 3 年以下有期徒刑或者拘役,并处罚金;对人体造成严重危害或者有其他严重情节的,处 3 年以上 7 年以下有期徒刑,并处罚金。后果特别严重的,处 7 年以上有期徒刑或者无期徒刑,并处罚金或者没收财产。根据上述司法解释,所谓"对人体健康造成严重危害",是指生产、销售不符合卫生标准的食品被食用后,造成轻伤、重伤或者其他严重后果的情况;所谓"后果特别严重",是指生产、销售不符合卫生标准的食品被食用后,致人死亡、严重残疾、三人以上重伤、十人以上轻伤或者造成其他特别严重后果的情况。① 单位犯本罪,对单位处罚金,对其直接负责的主管人员和其他直接责任人员,按自然人犯本罪的法定刑处罚。

---

① 该司法解释应该在《中华人民共和国刑法修正案(八)》的基础上进行理解。

五、生产、销售有毒、有害食品罪[①]

(一)生产、销售有毒、有害食品罪的概念和特征

生产、销售有毒、有害食品罪,是指违反食品安全管理法规,在生产、销售的食品中掺有有毒、有害的非食品原料,或者销售明知掺有有毒、有害的非食品原料的食品的行为。本罪的构成特征是:

1. 本罪的主体是一般主体。自然人和单位都可以构成。

2. 本罪的主观方面是故意。行为人明知是有毒、有害的非食品原料而故意掺入食品中,或者明知掺有有毒、有害的非食品原料的食品而仍然予以销售。

3. 本罪的客观方面表现为行为人违反食品安全管理法规,在生产、销售的食品中掺入有毒、有害的非食品原料的行为,或者明知是掺有有毒、有害的非食品原料的食品而予以销售的行为。

首先,行为人违反了食品安全管理法规。违反食品卫生管理法规,是本罪成立的前提。

其次,行为人实施了生产、销售有毒、有害食品的行为。具体是指以下几种行为:其一,在生产的食品中掺入有毒、有害的非食品原料的行为;其二,在销售的食品中掺入有毒、有害的非食品原料的行为;其三,明知是掺有有毒、有害的非食品原料的食品而销售的行为。"有毒、有害的非食品原料",是指对人体健康或者生命安全有害的非食品原料,它们既无任何营养价值,又对人体具有生理毒性,食用后会引起不良反应,甚至损害机体健康。如工业酒精、工业染料、色素、受污染的水源、化学合成剂、毒品和精神药品等。其中,"有害的非食品原料",是指不利于人体健康的非食品原料;[②]"有毒的非食品原料"是指破坏人体健康甚至危及人们生命的非食品原料。

最后,本罪是行为犯,行为人只要实施了生产、销售有毒、有害的食品,就构成犯罪。也就是说,即使没有造成严重后果,同样构成本罪的既遂。

4. 本罪侵害的客体是复杂客体,既违反了国家食品安全管理制度,又危害到不特定的多数人的生命健康的安全。本罪的对象是有毒、有害的食品。所谓有毒、有害的食品,是指掺入了有毒、有害的非食品原料的食品。

(二)生产有毒、有害食品罪的认定

1. 罪与非罪的界限

首先,生产、销售有毒、有害食品罪是故意犯罪,过失不构成本罪。另外,本罪属于行为犯,只要行为人在生产、销售的食品中故意掺入有毒、有害的非食品原料,或者行为人明知食品中掺有有毒、有害的非食品原料而予以销售的,即构成本罪。

2. 生产、销售有毒、有害食品罪与危害公共安全罪中的某些犯罪的界限

本罪与投放危险物质罪有某些相似之处,两罪在客体上都会危害到不特定的多数人的生命健康的安全,行为所涉及的对象都与一定的毒物有关。两者的区别主要表现在:第一,

---

① 本罪经过《中华人民共和国刑法修正案(八)》第二十五条修正。

② 张明楷老师认为,只有与"有毒"相当的,足以造成严重食物中毒或者其他严重食源性疾患的物质,才算是有害物质。参见张明楷著:《刑法学》(第四版),法律出版社 2011 年版,第 652 页。

客观方面不同。本罪行为人的行为与生产、销售食品有关,即是在生产、销售食品的过程中实施的,而投放危险物质罪可以发生在任何场合,不一定发生在食品的生产、销售过程中。在生产、销售有毒、有害食品过程中放任致人伤亡结果发生的,应构成本罪。第二,侵害的客体不同。本罪侵害的客体是国家对食品安全的管理,而投放危险物质罪侵害的客体是社会的公共安全,即不特定多数人的生命健康和重大公私财产的安全;应该指出的是,在新刑法实施之前,类似生产、销售有毒、有害食品的行为,都是按照投毒罪或者以其他危险方法危害公共安全罪来论处的。

3. 生产、销售有毒、有害食品罪与生产销售不符合安全标准的食品罪的界限

两者的区别主要是:第一,两者的客观方面不同。生产、销售有毒、有害食品罪在客观方面表现为行为人必须在生产、销售的食品中故意掺入有毒有害的非食品原料,而生产、销售不符合安全标准的食品罪中,行为人生产、销售的食品中也可能含有有毒、有害原料,但其在性质上仍是食品原料,其毒害性是由于食品原料或者腐败变质或者被污染造成的。第二,两者构成犯罪的条件不同。生产、销售有毒、有害食品罪是行为犯。而生产、销售不符合安全标准的食品罪是危险犯,行为人生产、销售的不符合安全标准的食品必须足以造成严重的食物中毒事故或者其他严重的食源性疾患,方构成犯罪。

（三）生产、销售有毒、有害食品罪的刑事责任

根据《刑法》第 144 条和第 150 条的规定,犯本罪的,处 5 年以下有期徒刑或者拘役,并处罚金;对人体健康造成严重危害或者有其他严重情节的,处 5 年以上 10 年以下有期徒刑,并处罚金。致人死亡或者有其他特别严重情节的,依照本法第 141 条的规定处罚。根据 2001 年 4 月 5 日最高人民法院、最高人民检察院《关于办理生产、销售伪劣商品案件具体应用法律若干问题的解释》第 5 条规定:“生产、销售的有毒、有害食品被食用后,造成轻伤、重伤或者其他严重后果的,应认定为《刑法》第一百四十四条规定的‘对人体健康造成严重危害’”。单位犯本罪,对单位处罚金,对其直接负责的主管人员和其他直接责任人员,按自然人犯本罪的法定刑处罚。

六、生产、销售不符合标准的医用器材罪[①]

（一）生产、销售不符合标准的医用器材罪的概念和特征

生产、销售不符合标准的医用器材罪,是指违反国家产品质量管理制度,生产不符合保障人体健康的国家标准、行业标准的医疗器械、医用卫生材料,或者销售明知是不符合保障人体健康的国家标准、行业标准的医疗器械、医用卫生材料,足以严重危害人体健康的行为。本罪的构成特征是:

1. 本罪的主体是一般主体,包括自然人和单位。

2. 本罪的主观方面必须是故意。司法实践中,行为人往往有牟取非法利益的目的,但是此目的并非本罪的成立要件。

3. 本罪的客观方面表现为违反国家产品质量法规,生产不符合保障人体健康的国家标准、行业标准的医疗器械、医用卫生材料,或者销售明知是不符合保障人体健康的国家标准、

---

① 本罪经过《中华人民共和国刑法修正案（四）》第一条修正。

行业标准的医疗器械、医用卫生材料，足以严重危害人体健康的行为。

首先，行为人必须违反产品质量法规。根据《中华人民共和国产品质量法》的规定，可能危及人体健康和人身、财产安全的工业用品，必须符合保障人体健康和人身、财产安全的国家标准和行业标准。医用器械、医用卫生材料属于同人体健康密切相关的重要产品，因此，生产、销售的医用器械、医用卫生材料必须要达到有关保障人体健康的国家标准、行业标准。

其次，行为人必须有生产、销售不符合标准的医疗器械、医用卫生材料的行为。行为人只要实施生产或者销售不符合标准的医用器材的行为之一，就构成本罪。如果同时具有生产和销售行为的，也按照生产、销售不符合标准的医用器材罪一罪论处，而不实行数罪并罚。司法实践中，生产者往往也是销售者，但销售者却不一定是生产者。

最后，本罪属于危险犯，必须有足以造成严重危害的结果的危险，即行为人不仅实施了生产、销售不符合标准的医用器材的行为，而且还必须有足以造成严重危害人体健康的危险，方能够成本罪。根据2001年4月5日最高人民法院、最高人民检察院《关于办理生产、销售伪劣商品案件具体应用法律若干问题的解释》第6条的规定："生产、销售不符合标准的医疗器械、医用卫生材料，致人轻伤或者其他严重后果的，"应认定为构成本罪的"对人体健康造成严重危害"。此外，《解释》同时规定："医疗机构或者个人，知道或者应当知道是不符合保障人体健康的国家标准、行业标准的医疗器械、医用卫生材料而购买、使用，对人体健康造成严重危害的，以销售不符合标准的医用器材罪定罪处罚。"

4. 本罪的客体是复杂客体，即国家的产品质量管理制度和公民的生命、健康安全。本罪的犯罪对象是各种不符合国家标准或者行业标准的医疗器械、医用卫生材料。医疗器械，是指医疗用的各种工具、仪器设备。包括三类：一是诊断性设备，如X光透视机；二是治疗性的设备，如某些理疗设备、高压氧舱；三是辅助性的设备，如各种仪器、手术器械。医用卫生材料，是指医疗中使用的各种辅助性、消耗性物品，如纱布、药棉等。

（二）生产、销售不符合标准的医用器材罪的认定

认定本罪，主要是认定本罪的罪与非罪的界限。这主要从两个方面进行考虑：第一，行为人的主观心理态度。本罪在主观方面只能出于故意，如果行为人虽然实施了生产、销售不符合标准的医用器材的行为，但是是基于过失，则不能构成本罪。第二，客观上有没有对人体健康造成严重的危害结果的危险。如果行为人虽然有生产、销售不符合标准的医用器材的行为，但是客观上并没有造成对人体健康的严重危害结果的危险，则也不构成本罪。

（三）生产、销售不符合标准的医用器材罪的刑事责任

根据《刑法》第145条和第150条的规定，犯本罪的，处3年以下有期徒刑或者拘役，并处销售金额50%以上2倍以下罚金；对人体造成严重后果的，处3年以上10年以下有期徒刑，并处销售金额50%以上2倍以下的罚金。后果特别严重的，处10年以上有期徒刑或者无期徒刑，并处销售金额50%以上2倍以下的罚金或者没收财产。根据上述司法解释，所谓"后果特别严重"，是指生产、销售不符合标准的医疗器械、医用卫生材料，造成感染病毒性肝炎等难以治愈的疾病、一人以上重伤、三人以上轻伤或者其他严重后果的情况；所谓"情节特别恶劣"，是指生产、销售不符合标准的医疗器械、医用卫生材料，致人死亡、严重残疾、感染艾滋病、三人以上重伤、十人以上轻伤或者造成其他特别严重后果的情况。单位犯本罪，对单位处罚金，对其直接负责的主管人员和其他直接责任人员，按自然人犯本罪的法定刑

处罚。

七、生产、销售不符合安全标准的产品罪

（一）生产、销售不符合安全标准的产品罪的概念和特征

所谓生产、销售不符合安全标准的产品罪，是指违反国家产品质量管理法规，故意生产或销售不符合安全标准的电器、压力容器、易燃易爆产品或者其他危害人身、财产安全的产品，造成严重后果的行为。本罪的构成特征是：

1. 本罪的主体是一般主体，自然人和单位都可以构成。

2. 本罪的主观方面只能由故意构成，过失不构成本罪，即行为人明知自己生产、销售的是不符合安全标准的产品而仍然为之。在现实司法实践中，实施本罪行为的行为人主观上基本上都有牟取非法利益的目的，但是刑法并没有将该目的作为本罪的构成要件。也就是说，有无牟取非法利益的目的，不影响本罪的构成。

3. 本罪在客观方面表现为违反产品质量管理法规，生产、销售不符合保障人身、财产安全的国家标准、行业标准的电器、压力容器、易燃易爆产品或者其他不符合保障人身、财产安全的国家标准、行业标准的产品，造成严重后果的行为。

首先，必须违反产品质量管理法规。我国一直重视产品质量，颁布了一系列有关电器、压力容器、易燃易爆等产品的标准的质量监督管理法规。这些法规是维护用户、消费者合法权益的必要保证，生产者、销售者必须严格遵守。生产者、销售者只有违反了这些法规，方能构成本罪。

其次，进行了生产不符合保障人身、财产安全的国家标准、行业标准的电器、压力容器、易燃易爆产品或者其他不符合保障人身、财产安全的国家标准、行业标准的产品，或者销售明知是以上不符合保障人身、财产安全的国家标准、行业标准的产品的活动。

司法实践中，生产不符合安全标准的产品的行为主要表现为：不具备生产电器条件的单位或个人非法生产低劣电器，生产的电器未经检验，生产的电器不符合国家标准、行业标准等；生产压力容器的行为主要表现为：没有制造许可证擅自生产压力容器的，用废旧压力容器冒充新的压力容器，生产的压力容器没有严格执行原材料验收制度、工艺管理制度和产品质量检验制度，压力容器不符合国家标准、行业标准等；生产伪劣易燃易爆产品的行为通常表现为：未经有关部门许可非法生产易燃易爆产品，生产的易燃易爆产品不符合国家标准、行业标准的等；生产其他不符合保障人身安全、财产安全的国家标准、行业标准的产品，如生产劣质的汽化油炉、汽水瓶、啤酒瓶，造成爆炸事故等。

司法实践中，销售伪劣电器、压力容器、易燃易爆产品或其他该类伪劣产品的行为主要表现为，行为人明知该产品不符合保障人身、财产安全的国家标准、行业标准而故意销售。如果行为人不是销售，而是赠与、租借等行为，则不构成本罪。

最后，本罪是结果犯，即生产、销售上述产品，必须发生了人身伤亡或财产的重大损失的恶果，才能构成。

4. 本罪侵害的客体是国家对产品质量的管理制度和广大消费者的人身、财产安全。本罪的犯罪对象是伪劣的电器、压力容器、易燃易爆产品和其他产品。"电器"，是指各种电讯、电力器材和家用电器，如电线、电冰箱、收音机、电视机、空调器等。"压力容器"，是指储存高压物品的容器，如高压锅、压力机、氧气瓶等。"易燃易爆产品"，是指容易引起燃烧或者爆炸

的物品,如锅炉、发电机、煤气罐等。"其他不符合保障人身、财产安全的国家标准、行业标准的产品",是指除上述电器、压力容器、易燃易爆产品以外的产品,如汽化油炉、汽水瓶、啤酒瓶等。

(二) 生产、销售不符合安全标准的产品罪的认定

本罪的认定主要在于罪与非罪的界限。区分本罪与非罪的界限,主要从以下三个方面考查:第一,行为人是否违反有关质量管理法规,产品是否符合国家或者行业标准。如果行为人没有违反有关质量管理法规,产品检验合格且符合保障人体健康、财产安全的国家标准或者行业标准,即使造成严重后果,也不构成此罪。第二,行为是否造成严重后果。这是区分本罪与非罪的一个重要的法定要件。第三,行为人主观上是否出于故意,是否明知。过失行为不构成本罪。

(三) 生产、销售不符合安全标准的产品罪的刑事责任

根据《刑法》第 146 条和第 150 条的规定,犯本罪的,处 5 年以下有期徒刑或者拘役,并处销售金额 50% 以上 2 倍以下罚金;后果特别严重的,处 5 年以上有期徒刑,并处销售金额 50% 以上 2 倍以下的罚金。单位犯本罪,对单位处罚金,对其直接犯罪的主管人员或其他直接责任人员,按自然人犯本罪的法定刑处罚。

八、生产、销售伪劣农药、兽药、化肥、种子罪

(一) 生产、销售伪劣农药、兽药、化肥、种子罪的概念和特征

生产、销售伪劣农药、兽药、化肥、种子罪,是指生产、销售假农药、假兽药、假化肥、假种子,销售明知是假的或失去效用的农药、兽药、化肥、种子,或者生产者、销售者以不合格的农药、兽药、化肥、种子替代合格产品,使生产遭受巨大损失的行为。本罪的主要构成特征是:

1. 本罪的主体是一般主体,自然人和单位均可以构成。在司法实践中,需要注意的是,要将多个自然人纠集在一起所组成的实施本罪的犯罪集团同本罪的单位犯罪区分开来。决不能将本罪的犯罪集团当作单位犯罪处理,否则就可能轻纵罪犯。

2. 本罪的主观方面是故意,往往以牟取非法利润为目的,但该目的并非本罪的构成要件。

3. 本罪的客观方面表现为生产、销售伪劣农药、兽药、化肥、种子,使农业生产遭受较大损失的行为。首先,从行为方式看,本罪的行为表现为三种形式:一是行为人非法生产、销售假农药、假兽药、假化肥、假种子,即以假充真;二是行为人非法销售失去效用的农药、兽药、化肥、种子;三是行为人生产、销售劣质的农药、兽药、化肥、种子。其次,从危害结果看,构成本罪,必须发生了一定的危害后果才能构成。本罪是结果犯,即必须使农业生产遭受较大损失,才能构成本罪。如果行为人实施了生产、销售伪劣农药、兽药、化肥、种子的行为,但并没有使农业生产遭受重大损失,不构成本罪。

4. 本罪的客体,是国家对农药、兽药、化肥、种子的管理制度和农业生产的正常进行。本罪的对象仅限于假农药、假兽药、假化肥、假种子。"农药",是指防治危害农作物的昆虫、病菌、杂草等的各种药剂;"兽药",是指用于预防、治疗、诊断畜禽等动物疾病的各种药品;"化肥",是指用于供给作物所需营养,以提高作物产量和品质的各种化学肥料;"种子",是指用于农业、林业生产的籽粒、果实和根、茎、苗、芽等繁殖材料。

（二）生产、销售伪劣农药、兽药、化肥、种子罪的认定

1. 罪与非罪的认定。主要从以下两个方面进行考查：第一，行为人的主观方面是否出于故意。司法实践中，因行为人的过失而生产、销售质量不合格的上述产品的，不应以本罪论处。第二，行为人生产、销售上述产品的行为是否造成了一定的后果。本罪是结果犯，行为人虽然生产、销售了上述产品，但没有给农业生产造成较大损失的，不应以本罪论处，但是销售数额达到一定标准的，可以按照生产、销售伪劣产品罪进行处罚。

2. 生产、销售伪劣兽药罪与生产、销售假药罪的界限。刑法第147条中的生产、销售伪劣兽药罪与生产、销售假药罪有时候容易混淆。在司法实践中，有一些犯罪分子会将兽药当作人用药品予以出售，从而造成严重危害人体健康的法律后果。根据《药品管理法》第33条之规定，以非药品冒充药品或者以他种药品冒充此种药品的，属于假药的范围。以兽药冒充人用药品的行为，侵犯的客体主要是不特定多数人的生命健康的安全，而非农业生产的正常进行，所以，将兽药冒充人用药品予以生产、销售的行为，应该按照生产、销售假药罪进行处罚。

（三）生产、销售伪劣农药、兽药、化肥、种子罪的刑事责任

根据《刑法》第147条和第150条的规定，犯本罪，使生产遭受较大损失的，处3年以下有期徒刑或者拘役，并处或单处销售金额50％以上2倍以下的罚金；使生产遭受重大损失的，处3年以上7年以下有期徒刑，并处销售金额50％以上2倍以下的罚金；使生产遭受特别重大损失的，处7年以上有期徒刑或者无期徒刑，并处销售金额50％以上2倍以下罚金或者没收财产。根据前述《解释》第7条规定：本罪中"使生产遭受较大损失"，一般以2万元为起点；"重大损失"，一般以10万元为起点；"特别重大损失"，一般以50万元为起点。单位犯本罪，对单位处罚金，对其直接负责的主管人员和其他直接责任人员，按自然人犯本罪的法定刑处罚。

九、生产、销售不符合卫生标准的化妆品罪

（一）生产、销售不符合卫生标准的化妆品罪的概念和特征

生产、销售不符合卫生标准的化妆品罪，是指违反化妆品卫生管理法规，生产不符合卫生标准的化妆品，或者销售明知是不符合卫生标准的化妆品，造成严重后果的行为。本罪的主要构成特征是：

1. 本罪的主体是一般主体，自然人和单位都可以构成。

2. 本罪的主观方面表现为故意，行为人往往有牟利的目的，但该目的并非本罪的构成要件。这里的故意，是指行为人明知其行为违反化妆品管理法规却故意生产不符合卫生标准的化妆品或者明知是不符合卫生标准的化妆品而故意销售。

3. 本罪的客观方面，表现为行为人违反化妆品卫生管理法规，生产不符合卫生标准的化妆品或者销售明知是不符合卫生标准的化妆品，造成严重后果的行为。

首先，行为人必须违反化妆品卫生管理法规。这是本罪构成的前提条件。我国《化妆品卫生监督条例》就是为了加强化妆品的卫生监督，保证化妆品卫生的管理法规。只有严格遵守化妆品卫生管理法规，才能保证消费者的健康，如果违反这个法规，就会生产、销售不符合卫生标准的伪劣化妆品，甚至会造成严重的后果。

其次,行为人要有生产不符合卫生标准的化妆品,或者明知是不符合卫生标准的化妆品而仍然予以销售的行为。首先,生产不符合卫生标准的化妆品的行为主要表现为:未取得《化妆品生产企业卫生许可证》的单位,非法生产化妆品的;为取得健康证而直接从事化妆品生产的人员生产化妆品的;生产化妆品所需的原料、辅料以及直接接触化妆品的容器和包装材料不符合国家卫生标准的;使用化妆品新原料生产化妆品,未经国务院卫生行政部门批准的;生产特殊用途的化妆品(指用于育发、染发、烫发、脱发、美乳、健美、防臭、祛斑、防晒的化妆品),未经国务院卫生行政部门批准,取得批准文号的;生产的化妆品不符合《化妆品卫生标准》或者生产的化妆品未经卫生质量检验的;等等。其次,销售明知不符合卫生的化妆品,是指化妆品经营单位或者个人故意销售上述不符合卫生标准的伪劣化妆品的行为。

最后,必须造成严重后果。本罪是结果犯,行为人生产、销售不符合卫生标准的化妆品的行为必须造成了严重的后果,方能构成犯罪。所谓"造成严重后果",是指生产、销售的不符合卫生标准的化妆品给消费者带来了经济上的严重损失、身心健康上的严重损害等等。

4. 本罪的客体是国家对化妆品的监督管理制度和消费者的健康权利,所以是复杂客体。本罪行为的对象是不符合卫生标准的化妆品。不符合卫生标准的化妆品主要指:未取得《化妆品生产企业卫生许可证》的企业生产的化妆品;无质量合格标记的化妆品;标签没有表明产品名称、厂名和生产企业卫生许可编号的化妆品、小包装或者说明书没有说明生产日期和有效使用期限的化妆品;超过使用期限的化妆品;其他不符合卫生标准的化妆品等。只要行为人生产、销售上述化妆品,必然破坏国家关于化妆品卫生监督管理制度,对消费者的身体健康构成损害威胁。

(二)生产、销售不符合卫生标准的化妆品罪的认定

1. 罪与非罪的界限。主要从三个方面进行考查:第一,行为人是否违反了化妆品卫生管理法规。如果行为人严格遵守了化妆品卫生管理法规,即使生产、销售的化妆品给消费者造成了严重的后果,也不构成本罪。第二,是否给消费者造成了严重的后果。本罪是结果犯,"造成严重后果"是本罪构成的必备要件。如果行为人虽然实施了生产、销售不符合卫生标准的化妆品的行为,但对人体没有造成严重后果,则只能是一般违法行为,而不构成犯罪。第三,行为人主观上是否基于故意。过失生产、销售不符合卫生标准的化妆品的,不构成本罪。

2. 本罪与生产、销售伪劣产品罪的界限。本罪与生产、销售伪劣产品罪是一种法条竞合关系。但由于本罪的构成要件的特殊性,本罪与生产、销售伪劣产品罪之间不是一种包容的法条竞合关系,而是一种交叉的法条竞合关系。在司法实践中,需注意区分以下几种情况分别定性:第一,生产、销售不符合卫生标准的化妆品,没有造成严重后果,销售数额没有达到5万元的,以一般违法行为处理;第二,生产、销售不符合卫生标准的化妆品,没有造成严重后果,但销售数额在5万元以上的,以生产、销售伪劣产品罪处罚;第三,生产、销售不符合卫生标准的化妆品,销售金额没有达到5万元,但造成严重后果的,以生产、销售不符合卫生标准的化妆品罪处罚;第四,生产、销售的化妆品虽然符合卫生标准,但以次充好、在化妆品中掺杂、掺假、以假充真或者以不合格产品冒充合格产品的,销售金额在5万元以下的,以一般违法行为论处,销售金额在5万元以上的,以生产、销售伪劣产品罪处罚;第五,生产、销售不符合卫生标准的化妆品,造成严重后果,而且销售数额也在5万元以上的,属于典型的法条竞合,根据刑法第149条之规定,以重法优于轻法的原则定罪量刑。

（三）生产、销售不符合卫生标准的化妆品罪的刑事责任

根据《刑法》第 148 条和第 150 条的规定，犯本罪的，处 3 年以下有期徒刑或者拘役，并处或单处销售金额 50％以上 2 倍以下的罚金。单位犯本罪，对单位处罚金，对直接负责的主管人员和其他直接责任人员，按自然人犯本罪的规定处罚。

第 十 四 章

走私罪

第一节　走私罪概述

一、走私罪的概念

走私罪，是指违反海关法规，逃避海关监管、检查，非法运输、携带、邮寄国家禁止、限制进出口或依法应缴纳关税而偷逃关税的货物、物品进出国(边)境，情节严重的行为。

走私犯罪一直是《刑法》严厉打击的重点犯罪之一，《刑法》第三章第二节专节规定了走私罪。近年来，全国走私犯罪活动十分猖獗，走私活动范围之广、规模之大、危害之烈，达到前所未有的程度。走私活动屡打不止，不仅扰乱了市场秩序，影响了国民经济的发展，而且助长消极腐败现象的滋长蔓延，侵害党、国家、军队的肌体，影响社会稳定和国家长治久安。1998年7月召开的全国打私工作会议上，确定了严厉打击走私犯罪活动方针，2000年10月8日，最高人民法院颁布了《关于审理走私刑事案件具体应用法律若干问题的解释》(本节以下简称《解释》)，为准确有力打击走私犯罪提供了法律依据。

二、走私罪的构成特征

(一)该类犯罪的主体是一般主体，既可以是任何达到刑事责任年龄具有刑事责任能力的自然人，也可以是单位。但私营经济组织走私的，违法所得归个人所有，完全符合个人走私的特征，应该按自然人个人走私进行定罪处罚；单位内部成员以单位名义进行走私，但走私违法所得全部或者部分归个人所有的，构成个人走私，也按照自然人个人走私进行定罪处罚，不能追究单位的刑事责任。

(二)该类犯罪的主观方面只能由故意构成。过失不构成本罪。对于走私犯罪是否以"牟利的目的"作为构成要件，理论界看法不一，有的认为，构成走私罪，行为人主观上必须是直接故意，而且必须以牟利为目的，否则不构成走私罪；有的观点则认为，以牟利为目的并非构成走私罪的必要要件，因为行为人主观上是否以牟利为目的并不能反映走私罪的本质特征，也不是所有走私犯罪分子的主观动机。笔者认为，作为单一的犯罪，牟利的目的并不是构成走私罪的必备要件。因为在司法实践中，有的走私犯罪分子以牟利为目的，有的则不然。也正因为如此，1979年刑法就没有将牟利的目的作为走私罪的构成要件。1997年刑法将走私罪进行了分解，走私罪成了一个类罪名。对于具体的走私犯罪是否以牟利为目的，情况就不一样了。法律如果明确规定某种走私犯罪必须以牟利为目的，那么牟利的目的就是该种走私犯罪的主观构成要件,而如果对某些走私犯罪法律并没有这样要求的,牟利的目的就不是这些走私犯罪的构成要件。因此,牟利之目的并不是走私类犯罪的构成要件,而只是具体的某些走私犯罪的构成要件。

(三)该类犯罪的客观方面主要表现为违反海关法规,逃避海关监管、检查,非法运输、携带、邮寄国家禁止进出口或者限制进出口的或者依法应缴纳关税而偷逃关税的货物、物品进出国边境的行为。

所谓违反海关法规,是指违反国家对外贸易管制的各项规定。违反海关法规是构成走私罪的一个前提条件,如果行为人的行为没有违反海关法规的规定,则不能认定为走私,所谓逃避海关监管,是指行为人故意采取不正当的方式,逃避海关的监督检查。逃避海关监管也是构成走私罪的一个不可或缺的条件。行为人的行为虽然违反了海关法规,但是如果没有逃避海关的检查和监督,或者虽然有藏匿、隐瞒、虚报的物品,但如果没有超过法定的限额,都不能构成走私罪。

走私行为的方式虽然多种多样,但根据《海关法》、《海关法行政处罚实施细则》以及《刑法》的有关规定,走私的基本方式大致可以分为以下几种:

1. 未经国务院或者国务院授权的机关批准,从未设立海关的地点运输、携带国家禁止进出境的物品、国家限制进出境的物品或者依法应缴纳关税的货物、物品进出境的,此所谓"绕关走私"。

2. 虽然经过设立海关的地点,但藏匿、伪装、瞒报、伪报或者以其他手法逃避海关监督和管理,运输、邮寄、携带国家禁止进出境的物品、国家限制进出境的物品或者依法应当缴纳关税的货物、物品进出境的行为,此所谓"瞒关走私"。

3. 未经海关许可并未补交应缴关税,擅自出售特准进口的保税货物、其他海关监管货物或者进境的境外运输工具的。

4. 未经海关许可并未补交应缴关税,擅自出售特定减税或者免税进口用于特定企业、特定用途的货物,或者将特定减免税进口用于特定地区的货物擅自运往境内其他地区的。

5. 未经海关许可并且未补交应缴关税,擅自将批准进口的来料加工、来件装配、补偿贸易的原材料、零件、制成品、设备等保税货物,在境内销售牟利的。

6. 假借捐赠名义进口货物、物品的,或者未经海关许可并且未补缴关税,擅自将捐赠的特定减税、免税的进口货物、物品,在境内销售牟利的。

7. 直接向走私人非法收购国家禁止进口物品的,或者直接向走私人非法收购进口的其他货物、物品,数额较大的。

8. 在内海、领海运输、收购、贩卖国家禁止进出口物品的,或者运输、收购、贩卖国家限制进出口货物、物品,数额较大,没有合法证明的。

走私犯罪是一个类罪名,1997年刑法将其分解成几个具体的走私罪罪名,由于每个具体的走私犯罪的犯罪对象的不同,构成犯罪的结果要求也不同,这个问题笔者会在下文的具体的走私罪名中加以论述。

另外,根据刑法的规定,以武装掩护走私或者以暴力、威胁的方法抗拒缉私的,应当属于情节严重的范畴。这是因为这种走私行为的手段非常恶劣,本身就具有严重的社会危害性,所以,不论其数额大小,或者原走私行为是否构成犯罪,均应视为情节严重,以犯罪论处。

根据刑法规定,与走私罪犯同谋,为其提供贷款、资金、账号、发票、证明,或者为其提供运输、保管、邮寄或者其他方便的,构成走私罪的共犯。这种行为一经实施,即可以构成走私犯罪,但是,走私分子的走私行为如果没有构成犯罪的,则上述提供便利条件的行为也不能定为走私犯罪。

（四）该类犯罪的客体是国家的对外贸易和进出口物品的管理制度。刑法理论上一般表述为对外贸易监管制度。对外贸易监管制度的主要内容有:(1) 对进出口货物、物品采取准许、限制或者禁止进出口的制度;(2) 对进出口的非贸易性物品,采取限进、限出、限量、限值的制度;(3) 对进出口的货物、物品实行税收制度。走私罪的本质特征正是在于对国家的这些对外贸易管理制度的破坏。

三、走私罪的种类

根据《刑法》分则第三章第二节的有关规定,走私罪主要包括以下几类:

（一）走私特定物品的犯罪,包括:(1) 走私武器、弹药罪;(2) 走私核材料罪;(3) 走私假币罪;(第 151 条第 1 款)(4) 走私文物罪;(5) 走私贵重金属罪;(6) 走私珍贵动物、珍贵动物制品罪(第 151 条第 2 款);(7) 走私国家禁止进出口的货物、物品罪(第 151 条第 3 款);(8) 走私淫秽物品罪(第 152 条);(9) 走私废物罪(第 153 条第 3 项和《刑法修正案(四)》)。

（二）走私普通货物物品的犯罪,包括走私普通货物、物品罪(第 153 条)

第二节　走私罪具体罪名

一、走私武器、弹药罪[①]

（一）走私武器、弹药罪的概念和特征

走私武器、弹药罪,是指违反海关法规,逃避海关监管,非法运输、携带、邮寄武器、弹药进出国(边)境的行为。本罪的主要特征是:

1. 本罪的主体是一般主体,自然人和单位均可以构成。

2. 本罪的主观方面表现为故意。虽然本罪的行为人主观上绝大多数出于牟利的目的,但牟利的目的并非本罪的构成要件,行为人无论出于什么目的,只要实施了走私武器、弹药的行为,均构成本罪。

3. 本罪的客观方面表现为违反海关法规,逃避海关监管,非法运输、携带、邮寄武器、弹药进出国(边)境的行为。所谓违反海关法规,是指违反海关法及其他禁止武器、弹药进出境的法规。所谓逃避海关监管,是指采取各种方法避开海关的监督、管理、检查,将武器、弹药非法运输、携带、邮寄进出境。逃避海关监管的行为方式是多种多样的,可以在不设关口的边境线上将武器、弹药非法进出境,也可以以通过关口的方式,采取藏匿、伪装等方法将武器、弹药非法进出境。由于走私武器、弹药本身就是一种情节严重的行为,因此,刑法对走私上述物品没有数量的限制,只要行为人走私了上述物品,原则上都可以构成本罪。

---

① 《刑法》第 151 条第 1 款和第 2 款经过《中华人民共和国刑法修正案(八)》第二十六条修正。具体包括走私武器、弹药罪、走私核材料罪、走私伪造的货币罪、走私文物罪、走私贵重金属罪、走私珍贵动物、珍贵动物制品罪。下不赘述。

4. 本罪侵害的客体是海关对武器、弹药禁止进出口的监督管理制度。本罪的对象是武器、弹药。

（二）走私武器、弹药罪的认定

1. 本罪与非罪的认定。主要从以下三个方面进行考查：第一，行为人的主观心理态度。即考查行为人是否明知是武器、弹药。本罪是故意犯罪，要求行为人在主观方面必须是明知，尤其是在行为人携带、运输、邮寄货物、物品进出境时被查获夹带有武器、弹药的情况下，如果行为人确实不明知其所携带、运输、邮寄的货物、物品中夹带有武器、弹药，不构成本罪。反之，行为人如果明知其所携带、运输、邮寄的货物、物品中夹带有武器、弹药，不如实向海关申报，企图蒙混过关的，应以本罪论处。第二，行为的情节。本罪不是情节犯，"情节严重"并非本罪的构成要件。只要故意走私武器、弹药，不论数量多少，情节轻重，原则上都可以构成本罪。但是，司法实践中，如果行为人走私的武器、弹药数量确实很小，情节显著轻微，危害不大，根据刑法第 13 条之规定，可以不认为是犯罪。第三，犯罪对象。"武器、弹药"的种类，是指《中华人民共和国海关进口税则》及《中华人民共和国禁止进出境物品表》的有关规定确定的各种军用武器、弹药和爆炸物以及其他类似枪支、弹药和爆炸物等物品。走私成套枪支散件的，以走私相应数量的枪支计；走私非成套枪支散件的，以每 30 件为一套枪支散件计。走私管制刀具、仿真枪支构成犯罪的，依照刑法第 153 条的规定定罪处罚。

2. 本罪与非法制造、买卖、运输、邮寄、储存枪支、弹药、爆炸物罪的界限。两罪的主体都是一般主体，即都可以由自然人和单位构成；两罪的主观方面都表现为故意。两罪的主要区别是：(1) 客体不同。本罪的客体是国家的对外贸易管理制度，而后罪的客体是国家对枪支、弹药、爆炸物的管理制度。(2) 犯罪对象不同。本罪的对象是武器、弹药，其中武器包括枪支，但又不限于枪支，还包括军用的或者类似于军用的各种枪炮和化学武器、细菌武器以及核武器等现代武器，而后者的对象则是枪支、弹药、爆炸物，具体地说，不仅包括军用枪支、弹药和与军用武器类似的具有较大杀伤力或者破坏力的民用枪支、弹药、爆炸物，也包括杀伤力或破坏力较小的民用枪支、弹药、爆炸物。(3) 客观方面表现不同。本罪在客观方面表现为违反海关法规，逃避海关监管，非法运输、携带、邮寄武器、弹药进出境的行为，这种行为一般具有跨国（边）境的特征；而后者的客观方面则表现为违反法律规定，擅自制造、买卖、运输、邮寄、储存枪支、弹药、爆炸物的行为。这种行为一般发生在我国境内，因此不存在违反海关法规、逃避海关监管的问题。在司法实践中，有的行为人非法运输、携带、邮寄武器、弹药进入我国境内后又买卖、运输、邮寄或者储存的，应该属于走私行为的继续，对行为人以本罪论处即可，而不实行数罪并罚。

（三）走私武器、弹药罪的刑事责任

根据《刑法》第 151 条的规定，犯本罪的，处 7 年以上有期徒刑，并处罚金或者没收财产；情节特别严重的，处无期徒刑或者死刑，并处没收财产；情节较轻的，处 3 年以上 7 年以下有期徒刑，并处罚金。① 单位犯本罪的，对单位判处罚金，对其直接负责的主管人员和其他直

① 具体定罪量刑的标准请详见最高人民法院 2000 年 9 月 26 日《关于审理走私刑事案件具体应用法律若干问题的解释》第 1 条；最高人民法院 2006 年 7 月 31 日《关于审理走私刑事案件具体应用法律若干问题的解释（二）》第 1—4 条。

接责任人员,依照上述关于自然人犯本罪的规定进行处罚。

二、走私核材料罪

(一)走私核材料罪的概念和特征

走私核材料罪,是指违反海关法规,逃避海关监管,非法运输、携带、邮寄核材料进出国(边)境的行为。本罪的主要特征是:

1. 本罪的主体是一般主体,自然人和单位都可以构成。

2. 本罪的主观方面表现为故意。即行为人明知是国家限制进出境的核材料,仍然违反海关法规,逃避海关监管进行走私。至于行为人的犯罪动机、目的如何,不影响本罪的成立。

3. 本罪的客观方面表现为行为人违反海关法规,逃避海关监管,非法运输、携带、邮寄核材料进出国(边)境的行为。所谓违反海关法规,主要是指违反我国有关核材料进出口管制的规定,也包括我国参加的有关国际公约的规定,如《核材料保护公约》、《不扩散核武器公约》以及《核安全公约》等的相关规定。所谓逃避海关监管,是指采取不正当的手段逃避海关的监督、管理和检查。一般表现为未经有关部门批准进出口核材料且未向海关部门如实申报;将核材料混杂在一般进出口货物中,向海关伪报、瞒报,企图蒙混过关;虽然经有关部门批准出口核材料,但是所出口的核材料数量超过批准的数量,而对超过部分故意不如实申报的,等等。

4. 本罪的客体是国家的对外贸易管理制度,具体是指国家对外贸易管理制度中的限制核材料进出口的制度。本罪的对象是核材料,核材料是指铀、钚、氚等可以发生原子核变或聚合反应的放射性材料。

(二)走私核材料罪的认定

1. 本罪与非罪的认定。这主要从三个方面进行考查:第一,行为人的主观心理态度。即行为人是否明知其所携带、运输、邮寄的货物物品是国家限制的核材料,如果行为人明知,即构成本罪,如果行为人不明知,即不构成本罪。尤其是在携带、运输、邮寄一般货物、物品进出境时被查出夹带有核材料的场合,更是如此。第二,走私核材料数量的多少。根据刑法规定,情节严重并非本罪的构成要件,一般来说,只要故意走私核材料,不论数量多少,均可以本罪论处。但是司法实践中,如果行为人走私核材料数量很小,属于情节显著轻微,危害不大的,可以根据刑法第13条的规定,不以犯罪论处。第三,行为人走私对象的范围。构成本罪的对象只能是核材料,对于行为人违反规定携带、运输、邮寄非核材料的,不以本罪论处。

2. 本罪与非法运输、买卖核材料罪的界限。非法运输、买卖核材料罪,是指单位或者个人,故意违反法律规定,非法运输、买卖核材料,危害公共安全的行为。两者的相同之处在于:两者的主体都可以由自然人和单位构成;两者的主观方面都是由故意构成;两者的犯罪对象都是核材料。两者的主要区别在于:(1)犯罪客体不同。前者的客体是国家的对外贸易管理制度,而后者的客体则是国家对核材料的管理制度;(2)客观方面表现不同。前者在客观方面表现为违反海关法规,逃避海关监管,非法运输、携带、邮寄核材料进出境的行为,这种行为一般表现为跨国(边)境实施,即使是以本罪论处的在境内直接向走私者非法收购核材料以及在内海、领海、界河、界湖运输、收购、贩卖核材料的行为也与进出国(边)境直接相关,而后者的客观方面则表现为违反法律规定,擅自买卖、运输核材料的行为。这种行为均发生在我国境内,因此不存在违反海关法规,逃避海关监管的问题。在司法实践中,行为人先非法购买、运输核材料,而后非法走私出境,或者走私核材料进境,而后在境内非法运输、买卖的,应以走私核材料罪从重处罚,不实行数罪并罚。如果非法买卖核材料、非法运输核材料以及走私核材料的行为在不同主体间实施,而且主体间没有共同的犯罪故意,应依照他们各自触犯的法条分别进行处罚。相反,如果各犯罪人之间具有共同的犯罪故意,而在买卖、运输、走私行为上有分工的,应当一律以走私核材料罪的共犯进行处罚。

(三)走私核材料罪的刑事责任

根据《刑法》第151条的规定,犯本罪,处7年以上有期徒刑,并处罚金或者没收财产;情节较轻的,处3年以上7年以下有期徒刑,并处罚金。情节特别严重的,处无期徒刑或者死刑,并处没收财产。单位犯本罪,对单位判处罚金,对直接负责的主管人员和其他直接责任人员,依照自然人犯本罪的法定刑处罚。

三、走私假币罪

(一)走私假币罪的概念和特征

走私假币罪,是指违反海关法规,逃避海关监管,非法运输、携带、邮寄伪造的假币进出国(边)境的行为。本罪的主要特征是:

1. 本罪的主体是一般主体,自然人和单位都可以构成。

2. 本罪的主观方面表现为故意,即行为人明知是国家禁止进出境的伪造的货币,仍违反海关法规,逃避海关监管进行走私。过失不构成本罪。

3. 本罪在客观方面表现为违反海关法规,逃避海关监管,非法运输、携带、邮寄伪造的货币进出境的行为。所谓违反海关法规,是指违反我国海关法中关于禁止伪造的货币进出境的规定。所谓逃避海关监管,是指采取不正当的手段,逃避海关的监督、管理和检查。行为人如果只是违反海关法规,运输、携带或者邮寄伪造的货币,但并没有逃避海关的监督管理,而是如实申报并接受检查,或者虽然逃避海关监管,但并没有违反海关法规的,都不能以本罪处罚。

4. 本罪的客体是国家的对外贸易管理制度,具体是指国家对外贸易管制中的禁止伪造的货币进出境的管理制度。本罪的犯罪对象是伪造的货币。所谓伪造的货币,是指仿照真货币的图案、形状、色彩制造出来的假货币。伪造的货币不仅包括伪造的人民币,也包括伪造的境外货币,即伪造的香港、澳门、台湾的货币和外国的货币。

(二)走私假币罪的认定

1. 本罪罪与非罪的认定。根据2010年5月7日最高人民检察院、公安部《关于公安机关管辖的刑事案件立案追诉标准的规定(二)》(以下简称《追诉标准(二)》)的规定,走私伪造的货币总面额在2000元以上或者币量在200张(枚)以上的,应予立案。

2. 本罪与出售、购买、运输假币罪的界限。两者的主要区别在于:(1) 客观方面不同。前者表现为违反海关法规,逃避海关监管的走私行为,而后者表现为在国内出售、购买、运输假币的行为。(2) 侵害的客体不同。前者侵害的是复杂客体,既侵犯了对外贸易管理制度,又侵犯了国家的货币管理制度;而后者侵害的仅是国家的货币管理制度。

3. 本罪的共犯的认定。根据刑法第 156 条的规定,与走私假币的罪犯共谋,为其提供贷款、资金、账号、发票、证明,或者为其提供运输、保管、邮寄或其他方便的,以走私假币罪的共犯论处。

4. 本罪的罪数的认定。第一,行为人走私假币后,又在国内出售或者运输同一宗假币的,应该按吸收犯的原则进行处理,而不定走私假币罪和出售、购买、运输假币两个罪。其出售、购买、运输的同一宗假币的数额也不重复计算,应当作为量刑情节予以考虑。第二,行为人直接向走私假币的犯罪分子购买假币的,以走私假币罪论处。第三,走私假币,并以暴力、威胁的方法抗拒缉私的,应以走私假币罪和妨害公务罪数罪并罚。

(三)走私假币罪的刑事责任

根据《刑法》第 151 条的规定,犯本罪,处 7 年以上有期徒刑,并处罚金或者没收财产;情节较轻的,处 3 年以上 7 年以下有期徒刑,并处罚金;情节特别严重的,处无期徒刑或者死刑,并处没收财产。单位犯本罪的,对单位判处罚金,并对其直接负责的主管人员和其他直接责任人员,依照自然人犯本罪的法定刑进行处罚。

《解释》第 2 条指出,走私伪造的货币,总面额 2 万元以上不足 20 万元或者币量 2000 张(枚)以上不足 2 万张(枚)的,或者走私伪造的货币并流入市场,面额达到 2000 元以上或者币量 200 张(枚)以上数量标准的,处 7 年以上有期徒刑,并处罚金或者没收财产;情节较轻的,处 3 年以上 7 年以下有期徒刑,并处罚金。根据《解释》,所谓"情节较轻",是指走私伪造的货币,总面额 2000 元以上不足 2 万元或者币量 200 张(枚)以上不足 2000 张(枚)的,属于走私假币罪"情节较轻";情节特别严重的,处无期徒刑或者死刑,并处没收财产。根据《解释》,"情节特别严重"包括以下情况:(1)走私伪造的货币,总面额 20 万元以上或者币量 2 万张(枚)以上的;(2)走私伪造的货币并流入市场,面额达到 2 万元以上或者币量 2000 张(枚)以上的;(3)走私伪造的货币面额达到 2 万元以上或者币量 2000 张(枚)以上的数量标准,并具有是犯罪集团的首要分子或者使用特种车进行走私等严重情节的。

四、走私文物罪

(一)走私文物罪的概念和特征

走私文物罪,是指违反海关法规和国家文物保护法规,逃避海关监管,非法携带、运输、邮寄国家禁止出口的文物出境的行为。本罪的主要构成特征是:

1. 本罪的主体是一般主体,自然人和单位都可以构成本罪。

2. 本罪的主观方面表现为故意,过失不构成本罪。

3. 本罪的客观方面表现为违反海关法规,逃避海关监管,非法运输、携带、邮寄国家禁止出口的文物的行为。应当指出并注意的是,走私文物罪的犯罪方式是单向的,即仅限于出口,因为进口文物的行为对我国并没有多大的社会危害性。①

4. 本罪的客体是国家对外贸易管制和国家对文物的管理制度。犯罪对象是文物。所谓文物,根据《中华人民共和国文物保护法》第 2 条规定,是指具有历史、艺术、科学价值的古

---

① 如果将境外的文物走私至境内,可以构成走私普通货物、物品罪。参见张明楷著:《刑法学》(第四版)法律出版社 2011 年版,第 659 页。

文化遗址、古建筑、石窟寺和石刻;与重大历史事件、革命运动和著名人物有关的,具有重要纪念意义、教育意义和史料价值的建筑物、遗址和纪念物;历史上各时代珍贵的艺术品、工艺美术品;重要的革命文献资料以及具有历史、艺术、科学价值的手稿,古旧图书资料等;反映历史上各时代、各民族社会制度、社会生产、社会生活的代表性实物。此外,具有科学价值的古脊椎动物化石和古人类化石同文物一样受国家的保护。① 所谓国家禁止出口的文物,是指上述文物中具有重要历史、艺术、科学价值的文物。根据《文物保护法》的规定,具有重要历史、艺术、科学价值的文物,除经国务院批准运入国外展览的以外,一律禁止出境。对于涉案文物是否属于国家禁止出口的文物,以及属于何种等级的文物,应当通过有关文物主管部门鉴定。

(二)走私文物的认定

1. 本罪罪与非罪的界限。本罪主要是根据走私物品的性质来认定其达到情节严重构成走私文物罪的,所以,对走私文物的数量没有要求。只要走私文物,其行为本身就可以视为情节严重,原则上应以犯罪论处。

2. 本罪与倒卖文物罪的界限。两者的主要区别在于:(1)主观方面不同。本罪仅是出于故意就可以构成,并不要求行为人有特定的犯罪目的,而倒卖文物罪则必须要求行为人主观上有"牟利"的目的。如果行为人在内海、领海运输、收购、贩卖国家禁止出口的文物,以走私文物罪论处。(2)客体不同。本罪侵害的客体是国家的对外贸易管制和国家的文物管理制度,而后者的侵害客体仅仅是国家对文物的管理制度。

3. 本罪的共犯的认定。根据刑法第156条之规定,与走私文物的罪犯通谋,为其提供贷款、资金、账号、发票、证明,或者为其提供运输、保管、邮寄或者其他方便的,以走私文物罪的共犯论处。

4. 本罪的罪数认定。根据刑法第157条之规定,走私文物,并以暴力、威胁的方法抗拒海关人员缉私的,以走私文物罪和妨害公务罪进行数罪并罚。

(三)走私文物罪的刑事责任

根据《刑法》第151条第2款的规定,犯本罪的,处5年以上10年以下有期徒刑,并处罚金;情节特别严重的,处10年以上有期徒刑或者无期徒刑,并处罚金;情节较轻的,处5年以下有期徒刑,并处罚金。根据《刑法》第157条规定,武装掩护走私的,依照《刑法》第151条第1款的规定从重处罚。单位犯本罪的,对单位判处罚金,并对其直接负责的主管人员和其他直接责任人员,依照自然人犯本罪的法定刑进行处罚。根据上述关于走私罪的《解释》第3条,走私国家禁止出口的二级文物2件以下或者三级文物3件以上8件以下的,或者走私国家禁止出口的文物,造成该文物严重毁损或者无法追回等恶劣情节的,处5年以上有期徒刑,并处罚金;走私国家禁止出口的三级文物2件以下的,属于情节较轻,处5年以下有期徒刑,并处罚金;情节特别严重的,处无期徒刑或者死刑,并处没收财产。所谓"情节特别严重",包括以下情况:(1)走私国家禁止出口的一级文物1件以上或者二级文物3件以上或者三级文物9件以上的;(2)走私国家禁止出口的二级文物2件以下或者三级文物3件以

---

① 全国人大常委会2005年12月29日《关于〈中华人民共和国刑法〉有关文物的规定适用于具有科学价值的古脊椎动物化石、古人类化石的解释》。

上,并造成该文物严重毁损或者无法追回的;(3)走私国家禁止出口的二级文物 2 件以下或者三级文物 3 件以上,并具有是犯罪集团的首要分子或者使用特种车进行走私等严重情节的。[①]

五、走私贵重金属罪

(一)走私贵重金属罪的概念和特征

走私贵重金属罪,是指违反海关法规,逃避海关监管,非法携带、运输、邮寄国家禁止出口的黄金、白银和其他贵重金属出境的行为。本罪的主要构成特征是:

1. 本罪的主体是一般主体,自然人和单位均可以构成。

2. 本罪的主观方面表现为故意,过失不构成本罪。

3. 本罪的客观方面表现为违反海关法规,逃避海关监管,非法运输、携带、邮寄国家禁止出口的黄金、白银和其他贵重金属的行为。应当注意的是,本罪同样是单向性的走私行为,只有在将贵金属运出境的行为才构成本罪。如果将贵金属非法进口的,则应根据走私普通货物、物品罪的构成要件去认定行为的性质。

4. 本罪的客体是国家的对外贸易管制和国家对贵重金属的管理制度。本罪的犯罪对象是贵重金属,所谓贵重金属,是指黄金、白银以及与黄金、白银同等重要的其他贵重金属。"其他贵重金属",是指铂、铱、锇、钌、铑、钛等金属或国家规定的禁止出口的其他贵重金属。

(二)走私贵重金属罪的认定

1. 本罪罪与非罪的界限。第一,本罪是行为犯,涉嫌走私贵重金属,除非情节显著轻微、危害不大,都应当以犯罪论处。关于本罪的立案标准,目前尚无明确的司法解释。关于走私贵重金属的数量、含量等问题,可以参照最高人民法院、最高人民检察院、公安部、司法部《关于严厉打击倒卖走私黄金犯罪活动的通知》的有关规定,对于走私黄金数量不满 50 克的,可以根据情节轻重由海关予以没收、罚款、吊销采金证或者给予治安行政处罚,一般不以犯罪论处。走私其他贵重金属,可以先将其折合成黄金,然后再参照进行处理。因此,对于走私黄金 50 克以上的、走私其他贵重金属相当于黄金 50 克价值以上的或者不足 50 克但具有其他严重情节的,应当立案追究。第二,要考查行为人对其运输、邮寄、携带的贵重金属的性质有无认识,如果行为人认识不到是贵重金属,即使行为人有上述行为,也不能认定为走私贵重金属罪。

2. 本罪的共犯认定。根据刑法第 156 条之规定,与走私贵重金属的罪犯通谋,为其提供贷款、资金、账号、发票、证明,或者为其提供运输、保管、邮寄或者其他方便的,以走私贵重金属罪的共犯论处。

3. 本罪的罪数认定。根据刑法第 157 条之规定,走私贵重金属,并以暴力、威胁的方法抗拒海关人员缉私的,以走私贵重金属罪和妨害公务罪进行数罪并罚。

(三)走私贵重金属罪的刑事责任

根据《刑法》第 151 条第 2 款的规定,犯本罪的,处 5 年以上 10 年以下有期徒刑,并处罚

---

① 由于本罪已经废除了死刑,所以该司法解释还能否继续适用,尚待研究。以下关于走私贵重金属、珍贵动物、珍贵动物制品罪的解释与此应作相同理解。

金;情节特别严重的,处 10 年以上有期徒刑或者无期徒刑,并处罚金;情节较轻的,处 5 年以下有期徒刑,并处罚金。根据刑法第 157 条规定,武装掩护走私的,依照刑法第 151 条第 1 款的规定从重处罚。单位犯本罪,对单位处罚金,对直接负责的主管人员和其他直接责任人员,依照自然人犯本罪的法定刑处罚。

六、走私珍贵动物、珍贵动物制品罪

（一）走私珍贵动物、珍贵动物制品罪的概念和特征

走私珍贵动物、珍贵动物制品罪,是指违反海关法规和国家珍贵动物保护法规,非法携带、运输、邮寄国家禁止进出口的珍贵动物或其制品进出境的行为。本罪的主要构成特征是:

1. 本罪的主体是一般主体,自然人和单位均可以构成。

2. 本罪的主观方面表现为故意,过失不构成本罪。

3. 本罪的客观方面表现为违反海关监管和国家的野生动物保护法规,逃避海关监管,非法运输、携带、邮寄国家禁止进出口的珍贵动物及其制品进出境的行为。

4. 本罪的客体是国家的对外贸易管制和野生动物保护制度。本罪的犯罪对象是珍贵动物及其制品。所谓珍贵动物,是指国家重点保护的我国特产而闻名世界的稀有陆生、水生保护动物。具体是指列入《国家重点保护野生动物名录》中的国家一、二级野生保护动物和列入《濒危野生动植物种国际贸易公约》附录一、附录二中的野生动物以及驯养繁殖的上述物种。根据我国《野生动物保护法》的规定,国家重点保护的珍贵动物分为一级保护动物和二级保护动物。1988 年 12 月 10 日国务院批准的《国家重点保护野生动物名录》中列举了256 个种类的珍贵动物,上述名录中列举的野生动物就是本罪的犯罪对象。所谓珍贵动物制品,是指珍贵动物的皮、毛、肉、骨等的制成品。如果不能认定是否属于国家保护的珍贵动物以及珍贵动物制品的含量,应当委托有关部门进行鉴定。

（二）走私珍贵动物、珍贵动物制品罪的认定

1. 本罪的罪与非罪的界限。第一,本罪是行为犯,只要有走私珍贵动物及其制品的行为,除非数量较小、含量较低、情节显著轻微、危害不大,一般都应当立案追究。涉嫌走私国家禁止进出口的珍贵动物及其制品,"情节较轻"的,就构成犯罪。根据上述关于走私犯罪的《解释》第 4 条的规定,走私国家二级保护动物未达到《解释》附表（一）中规定的数量标准或者走私珍贵动物制品价值十万元以下的,属于走私珍贵动物、珍贵动物制品罪"情节较轻",处五年以下有期徒刑,并处罚金。值得注意的是,这里的关于"情节较轻"的司法解释,只是在于说明对犯罪行为人应当处以"5 年以下有期徒刑,并处罚金。"而不是本罪的立案标准。第二,如果行为人主观上不能认识到其所运输、携带、邮寄的是珍贵动物及其制品,即便有上述行为,也不能构成本罪。第三,如果行为人走私的不是国家规定的珍贵动物及其制品,而是一般动物及其制品,不能构成本罪。但是,走私一般动物及其制品,如果偷逃应纳税额在5 万元以上的,可以按照走私普通货物、物品罪进行处罚。

2. 本罪与非法猎捕、杀害濒危野生动物罪和非法收购、运输、出售珍贵、濒危野生动物及其制品罪的界限。区分的关键之处在于认清两者侵犯的客体。走私珍贵动物、珍贵动物制品罪侵害的客体主要是国家的对外贸易管制和野生动物保护制度,而后两者侵害的客体

则仅仅是国家对野生动物资源的保护制度。所以,在司法实践中,行为人在内海、领海运输、收购、贩卖国家禁止进出口的珍贵动物及其制品,或者走私集团的成员分工在国内收购珍贵动物及其制品以及受走私团伙的收买、指使、帮助收购珍贵动物及其制品,这些行为均应当认定为走私珍贵动物及其制品罪。如果行为人既非法猎捕、杀害、收购、运输、出售珍贵、濒危野生动物或者非法收购、运输、出售珍贵、濒危野生动物制品,又走私珍贵动物及其制品,应分别定罪,实行数罪并罚。

3. 本罪的共犯认定。根据刑法第 156 条之规定,与走私珍贵动物、珍贵动物制品的罪犯通谋,为其提供贷款、资金、账号、发票、证明,或者为其提供运输、保管、邮寄或者其他方便的,以走私贵重金属罪的共犯论处。

4. 本罪的罪数认定。根据刑法第 157 条之规定,走私珍贵动物、珍贵动物制品,并以暴力、威胁的方法抗拒海关人员缉私的,以走私珍贵动物、珍贵动物制品罪和妨害公务罪进行数罪并罚。

（三）走私珍贵动物、珍贵动物制品罪的刑事责任

根据《刑法》第 151 条第 2 款的规定,犯本罪的,处 5 年以上 10 年以下有期徒刑,并处罚金;情节特别严重的,处 10 年以上有期徒刑或者无期徒刑,并处罚金;情节较轻的,处 5 年以下有期徒刑,并处罚金。根据《刑法》第 157 条规定,武装掩护走私的,依照《刑法》第 151 条第 1 款的规定从重处罚。单位犯本罪,对单位处罚金,对直接负责的主管人员和其他直接责任人员,依照自然人犯本罪的法定刑处罚。

根据《解释》第 4 条的规定,犯本罪,具有下列情节之一的,处五年以上有期徒刑,并处罚金:(1) 走私国家一、二级保护动物达到《解释》附表(一)中规定的数量标准的;(2) 走私珍贵动物制品价值十万元以上不满二十万元的;(3) 走私国家一、二级保护动物虽未达到本款规定的数量标准,但具有造成该珍贵动物死亡或者无法追回等恶劣情节的。走私国家二级保护动物未达到《解释》附表中规定的数量标准或者走私珍贵动物制品价值十万元以下的,属于走私珍贵动物、珍贵动物制品罪"情节较轻",处五年以下有期徒刑,并处罚金。情节特别严重的,处无期徒刑或者死刑,并处没收财产。"情节特别严重"包括以下情节:(1) 走私国家一、二级保护动物达到本解释附表中(二)规定的数量标准的;(2) 走私珍贵动物制品价值二十万元以上的;(3) 走私国家一、二级保护动物达到本解释附表中(一)规定的数量标准,并造成该珍贵动物死亡或者无法追回的;(4) 走私国家一、二级保护动物达到本解释附表中(一)规定的数量标准,并具有是犯罪集团的首要分子或者使用特种车进行走私等严重情节的。

七、走私国家禁止进出口的货物、物品罪[①]

（一）走私国家禁止进出口的货物、物品罪的概念和特征

走私国家禁止进出口的货物、物品罪,是指违反海关法规和国家关于野生珍稀植物保护等法规,逃避海关监管,非法携带、运输、邮寄国家禁止进出口的珍稀植物或其制品等国家禁止进出口的其他货物、物品进出境的行为。本罪的主要构成要件是:

---

① 本罪经过《中华人民共和国刑法修正案(七)》第一条修正。

1. 本罪的主体是一般主体,自然人和单位都可以构成本罪。

2. 本罪的主观方面表现为故意,过失不构成本罪。

3. 本罪的客观方面表现为违反海关法规和野生植物保护等法规,非法运输、携带、邮寄国家禁止进出口的珍稀植物及其制品等其他货物、物品进出境的行为。

4. 本罪的客体是国家的对外贸易管制和野生植物等的管理制度。本罪的犯罪对象是珍稀植物及其制品等国家禁止进出口的其他货物、物品。所谓珍稀植物,是指国家重点保护的原生地天然生长的珍贵植物和原生地天然生长的具有重要经济、科学研究、文化价值的濒危、稀有植物。国家重点保护的野生植物分为一级保护野生植物和二级保护野生植物,国家重点保护的野生植物就是本罪的犯罪对象。所谓珍稀植物制品,就是指利用上述野生珍稀植物制作的标本和其他制成品。对于是否属于珍稀植物及其制品,应当委托有关部门进行鉴定。所谓国家禁止进出口的其他货物、物品,主要是指管制刀具、仿真枪支、报废或无法组装并使用的各种弹药的弹头、弹壳等。[①]

（二）走私国家禁止进出口的货物、物品罪的认定

1. 本罪罪与非罪的认定。本罪是行为犯,涉嫌走私国家禁止进出口的货物、物品,除非情节显著轻微、危害不大的,一般应予以立案追究。

2. 本罪的共犯认定。根据刑法第 156 条之规定,与走私国家禁止进出口的货物、物品罪的罪犯通谋,为其提供贷款、资金、账号、发票、证明,或者为其提供运输、保管、邮寄或者其他方便的,以走私国家禁止进出口的货物、物品罪的共犯论处。

3. 本罪的罪数认定。根据刑法第 157 条之规定,走私国家禁止进出口的货物、物品,并以暴力、威胁的方法抗拒海关人员缉私的,以走私国家禁止进出口的货物、物品罪和妨害公务罪进行数罪并罚。

（三）走私国家禁止进出口的货物、物品罪的刑事责任

根据《刑法》第 151 条第 3 款的规定,犯本罪,处 5 年以下有期徒刑或者拘役,并处或者单处罚金;情节严重的,处 5 年以上有期徒刑,并处罚金。根据《刑法》第 157 条规定,武装掩护走私的,依照《刑法》第 151 条第 1 款的规定从重处罚。单位犯本罪,对单位判处罚金,并对直接负责的主管人员和其他直接责任人员,依照自然人犯本罪的规定处罚。

八、走私淫秽物品罪

（一）走私淫秽物品罪的概念和特征

走私淫秽物品罪,是指以牟利或者传播为目的,违反海关法规,逃避海关监管,非法携带、运输、邮寄淫秽物品进出境的行为。本罪的主要特征是:

1. 本罪的主体是一般主体,自然人和单位均可以构成本罪。

2. 本罪的主观方面,表现为行为人以传播或者牟利为目的。所谓牟利为目的,是指行为人走私淫秽物品,目的在于通过贩卖、放映、租借或展示淫秽物品等方式获取钱财或其他非法利益。所谓"以传播为目的",是指行为人走私淫秽物品,不仅仅是为了供自己使用,而且是意图在社会上扩散。只要行为人以牟利或传播为目的,至于这一目的是否实现,均不影

---

① 张明楷著:《刑法学》(第四版),法律出版社 2011 年版,第 660 页。

响本罪的成立。如果行为人不是为了牟利或传播而携带、传播或者邮寄少量的淫秽物品,不能构成本罪。

3. 本罪的客观方面,表现为违反海关法规,逃避海关监管,非法运输、携带、邮寄淫秽的影片、录像带、录音带、图片、书刊或者其他淫秽物品进出境的行为。所谓违反海关法规,是指违反海关法及国家其他有关禁止淫秽物品进出口的规定。所谓逃避海关监管,是指采取各种方法,避开海关的监督、检查,意图将淫秽物品走私进出境。实践中主要表现为绕过海关、检查站的检查和不如实向海关申报物品两种行为。

4. 本罪的客体是国家的对外贸易管制和淫秽物品的管理制度。本罪的对象是淫秽物品。"淫秽物品"主要是指具体描写性行为或者露骨宣传色情内容的诲淫性影片、录像带、录音带、图片、书刊及其他淫秽物品。根据上述走私罪的《解释》第5条规定,《刑法》第152条规定的"其他淫秽物品",是指除淫秽的影片、录像带、录音带、图片、书刊以外的,通过文字、声音、形象等形式表现淫秽内容的影碟、音碟、电子出版物等物品。但包含有色情内容的有艺术价值的文学、艺术作品;有关人体生理、医学知识的科学著作;表现人体美的艺术作品,如人体绘画、摄影、雕塑等;通过人的内服或外用,用于治疗阳痿、早泄等功能障碍性疾病,增强人体性功能,及在性行为中起保护作用的性药,以及用于治疗功能障碍性疾病,或在性交过程中起辅助作用以增强性能力的性具;色情出版物、夹杂淫秽色情内容的出版物,即在整体上不是色情的,只有部分内容是色情的,不属于"淫秽物品"。①

(二)走私淫秽物品罪的认定

1. 本罪罪与非罪的界限。第一,从主观方面看,本罪的行为人主观上必须具有牟利或者传播的目的才可以构成,不具有该两个目的之一的,不构成本罪。第二,从犯罪对象看,如果行为人所走私的并非淫秽物品,如走私非淫秽的影片、影碟、录像带、录音带、音碟、图书、书刊、电子出版物等物品的,不以本罪论处,构成刑法第153条之罪的,可以依照刑法第153条的走私普通货物、物品罪进行处罚。第三,从数量上看,根据《刑法》第152条和《解释》的规定:走私淫秽录像带、影碟50盘(张)以上至100盘(张)的,走私淫秽录音带、音碟100盘(张)以上至200盘(张)的,走私淫秽扑克、书刊、画册100副(册)以上至200副(册)的,走私淫秽照片、画片500张以上至1000张的以及走私其他淫秽物品相当于上述数量的,才可以立案。司法实践中,如果走私淫秽物品数量很小,达不到上述立案标准,且综合全案属于情节显著轻微、危害不大的,可不认为是犯罪。

2. 本罪的共犯处理。根据刑法第156条之规定,与走私淫秽物品的罪犯通谋,为其提供贷款、资金、账号、发票、证明,或者为其提供运输、保管、邮寄或者其他方便的,以走私淫秽物品罪的共犯论处。

3. 本罪的罪数认定。根据刑法第157条之规定,走私淫秽物品,并以暴力、威胁的方法抗拒海关人员缉私的,以走私淫秽物品罪和妨害公务罪进行数罪并罚。

(三)走私淫秽物品罪的刑事责任

根据《刑法》第152条第1款的规定,犯本罪的,处3年以上10年以下有期徒刑,并处罚金;情节严重的,处10年以上有期徒刑或者无期徒刑,并处罚金或者没收财产;情节较轻的,

---

① 孙国祥主编:《刑法学》,科学出版社2008年版,第362页。

处 3 年以下有期徒刑、拘役或者管制,并处罚金。根据《刑法》第 157 条规定,武装掩护走私的,依照《刑法》第 151 条第 1 款的规定从重处罚。单位犯本罪,对单位处罚金,对直接负责的主管人员和其他直接责任人员,依照自然人犯本罪的法定刑处罚。

九、走私废物罪①

(一) 走私废物罪的概念和特征

走私固体废物罪,是指逃避海关监管,将境外固体废物、液体废物和气体废物运进我国境内,情节严重的行为。本罪的主要构成特征是:

1. 本罪的主体是一般主体,自然人和单位均可以构成本罪。

2. 本罪的主观方面表现为故意。行为人明知是境外的废物,而积极将其偷运进境。行为人主观上一般出于牟利的目的,但刑法并没有以此作为构成犯罪的条件。

3. 本罪的客观方面表现为违反海关法规,逃避海关监管,非法将境外固体废物、液体废物和气体废物运输进境,情节严重的行为。本罪客观方面也是单向的走私行为,仅仅是指走私进口的行为,不包括出口行为。如果有人将境内的废物运输出境的,则视情况按照走私普通货物、物品罪处理。

4. 本罪侵害的客体是国家的对外贸易管制。具体说来,是国家对外贸易管制中禁止进口境外不能用作原料的废物、限制进口境外可用作原料的废物以及对进口可用作原料的废物依法征收关税的监管制度。本罪的犯罪对象是"废物",具体地说,是固体废物、液态废物和气态废物。所谓"固体废物",根据上述走私罪的《解释》第 9 条的规定,是指国家禁止进口的固体废物和国家限制进口的可用作原料的固体废物。可见,固体废物包括两大类:一类是国家禁止进口的废物,也称红色废物,没有任何利用价值,对这类废物,国家绝对禁止进口。另一类是国家限制进口的可用作原料的废物,也成绿色废物,这类废物有一定的可利用价值。国家限制进口的可用作原料的固体废物的具体种类,按照《国家限制进口的可用作原料的固体废物名录》执行。固体废物的范围主要包括:(1) 固体废物,是指在生产建设、日常生活和其他活动中产生的污染环境的固态、半固态废弃物质。(2) 工业固体废物,是指在工业、交通等生产活动中产生的固体废物。(3) 城市生活垃圾,是指在城市日常生活中或者为城市日常生活提供服务的活动中产生的固体废物以及法律、行政法规规定为生活垃圾的固体废物。(4) 危险废物,是指列入国家危险废物名录或者根据国家规定危险废物鉴别标准和鉴别方法认定的具有危险特性的废物。根据《中华人民共和国刑法修正案(四)》的规定,本罪的犯罪对象增加了液态废物和气态废物,对此可以参照上述解释的内容进行认定。刑法之所以将境外的废物规定为走私罪的犯罪对象,其目的是从我国的环境保护角度出发,禁止擅自进口外国的废物,而有些单位或者个人为了赚取国外的垃圾处理费,逃避海关监管将境外的废物非法运输进境,在境内倒卖具有严重的社会危害性。

(二) 走私废物罪的认定

1. 本罪罪与非罪的界限。刑法对于本罪的立案标准未作明确规定。但是,根据《解释》的相关规定,走私废物,涉嫌下列情形之一的,应予立案:(1) 走私国家禁止进口的固体废

---

① 本罪是由《中华人民共和国刑法修正案(四)》第二条所增设。

物、液体废物和气态废物的；(2)走私国家限制进口的可用作原料的废物，偷逃应缴税额在5万元以上的。

2.本罪与走私普通货物、物品罪的界限。两者均为走私罪的一种，在侵害的客体、主体和主观方面都有一定的相似之处。两者的根本区别在于犯罪对象不同。前者是指国家禁止进口或者限制进口的固体废物、液态废物和气态废物，而后者则是除刑法第151条、第152条以外的普通货物和物品，是应纳税的国家允许进出口的货物、物品。

3.根据刑法第339条第3款的规定，以原料利用为名，进口不能用作原料的固体废物、液态废物和气态废物的，依照刑法的152条第2款、第3款的规定定罪处罚。

(二)走私废物罪的刑事责任

根据《刑法》第152条第2款的规定，犯本罪的，处5年以下有期徒刑，并处罚金；情节特别严重的，处5年以上有期徒刑，并处罚金。单位犯本罪，对单位处罚金，对直接负责的主管人员和其他直接责任人员，依照自然人犯本罪的法定刑处罚。

十、走私普通货物、物品罪[①]

(一)走私普通货物、物品罪概念和特征

走私普通货物、物品罪，是指违反海关法规，逃避海关监管，非法运输、携带、邮寄普通货物、物品进出国(边)境，偷逃应缴税额数额较大，或者一年内曾因走私被给予二次行政处罚后又走私的行为。本罪的主要特征是：

1.本罪的主体是一般主体。自然人和单位均可以成为本罪的主体。

2.本罪的主观方面是故意。行为人主观上是否出于故意，在司法实践中比较难以认定。一般认为，具有下列情形之一者，可以认定或者推定行为人主观上具有故意：(1)逃避海关监管，运输、携带、邮寄国家禁止进出境的货物、物品的；(2)用特制的设备或者运输工具走私货物、物品的；(3)未经海关同意，在非设关的码头、海(河)岸、陆路边境等地点运输(驳载)、收购或者贩卖非法进出境货物、物品的；(4)提供虚假的合同、发票、证明等商业单证委托他人办理通关手续的；(5)以明显低于货物正常进(出)口的应缴税额委托他人代理进(出)口业务的；(6)曾因同一种走私行为受过刑事处罚或者行政处罚的；(7)其他有证据证明的情形。[②]

3.本罪的客观方面表现为违反海关法规，逃避海关监管，非法运输、携带、邮寄应当缴纳关税的普通货物、物品进出境，偷逃应缴税额数额较大的行为，或者一年内因走私被给予二次行政处罚后有走私的行为。

首先，行为人违反了海关法规，即行为人违反了《中华人民共和国海关法》及相应的法规。违反海关法规，既是行为人走私行为的客观表现，也是令行为人负刑事责任的主要依据之一，是构成走私犯罪的前提。

其次，行为人实施了逃避海关监管的走私行为。逃避海关监管的走私行为主要有以下形式：

---

① 本罪经过《中华人民共和国刑法修正案(八)》第二十七条修正。
② 参见2002年7月8日最高人民法院、最高人民检察院、海关总署《关于办理走私刑事案件适用法律若干问题的解释》第5条。

（1）绕关走私。是指在不设海关关口的地方将货物进出境,大宗的走私通常采用绕关的方法实施。

（2）瞒关走私。是指采用藏匿、伪报、欺骗、冒充、顶替甚至利用人体隐秘部位等手段通过海关将货物进出境。

（3）后续走私。通常有两种方式:一是未经海关许可并且补交应缴税额,擅自将批准进口保税货物,在境内销售牟利的行为。何谓保税货物? 根据上述走私罪的《解释》第7条规定,是指经海关批准,未办理纳税手续进境,在境内储存、加工、装配后应予复运出境的货物。包括通过加工贸易、补偿贸易等方式进口的货物,以及在保税仓库、保税工厂、保税区或者免税商店内等储存、加工、寄售的货物。"销售牟利",是指为了谋取非法利益而擅自销售海关监管的保税货物、特定减免税货物等海关监管的其他货物。二是未经海关许可并且补交应缴税额,擅自将特定减税、免税进口的货物、物品,在境内销售牟利行为。根据《海关法》第40条的规定,是指"经济特区等特定地区进出口的货物,中外合资经营企业、中外合作经营企业、外资企业等特定企业进出口货物,有特定用途的进出口货物,用于公益事业的捐赠物资。"这些货物、物品,只能用于特定的地区、特定企业、特定用途,未经海关核准或补交关税,在境内销售的,应构成走私罪。

（4）间接走私。是指直接向走私者收购走私进口的货物、物品,或者在内海、领海非法运输、收购、贩卖限制进出口的货物、物品,数额较大,没有合法证明的。间接走私不是严格意义上的走私,因为这种行为不具备逃避海关监管和检查的行为,实际上是一种贩卖走私货物、物品的"贩私"行为。但近年来走私活动的猖獗,与"贩私"活动的畅行有着密不可分的关系,因此,《刑法》规定"贩私"行为按走私罪论处。间接走私与直接走私相比,其构成犯罪的条件有一定的特殊性:① 根据《解释》第8条规定:间接走私行为的定性应根据"贩私"的对象的不同性质,分别定走私武器、弹药罪、走私核材料罪、走私假币罪、走私文物罪等罪。只有"直接向走私人非法收购走私进口的国家非禁止进口货物、物品,数额较大的,或者在内海、领海运输、收购、贩卖国家限制进出口货物、物品,数额较大,没有合法证明的,"才应当适用《刑法》第153条的规定定罪处罚;② 间接走私的对象是普通货物、物品的情况下,其构成犯罪的数额标准不是偷逃的应缴税额,而是"贩私"的货物、物品的价额,以"数额较大"作为构成犯罪的数额标准;③ 行为人主观上必须明知是私货,并且具有牟取非法利益的目的;④ 非法运输、收购、贩卖限制进出口的货物、物品必须发生在特定的地域,即"内海"和"领海",根据《解释》的规定,《刑法》第155条第2项规定的"内海",包括内河的入海口水域。[①]

（5）走私的辅助行为。是指与走私罪犯共谋,为其提供贷款、资金、账号、发票、证明,或者为其提供运输、保管、邮寄或者其他方便的,以走私共犯论处。

本罪客观方面必须是偷逃应缴税额数额较大或者一年内曾因走私被给予二次行政处罚后又走私。根据《解释》第6条规定:"应缴税额",是指进出口货物、物品应当缴纳的进出口关税和进口环节海关代征税的税额。该《解释》同时规定,走私货物、物品所偷逃的应缴税额,应当以走私行为案发时所适用的税则、税率、汇率和海关审定的完税价格计算,并以海关出具的证明为准。间接走私,不是以应缴税额而是以货物、物品的价额来确定数额的,即走私货物、物品的价额达到数额较大,即可构成本罪。根据1988年《关于惩治走私罪的补充规

---

① 孙国祥主编:《刑法学》,科学出版社2008年版,第365页。

定》,走私货物、物品的价额的计算,是"按照犯罪查获时当地的国营商业零售价格计算"。

4. 本罪侵害的客体是我国的海关制度。具体地说,本罪所侵害的客体是我国海关制度中的对普通货物、物品监管和对进出口货物征收关税的制度。根据海关法的规定,国家根据进出口货物与国计民生的关系,对普通货物的进出口实行关税制度。而走私普通货物、物品,逃避了关税,减少了全国的关税收入和外汇资金的积累,妨碍我国民族工业的发展。本罪的对象是普通货物、物品。所谓普通货物、物品,是指除武器、弹药、核材料、假币、国家禁止出口的文物、珍贵动物及其制品、黄金、白银或者其他贵金属、国家禁止出口的珍稀植物及其制品以及淫秽物品、毒品以外的货物、物品。虽然货物、物品的含义法律并没有明确的规定,一般来说,货物,是指多为贸易性质的商品,量较大,不便随身携带、邮寄。而物品通常是便于随身携带、邮寄,往往是自用性质的产品。

(二)走私普通货物、物品罪的认定

1. 本罪罪与非罪的界限。第一,从主观上看行为人有无故意。第二,行为人走私行为偷逃应纳税额是否达到5万元以上,如果达到,就以本罪论处。第三,行为人是否在一年之内因为走私被给予二次行政处罚后又走私。

2. 本罪的罪数认定。根据刑法第157条之规定,走私普通货物、物品,并以暴力、威胁的方法抗拒海关人员缉私的,以走私普通货物、物品罪和妨害公务罪进行数罪并罚。

(三)走私普通货物、物品罪的刑事责任

根据《刑法》第153条规定:犯本罪的,偷逃应缴税额较大或者一年内曾因走私被给予二次行政处罚后又走私的,处3年以下有期徒刑或者拘役,并处偷逃应缴税额一倍以上五倍以下罚金;偷逃应缴税额巨大或者有其他严重情节的,处3年以上10年以下有期徒刑,并处偷逃应缴税额一倍以上五倍以下罚金;偷逃应缴税额特别巨大或者有其他特别严重情节的,处10年以上有期徒刑或者无期徒刑,并处偷逃应缴税额一倍以上五倍以下罚金或者没收财产。单位犯本罪的,对单位判处罚金,并对其直接负责的主管人员和其他直接责任人员,处3年以下有期徒刑或者拘役;情节严重的,处3年以上10年以下有期徒刑;情节特别严重的,处10年以上有期徒刑。对多次走私未经处理的,按照累计走私货物、物品的偷逃应缴税额进行处罚。根据《刑法》第157条的规定:武装掩护走私的依照本法第151条第1款的规定从重处罚。

第 十 五 章

妨害对公司、企业的管理秩序罪

第一节 妨害对公司、企业的管理秩序罪概述

一、妨害对公司、企业的管理秩序罪的概念

妨害对公司、企业管理秩序罪,是指违反公司、企业法律法规,在公司、企业的设立、经营、清算过程中,妨害国家公司、企业的管理制度,情节严重的行为。

我国 1979 年《刑法》没有此类犯罪的规定,随着市场经济的发展,公司制成为现代企业制度的基础,1993 年 12 月 29 日,全国人大常委会通过了新中国第一部《中华人民共和国公司法》,《中华人民共和国公司法》在法律责任中对违反公司法的民事责任、行政责任作了规定,并以附属刑法的形式对虚假出资、抽逃资金、擅发债券、业务侵占等违法犯罪行为规定需"依法追究刑事责任"。1995 年 2 月 28 日,全国人大常委会通过了《关于惩治违反公司法的犯罪的决定》,对违反公司法的违法犯罪行为定罪、量刑尺度等作出了明确限定。1997 年修订后的刑法典在《关于惩治违反公司法犯罪的决定》的基础上,作了补充修改。1999 年 12 月 25 日,九届全国人大常委会第 13 次会议又通过了《中华人民共和国刑法修正案》(以下简称《刑法修正案》),又对本章犯罪作了补充。

二、妨害对公司、企业的管理秩序罪的构成特征

1. 妨害对公司、企业的管理秩序罪的主体既包括自然人,也包括单位。其中自然人主体,绝大部分是公司、企业的工作人员,但有些犯罪的自然人主体也不限于此。单位可以构成的此类犯罪,只是本章中犯罪的一部分,而非全部。

2. 妨害对公司、企业的管理秩序罪的主观方面,绝大多数犯罪是由故意构成,但个别犯罪也可以由过失构成,如刑法第 167 条规定的签订、履行合同失职被骗罪以及修改后的第 168 条的国有公司、企业、事业单位人员失职罪等。

3. 妨害对公司、企业的管理秩序罪的客观方面表现为违反公司法、企业法的有关规定,妨害国家对公司、企业的管理秩序,依法应当受到刑罚处罚的行为。

行为人的行为违反公司法、企业法等有关法律、法规中对公司、企业的管理的规定,是本类犯罪成立的前提条件。

值得注意的是,本类犯罪,没有行为犯和危险犯、举动犯,而只有结果犯、数额犯和情节犯,其中尤以结果犯居多。有的犯罪同时以数额、结果和情节作为罪与非罪的区分标准。

4. 妨害对公司、企业的管理秩序罪侵犯的客体是国家对公司、企业的正常管理秩序。这一管理秩序是由一系列有关公司、企业的管理的各种法律、法规所规定的管理制度建立起来的。根据公司法、企业法等有关法律、法规和刑法的有关规定,可能被犯罪侵害的,维系国家对公司、企业的管理制度的管理秩序主要包括:公司、企业的设立、登记、变更、合并、分立、解散等制度;资本金投资和资本金管理制度;股金、股份的认购与转让制度;财务会计制度;债券、股票发行管理制度;公司、企业工作人员职务、岗位、职责规范制度;国有资产的管理与评估制度等。

三、妨害对公司、企业的管理秩序罪的种类

根据犯罪行为所侵害的利益不同,妨害对公司、企业的管理秩序罪主要包括以下两大类:

(一)损害社会利益的犯罪。主要包括:虚报注册资本罪(第158条);虚假出资、抽逃出资罪(第159条);欺诈发行股票、债券罪(第160条);违规披露、不披露重要信息罪(第161条);妨害清算罪(第162条);隐匿、故意销毁会计凭证、会计账簿、财务会计报告罪(第162条之一);虚假破产罪(第162条之二)。

(二)损害公司、企业利益的犯罪。主要包括:公司、企业人员受贿罪(第163条);对公司、企业人员行贿罪(第164条之一);对外国公职人员、国际公共组织官员行贿罪(第164条之二);非法经营同类营业罪(第165条);为亲友非法牟利罪(第166条);签订、履行合同失职被骗罪(第167条);国有公司、企业、事业单位人员失职罪、国有公司、企业、事业单位人员滥用职权罪(第168条);徇私舞弊低价折股、低价出售国有资产罪(第169条);背信损害上市公司利益罪(第169条之一)。

第二节 妨害对公司、企业的管理秩序罪具体罪名

一、虚报注册资本罪

(一)虚报注册资本罪的概念和特征

虚报注册资本罪,是指申请公司登记的个人和单位在申请公司登记的过程中,使用虚假的证明文件或者其他欺诈手段,虚报注册资本数额巨大,后果严重或者有其他严重情节的行为。本罪的主要特征是:

1. 本罪的主体是特殊主体,即申请公司登记的单位和个人。

2. 本罪的主观方面是故意。行为人明知自己虚报注册资本的行为违反公司法的规定,而仍然为之。

3. 本罪的客观方面表现为虚报注册资本数额巨大,欺骗公司登记主管部门,取得公司登记,后果严重或者有其他严重情节的行为。

首先,行为人虚报了注册资本。所谓注册资本,是指公司登记时在主管部门登记的实有资本总额。《公司法》对有限责任公司根据其不同的经营范围,分别作了注册资本最低限额

和注册资本金的缴纳方式的规定。① 行为人虚报注册资本,通常没有资本而谎称有资本或者只有较少的资本而谎称有较多的资本。

其次,行为人虚报注册资本使用了虚假证明文件或者其他欺诈手段。如行为人伪造合法的验资机构的验资报告书,或者与验资机构的工作人员恶意串通制作虚假的验资报告书,用以欺骗公司登记部门。所谓其他欺诈手段,是指虚假证明文件以外的方法并且与虚报注册资本有关。例如,隐瞒真相骗用无支配权的资金进行虚报。行为人使用虚假证明文件是为了虚报注册资本,如果与虚报注册资本无关的,则不构成本罪。

再则,行为人取得了公司登记。取得公司登记是指工商行政管理部门核准并发给了《企业法人营业执照》。如果行为人在使用了虚假证明文件或其他欺骗手段后,由于及时发现而没有取得工商登记,则不构成犯罪。②

此外,行为人虚报注册资本必须达到数额巨大、后果严重或者有其他严重情节,才能构成犯罪。数额巨大、后果严重和具有其他严重情节是构成本罪的三种情形,只要具备其中任何一种即可构成本罪。

4. 本罪侵害的客体是公司登记管理制度。根据《公司法》,在全国设立公司实行登记是必经的法律程序。公司经过合法登记成立,有助于国家对公司进行管理。《公司法》对公司的设立规定了必备的条件,无论是有限责任公司还是股份有限公司,其设立的主要条件之一就是公司的注册资本不得少于法律规定的最低限额。一定的注册资本不仅是公司经营资本金的一部分,也是公司承担风险、偿还债务的一项基本保证。而虚报注册资本,必然破坏公司登记的管理制度。

(二) 虚报注册资本罪的认定

主要是罪与非罪的认定。根据《追诉标准(二)》第三条的规定,申请公司登记使用虚假证明文件或者采取其他欺诈手段虚报注册资本,欺骗公司登记主管部门,取得公司登记,涉嫌下列情形之一的,应予立案追诉:

(1) 超过法定出资期限,实缴注册资本不足法定注册资本最低限额,有限责任公司虚报数额在三十万元以上并占其应缴出资数额百分之六十以上的,股份有限公司虚报数额在三百万元以上并占其应缴出资数额百分之三十以上的;(2) 超过法定出资期限,实缴注册资本达到法定注册资本最低限额,但仍虚报注册资本,有限责任公司虚报数额在一百万元以上并占其应缴出资数额百分之六十以上的,股份有限公司虚报数额在一千万元以上并占其应缴出资数额百分之三十以上的;(3) 造成投资者或者其他债权人直接经济损失累计数额在十万元以上的;(4) 虽未达到上述数额标准,但具有下列情形之一的:① 两年内因虚报注册资本受过行政处罚二次以上,又虚报注册资本的;② 向公司登记主管人员行贿的;③ 为进行违法活动而注册的。(5) 其他后果严重或者有其他严重情节的情形。

(三) 虚报注册资本罪的刑事责任

根据《刑法》第 158 条的规定,犯本罪,处 3 年以下有期徒刑或者拘役,并处或单处虚报注册资本的 1% 以上 5% 以下罚金。单位犯本罪,对单位处罚金,对直接负责的主管人员和

---

① 具体规定请详见《公司法》的相关条文。
② 孙国祥主编:《刑法学》,科学出版社 2008 年版,第 369 页。这种情形,是不构成犯罪,还是构成犯罪未遂? 笔者认为孙国祥教授的观点值得商榷。

其他直接责任人员,处 3 年以下有期徒刑或者拘役。

二、虚假出资、抽逃出资罪

(一) 虚假出资、抽逃出资罪的概念和特征

虚假出资、抽逃出资罪,是指公司发起人、股东违反公司法的规定,未交付货币、实物或未转移财产所有权,虚假出资,或者在公司成立后又抽逃出资,数额巨大,后果严重或者有其他严重情节的行为。本罪的主要特征是:

1. 本罪的主体是公司的发起人和股东。公司的发起人是指股份有限公司中创立筹建公司的人员;股东是指有限责任公司或股份有限公司的出资人。本罪的主体既可以是自然人,也可以是单位。

2. 本罪的主观方面是故意。行为人明知自己的虚假出资或者抽逃出资的行为违反公司法的规定,而仍然为之。

3. 本罪的客观方面表现为违反公司法的规定,在公司成立期间或成立之后,实施虚假出资或者抽逃出资,数额巨大,后果严重或者有其他严重情节的行为。

首先,行为人违反了《公司法》的规定,这是构成本罪的前提。其次,公司的发起人或者股东的虚假出资包括三种情况:一是公司的发起人、股东形式上履行出资义务,但实际上并未交付货币、实物或者未转移财产所有权;二是公司的发起人、股东在形式上和实际上都未履行出资义务;三是对实物、工业产权、非专利技术或者土地使用权出资时,进行评估价值的过程中,故意高估价格,然后以高估后财产出资。[①] 所谓抽逃出资,是指公司成立以后,公司的股东、发起人违反《公司法》的有关规定,从公司内转移出自己出资额的全部或一部分。抽逃出资的行为形式是多种多样的,有的是在公司成立以后以购置原材料、设备的名义将资金抽回,有的注册资金本身就是银行贷款或向其他企业的借款,公司成立后将资金抽回还贷。再则,由于虚假出资、抽逃出资的情况比较复杂,因此,《刑法》规定必须是"数额巨大"、"后果严重"或"其他严重情节"才能构成。

4. 本罪侵害的客体是公司的管理制度和公司、股东、债权人权益。虚假出资或者抽逃出资,首先侵犯了公司的出资制度;公司的资本是由足额的股金或股份集合而成,股东依据其出资的股本享有公司所有者的权益。而虚假出资或出资后又抽逃出资,却与其他股东一样享受股东的权利,实际上,其他股东的权利就受到了侵害;另外,股东虚假出资或者抽逃出资,直接侵害了公司的财产所有权。因为根据《公司法》的规定,"公司享有由股东投资形成的全部法人财产权。"此外,股东虚假出资或者抽逃出资,极易形成"三无公司",进行各种非法经营活动甚至从事犯罪活动,从而损害债权人和社会公众的利益。

(二) 虚假出资、抽逃出资罪的认定

1. 虚假出资、抽逃出资案件罪与非罪的界限。根据《追诉标准(二)》第四条的规定,公司发起人、股东违反公司法的规定未交付货币、实物或者未转移财产权,虚假出资,或者在公司成立后又抽逃其出资,涉嫌下列情形之一的,应予立案追诉:(1) 超过法定出资期限,有限责任公司股东虚假出资数额在三十万元以上并占其应缴出资数额百分之六十以上的,股份

---

① 孙国祥主编:《刑法学》,科学出版社 2008 年版,第 371 页。

有限公司发起人、股东虚假出资数额在三百万元以上并占其应缴出资数额百分之三十以上的;(2) 有限责任公司股东抽逃出资数额在三十万元以上并占其实缴出资数额百分之六十以上的,股份有限公司发起人、股东抽逃出资数额在三百万元以上并占其实缴出资数额百分之三十以上的;(3) 造成公司、股东、债权人的直接经济损失累计数额在十万元以上的;(4) 虽未达到上述数额标准,但具有下列情形之一的:① 致使公司资不抵债或者无法正常经营的;② 公司发起人、股东合谋虚假出资、抽逃出资的;③ 两年内因虚假出资、抽逃出资受过行政处罚二次以上,又虚假出资、抽逃出资的;④ 利用虚假出资、抽逃出资所得资金进行违法活动的。(5) 其他后果严重或者有其他严重情节的情形。

2. 出资人出资后又抽逃出资的行为如何认定? 出资人出资后,资金就属于公司所有,此时,抽逃资金就意味着非法占有公司所有的资金。此种行为是构成抽逃出资罪还是构成职务侵占罪? 有学者认为此种行为属于抽逃出资罪与职务侵占罪的想象竞合犯,从一重罪处理。[1] 笔者认为,此种情形只构成抽逃出资一罪,与职务侵占罪没有关系,否则,刑法中规定抽逃出资罪就失去了立法的意义。

（三）虚假出资、抽逃出资罪的刑事责任

根据《刑法》第159条的规定,犯本罪的,处5年以下有期徒刑或者拘役,并处或者单处虚假出资金额或者抽逃出资金额2％以上10％以下的罚金。单位犯本罪,对单位处罚金,对直接负责的主管人员和其他直接责任人员,处5年以下有期徒刑或者拘役。

三、欺诈发行股票、债券罪

（一）欺诈发行股票、债券罪的概念和特征

欺诈发行股票、债券罪,是指在招股说明书、认股书、公司、企业债券募集办法中隐瞒重要事实或者编造重大虚假内容,发行股票或者公司、企业债券,数额巨大、后果严重或者有其他严重情节的行为。本罪的主要特征是:

1. 本罪的主体既可以是自然人,也可以是单位。一般来说,本罪的主体主要是单位,即公司、企业。

2. 本罪的主观方面是故意。行为人明知制作虚假的招股说明书、认股书和债券募集办法的行为违反公司法的规定仍然为之。

3. 本罪的客观方面表现为行为人制作虚假的招股说明书、认股书、债券募集办法发行股票和债券。首先,行为人制作了虚假的招股说明书、认股书、债券募集办法。招股说明书,是公司的发起人依法制作的向社会募集股份而制作的书面文件;认股书,是发起人依法制作的供认股人在认股时记载有关内容的文件;债券募集办法,是指公司、企业在募集债券时所采用方法的说明。其次,行为人必须实施了发行股票和债券的行为,即行为人不仅制作了虚假的招股说明书、认股书、债券募集办法,而且将其公告,股票或债券已经发行。如果行为人仅是制作了虚假的招股说明书、认股书、债券募集办法,而未实施发行股票或公司、企业债券的,则不能构成本罪。再则,必须是数额巨大、后果严重或者有其他严重情节的。

4. 本罪侵害的客体是国家股票、债券的发行管理制度。本罪的对象是股票和债券。股

---

[1]　张明楷著:《刑法学》(第四版),法律出版社2011年版,第665页。

票,是指股份有限公司签发的证明股东按其所持股份享有权利和承担义务的凭证。公司、企业债券,是指公司、企业按照法定程序发行的,约定在一定期限还本付息的有价证券。

（二）欺诈发行股票、债券罪的认定

主要是罪与非罪的认定。根据《追诉标准（二）》第五条,在招股说明书、认股书、公司、企业债券募集办法中隐瞒重要事实或者编造重大虚假内容,发行股票或者公司、企业债券,涉嫌下列情形之一的,应予立案追诉:(1) 发行数额在五百万元以上的;(2) 伪造、变造国家机关公文、有效证明文件或者相关凭证、单据的;(3) 利用募集的资金进行违法活动的;(4) 转移或者隐瞒所募集资金的;(5) 其他后果严重或者有其他严重情节的情形。

（三）欺诈发行股票、债券罪的刑事责任

根据《刑法》第160条的规定,犯本罪的,处5年以下有期徒刑或者拘役,并处或者单处非法募集资金金额的1%以上5%以下的罚金。单位犯本罪,对单位处罚金,对直接负责的主管人员和其他直接责任人员,处5年以下有期徒刑或者拘役。

四、违规披露、不披露重要信息罪[①]

（一）违规披露、不披露重要信息罪的概念和特征

违规披露、不披露重要信息罪,是指依法负有信息披露义务的公司、企业,向股东和社会公众提供虚假的或者隐瞒重要事实的财务会计报告,或者对依法应当披露的其他重要信息不按照规定披露,严重损害股东或者其他人利益,或者有其他严重情节的行为。

1. 本罪的主体是特殊主体,而且本罪是纯正的单位犯罪,即依法负有信息披露义务的公司、企业。

2. 本罪的主观方面只能由故意构成,过失不构成本罪。

3. 本罪的客观方面表现为依法负有信息披露义务的公司、企业提供虚假的或者隐瞒重要事实的财务会计报告,或者对依法应当披露的信息不按照规定披露,严重损害股东或者其他人的利益,情节严重的行为。

首先,本罪的客观行为主要有两种表现:第一,公司向股东和社会公众提供了虚假的或者隐瞒重要事实的财务会计报告。所谓"虚假的财务会计报告",既可能是资产负债表虚假,也可能是损益表虚假,还可能是财务状况变动表、财务情况证明书、利润分配表虚假。所谓"隐瞒重要事实的财务会计报告",主要是隐瞒公司的负债情况,对于股东而言,不能正确地行使法律和公司章程所规定的权利,如公司已经出现重大亏损,但财务会计报告予以隐瞒,使股东和社会公众无法知晓。第二,不按照规定对应当披露的信息予以披露。这种行为是一种纯正的不作为。[②]

其次,公司、企业所提供的虚假的或者隐瞒重大事实的财务报告或者没有按照规定披露信息严重地损害了股东或者其他人的利益,或者有其他严重情节。

4. 本罪侵害的客体是国家正常的财务会计管理制度和股东以及社会公众的合法权益。违规披露或者不披露财务会计报告以及其他应当披露的重要信息,不仅违反了公司、企业的

---

① 本罪经过《中华人民共和国刑法修正案（六）》第五条修正。
② 至于应当披露的信息的范围,请参照公司法的具体规定。

财务管理制度,而且对股东或者其他社会公众的合法权益也造成了严重的侵犯。

(二)违规披露、不披露重要信息罪的认定

根据《追诉标准(二)》第六条的规定,依法负有信息披露义务的公司、企业向股东和社会公众提供虚假的或者隐瞒重要事实的财务会计报告,或者对依法应当披露的其他重要信息不按照规定披露,涉嫌下列情形之一的,应予立案追诉:(1)造成股东、债权人或者其他人直接经济损失数额累计在五十万元以上的;(2)虚增或者虚减资产达到当期披露的资产总额百分之三十以上的;(3)虚增或者虚减利润达到当期披露的利润总额百分之三十以上的;(4)未按照规定披露的重大诉讼、仲裁、担保、关联交易或者其他重大事项所涉及的数额或者连续十二个月的累计数额占净资产百分之五十以上的;(5)致使公司发行的股票、公司债券或者国务院依法认定的其他证券被终止上市交易或者多次被暂停上市交易的;(6)致使不符合发行条件的公司、企业骗取发行核准并且上市交易的;(7)在公司财务会计报告中将亏损披露为盈利,或者将盈利披露为亏损的;(8)多次提供虚假的或者隐瞒重要事实的财务会计报告,或者多次对依法应当披露的其他重要信息不按照规定披露的;(9)其他严重损害股东、债权人或者其他人利益,或者有其他严重情节的情形。

(三)违规披露、不披露重要信息罪的刑事责任

根据《刑法》第161条的规定,犯本罪,对直接负责的主管人员和其他直接责任人员,处3年以下有期徒刑或者拘役,并处或者单处2万元以上20万元以下的罚金。

五、妨害清算罪

(一)妨害清算罪的概念和特征

妨害清算罪,是指公司、企业进行清算时,隐匿资产,对资产负债表或财产清单作虚伪记载或者未清偿债务前分配公司的财产,严重损害债权人或者其他人利益的行为。本罪的主要构成特征是:

1. 本罪的主体是特殊主体,而且是纯正的单位犯罪,即只有进行清算的公司、企业才能构成本罪的主体。

2. 本罪的主观方面表现为故意,过失不构成本罪。

3. 本罪的客观方面表现为在公司、企业清算时,隐匿公司、企业财产,对资产负债表或者财产清单作虚伪记载,或者在未清偿债务前分配公司、企业财产,严重损害债权人或者其他人利益的行为。具体地说,主要表现为以下几种行为方式:(1)隐匿财产。是指将公司、企业全部或部分财产予以转移、隐藏,逃避清算。公司、企业财产及包括资金,也包括工具、设备、产品、货物等;既包括动产,也包括不动产,甚至还包括公司、企业的债权。(2)对资产负债表或财产清单作虚伪记载。主要是指减少资本,扩大股东权益,故意少报、低报甚至不报的情况;或者隐瞒、缩小公司实际财产数额,或者扩大债务数额或者对其债权减少乃至不予登记;或者采取夸大手段,多报公司、企业实际财产,如将公司、企业的一些器材、设备或厂房等固定资产以高出原有价值进行虚报,用以抵债或偿还;等等。(3)在未清偿债务前分配财产。主要是指在清算过程中,违反财产分配顺序,在未清偿公司、企业的各项债务之前,就在股东、合伙人等之间分配公司、企业财产。

4. 本罪侵害的客体为复杂客体,既侵害了国家对公司、企业的清算管理制度,又侵害了

债权人或其他人的合法权益。本罪的行为对象是资产负债表或财产清单。资产负债表是指公司、企业进行清算时所编制的全面反映公司、企业资金来源和资金运行情况,反映清算时公司、企业的财务状况,即资产、负债以及股东或出资者权益状况的会计报表。财产清单是指清算时,公司、企业现有财产的会计报表,包括公司、企业现有的固定资产、流动资金、剩余产品及原料等。

(二)妨害清算罪的认定

1. 妨害清算罪罪与非罪的界限。本罪属于结果犯,构成本罪,必须发生了"严重损害债权人或者其他人利益的"结果。根据《追诉标准(二)》第七条规定,公司、企业进行清算时,隐匿财产,对资产负债表或者财产清单作虚伪记载或者在未清偿债务前分配公司、企业财产,涉嫌下列情形之一的,应予立案追诉:(1)隐匿财产价值在五十万元以上的;(2)对资产负债表或者财产清单作虚伪记载涉及金额在五十万元以上的;(3)在未清偿债务前分配公司、企业财产价值在五十万元以上的;(4)造成债权人或者其他人直接经济损失数额累计在十万元以上的;(5)虽未达到上述数额标准,但应清偿的职工的工资、社会保险费用和法定补偿金得不到及时清偿,造成恶劣社会影响的;(6)其他严重损害债权人或者其他人利益的情形。

2. 妨害清算罪与职务侵占罪、贪污罪的界限。在公司、企业的清算过程中,行为人如果利用职务之便,将公司、企业的财产非法占为己有的,应该视主体的身份不同分别构成职务侵占罪或者贪污罪;如果在清算过程中,行为人是为了原股东或者投资主体的利益而隐匿或者分配财产的,应该构成妨害清算罪。

3. 妨害清算罪与私分国有资产罪的界限。妨害清算罪与私分国有资产罪在犯罪主体和处罚方面有相似之处,两罪的主体都是单位,属于纯正的单位犯罪,在处罚方面都是实行代罚制,即均处罚单位中直接负责的主管人员和其他直接责任人员。如国有公司、企业负责人在清算过程中,私分国有资产的,实际上具有贪污的性质,如果是以单位名义公开集体私分的,按照私分国有资产罪处理;如果是私下里数人进行瓜分的,则依照贪污罪处理,不构成妨害清算罪。

(三)妨害清算罪的刑事责任

根据《刑法》第162条的规定,犯本罪,对其直接负责的主管人员和其他直接责任人员,处5年以下有期徒刑或者拘役,并处或单处2万元以上20万元以下的罚金。

六、隐匿、故意销毁会计凭证、会计账簿、财务会计报告罪①

(一)隐匿、故意销毁会计凭证、会计账簿、财务会计报告罪的概念和特征

隐匿、故意销毁会计凭证、会计账簿、财务会计报告罪,是指隐匿或者故意销毁依法应当保存的会计凭证、会计账簿、财务会计报告,情节严重的行为。本罪的主要构成特征是:

1. 本罪的主体是一般主体,自然人和单位均可以构成本罪,但必须是办理会计业务的自然人和单位方可。

2. 本罪的主观方面只能由故意构成,过失不构成本罪。

---

① 本罪是《中华人民共和国刑法修正案》第一条所增设。

3. 本罪的客观方面表现为隐匿或者故意销毁依法应当保存的会计凭证、会计账簿、财务会计报告,情节严重的行为。"隐匿",是指个人或者单位在有关机关监督检查其会计工作时,隐瞒或者藏匿其应当保存的会计凭证、会计账簿、财务会计报告的行为;"销毁",是指个人或者单位故意将其依法应当保存的会计凭证、会计账簿、财务会计报告予以毁灭、毁损的行为。

本罪是情节犯,仅有上述行为,还不可能构成本罪,必须是行为人实施上述行为,情节严重的,才可以以本罪论处。

4. 本罪侵害的客体是国家对公司、企业的财务管理制度。犯罪对象是会计凭证、会计账簿、财务会计报告等三类会计资料。会计凭证,是指记录经济业务、明确经济责任的书面证明,包括原始凭证和记账凭证。原始凭证,是指证明经济业务已经发生,用作记账的初始凭证。记账凭证,是直用来确定经济业务的性质和分类记账的凭证。会计账簿,是指有一定格式、相互联系的账页组成的,用以序时地、分类地记录、反映各类经济业务的账簿。财务会计报告,是指由资产负债表、损益表、财务状况变动表、财务情况说明书、利润分配表等财务会计报表组成的书面报告。

(二)隐匿、故意销毁会计凭证、会计账簿、财务会计报告罪的认定

主要是罪与非罪的界限。本罪是情节犯,公司、企业隐匿、故意销毁会计凭证、会计账簿、财务会计报告的行为,只有达到情节严重的程度,才能以本罪论处。根据《追诉标准(二)》第八条的规定,隐匿或者故意销毁依法应当保存的会计凭证、会计账簿、财务会计报告,涉嫌下列情形之一的,应予立案追诉:(1)隐匿、故意销毁的会计凭证、会计账簿、财务会计报告涉及金额在五十万元以上的;(2)依法应当向司法机关、行政机关、有关主管部门等提供而隐匿、故意销毁或者拒不交出会计凭证、会计账簿、财务会计报告的;(3)其他情节严重的情形。

(三)隐匿、故意销毁会计凭证、会计账簿、财务会计报告罪的刑事责任

根据《刑法》第162条之一的规定,犯本罪的,处5年以下有期徒刑或者拘役,并处或者单处2万元以上20万元以下罚金。单位犯本罪的,对单位判处罚金,并对其直接负责的主管人员和其他直接责任人员,依照自然人犯本罪的规定处罚。

七、虚假破产罪①

(一)虚假破产罪的概念和特征

虚假破产罪,是指公司、企业通过隐匿财产、承担虚构的债务或者以其他方法转移财产、处分财产,实施虚假破产,严重损害债权人或者其他人利益的行为。本罪的主要特征是:

1. 本罪的犯罪主体是公司、企业,是纯正的单位犯罪。
2. 本罪的主观方面表现为故意,过失不构成本罪。
3. 本罪的客观方面表现为公司、企业通过隐匿财产、承担虚构的债务或者以其他方法转移财产、处分财产,实施虚假破产,严重损害债权人或者其他人利益的行为。本罪在客观行为上主要有以下表现形式:(1)隐匿财产。即隐藏公司、企业的实有财产;(2)承担虚构

---
① 本罪为《中华人民共和国刑法修正案(六)》第六条所增设。

的债务。即承担本不存在的债务或者将本已存在的债务数额夸大,以此达到破产的目的;(3)以其他方法转移、处分财产。另外,本罪的构成还要求虚假破产的行为必须造成了严重损害权利人或者其他人利益的后果。

4.本罪的客体是国家对公司、企业破产的管理制度和债权人或者其他人的合法权益。

（二）虚假破产罪的认定

1.罪与非罪的界限。根据《追诉标准(二)》规定,虚假破产,涉嫌下列情形之一的,应予追诉:(1)隐匿财产价值在50万元以上的;(2)承担虚构的债务涉及金额在50万元以上的;(3)以其他方法转移、处分财产价值在50万元以上的;(4)造成债权人或其他人直接经济损失数额累计在10万元以上的;(5)虽未达到上述数额标准,但应清偿职工的工资、社会保险费用和法定补偿金得不到及时清偿,造成恶劣社会影响的;(6)其他严重损害债权人或者其他人利益的情形。

2.本罪与妨害清算罪的界限。本罪与妨害清算罪的区别主要在于:第一,犯罪的行为表现不同。妨害清算罪在客观上主要表现为隐匿财产、对资产负债表或者财产清单作虚伪记载以及在未清偿债务前分配公司、企业财产;而虚假破产罪除上述三种行为以外,还可以有无偿转让、非正常低价出售财产、对原来没有财产担保的债务提供财产担保等多种其他转移或者处分财产的行为。第二,行为发生的时间不同。妨害清算罪只能发生在清算期间;而虚假破产罪则发生在申请破产前。第三,行为存在的过程不同。妨害清算罪既可以发生在虚假破产过程中,也可以存在于真实破产案件中,既可以发生在破产清算中,也可以发生在一般的非破产清算中;而虚假破产罪只能发生在"创造"破产,即虚假破产过程中。

（三）虚假破产罪的刑事责任

根据《刑法》第162条之二的规定,犯本罪的,对其直接主管的负责人员和其他直接责任人员,处5年以下有期徒刑或者拘役,并处或者单处2万元以上20万元以下的罚金。

八、非国家工作人员受贿罪[①]

（一）非国家工作人员受贿罪的概念和特征

非国家工作人员受贿罪,是指公司、企业或者其他单位的工作人员利用职务上的便利,索取他人财物或者非法收受他人财物,为他人谋利益,数额较大的行为。本罪的主要特征是:

1.本罪的主体是公司、企业或者其他单位的工作人员。这里的公司、企业或者其他单位是指非国有公司、企业或者其他单位。国有公司、企业或者其他单位中从事公务的工作人员或受国有单位委派到非国有公司、企业或者其他单位中从事公务的人员,属于国家工作人员的范围,对他们利用职务之便收受贿赂的,应构成受贿罪,不以本罪论处。

2.本罪的主观方面是故意。行为人具有索取或收受贿赂的目的。

3.本罪的客观方面表现为利用职务上的便利,索取他人财物或者非法收受他人财物,为他人谋利益,数额较大的行为。

首先,行为人必须"利用了职务上的便利"。一般情况下是指行为人利用本人直接主管、

---

① 本罪经过《中华人民共和国刑法修正案(六)》第七条修正。

负责、承办公司、企业某种事务的职权,或者滥用本人职权所产生的便利条件,或者利用自己分管、主管的下属人员的职权。

其次,行为人实施了索取或收受贿赂的行为。索取贿赂,是指行为人利用职务上的便利,主动以为他人谋利益为交换条件,索要贿赂。收受贿赂,是指行为人利用职务上的便利,接受他人主动送与的财物的行为。

再则,行为人具有为他人谋利益的事实。[①] 为他人谋利益,既包括为他人谋取合法的利益,也包括为他人谋取不正当的利益,既包括实际已为他人谋取了利益,也包括允诺为他人谋利益。因此,事实上,是否已经实际为他人谋取了利益,对构成本罪没有影响。

最后,构成本罪,必须达到“数额较大”才能构成。根据《追诉标准(二)》第 10 条,公司、企业或者其他单位的工作人员利用职务上的便利,索取他人财物或者非法收受他人财物,为他人谋取利益,或者在经济往来中,违反国家规定,收受各种名义的回扣、手续费,归个人所有,数额在 5000 元以上的,应予立案追诉。

4. 本罪侵害的客体是公司、企业或者其他单位的正常业务活动和公司、企业人员或者其他单位工作人员职务的廉洁性。

(二) 非国家工作人员受贿罪的认定

1. 非国家工作人员受贿罪罪与非罪的界限。(1) 本罪是数额犯,构成本罪,必须达到“数额较大”才能构成。根据《追诉标准(二)》第 10 条,公司、企业或者其他单位的工作人员利用职务上的便利,索取他人财物或者非法收受他人财物,为他人谋取利益,或者在经济往来中,违反国家规定,收受各种名义的回扣、手续费,归个人所有,数额在 5000 元以上的,应予追诉。(2) 公司、企业或者其他单位人员在法律、政策许可的范围内,通过自己的劳动,获取合理报酬的,不属于利用职务上的便利受贿,因而是合法行为而不是犯罪。(3) 公司、企业或者其他单位人员接受亲朋好友的一般礼节性馈赠,而没有利用职务上的便利为亲朋好友谋取利益的,不成立非国家工作人员受贿罪。(4) 应当将以收受回扣、手续费为特点的非国家工作人员受贿罪与正当业务行为区别开来。在正常的市场交易行为中,取得符合《中华人民共和国反不正当竞争法》规定的折扣、佣金是正当的业务行为,只有违反法律规定,收受各种名义的回扣、手续费,归个人所有的,才能以非国家工作人员受贿罪论处。[②]

2. 非国家工作人员受贿罪和受贿罪的界限。两者都表现为行为人利用职务之便,索取他人贿赂,或者非法收受他人贿赂,为他人谋取利益的行为。两者的区别主要在于:(1) 犯罪主体不同。非国家工作人员受贿罪的主体是公司、企业或其他单位工作人员;而受贿罪的主体是国家工作人员。值得注意的是,国有公司、企业中从事公务的人员或者国有公司、企业委派到非国有公司、企业中从事公务的人员,有上述行为的,以刑法第 385 条的受贿罪论处,而不构成非国家工作人员受贿罪。(2) 犯罪客体不同。非国家工作人员受贿罪的客体是公司、企业的管理制度和公司、企业人员职务的廉洁性;而受贿罪的客体则是国家工作人员的职务廉洁性。

---

① 对于索取他人财物的行为,是否要求为他人谋取利益,理论上有争论。有学者认为,对于索取他人财物并不要求行为人为他人谋取利益。参见王作富主编:《刑法分则实务研究》(上),中国方正出版社 2010 年版,第 368 页。笔者不赞成该种观点。

② 孙国祥主编:《刑法学》,科学出版社 2008 年版,第 378 页。

（三）非国家工作人员受贿罪的刑事责任

根据《刑法》第163条的规定,犯本罪,处5年以下有期徒刑或者拘役;数额巨大的,处5年以上有期徒刑,可以并处没收财产。

九、对非国家工作人员行贿罪[①]

（一）对非国家工作人员行贿罪的概念和特征

对非国家工作人员行贿罪,是指为谋取不正当的利益,给予公司、企业或者其他单位的工作人员以财物,数额较大的行为。本罪的主要构成特征是:

1. 本罪的主体是一般主体,既可以是自然人,也可以是单位。

2. 本罪的主观方面表现为故意,行为人必须具有谋取不正当利益的目的,因此是目的犯。

3. 本罪在客观方面表现为实施了给予公司、企业或者其他单位人员以财物的行为。本罪的犯罪对象必须是公司、企业或者其他单位人员。如果行为人行贿的对象是国家工作人员,则构成刑法第389条的行贿罪,而不构成本罪。

4. 本罪侵害的客体是公司、企业的正常管理秩序以及公司、企业人员职务或者业务活动的廉洁性。

（二）对非国家工作人员行贿罪的认定

1. 罪与非罪的界限。第一,本罪是数额犯,行为人对公司、企业人员行贿的数额必须达到较大的程度,才能够成本罪。根据前述《追诉标准（二）》第11条,行为人为谋取不正当利益,给予公司、企业的工作人员以财物,个人行贿在1万元以上的,单位行贿数额在20万元以上的,应予立案。第二,本罪是目的犯,行为人必须是为了谋取不正当利益,如果行为人为了谋取正当利益,或者出于亲属、朋友间的单方面赠与目的,则不构成犯罪。

2. 对非国家工作人员行贿罪与行贿罪的界限。两罪在客观上均表现为为了谋取不正当利益而给他人以贿赂的行为,而且两罪的主体都是一般主体。两罪的区别主要在于:（1）侵犯的客体不同。对非国家工作人员行贿罪侵害的客体主要是公司、企业或者其他单位的管理秩序以及公司、企业或者其他单位工作人员的业务活动的廉洁性;而行贿罪的客体主要是国家工作人员的职务活动的廉洁性。（2）犯罪的对象不同。对非国家工作人员行贿罪的对象是非国家工作人员;而行贿罪的犯罪对象则是国家工作人员。

（三）对非国家工作人员行贿罪的刑事责任

根据《刑法》第164条的规定,犯本罪,处3年以下有期徒刑或者拘役;数额巨大的,处3年以上10年以下有期徒刑,并处罚金。单位犯本罪,对单位处罚金,对直接负责的主管人员和其他直接责任人员,依照自然人犯本罪的法定刑处罚。行为人在被追诉前主动交代行贿行为的,可以减轻处罚或者免除处罚。

---

① 本罪经过《中华人民共和国刑法修正案（六）》修正。

十、对外国公职人员、国际公共组织官员行贿罪①

（一）对外国公职人员、国际公共组织官员行贿罪的概念和特征

对外国公职人员、国际公共组织官员行贿罪，是指为谋取不正当商业利益，给予外国公职人员、国际公共组织官员以财物，数额较大的行为。本罪的主要特征是：

1. 本罪的主体是一般主体。既可以是自然人，也可以是单位。

2. 本罪的主观方面是直接故意，并且具有谋取不正当商业利益的目的，因此，本罪是目的犯。

3. 本罪的客观方面表现为给予外国公职人员、国际公共组织官员以财物，数额较大的行为。外国公职人员，是指外国无论是经任命还是选举而担任立法、行政或者司法职务的任何人员，以及为外国包括为公共机构或者公营企业行使公共职能的任何人员。国际公共组织官员，是指国际公务员或者经此种组织授权代表该组织行事的任何人员。② 至于上述人员是长期担任还是历史担任，是计酬还是不计酬，都不影响其身份。③

4. 本罪的客体是外国公职人员、国际公共组织官员的职务廉洁性。④

（二）对外国公职人员、国际公共组织官员行贿罪的认定

1. 罪与非罪的界限。《刑法》第164条第2款规定，"为谋取不正当利益，给予外国公职人员或者国际公共组织官员以财物的，依照前款的规定处罚"，即依照对非国家工作人员行贿罪处罚。所以，相关的司法解释没有对本罪的立案标准进行具体规定，但从条文的表述来看，笔者认为，本罪的立案标准可以参考对非国家工作人员行贿罪的立案标准。

2. 如果行为人行贿的对象是具有中国国籍的国际公共组织官员，如何认定行为的性质？笔者认为，主要是看行为人所谋取利益的性质。如果行为人行贿的对象是具有中国国籍的国际公共组织官员，但谋取的利益是属于国际事务，则构成本罪；如果尽管行为人行贿的对象是具有中国国籍的国际公共组织官员，但谋取的利益是在中国境内的非国际事务，则可以构成对非国家工作人员行贿罪。

（三）对外国公职人员、国际公共组织官员行贿罪的刑事责任

根据《刑法》第164条第2款的规定，犯本罪的，处3年以下有期徒刑或者拘役；数额巨大的，处3年以上10年以下有期徒刑，并处罚金。单位犯本罪，对单位处罚金，对直接负责的主管人员和其他直接责任人员，依照自然人犯本罪的法定刑处罚。行为人在被追诉前主动交代行贿行为的，可以减轻处罚或者免除处罚。

十一、非法经营同类营业罪

（一）非法经营同类营业罪的概念和特征

非法经营同类营业罪，是指国有公司、企业的董事、经理利用职务之便，自己经营或为他

---

① 本罪经由《中华人民共和国刑法修正案（八）》增设。

② 具体参见《联合国反腐败公约》的相关规定。

③ 张明楷著：《刑法学》（第四版），法律出版社2011年版，第671页。

④ 一般认为，外国公职人员所在机构和国际公共组织的正常活动也应该是本罪的客体。

人经营与所任公司、企业同类的营业，获取非法利益，数额巨大的行为。本罪的主要构成特征是：

1. 本罪的主体是特殊主体，即只能由国有公司、企业董事、经理构成。所谓董事，是指根据《中华人民共和国公司法》的规定，经过有限责任公司的股东会或者股份有限公司的成立大会、股东大会选举的董事会的成员。所谓经理，是指依照《中华人民共和国公司法》的规定，由董事会聘任，实施董事会决议，主持公司日常工作，或者政府主管部门根据企业情况委任或者招聘，或由企业职工代表大会选举作为企业法定代表人的人。

2. 本罪的主观方面表现为故意，并具有非法获利的目的，过失不构成本罪。

3. 本罪的客观方面表现为行为人利用职务之便，自己经营或者为他人经营与自己所任职公司、企业同类的营业，获得非法利益，数额较大的行为。所谓利用职务之便，是指利用自己在国有公司、企业领导、管理公司、企业经营活动的地位和职权所形成的便利条件。所谓"自己经营"，是指以私人名义另行注册公司、企业，或者以亲友的名义出面注册公司、企业，或者是在他人经办的公司、企业中入股进行经营。所谓"经营与其所任职公司、企业同类的营业"，是指从事与其所任职的国有公司、企业同类的业务。其行为主要表现为两种形式：一是自己经营与其所任职公司、企业同类的营业；二是为他人经营与其所任职的国有公司、企业同类的营业。所谓"同类营业"，是指生产、销售同一商品或者经营同类性质的营业。另外，本罪是数额犯，国有公司董事、经理非法经营同类营业，获取的非法利润必须是数额巨大，才能构成犯罪。

4. 本罪侵害的客体是国有公司、企业董事、经理的职务的正当性、廉洁性和国有财产权。本罪的犯罪对象是国有公司、企业的利益。

（二）非法经营同类营业罪的认定

罪与非罪的界限。（1）行为人非法获利的数额是否达到巨大。根据《追诉标准（二）》第12条，国有公司、企业的董事、经理利用职务便利，非法经营同类的营业，获取非法利益，数额在10万元以上的，应予追诉。（2）行为人经营的是否是同类营业。如果行为人经营的不是与其所任职的国有公司、企业同类的营业，则不能构成犯罪。（3）行为人是否利用了职务之便。如果行为人虽然经营了与其任职的国有公司、企业同类营业的行为，但其行为与职务无关，而完全是凭个人能力办事，即使获利巨大的，也不构成本罪。

（三）非法经营同类营业罪的刑事责任

根据《刑法》第165条规定，构成本罪，处3年以下有期徒刑或者拘役，并处或单处罚金。数额特别巨大的，处3年以上7年以下有期徒刑，并处罚金。

十二、为亲友非法牟利罪

（一）为亲友非法牟利罪的概念和特征

为亲友非法牟利罪，是指国有公司、企业的工作人员，利用职务之便，将本单位的盈利业务交由自己亲友经营的，以明显高于市场的价格向自己亲友经营管理的单位采购商品或者以明显低于市场的价格向自己亲友经营管理的单位销售商品的，向自己亲友经营管理的单位采购不合格的商品，使国家利益遭受重大损失的行为。本罪的主要构成特征是：

1. 本罪的主体是国有公司、企业、事业单位的工作人员，既包括国有公司、企业、事业单位的管理者、领导者等高级人员,也包括这些单位中一般的工作人员。[①]

2. 本罪的主观方面表现为故意,一般表现为直接故意,行为人具有为亲友牟利的目的。[②]

3. 本罪在客观方面表现为国有公司、企业、事业单位的工作人员,利用其职务上的便利,损公肥私,将本单位的盈利业务交由自己的亲友进行经营,或者为亲友的经营活动提供其他便利,获取非法利益,数额巨大的行为。具体地说,包括以下几个方面的内容:

第一,行为人利用了职务上的便利。即行为人利用了其在国有公司、企业、事业单位中所具有的决策、管理、经营等职权和地位及其所形成的便利条件。

第二,行为人实施了有关背职背信为亲友非法牟利的行为。即行为人在商业经营、商品采购、销售等过程中实施有关的为亲友非法牟利的危害行为。根据法律的规定,主要包括:(1) 将本单位的盈利业务交由自己亲友经营的;(2) 以明显高于市场的价格向自己亲友经营管理的单位采购商品或者以明显低于市场的价格向自己亲友经营管理的单位销售商品的;(3) 向自己亲友经营管理的单位采购不合格商品的。

第三,行为人的为亲友非法牟利的行为在客观上致使国家的利益遭受了重大的损失。

4. 本罪侵犯的客体是国有公司、企业、事业单位的工作人员的职务正当性、廉洁性以及国家对国有公司、企业、事业单位的正常管理活动。

(二) 为亲友非法牟利罪的认定

1. 罪与非罪的界限。根据《追诉标准(二)》第13条,国有公司、企业、事业单位的工作人员,利用职务便利,为亲友非法牟利,涉嫌下列情形之一的,应予立案:(1) 造成国家直接经济损失数额在 10 万元以上的;(2) 使其亲友非法获利数额在 20 万元以上的;(3) 造成有关单位破产,停业、停产 6 个月以上,或者被吊销许可证和营业执照、责令关闭、撤销、解散的。(4) 其他致使国家利益遭受重大损失的情形。

2. 本罪与非法经营同类营业罪的界限。两罪的主要区别在于:(1) 主体不同。本罪为国有公司、企业、事业单位的工作人员,而后罪的主体是国有公司、企业的董事、经理;(2) 犯罪的目的不同。本罪的目的是为自己的亲友谋取非法利益,而后罪一般是为自己谋取非法利益;(3) 行为方式不同。本罪是行为人利用职务之便实施为亲友牟取商业利益的行为,而后罪是行为人利用职务上的便利自己经营或者为他人经营与其任职公司、企业同类的营业的行为;(4) 定罪的标准不同。本罪是以危害行为使国家利益遭受重大损失为定罪标准,而后罪是以获取非法利益的数额巨大作为定罪的标准。

(三) 为亲友非法牟利罪的刑事责任

根据《刑法》第 166 条规定:犯本罪的,处 3 年以下有期徒刑或者拘役,并处或者单处罚金。致使国家利益遭受特别重大损失的,处 3 年以上 7 年以下有期徒刑,并处罚金。

[①]　本罪的主体是否包括国有单位中的一般工作人员,理论上有争论。参见孙国祥、魏昌东著:《经济刑法研究》,法律出版社 2005 年版,第 288 页。

[②]　至于对国家的利益遭受重大损失的结果,行为人可能是出于直接故意,也可能出于间接故意。

十三、签订、履行合同失职被骗罪

（一）签订、履行合同失职被骗罪的概念和特征

签订、履行合同失职被骗罪，是指国有公司、企业、事业单位直接负责的主管人员在签订、履行合同的过程中，因严重不负责任被诈骗，或者金融机构、从事对外贸易经营活动的公司、企业的工作人员严重不负责任，造成大量外汇被骗购或者逃汇，致使国家利益遭受严重损失的行为。本罪的构成特征是：

1. 本罪的主体是特殊主体，即只能是国有公司、企业、事业单位中直接负责的主管人员。

2. 本罪的主观方面只能由过失构成，故意不构成本罪。

3. 本罪的客观方面表现为国有公司、企业、事业单位直接负责的主管人员在签订、履行合同的过程中，因严重不负责任被诈骗，或者金融机构、从事对外贸易经营活动的公司、企业的工作人员严重不负责任，造成大量外汇被骗购或者逃汇，致使国家利益遭受严重损失的行为。具体地说，本罪的客观方面表现为以下两种情形：

第一，国有公司、企业、事业单位直接负责的主管人员在签订、履行合同的过程中，严重不负责任而被诈骗，造成国家利益的重大损失。（1）该行为必须发生在签订、履行合同的过程中。这里的合同，既可以是国内合同，也可以是国际合同。签订合同，就是指当事人之间就合同的条款进行协商，从而使各方的意思表示趋于一致的过程。履行合同，就是指双方当事人按照合同规定的条款各自履行自己的义务，从而使双方当事人的合同目的得以实现的过程。（2）行为人有严重不负责任的行为。"严重不负责任"，就是指行为人不履行或者不正确履行自己的职责。值得注意的是，并非在签订、履行合同的过程中严重不负责任的，均构成本罪，只有符合下述第（3）个要件的，才成立本罪。（3）被骗后造成了重大损失。

第二，金融机构、从事对外贸易经营活动的公司、企业的工作人员严重不负责任，造成大量外汇被骗购或者逃汇，致使国家利益遭受严重损失的行为。这是全国人大常委会《关于惩治骗购外汇、逃汇和非法买卖外汇的决定》对刑法第 167 条犯罪罪状的特殊补充。

4. 本罪侵害的客体是复杂客体，即国有公司、企业、事业单位对合同的正常管理秩序和国家的利益。

（二）签订、履行合同失职被骗罪的认定

1. 罪与非罪的认定。（1）本罪必须发生在签订、履行合同的过程中。如果不是发生在这一特定的过程中，即使国有公司、企业、事业单位的工作人员被诈骗，也不构成本罪。（2）本罪的行为必须是因严重不负责任而被诈骗。构成本罪的前提是国有公司、企业、事业单位的工作人员违反了相关的管理规定，没有积极地履行法律、法规规定的义务，即所谓的"严重不负责任"。（3）本罪是结果犯，必须造成国家利益的重大损失，方能构成本罪。根据《追诉标准（二）》规定，有本罪的行为，涉嫌下列情形之一的，应予立案：（1）造成国家直接经济损失数额在 50 万元以上的；（2）造成有关单位破产、停业、停产 6 个月以上，或者被吊销许可证和营业执照、责令关闭、撤销、解散的；（3）其他致使国家利益遭受重大损失的情形。金融机构、从事对外贸易经营的公司、企业的工作人员严重不负责任，造成 100 万美元以上外汇被骗购或者逃汇 1000 万美元以上的，应予追诉。

2. 签订、履行合同失职被骗罪与玩忽职守罪的界限。本罪与玩忽职守罪在客观上均表现为行为人在工作中严重不负责任，不认真或者不正确履行应当履行的义务而造成严重结果的行为，而且行为人主观上都表现为过失。两罪的主要区别在于：（1）犯罪主体不同。本罪的主体是国有公司、企业、事业单位的直接负责的主管人员和金融机构、从事对外贸易经营活动的公司、企业的工作人员，而玩忽职守罪的主体则是国家机关工作人员。（2）犯罪的客观方面有所不同。本罪表现在签订、履行合同的过程失职指被骗，使国家利益遭受重大损失；而玩忽职守罪表现在国家机关的公务活动中，不履行或者不正确履行职责，使公共财产、国家和人民利益遭受重大损失。

（三）签订、履行合同失职被骗罪的刑事责任

根据《刑法》第167条规定，犯本罪，处3年以下有期徒刑或者拘役；致使国家利益遭受特别重大损失的，处3年以上7年以下有期徒刑。

十四、国有公司、企业、事业单位人员失职罪、国有公司、企业、事业单位人员滥用职权罪

（一）国有公司、企业、事业单位人员失职罪、国有公司、企业、事业单位人员滥用职权罪的概念和特征

1. 本罪的主体是特殊主体，即国有公司、企业、事业单位的人员。

2. 本罪的主观方面表现为两种：对于国有公司、企业、事业单位人员失职罪而言，行为人是过失；对于国有公司、企业、事业单位人员滥用职权罪而言，行为人是故意。

3. 本罪的客观方面也表现为两种形式：对于国有公司、企业、事业单位人员失职罪而言，表现为行为人严重不负责任，造成国有公司、企业、事业单位破产、严重亏损，致使国家利益遭受重大损失的行为；对于国有公司、企业、事业单位人员滥用职权罪而言，则表现为行为人滥用职权，造成国有公司、企业、事业单位破产、严重亏损，致使国家利益遭受重大损失的行为。

4. 本罪的客观方面是国有公司、企业、事业单位的正常的管理活动。

（二）国有公司、企业、事业单位人员失职罪、国有公司、企业、事业单位人员滥用职权罪的认定

主要是罪与非罪的认定。根据《追诉标准（二）》的规定：第一，国有公司、企业、事业单位人员严重不负责任，涉嫌下列情形之一的，应予立案：（1）造成国家直接损失数额在50万元以上的；（2）造成有关单位破产，停业、停产1年以上，或者被吊销许可证和营业执照、责令关闭、撤销、解散的；（3）其他致使国家利益遭受重大损失的情形。第二，国有公司、企业、事业单位人员滥用职权，涉嫌下列情形之一的，应予立案：（1）造成国家直接损失数额在30万元以上的；（2）造成有关单位破产，停业、停产1年以上，或者被吊销许可证和营业执照、责令关闭、撤销、解散的；（3）其他致使国家利益遭受重大损失的情形。

（三）国有公司、企业、事业单位人员失职罪、国有公司、企业、事业单位人员滥用职权罪的刑事责任

根据《刑法》第168条的规定，犯上述两罪的，处3年以下有期徒刑或者拘役；致使国家遭受特别重大损失的，处3年以上7年以下有期徒刑；徇私舞弊犯上述两罪的，从重处罚。

十五、徇私舞弊低价折股、出售国有资产罪

（一）徇私舞弊低价折股、出售国有资产罪的概念和特征

徇私舞弊低价折股、出售国有资产罪，是指国有公司、企业或者其上级主管部门直接负责的主管人员，徇私舞弊，将国有资产低价折股或者低价出售，致使国家利益遭受重大损失的行为。本罪的主要构成特征是：

1. 本罪的主体是特殊主体，只有国有公司、企业或者其上级主管部门直接负责的主管人员才能构成本罪。一般是指国有公司、企业的法定代表人或者厂长、经理、董事会成员以及其他直接责任人员。

2. 本罪的主观方面表现为故意，过失不构成本罪。

3. 本罪的客观方面表现为行为人徇私舞弊，将国有资产低价折股或者低价出售，致使国家利益遭受重大损失的行为。具体地说，主要包括以下几个要件：(1) 行为人有徇私舞弊的行为。对于"徇私"，刑法理论中有不同的理解。1996 年最高人民检察院《关于办理徇私舞弊刑事案件适用法律若干问题的解释》认为，徇私舞弊中的"私"包括"为牟取单位或者小集体的不正当利益"。因此，"徇私"不仅包括徇个人私情、私利，还包括徇单位之私、寻小团体之私。(2) 行为人将国有资产低价折股或者低价出售。所谓"低价折股"，是指国有公司、企业在改制或者转让过程中，对公司、企业的财产（包括实物、工业产权、非专利技术或者土地使用权）故意低估作价。所谓"低价出售"，是指将国有资产以低于实际价值的价格出卖给非国有单位或者个人。(3) 致使国家利益遭受重大损失。

4. 本罪侵犯的客体主要是国家对国有资产的管理制度和国有资产的所有权。

（二）徇私舞弊低价折股、出售国有资产罪的认定

1. 罪与非罪的认定。根据《追诉标准（二）》第 17 条规定：国有公司、企业或者其上级主管部门直接负责的主管人员，徇私舞弊，将国有资产低价折股或者低价出售，涉嫌下列情形之一的，应予立案：(1) 造成国家直接损失数额在 30 万元以上的；(2) 造成有关单位破产，停业、停产 6 个月以上，或者被吊销许可证和营业执照、责令关闭、撤销、解散的；(3) 其他致使国家利益遭受重大损失的情形。

2. 本罪与私分国有资产罪的界限。两罪主观上都表现为故意，而且客观上都造成了国家利益的重大损失。两罪的主要区别在于：(1) 犯罪主体不同。本罪的主体是国有公司、企业或者其上级主管部门直接负责的主管人员，而后罪的主体则是国家机关、国有公司、企业、事业单位、人民团体。(2) 犯罪的客观方面表现不同。本罪的客观方面表现为行为人徇私舞弊，将国有财产低价折股或者低价出售，致使国家利益遭受重大损失的行为，而后罪的客观方面表现为行为人违反国家规定，以单位的名义，将国有资产集体私分给个人，数额较大的行为。(3) 侵犯的客体不同。本罪侵犯的客体是国有公司、企业的管理制度和国家财产所有权，而后罪侵犯的客体是国家机关、国有公司、企业、事业单位、人民团体的正常管理活动和国家财产的所有权；

（三）徇私舞弊低价折股、出售国有资产罪的刑事责任

根据《刑法》第 169 条规定，犯本罪的，处 3 年以下有期徒刑或者拘役；致使国家利益遭受特别重大损失的，处 3 年以上 7 年以下有期徒刑。

十六、背信损害上市公司利益罪[①]

(一) 背信损害上市公司利益罪的概念和特征

背信损害上市公司利益罪,是指上市公司的董事、监事、高级管理人员,违背对公司的忠实义务,利用职务之便,操纵上市公司从事损害上市公司利益的活动,致使上市公司利益遭受重大损失的行为,以及上市公司的控股股东或者实际控制人,指使上市公司的董事、监事、高级管理人员从事损害上市公司利益的活动,致使上市公司利益遭受重大损失的行为。本罪的主要构成特征是:

1. 本罪的主体是特殊主体,是指上市公司的董事、监事、高级管理人员以及上市公司的控股股东或者实际控制人。

2. 本罪的主观方面表现为故意。

3. 本罪的客观方面主要有两种表现形式:第一,上市公司的董事、监事、高级管理人员,违背对公司的忠实义务,利用职务之便,操纵上市公司从事损害上市公司利益的活动,致使上市公司利益遭受重大损失的行为。其中的"损害上市公司利益"的行为主要表现为:(1) 无偿向其他单位或者个人提供资金、商品、服务或者其他资产;(2) 以明显不公平的条件,提供或者接受资金、商品、服务或者其他资产;(3) 向明显不具有清偿能力的单位或者个人提供资金、商品、服务或者其他资产;(4) 为明显不具有清偿能力的单位或者个人提供担保,或者无正当理由为其他单位或者个人提供担保;(5) 无正当理由放弃债权、承担债务;(6) 采取其他方法损害上市公司利益。第二,上市公司的控股股东或者实际控制人,指使上市公司的董事、监事、高级管理人员从事损害上市公司利益的活动,致使上市公司利益遭受重大损失的行为。

4. 本罪的客体是行为人对上市公司的忠实义务以及上市公司的合法权益。

(二) 背信损害上市公司利益罪的认定

主要是罪与非罪的认定。根据《追诉标准(二)》第18条规定,有本罪行为,涉嫌下列情形之一的,应予立案:(1) 无偿向其他单位或者个人提供资金、商品、服务或者其他资产,致使上市公司直接经济损失数额在150万元以上的;(2) 以明显不公平的条件,提供或者接受资金、商品、服务或者其他资产,致使上市公司直接经济损失数额在150万元以上的;(3) 向明显不具有清偿能力的单位或者个人提供资金、商品、服务或者其他资产,致使上市公司直接经济损失数额在150万元以上的;(4) 为明显不具有清偿能力的单位或者个人提供担保,或者无正当理由为其他单位或者个人提供担保,致使上市公司直接经济损失数额在150万元以上的;(5) 无正当理由放弃债权、承担债务,致使上市公司直接经济损失数额在150万元以上的;(6) 致使上市公司发行的股票、公司债券或国务院依法认定的其他证券被终止上市交易或者多次被暂停上市交易的;(7) 其他致使上市公司利益遭受重大损失的情形。

(三) 背信损害上市公司利益罪的刑事责任

根据《刑法》第169条之一的规定,犯本罪的,处3年以下有期徒刑或者拘役,并处或者

[①] 本罪为《中华人民共和国刑法修正案(六)》第九条所增设。

单处罚金;致使上市公司利益遭受特别重大损失的,处 3 年以上 7 年以下有期徒刑,并处罚金。犯本罪的上市公司的控股股东或者实际控股人是单位的,对单位判处罚金,并对其直接负责的主管人员或者其他直接责任人员,依照本罪第 1 款的规定处罚。

第 十 六 章
破坏金融管理秩序罪

第一节 破坏金融管理秩序罪概述

一、破坏金融管理秩序罪的概念

破坏金融管理秩序罪,是指违反国家有关金融法律、法规,以非法方法破坏金融管理秩序的行为。

金融,通常是指资金的集聚和流动,即以银行为中心的各种形式的信用活动以及在信用基础上组织起来的对货币流通的调节活动的总称。如货币的发行和回收、存款的吸收和提取、贷款的发放和收回、储蓄、国内外汇兑往来、发行有价证券、国际国内结算及保险、信托投资、外汇和黄金买卖等均属金融活动。金融在市场经济运行中处于核心地位。在市场经济体制的建设过程中,我国金融体制也发生了重大变革,与此同时,各种金融犯罪活动也十分猖獗。1979 年《刑法》对金融犯罪规定较简单,1995 年 6 月,全国人大常委会颁布了《关于惩治破坏金融秩序犯罪的决定》,对 1979 年《刑法》关于金融犯罪作了修改和补充,1997 年《刑法》在《关于惩治破坏金融秩序犯罪的决定》的基础上进行了修改和调整,1998 年 12 月 29 日,全国人大常委会颁布了《关于惩治骗购外汇、逃汇和非法买卖外汇的决定》(以下简称《决定》)增设了骗购外汇罪,并对逃汇罪作了修改。1999 年 12 月,全国人大常委会又通过了《刑法修正案》对本类犯罪作了补充和修改。最高人民法院 2001 年 1 月印发了《全国法院审理金融犯罪案件座谈会纪要》(本章以下简称《纪要》),对审理金融犯罪案件具体适用法律的问题,提出了指导意见。

二、破坏金融管理秩序罪的构成特征

(一)本类犯罪的犯罪主体是自然人和单位。其中,以自然人作为犯罪主体的,有的是一般主体,即年满 16 周岁具有刑事责任能力的自然人;也有的是特殊主体,即要求犯罪主体必须具有特定的身份才能构成某个犯罪,如违法向关系人发放贷款罪等即是。以单位作为犯罪主体的,有的对单位的性质并不作限定,但有些犯罪对单位主体的性质作了具体的限定,如逃汇罪的主体,就只能是国有公司、企业或者其他国有单位。本章中的多数经济犯罪,自然人和单位均可以构成,但极个别的犯罪则要求必须是单位才可以构成,即纯正的单位犯罪,如上述的逃汇罪即是此例。

(二)本类犯罪的主观方面主要表现为故意,而且有些犯罪的条文还规定了特定的犯罪

目的,如高利转贷罪必须以"转贷牟利为目的"、吸收客户资金不入账罪必须以"牟利为目的"等等。也有个别的犯罪,刑法规定可能由过失构成,如非法发放贷款罪,对造成较大的损失结果,行为人就可能出于过失。

(三)本类犯罪的客观方面表现为违反金融管理法规,以伪造、诈骗或者其他方法破坏金融管理秩序,情节严重的行为。

违反金融管理法规是本类犯罪成立的前提条件。任何的破坏金融管理秩序的犯罪,首先都应该违反金融管理法规,没有违反金融管理法规的,不构成本类犯罪。国家为了调整和规范金融活动,制定颁布了一系列的金融法律法规,对一些金融行为作出了禁止性规定和命令性规定。金融犯罪都是基于违反这些法律规定而发生的,其表现形式也往往取决于各种金融管理法规的规定。

对于本章的大部分犯罪,除了实施有关的危害行为,在客观上还要求必须达到一定的社会危害程度方能构成犯罪。犯罪行为人的行为只有达到一定的社会危害程度,而且用行政制裁的手段不足以惩戒时,国家才需要运用刑罚的手段对其进行惩罚并在刑法中将其规定为犯罪。这种社会危害性程度在本章中往往以数额较大、情节严重或者造成严重后果为标准来进行界定。如出售、购买、运输假币罪、操纵证券交易价格罪、诱骗他人买卖证券罪等。对这些犯罪而言,较大的数额、严重的后果和严重情节是构成这些犯罪的先决条件。

本章中,还有一些犯罪,只要犯罪行为人实施了有关的危害行为,而在客观上并不需要其他的特定的条件即可构成犯罪,如伪造、变造货币罪。[①]因为对国家金融管理制度的破坏一旦已构成这些犯罪的危害行为来表现,其社会危害性往往就非常重大,因而使得该行为本身便具有极大的社会危害性,严重地侵害到刑法所保护的社会关系和社会秩序,因而刑法就将这些犯罪规定为行为犯,即行为人一旦实施这些行为就可构成犯罪。

(四)本类犯罪所侵害的客体是国家的金融管理秩序。所谓金融管理秩序,是国家通过法律对金融关系予以调整而形成的协调有序的状态。金融管理秩序是国家对金融关系予以调整而形成的。金融关系就是在金融活动中,银行组织和其他各类金融机构及客户之间形成的以银行为中心的经济关系。为了促进关系正常发展,保证金融事业顺利进行,就必须对金融关系进行调整。国家调整金融关系的主要手段就是法律规范。国家通过制定一系列的金融法律、法规,使各金融机构和各部门、各单位之间的金融关系具有共同遵守的法则,从而形成良好的金融管理秩序。以这些金融法律、法规为主便形成了国家的金融管理制度。金融管理制度是形成和维护金融管理秩序的保证,所以,对金融管理秩序的破坏,直接表现为对国家金融管理制度和活动的妨害。

金融管理制度分为对货币的管理制度,对金融票证、有价证券的管理制度,对金融机构的管理制度以及对金融活动的管理制度等。对金融活动的管理制度又可以分为对存贷款活动的管理制度,对证券发行、交易活动的管理制度等。本章的具体犯罪对金融管理秩序的破坏就具体表现为对上述金融管理制度的破坏。

[①] 该两个犯罪,从法律规定看,是行为犯,并没有规定伪造货币罪、变造货币罪的数额标准。但在司法实践中,也不是不管伪造、变造货币的数量,只要实施了伪造、变造货币的行为,就一律构成犯罪,如果伪造、变造货币的数量不大,实际上是"情节显著轻微"的情况,不构成犯罪。

三、破坏金融管理秩序罪的种类

根据刑法分则第三章第四节的规定,破坏金融管理秩序罪主要包括以下几种:

(一) 破坏货币管理秩序的犯罪,包括伪造货币罪(第 170 条);出售、购买、运输假币罪(第 171 条第 1 款);金融工作人员购买假币、以假币换取货币罪(第 171 条第 2 款);持有、使用假币罪(第 172 条);变造货币罪(第 173 条)。

(二) 破坏银行信用的犯罪,包括擅自设立金融机构罪(第 174 条第 1 款);伪造、变造、转让金融机构经营许可证、批准文件罪(第 174 条第 2 款);高利转贷罪(第 175 条);骗取贷款、票据承兑、金融票证罪(第 175 条之一);非法吸收公众存款罪(第 176 条);伪造、变造金融票证罪(第 177 条);妨害信用卡管理罪(177 条之一第 1 款);窃取、收买、非法提供信用卡信息罪(第 177 条之一第 2 款);

(三) 妨害证券管理的犯罪,伪造、变造国家有价证券罪(第 178 条第 1 款);伪造、变造股票、公司、企业债券罪(第 178 条第 2 款);擅自发行股票、公司、企业债券罪(第 179 条);内幕交易、泄露内幕信息罪(第 180 条第 1 款);利用未公开信息交易罪(第 180 条第 4 款);编造并传播证券、期货交易虚假信息罪(第 181 条第 1 款);诱骗投资者买卖证券、期货合约罪(第 181 条第 2 款);操纵证券、期货市场罪(第 182 条)。

(四) 金融工作人员渎职罪。包括背信运用受托财产罪(第 185 条之一第 1 款);违法运用资金罪(第 185 条之一第 2 款);违法发放贷款罪(第 186 条第 2 款);吸收客户资金不入账罪(第 187 条);违规出具金融票证罪(第 188 条);对违法票证承兑、付款、保证罪(第 189 条)。

(五) 破坏外汇管制的犯罪。逃汇罪(第 190 条);骗购外汇罪(第 190 条之一)。

(六) 清洗犯罪资金的犯罪。包括逃汇罪、洗钱罪(第 191 条)。

第二节　破坏金融管理秩序罪具体罪名

一、伪造货币罪

(一) 伪造货币罪的概念和特征

伪造货币罪,是指仿照人民币或者外币的图案、形状、色彩等,使用各种方法,非法制造假货币的行为。本罪的主要特征是:

1. 本罪的主体是一般主体。

2. 本罪的主观方面是故意。特定的犯罪目的并不是本罪的构成要件。

3. 本罪的客观方面表现为行为人仿照货币的图案、形状、色彩、防伪技术等特征,使用各种方法,实施了伪造货币的行为。伪造,是指制造外观上足以使一般人误认为是货币的假货币的行为。伪造货币的行为方式是多种多样的,常见的方法有:手工制版印刷、照相制版印刷、复印、手工描绘等方法。相应形成机制假币、复印假币、拓印假币,此外,还有刻印假币、手工描绘假币等。随着现代科学技术的发展,一些不法分子伪造货币的手段也日趋专业化、技术化、现代化,已经从原始的手工摹画等方法发展到化学拓印,彩色复印,电子制版、机器制造等,绝大多数假币颜色逼真,已达到以假乱真、鱼目混珠的程度。但构成本罪并不需要与真币相同,不需要完全具备真币的组成因素,只要外形上能起到以假乱真的作用就能构成本罪。如果行为人伪造出来的货币不可能被人认为是真的货币,则不成立伪造货币罪。当然,也不要求伪造出来的货币与真货币完全相同,且不以与真货币所具有的特征完全一致为条件。如不具有真货币的号码和印章的,也可以成立伪造货币罪。

4. 本罪侵害的客体是国家的货币管理制度。所谓货币管理制度,是指国家对货币的单位、性质和发行、流通程序进行管理的制度。本罪侵害的对象是货币[①]。根据 2000 年 9 月最高人民法院《关于审理伪造货币等案件具体应用法律若干问题的解释》(以下简称《伪造货币司法解释》)第 7 条规定,货币,是指可在国内市场流通或者兑换的人民币和境外货币。同时,根据 2010 年最高人民法院《关于审理伪造货币等刑事案件具体应用法律若干问题的解释(二)》(以下简称《伪造货币司法解释(二)》)第 3 条规定,正在流通的境外货币也可以成为本罪的侵害对象。另外,本罪侵害的对象还应包括各种纪念币。行为人伪造的货币必须以真实存在的货币为前提,即行为人以真实存在的货币为模拟的对象。如果根本不存在某种货币,行为人自行设计某种货币,应该构成诈骗罪,不能构成本罪。行为人如果伪造已经废止的货币,则也不能构成本罪。如行为人伪造银圆、金元宝等,由于已不能在市场上流通,故不能构成本罪,可构成诈骗罪。

(二)伪造货币罪的认定

1. 罪与非罪的界限。从法律规定看,伪造货币罪是行为犯,并没有规定伪造货币罪的数额标准。但在司法实践中,也不是不管伪造货币的数量,只要实施了伪造货币的行为,就一律构成犯罪,如果伪造货币的数量不大,实际上是"情节显著轻微"的情况,不构成犯罪。根据上述《追诉标准(二)》第 19 条的规定,伪造货币,涉嫌下列情形之一的,应予立案:(1) 伪造货币,总面额在 2000 元以上或者币量在 200 张(枚)以上的;(2) 制造货币版样或者为他人制造货币提供版样的;(3) 其他伪造货币应予追究刑事责任的情形。伪造的货币面额应当以人民币计算。假境外货币的犯罪的数额,按照案发当日中国外汇交易中心或者中国人民银行授权机构发布的人民币对该货币的中间价折合成人民币计算。中国外汇交易中心或者中国人民银行授权机构未公布汇率中间价的境外货币,按照案发当日境内银行人民币对该货币的中间价折算成人民币,或者该货币在境内银行、国际外汇市场对美元汇率,与人民币对美元汇率中间价进行套算。假普通纪念币的犯罪数额,以面额计算;假贵重金属纪念币的犯罪数额,以贵重金属纪念币的初始发售价格计算。

2. 本罪既遂与未遂的界限。理论上一般认为,本罪的既遂、未遂应以货币是否伪造出来作为标准。行为人已经将货币伪造出来,就构成犯罪的既遂。如果行为人已经着手实施伪造货币的行为,但由于意志以外的原因,未能伪造出货币的,则构成犯罪的未遂。[②]

3. 一罪与数罪的界限。在司法实践中,一个行为人同时实施伪造货币,又持有、使用伪造的货币等数种行为的,如何定罪? 根据 2001 年 1 月 21 日最高人民法院《全国法院审理金融犯罪案件工作座谈会纪要》(以下简称《纪要》)的规定:"假币犯罪案件中犯罪分子实施数

---

① 犯罪对象是指犯罪行为直接作用的人和物,它与犯罪产生之物不同,因此,那种将伪造出来的假货币当作本罪的犯罪对象的观点,值得商榷。

② 本罪是数额犯,而且是结果数额犯。所以笔者认为,该种犯罪只有成立犯罪与否的可能,而没有既遂与否的说法。

个相关行为的,在确定罪名时应把握以下原则:(1)对同一宗假币实施了法律规定为选择性罪名的行为,应根据行为人所实施的数个行为,按相关罪名刑法规定的排列顺序并列确定罪名,数额不累计计算,不实行数罪并罚。(2)对不同宗假币实施法律规定为选择性罪名的行为,并列确定罪名,数额按全部假币面额累计计算,不实行数罪并罚。(3)对同一宗假币实施了刑法没有规定为选择性罪名的数个犯罪行为,择一重罪从重处罚。如伪造货币或者购买假币后使用的,以伪造货币罪或购买假币罪定罪,从重处罚。(4)对不同宗假币实施了刑法没有规定为选择性罪名的数个犯罪行为,分别定罪,数罪并罚。"

(三)伪造货币罪的刑事责任

根据《刑法》第170条的规定,犯本罪的,处3年以上10年以下有期徒刑,并处5万元以上50万元以下的罚金;伪造货币集团的首要分子、伪造货币数额特别巨大的或有其他特别严重情节的,处10年以上有期徒刑、无期徒刑或者死刑,并处5万元以上50万元以下的罚金或者没收财产。[①]

二、出售、购买、运输假币罪

(一)出售、购买、运输假币罪的概念和特征

出售、购买、运输假币罪,是指行为人出售、购买伪造的货币或者明知是伪造的货币而运输,数额较大的行为。本罪的主要构成特征是:

1. 本罪的主体是一般主体。

2. 本罪的主观方面表现为故意。目的如何并不影响本罪的构成。

3. 本罪的客观方面表现为行为人出售、购买假币或者明知是假币而运输,数额较大的行为。

本罪的行为方式包括三种:一是出售伪造的货币。即行为人将非法持有的假币出卖给他人。二是购买伪造的货币。即用低于假币面值的价格非法收购假币的行为。三是运输假币。即行为人明知是伪造的货币,而通过各种运输工具将假币由此地运往彼地。

构成本罪,必须达到数额较大。根据《伪造货币司法解释》第3条的规定,所谓"数额较大",是指出售、购买伪造的货币或者明知是伪造的货币而运输,总面额在4000元以上不满5万元的,属于"数额较大";总面额在5万元以上不满20万元的,属于"数额巨大";总面额在20万元以上的,属于"数额特别巨大"。[②]

4. 本罪侵害的客体是国家的货币管理制度,犯罪对象是货币。

(二)出售、购买、运输假币罪的认定

1. 罪与非罪的界限。第一,本罪是数额犯,行为人出售、购买、运输假币必须达到数额较大,才能构成犯罪。根据《追诉标准(二)》第二十条规定,出售、购买伪造的货币或者明知是伪造的货币而运输,总面额在四千元以上或者币量在四百张(枚)以上的,应予立案追诉。第二,本罪主观上表现为故意,尤其是运输假币,要求行为人必须对所运输的假币有所明知,方能构成犯罪。过失行为,不构成本罪。

---

① 根据相关司法解释规定,"数额特别巨大",是指伪造货币的总面额在3万元以上的。
② 该解释中的"数额较大"的标准与《追诉标准(二)》的规定有所出入。

2. 购买假币罪与金融工作人员购买假币罪的界限。两者的行为都表现为一种购买行为。两者的主要区别在于:(1)客体有所不同。购买假币罪的客体是国家的货币管理制度,而金融工作人员购买假币罪的客体除了国家的货币管理制度外,还损害了金融机构的信誉;(2)主体不同。购买假币罪是一般主体犯罪,而金融工作人员购买假币罪是特殊主体犯罪,即只有银行或者其他金融机构的工作人员才能构成。(3)构成犯罪的数额要求不同。购买假币罪要求数额较大才能构成犯罪,而金融工作人员购买假币罪则没有数额上的要求。

3. 出售、购买、运输假币罪罪数的认定。本罪是选择性罪名,应该按照选择性罪名的确定方法进行定罪。即如果行为人同时实施了上述两种或者三种行为,不实行数罪并罚。如果行为人伪造货币,又出售、购买、运输非自己伪造的货币的,应分别定为伪造货币罪和出售、购买、运输假币罪,实行数罪并罚。根据《伪造货币司法解释》第2条的规定,行为人购买假币后使用,构成犯罪的,依照刑法第171条的规定,以购买假币罪定罪,从重处罚。行为人出售、运输假币构成犯罪,同时有使用假币行为的,依照刑法第171条、第172条的规定,实行数罪并罚。

(三)出售、购买、运输假币罪的刑事责任

根据《刑法》第171条第1款的规定,犯本罪的,处3年以下有期徒刑或者拘役,并处2万元以上20万元以下罚金;数额巨大的,处3年以上10年以下有期徒刑,并处5万元以上50万元以下罚金;数额特别巨大的,处10年以上有期徒刑或者无期徒刑,并处5万元以上50万元以下罚金或者没收财产。

三、金融工作人员购买假币、以假币换取货币罪

(一)金融工作人员购买假币、以假币换取货币罪的概念和特征

金融工作人员购买假币、以假币换取货币罪,是指银行或者其他金融机构的工作人员购买假币,或者利用职务上的便利,以假币换取货币的行为。本罪的主要构成特征是:

1. 本罪的主体是特殊主体,必须是银行或其他金融机构的工作人员。其他金融机构是指除银行之外的信用社、信托投资公司、融资租赁公司、证券机构、保险机构等具有货币融通功能的机构。

2. 本罪的主观方面表现为故意,过失不构成本罪。

3. 本罪的客观方面表现为银行或者其他金融机构的工作人员购买伪造的货币,或者利用职务上的便利以假币换取货币的行为。(1)购买假币,是指金融机构工作人员以一定的对价,将他人所持有的假币收归为本人持有的行为。金融机构工作人员购买假币,不以金融机构工作人员利用职务之便为构成要件。(2)利用职务之便以假币换取货币,是指金融机构的工作人员将自己持有的假币兑换成货币的行为。该行为的完成,须以金融机构工作人员利用其职务之便为构成要件,否则,不能构成本罪,如果行为人没有利用职务之便而是在私下的场合将自己所持有的假币向别人换取货币,就不能以本罪论处。所谓利用职务上的便利,是指行为人利用职务上管理金库、出纳现金、吸收付出存款等便利条件。

构成本罪,刑法并没有规定具体的数额要求,体现了金融工作人员从严要求的精神,但是司法实践中,如果币量很少,则可作为"情节显著轻微,不构成犯罪"情况处理。

4. 本罪侵害的客体是国家的金融管理制度和金融机构的信誉。

（二）金融工作人员购买假币、以假币换取货币罪的认定

主要是罪与非罪的界限。根据《追诉标准（二）》第二十一条的规定，银行或者其他金融机构的工作人员购买伪造的货币或者利用职务上的便利，以伪造的货币换取货币，总面额在二千元以上或者币量在二百张（枚）以上的，应予立案追诉。

（三）金融工作人员购买假币、以假币换取货币罪的刑事责任

根据《刑法》第 171 条第 2 款的规定，犯本罪的，处 3 年以上 10 年以下有期徒刑，并处 2 万元以上 20 万元以下罚金；数额巨大或者有其他严重情节的，处 10 年以上有期徒刑或者无期徒刑，并处 2 万元以上 20 万元以下罚金或者没收财产；情节较轻的，处 3 年以下有期徒刑或者拘役，并处或者单处 1 万元以上 10 万元以下罚金。[①]

四、持有、使用假币罪

（一）持有、使用假币罪的概念和特征

持有、使用假币罪，是指明知是伪造的货币而持有、使用，数额较大的行为。本罪的主要构成特征是：

1. 本罪的主体是一般主体。

2. 本罪的主观方面表现为故意，即明知是伪造的货币而仍然予以持有或者使用。

3. 本罪的客观方面表现为非法持有或者使用假币，数额较大的行为。（1）持有伪造的货币，是指违反国家的规定，执持占有伪造货币的行为。持有伪造货币的行为是一种非法行为，持有行为的成立，形成对假币的一种事实支配状态。至于行为人持有假币时间的长短或者持有假币的距离的远近，一般不影响持有假币罪的成立。（2）使用伪造的货币，是指行为人出于各种目的，以各种方式将伪造的货币作为货币而流通的行为。只要行为人将假币冒充真币以货币通常的用法而使用，即可构成本罪。至于其使用的目的与方法是否合法，并不影响本罪的构成。另外，本罪要求行为人非法持有假币、使用假币必须数额较大，才能构成犯罪。根据《伪造货币司法解释》第 5 条的规定，所谓"数额较大"，是指总面额在 4000 元以上。

4. 本罪的客体是国家的货币管理制度。犯罪对象是货币。

（二）持有、使用假币罪的认定

1. 本罪罪与非罪的界限。第一，本罪是数额犯，刑法要求行为人持有、使用假币必须达到数额较大的程度，才能构成犯罪。数额没有达到数额较大的，作为一般违法行为处理。根据《追诉标准（二）》第二十二条的规定，明知是伪造的货币而持有、使用，总面额在四千元以上或者币量在四百张（枚）以上的，应予立案追诉。第二，本罪的主观方面是故意，要求行为人对持有、使用的假币的性质有所明知，对于假币的实施不明知，而是过失持有假币或者使用假币，都不能以本罪处理。

2. 本罪的罪数的认定。本罪是选择性罪名，持有、使用假币是并列的犯罪行为，行为人只要实施了其中一个行为，即可构成持有假币罪或者使用假币罪。如果行为人既有持有假

---

① 相关标准请参见 2000 年 9 月 8 日最高人民法院《关于审理伪造货币等刑事案件具体应用法律若干问题的解释》第 4 条。

币,又有使用这些假币的行为,只构成持有、使用假币罪一罪,而不实行数罪并罚。根据《伪造货币司法解释》第 2 条的规定,行为人购买假币后使用,构成犯罪的,以购买假币罪定罪,从重处罚。行为人出售、运输假币构成犯罪,同时有使用假币行为的,依照出售、运输假币罪和使用假币罪的规定,实行数罪并罚。

（三）持有、使用假币罪的刑事责任

根据《刑法》第 172 条规定,犯本罪,数额较大的,处 3 年以下有期徒刑或者拘役,并处或单处 1 万元以上 10 万元以下的罚金;数额巨大的,处 3 年以上 10 年以下有期徒刑,并处 2 万元以上 20 万元以下的罚金;数额特别巨大的,处 10 年以上有期徒刑,并处 5 万元以上 50 万元以下的罚金或者没收财产。根据《解释》第 5 条规定,持有、使用总面额在 4000 元以上不满 5 万元的,属于"数额较大",总面额在 5 万元以上不满 20 万元的,属于"数额巨大",总面额在 20 万元以上的,属于"数额特别巨大"。

五、变造货币罪

（一）变造货币罪的概念和特征

变造货币罪,是指以真币为基础,对货币采用剪贴、挖补、揭层、涂改等方法加工处理,使货币改变形态,使其升值,[①]数额较大的行为。本罪的主要构成特征是:

1. 本罪的主体是一般主体。

2. 本罪的主观方面表现为故意,具体的目的如何,并不影响本罪的成立。

3. 本罪在客观方面表现为行为人实施了对国家货币采用剪贴、挖补、涂改、揭层等方法进行加工改造,使其增加货币数额的行为。剪贴,就是将一张纸币的一部分剪下贴到另一张剪下一部分的纸币上去;挖补,即将数张货币各挖掉一部分,然后拼凑成更多张的人民币;涂改,主要是对货币的面额进行涂改,增加其面值;揭层,主要是将一张货币的正背两面撕开,变成两张货币。变造,是对真币进行的加工改造,是在保持真币基本样式的前提下对其所为的变更。

变造货币,必须数额较大,才能构成犯罪。若变造的数额较小,则按一般违法行为处理。

4. 本罪的客体是国家的货币管理制度,犯罪对象是货币,包括人民币和外币。

（二）变造货币罪的认定

1. 罪与非罪的认定。本罪是数额犯,变造货币必须达到数额较大的程度,才能构成犯罪。根据上述《追诉标准（二）》第二十三条的规定,变造货币,总面额在二千元以上或者币量在二百张（枚）以上的,应予立案追诉。如果变造货币的数额小于这个数额,则只能按一般违法行为处理,而不构成犯罪。

2. 本罪与伪造货币罪的界限。变造货币罪与伪造货币罪在犯罪客体、犯罪对象、犯罪主体和犯罪的主观方面都是相同的。两罪的主要不同之处在于犯罪的客观方面表现不同。第一,变造货币是在货币的基础上进行处理,以增加原货币的面值;伪造货币则是将非货币的一些物质经过加工后伪装成货币。变造的货币在某种程度上保留有原货币的成分,而伪造的货币则不具有原货币的成分。第二,变造货币的犯罪,受到其行为方式的限制,变造货

---

① 变造货币是不是一定会使面值增大？笔者持否定态度。

币的数额一般来说远远小于假币的数额。而伪造货币罪有的时候是成批地、大量地进行,其对社会的危害程度要远远大于变造货币罪。第三,由于社会危害性程度的不同,两者在法律规定上构成犯罪的数额也不同。变造货币必须达到数额较大的程度方能构成犯罪,而伪造货币罪则没有数额上的要求。

3. 本罪的罪数的认定。行为人变造货币后,又将所变造的货币予以出售、使用的,应定变造货币罪。行为人将他人变造的货币予以出售、购买、运输、持有、使用的,刑法并没有将该行为规定为犯罪,所以,按照罪刑法定的原则,就不能按照犯罪论处,只能按照一般的违法行为进行处理。

(三)变造货币罪的刑事责任

根据《刑法》第 173 条之规定,犯本罪,数额较大的,处 3 年以下有期徒刑或者拘役,并处或者单处 1 万元以上 10 万元以下罚金;数额巨大的,处 3 年以上 10 年以下有期徒刑,并处 2 万元以上 20 万元以下罚金。根据上述《伪造货币司法解释》第 6 条规定,变造货币,总面额在 2000 元以上不满 3 万元的,属于"数额较大",总面额在 3 万元以上的,属于"数额巨大"。

六、擅自设立金融机构罪[①]

(一)擅自设立金融机构罪的概念和特征

擅自设立金融机构罪,是指单位和个人未经国家有关主管部门批准,擅自设立商业银行、证券交易所、期货交易所、证券公司、期货经纪公司、保险公司或者其他金融机构的行为。本罪的主要特征是:

1. 本罪的主体是一般主体,自然人和单位都可以构成。

2. 本罪的主观方面是故意。行为人一般具有营利的目的。也就是说,行为人是希望通过擅自设立金融机构,开展金融业务而牟取利益。

3. 本罪客观方面表现为擅自设立商业银行或者其他金融机构的行为。一是行为人未经批准擅自设立商业银行。商业银行是指按照商业银行法和公司法规定设立的吸收公众存款、发放贷款、办理结算等业务的企业法人。国家对商业银行的设立有严格的条件限制。擅自设立商业银行,其具体表现形式有三种情况:(1) 未向中国人民银行提出申请而设立商业银行;(2) 虽然向中国人民银行提出过申请,但在未经批准的情况下成立商业银行;(3) 虽经中国人民银行批准设立,但在未办理登记、领取营业执照的情况下即予开业。二是未经中国人民银行的批准,擅自设立证券交易所、期货交易所、证券公司、期货经纪公司、保险公司或者其他金融机构。其他金融机构如信用合作社、企业集团的财务公司等。对于合法的金融机构擅自设立分支机构的行为,应如何认定?应具体问题具体分析。如果该分支机构的设立需要得到国家有关部门批准,则擅自设立该分支机构的行为,成立本罪;如果该分支机构的设立不需要得到国家有关部门的批准,则擅自设立的行为不构成犯罪。本罪的成立以擅自设立金融机构为构成要件,至于行为人成立金融机构后有没有进行融资活动,则对构成本罪没有影响。值得注意的是,根据《追诉标准(二)》第 24 条的规定,擅自设立商业银行或者其他金融机构筹备组织的行为也构成本罪。另外,根据《刑法修正案》第 3 条的规定,行为

---

① 本罪经《中华人民共和国刑法修正案》第 3 条修订。

人伪造、变造、转让商业银行、证券交易所、期货交易所、证券公司、期货经纪公司、保险公司或者其他金融机构的经营许可证或者批准文件的,按本罪的规定处罚。

4. 本罪侵害的客体是国家金融机构的管理制度。

(二)擅自设立金融机构罪的认定

1. 罪与非罪的界限。主要注意以下几个环节:第一,擅自设立非金融机构的,不构成本罪;第二,在犯罪形式上,本罪主要包括已经成立非法的金融机构和成立了非法金融机构的筹备组织两种形式,不属于这两种形式的,不构成本罪;第三,从主观方面看,行为人明知成立金融机构需要有关主管部门审批而不报请审批,或者虽然已报请审批但未获批准而擅自设立金融机构,开展金融业务。行为人主观上不具有这种故意的,不构成本罪。根据《追诉标准(二)》第二十四条的规定,未经国家有关主管部门批准,擅自设立金融机构,涉嫌下列情形之一的,应予立案追诉:(1)擅自设立商业银行、证券交易所、期货交易所、证券公司、期货公司、保险公司或者其他金融机构的;(2)擅自设立商业银行、证券交易所、期货交易所、证券公司、期货公司、保险公司或者其他金融机构筹备组织的。

2. 本罪与诈骗罪的界限。对于并无实质要件,仅利用商业银行或者其他金融机构的名义,骗取公众存款而席卷逃跑的行为,是典型的诈骗犯罪行为;而对于虽无实质要件,利用商业银行或者其他金融机构的名义,开展金融业务,通过业务开展而赚取非法利润,而并非直接骗取他人财物的行为,应定为本罪。司法实践中,有些人为了骗取他人财物,擅自设立金融机构,并在开展一定时间的金融业务之后,将他人的存款席卷而走。对于这种行为,应当认为行为人实施了两个独立的犯罪行为,即诈骗罪和擅自设立金融机构罪,不过,两者之间具有牵连关系,应当按照牵连的处罚原则,择一重罪处罚。

(三)擅自设立金融机构罪的刑事责任

根据《刑法》第174条,犯本罪的,处3年以下有期徒刑或者拘役,并处或单处2万元以上20万元以下罚金;情节严重的,处3年以上10年以下有期徒刑,并处5万元以上50万元以下的罚金。单位犯本罪,对单位处罚金,对直接负责的主管人员和其他直接责任人员,按自然人犯本罪定罪处罚。

七、伪造、变造、转让金融机构经营许可证、批准文件罪

(一)伪造、变造、转让金融机构经营许可证、批准文件罪的概念和特征

伪造、变造、转让金融机构经营许可证罪,是指伪造、变造、转让商业银行或其他金融机构的经营许可证的行为。本罪的主要构成特征是:

1. 本罪的主体是一般主体,既包括自然人,也包括单位。

2. 本罪的主观方面表现为故意。是否具有特定的目的,并不影响本罪的构成。

3. 本罪的客观方面表现为违反国家金融管理法规,伪造、变造、转让商业银行、证券交易所、证券公司、期货交易公司、保险公司或者其他金融机构的经营许可证或者批准文件的行为。"伪造",是指仿照真实有效的金融机构经营许可证的颜色、图案、形状等外形特征或者仿照真实有效的批准文件的内容制作有效的经营许可证或者批准文件,并在外观和内容上使一般人误认为是真实有效的金融机构经营许可证或者批准文件的行为。"变造",是指采用剪贴、挖补、拼凑等手段,对真实有效的经营许可证或者批准文件的内容进行加工、改

造、使原来真实的经营许可证或者批准文件的内容改变，使人信以为真的行为。"转让"，是指行为人将合法取得的真实有效的金融机构经营许可证或者批准文件通过出卖、出借、出租、赠与等方式有偿或者无偿地转与其他单位或个人，或者让其他单位或个人使用的行为。

4. 本罪的客体是国家对金融机构的监督管理制度。

（二）伪造、变造、转让金融机构经营许可证、批准文件罪的认定

1. 罪与非罪的界限。本罪是行为犯，行为人只要实施了伪造、变造、转让金融机构经营许可证、批准文件的行为，就可以构成本罪。

2. 本罪罪数的认定。第一，本罪属于选择性罪名，行为人只要实施了伪造、变造、转让其中一个行为的，即可构成本罪，但在确定罪名时，应该按照行为所具体实施的行为特征进行选择。行为人同时实施两种以上构成行为的，应该按照其行为方式只定一个罪，而不实行数罪并罚。第二，司法实践中，伪造、变造、转让金融机构经营许可证、批准文件的行为往往和擅自设立金融机构、非法吸收公众存款的行为联系在一起，如果两者都构成犯罪的，应当依照牵连犯的原则进行定罪处罚。

（三）伪造、变造、转让金融机构经营许可证、批准文件罪的刑事责任

根据《刑法》第174条的规定，犯本罪的，处3年以下有期徒刑或者拘役，并处或者单处2万元以上20万以下的罚金；情节严重的，处3年以上10年以下有期徒刑，并处5万元以上50万元以下的罚金。单位犯本罪，对单位处罚金。对其直接负责的主管人员和其他直接责任人员，依照自然人犯本罪的规定处罚。

八、高利转贷罪

（一）高利转贷罪的概念和特征

高利转贷罪，是指以转贷牟利为目的，套取金融机构信贷资金转贷他人，获取非法利益，数额较大的行为。本罪的主要构成特征是：

1. 本罪的主体是一般主体，自然人和单位都可以构成。[1]

2. 本罪的主观方面表现为直接故意，行为人是以转贷牟利为目的。

3. 本罪的客观方面表现为以转贷牟利为目的，套取金融机构信贷资金高利转贷他人，违法所得数额较大的行为。首先，行为人有向金融机构套取信贷资金的行为。所谓"套取"，是指行为人出于转贷牟利的目的，编造虚假理由，骗取金融机构信贷资金的使用权。其次，行为人须有高利转贷他人的行为。所谓"高利转贷他人"，是指行为人以比金融机构贷款利率高得多的利率将套取的金融机构信贷资金转借给他人使用，从中牟利。司法实践中，行为人将从金融机构套取的信贷资金转借给他人，但并未收取高利的，不能以本罪论处。另外，违法所得数额较大，是本罪的构成要件。行为人套取金融机构信贷资金转贷他人，违法所得数额较小的，不以本罪论处。

4. 本罪的客体是国家的金融信贷资金管理制度。

---

[1]　有的学者认为，本罪的主体是特殊主体，是套取金融机构信贷资金的单位和个人。参见孙国祥主编《刑法学》，科学出版社2002年5月版，第385页。

（二）高利转贷罪的认定

1. 罪与非罪的界限。第一，本罪是数额犯，是否构成犯罪主要看行为人高利转贷的违法所得是否达到数额较大的标准。根据《追诉标准（二）》第 26 条的规定，高利转贷，涉嫌下列情形之一的，应予立案：(1) 高利转贷，违法所得数额在 10 万元以上的；(2) 虽未达到上述数额标准，但 2 年内因高利转贷受过行政处罚 2 次以上，又高利转贷的。第二，本罪是目的犯，行为人须以转贷牟利为目的，主观上缺乏该目的的，也不构成本罪。

2. 本罪与吸收客户资金不入账罪的界限。两者的区别在于：(1) 犯罪主体不同。本罪的主体是一般主体。而吸收客户小资金不入账罪的主体必须银行或者其他金融机构的工作人员；(2) 主观方面不同。本罪的主观方面以牟利转贷为目的，转贷与牟利互为因果，而吸收客户资金不入账罪的目的则是纯粹为了牟利；(3) 客观方面不同。本罪是套取金融机构信贷资金转贷他人，而吸收客户资金不入账罪是采取吸收客户资金不入账的方式，将资金用于非法拆借、发放贷款的行为。

（三）高利转贷罪的刑事责任

根据《刑法》175 条规定，犯本罪，数额较大的，处 3 年以下有期徒刑或者拘役，并处违法所得 1 倍以上 5 倍以下罚金；数额巨大的，处 3 年以上 7 年以下有期徒刑，并处违法所得 1 倍以上 5 倍以下罚金。单位犯本罪，对单位处罚金，对直接负责的主管人员和其他直接责任人员，处 3 年以下有期徒刑或者拘役。

九、骗取贷款、票据承兑、金融票证罪[①]

（一）骗取贷款、票据承兑、金融票证罪的概念和特征

骗取贷款、票据承兑、金融票证罪，是指以欺骗手段取得银行或者其他金融机构的贷款、票据承兑、信用证、保函等，给银行或者其他金融机构造成重大损失或者有其他严重情节的行为。

1. 本罪的主体是一般主体，自然人和单位均可以构成。

2. 本罪的主观方面为故意，特定目的的具有与否，不影响本罪的成立。但过失不构成本罪。

3. 本罪的客观方面表现为以欺骗手段取得银行或者其他金融机构的贷款、票据承兑、信用证、保函等，给银行或者其他金融机构造成重大损失或者有其他严重情节的行为。主要表现为隐瞒真相或者虚构事实的手段。另外，本罪是情节犯，必须给银行或者其他金融机构造成重大损失或者有其他严重情节，方可构成本罪。[②]

4. 本罪的客体主要是银行或者其他金融机构对于贷款、票据承兑或者金融票证的管理制度。

（二）骗取贷款、票据承兑、金融票证罪的认定

主要是罪与非罪的认定。根据《追诉标准（二）》第 27 条的规定，骗取银行或者其他金融机构贷款、票据承兑、信用证、保函等，涉嫌下列情形之一的，应予立案：(1) 以欺骗手段取得

---

① 本罪由《中华人民共和国刑法修正案（六）》第 10 条增设。
② 给银行或者其他金融机构造成重大损失的结果本身也可以看作是一种情节。

贷款、票据承兑、信用证、保函等,数额在 100 万元以上;(2)以欺骗手段取得贷款、票据承兑、信用证、保函等,给银行或者其他金融机构造成直接经济损失在 20 万元以上的;(3)虽未达到上述数额标准,但多次以欺骗手段取得贷款、票据承兑、信用证、保函等的;(4)其他给银行或者其他金融机构造成重大损失或者有其他严重情节的情形。

(三)骗取贷款、票据承兑、金融票证罪的刑事责任

根据《刑法》第 175 条之一的规定,犯本罪的,处 3 年以下有期徒刑或者拘役,并处或者单处罚金;给银行或者其他金融机构造成特别重大损失或者有其他特别严重情节的,处 3 年以上 7 年以下有期徒刑,并处罚金。

十、非法吸收公众存款罪

(一)非法吸收公众存款罪概念和特征

非法吸收公众存款罪,是指违反国家金融管理法规,非法吸收公众存款或者变相吸收公众存款,扰乱金融秩序的行为。本罪的主要特征是:

1. 本罪的主体是一般主体,自然人或者单位均可以构成本罪。

2. 本罪的主观方面是故意,即行为人明知自己吸收公众存款是非法而故意实施。行为人主观上一般具有非法牟利的目的。但行为人是否实际牟利,获利数额的大小,对构成本罪没有影响。

3. 本罪的客观方面表现为行为人非法吸收公众存款或者变相吸收公众存款的行为。非法吸收公众存款,有两种情况,一是指未经金融主管部门的批准,不具有吸收公众存款的资格而吸收公众存款的行为。二是指一些有吸储、放贷业务的金融机构,无视国家统一的利率,非法吸储的行为。如以高出正常利率的标准吸收存款。所谓变相吸收公众存款,即未经主管部门批准,不以吸收公众存款的名义,向社会不特定的对象吸收资金,并承诺到期还本付息的行为。其次,非法吸收公众存款罪,只有扰乱了金融秩序才能构成。"非法",一般表现为主体不合法、形式不合法或者内容不合法。"公众",是指不特定的多数人或者单位。

4. 本罪侵害的客体是国家金融管理制度。本罪的对象是公众存款,即面向社会公众吸收存款。如果有的单位以集资的名义吸收本单位人员的资金,就不构成本罪。

(二)非法吸收公众存款罪的认定

1. 本罪罪与非罪的界限。根据 2010 年 12 月 13 日最高人民法院《关于审理非法集资刑事案件具体应用法律若干问题的解释》(以下简称《非法集资司法解释》)第 1 条的规定,违反国家金融管理法律规定,向社会公众(包括单位和个人)吸收资金,同时具有下列四个条件的,刑法另有规定的除外,应当认定为刑法第 176 条的"非法吸收公众存款或者变相吸收公众存款:(1)未经有关部门依法批准或者借用合法经营的形式吸收资金;(2)通过媒体、推介会、传单、手机短信等途径向社会公开宣传;(3)承诺在一定期限内以货币、实物、股权等方式还本付息或者给予回报;(4)向社会公众即社会不特定对象吸收资金。同时,根据该解释第 3 条的规定,非法吸收公众存款或者变相吸收公众存款,涉嫌下列情形之一的,应当追究刑事责任:(1)个人非法吸收公众存款或者变相吸收公众存款,数额在 20 万元以上的,单位非法吸收公众存款或者变相吸收公众存款,数额在 100 万元以上的;(2)个人非法吸收公众存款或者变相吸收公众存款对象 30 人以上的,单位非法吸收公众存款或者变相吸

收公众存款对象 150 人以上的;(3) 个人非法吸收公众存款或者变相吸收公众存款,给存款人造成直接经济损失在 10 万元以上的,单位非法吸收公众存款或者变相吸收公众存款,给存款人造成直接经济损失在 50 万元以上的;(4) 造成恶劣社会影响或者其他严重后果的。①

2. 本罪与集资诈骗罪的界限。两者的主要区别在于主观方面的故意不同。本罪的主观目的在于非法牟利,行为人主要在于追求本息按期归还存款人以后的剩余利润,而集资诈骗罪的行为人是以非法占有为目的,是为了无偿占有存款人的存款本金,更不会还给存款人以利息。当然,有的集资诈骗案件是以先偿还本息为名,然后再骗取更多人更大数额的存款,该种行为仍以集资诈骗罪论处。

3. 本罪与欺诈发行股票、债券罪的区别。欺诈发行股票债券,通常是指有权发行股票、债券的人,采取欺诈的方式发行股票和债券。其发行的对象还是股票或者债券,因此,从对象上,与非法吸收公众存款罪有着本质的区别。

4. 本罪罪数的认定。行为人往往是先非法设立金融机构,然后再非法吸收公众存款,对此,行为人的行为既符合擅自设立金融机构罪,又符合非法吸收公众存款罪的构成,但这两罪实际上具有牵连关系,应按牵连犯的原则,从一重罪处断。

（三）非法吸收公众存款罪的刑事责任

根据《刑法》第 176 条的规定,犯本罪的,处 3 年以下有期徒刑或者拘役,并处或单处 2 万元以上 20 万元以下罚金。数额巨大或者有其他严重情节的,处 3 年以上 10 以下有期徒刑,并处 5 万元以上 50 万元以下罚金。单位犯本罪,对单位处罚金,对直接负责的主管人员和其他直接责任人员,按自然人犯本罪的规定处罚。②

十一、伪造、变造金融票证罪

（一）伪造、变造金融票证罪的概念和特征

伪造、变造金融票证罪,是指行为人以各种方法,伪造、变造汇票、本票、支票或者委托收款凭证、汇款凭证、银行存单等其他银行结算凭证的,或者伪造、变造信用证或者附随的单据、文件或者伪造信用卡的行为。本罪的主要构成特征是:

1. 本罪的主体是一般主体,包括自然人和单位。

2. 本罪的主观方面表现为故意。

3. 本罪的客观方面表现为伪造、变造金融票证的行为。(1) 伪造、变造汇票、本票、支票。本票、汇票和支票是我国票据法中规定的票据。汇票是指出票人签发的,委托付款人在

---

① 根据《追诉标准(二)》第二十八条规定,非法吸收公众存款或者变相吸收公众存款,扰乱金融秩序,涉嫌下列情形之一的,应予立案追诉:(一)个人非法吸收或者变相吸收公众存款数额在二十万元以上的,单位非法吸收或者变相吸收公众存款数额在一百万元以上的;(二)个人非法吸收或者变相吸收公众存款三十户以上的,单位非法吸收或者变相吸收公众存款一百五十户以上的;(三)个人非法吸收或者变相吸收公众存款给存款人造成直接经济损失数额在十万元以上的,单位非法吸收或者变相吸收公众存款给存款人造成直接经济损失数额在五十万元以上的;(四)造成恶劣社会影响的;(五)其他扰乱金融秩序情节严重的情形。最高人民法院《关于审理非法集资刑事案件具体应用法律若干问题的解释》是 2010 年 12 月 13 日发布的,而《追诉标准(二)》是 2010 年 5 月 7 日发布的。根据新法优于旧法的原则,原则上适用新的司法解释。

② 具体标准详见同一司法解释的相关规定。

见票时或者在指定的日期无条件支付确定金额给收款人或者持票人的票据;本票是出票人签发的,承诺自己在见票时无条件支付确定的金额给收款人或者持票人的票据;支票是出票人签发的,委托办理支票存款业务的银行或者其他金融机构在见票时无条件支付确定金额给收款人或者持票人的票据。伪造的行为具体可以分为两种形式:第一,有形伪造。即没有金融票证制作权的人,假冒他人的名义,擅自制造外观上足以使一般人误认为是真实票证的假金融票证。第二,无形伪造。即有票据制作权的人,超越其制作权限,违背事实制造内容虚假的金融票证。变造,是指擅自对真正的金融票证进行各种形式的加工,改变数额、日期或者其他内容的行为。应当指出的是,行为人改变的日期应是有效的日期,若对过期无效的日期予以改变,就是伪造而非变造。另外,行为人所更改的票据内容应当涉及票据权利义务关系,如果更改的事项并不改变原有的票据权利义务关系,这种变更不能认为是变造。

（2）伪造、变造委托收款凭证、银行存单及其他银行结算凭证。委托收款凭证是委托银行收款结算的凭证,委托银行收款结算是收款单位完成交易或者提供劳务后,向开户银行提供委托银行收款凭证,委托银行向异地付款单位收取款项的一种异地结算方式。存单是在银行存款的凭证单据。持有人可以依据有关规定,根据存单的面额价值向银行领取现金。

（3）伪造、变造信用证或者附随的单据、文件。信用证是信用结算方式中的一种契约文书,在国际贸易中广泛使用。它是银行应客户的要求,按其所制定的条件开给销售单位的一种保证付款的凭证。信用证根据是否附有货运单据,可以分为跟单信用证和光票信用证。其中跟单信用证所附的单据包括代表货物所有权的单据以及证明货物已经发运的单据。国际贸易中所使用的信用证绝大多数是跟单信用证。

（4）伪造信用卡。信用卡是非现金结算的一种支付工具,是银行、金融机构或者专营公司向消费者提供的一种信用凭证。

4. 本罪的客体是国家的金融票证管理制度。

（二）伪造、变造金融票证罪的认定

主要罪与非罪的界限。本罪不是数额犯。根据《追诉标准（二）》第29条的规定,伪造变造金融票证,涉嫌下列情形之一的,应予立案:（1）伪造、变造汇票、本票、支票,或者伪造、变造委托收款凭证、汇款凭证、银行存单等其他银行结算凭证,或者伪造、变造信用证或者附随的单据、文件,总面额在1万元以上或者数量在10张以上的;（2）伪造信用卡1张以上,或者伪造空白信用卡10张以上的。

（三）伪造、变造金融票证罪的刑事责任

根据《刑法》第177条的规定,犯本罪的,处5年以下有期徒刑或者拘役,并处或单处2万元以上20万元以下罚金;情节严重的,处5年以上10以下有期徒刑,并处5万元以上50万元以下罚金;情节特别严重的,处10年以上有期徒刑或者无期徒刑,并处5万元以上50万元以下罚金或者没收财产。单位犯本罪,对单位处罚金,对直接负责的主管人员和其他直接责任人员,按照自然人犯本罪的法定刑处罚。

十二、妨害信用卡管理罪①

(一) 妨害信用卡管理罪的概念和特征

妨害信用卡管理罪,是指明知是伪造、空白的信用卡而持有、运输,数量较大,或者持有他人信用卡,数量较大,或者使用虚假的身份证明骗领信用卡,或者出售、购买、为他人提供伪造的信用卡或者以虚假的身份证明骗领的信用卡的行为。本罪的主要构成特征是:

1. 本罪的主体是一般主体,但是单位不能构成本罪。

2. 本罪的主观方面表现为故意。特别指出的是,对于本罪中的伪造、空白的信用卡而持有、运输的行为,行为人必须具有特定的明知方能构成本罪。

3. 本罪的客观方面主要有以下几种表现方式:

(1) 持有、运输伪造、空白的信用卡,数量较大。这里的"持有",既可以是行为人将伪造的信用卡携带在自己的身上、藏匿在自己的家里或者存放于特定的地点,也可以是将伪造的、空白的信用卡委托他人保管,但处于自己的支配和控制范围之内。这里的"运输",是指将伪造的、空白的信用卡作空间范围的移动,主要表现为将伪造、空白的信用卡从一个地方带往另外一个地方。该种犯罪行为的对象是他人已经完成的伪造的信用卡或者将用于他人实施伪造信用卡犯罪的空白信用卡。

(2) 非法持有他人信用卡,数量较大。这里的"他人的信用卡",应该是指他人通过合法的手续申领的信用卡。如果行为人非法持有他人的伪造的信用卡,则具体问题具体分析:如果行为人明知是他人伪造的信用卡而非法持有,数量较大,可以按照本罪的第一种行为直接定罪;如果行为人对持有他人伪造的信用卡缺乏明知,可以本类行为定罪处罚。值得探讨的是,行为人的行为此时是否可以按照本类行为的未遂进行处罚? 对此,笔者持肯定态度。另外,这里的"持有"限于非法持有,如果行为人是合法持有他人的信用卡,尽管数量较大,也不能以本罪处罚。

(3) 使用虚假的身份证明骗领信用卡。此种行为以行为人使用虚假的"身份证明"骗领信用卡为限。如果行为人在申领信用卡没有使用虚假的身份证明,而是虚构了担保或者清偿能力等内容的,不能以本罪论处。根据相关的司法解释,违背他人意愿,使用其居民身份证、军官证、士兵证、港澳居民往来内地通行证、台湾居民往来大陆通行证、护照等身份证明申领信用卡的,或者使用伪造、变造的身份证明申领信用卡的,应当认定为"使用虚假的身份证明骗领信用卡"。

(4) 出售、购买、为他人提供伪造的信用卡或者以虚假的身份证明骗领的信用卡。"出售"就是将自己所有的伪造的信用卡或者以虚假的身份证明骗领的信用卡以某种方式有偿转让给他人。"购买"则是与出售相对应的行为,即以某种支付的方式将他人所有的伪造的信用卡或者他人以虚假的身份证明骗领的信用卡转归自己所有的行为。"提供"与出售行为相区别,就是指将自己的所有的伪造的信用卡或者以虚假的身份证明骗领的信用卡无偿转让给他人的行为。"提供"的对象行为是"接受",对于接受他人提供的伪造的信用卡或者以虚假的身份证明骗领的信用卡的行为,如果达到数量较大的标准,可以按照非法持有伪造的信用卡定罪处罚。

---

① 本罪由《中华人民共和国刑法修正案(五)》第1条增设。

（二）妨害信用卡管理罪的认定

主要是罪与非罪的认定。根据《追诉标准（二）》的规定，妨害信用卡管理，涉嫌下列情形之一的，应予立案：(1) 明知是伪造的信用卡而持有、运输的；(2) 明知是空白的信用卡而持有、运输，累计数额在 10 张以上的；(3) 非法持有他人信用卡，数量累计在 5 张以上的；(4) 使用虚假的身份证明骗领信用卡的；(5) 出售、购买、为他人提供伪造的信用或者以虚假的身份证明骗领的信用卡的。

（三）妨害信用卡管理罪的刑事责任

根据《刑法》第 177 条之一的规定，犯本罪的，处 3 年以下有期徒刑或者拘役，并处或者单处 1 万元以上 10 万元以下罚金；数量巨大或者有其他严重情节的，处 3 年以上 10 年以下有期徒刑，并处 2 万元以上 20 万元以下罚金。

十三、窃取、收买、非法提供信用卡信息罪①

（一）窃取、收买、非法提供信用卡信息罪的概念和特征

窃取、收买、非法提供信用卡信息罪，是指窃取、收买、非法提供信用卡信息资料的行为。本罪的主要构成特征是：

1. 本罪的主体是一般主体。但是单位不能构成本罪。根据刑法规定，银行或者其他金融机构的工作人员利用职务上的便利，实施本罪行为的，从重处罚。

2. 本罪的主观方面表现为故意，过失不构成本罪。

3. 本罪的客观方面表现为窃取、收买、提供信用卡信息资料的行为。"窃取"是指以秘密的方式获取他人信用卡信息资料的行为，秘密的方式不限。"收买"是指通过支付对价的行为获取他人信用卡信息资料的行为。支付的方式可以是物，也可以是金钱。"提供"就是通过非法或者合法的方式将自己掌握的他人的信用卡信息资料转让给他人。提供的行为可以是无偿的，也可以是有偿的。

4. 本罪的客体是国家的信用卡管理秩序。犯罪对象是他人的信用卡信息资料。

（二）窃取、收买、非法提供信用卡信息罪的认定

1. 罪与非罪的界限。根据《追诉标准（二）》第 31 条的规定，窃取、收买、非法提供他人信用卡信息资料，足以伪造可以交易的信用卡，或者足以使他人以信用卡持卡人的名义进行交易，涉及信用卡 1 张以上的，应予立案。

2. 本罪一罪与数罪的认定。行为人获取他人的信用卡信息资料后又伪造信用卡的，同时构成本罪和伪造金融票证罪，以牵连犯的处罚原则，择一重罪处罚。

（三）窃取、收买、非法提供信用卡信息罪的刑事责任

根据《刑法》第 177 条之一的规定，犯本罪的，处 3 年以下有期徒刑或者拘役，并处或者单处 1 万元以上 10 万元以下罚金；数量巨大或者有其他严重情节的，处 3 年以上 10 年以下有期徒刑，并处 2 万元以上 20 万元以下罚金。

---

① 本罪由《中华人民共和国刑法修正案（五）》第 1 条增设。

十四、伪造、变造国家有价证券罪

（一）伪造、变造国家有价证券罪的概念和特征

伪造、变造国家有价证券罪，是指伪造、变造国库券或者国家发行的其他有价证券，数额较大的行为。本罪的主要构成特征是：

1. 本罪的主体是一般主体，自然人和单位均可以构成。

2. 本罪的主观方面表现为故意，司法实践中，行为人伪造、变造国家有价证券达到具有营利的目的，但法律并没将特定的目的作为该罪的成立要件。

3. 本罪的客观方面表现为伪造、变造国家有价证券，数额较大的行为。本罪中的国家有价证券主要是指国库券或者其他国家有价证券。另外，本罪的构成除了上述行为方式之外，还要求数额较大。

4. 本罪的客体是国家对有价证券的管理制度。犯罪对象是有价证券，包括国库券和其他国家债券。

（二）伪造、变造国家有价证券罪的认定

1. 罪与非罪的认定。本罪是数额犯，要求行为人伪造、变造国家有价证券必须达到"数额较大"的程度方能构成犯罪。根据《追诉标准（二）》第32条的规定，伪造、变造国库券或者国家发行的其他有价证券，总面额在2000元以上的，应予立案。

2. 本罪的罪数认定。在实践中，如果行为人伪造、变造了国家有价证券，又利用其骗取财物，同时又构成诈骗罪的，应当属于牵连犯，按照牵连犯的原则，从一重罪处罚，而不实行数罪并罚。

（三）伪造、变造国家有价证券罪的刑事责任

根据《刑法》第178条的规定，犯本罪的，处3年以下有期徒刑或者拘役，并处或者单处2万元以上20万以下罚金；数额巨大的，处3年以上10年以下有期徒刑，并处5万元以上50万元以下的罚金；数额特别巨大的，处10年以上有期徒刑或者无期徒刑，并处5万元以上或者50万元以下罚金或者没收财产。单位犯本罪，对单位处罚金，对直接负责的主管人员和其他直接责任人员，按照自然人犯本罪的法定刑处罚。

十五、伪造、变造股票、公司、企业债券罪

（一）伪造、变造股票、公司、企业债券罪的概念和特征

伪造、变造股票、公司、企业债券罪，是指伪造、变造股票或者公司、企业债券，数额较大的行为。本罪的主要构成特征是：

1. 本罪的主体是一般主体，自然人和单位均可以构成本罪。

2. 本罪的主观方面表现为故意，至于行为人是否出于非法使用用以获利的目的，不影响本罪的构成。

3. 本罪的客观方面表现为伪造、变造股票、公司、企业债券，数额较大的行为。从理论与实践上讲，本罪的行为方式和上述"伪造、变造国家有价证券罪"的行为方式相同。另外，本罪的构成同样要求行为人的行为必须达到"数额较大"的程度才能构成犯罪。

4. 本罪的客体是国家对股票、公司、企业债券的管理制度。犯罪对象是股票、公司债券

和企业债券。

（二）伪造、变造股票、公司、企业债券罪的认定

主要是罪与非罪的界限。本罪是数额犯，必须达到"数额较大"才能构成犯罪。根据《追诉标准（二）》第 33 条规定，伪造、变造股票、公司、企业债券，总面额在 5000 元以上的，应予立案。

（三）伪造、变造股票、公司、企业债券罪的刑事责任

根据《刑法》第 178 条第 2 款的规定，犯本罪的，处 3 年以下有期徒刑或者拘役，并处或者单处 1 万元以上 10 万元以下罚金；数额巨大的，处 3 年以上 10 年以下有期徒刑，并处 2 万元以上 20 万元以下罚金；单位犯本罪，对单位处罚金，对直接负责的主管人员和其他直接责任人员，按照自然人犯本罪的法定刑处罚。

十六、擅自发行股票、公司、企业债券罪

（一）擅自发行股票、公司、企业债券罪的概念和特征

擅自发行股票、公司、企业债券罪，是指未经公司法规定的有关主管部门的批准，擅自发行股票或者公司、企业债券，数额巨大，后果严重或者有其他严重情节的行为。本罪的主要构成特征是：

1. 本罪的主体是一般主体，自然人和单位均可以构成本罪。司法实践中，本罪的主体主要是发行公司和融销机构（各类证券公司）及其直接负责的主管人员和直接责任人员。

2. 本罪的主观方面表现为故意，其目的一般是为了非法筹集资金，但特定的目的并非本罪的构成要件。

3. 本罪的客观方面主要表现为未经有关国家主管部门的批准，擅自发行股票、企业债券，数额巨大、后果严重或者有其他严重情节的行为。

所谓擅自发行股票、公司、企业债券，就是没有经过法律所规定的有关主管部门的批准而发行股票、公司、企业债券的情况。具体地说，就是发行股票、公司、企业债券没有经过国务院证券管理部门的批准。没有经过国务院证券管理部门的批准擅自发行股票、公司、企业债券的行为表现为以下三种情况：（1）没有向国务院证券管理部门提出发行股票、公司、企业债券的申请而擅自发行，不管其是否已经符合公司法所规定的发行股票、公司、企业债券的条件。（2）已经向国务院证券管理部门提出申请，但由于不符合公司法所规定的发行股票、公司、企业债券的条件而未获得批准。（3）虽符合公司法所规定的发行条件，但在得到正式批准之前，而擅自发行股票、公司、企业债券。不管行为人的行为符合上述哪种情况，凡是没有得到国务院证券管理部门正式批准，而自行发行股票、公司、企业债券的，都属于擅自发行。

本罪的构成还有一个条件，就是行为人擅自发行股票、公司、企业债券，必须数额巨大、后果严重或者有其他严重情节的，才能构成犯罪。

4. 本罪的客体是国家对股票、公司、企业债券发行的管理制度。本罪的犯罪对象是股票、公司、企业债券。

（二）擅自发行股票、公司、企业债券罪的认定。

1. 本罪罪与非罪的界限。根据《追诉标准（二）》第 34 条的规定，未经国家有关主管部

门批准,擅自发行股票或者公司、企业债券,涉嫌下列情形之一的,应予立案:(1)发行数额在 50 万元以上的;(2)虽未达到上述数额标准,但擅自发行导致 30 人以上的投资者购买了股票或者公司、企业债券的;(3)不能及时清偿或者清退的;(4)其他后果严重或者有其他严重情节的情形。

2. 本罪与集资诈骗罪的界限。由于发行股票、公司、企业债券是一种常用的集资方式,而擅自发行股票、公司、企业债券的过程中又常常会出现一些虚构事实、隐瞒真相的情况,所以两罪间的界限易于模糊。两罪的主要区别在于:(1)主观方面不同。集资诈骗罪是以非法占有为目的,而本罪一般是为了筹集所需资金;(2)客观方面不同。本罪的客观方面表现为未经国务院证券管理部门批准而擅自发行股票、公司、企业债券,而集资诈骗罪的行为却不仅仅限于该种方式;(3)客体不同。本罪侵害的主要是国家对有价证券发行的正常管理制度,而集资诈骗罪的客体是复杂客体,既侵害了国家对金融活动的管理秩序,又侵犯了公私财产所有权。

(三)擅自发行股票、公司、企业债券罪的刑事责任

根据《刑法》第 179 条的规定,犯本罪的,处 5 年以下有期徒刑或者拘役,并处或者单处非法募集资金金额 1‰以上 5‰以下的罚金。单位犯本罪,对单位处罚金,对直接负责的主管人员和其他直接责任人员,处 5 年以下有期徒刑或者拘役。

十七、内幕交易、泄露内幕信息罪[①]

(一)内幕交易、泄露内幕信息罪概念和特征

内幕交易、泄露内幕信息罪,是指证券、期货交易内幕信息的知情人员或者非法获取证券、期货交易内幕信息的人员,在涉及证券的发行,证券、期货交易或者其他对证券、期货交易价格有重大影响的信息尚未公开前,买入或者卖出该证券,或者从事与该内幕信息有关的期货交易,或者泄露该信息,或者明示、暗示他人进行上述交易活动,情节严重的行为。本罪的主要特征是:

1. 本罪的主体是内幕信息的知情人员和非法获取内幕信息的人员。因此,本罪的主体有两类:(1)证券交易内幕信息的知情人员。[②](2)非法获取证券交易内幕信息的人员,即非内幕人员,指第一类内幕人员以外,通过非法方法获取内幕信息的人员。另外,单位也可以构成本罪。[③]

2. 本罪的主观方面是故意。内幕交易罪,行为人同时具有获取非法利益的目的;泄露内幕信息罪,行为人主观上必须明知是内幕信息而加以泄露,过失泄露内幕信息的,不构成犯罪。

3. 本罪的客观方面,主要表现为以下三种类型:(1)在涉及证券的发行、证券、期货交易或者其他对证券、期货交易价格有重大影响的信息尚未公开前,买入或者卖出该证券,或者从事与该内幕信息有关的期货交易;(2)泄露内幕信息,是内幕信息出于使不应知悉该内

---

① 本罪经《中华人民共和国刑法修正案》第 4 条和《中华人民共和国刑法修正案(七)》第 2 条两次修正。
② 关于证券交易内幕信息知情人员的范围,请参考《证券法》的相关规定。
③ 关于本罪主体的性质,有"特殊主体"和"一般主体"之争。本着身份犯的相关理论,本人比较倾向于"特殊主体"之说。

幕信息的人知悉或者可能知悉的状态;(3)明示、暗示他人从事上述交易活动。

另外,根据法律规定,实施上述内幕交易、泄露内幕信息行为,必须情节严重,方能构成本罪。

4. 本罪的客体,是复杂客体,即国家对证券、期货市场的管理秩序和其他证券、期货投资者的合法权益。行为对象是有关证券、期货发行、交易的内幕信息。[①]一般认为,内幕信息必须具有秘密性、真实性、关联性和重大性等几个特征。[②]

（二）内幕交易、泄露内幕信息罪的认定

1. 本罪罪与非罪的界限。主要从两个方面考查:第一,对象是否为内幕信息,行为人利用事实上已经公开的信息买卖证券或进行期货交易,不构成犯罪。行为人运用公开的信息和资料,对证券、期货市场作出预测,并根据预测买卖证券或者期货交易,即使行为人预测的内容与内幕信息吻合,也不构成本罪。第二,情节是否严重。根据刑法第180条规定,情节严重是构成内幕交易罪的要件。根据《追诉标准(二)》第35条的规定,内幕交易、泄露内幕信息,涉嫌下列情形之一的,应予立案:(1)证券交易成交额累计在50万元以上的;(2)期货交易占用保证金数额累计在30万元以上的;(3)获利或者避免损失数额累计在15万元以上的;(4)多次进行内幕交易、泄露内幕信息的;(5)其他情节严重的情形。

2. 本罪的罪数认定。本罪属于选择性罪名。行为人如果同时具有内幕交易和泄露内幕信息两种犯罪行为的,只能以内幕交易、泄露内幕信息罪一罪论处,而不实行数罪并罚。

（三）内幕交易、泄露内幕信息罪的刑事责任

根据《刑法》第180条的规定,犯本罪的,处5年以下有期徒刑或者拘役,并处或单处违法所得1倍以上5倍以下罚金,情节特别严重的,处5年以上10年以下有期徒刑,并处违法所得1倍以上5倍以下罚金。单位犯本罪,对单位处罚金,对直接负责的主管人员和其他直接责任人员,处5年以下有期徒刑或者拘役。

十八、利用未公开的信息交易罪[③]

（一）利用未公开的信息交易罪的概念和特征

利用未公开的信息交易罪,是指证券交易所、期货交易所、证券公司、期货交易公司、基金管理公司、商业银行、保险公司等金融机构的从业人员以及有关监管部门或者行业协会的工作人员,利用因职务便利获取的内幕信息以外的其他未公开信息,违反规定,从事与该信息相关的证券、期货交易活动,或者明示、暗示他人从事相关交易活动,情节严重的行为。本罪的主要构成特征是:

1. 本罪的主体是特殊主体,专指证券交易所、期货交易所、证券公司、期货交易公司、基金管理公司、商业银行、保险公司等金融机构的从业人员以及有关监管部门或者行业协会的工作人员。

2. 本罪的主观方面表现为故意。

---

① 关于内幕信息的具体范围,请参考《证券法》的相关规定。
② 孙国祥、魏昌东著:《经济刑法研究》,法律出版社2005年版,第344-355页。
③ 本罪由《中华人民共和国刑法修正案(七)》第2条增设。

3. 本罪的客观方面表现为行为人利用因职务便利获取的内幕信息以外的其他未公开信息,违反规定,从事与该信息相关的证券、期货交易活动,或者明示、暗示他人从事相关交易活动,情节严重的行为。主要有以下两种类型:(1) 行为人违反规定,自己从事与未公开的信息相关的证券、期货交易活动;(2) 明示、暗示他人利用未公开的信息从事相关交易活动。

另外,刑法规定,构成本罪必须是利用未公开的信息交易,情节严重的方可。

4. 本罪的客体是复杂客体,即国家对证券、期货市场的管理秩序和其他证券、期货投资者的合法权益。犯罪对象是未公开的信息。

(二)利用未公开的信息交易罪的认定

主要是罪与非罪的界限。根据《追诉标准(二)》第36条的规定,利用未公开的信息进行交易,涉嫌下列情形之一的,应予立案:(1) 证券交易成交额累计在50万元以上的;(2) 期货交易占用保证金数额累计在30万元以上的;(3) 获利或者避免损失数额累计在15万元以上的;(4) 多次利用内幕信息以外的其他未公开信息进行交易活动的;(5) 其他情节严重的情形。

(三)利用未公开的信息交易罪的刑事责任

根据《刑法》第180条的规定,犯本罪的,处5年以下有期徒刑或者拘役,并处或单处违法所得1倍以上5倍以下罚金,情节特别严重的,处5年以上10年以下有期徒刑,并处违法所得1倍以上5倍以下罚金。单位犯本罪,对单位处罚金,对直接负责的主管人员和其他直接责任人员,处5年以下有期徒刑或者拘役。

十九、编造并传播证券、期货交易虚假信息罪[①]

(一)编造并传播证券、期货交易虚假信息罪的概念和特征

编造并传播证券、期货交易虚假信息罪,是指编造并传播影响证券、期货交易的虚假信息,扰乱证券交易市场,造成严重后果的行为。本罪的主要构成特征是:

1. 本罪的主体是一般主体,既可以是自然人,也可以是单位。

2. 本罪的主观方面表现为故意,即行为人明知编造虚假的证券、期货交易信息会导致证券、期货市场动荡及其他投资者财产损失的结果,并且希望或者放任这种结果发生。

3. 本罪在客观方面表现为行为人变造并传播证券、期货交易虚假信息,影响证券、期货交易市场,造成严重后果的行为。具体地说,本罪的客观方面的构成必须具备三个条件:

第一,行为人必须具有同时编造虚假信息和传播虚假信息两种行为。第二,行为人编造并传播证券、期货交易虚假信息的行为必须扰乱了证券或者期货交易市场秩序。第三,行为人的变造并传播行为,必须造成了严重后果,才能构成犯罪,这说明本罪是结果犯。

4. 本罪的客体是国家证券、期货交易市场的正常秩序和投资者的合法权益。

(二)编造并传播证券、期货交易虚假信息罪的认定

1. 本罪罪与非罪的界限。根据《追诉标准(二)》第37条规定,编造并传播影响证券、期货交易的虚假信息,涉嫌下列情形之一的,应予立案:(1) 获利或者避免损失数额累计在5

---

① 本罪经《中华人民共和国刑法修正案》第5条修正。

万元以上的;(2)造成投资者直接经济损失数额在 5 万元以上的;(3)致使交易价格和交易量异常波动的;(4)虽未达到上述数额标准,但多次编造并且传播影响证券、期货交易的虚假信息的;(5)其他造成严重后果的情形。

2. 本罪与诈骗罪的界限。两者的主要区别在于:(1)犯罪主体不同。本罪的主体既可以是自然人,也可以是单位,而诈骗罪的主体只能是自然人,单位不能构成;(2)犯罪客体不同。本罪侵犯的是国家对证券、期货交易市场的管理秩序和其他投资者的合法权益,而诈骗罪侵犯的却是公私财产所有权。

（三）编造并传播证券、期货交易虚假信息罪的刑事责任

根据《刑法》第 181 条,犯本罪的,处 5 年以下有期徒刑或者拘役,并处或者单处 1 万以上 10 万元以下罚金。单位犯本罪,对单位处罚金,对直接负责的主管人员和其他直接责任人员,处 5 年以下有期徒刑或者拘役。

二十、诱骗投资者买卖证券、期货合约罪[①]

（一）诱骗投资者买卖证券、期货合约罪的概念和特征

诱骗投资者买卖证券、期货合约罪,是指证券交易所、期货交易所、证券公司、期货经纪公司的从业人员,证券业协会、期货业协会或者证券期货监督管理部门的工作人员,故意提供虚假信息或者伪造、变造、销毁交易记录,诱骗投资者买卖证券、期货合约,造成严重后果的行为。本罪的主要构成特征是:

1. 本罪的主体是特殊主体,只能是证券交易所、期货交易所、证券公司、期货经纪公司的从业人员。单位也可以成为本罪的主体。

2. 本罪的主观方面表现为故意。

3. 本罪的客观方面表现为证券交易所、期货交易所、证券公司、期货经纪公司的从业人员,证券业协会、期货业协会或者证券期货监督管理部门的工作人员,故意提供虚假信息或者伪造、变造、销毁交易记录,诱骗投资者买卖证券、期货合约,造成严重后果的行为。

"故意提供虚假信息",是指证券交易所、期货交易所、证券公司、期货经纪公司的从业人员,证券业协会、期货业协会或者证券期货监督管理部门的工作人员,故意作出对证券、期货市场产生影响的虚假陈述;"伪造交易记录",是指上述工作人员非法制作虚假的交易记录的行为。"变造交易记录",是指用拼凑、涂改等方法,篡改真实的交易记录的行为。"销毁交易记录",是指将真实的交易记录加以销毁的行为。所谓"诱骗",是指意图使投资者产生错误认识的欺骗,但不限于欺骗。

另外,本罪是结果犯,其成立要求行为人的行为必须造成严重后果。

4. 本罪的客体是证券、期货交易市场的正常秩序和投资者的合法权益。

（二）诱骗投资者买卖证券、期货合约罪的认定

1. 本罪罪与非罪的界限。根据《追诉标准(二)》第 38 条规定,诱骗投资者买卖证券、期货合约,涉嫌下列情形之一的,应予立案:(1)获利或者避免损失数额累计在 5 万元以上的;(2)造成投资者直接经济损失数额在 5 万元以上的;(3)致使交易价格和交易量异常波动

---

① 本罪经过《中华人民共和国刑法修正案》第 5 条修正。

的;(4)造成其他严重后果的情形。

2. 本罪与编造并传播证券、期货交易虚假信息罪的界限。两者的主要区别在于:(1)犯罪主体不同。本罪的主体是特殊主体,只有证券交易所、期货交易所、证券公司、期货经纪公司的从业人员,证券业协会、期货业协会或者证券期货监督管理部门的工作人员,才能构成本罪的主体;而编造并传播证券、期货交易虚假信息罪的主体则是一般主体。(2)犯罪客观方面表现不同。两者虽然都有提供虚假信息的行为,但本罪还可能以伪造、变造、销毁交易记录的方式进行。

(三)诱骗投资者买卖证券、期货合约罪的刑事责任

根据《刑法》第181条规定,犯本罪的,处5年以下有期徒刑或者拘役,并处或者单处1万元以上10万元罚金;情节特别恶劣的,处5年以上10年以下有期徒刑,并处2万元以上20万元以下罚金。单位犯本罪,对单位处罚金,对直接负责的主管人员和其他直接责任人员,处5年以下有期徒刑或者拘役。

二十一、操纵证券、期货交易市场罪①

(一)操纵证券、期货交易市场罪的概念和特征

操纵证券、期货交易市场罪,是指故意操纵证券、期货市场,情节严重的行为。本罪的主要构成特征是:

1. 本罪的主体是一般主体,自然人和单位均可以构成。

2. 本罪的主观方面表现为故意。②

3. 本罪的客观方面表现为操纵证券、期货交易市场,情节严重的行为。主要表现为以下四种:(1)单独或者合谋,集中资金优势、持股或者持仓优势或者利用信息优势联合或者连续买卖,操纵证券、期货交易价格或者证券、期货交易量的行为;(2)与他人串通,以事先约定的时间、价格和方式相互进行证券、期货交易,影响证券、期货交易价格或者证券、期货交易量的行为;(3)在自己实际控制的账户之间进行证券交易,或者以自己为交易对象,自买自卖期货合约,影响证券、期货交易价格或者证券期货交易量的行为;(4)以其他方法操纵证券、期货交易市场的行为。

另外,本罪的成立还要求行为人的行为在客观上必须"情节严重",因此,本罪是情节犯。

4. 本罪的客体是国家对证券、期货的管理制度和投资者的合法权益。

(二)操纵证券、期货交易市场罪的认定

主要是罪与非罪的认定。根据《追诉标准(二)》第39条的规定,操纵证券、期货交易市场,涉嫌下列情形的,应予立案:(1)单独或者合谋,持有或者实际控制证券的流通股份数达到该证券的实际流通股份总量百分之三十以上,且在该证券连续二十个交易日内联合或者连续买卖股份数累计达到该证券同期总成交量百分之三十以上的;(2)单独或者合谋,持有或者实际控制期货合约的数量超过期货交易所业务规则限定的持仓量百分之五十以上,且

---

① 本罪经过《中华人民共和国刑法修正案》第6条和《中华人民共和国刑法修正案(六)》第11条两次修正。
② 1997年《刑法》中原条文有"以获取非法利益或者转嫁风险为目的"的规定,但《中华人民共和国刑法修正案(六)》第11条删除了此规定。

在该期货合约连续二十个交易日内联合或者连续买卖期货合约数累计达到该期货合约同期总成交量百分之三十以上的;(3) 与他人串通,以事先约定的时间、价格和方式相互进行证券或者期货合约交易,且在该证券或者期货合约连续二十个交易日内成交量累计达到该证券或者期货合约同期总成交量百分之二十以上的;(4) 在自己实际控制的账户之间进行证券交易,或者以自己为交易对象,自买自卖期货合约,且在该证券或者期货合约连续二十个交易日内成交量累计达到该证券或者期货合约同期总成交量百分之二十以上的;(5) 单独或者合谋,当日连续申报买入或者卖出同一证券、期货合约并在成交前撤回申报,撤回申报量占当日该种证券总申报量或者该种期货合约总申报量百分之五十以上的;(6) 上市公司及其董事、监事、高级管理人员、实际控制人、控股股东或者其他关联人单独或者合谋,利用信息优势,操纵该公司证券交易价格或者证券交易量的;(7) 证券公司、证券投资咨询机构、专业中介机构或者从业人员,违背有关从业禁止的规定,买卖或者持有相关证券,通过对证券或者其发行人、上市公司公开作出评价、预测或者投资建议,在该证券的交易中谋取利益,情节严重的;(8) 其他情节严重的情形。

(三) 操纵证券、期货交易市场罪的刑事责任

根据《刑法》第 182 条规定,犯本罪的,处 5 年以下有期徒刑或者拘役,并处或者单处罚金;情节特别严重的,处 5 年以上 10 年以下有期徒刑,并处罚金。单位犯本罪,对单位处罚金,对直接负责的主管人员和其他直接责任人员,依照自然人犯本罪的规定处罚。

二十二、背信运用受托财产罪[①]

(一) 背信运用受托财产罪的概念和特征

背信运用受托财产罪,是指商业银行、证券交易所、证券公司、期货经纪公司、保险公司或者其他金融机构,违背受托义务,擅自运用客户资金或者其他委托、信托的财产,情节严重的行为。本罪的主要构成特征是:

1. 本罪的主体是特殊主体,主要是商业银行、证券交易所、证券公司、期货经纪公司、保险公司或者其他金融机构。本罪是纯正的单位犯罪。

2. 本罪的主观方面是故意。一般具有获取非法利润的目的。过失不构成本罪。

3. 本罪的客观方面表现为违背受托义务,擅自运用客户资金或者其他委托、信托的财产,情节严重的行为。所谓违背受托义务,是指金融机构违背法律、行政法规、部门规章规定的受托人应尽的法定义务以及违反有关委托合同所约定的金融机构应该承担的具体的约定的义务。所谓"擅自运用",是指非法动用受托客户的资金,包括具有归还意图的非法使用和不具有归还意图的非法占有。所谓"受托、信托的财产",主要是指当前的委托理财业务中,存放在各类金融机构下的以下几类客户资金和资产:(1) 证券投资业务中的客户交易资金。在我国的证券交易制度中,客户交易结算资金是指客户在证券公司存放的用于买卖证券的资金。(2) 证券投资基金。证券投资基金是指通过公开发售基金份额募集的客户资金。(3) 信托业务中的信托财产。分为资金信托和一般财产信托。(4) 委托理财业务中的客户资产。委托理财业务,是金融机构接受客户的委托,对客户存放在金融机构的资产进行管理

---

① 本罪为《中华人民共和国刑法修正案(六)》第 12 条增设。

的客户资产管理业务。

4. 本罪的客体是金融管理秩序和客户的合法利益。

（二）背信运用受托财产罪的认定

1. 罪与非罪

本罪是情节犯,只有情节严重,才能构成本罪。根据《追诉标准（二）》第四十条的规定,商业银行、证券交易所、期货交易所、证券公司、期货公司、保险公司或者其他金融机构,违背受托义务,擅自运用客户资金或者其他委托、信托的财产,涉嫌下列情形之一的,应予立案追诉:（1）擅自运用客户资金或者其他委托、信托的财产数额在三十万元以上的;（2）虽未达到上述数额标准,但多次擅自运用客户资金或者其他委托、信托的财产,或者擅自运用多个客户资金或者其他委托、信托的财产的;（3）其他情节严重的情形。

2. 本罪与挪用资金罪、挪用公款罪的界限

本罪与后面两罪的主要区别在于:第一,犯罪主体不同。挪用资金罪、挪用公款罪的主体只能由自然人构成,而且挪用公款罪的主体还必须是国家工作人员;而本罪的主体仅限于金融机构,个人不能构成本罪。第二,犯罪的客观方面不同。挪用资金罪和挪用公款罪的客观方面表现为挪用的行为,而本罪的客观方面表现为背信运用受托财产的行为。第三,犯罪的客体不同。挪用资金罪的客体是资金的占有权和使用权,挪用公款罪的客体是国家公职人员的廉洁性以及公款的占有权和使用权;而本罪的犯罪客体是国家的金融管理秩序和受托财产的财产权。

（三）背信运用受托财产罪的刑事责任

根据《刑法》第185条之一第1款的规定,犯本罪的,对单位判处罚金,并对其直接负责的主管人员和其他直接责任人员处3年以下有期徒刑或者拘役,并处或者单处3万元以上30万元以下罚金;情节特别严重的,处3年以上10年以下有期徒刑,并处5万元以上50万元以下罚金。

二十三、违法运用资金罪

（一）违法运用资金罪的概念和特征

违法运用资金罪,是指社会保障基金管理机构、住房公积金管理机构等公众资金管理机构,以及保险公司、保险资产管理公司、证券投资基金管理公司,违反国家规定,运用资金的行为。

本罪的主要构成特征如下:

1. 本罪的主体是特殊主体,包括各种金融机构,如商业银行、证券交易所、期货交易所、证券公司、期货经纪公司、保险公司或者其他金融机构。还包括经国家有关主管部门批准的、有资格开展投资理财特定业务的信托投资公司、投资咨询公司、投资管理公司等金融机构,社会保障基金管理机构、住房公积金管理机构等公众资金管理机构以及保险公司、保险资产管理公司、证券投资基金管理公司。本罪是纯正的单位犯罪。自然人不能构成本罪。

2. 本罪的主观方面只能是故意,一般具有获取非法利润的目的。过失行为不构成本罪。

3. 本罪的客观方面表现为金融机构违法运用客户资金的行为。就客观方面而言,首先

是金融机构违反了国家的相关法律、法规。其次,是金融机构擅自运用客户资金,并同时造成严重后果的行为。

4. 本罪的客体是金融管理秩序和客户的合法权益。

(二) 违法运用资金罪的认定

1. 罪与非罪

主要从两个方面进行考查。第一,行为人主观上是否出于故意,过失不构成本罪。第二,是否造成了严重的后果。根据《追诉标准(二)》第四十一条的规定,社会保障基金管理机构、住房公积金管理机构等公众资金管理机构,以及保险公司、保险资产管理公司、证券投资基金管理公司,违反国家规定运用资金,涉嫌下列情形之一的,应予立案追诉:(1) 违反国家规定运用资金数额在三十万元以上的;(2) 虽未达到上述数额标准,但多次违反国家规定运用资金的;(3) 其他情节严重的情形。

2. 本罪与挪用资金罪的界限

两罪的主要区别在于:第一,犯罪主体不同。本罪是纯正的单位犯罪,自然人不能成为本罪的主体;而后罪的主体是自然人。第二,犯罪客体不同。本罪的客体是金融管理秩序和财产权利;而后罪的客体是单位资金的占有权和使用权等财产权利。第三,行为方式不同。本罪的行为方式是违法运用;而后罪的行为方式是挪用。

3. 本罪与挪用公款罪的界限

两罪的主要区别在于:第一,犯罪主体不同。本罪是纯正单位犯罪,只有特定的单位才可以构成;而后罪的主体是自然人,而且必须是国家工作人员。第二,客观方面不同。本罪的客观方面表现为违规运用客户资金,而且必须造成严重后果;而后罪的客观方面表现为挪用公款进行非法活动、营利活动或者超过三个月没有归还的行为,不需要造成严重后果。第三,客体不同。本罪的客体是国家的金融管理秩序和财产权利;而后罪的客体是国家工作人员的廉洁性以及公款的占有权、使用权和其他财产权利。第四,犯罪对象不同。本罪的对象是特定单位所保管或者经营的资金;而后罪的对象是公款。

(三) 违法运用资金罪的刑事责任

根据《刑法》第185条之一第2款的规定,犯本罪的,对单位判处罚金,并对其直接负责的主管人员和其他直接责任人员处3年以下有期徒刑或者拘役,并处或者单处3万元以上30万元以下罚金;情节特别严重的,处3年以上10年以下有期徒刑,并处5万元以上50万元以下罚金。

二十四、违法发放贷款罪①

(一) 违法发放贷款罪的概念和特征

违法发放贷款罪,是指银行或其他金融机构及其工作人员违反法律、行政法规的规定,向关系人以外的其他人发放贷款,数额巨大或者造成严重损失的行为。本罪的主要构成特征是:

1. 违法发放贷款罪的主体是特殊主体。只能由中国境内设立的中资商业银行、信托投

---

① 本罪经《中华人民共和国刑法修正案(六)》第13条修正。

资公司、企业集团服务公司、金融租赁公司、城乡信用合作社以及其他经营贷款业务的金融机构,以及上述金融机构的工作人员构成。其他任何单位和个人均不能构成本罪。

2. 本罪的主观方面有一定的特殊性。对违反法律、行政法规而言,行为人主观上一般是故意(也可能是出于过失),但对于造成的重大损失的结果来看,则是过失的。主要是指行为人不严格按照规章制度办事,发放贷款审查不严,或利用职权、违章审批贷款,致使大量贷款有去无回的情况,但这一结果并不是行为人主观上希望或放任的。关于本罪的主观方面,理论上有所争论。有观点认为,本罪主观方面也可以是间接故意,"即行为人已经预见其违法发放贷款的行为可能给银行造成重大损失,而放任损失的发生。"[1]还有的观点认为,本罪的主观方面表现为过失,即行为人对于其非法发放贷款的行为可能造成的损失是出于过失,这种过失一般是过于自信的过失。至于行为人实施的发放贷款行为本身,则是出于故意,但行为人对行为的故意并不影响其对结果的过失,因而违法发放贷款罪仍属于过失犯罪。[2]

3. 本罪的客观方面,表现为银行或其他金融机构的工作人员,违反商业银行法等金融法律和行政法规关于发放贷款的规定,向关系人以外的人发放贷款,数额巨大或者造成重大损失的行为。

首先,行为人违反了法律和行政法规的规定。是指违反了《商业银行法》、《担保法》、《贷款通则》、《贷款证管理办法》、《信贷资金管理办法》以及《合同法》等一切法律和行政法规有关信贷管理的规定。如审查贷款条件时马马虎虎,将贷款发放给不符合条件的借款人;贷款过程中擅自违反中国人民银行对于利率的规定;明知借款人不符合条件,但为了向其发放贷款,而向有关批准贷款的领导谎报情节或者隐瞒真相;签订贷款合同时,利用手中职权指使或者亲自就一些重要条款不予以明确;等等。

其次,行为人实施了向关系人以外的人发放贷款的行为。如果没有向关系人以外的人发放贷款,即便有滥用职权或者玩忽职守行为,即便数额巨大或者造成严重损失,也不可能构成本罪。当然,构成其他犯罪的,可以按照其他犯罪处理。司法实践中,违法发放贷款的行为主要表现为:(1) 贷款数额巨大;(2) 超过权限和规模发放贷款;(3) 不严格履行法定程序发放贷款;(4) 不按规定核报即发放贷款;(5) 不进行贷款后跟踪和检查;等。

最后,行为人违法发放贷款,必须数额巨大或者必须造成了严重的损失才能构成本罪。

4. 本罪的客体是国家对金融信贷的管理制度。银行或者其他金融机构的工作人员违法向关系人以外的其他人发放贷款的行为,不仅会给国家和金融机构带来较大的经济损失,而且会破坏国家的金融信贷管理制度,扰乱国家的金融管理秩序。

(二) 违法发放贷款罪的认定

1. 本罪罪与非罪的界限

第一,要看行为人向关系人以外的其他人发放贷款是否违反了法律、行政法规。第二,本罪属于结果犯,只有在行为人违法发放贷款造成重大损失时,才能以本罪论处。根据《追诉标准(二)》第四十二条的规定,银行或者其他金融机构及其工作人员违反国家规定发放贷款,涉嫌下列情形之一的,应予立案追诉:(1) 违法发放贷款,数额在一百万元以上的;(2) 违法发放贷款,造成直接经济损失数额在二十万元以上的。

---

① 马克昌主编:《经济犯罪新论》,武汉大学出版社1998年版,第331页。
② 李永升、朱建华主编:《经济刑法学》,法律出版社2011年版,第252页。

2. 本罪与贷款诈骗罪的界限

本罪与贷款诈骗罪的主要区别在于：第一，犯罪主体不同。本罪既可以是金融机构的工作人员，也可以是金融机构本身，但不管是自然人还是单位，都属于特殊主体；而后者的主体是自然人，是一般主体。第二，犯罪的主观方面不同。本罪既可以由故意构成，也可以由过失构成，但总的来说属于过失犯罪；而后者的主观方面表现为故意，并且具有非法占有的目的。第三，犯罪的构成形态不同。本罪属于结果犯或者情节犯；而后者只能是结果犯。第四，犯罪客体不同。尽管两罪的犯罪对象都是贷款，但本罪侵害的客体是国家的金融管理秩序；而后者的客体是金融机构的财产所有权。当然，如果违法发放贷款的行为人能够认识到自己的行为是在帮助贷款诈骗的行为人，并希望通过自己的帮助使诈骗顺利实现，则可能构成贷款诈骗罪的共犯，而不以本罪论处。

3. 本罪与玩忽职守罪的界限

本罪与玩忽职守罪的主要区别在于：第一，犯罪主体不同。本罪的主体既可以是金融机构的工作人员，也可以是金融机构本身；而后者的主体是国家机关的工作人员，但不包括国家机关本身。第二，客观方面不同。本罪表现为玩忽职守或者滥用职权而非法发放贷款的行为，其造成的损失一般都是经济损失；而后者表现为玩忽职守的行为，其损失可能是经济损失，也可能是人身伤亡，更有可能是严重的政治影响。第三，犯罪客体不同。本罪的客体是国家的金融管理秩序；而后者的客体是国家机关正常的管理活动。

4. 本罪与挪用公款罪、挪用资金罪的界限

在司法实践中，挪用公款、挪用资金的行为也可以采取发放贷款的形式进行。但在这种情况下，与违法发放贷款罪应作如何区分？有观点认为，下列两种行为应视为挪用公款：一是银行或其他金融机构的工作人员，利用职务上的便利，挪用公款或挪用资金后，以个人名义或名为单位实为个人借贷给他人的；二是银行或其他金融机构的工作人员利用职务之便，冒名贷款，所贷款项归个人使用的。认为这两种情况虽然形式上表现为贷款，但实际上已不同于一般的违法发放贷款罪，应作为挪用犯罪处理。①

（三）违法发放贷款罪的刑事责任

根据《刑法》第186条的规定，犯本罪，处5年以下有期徒刑或者拘役，并处1万元以上10万元以下罚金；数额特别巨大或者造成特别重大损失的，处5年以上有期徒刑，并处2万元以上20万元以下罚金。单位犯本罪，对单位处罚金，并对直接负责的主管人员和其他直接责任人员，按照自然人犯本罪的法定刑处罚。

二十五、吸收客户资金不入账罪②

（一）吸收客户资金不入账罪的概念和特征

吸收客户资金不入账罪，是指银行或者其他金融机构的人员，吸收客户资金不入账，数额巨大或者造成重大损失的行为。本罪的主要特征是：

1. 本罪的主体是银行或者其他金融机构（单位）及其工作人员（自然人）。

---

① 金新华：《违法发放贷款罪的界定与处罚》，载于《人民司法》，1998年第10期。
② 本罪经《中华人民共和国刑法修正案（六）》第14条修正。

2. 本罪的主观方面是故意,一般要求行为人具有牟利的目的,没有牟利的目的,不构成本罪。

3. 本罪的客观方面,表现为吸收客户资金不入账,数额巨大或者造成重大损失的行为。吸收客户资金不入账是指违反金融管理法律、法规,不如实将收受的客户资金计入银行等金融机构的账目,账目上反映不出来新增加的存款、保证金、委托资金业务,或者与出具给储户的存单、存折、资金凭证上的记载不相符合。至于是否计入法定账目以外设立的账目,其是否向客户开具了合法有效的存单或者其他金融凭证以及客户是否知晓其资金不被入账,不影响本罪的成立。金融机构吸收客户资金必须入账,不得在法定的会计账册之外另立账册。这是为了对金融机构的经营活动进行有效监管。吸收客户资金不入账,实际上就逃避了银行的监管。这里的客户资金,既包括个人的储蓄,也包括单位的存款。

根据《金融违法行为处理办法》第11条的规定,吸收客户资金不入账的行为方式主要表现为:(1)办理存款、贷款等业务不按照会计制度记账、登记,或者不在会计报表中反映金融业务活动的记录与价值核算。(2)将存款与贷款等不同业务放在同一账户内轧差处理。存款是金融机构的负债,应按活期或定期分别设置会计科目,在报表中按短期、长期进行反映。而贷款则是金融机构的资产,分短期贷款、中长期贷款等科目记录。将存款与贷款在同一账户内轧差处理,只能反映存、贷款余额,无法反映存、贷款业务的真实情况。(3)经营收入未列入会计账册。(4)其他方式的账外经营行为。《中华人民共和国商业银行法》第55条规定:"商业银行应当按照国家有关规定,真实记录并全面反映其业务活动或者财务状况,编制年度财务会计报告,及时向国务院监督管理机构、中国人民银行和国务院财政部门报送。商业银行不得在法定的会计账册外另立会计账册。"可见,金融机构在法定账户外设置账外账的,或者在会计账目中记载的资金数额与实际收储的资金金额不符,呈"大头小尾"特征。不依照规定将新增存款金额、放贷资金去向和利差收入记入法定银行财务会计科目的,都属于"不入账"的行为方式。

4. 本罪所侵害的客体,是复杂客体,即国家对金融活动的监管制度和金融机构拆借、贷款所产生的合法利益。由于银行或其他金融机构吸收客户资金不入账,使中国人民银行无法监管;由于非法拆借、发放贷款,极有可能使贷出或拆借的资金的本息无法收回,将使金融机构遭受重大损失;同时极易造成客户挤兑,导致金融秩序混乱和社会动乱。

(二)吸收客户资金不入账罪的认定

1. 本罪罪与非罪的界限

本罪是结果犯,要求行为人吸收客户资金不入账,必须"数额巨大"或者"造成重大损失"方可成立本罪。根据《追诉标准(二)》第四十三条的规定,银行或者其他金融机构及其工作人员吸收客户资金不入账,涉嫌下列情形之一的,应予立案追诉:(1)吸收客户资金不入账,数额在一百万元以上的;(2)吸收客户资金不入账,造成直接经济损失数额在二十万元以上的。

2. 吸收客户资金不入账罪与挪用公款罪的界限

当个人作为本罪的主体时,本罪与挪用公款罪极易混淆。两罪的主要区别是:(1)犯罪主体不同:两罪虽然都是特殊主体,但范围不一致。挪用公款罪的主体是国家工作人员,单位不能构成。而本罪的主体既可以是自然人,也可以是单位。在自然人作为犯罪主体的情况下,只能由银行或者其他金融机构的工作人员构成(既可以是这些金融机构的国家工作人员,也可以是非国家工作人员);(2)主观方面有所不同。两罪的主观方面虽然都是故意,但本罪一般要求必须以牟利为目的,而挪用公款罪则不要求以牟利为目的,行为人挪用是否是以牟利为目的,不影响犯罪的成立;(3)行为的客观表现不同。在个人将客户资金不记入银行账户时,必须与存款的客户相沟通,客户同意后,其行为才属于吸收客户资金不入账,如果客户未同意,或者不知情,行为人利用职务之便将客户资金用于非法拆借、发放贷款的,因为此时的客户资金已成为银行或者其他金融机构的存款,客户将资金存入银行或者其他金融机构本身并无任何过错行为,此笔资金不论是本金,还是利息,都应由该银行或者其他金融机构赔偿存款的客户。所以,应属于挪用公款罪的范围。《纪要》指出:"对于利用职务上的便利,挪用已经记入金融机构法定存款账户的客户资金归个人使用的,或者吸收客户资金不入账,却给客户开具银行存单,客户也认为将款已存入银行,该款却被行为人以个人名义借贷给他人的均应认定为挪用公款罪或者挪用资金罪";(4)使用人不同。吸收客户资金不入账,使用人可以是任何个人、单位。而挪用公款罪的使用人必须是个人或者不具有法人资格的私营企业。

3. 本罪与贪污罪、职务侵占罪的界限

本罪与贪污罪、职务侵占罪在主体、客体、客观行为、犯罪对象方面都有明显的不同。但是司法实践中也有容易混淆的地方。当银行或者其他金融机构的工作人员将用款人支付给单位的回扣、手续费占为已有,数额较大的,就不构成本罪,而应该以贪污罪或者职务侵占罪定罪处罚。

(三)吸收客户资金不入账罪的刑事责任

根据《刑法》第187条的规定,犯本罪,处5年以下有期徒刑或者拘役,并处2万元以上20万元以下罚金;数额特别巨大或者造成特别重大损失的,处5年以上有期徒刑,并处5万元以上50万元以下罚金。单位犯本罪,对单位处罚金,对直接负责的主管人员和其他直接责任人员,按照自然人犯本罪的法定刑处罚。

二十六、非法出具金融票证罪[①]

(一)非法出具金融票证罪的概念和特征

非法出具金融票证罪,是指银行或者其他金融机构的工作人员违反规定,为他人出具信用证或者其他保函、票据、存单、资信证明文件,情节严重的行为。本罪的主要构成特征是:

1. 本罪的主体是特殊主体,即必须是银行或者其他金融机构及其工作人员。这里的银行,包括中国人民银行、各商业银行、政策性银行以及其他在我国境内设立的中外合资银行和外资银行。其他金融机构,是指除银行之外的其他金融机构。

2. 本罪的主观方面表现为过失,即行为人对行为可能造成的损失,可能因为疏忽大意而没有预见,或者已经预见但轻信能够避免。不过,行为人对违反有关规定却是故意的,即明知故犯。

3. 本罪的客观方面表现为违反规定为他人出具信用证或者其他保函、票据、存单、资信证明,造成较大损失的行为。这里的"他人",不仅包括自然人,也包括单位。所谓违反规定,

---

① 本罪经《中华人民共和国刑法修正案(六)》第15条修正。

不仅包括违反有关的金融法律、法规的规定,也包括违反银行或者其他金融机构制定的一些内部的规章制度和业务规则。

另外,根据法律规定,违反规定为他人出具金融票证的行为,必须情节严重,才能构成本罪。

4. 本罪的客体是国家对金融票证的管理制度。为了保证经济活动的正常运行以及银行等金融机构的利益不受损失,银行等金融机构对于出具信用证或者其他保函、票据、存单、资信证明作了严格的规定,违反这些规定出具虚假证明文件,会给社会造成严重危害,从而破坏金融票证管理制度。

（二）非法出具金融票证罪的认定

1. 本罪罪与非罪的界限。本罪属于情节犯,只有违反规定出具金融票证情节严重的,才能构成犯罪。行为人虽有非法出具金融票证的行为,但没有造成《规定》第36条所规定的"较大损失"的两种情形的,不作犯罪论处。可由相关主管部门给予相应的行政处分。根据《追诉标准（二）》第四十四条的规定,银行或者其他金融机构及其工作人员违反规定,为他人出具信用证或者其他保函、票据、存单、资信证明,涉嫌下列情形之一的,应予立案追诉:(1) 违反规定为他人出具信用证或者其他保函、票据、存单、资信证明,数额在一百万元以上的;(2) 违反规定为他人出具信用证或者其他保函、票据、存单、资信证明,造成直接经济损失数额在二十万元以上的;(3) 多次违规出具信用证或者其他保函、票据、存单、资信证明的;(4) 接受贿赂违规出具信用证或者其他保函、票据、存单、资信证明的;(5) 其他情节严重的情形。

2. 本罪与伪造、变造金融票证罪的界限。两者在犯罪对象上有相同之处,但在其他犯罪构成要件上有着很大的区别。本罪是金融机构及其工作人员违反规定出具信用证明文件,不一定是假信用证明,对可能造成的经济损失是出于过失的心态,并且这种损失也不一定是金融单位的经济损失。而伪造、变造金融票证罪是故意犯罪,主体是一般主体,其所伪造、变造的金融票证是假的,而且行为人只要实施了伪造、变造金融票证的行为,就构成犯罪,不要求一定要造成较大的经济损失。

（三）非法出具金融票证罪的刑事责任

根据《刑法》第188条的规定,犯本罪的,处5年以下有期徒刑或者拘役,造成重大损失的,处5年以上有期徒刑。单位犯本罪,对单位判处罚金,对直接负责的主管人员和其他直接责任人员,按照自然人犯本罪的规定处罚。

二十七、对违法票据承兑、付款、保证罪

（一）对违法票据承兑、付款、保证罪的概念和特征

对违法票据承兑、付款、保证罪,是指银行或者金融机构及其工作人员在票据业务中,对违反票据法的票据予以承兑、付款或予以保证,造成重大损失的行为。本罪的主要构成特征是:

1. 本罪的主体是特殊主体,即必须是银行或者其他金融机构及其工作人员。这里的银行,包括中国人民银行、各商业银行、政策性银行以及其他在我国境内设立的中外合资银行和外资银行。其他金融机构,是指除银行之外的其他金融机构。

2. 本罪的主观方面表现为过失,包括疏忽大意过失和过于自信过失两种心态。值得指出的是,这里的过失是相对于造成重大损失的结果而言。行为人对于给予承兑、付款或者保证的票据不符合《票据法》规定的违章性是明知的。如果不是明知其不合规定性而受骗给予承兑、付款或者保证的,不构成本罪。

3. 本罪的客观方面表现为银行及其他金融机构及其工作人员在票据业务中,对违反票据法规定的票据予以承兑、付款、保证,造成重大损失的行为。

所谓承兑,是指汇票付款人承诺在汇票到期日支付汇票金额的票据行为;所谓付款,是指票据的付款人或者代理付款人支付票据金额以消灭票据关系的票据行为;所谓保证,是只有票据债务人以外的人,因承担票据债务保证责任,在汇票到期后,因持票人得不到付款,而须向持票人付款的票据行为。

本罪的构成,还要求行为人对违法票据进行承兑、付款、保证的行为必须造成重大损失,才能构成犯罪。

4. 本罪的客体是国家对金融票据的管理制度。办理票据的承兑、付款、保证是金融机构的一项重要业务,直接关系到金融机构以及票据当事人的资金安全,因此金融机构工作人员在办理票据业务中,应对票据进行认真审查,对合法的票据才能予以承兑、付款、保证。如果行为人不认真履行职责,不认真审查票据承兑申请人和被保证人的资金状况,随意将违反票据法规定的票据进行承兑、付款和保证,就会造成很大风险,形成重大资金损失。

(二) 对违法票据承兑、付款、保证罪的认定

1. 本罪罪与非罪的界限。本罪属于结果犯,只有行为人对违法的票据进行承兑、付款、保证,造成重大损失的时候,才能构成犯罪。如果行为人虽然有对违反票据法的票据进行承兑、付款、保证的行为,但没有"造成重大损失"的,不构成犯罪,可以由有关主管部门进行相应的行政处分。根据《追诉标准(二)》第四十五条的规定,银行或者其他金融机构及其工作人员在票据业务中,对违反票据法规定的票据予以承兑、付款或者保证,造成直接经济损失数额在二十万元以上的,应予立案追诉。

2. 本罪与金融诈骗犯罪的界限。银行或者其他金融机构的工作人员,与金融诈骗活动的犯罪分子串通,为其诈骗犯罪活动提供帮助的,以金融诈骗犯罪的共犯论处。这与本罪有一定的牵连关系,在适用中需注意把握。金融诈骗犯罪的共犯是事先与诈骗犯罪分子串通,事中积极为诈骗犯罪分子提供帮助,属于直接故意,往往具有骗取公私财物的目的,构成诈骗罪的共犯。而对于本罪来说,上述事先串通和事中积极帮助的行为并不明显,但行为人具有非法获取利益的目的。

3. 本罪与渎职犯罪的界限。渎职犯罪是国家机关工作人员滥用职权或者玩忽职守,致使公共财产、国家和人民的利益遭受重大损失的行为。本罪在客观上也表现为一种渎职行为,但犯罪主体有着本质的区别。

(三) 对违法票据承兑、付款、保证罪的刑事责任

根据《刑法》第189条的规定,犯本罪的,处5年以下有期徒刑或者拘役,造成特别重大损失的,处5年以上有期徒刑。单位犯本罪,对单位处罚金,对直接负责的主管人员和其他直接责任人员,按照自然人犯本罪的法定刑处罚。

二十八、逃汇罪[①]

(一)逃汇罪的概念和特征

逃汇罪,是指公司、企业或者单位,违反国家规定,擅自将外汇存放境外,或者将境内的外汇非法转移到境外,数额较大的行为。本罪的构成特征是:

1. 本罪的主体是特殊主体,只能由单位构成。就单位的性质而言,刑法第 190 条规定的逃汇罪的主体必须是国有公司、企业或者其他单位,但是全国人大常委会《关于惩治骗购外汇、逃汇和非法买卖外汇的决定》扩大了本罪的犯罪主体的范围,即便是非国有公司、企业或者其他单位,也可以构成本罪。

2. 本罪的主观方面表现为故意,即行为人明知自己的行为是违反国家规定的逃汇行为而仍然为之。过失不构成本罪。至于行为人出于何种动机,并不影响本罪的构成。

3. 本罪在客观方面表现为违反国家规定,擅自将外汇存放境外,或者将境内的外汇非法转移到境外,数额较大的行为。

首先,行为人违反了国家规定。违反国家规定,是指违反全国人民代表大会及其常务委员会制定的关于外汇管理的法律和决定和违反国务院制定的关于外汇管理的行政法规,如《外汇管理暂行条例》《违反外汇管理处罚实施细则》等。

其次,行为人逃汇的方式主要有两种法定形式:第一,擅自将外汇存放境外。该种形式主要是指公司、企业及其他单位,违反国家有关外汇管理的法律、法规,将应予调回的外汇不予调回,而存放境外的行为。第二,将境内的外汇非法转移境外。该种情况主要是指公司、企业及其他单位,违反国家有关外汇管理的法律、法规,未经国家有关部门的批准,将境内的外汇以投资等的合法形式转移到境外的行为。这里的所谓"境外",是指边境以外的国家和地区,包括台湾。

最后,行为人擅自将外汇存放境外,或者将境内的外汇非法转移境外,必须达到"数额较大"的程度,才能构成犯罪。

4. 本罪的客体是国家的外汇管理制度。犯罪对象是外汇。所谓"外汇",是指以外国货币标示的,用于国际结算的信用凭证和支付手段。根据《中华人民共和国外汇管理条例》的有关规定,国家实行国际收支统计申报制度。凡是国际收支活动的单位和个人,必须进行国际收支统计申报。境内机构的经营项目外汇收入必须调回境内,不得违反国家有关规定擅自将外汇存放境外。境内的资本项目外汇收入,除国家另有规定外,应当调回境内。数额较大的逃汇行为,无疑严重侵害了国家的外汇管理制度。逃汇所侵害的外汇管理制度,主要是国家对外汇的输入输出、进出境等方面的管理规定。

(二)逃汇罪的认定

1. 本罪罪与非罪的界限。本罪是数额犯,行为人擅自将外汇存放境外或者将境内的外汇非法转移境外,必须达到数额较大的程度,才能构成犯罪。对于虽有逃汇行为,但没有达到"数额较大"程度的,不能以本罪论处,可以由有关部门给予相应的行政处罚。根据《追诉标准(二)》第四十六条的规定,公司、企业或者其他单位,违反国家规定,擅自将外汇存放境

[①] 本罪经《关于惩治骗购外汇、逃汇和非法买卖外汇犯罪的决定》第 3 条修订。

外,或者将境内的外汇非法转移到境外,单笔在二百万美元以上或者累计数额在五百万美元以上的,应予立案追诉。

2. 本罪与骗取出口退税罪的界限。两者的主要区别在于:(1) 犯罪的主体不同。本罪是纯正的单位犯罪,主体仅限于公司、企业和其他单位;而骗取出口退税罪的主体是纳税义务人,包括单位,也包括自然人。(2) 客观方面表现不同。本罪的客观方面主要表现为逃汇和套汇行为;而骗取出口退税罪的客观方面主要表现为用各种手段骗取国家出口退税税款。(3) 侵犯的客体不同。本罪侵害的客体主要是国家的外汇管理制度;而骗取出口退税罪针对的是国家的税收,其行为侵害的是国家的税收管理制度。

3. 本罪与走私罪的界限。两者的主要区别在于:(1) 犯罪主体不同。本罪是纯正的单位犯罪,是特殊主体;而走私罪的主体却是一般主体。(2) 客观方面表现不同。本罪的客观方面主要表现为套汇和逃汇;而走私罪的客观方面主要表现为非法运输、携带、邮寄货物、物品进出国(边)境。(3) 侵犯的客体不同。本罪的客体是国家的外汇管理制度;而走私罪的客体是国家的对外贸易管理制度。

(三)逃汇罪的刑事责任

根据《刑法》第 190 条和《关于惩治骗购外汇、逃汇和非法买卖外汇犯罪的决定》的规定,犯本罪的,对单位判处逃汇数额 5% 以上 30% 以下罚金,并对其直接负责的主管人员和直接责任人员处 5 年以下有期徒刑或者拘役;数额巨大或者有其他严重情节的,对单位判处逃汇数额 5% 以上 30% 以下罚金,并对其直接负责的主管人员和直接责任人员处 5 年以上有期徒刑。

二十九、骗购外汇罪[①]

(一)骗购外汇罪的概念和特征

骗购外汇罪,是指行为人违反国家外汇管理法规,使用伪造、变造的海关签发的报关单、进口证明、外汇管理部门核准件等凭证和单据,或者重复使用海关签发的报关单、进口证明、外汇管理部门的核准件等凭证和单据,或者以其他方式骗购外汇,数额较大的行为。

本罪的主要构成特征是:

1. 本罪的主体是一般主体。自然人和单位都可以构成。

2. 本罪的主观方面表现为故意。犯罪动机一般是为了谋取非法利益,但行为人出于何种动机,并不影响本罪的构成。过失不构成本罪。

3. 本罪的客观方面表现为违反外汇管理法规,使用伪造、变造的海关签发的报关单、进口证明、外汇管理部门核准件等凭证和单据,或者重复使用海关签发的报关单、进口证明、外汇管理部门的核准件等凭证和单据,或者以其他方式骗购外汇,数额较大的行为。

违反了国家外汇管理法规,主要是指违反全国人民代表大会及其常务委员会制定的关于外汇管理的法律和决定和违反国务院制定的关于外汇管理的行政法规,如《外汇管理条例》《结汇、售汇及付汇管理规定》《出口收汇管理办法》等。

全国人大常委会 1998 年 12 月 29 日《关于惩治骗购外汇、逃汇和非法买卖外汇犯罪的

---

① 本罪由《关于惩治骗购外汇、逃汇和非法买卖外汇犯罪的决定》第 1 条增设。

决定》规定,本罪的主要表现形式有三种:第一,使用伪造、变造的海关签发的报关单、进口证明、外汇管理部门核准件凭证和单据的行为;第二,重复使用海关签发报关单、进口证明、外汇管理部门核准件凭证和单据的行为;第三,以其他方式骗购外汇的行为。行为人无论采取上述哪种方式骗购外汇,也不管行为人是一次或者几次骗购外汇,只要骗取外汇的数额较大,就可以构成本罪。

本罪的构成要求行为人采用各种手段骗购外汇必须达到"数额较大"的程度,才能构成犯罪。

4. 本罪侵犯的客体是国家的外汇管理制度,犯罪对象是外汇,包括外国货币、外汇支付凭证、外币有价证券、特别提款权、欧洲货币单位及其他外汇资产。外汇的买卖应该严格按照法律、法规的规定进行,骗购外汇的行为必然破坏了我国的外汇管理制度,应当依法严厉制裁。

（二）骗购外汇罪的认定

1. 本罪罪与非罪的界限。本罪是数额犯,要求行为人骗购外汇的数额必须达到"数额较大"的程度,方能构成犯罪。对于行为人虽有骗购外汇的行为,但是没有达到"数额较大"程度的,不能以本罪论处,可由有关主管部门给予相应的行政处罚。根据《追诉标准(二)》第四十七条的规定,骗购外汇,数额在五十万美元以上的,应予立案追诉。

2. 本罪的共犯的认定。根据全国人大常委会《关于惩治骗购外汇、逃汇和非法买卖外汇犯罪的决定》规定,明知行为人用于骗购外汇而向其提供人民币资金的,以本罪的共犯论处。海关、外汇管理部门以及金融机构、从事对外贸易经营活动的公司、企业或者其他单位的工作人员与骗购外汇的行为人通谋,为其提供购买外汇的有关凭证和单据而售汇、付汇的,以本罪的共犯论处,并且从重处罚。

3. 本罪的罪数的认定。根据最高人民法院《关于审理骗购外汇、非法买卖外汇刑事案件具体应用法律若干问题的解释》的有关规定,以进行走私、洗钱、骗税等犯罪活动为目的,使用虚假、无效的凭证、商业单据或者采取其他手段向外汇指定银行骗购外汇的,应当分别按照刑法分则第三章第二节、第190条、第191条和第204条的规定定罪处罚。骗购外汇、非法买卖外汇的,其违法所得予以追缴,用于骗购外汇的资金予以没收,上缴国库。

（三）骗购外汇罪的刑事责任

根据《关于惩治骗购外汇、逃汇和非法买卖外汇犯罪的决定》第1条之规定:犯骗购外汇罪,处5年以下有期徒刑或者拘役,并处骗购外汇数额5%以上30%以下的罚金,数额巨大或者有其他严重情节的,处5年以上10年以下有期徒刑,并处骗购外汇数额5%以上30%以下的罚金;数额特别巨大或者有其他特别严重情节的,处10年以上有期徒刑或者无期徒刑,并处骗购外汇数额5%以上30%以下的罚金或者没收财产。单位犯本罪,对单位判处罚金,并对其直接负责的主管人员和其他直接责任人员,处5年以下有期徒刑或者拘役;数额巨大或者有其他严重情节的,处5以上10年以下有期徒刑;数额特别巨大或者有其他特别严重情节的,处10年以上有期徒刑或者无期徒刑。

三十、洗钱罪[①]

(一)洗钱罪的概念和特征

"洗钱"一词是由英文"Money Laundering"直译而来的。由于该词语的直译较为生动,因而被人们所普遍接受。根据刑法第191条的规定,洗钱罪,是指明知是毒品犯罪、黑社会性质组织犯罪、恐怖活动犯罪、走私犯罪、贪污贿赂犯罪、金融犯罪[②]的违法所得及其产生的收益,为掩盖、隐瞒其来源和性质,实施提供资金账户、协助将财产转换成现金或者金融票据、协助将资金汇往境外、或者以其他方法掩饰、隐瞒犯罪所得及其收益的性质和来源的行为。本罪的主要特征:

1. 本罪的主体。本罪的主体是一般主体,包括自然人和单位。但本罪的主体不包括"上游犯罪"的行为人。如果"上游犯罪"的行为人既实施"上游犯罪",又实施洗钱行为,是属于刑法上"不可罚的事后行为"。因此,洗钱罪的主体应是"上游犯罪"以外的自然人或者单位。

2. 本罪的主观方面是故意。行为人明知是特定犯罪所得和收益而故意为其掩饰和隐瞒。对本罪主观方面"明知"的理解,应注意以下问题:一是明知的内容必须是确定的,行为人明知的必须是自己的行为是在掩饰四种特定的"上游犯罪"的违法所得及其所产生的收益的来源和性质。如果行为人仅仅是明知其为犯罪所得,但不知其为特定犯罪的所得,则不能构成本罪;二是根据刑法的一般理论,"明知"应包括"确知"和"可能知道"两种情况。只要行为人知道财产可能是四种特定的"上游犯罪"的所得,就成立本罪的故意。本罪行为人的目的是为了掩饰"上游犯罪"的违法所得的性质,说明行为人对危害结果的发生,是一种追求其发生的直接故意的心理态度。

3. 洗钱罪的客观方面。根据刑法第191条的规定,洗钱犯罪客观方面的行为具体表现为5种行为方式:

(1) 提供资金账户。包括两种情况,一是行为人将自己现有的银行资金账户提供给"上游犯罪"的犯罪分子使用;二是行为人为"上游犯罪"的犯罪分子开设新的账户,供其洗钱使用;

(2) 协助将财产转换为现金或金融票据。是指行为人协助"上游犯罪"的犯罪分子将犯罪所得或者收益转换成现金或金融票据,隐瞒这些资产的真实来源;

(3) 通过转账或者其他结算方法协助资金转移。是指行为人通过银行等金融机构的转账,委托付款等结算业务,协助"上游犯罪"的犯罪分子将违法所得及其收益从一个账户转移至另一个账户,使犯罪所得混入合法收入中。转账结算方式是一种非现金结算方式,它主要通过票据来结算。票据结算,结算划拨速度快,在短时间内可将资金倒几道手,使犯罪所得不易被发现;

(4) 协助将资金汇往境外。是指行为人协助"上游犯罪"的犯罪分子躲避国内有关机构对犯罪收入的监管,通过国内银行或金融机构所开设的账号,将赃款汇入境外;

---

① 本罪经《刑法修正案(三)》第7条和《刑法修正案(六)》第16条两次修正。

② 《刑法修正案(三)》将恐怖犯罪列为洗钱罪的上游犯罪;《刑法修正案(六)》将贪污贿赂犯罪和金融犯罪列为洗钱罪的上游犯罪。

(5) 以其他方法掩饰、隐瞒犯罪的违法所得及其收益的性质和来源。所谓其他方法,主要是指将上述犯罪的违法所得及其收益进行再投资,包括将违法所得及收益投资于服务业或房地产业等大量使用现金的地方,使巨额收益披上合法化的外衣。

根据最高人民法院 2009 年 11 月 11 日生效的《关于审理洗钱等刑事案件具体应用法律若干问题的解释》的规定,"以其他方法掩饰、隐瞒犯罪的违法所得及其收益的性质和来源"的行为包括以下几种:

(1) 通过典当、租赁、买卖、投资等方式,协助转移、转换犯罪所得及其收益的;

(2) 通过与商场、饭店、娱乐场所等现金密集型场所的经营收入相混合的方式,协助转移、转换犯罪所得及其收益的;

(3) 通过虚构交易、虚设债权债务、虚假担保、虚报收入等方式,协助将犯罪所得及其收益转换为"合法"财物的;

(4) 通过买卖彩票、奖券等方式,协助转换犯罪所得及其收益的;

(5) 通过赌博方式,协助将犯罪所得及其收益转换为赌博收益的;

(6) 协助将犯罪所得及其收益携带、运输或者邮寄出入境的;

(7) 通过前述规定以外的方式协助转移、转换犯罪所得及其收益的。

4. 本罪侵害的客体是复杂客体,即国家金融管理秩序和社会治安管理秩序。"洗钱"行为的产生有着深刻的背景。随着社会的发展,经济犯罪、毒品犯罪、黑社会性质的有组织的犯罪以及恐怖活动犯罪等也日益猖獗。这些犯罪往往产生巨大的非法所得。对于犯罪分子而言,一个重要的问题就是在犯罪获得成功后,如何将犯罪所得藏匿并加以合法化? 犯罪分子最常用的手段是通过银行等金融机构将赃款转变为无形的匿名的金融资产,即通过金融机构"洗钱",来实现资产的保值增值。因此,"洗钱"活动破坏了正常的金融管理秩序,另一方面也为司法机关发现和追查犯罪及其证据设置障碍,使受害人的经济损失难以弥补。

本罪的对象是"毒品犯罪、黑社会性质的组织犯罪、恐怖活动犯罪和走私犯罪"四种特定的犯罪违法所得及其产生的收益。所谓"产生的收益",是指犯罪分子将违法犯罪所得的收入用于合法或者非法的投资、经营、储蓄、放贷等所获取的经济利益。对针对其他犯罪中的洗钱行为,可根据《刑法》第 312 条规定的窝藏、转移、收购、销售赃物罪等犯罪处理。

(二)洗钱罪的认定

1. 本罪罪与非罪的界限

本罪在犯罪构成上属于行为犯,只要行为人明知是毒品犯罪、黑社会性质的组织犯罪、恐怖活动犯罪、走私犯罪的非法所得及其收益而加以掩饰或者隐瞒,实施了本罪在客观方面所规定的五种行为之一的,就构成本罪。对于情节轻微、危害不大的,不以犯罪论处。

2. 本罪与隐瞒、掩饰犯罪所得、犯罪所得收益罪等赃物犯罪的界限

两者的主要区别是:(1) 主观方面有差异。本罪的主观方面必须"明知"是六种特定的"上游犯罪"所得或者产生的收益,并具有掩饰、隐瞒其来源和性质的目的,而赃物犯罪只要求主观上"明知"是其他犯罪所得及其收益就可构成。(2) 行为的方式不同。本罪的行为人以刑法明文所列五种行为之一为"上游犯罪"的犯罪分子"洗钱"。赃物犯罪的形式主要表现为将犯罪所得的赃物予以隐瞒、掩饰。(3) 犯罪侵害的客体和对象不同。本罪是复杂客体的犯罪,其客体是国家对金融管理的秩序和司法机关的正常活动。赃物犯罪的客体是司法

机关的正常活动。本罪的犯罪对象只有六类犯罪即毒品犯罪、黑社会性质的组织犯罪、恐怖活动犯罪以及走私犯罪、贪污贿赂罪、金融犯罪的违法所得及其产生的收益。赃物犯罪的对象可以是上述六类犯罪以外的犯罪的犯罪所得及其产生的收益。

3. 本罪与"上游犯罪"的共同犯罪界限

区分的界限关键看事前有无通谋。行为人如果事先参与毒品犯罪、黑社会性质的组织犯罪、恐怖活动犯罪或者走私犯罪，事后又洗钱的，应当只追究行为人毒品犯罪、黑社会性质组织犯罪、恐怖活动犯罪或者走私犯罪共犯的刑事责任，洗钱行为是其毒品等犯罪活动的后继行为，为前罪所吸收，不应对其洗钱行为再单独定罪。如《刑法》第 156 条规定："与走私罪犯通谋，为其提供贷款、资金、账号、发票、证明，或者为其提供运输、保管、邮寄或有其他方便的，以走私罪的共犯论处。"相反，如果无通谋的，帮助"上游犯罪"的犯罪分子洗钱的，则构成洗钱罪。如与走私犯没有事前通谋，而只是在事后为走私犯提供账号、发票、证明，帮助其转移资金的，则应定洗钱罪。

（三）洗钱罪的刑事责任

根据《刑法》第 191 条，犯本罪的，处 5 年以下有期徒刑或者拘役，并处或单处洗钱数额 5% 以上 20% 以下的罚金；情节严重的，处 5 年以上 10 年以下有期徒刑，并处洗钱数额 5% 以上 20% 以下的罚金。单位犯本罪，对单位处罚金，对直接负责的主管人员和其他直接责任人员，处 5 年以下有期徒刑或者拘役。情节严重的，处 5 年以上 10 年以下有期徒刑。

第 十 七 章

金融诈骗罪

第一节　金融诈骗罪概述

一、金融诈骗罪的概念

金融诈骗罪是指行为人以非法占有为目的，采取非法融资等手段，或者利用金融票据、信用证、信用卡等金融工具进行诈骗的行为。

作为一类犯罪，金融诈骗与普通诈骗并没有本质的区别。但金融诈骗发生在金融领域，利用特殊的手段作案，涉案金额大，不但侵害公私财产所有权，造成国家金融资产大量流失，而且严重破坏市场经济秩序，危害国家信用制度，具有特殊的社会危害性。

二、金融诈骗罪的构成特征

（一）本类犯罪的主体既包括自然人，也包括单位。这是由金融活动主体的广泛性决定的。在金融市场上存在着众多的从事间接融资和直接融资的主体。按照主体与资金的关系划分，他们大致可以分为资金供应方、资金需求方、中介机构和管理者四大类。资金供应方一般是指那些经常出现资金盈余的企业、单位和个人；资金需求方一般是指通常出现资金赤字的企业和政府部门；中介机构则为各种银行性和非银行性金融机构，他们通常扮演着资金供需双方的中介人角色；管理者主要是中央银行。若按实体来划分，融资的主体可大体分为企业、政府、居民户、金融机构四类。各主体从事融资活动，既有自己对利润追求的内在动力，也有主体间竞争的外在压力。这一方面共同推动着资金在各主体间的流动，另一方面也滋生着诈骗活动，或者为金融机构诈骗提供可乘之机。因此，金融诈骗罪的主体也是多种多样的。

（二）本类犯罪的主观方面主要表现为直接故意，并且犯罪行为人主观上都具有非法占有公私财物的目的。也就是说，行为人明知实施金融诈骗活动，会发生侵犯金融管理秩序和公私财产权益的结果，仍然希望这种结果的发生。无论犯罪行为人采取何种行为方式与手段隐瞒事实真相、编造虚假事实，其最终目的只有一个，那就是非法占有公私财物。

（三）本类犯罪的客观方面主要表现为行为人以非法融资为手段，进行集资诈骗、贷款诈骗，或者利用金融票据、信用证、信用卡、国家证券等金融工具，进行诈骗活动，或者进行保险诈骗活动，数额较大的行为。

本类犯罪，根据刑法的规定，除信用证诈骗罪是行为犯以外，其他几种具体的金融诈骗犯罪都是结果犯,即以诈骗"数额较大"为各罪的构成要件。对于"数额较大"的理解,理论上曾有不同的看法。比如,有的学者就认为,金融诈骗罪都是行为犯,各罪所说的"数额较大",并非是指行为人已经骗取的财物的数额,而是指行为人实施金融诈骗活动,意图骗取的财物的数额。[①]

笔者认为,上述观点是值得商榷的。首先,从刑法条文的表述来看,金融诈骗罪并非都是行为犯,只有信用证诈骗罪是行为犯。其次,如果用行为人意图诈骗的主观标准来衡量"数额较大",势必造成标准形同虚设,甚至出入人罪,至少给调查取证带来一定的困难。在此,从金融诈骗罪的法律语言的逻辑看,也可以排除上述意图标准的可能性。因为,可以肯定,同样是金融犯罪,各罪在数额标准的确定上,要么选择主观标准,要么选择客观标准,决不会也不应该一些犯罪采取主观标准,而另一些犯罪采取客观标准。正因为如此,刑法分则第三章第五节的犯罪中,刑法基本上均表述为"……,数额较大的,……"。最后,从公安部、最高人民检察院和最高人民法院的相关司法解释看,也都是以行为人实际诈骗的财物数额作为标准的,而不是以行为人意图诈骗的数额作为标准的。

(四)本类犯罪的客体是复杂客体,行为人的行为既侵害了国家的金融管理秩序,又侵犯了公私财产的所有权。其中,前者是金融诈骗类犯罪的主要客体,后者则是本类犯罪的次要客体。

三、金融诈骗罪的种类

根据刑法分则第三章第五节的规定,本类犯罪主要包括以下几种:

(一)融资诈骗类犯罪,包括集资诈骗罪(第 192 条),贷款诈骗罪(第 193 条)。

(二)有价证券诈骗类犯罪,包括票据诈骗罪(第 194 条第 1 款),金融凭证诈骗罪(第 194 条第 2 款),信用证诈骗罪(第 195 条),信用卡诈骗罪(第 196 条),有价证券诈骗罪(第 197 条)。

(三)保险类诈骗犯罪,包括保险诈骗罪(第 198 条)。

第二节 金融诈骗罪具体罪名

一、集资诈骗罪

(一)集资诈骗罪的概念和特征

集资诈骗罪,是指以非法占有为目的,使用诈骗的方法非法集资的行为。本罪的主要特征是:

1. 本罪的主体是一般主体,既可以是自然人,也可以是单位。

2. 本罪的主观方面是故意,行为人主观上具有非法占有的目的。行为人虽然具有非法集资的行为,但不是出于非法占有集资款的目的,而是将集资款用于正常的生产经营,集资约定的还本付息到期后,不能归还本息是由于经营不善或其他原因引起的,不能构成本罪。"非法占有目的"是行为人的主观心理内容,这一心理内容可通过行为的客观表现反映出来,

---

① 高西江主编:《中华人民共和国刑法的修订与适用》,中国方正出版社 1997 年版,第 472 页。

因此,"认定是否具有非法占有为目的。应当坚持主客观相一致的原则,既要避免单纯根据损失结果客观归罪,也不能仅凭被告人自己的供述,而应当根据案件具体情况具体分析。根据司法实践,对于行为人通过诈骗的方法非法获取资金,造成数额较大资金不能归还,并具有下列情形之一的,可以认定为具有非法占有的目的:(1)明知没有归还能力而大量骗取资金的;(2)非法获取资金后逃跑的;(3)肆意挥霍骗取资金的;(4)使用骗取的资金进行违法犯罪活动的;(5)抽逃、转移资金、隐匿财产,以逃避返还资金的;(6)隐匿、销毁账目,或者搞假破产、假倒闭,以逃避返还资金的;(7)其他非法占有资金、拒不返还的行为。"

3. 本罪的客观方面表现为行为人以诈骗的方法,进行非法集资,数额较大的行为。根据 1996 年最高人民法院《关于审理诈骗案件具体应用法律的若干问题的解释》:所谓"诈骗的方法",是指行为人采取虚构集资用途,以虚假的证明文件和高回报率为诱饵,骗取集资款的手段;所谓"非法集资",是指"非法集资"的法人、其他组织或者个人,未经有权机关批准,向社会公众募集资金的行为。

4. 本罪侵害的客体是复杂客体。非法集资行为,既扰乱了国家正常的金融管理秩序,又侵犯了公私财产所有权。

(二)集资诈骗罪的认定

1. 集资诈骗罪罪与非罪的界限。现实生活中,各种非法集资的行为经常发生,也常常引起一定的后果,处理集资案件,应注意正确区分一般非法集资行为与集资诈骗罪的界限,主要从两个方面去考查:一是考查行为人的主观方面,主要是看行为人的主观目的。司法实践中,有的人取得集资款以后,采取集新还旧的手段,手中始终掌握一部分集资款用于资金的挥霍,甚至取得集资款后逃之夭夭,其集资诈骗的故意就较明显。有的人开始没有集资诈骗的故意,但后来由于种种原因无力偿还前面的集资款时,就采取集新还旧的手段诈骗的,同样构成本罪;二是考查犯罪的结果,主要是看集资的数额。根据《追诉标准(二)》第 49 条的规定,个人集资诈骗起刑数额在 10 万元以上,单位集资诈骗起刑数额在 50 万元以上。没有达到这一起刑数额的,可作为一般的非法集资行为处理。

2. 本罪与欺诈发行股票、债券罪、非法吸收公众存款罪的界限。三罪在客观上均表现为向社会公众非法募集资金。区别的关键在于行为人是否具有非法占有的目的。对于以非法占有为目的而非法集资,或者在非法集资过程中产生了非法占有他人资金的故意,均构成集资诈骗罪。而如果行为人的目的是为公司、企业筹集资金,只具有使用资金的目的,则不构成本罪,而视情况构成欺诈发行股票、债券罪、非法吸收公众存款罪。对非法占有目的的认定,主要从集资款的用途去分析,例如,行为人集资后携带集资款潜逃的、任意挥霍大肆消费或者滥用集资款的、使用集资款从事违法犯罪活动等,均可认定为具有非法占有目的。根据《纪要》,"在处理具体案件时要注意以下两点:一是不能仅凭较大数额的非法集资款不能返还的结果,推定行为人具有非法占有的目的;二是行为人将大部分资金用于投资或生产经营活动,而将少量资金用于个人消费或挥霍的,不应仅以此便认定具有非法占有的目的。"

3. 本罪与擅自发行股票、公司、企业债券罪的界限。两罪客观上都违反了有关法律规定,都实施了聚集资金的行为。两罪的主要区别是:(1)犯罪目的不同。前罪的目的是非法占有集资款。而后罪的目的是为公司、企业筹集资金。这是两罪最本质的区别。如果行为人以发行股票、债券的名义占有集资款的,则应构成集资诈骗罪。(2)犯罪的方式不同。前罪是采取虚构事实、隐瞒真相的方法实施,其方法多种多样,而后罪行为表现为未经公司法规定的有关主管部门的批准,擅自发行股票、公司、企业债券,其对象是特定的,就是股票和债券。

(三)集资诈骗罪的刑事责任

根据《刑法》第192条的规定,犯本罪,处5年以下有期徒刑或者拘役,并处2万元以上20万元以下罚金;数额巨大或者有其他严重情节的,处5年以上10年以下有期徒刑,并处5万元以上50万元以下罚金;数额特别巨大或者有其他特别严重情节的,处10年以上有期徒刑或者无期徒刑,并处5万元以上50万元以下的罚金或者没收财产。根据《刑法》第199条的规定,犯本罪,数额特别巨大并且给国家和人民利益造成特别重大损失的,处无期徒刑或者死刑,并处没收财产。

二、贷款诈骗罪

(一)贷款诈骗罪的概念和特征

贷款诈骗罪,是指以非法占有为目的,诈骗银行或其他金融机构的贷款,数额较大的行为。本罪的主要特征是:

1. 本罪的主体是申请贷款人。申请贷款人,既有单位,又有个人。但本罪并没有规定单位犯罪。在司法实践中,对单位实施贷款诈骗行为,因刑法第193条所规定的贷款诈骗罪的犯罪主体是自然人而不是单位,因此,单位不构成贷款诈骗罪,但根据《纪要》,对单位实施的贷款诈骗行为,应以合同诈骗罪论处。

2. 本罪的主观方面出于故意。行为人主观上有非法占有的目的。实践中,采取欺骗的方法取得贷款的情况很多。但行为人主观上不一定具有非法占有的目的。认定行为人主观上有无非法占有的故意,应从多方面去分析。行为人冒名贷款特别是虚构申请人贷款的,行为人主观上占有的故意较为明显;行为人明知自己没有还贷能力,采取欺骗手段骗取贷款的,也应认定为主观上具有非法占有的故意。如果行为人仅仅是为了获取贷款,在贷款过程中采用了一些欺骗的方法,但并不打算不还,没有及时归还的原因是出现了某种特殊情况,对此,应以贷款纠纷处理。

3. 本罪的客观方面表现为行为人实施了诈骗银行或其他金融机构贷款的行为。实践中,诈骗贷款的方法是多种多样的,主要有以下几种:

(1)以编造引进资金、项目等虚假理由骗取贷款。行为人常常编造不存在的或情况不实的投资项目、或以引进外资需要配套资金等理由骗取贷款。从司法实践中的情况看,犯罪分子一般声称国外某财团或基金组织有数亿或数十亿美元的资金可以引进,银行如需要该资金存入,就要缴纳一定的手续费或者向指定的单位、个人发放贷款,也有的犯罪分子编造效益良好的投资项目,以骗取银行的贷款;

(2)使用虚假的经济合同。行为人以虚假的出口合同或者使用其他短期内能产生良好经济效益的合同要求贷款,以骗取贷款。银行为了鼓励企业的生产或鼓励产品的出口,有时需根据经济合同决定是否发放贷款。因此,犯罪分子就有可能伪造并且使用虚假的出口合同,或者其他短期内能产生很好的经济效益的经济合同;

(3)使用虚假的证明文件。指行为人提供虚假的银行存单或金融机构出具的虚假的保函,或者提供虚假的资产负债表、虚假的会计报表等,骗取贷款。有些犯罪分子为了证明自已拥有一定数量的自有流动资金,以骗取银行或者其他金融机构的信任,便假冒银行的公章,或者伪造存款证明等资信证明,诈骗银行或者其他金融机构的贷款;

(4) 使用虚假的产权证明作担保。主要是指行为人虚构不存在的财产作担保,或者将财产重复抵押,多头抵押等方法,骗取贷款;

(5) 用其他方法骗取贷款。例如,伪造单位的印章骗取贷款。有的人一旦取得贷款后,就携款逃跑或用其他方法转移债务等。在司法实践中,发生在担保环节的诈骗行为主要有:① 互相保证或者连环保证,即几个借款人之间私下串通,互相提供保证,实质上,保证人就是借款人;② 空头保证。即保证人不符合保证主体的资格,保证人在借款人到期不归还贷款时,无法履行保证义务。例如国家机关、学校幼儿园等以公益为目的的事业单位、社会团体等提供的担保;③ 名义担保。即保证人与借款人本身负有连带责任,保证只是形式而已,如企业法人为分支机构担保;④ 重复保证。即同一主体同时作为数个贷款人的保证人,且贷款远远超过保证人的代偿能力。

(二) 贷款诈骗罪的认定

1. 贷款诈骗罪罪与非罪的界限

本罪要求诈骗的贷款必须达到"数额较大",如果数额不大,则不构成犯罪。何为"数额较大",刑法没有明文规定,根据《追诉标准(二)》第50条规定,以非法占有为目的,诈骗银行或者其他金融机构的贷款,数额在二万元以上的,应予立案追诉。

2. 贷款诈骗和贷款欺诈的界限

所谓贷款欺诈,是指以欺诈的方法获取贷款,但行为人主观上并没有非法占有的目的,而是为了使用贷款。对贷款欺诈行为,应作为贷款纠纷处理。而贷款诈骗罪,行为人不仅使用了欺诈的手段,而且具有非法占有的目的。如何认定行为人主观上是否有非法占有的目的,司法实践中,应从多方面考虑:(1) 看行为人在贷款前后履约能力的情况。在申请贷款时是否就包含了履约能力的不足,就注定无法归还贷款的,还是在贷款后因为其他原因介入,使本可以归还的贷款无法归还;(2) 看行为人取得贷款后是否积极用于贷款合同所规定的用途,如果行为人将贷款用于贷款合同所规定的用途,即使到期不能归还,也属于贷款纠纷;(3) 看行为人在贷款到期以后是否积极归还贷款。行为人在贷款到期以后,尽管一时不能归还贷款,但行为人积极想方设法,筹措资金,归还贷款。将这些方面综合考虑,以判断行为人是否有非法占有的目的,不能强调一点,不及其余。但是,也应注意行为人故意内容的转化,行为人开始没有占有的故意,但后来取得贷款以后,故意内容发生了变化,产生了非法占有的故意,则仍可定贷款诈骗罪。

(三) 贷款诈骗罪的刑事责任

根据《刑法》第193条的规定,犯贷款诈骗罪,数额较大的,处5年以下有期徒刑或者拘役,并处2万元以上20万元以下罚金;数额巨大或者有其他严重情节的,处5年以上10年以下有期徒刑,并处5万元以上50万元以下罚金;数额特别巨大或者有其他特别严重情节的,处10年以上有期徒刑或者无期徒刑,并处5万元以上50万元以下罚金或者没收财产。

三、票据诈骗罪

（一）票据诈骗罪的概念和特征

根据刑法第 194 条的规定,票据诈骗罪,是指以非法占有为目的,实施了使用金融票据的诈骗,数额较大的行为。本罪的主要特征是:

1. 本罪的主体可以是自然人,也可以是单位。

2. 本罪的主观方面是故意。刑法对本罪的主观方面没有强调"非法占有目的",考虑到本罪与普通诈骗罪是一种法条竞合关系,所以,构成本罪必须有"非法占有目的"。这一点在《纪要》也有所肯定。

3. 本罪的客观方面表现为用各种方法实施金融票据的诈骗活动。其行为方式主要有:(1) 明知是伪造、变造的汇票、本票、支票而使用。这就是说,票据本身是伪造或变造的(但不是自己事先伪造或变造)。明知是伪造、变造的金融票据而使用,本身就是一种诈骗行为。行为人如事先实施伪造、变造票据,然后再使用的,而行为系出于同一犯罪目的的牵连行为,应按本罪论处。(2) 明知是作废的汇票、本票、支票而使用的。即故意使用过期票据、无效票据或者其他被依法宣布作废的票据。(3) 冒用他人的汇票、本票和支票。是指行为人擅自以合法持票人的名义,支配、使用、转让自己不具有支配权的他人的票据。所谓"冒用",是指行为人擅自以合法持有人的名义,使用、转让自己不具有支配权的票据。(4) 签发空头支票或者预留印鉴不符的支票,骗取财物。空头支票,是指支票金额超出其银行存款账户金额或透支额度而不能兑现的支票。(5) 汇票、本票的出票人签发无资金保证的汇票、本票或者在出票时作虚假的记载,骗取财物的。资金保证,是指出票人在承兑票据时具有按票据支付的能力。票据法明确规定,汇票、本票的出票人必须具有支付汇票、本票金额的可靠的资金来源,保证支付。(6) 使用伪造、变造的委托收款凭证、汇款凭证、银行存单等其他银行结算凭证的。委托收款凭证、汇款凭证、银行存单,性质上属于金融票证,但不属于金融票据,因此,刑法将其规定为一种特殊形式的票据诈骗行为。

4. 本罪的客体是复杂客体,既侵犯了国家对于金融票据的管理制度,又侵犯了公私财产所有权。

（二）票据诈骗罪的认定

1. 本罪罪与非罪的界限。根据《追诉标准(二)》的规定,进行金融票据诈骗活动,涉嫌下列情形之一的,应予立案追诉:个人进行金融票据诈骗,数额在一万元以上的;单位进行金融票据诈骗,数额在十万元以上的,应予立案。

2. 本罪与盗窃罪的界限。司法实践中,行为人盗窃了他人的支票,又冒用支票合法持有人的名义,支配、使用、转让该支票。此种行为应如何定罪? 行为人盗窃了票据非法占有财产的途径有一定的特殊性。一般的盗窃,行为人非法占有了盗窃的对象,也就意味着已经非法占有了该项财物,而盗窃了票据,行为人并没有立即在事实上占有财物,行为人还必须到银行、商店或向他人出示票据使他人信以为真地出卖商品或付出现金,如果不再度使用,行为人手中的票据就一文不值。因此,行为人在盗窃了票据以后,为了达到其犯罪目的,必然要实施诈骗行为。这就造成了定罪上的分歧。笔者认为,对盗窃票据后骗取财物的行为的定性,应该分为两种情形进行分析:第一,如果行为人盗窃的是印鉴齐全的有效支票(包括盗窃时将签发支票等票据的印鉴等一起盗窃的），继而冒充失窃单位的人员去其他单位骗购财物或冒领现金的，则直接定盗窃罪。因为有效票据的性质决定了它是一种见票即付的证券。行为人冒充失窃单位的人员只是其获取财物的一种辅助手段，是盗窃行为的继续发展。第二，如果行为人盗窃的是无效的票据（如印鉴不全的空白支票或虽然印鉴齐全但已过使用期限），行为人为了达到使用的目的，私刻印章或涂改票据的，行为人主要采取的是隐瞒真相的欺骗手段，其受害的对象是被骗的单位而不是票据的失窃单位，符合票据诈骗罪的特征。

（三）票据诈骗罪的刑事责任

根据《刑法》第194条的规定，犯票据诈骗罪的，处5年以下有期徒刑或者拘役，并处2万元以上20万元以下的罚金；数额巨大或者有其他严重情节的，处5年以上10年以下有期徒刑，并处5万元以上50万元以下的罚金；数额特别巨大或者有其他特别严重情节的，处10年以上有期徒刑或者无期徒刑，并处5万元以上50万元以下的罚金或者没收财产。根据《刑法》第200条规定，单位犯本罪，对单位处罚金，对直接负责的主管人员和其他直接责任人员，处5年以下有期徒刑或者拘役，并处2万元以上20万元以下的罚金；数额巨大或者有其他严重情节的，处5年以上10年以下有期徒刑，并处5万元以上50万元以下的罚金；数额特别巨大或者有其他特别严重情节的，处10年以上有期徒刑或者无期徒刑，并处5万元以上50万元以下的罚金或者没收财产。

四、金融凭证诈骗罪

（一）金融凭证诈骗罪的概念与特征

金融凭证诈骗罪，是指以非法占有为目的，使用伪造、变造的委托收款凭证、汇款凭证、银行存单等银行结算凭证，骗取财物的行为。本罪的主要构成特征是：

1. 本罪的主体是一般主体，自然人和单位均可以构成。

2. 本罪的主观方面表现为故意，行为人在主观上必须具有骗取他人财物的目的，不具有该种目的的，不构成本罪。

3. 本罪的客观方面表现为使用伪造、变造的收款凭证、汇款凭证、银行存单等其他银行结算凭证进行金融诈骗的行为。具体表现为明知是伪造、变造的收款凭证、汇款凭证、银行存单等其他银行结算凭证而使用的。另外，该罪的构成必须以诈骗他人财物数额较大为要件。

4. 本罪的客体是复杂客体，既侵犯了国家的金融凭证管理制度，又侵犯了公私财产所有权。

（二）金融凭证诈骗罪的认定

1. 本罪罪与非罪的界限

本罪的构成要求行为人骗取财物数额较大，因此，骗取财物不够数额较大标准的，不以本罪论处。根据《追诉标准（二）》的规定，使用伪造、变造的委托收款凭证、汇款凭证、银行存单等其他银行结算凭证进行诈骗活动，涉嫌下列情形之一的，应予立案追诉：个人进行金融凭证诈骗，数额在一万元以上的；单位进行金融凭证诈骗，数额在十万元以上的。

2. 本罪与贷款诈骗罪、合同诈骗罪的界限

两者从理论上不易混淆，其侵犯的客体和客观方面的表现均不一样。但当行为人用伪

造、变造的金融凭证进行质押贷款或者用作合同的担保时，应当如何定罪，即成问题。笔者认为，本罪的使用仅指使用实现金融凭证上记载的财产权利的直接使用，而不包括将其质押或者用作其他的担保等的间接使用。如果行为人将伪造、变造的金融凭证进行质押贷款或者用作合同的其他担保时，不构成本罪，而应构成相应的贷款诈骗罪或者合同诈骗罪。

（三）金融凭证诈骗罪的刑事责任[①]

根据《刑法》第194条、第199条、第200条规定，犯本罪的，处5年以下有期徒刑，并处2万元以上20万元以下罚金；数额巨大或者有其他严重情节的，处5年以上10年以下有期徒刑，并处5万元以上50万元以下罚金；数额特别巨大或者有其他特别严重情节的，处10年以上有期徒刑或者无期徒刑，并处5万元以上50万元以下罚金或者没收财产。单位犯本罪的，对单位判处罚金，并对其直接负责的主管人员和其他直接责任人员，处5年以下有期徒刑或者拘役；数额巨大或者有其他严重情节的，处5年以上10年以下有期徒刑；数额特别巨大或者有其他特别严重情节的，处10年以上有期徒刑或者无期徒刑。

五、信用证诈骗罪

（一）信用证诈骗罪的概念和特征

信用证诈骗罪，是指以非法占有为目的，使用伪造、变造的信用证，或者以其他方法利用信用证诈骗的行为。本罪的主要构成特征是：

1. 本罪的主体是一般主体，自然人和单位均可以构成。

2. 本罪的主观方面表现为直接故意，行为人主观上必须具有非法占有的目的。

3. 本罪的客观方面表现为行为人实施了利用信用证诈骗的行为。所谓信用证，是指开证银行根据进口商的开证申请，开给受益人（通常是出口商）在一定条件下支付约定金额的保证付款的书面凭证。信用证是现代国际贸易结算所广泛采用的方式。信用证诈骗的方式是多种多样的，主要有以下形式：（1）使用伪造、变造的信用证或者附随的单据、文件进行诈骗活动。使用伪造、变造的信用证，主要是指开证申请人用伪造、变造的信用证行骗通知行和信用证受益人，以骗取货物；伪造、变造信用证附随的单据文件，是指信用证的受益人在货物不存在的情况下，伪造、变造信用证规定的提示单据，以骗取信用证的议付。（2）使用作废的信用证。是指行为人将已经过期的、无效的或者已经涂改过的信用证交给受益人，使受益人因信用证无效而得不到议付。（3）骗取信用证。是指行为人虚构事实，隐瞒真相，欺骗银行为其开立信用证的行为。（4）以其他方法进行信用证诈骗活动。这是一种"兜底性"的条款。如在开立信用证时，故意制造一些隐秘性的"软条款"，利用"软条款"信用证进行诈骗活动，达到骗取财物的目的。

4. 本罪的犯罪客体是复杂客体，其主要客体是信用证管理制度，次要客体是他人财产所有权。

（二）信用证诈骗罪的认定

1. 信用证诈骗罪罪与非罪的认定。信用证诈骗罪是一种严重的经济犯罪，刑法并没有规定利用信用证诈骗必须达到一定的数额或者情节才构成犯罪，因此，本罪属于行为犯。但

---

① 本罪的死刑已经被《刑法修正案（八）》废止。

是在司法实践中，利用信用证诈骗，数额较小或者情节显著轻微的，可以不认为是犯罪。另外，本罪是直接故意犯罪，要求行为人必须明知其所使用的信用证或者附随的单据、文件是伪造、变造的或者作废的，如果行为人在主观上对其所使用的伪造的、变造的、作废的信用证或者附随的单据、文件缺乏明知，则不能以本罪论处。

2. 信用证诈骗罪与伪造、变造金融票证罪的界限。司法实践中存在着行为人先伪造或者变造信用证，而后又用其伪造或者变造的信用证进行诈骗的情况。在这里，伪造或者变造信用证是方法行为，使用其进行诈骗则是目的行为，两者之间应该具有牵连关系。对此，应该按照牵连犯的"从一重处断"的处罚原则进行定罪处刑。

（三）信用证诈骗罪的刑事责任①

根据《刑法》第195条、第200条的规定，犯本罪，处5年以下有期徒刑或者拘役，并处2万元以上20万元以下罚金；数额巨大或者有其他严重情节的，处5年以上10年以下有期徒刑，并处5万元以上50万元以下罚金；数额特别巨大或者有其他特别严重情节的，处10年以上有期徒刑或者无期徒刑，并处5万元以上50万元以下罚金或者没收财产。单位犯本罪的，对单位处罚金，对直接负责的主管人员和其他直接责任人员，处5年以下有期徒刑或者拘役；数额巨大或者有其他严重情节的，处5年以上10年以下有期徒刑；数额特别巨大或者有其他特别严重情节的，处10年以上有期徒刑或者无期徒刑。

六、信用卡诈骗罪②

（一）信用卡诈骗罪的概念和特征

信用卡诈骗罪，是指以非法占有为目的，利用信用卡进行诈骗，数额较大的行为。本罪的主要特征是：

1. 本罪的主体只能是自然人，单位不能成为本罪的主体。

2. 本罪主观方面出于故意，行为人具有非法占有他人财物的目的。

3. 本罪的客观方面表现为使用伪造的、作废的信用卡或者冒用他人的信用卡以及进行信用卡恶意透支的行为。具体而言，主要有以下形式：（1）使用伪造的信用卡。这是指行为人用伪造的信用卡购买商品、在银行或者自动柜员机上提现以及接受用信用卡进行支付结算的各种服务等。对于先伪造后使用的案件，行为人的行为既触犯了伪造金融票证罪罪名，又构成本罪，应按牵连犯的原则，以一重罪从重论处。（2）使用作废的信用卡。这是指行为人故意使用因法定原因已经失去效用的信用卡的行为。（3）冒用他人的信用卡。这是指行为人未经合法持卡人同意而以其名义使用他人信用卡的行为。根据2009年12月最高人民法院、最高人民检察院《关于办理妨害信用卡管理刑事案件具体应用法律若干问题的解释》的规定，"冒用他人的信用卡"包括以下几种情形：第一，拾得他人信用卡并使用的；第二，骗取他人信用卡并使用的；第三，窃取、收买、骗取或者以其他非法方式获取他人信用卡信息资料，并通过互联网、通讯终端等使用的；第四，其他冒用他人信用卡的情形。（4）使用以虚假的身份证明骗领的信用卡的。（5）恶意透支。这是指持卡人以非法占有为目的，超过规定

---

① 本罪的死刑已经被《刑法修正案（八）》废止。

② 本罪经《刑法修正案（五）》第2条修正。

限额或者规定的期限透支使用信用卡,经发卡银行催收以后仍不归还透支款的行为。根据2009年12月最高人民法院、最高人民检察院《关于办理妨害信用卡管理刑事案件具体应用法律若干问题的解释》的规定,"经发卡银行催收后仍不归还的行为",是指经发卡银行两次催收后超过3个月仍不归还的情形。

4. 本罪的客体是复杂客体,既侵害了国家的金融管理制度,又侵害了公私财产所有权。

（二）信用卡诈骗罪的认定

1. 本罪罪与非罪的界限。本罪是数额犯,要求必须达到数额较大才能成立本罪。根据《追诉标准（二）》第五十四条第一款的规定,进行信用卡诈骗活动,涉嫌下列情形之一的,应予立案追诉:（1）使用伪造的信用卡,或者使用以虚假的身份证明骗领的信用卡,或者使用作废的信用卡,或者冒用他人信用卡,进行诈骗活动,数额在五千元以上的;（2）恶意透支,数额在一万元以上的。

恶意透支行为的处理。恶意透支并非都按犯罪来处理。根据《追诉标准（二）》第五十四条第二款、第三款的规定,恶意透支,是指持卡人以非法占有为目的,超过规定限额或者规定期限透支,并且经发卡银行两次催收后超过三个月仍不归还的。恶意透支,数额在一万元以上不满十万元的,在公安机关立案前已偿还全部透支款息,情节显著轻微的,可以依法不追究刑事责任。根据2009年12月最高人民法院、最高人民检察院《关于办理妨害信用卡管理刑事案件具体应用法律若干问题的解释》第六条的规定,有以下情形之一的,应当认定为"以非法占有为目的"的恶意透支:（1）明知没有还款能力而大量透支,无法归还的;（2）肆意挥霍透支的资金,无法归还的;（3）透支后逃匿、改变联系方式,逃避银行催收的;（4）抽逃、转移资金,隐匿财产,逃避还款的;（5）使用透支的资金进行违法犯罪活动的;（6）其他非法占有资金,拒不归还的行为。

2. 盗窃信用卡行为的定性。《刑法》第196条第3款规定,盗窃信用卡并使用的,依照盗窃罪的规定定罪量刑。[1] 值得注意的是,这里盗窃的信用卡,必须是真实的信用卡,如果盗窃的废卡,又使用的,还应构成信用卡诈骗罪。关于盗窃信用卡以后犯罪数额的计算问题,应以盗窃信用卡后实际使用消费的数额计算,而不应按照信用卡上本身的数额计算。

3. 通过抢劫、抢夺、敲诈勒索等行为得到信用卡后并使用的行为的定性

《刑法》第196条仅仅规定了盗窃信用卡并使用的行为可以按照盗窃罪进行定罪量刑。根据2009年12月最高人民法院、最高人民检察院《关于办理妨害信用卡管理刑事案件具体应用法律若干问题的解释》的规定,骗取信用卡以后并使用的,属于冒用他人信用卡。但对于以抢劫、抢夺、敲诈勒索等行为得到信用卡并使用的行为如何定性,并没有规定。有人认为,行为人以上述手段如果获取的是真实的信用卡,那么其行为即构成抢劫、抢夺、敲诈勒索等犯罪,其使用的行为又构成信用卡诈骗罪,属于"冒用他人的信用卡"的情形,两者之间属于牵连关系,应该按照牵连犯的处罚原则,"从一重处断"。但是笔者认为,以抢劫、抢夺、敲诈勒索获得信用卡并使用的行为可以分为两种情形进行分析:第一,行为人如果以上述行为获得的是真实的信用卡,根据《刑法》第196条对于"盗窃信用卡并使用"的规定,可以按照相应的抢劫罪、抢夺罪、敲诈勒索罪定罪处罚;第二,行为人如果以上述行为获得信用卡是伪造的或者作废的信用卡,而后又使用获得财物的,应以信用卡诈骗罪处罚。

---

① 这种规定是否合理,值得研究。笔者认为,应当以想象竞合的原理来解决比较合适。

（三）信用卡诈骗罪的刑事责任

根据《刑法》第 196 条规定,犯本罪的,处 5 年以下有期徒刑或拘役,并处 2 万元以上 20 万元以下罚金;数额巨大或者有其他严重情节的,处 5 年以上 10 年以下有期徒刑,并处 5 万元以上 50 万元以下罚金;数额特别巨大或者有其他特别严重情节的,处 10 年以上有期徒刑或无期徒刑,并处 5 万元以上 50 万元以下罚金或者没收财产。根据 2009 年 12 月最高人民法院、最高人民检察院《关于办理妨害信用卡管理刑事案件具体应用法律若干问题的解释》的规定,使用伪造的信用卡、以虚假的身份证明骗领的信用卡、作废的信用卡或者冒用他人信用卡,进行信用卡诈骗活动,数额在 5000 元以上不满 5 万元的,应当认定为刑法第一百九十六条规定的"数额较大";数额在 5 万元以上不满 50 万元的,应当认定为刑法第一百九十六条规定的"数额巨大";数额在 50 万元以上的,应当认定为刑法第一百九十六条规定的"数额特别巨大"。

恶意透支,数额在 1 万元以上不满 10 万元的,应当认定为刑法第一百九十六条规定的"数额较大";数额在 10 万元以上不满 100 万元的,应当认定为刑法第一百九十六条规定的"数额巨大";数额在 100 万元以上的,应当认定为刑法第一百九十六条规定的"数额特别巨大"。恶意透支的数额,是指在第一款规定的条件下持卡人拒不归还的数额或者尚未归还的数额。不包括复利、滞纳金、手续费等发卡银行收取的费用。

七、有价证券诈骗罪

（一）有价证券诈骗罪的概念和特征

有价证券诈骗罪,是指以非法占有为目的,使用伪造、变造的国库券或者国家发行的其他有价证券,进行诈骗活动,数额较大的行为。本罪的主要构成特征是:

1. 本罪的主体是一般主体,但是只能由自然人构成,单位不能够成本罪。司法实践中,对于利用单位的名义实施有价证券诈骗的情形,笔者认为,可以对单位直接负责的主管人员和其他直接责任人员以诈骗罪定罪处罚。

2. 本罪的主观方面表现为直接故意,并且具有非法占有他人财物的目的。

3. 本罪的客观方面表现为使用伪造、变造的国库券或者国家发行的其他有价证券进行诈骗活动,数额较大的行为。这里主要是指行为人明知有价证券是伪造、变造的情况下,仍然用以骗取公私财物的。如果这些有价证券是行为人自己伪造、变造的,则又同时触犯了伪造、变造国家有价证券罪,应当视为牵连犯,按照"从一重处断"的原则进行处罚,不应实行数罪并罚。

4. 本罪的客体是复杂客体,主要客体是国家对有价证券的发行和管理制度,次要客体是公司财产的所有权。

（二）有价证券诈骗罪的认定

1. 有价证券诈骗罪罪与非罪的界限。本罪是数额犯,使用伪造、变造的有价证券进行诈骗,必须是达到数额较大的程度方能构成犯罪,数额没有达到较大程度的,只能是一般违法行为,由有关行政部门给予相应的行政处罚。根据《追诉标准(二)》第五十五条的规定,使用伪造、变造的国库券或者国家发行的其他有价证券进行诈骗活动,数额在一万元以上的,应予立案追诉。

2. 有价证券诈骗罪与伪造、变造有价证券罪的界限。两者的主要区别在于：(1) 客观表现不同。伪造、变造有价证券罪主要表现为伪造、变造有价证券的行为，而本罪主要表现为使用伪造、变造的有价证券进行诈骗的行为。如果行为人自己既伪造、变造国家的有价证券，又使用其去进行诈骗，则应视为一种牵连犯，从一重处断。(2) 侵犯的客体不同。本罪侵犯的是复杂客体，即国家对有价证券的发行和管理活动以及公司财产的所有权，而伪造、变造有价证券罪主要侵犯的是国家对有价证券的发行和管理活动。

3. 有价证券诈骗罪和诈骗罪的界限。有价证券诈骗罪可以看作是诈骗罪的一种特殊表现形式。两者的主要区别在于：(1) 客观方面表现不同。诈骗罪是使用隐瞒真相、虚构事实的方法诈骗他人财物，而有价证券诈骗罪是使用特殊的手段即使用伪造、变造的有价证券进行诈骗他人财物；(2) 侵犯的客体不同。诈骗罪侵犯的是公私财产所有权，而有价证券诈骗罪侵害的除了公私财产所有权之外，还包括国家对有价证券的发行和管理制度。

（三）有价证券诈骗罪的刑事责任

根据《刑法》第197条的规定，犯本罪，处5年以下有期徒刑或者拘役，并处2万元以上20万元以下罚金；数额巨大或者有其他严重情节的，处5年以上10年以下有期徒刑，并处5万元以上50万元以下罚金；数额特别巨大或者有其他特别严重情节的，处10年以上有期徒刑或者无期徒刑，并处5万元以上50万元以下罚金或者没收财产。

八、保险诈骗罪

（一）保险诈骗罪的概念和特征

保险诈骗罪，是指投保人、被保险人、受益人故意虚构保险标的，或者对已经发生的保险事故编造虚假的原因或者夸大损失程度，或者编造未曾发生的保险事故，或者故意制造保险事故，进行保险诈骗活动，骗取财物数额较大的行为。本罪的主要特征是：

1. 本罪的主体是特殊主体，包括投保人、被保险人、受益人。上述人员既可以是自然人，也可以是单位。在保险诈骗案件中，有相当部分是保险机构的工作人员与投保人、被保险人、受益人相勾结实施犯罪，这种情况大都利用了保险机构工作人员的职务之便进行的，应视情况构成贪污罪或职务侵占罪。

2. 本罪的主观方面是直接故意，行为人具有骗取保险金的目的。

3. 本罪的客观方面表现为使用各种虚假方法，骗取保险金，数额较大的行为。主要的行为方式有：(1) 投保人故意虚构保险标的，骗取保险金的。所谓保险标的，是指作为保险对象的财产及其相关利益或者人的寿命和身体的健康。所谓虚构保险标的，其形式是多种多样的，既可以在订立保险合同时，故意虚构一个不存在的保险标的；也可以将不合格的保险标的伪称为合格的保险标的，如不合格的车辆冒充合格的车辆，等等。(2) 投保人、被保险人或者受益人对发生的保险事故编造虚假的原因或者夸大损失程度。所谓"编造虚假的原因"，是指行为人把本来不属于保险理赔范围内的原因说成是理赔原因或者虚报损失。所谓"对发生的保险事故夸大损失的程度"，是指投保人、被保险人或者受益人对已经发生的保险事故，蓄意夸大保险事故导致保险标的的损失程度，从而更多地骗取保险赔偿金的行为。(3) 投保人、被保险人或者受益人编造未曾发生的保险事故。即在未发生保险事故的情况下，谎称发生了保险事故。保险事故是产生保险理赔关系的法律事实，是保险人赔偿或给付保险金的前提条件。而在司法实践中,一些人故意虚构保险事故,以虚构的事故作为理赔的依据。(4) 投保人、被保险人故意制造投保的财产损失。一些人为了骗取保险金,就人为地制造保险标的出险的保险事故,故意造成投保财产的损失,然后向保险公司索赔。如投了火灾险后,故意纵火,造成被保财产的损失。(5) 投保人、受益人故意造成被保险人死亡、伤残或者疾病。故意以杀害、伤害等手段造成被保险人死亡、伤残或疾病,以取得保险金。

4. 本罪侵害的客体是复杂客体,主要客体是国家对保险的管理秩序,次要客体是保险机构的财产所有权。

(二) 保险诈骗罪的认定

1. 罪与非罪的界限。在处理保险诈骗案件时,应注意区分罪与非罪的界限。根据刑法第 158 条的规定,骗取保险金必须是达到"数额较大"才能构成,这是区分一般的保险诈骗行为与保险诈骗罪的重要界限。根据《追诉标准(二)》的规定,进行保险诈骗活动,涉嫌下列情形之一的,应予立案追诉:(1) 个人进行保险诈骗,数额在一万元以上的;(2) 单位进行保险诈骗,数额在五万元以上的。

2. 本罪与合同诈骗罪的界限。两者的主要区别是:第一,犯罪主体不同。本罪的主体是特定的自然人或单位,即投保人、被保险人或者受益人,而合同诈骗罪的主体却是一般的自然人和一般单位。第二,行为手段不同。本罪必须是通过保险活动骗取保险金,而合同诈骗罪必须是在签订、履行合同的过程中,以虚构的单位或者冒用他人的名义签订合同,或者以伪造、变造、作废的票据或者其他虚假的产权证明做担保等行为方式骗取合同对方当事人的财产。但是,投保也是通过签订保险合同来实现的,所以,保险诈骗也是一种特殊的合同诈骗,两罪之间具有一定的竞合关系。第三,客体不同。本罪侵害的客体是保险的管理秩序和保险机构的财产所有权,而合同诈骗罪侵犯的客体是市场秩序和公私财产所有权。第四,犯罪对象不同。本罪的对象是保险机构的保险金,而合同诈骗罪却是任何的公私财产。

3. 本罪的罪数。行为人为了骗取保险金,其犯罪的手段有可能触犯其他罪名,如为了骗取现金,故意造成财产损失的保险事故;或者故意造成被保险人死亡、伤残或者疾病,可能同时构成其他犯罪。这种情况,无疑是属于为了一个犯罪目的,其犯罪的方法行为又触犯其他罪名的犯罪的牵连犯。按照刑法理论的一般原则,对牵连犯应按"一重罪从重处罚"的精神处理。但我国刑法中,对部分犯罪的牵连犯则实行数罪并罚,保险诈骗罪就是如此。如果行为人既触犯保险诈骗罪,又同时构成其他罪的,依照数罪并罚的规定处罚。

4. 关于本罪的共犯。在司法实践中,一些犯罪分子为了达到骗取保险金的目的,常常采用游说、串通、行贿等手段,使得参与保险事故的调查人员或中介组织的人员提供虚假的证明材料。对此,刑法第 198 条第 4 款规定:"保险事故的鉴定人、证明人、财产评估人故意提供虚假的证明文件,为他人诈骗提供条件的,以保险诈骗的共犯论处。"但如果是过失提供虚假的证明文件,则不能以保险诈骗的共犯论处。

(三) 保险诈骗罪的刑事责任

根据《刑法》第 198 条的规定,犯本罪,骗取财物数额较大的,处 5 年以下有期徒刑或者拘役,并处 1 万元以上 10 万元以下的罚金;数额巨大或者有其他严重情节的,处 5 年以上 10 年以下有期徒刑,并处 2 万元以上 20 万元以下罚金;数额特别巨大或者有其他特别严重情节的,处 10 年以上有期徒刑,并处 2 万元以上 20 万元以下罚金或者没收财产。单位犯本罪,对单位处罚金,对直接负责的主管人员和其他直接责任人员,处 5 年以下有期徒刑或者拘役;数额巨大的或者有其他严重情节的,处 5 年以上 10 年以下有期徒刑;数额特别巨大或者有其他特别严重情节的,处 10 年以上有期徒刑。

第十八章

危害税收征管罪

第一节 危害税收征管罪概述

一、危害税收征管罪的概念

危害税收征管罪是指违反国家税收征管法规,侵害国家税收征管制度,妨害国家税收征管活动,情节严重,应当承担刑事责任的行为。

危害税收征管是严重破坏市场经济秩序的行为,有必要用刑罚的手段加以规制。但是由于在计划经济体制下,税收犯罪较少,所以,1979 年刑法中,只规定了偷税罪和抗税罪,伴随着经济体制改革的发展,我国税收征管体制也发生了重大变化,税收已经涉及经济和社会生活的各个方面,成为各种利益冲突的焦点之一,涉税犯罪也日趋严重。为此,1992 年 9 月 4 日全国人大常委会通过了《关于惩治偷税、抗税犯罪的补充规定》,提高了偷税罪、抗税罪的法定刑,增设了罪名。1994 年开始,以增值税为标志的新税制开始实施,随之虚开增值税发票的犯罪一时泛滥,为此,全国人大常委会又于 1995 年 10 月 30 日通过了《关于惩治虚开、伪造和非法出售增值税专用发票犯罪的决定》,增设了有关增值税专用发票犯罪。1997 年修订后的《刑法》在上述两个单行刑法基础上作了进一步的修改和完善,将其作为经济犯罪的一部分规定在第三章之中。之后又通过了相关的刑法修正案,对个别犯罪进行修正,形成了现在的危害税收征管罪体系。

二、危害税收征管罪的构成特征

(一)本类犯罪的主体包括自然人和单位。从立法规定上看,本类罪的犯罪主体包括三大类:第一,有些犯罪的主体必须是负有纳税义务的单位和自然人,如偷税罪、逃避追缴欠税罪等;第二,有些犯罪的主体虽然也负有纳税义务,但仅限于自然人,如抗税罪等。第三,有些犯罪的主体是一般主体,刑法对这些犯罪的主体的身份并没有限定,而且实践中任何单位和个人也都可以实施这种犯罪,如骗取出口退税罪等。本类罪中,除了抗税罪只能由自然人构成之外,其他犯罪,既可以由自然人构成,也可以由单位构成。

(二)本类犯罪的主观方面只能是出于故意,而且一般是出于直接故意。司法实践中,实施该类犯罪的行为人主观上一般具有牟利的目的,不是出于该种目的,一般不构成犯罪。但是从刑法的规定来看,并没有将具备该种目的作为认定犯罪成立的一个必备条件。所以,针对具体犯罪而言,行为人主观上是否具有该种目的,以及目的是否实现,并不影响犯罪的成立。

（三）本类犯罪的客观方面主要表现为违反税收征管法律、法规或者发票管理规定，实施危害税收征管的行为。

首先，违反有关税收征管的法律、法规，是本类犯罪成立的前提。所谓违反有关税收征管的法律、法规，针对具体的犯罪，有着不同的表现方式。值得注意的是，并非只要违反税收征收管理法律、法规的，就具备构成该类犯罪的前提，只有违反的具体内容会直接妨害到税收征管时，才符合本类罪的前提条件。

其次，行为人必须实施了危害税收征管的行为。从刑法的规定来看，本类罪共有 14 种行为方式。这些行为方式，在具体犯罪里面，有的表现为作为，有的表现为不作为，还有的表现为作为与不作为的结合。但是，其实施何种行为方式不管。其具体违反税收征管法律、法规内容虽然有所不同，只要其违反了相关法规，达到了严重危害税收征管秩序的，都应该以该类犯罪进行处罚。

再次，行为人实施的行为必须达到一定的程度，才能成立该类犯罪。本类犯罪是结果犯，这种结果，有的要求是情节严重，有的要求是数额较大，有的则要求给国家造成一定的损失等。

（四）本类犯罪的客体是国家的税收征收管理制度。所谓税收征收管理制度，是指国家对国内税收的管理制度，但不包括海关税的征收管理制度。① 根据现行立法的规定，税收征管制度包括两方面的内容：一是税务机关依照税法、税收征管法的规定依法征税的管理制度；二是税务机关依照税法、税收征管法和发票管理办法等法律、法规对发票的管理制度。在不同的危害税收征管罪中，虽然犯罪侵害的主要方面有所不同，但无论侵害到哪一方面的管理制度，均是对税收征管制度的侵犯，对于情节严重的行为，应当依法追究刑事责任。

三、危害税收征管罪的种类

根据刑法分则第三章第六节的规定，危害税收征管罪主要包括以下几种：

（一）直接危害税收征管的犯罪。包括逃税罪（第 201 条），抗税罪（第 202 条），逃避追缴欠税罪（第 203 条），骗取出口退税罪（第 204 条）。

（二）间接危害税收征管的犯罪，主要是针对发票管理制度的犯罪。包括虚开增值税专用发票、用于骗取出口退税、抵扣税款发票罪（第 205 条），虚开发票罪（第 205 条之一），伪造、出售伪造的增值税专用发票罪（第 206 条），非法出售增值税专用发票罪（第 207 条），非法购买增值税专用发票、购买伪造的增值税专用发票罪（第 208 条），非法制造、出售非法制造的用于骗取出口退税、抵扣税款发票罪（第 209 条第 1 款），非法制造、出售非法制造的发票罪（第 209 条第 2 款），非法出售用于骗取出口退税、抵扣税款发票罪（第 209 条第 3 款），非法出售发票罪（第 209 条第 4 款），持有伪造的发票罪（第 210 条之一）。

---

① 逃避海关税收征管，情节严重或者数额较大的，可以按照走私罪进行处罚。

第二节　危害税收征管罪具体罪名

一、逃税罪[①]

（一）逃税罪的概念和特征

逃税罪,是指纳税人、扣缴义务人违反税收征管法律、法规,采取伪造、变造、隐瞒、擅自销毁账簿、记账凭证等方式,通过各种作为或者不作为的手段,进行虚假纳税申报或者不申报,数额较大的行为。[②]本罪的主要特征是:

1. 本罪的主体是特殊主体,即纳税义务人和扣缴义务人(包括自然人和单位)。根据《税收征管法》第4条的规定:"法律、行政法规规定负有纳税义务的单位和个人为纳税人。""法律、行政法规规定负有代扣代缴、代收代缴税款义务的单位和个人为扣缴义务人。"具体地说,逃税罪的主体包括以下两种人:(1)承担直接纳税义务的单位和个人。(2)扣缴义务人。所谓扣缴义务人,是指法律和行政法规规定负有代扣代缴税款义务的单位和个人。所谓代扣,是指从持有的纳税人收入中扣除应纳税款并代为缴纳的单位和个人;所谓代缴,是指有义务借助经济往来向纳税人收取应缴税款并代为缴纳的单位和个人。

2. 本罪的主观方面是直接故意,行为人具有逃税的目的。间接故意与过失不构成本罪。

3. 本罪的客观方面,表现为行为人违反国家税收法律、法规,采取各种法定的方式,逃避缴纳应缴税款,数额较大的行为。

首先,行为人实施了逃税行为,即行为人实施了采取伪造、变造、隐匿、擅自销毁账簿、记账凭证、在账簿上多列支出、不列或者少列收入,经税务机关通知申报拒不申报或者进行虚假申报等手段,不缴或者少缴税款的行为。其行为的内容和方式主要有:(1)伪造、变造、隐匿、擅自销毁账簿。(2)在账簿上多列支出,不列或者少列收入。(3)经税务机关通知纳税申报拒不申报。(4)进行虚假的纳税申报。上述行为方式,不管行为人采取哪一种,只要是为了欺骗税务机关,从而达到不缴或者少缴应纳税款的目的,都可以构成本罪。

其次,行为人的逃税数额必须达到较大或者具有其他严重情节,才能以本罪论处。所谓"数额较大",根据最高人民法院《关于审理偷税抗税刑事案件具体应用法律若干问题的解释》的规定,是指偷税数额占应纳税额的10%以上并且在1万元以上。对多次偷税,未经处理的,按照累计数额计算。所谓"其他严重情节",是指因逃税被税务机关给予2次以上行政处罚又逃税的情况。只有实施了逃税行为,同时又具备数额较大或者具有其他严重情节的,才可以按本罪论处。

另外,根据《刑法》第201条的规定,有逃税行为,经税务机关依法下达追缴通知后,补缴应纳税额,缴纳滞纳金,已受过行政处罚的,不予追究刑事责任。但是五年内因逃避缴纳税款受过刑事处罚或者被税务机关给予2次以上行政处罚的除外。

4. 本罪的客体是国家的税收征管制度。税收征管制度,是指税务机关和海关代表国家

---

① 本罪经《刑法修正案(八)》第3条修正。
② 根据相关司法解释,这里的数额较大,既包括绝对数额,也包括相对的比例。

行使征税权,指导纳税人正确履行纳税义务,保障纳税人的合法权益,对日常税收活动进行有计划地组织、管理、监督、检查的规章制度。包括税务登记、账簿、凭证管理、纳税申报、税务征收、税务检查等具体内容。

（二）逃税罪的认定

1. 一般逃税违法行为与本罪的界限。这主要根据刑法的规定进行综合考查,比如逃避纳税金额是否较大、情节是否严重、有没有受过刑事处罚、有没有被税务机关进行过两次行政处罚,等等。

2. 逃税与漏税、避税的界限。纳税义务人与扣缴义务人因计算错误等失误,未缴或少缴税款,称之为漏税。两者的区别可归结为以下几点:(1) 主观方面不同。逃税是故意的,行为人具有逃税的目的,漏税则是过失的,有时甚至是意外;(2) 客观方面不一样。逃税的行为人故意实施了欺诈行为,而漏税则是由于行为人对税收法规、财务制度不了解、不熟悉,因而错计税率、漏报应税项目或少计应税数量引起的;(3) 法律责任不一样。逃税情节严重者,可追究刑事责任,情节较轻者,由税务机关追缴其逃税款处以罚款。根据《税收征管法》第52条的规定:"因纳税人、扣缴义务人计算错误等失误,未缴或者少缴税款的,税务机关在三年内可以追征税款、滞纳金;有特殊情况的,追征期可以延长到五年。"也就是说,对漏税则仅要求限期照章补税,逾期未交的,加收滞纳金。不过,在实践中,行为人往往以漏税来掩盖自己的逃税行为,纳税人常常以业务不熟悉、工作中有过失和对财务制度有疏忽等来搪塞自己的逃税行为。这里的关键就是行为人是否采取了弄虚作假的欺骗手段,如果故意实施了欺骗手段,则应以逃税罪论处。

避税是指行为人规避税法而不缴税,这种情况是由税法规定不周而造成的,行为人不负任何责任。

（三）逃税罪的刑事责任

根据《刑法》第201条、211条、212条的规定,个人犯逃税罪,处3年以下有期徒刑或者拘役,并处罚金;数额巨大并且占应纳税额30%以上的,处3年以上7年以下有期徒刑,并处罚金;扣缴义务人采取前款所列手段,不缴或者少缴已扣、已收税款,数额较大的,依照前述的规定处罚;对多次实施前两款行为,未经处理的,按照累计数额计算;有逃税行为,经税务机关依法下达追缴通知后,补缴税款,缴纳滞纳金,已受行政处罚的,不予追究刑事责任;但是,5年内因逃避缴纳税款受过刑事处罚或者被税务机关给予2次以上行政处罚的除外。单位犯本罪,对单位判处罚金,并对其直接负责的主管人员和其他直接责任人员,依照个人犯本罪的规定处罚。犯本罪,被判处罚金、没收财产的,在执行前,应当先由税务机关追缴被逃税款。

二、抗税罪

（一）抗税罪的概念和特征

抗税罪,是指以暴力、威胁的方法拒不缴纳税款的行为。本罪的主要特征是:

1. 本罪的主体是特殊主体,由纳税义务人和扣缴义务人构成,并且仅限于自然人,单位不能构成本罪的主体。

2. 本罪的主观方面是故意,行为人的目的是拒不缴纳税款。

3. 本罪的客观方面表现为行为人采用暴力、威胁的方法拒不缴纳税款的行为。本罪的"暴力"，可表现为两个方面：一是对他人人身实施暴力，主要是对征税人员的身体实施殴打或其他暴力强制行为；二是对税务机关的场所或设施实施冲砸等暴力，如冲砸税务机关的车辆、抢夺税务资料等。本罪的"威胁"，从内容上看可以是暴力威胁，也可以是揭露隐私、毁坏名誉等内容的精神威胁，威胁的方式可以是多种多样的。本罪的"拒不缴纳"，是指纳税人应当缴纳并且有能力缴纳，但公然采取上述方法不缴纳。

4. 本罪的客体是复杂客体，不仅侵犯了国家的税收征管制度，同时侵犯了税收征管人员的人身权利。抗税罪侵害的对象是依法执行征收应纳税款的税务人员以及税务机关。[①]

（二）抗税罪的认定

1. 抗税行为罪与非罪的界限。刑法对抗税罪虽然没有规定数额标准和情节要求，但并不是说所有抗税行为都构成本罪。抗税情节轻微的，如抗税数额较小，行为程度较轻的，是一般行政违法行为，不构成犯罪。根据《追诉标准（二）》第 58 条的规定，以暴力、威胁方法拒不缴纳税款，涉嫌下列情形之一的，应予立案：（1）造成税务工作人员轻微伤以上的；（2）以给税务工作人员及其亲友的生命、健康、财产等造成损害为威胁，抗拒缴纳税款的；（3）聚众抗拒缴纳税款的；（4）以其他暴力、威胁的方法拒不缴纳税款的。

2. 暴力抗税致人重伤或者死亡的定性。1992 年全国人大常委会《关于惩治偷税、抗税的补充规定》第 6 条第 2 款规定，以暴力方法抗税，致人重伤或者死亡的，按伤害罪、杀人罪从重处罚。新刑法典对此规定未作明确规定。刑法理论上，对于以暴力方法抗税致人重伤或者死亡案件的定性，有不同的观点：一种观点认为，此种情况属牵连犯，按照牵连犯的处罚原则，应从一重罪从重处断，即仍应按伤害罪、杀人罪定罪，从重处罚。[②]第二种观点认为，这种情况属于想象竞合犯，应根据竞合个罪的轻重程度不同进行具体分析，择一重罪处断；[③]还有观点认为，此种情况属于转化犯，暴力抗税故意致人重伤或者致人死亡的，应按故意重伤罪或者故意杀人罪论处；暴力抗税过失致人重伤或者致人死亡的，应按抗税罪和过失致人重伤罪或者过失致人死亡罪实行数罪并罚。[④]笔者认为，从抗税罪的法定刑规定看，本身不可能包括致人重伤或者致人死亡的情况，在抗税过程中故意或者过失致人重伤或者致人死亡的，属于想象竞合犯的情况，应择一重罪论处。

（三）抗税罪的刑事责任

根据《刑法》第 202 条、212 条的规定，犯抗税罪，处 3 年以下有期徒刑或者拘役，并处拒缴税款 1 倍以上 5 倍以下的罚金；情节严重的，处 7 年以下有期徒刑，并处拒缴税款 1 倍以上 5 倍以下的罚金。犯抗税罪，被判处罚金、没收财产的，在执行前，应当先由税务机关追缴税款。

---

① 如果行为以暴力、威胁的方法针对海关工作人员或海关，抗拒缴纳关税的，则应构成走私罪和妨害公务罪。
② 黄京平主编：《破坏市场经济秩序罪研究》，中国人民大学出版社 1999 年 5 月版，第 556 页。
③ 高铭暄、马克昌主编：《刑法学》，北京大学出版社、高等教育出版社 2000 年版，第 442 页。
④ 陈兴良主编：《刑法疏议》，中国人民公安大学出版社 1997 年版，第 352～353 页。

三、逃避追缴欠税罪

（一）逃避追缴欠税罪的概念和特征

逃避追缴欠税罪，是指纳税人欠缴应纳税款，采取转移或者隐匿资产的手段，致使税务机关无法追缴欠缴应纳税款，数额较大的行为。本罪的主要构成特征是：

1. 本罪的主体是特殊主体，只有纳税人和扣缴义务人才能构成本罪。本罪的主体既可以是自然人，也可以是单位。

2. 本罪的主观方面表现为故意，一般是由直接故意构成。间接故意和过失不构成本罪。

3. 本罪客观方面表现为纳税人（包括扣缴义务人）欠缴应纳税款，并采取转移或者隐匿财产的手段，致使税务机关无法追缴欠缴的税款，数额较大的行为。首先，行为人存在着欠缴应纳税款的事实，即纳税人超过纳税期限未缴或少缴应纳税款。其次，行为人实施了转移或隐匿资产的行为；再则，行为人转移和隐匿财产后致使税务机关无法追缴税款；最后，本罪是数额犯，逃避追缴欠税必须达到数额较大的程度，才可以构成本罪。

4. 本罪的客体是国家的税收征管制度。纳税人实施转移或者隐匿财产的行为，致使税务机关无法追缴所欠税款的，严重地侵犯了国家的税收征管制度，应当依法严惩。

（二）逃避追缴欠税罪的认定

1. 本罪罪与非罪的认定。本罪是数额犯，应以数额为标准区分本罪的罪与非罪。根据《追诉标准（二）》第五十九条规定，逃避追缴欠税，数额达到1万元以上的，应予立案；数额不满1万元的，以一般的违法行为进行处罚。

2. 本罪与逃税罪的界限。两罪的区别主要有两点：一是犯罪故意不同。本罪的行为人在承认应纳税款的前提下，主观上是能拖则拖、能赖则赖，而逃税罪，行为人则采取欺骗手段，隐瞒其应纳税款的事实；二是手段不一样。本罪是行为人采取转移或隐匿财产的手段，造成一种自己无力缴纳税款的假象；而后者则表现为行为人采取各种欺骗手段，造成自己已履行纳税义务或不应履行纳税义务的假象。

（三）逃避追缴欠税罪的刑事责任

根据刑法第203条、211条、212条的规定，行为人犯本罪，数额在1万元以上不满10万元的，处3年以下有期徒刑或者拘役，并处或单处欠缴税款1倍以上5倍以下罚金；数额在10万元以上的，处3年以上7年以下有期徒刑，并处欠缴税款1倍以上5倍以下的罚金。单位犯本罪的，对单位判处罚金，并对其直接负责的主管人员和其他直接责任人员，依照个人犯该罪的规定处罚。犯本罪，被判处罚金、没收财产的，在执行前，应先由税务机关追缴税款。

四、骗取出口退税罪

（一）骗取出口退税罪的概念和特征

骗取出口退税罪，是指以假报出口或者其他欺骗手段，骗取国家出口退税款，数额较大的行为。本罪的重要特征是：

1. 本罪的主体，是一般主体，自然人和单位都可以构成。

2. 本罪的主观方面是故意,行为人具有非法占有国家财产的目的。如果由于出口企业或者退税管理机关的过失导致多退税款的,则不能构成本罪。

3. 本罪的客观方面,表现为以假报出口或者其他欺骗手段,骗取国家出口退税款,数额较大的行为。本罪的行为方式是多种多样的,通常的手段是:(1)假报出口。将销往国内的商品假报为出口,骗取出口退税。(2)虚报出口。将少量出口的商品虚报为大部分或者全部出口,或者虚报商品的国内价格,增加出口退税款的数额。(3)伪造、涂改报关单、销售发票、征税证明、结汇税单等票证,冒领或者多领出口退税。(4)内外勾结,代开假支票、假完税证明、假售货发票等,骗取出口退税。不管采取何种方式,必须骗取出口退税,数额较大,才可以构成犯罪。

4. 本罪侵害的客体是国家出口退税制度和国家财产所有权。所谓"出口退税",是指根据国家规定,企业出口的货物,在向海关办理出口手续后,凭出口报关单等有关凭证,向税务机关办理退回已经征收税款的一部或者全部的制度。骗取出口退税,正是对这种管理制度的侵害。同时,骗取出口退税的行为,直接以骗取国家财产为目的,侵害了国家财产所有权。

(二)骗取出口退税罪的认定

1. 骗取出口退税案件罪与非罪的界限。根据刑法的规定,骗取出口退税,只有"数额较大"才能构成。根据《追诉标准(二)》第 60 条的规定,骗取出口退税,数额在 5 万元以上的,应予立案。

2. 本罪与逃税罪的界限。两者的区别主要表现在:(1)两罪侵犯的客体不同。本罪侵犯的客体是复杂客体,即国家出口退税的管理制度和国家财产所有权;逃税罪侵犯的是税收征收管理制度。(2)行为方式不同。本罪是用假报出口等欺骗手段向税务机关骗取税款;逃税罪是以收入不入账、虚列开支等欺骗手段不向税务机关缴纳应缴税款。(3)主观目的不同。本罪行为人主观上具有非法占有国家财产的目的,而逃税罪行为人主观上具有偷逃税款的目的。

应当注意的是,刑法第 204 条第 2 款规定,纳税人缴纳税款后,采取假报出口或其他欺骗手段,骗取所缴纳的税款的,依照逃税罪定罪处罚;骗取税款超过所缴纳的税款部分,依照骗取出口退税罪的规定处罚。

(三)骗取出口退税罪的刑事责任

根据《刑法》第 204 条、211 条、212 条的规定,犯本罪,数额较大的,处 5 年以下有期徒刑或者拘役,并处骗取税款 1 倍以上 5 倍以下罚金;数额巨大或者有其他严重情节的,处 5 年以上 10 年以下有期徒刑,并处骗取税款 1 倍以上 5 倍以下罚金;数额特别巨大或者有其他特别严重情节的,处 10 年以上有期徒刑或者无期徒刑,并处骗取税款 1 倍以上 5 倍以下罚金或者没收财产。单位犯本罪,对单位处罚金,对直接负责的主管人员和其他直接责任人员,依照自然人犯本罪的法定刑处罚。犯本罪,被判处罚金、没收财产的,在执行前,应先由税务机关追缴税款。

五、虚开增值税专用发票、用于骗取出口退税、抵扣税款发票罪①

（一）虚开增值税专用发票、用于骗取出口退税、抵扣税款发票罪的概念和特征

根据《刑法》第 205 条的规定,虚开增值税专用发票、用于骗取出口退税、抵扣税款发票罪,是指实施为他人虚开、为自己虚开、让他人为自己虚开、介绍他人虚开增值税专用发票、用于骗取出口退税、抵扣税款的其他发票的行为。本罪的主要特征是:

1. 本罪的主体是一般主体,自然人和单位都能成为本罪的主体。

2. 本罪的主观方面是故意,行为人主观上一般具有获取非法利益的目的,但目的不是本罪的构成要件。

3. 本罪的客观方面表现为实施了虚开增值税专用发票或者其他可用于骗取出口退税、抵扣税款发票的行为。从虚开的对象看,主要有以下几种:(1)为他人虚开。是指合法拥有增值税专用发票等单位或者个人,明知他人没有货物销售或者提供应税劳务,而为其开具发票的行为;(2)为自己虚开。合法拥有增值税专用发票等单位或者个人,没有货物购销或者没有提供应税劳务的情况下,自己虚开发票,或者虽然有货物购销或者提供应税劳务但自己开具数量或者金额不实的发票;(3)让他人为自己虚开。是指没有货物购销或者没有提供劳务的单位或者个人,让他人为自己开具内容不真实的发票;(4)介绍他人虚开。是指在发票的拥有人和需要虚开的请求人之间斡旋、沟通的行为。

4. 本罪侵害的客体是复杂客体,即国家的税收征管制度和国家的发票管理制度。犯罪对象是增值税专用发票和可用于骗取出口退税、抵扣税款的其他发票。所谓增值税,是指以商品生产和流通中各环节的新增价值或者商品的附加值为征收对象的流转税。所谓发票,是指在购销商品、提供或者接受服务以及从事其他经营活动中,开具、收取的收付款凭证。发票既是商品交易中的一种重要的商事凭证,又是财务开支、会计核算的法定凭证和税收计征稽核的重要证据。增值税专用发票,是指国家税务部门根据增值税征收管理需要,兼记货物或者劳务所负担的增值税税额而设定的一种专用发票。增值税专用发票具有可以抵扣税款的作用。所谓其他可用于骗取出口退税、抵扣税款发票,是指除增值税专用发票以外的可以用于出口退税或抵扣税款的发票,如运输发票等。

（二）虚开增值税专用发票、用于骗取出口退税、抵扣税款发票的认定

1. 虚开增值税专用发票、用于骗取出口退税、抵扣税款发票罪罪与非罪的界限。从刑法第 205 条的规定看,本罪属于行为犯,本身并没有数额的要求,重要的是实施了相应的虚开行为,就能构成犯罪。根据《追诉标准(二)》第 61 条的规定:虚开增值税专用发票或者虚开用于骗取出口退税、抵扣税款的其他发票,虚开的税款数额在 1 万元以上或者致使国家税款被骗数额在 5000 元以上的 ,应予立案。

2. 本罪罪数问题。行为人虚开增值税专用发票、用于骗取出口退税、抵扣税款发票的目的,常常是为了逃税或骗取出口退税,这一目的行为同时触犯了偷税罪或者骗取出口退税罪的罪名,这是手段行为与目的行为的牵连,应按牵连犯的一般处理原则,择一重罪论处。

---

① 《刑法修正案(八)》废除了本罪的死刑。

由于本罪的法定刑明显重于可能牵连的其他罪,因此,一般应以本罪论处。

（三）虚开增值税专用发票、用于骗取出口退税、抵扣税款发票罪的刑事责任

根据《刑法》第 205 条的规定,犯本罪,处 3 年以下有期徒刑或者拘役,并处 2 万元以上 20 万元以下的罚金;虚开的数额较大或者有其他严重情节的,处 3 年以上 10 年以下有期徒刑,并处 5 万元以上 50 万元以下的罚金;虚开的税款数额巨大或者有其他特别严重情节的,处 10 年以上有期徒刑或者无期徒刑,并处 5 万元以上 50 万元以下罚金或者没收财产。单位犯本罪,对单位判处罚金,对直接负责的主管人员和其他直接责任人员,处 3 年以下有期徒刑或者拘役;虚开的税款数额较大或者有其他严重情节的,处 3 年以上 10 年以下有期徒刑;虚开的税款数额巨大或者有其他特别严重情节的,处 10 年以上有期徒刑或者无期徒刑。

六、虚开发票罪[①]

（一）虚开发票罪的概念和特征

虚开发票罪,是指违反国家发票管理规定,为他人虚开、为自己虚开、让他人为自己虚开、介绍他人虚开普通发票,情节严重的行为。本罪的主要构成特征是:

1. 本罪的主体是一般主体,自然人和单位都可以构成。

2. 本罪在主观方面只能是故意,行为人一般具有非法牟利的目的。

3. 本罪的客观方面表现为违反国家发票管理规定,虚开普通发票,情节严重的行为。所谓"虚开",有两层含义:第一,行为人在没有任何商品交易的情况下,凭空填开货名、数量、价款和销项等商品交易的内容。第二,行为人在有一定商品交易的情况下,填开发票时,随意改变货名、虚增数量、价款和销项税额。行为人虚开的既可以是真实的发票,也可以是假的发票。本罪的行为方式主要有四种:即为他人虚开、为自己虚开、让他人为自己虚开、介绍他人虚开。

4. 本罪的客体是国家的税收征管和发票管理制度。

（二）虚开发票罪的认定

1. 罪与非罪的界限

本罪要求必须是虚开发票情节严重,方可构成犯罪。但由于本罪是《刑法修正案（八）》新增设的犯罪,相关的立案标准还没有出台。司法实践中,应该结合虚开发票的数量、虚开发票的数额以及虚开发票的次数来加以认定。

2. 本罪与逃税罪的界限

（1）行为人在为他人虚开或者为自己虚开发票的同时,又使用非法取得的其他进项抵扣凭证抵扣税款,究竟是按虚开发票罪还是按逃税罪论处? 笔者认为,根据刑法的罪责刑相适应的基本原则,该种行为,应该以虚开发票罪和逃税罪进行数罪并罚为宜。（2）虚开发票后又实施逃税行为的,如何定性? 笔者认为,为了逃税而虚开发票,应该属于目的行为与手段行为的牵连,按照牵连犯的处罚原则,从一重罪处断。

3. 本罪与虚开增值税专用发票、用于骗取出口退税、抵扣税款发票罪的界限

两者的主要相同之处在于"虚开"。两者最大的不同点在于行为对象不同,本罪的对象

---

① 本罪由《刑法修正案（八）》第 33 条增设。

是普通发票,而虚开增值税专用发票、用于骗取出口退税、抵扣税款发票罪的行为对象则是特定的发票,即增值税专用发票、用于骗取出口退税、抵扣税款的发票。

(三)虚开发票罪的刑事责任

根据《刑法》第 205 条之一的规定,犯本罪的,处 2 年以下有期徒刑、拘役或者管制,并处罚金;情节特别严重的,处 2 年以上 7 年以下有期徒刑,并处罚金。单位犯本罪,对单位判处罚金,并对其直接负责的主管人员和其他直接责任人员,依照个人犯本罪的法定刑处罚。

七、伪造、出售伪造的增值税专用发票罪[①]

(一)伪造、出售伪造的增值税专用发票罪的概念和特征

伪造、出售伪造的增值税专用发票罪,是指伪造增值税专用发票或者出售伪造的增值税专用发票的行为。本罪的主要构成特征是:

1. 本罪的主体是一般主体,自然人和单位均可以构成本罪。

2. 本罪的主观方面表现为故意,一般表现为直接故意,因为行为人主观上往往具有牟利的目的。一般地说,间接故意和过失不构成本罪。

3. 本罪的客观方面表现为违反国家税收和发票管理法规,伪造或者出售伪造的增值税专用发票的行为。违反税收和发票管理法规,主要是指违反《税收征收管理法》和《发票管理法》及其细则、《增值税专用发票使用规定》等法律法规。所谓“伪造”,是指仿照增值税专用发票的基本内容、专用纸、荧光油墨、形状等样式,使用印刷、复印、描绘、拓印等各种制作方法,非法制造假增值税专用发票,冒充真增值税专用发票的行为,还包括伪造增值税专用发票的防伪专用品和发票专用章的行为。所谓“出售”,是指明知是伪造的增值税专用发票而予以出售的行为。

4. 本罪的客体是国家对增值税专用发票的管理制度。伪造增值税专用发票或者出售伪造的增值税专用发票,不仅破坏了我国的增值税专用发票的管理制度,而且造成国家的税收大量地流失,同时破坏了国家的税收征管制度,因此,对该种行为必须依法严惩。

(二)伪造、出售伪造的增值税专用发票罪的认定

1. 本罪罪与非罪的界限。本罪虽然是行为犯,但如果数额、数量很小,可作为“情节显著轻微”的情况,不作为犯罪处理。根据《追诉标准(二)》第 62 条的规定,伪造或者出售伪造的增值税专用发票 25 份以上或者票面额累计在 10 万元以上,应予立案。

2. 本罪与非法出售增值税专用发票罪的界限。两者的主要区别在于犯罪对象不一样。本罪的行为人非法出售的所谓“增值税专用发票”,并非是国家统一印制的增值税专用发票,而是伪造的增值税专用发票。而后者的行为人非法出售的必须是国家统一印制的有效的增值税专用发票。如果行为人非法出售的是国家统一印制的增值税专用发票,则不构成本罪,应以非法出售增值税专用发票罪定罪处罚。

3. 伪造并出售伪造的增值税专用发票的行为的认定。伪造并出售伪造的同一宗增值税专用发票的,按本罪处理,数量不重复计算,不进行数罪并罚。但如果出售的不是所伪造的同一宗增值税专用发票,如在自己伪造增值税专用发票的同时,又出售他人所伪造的增值

---

① 《刑法修正案(八)》废除了本罪的死刑。

税专用发票的,则应分别定罪,进行数罪并罚。

4. 根据刑法第 208 条之规定,购买伪造的增值税专用发票又出售的,依照本罪定罪处罚。

(三)伪造、出售伪造的增值税专用发票罪的刑事责任

根据《刑法》第 206 条的规定,犯本罪的,处 3 年以下有期徒刑、拘役或者管制,并处 2 万元以上 20 万元以下罚金;数量较大或者有其他严重情节的,处 3 年以上 10 年以下有期徒刑,并处 5 万元以上 50 万元以下罚金;数量巨大或者有其他特别严重情节的,处 10 年以上有期徒刑或者无期徒刑,并处 5 万元以上 50 万元以下罚金或者没收财产。单位犯本罪,对单位处罚金,对直接负责的主管人员和其他直接责任人员,处 3 年以下有期徒刑、拘役或者管制;数量较大或者有其他严重情节的,处 3 年以上 10 年以下有期徒刑;数量巨大或者有其他特别严重情节的,处 10 年以上有期徒刑或者无期徒刑。

八、非法出售增值税专用发票罪

(一)非法出售增值税专用发票罪的概念和特征

非法出售增值税专用发票罪,是指非法出售增值税专用发票的行为。本罪的主要构成特征是:

1. 本罪的主体是一般主体,自然人和单位均可以构成本罪。

2. 本罪的主观方面表现为故意,行为人一般都具有牟利的目的。一般地说,间接故意和过失不构成本罪。

3. 本罪的客观方面表现为违反国家税收和发票管理法规,非法出售增值税专用发票的行为。所谓违反国家发票管理法规,主要是指违反《中华人民共和国发票管理办法》及其《实施细则》等。所谓"非法出售",是指将增值税专用发票作为商品予以出售的行为。出售的方式既可以是私下的交易,也可以是公开的买卖;出售的方式既可以是自己亲自参与,也可以是委托第三人进行邮寄、托运等;出售的对象既可以是企业、事业单位、机关、团体,也可以是其他组织和个人;出售的数量既可以是整本发票,也可以是一本发票中的一套或数套,或者是一套发票中的一联或数联。

4. 本罪的客体是国家关于增值税专用发票的管理制度,主要是增值税专用发票的监督管理制度。犯罪对象是增值税专用发票。

(二)非法出售增值税专用发票罪的认定

1. 本罪罪与非罪的界限。本罪属于行为犯,只要行为人实施了非法出售增值税专用发票的行为,原则上就可以构成本罪,刑法并没有规定本罪的起刑点。但是根据《追诉标准(二)》第 63 条的相关规定,非法出售增值税专用发票 25 份以上或者票面额累计在十万元以上的,应予以立案。

2. 本罪与出售伪造的增值税专用发票罪的界限。两者在犯罪主体、犯罪主观方面和犯罪客体等方面都是相同的,主要区别在于犯罪的对象不同。本罪出售的是真正的增值税专用发票,只不过这种出售行为是非法的,而后者出售的是伪造的增值税专用发票,这种发票本身是伪造出来的,是虚假的增值税专用发票。

3. 根据刑法第 208 条规定,非法购买增值税专用发票又出售的,依照刑法第 207 条的

规定以非法出售增值税专用发票罪定罪处罚。

（三）非法出售增值税专用发票罪的刑事责任

根据《刑法》第 207 条、第 211 条的规定，犯本罪的，处 3 年以下有期徒刑、拘役或者管制，并处 2 万元以上 20 万元以下罚金；数量较大的，处 3 年以上 10 年以下有期徒刑，并处 5 万元以上 50 万元以下罚金；数量巨大的，处 10 年以上有期徒刑或者无期徒刑，并处 5 万元以上 50 万元以下罚金或者没收财产。单位犯本罪，对单位处罚金，对直接负责的主管人员和其他直接责任人员，按自然人犯本罪的规定处罚。

九、非法购买增值税专用发票、购买伪造的增值税专用发票罪

（一）非法购买增值税专用发票、购买伪造的增值税专用发票罪的概念和特征

非法购买增值税专用发票、购买伪造的增值税专用发票罪，是指非法购买增值税专用发票或者明知是伪造的增值税专用发票而购买的行为。本罪的主要构成特征是：

1. 本罪的主体是一般主体，自然人和单位均可以构成本罪。

2. 本罪的主观方面表现为故意，行为人往往具有营利的目的。一般地说，间接故意和过失不构成本罪。

3. 本罪的客观方面表现为违反国家的税收和发票管理法规，非法购买增值税专用发票或者购买伪造的增值税专用发票的行为。具体表现为：第一，非法购买增值税专用发票。即是从无权出售处购买增值税专用发票的行为；第二，购买伪造的增值税专用发票。即明知是伪造的增值税专用发票而予以购买的行为。行为人只要实施了其中一种行为，就可构成本罪，行为人同时实施上述两种行为的，真假增值税专用发票的数量应当累计，但是仍定一罪，而不实行数罪并罚。

4. 本罪的客体是国家的税收征管制度和发票管理制度。主要是国家对增值税专用发票的监督管理制度。犯罪对象是增值税专用发票和伪造的增值税专用发票。

（二）非法购买增值税专用发票、购买伪造的增值税专用发票罪的认定

1. 本罪罪与非罪的界限。本罪理论上属于行为犯，只要行为人实施了非法购买增值税专用发票、购买虚假的增值税专用发票的行为，原则上就可以构成本罪，刑法并没有规定本罪的起刑点。但是根据《追诉标准（二）》第 64 条的规定，非法购买增值税专用发票或者购买伪造的增值税专用发票 25 份以上或者票面额累计在 10 万元以上的，应予以立案。

2. 本罪的罪数认定。本罪是选择性罪名，行为人购买的既有真的增值税专用发票，又有伪造的增值税专用发票的，定非法购买增值税专用发票、购买伪造的增值税专用发票罪；行为人购买的或者是真的增值税专用发票或者是假的增值税专用发票的，定非法购买增值税专用发票罪或者定购买伪造的增值税专用发票罪；行为人非法购买真假两种增值税专用发票的，数量累计计算，不实行数罪并罚。

3. 本罪与虚开增值税专用发票罪、出售伪造的增值税专用发票罪、非法出售增值税专用发票罪的界限。根据刑法第 208 条的规定，行为人非法购买增值税专用发票或者购买伪造的增值税专用发票又虚开的，应该按照刑法第 205 条规定的虚开增值税专用发票罪定罪处罚；行为人购买伪造的增值税专用发票又出售的，应该按照刑法第 206 条规定的出售伪造

的增值税专用发票罪定罪处罚;行为人非法购买增值税专用发票又出售的,应该按照刑法第207条规定的非法出售增值税专用发票罪定罪处罚。

（三）非法购买增值税专用发票、购买伪造的增值税专用发票罪的刑事责任

根据《刑法》第208条、第211条的规定,犯本罪,处5年以下有期徒刑或者拘役,并处或单处2万元以上20万元以下罚金。单位犯本罪,对单位判处罚金,并对其直接负责的主管人员和其他直接责任人员,按自然人犯本罪的法定刑处罚。

十、非法制造、出售非法制造的用于骗取出口退税、抵扣税款发票罪

（一）非法制造、出售非法制造的用于骗取出口退税、抵扣税款发票罪的概念和特征

非法制造、出售非法制造的用于骗取出口退税、抵扣税款发票罪,是指伪造、擅自制造或者出售伪造、擅自制造的可以用于骗取出口退税、抵扣税款的其他发票的行为。本罪的主要构成特征是:

1. 本罪的主体是一般主体,自然人和单位均可以构成本罪。但是其中的擅自制造用于骗取出口退税、抵扣税款的发票罪的主体是特殊主体,专指那些被授权制造发票的单位。

2. 本罪的主观方面表现为故意,行为人往往具有牟利的目的。一般地说,间接故意和过失不构成本罪。

3. 本罪的客观方面表现为违反国家发票管理法规,伪造、擅自制造或者出售伪造、擅自制造的除增值税发票之外的其他可以用于骗取出口退税、抵扣税款的发票的行为。主要表现为两种情况:第一,伪造可以用于骗取出口退税、抵扣税款的其他发票的行为。第二,擅自制造可以用于骗取出口退税、抵扣税款的其他发票的行为。第三,出售伪造的可以用于骗取出口退税、抵扣税款的其他发票的行为。行为人出售的既可以是自己伪造的其他发票,也可以是他人伪造的其他发票。第四,出售擅自制造的可以用于骗取出口退税、抵扣税款的其他发票的行为。行为人出售的既可以是自己擅自制造的其他发票,也可以是他人擅自制造的其他发票。行为人只要实施上述行为之一,就可以构成本罪,行为人同时实施上述两种或者两种以上行为的,仍定本罪,并不实行数罪并罚,但在量刑时可以作为从重处罚的情节予以考虑。

4. 本罪侵害的客体是国家的发票管理制度。犯罪对象是除增值税专用发票以外的可以用作骗取出口退税、抵扣税款的其他发票。

（二）非法制造、出售非法制造的用于骗取出口退税、抵扣税款发票罪的认定

1. 本罪罪与非罪的界限。司法实践中,如果无印制资格的单位和个人私自印制用于骗取出口退税、抵扣税款的其他发票的,一般均可以认定为故意行为而构成本罪,但也不排除因为上当受骗而过失印制的可能。如果有印制资格的单位和个人因为工作不负责任等原因而多印、错印发票的,一般不能以犯罪论处;税务机关工作人员不知是伪造的或者擅自制造的用于出口退税、抵扣税款的发票而予以发售的,也不能以本罪论处,构成其他犯罪的,以其他的犯罪追究其刑事责任。另外,根据《追诉标准(二)》第65条的规定,伪造、擅自制造或者出售伪造、擅自制造的可以用于骗取出口退税、抵扣税款的非增值税专用发票50份以上或者票面额累计在20万元以上的,应予以立案。

2. 本罪与伪造、出售伪造的增值税专用发票罪的界限。两者的主要区别在于犯罪的对象不一样。本罪的犯罪对象是用于骗取出口退税、抵扣税款的发票,即增值税专用发票以外的发票;而后者的犯罪对象是增值税专用发票。

（三）非法制造、出售非法制造的用于骗取出口退税、抵扣税款发票罪的刑事责任

根据《刑法》第209条、第211条的规定,犯本罪,处3年以下有期徒刑、拘役或者管制,并处2万元以上20万元以下罚金;数量巨大的,处3年以上7年以下有期徒刑,并处5万元以上50万元以下罚金;数量特别巨大的,处7年以上有期徒刑,并处5万元以上50万以下罚金或者没收财产。单位犯本罪的,对单位处罚金,并对其直接负责的主管人员和其他直接责任人员,按自然人犯本罪的法定刑处罚。

十一、非法制造、出售非法制造的发票罪

（一）非法制造、出售非法制造的发票罪的概念和特征

非法制造、出售非法制造的发票罪,是指伪造、擅自制造或者出售伪造、擅自制造的非用于骗取出口退税或抵扣税款的其他发票的行为。本罪的主要构成特征是:

1. 本罪的主体是一般主体,自然人和单位均可以构成本罪。但是其中的擅自制造发票罪的主体是特殊主体,只有那些被授权制造发票的单位才可以构成。

2. 本罪的主观方面表现为故意,行为人往往具有牟利的目的。一般地说,间接故意和过失不构成本罪。

3. 本罪的客观方面表现为违反国家发票管理法规,非法制造、出售非法制造的普通发票的行为。本罪的客观方面具体表现为四种情形:第一,非法制造发票;第二,擅自制造发票;第三,出售非法制造的发票;第四,出售擅自制造的发票。行为人只要实施上述行为之一,就可以构成本罪,行为人同时实施上述两种或者两种以上行为的,仍定本罪,并不实行数罪并罚,但在量刑时可以作为从重处罚的情节予以考虑。

4. 本罪的客体是国家的发票管理制度。犯罪对象是除增值税专用发票以及其他可以用于出口退税、抵扣税款的发票以外的普通发票。

（二）非法制造、出售非法制造的发票罪的认定

主要是本罪罪与非罪的界限。伪造、擅自制造或者出售伪造、擅自制造的不具有骗取出口退税、抵扣税款功能的普通发票必须达到一定的数量标准,才构成犯罪。根据《追诉标准（二）》第66条的相关规定,伪造、擅自制造或者出售伪造、擅自制造的不具有骗取出口退税、抵扣税款功能的普通发票100份以上或者票面额累计在40万元以上的,应予以立案。未达到上述数量标准的,由有关部门给予相应的行政处罚。

（三）非法制造、出售非法制造的发票罪的刑事责任

根据《刑法》第209条第2款、第211条的规定,犯本罪,处2年以下有期徒刑、拘役或者管制,并处或单处1万元以上5万元以下罚金;情节严重的,处2年以上7年以下有期徒刑,并处5万元以上50万元以下罚金。单位犯本罪的,对单位处罚金,并对其直接负责的主管人员和其他直接责任人员,按照自然人犯本罪的法定刑处罚。

十二、非法出售用于骗取出口退税、抵扣税款发票罪

（一）非法出售用于骗取出口退税、抵扣税款发票罪的概念和特征

非法出售用于骗取出口退税、抵扣税款发票罪，是指非法出售可以用于骗取出口退税、抵扣税款的其他发票的行为。本罪的主要构成特征是：

1. 本罪的主体是一般主体，自然人和单位均可以构成本罪。行为人既可以是合法拥有可以用于出口退税、抵扣税款的其他发票者，也可以是非法拥有者，还可以是负责发售可以用于出口退税、抵扣税款的其他发票的税务部门及其工作人员。

2. 本罪的主观方面表现为故意，行为人往往具有牟利的目的。一般地说，间接故意和过失不构成本罪。

3. 本罪的客观方面表现为违反我国《发票管理办法》及其实施细则的有关规定，非法出售可以用于骗取出口退税、抵扣税款的其他发票的行为。

4. 本罪的客体是国家对发票的监督管理制度。犯罪对象为除增值税专用发票以外的可以用于骗取出口退税、抵扣税款的其他发票。值得注意的是，这些发票既不是非法制造的，也不是擅自制造的。

（二）非法出售用于骗取出口退税、抵扣税款发票罪的认定

1. 本罪罪与非罪的界限。本罪是数额犯，行为人非法出售可以用于骗取出口退税、抵扣税款的发票，必须达到一定的数量标准，才可以构成犯罪。根据《追诉标准（二）》第67条的规定，非法出售可以用于骗取出口退税、抵扣税款的发票50份以上或者票面额累计在20万元以上的，应当予以立案。对于未达到上述数量的，可以由有关部门给予相应的行政处罚。

2. 本罪的罪数认定。第一，行为人因为受贿而将可以用于出口退税、抵扣税款的其他发票非法出售给他人的，应对其行为分别定受贿罪和本罪，实行数罪并罚；第二，行为人明知对方是进行虚开可以用于骗取出口退税、抵扣税款的其他发票的犯罪活动的犯罪分子而仍向其非法出售的，应视为骗取出口退税罪的共犯予以处罚；第三，行为人非法出售既有真的，又有假的可以用于骗取出口退税、抵扣税款的其他发票的，如果行为人对其中的伪造、擅自制造的部分不明知，对行为人应以本罪论处；第四，行为人先盗窃或者骗取可以用于骗取出口退税、抵扣税款的其他发票然后予以非法出售的，根据刑法第210条的规定，对行为人应以盗窃罪或者诈骗罪论处，而不再另定本罪并实行数罪并罚。

（三）非法出售用于骗取出口退税、抵扣税款发票罪的刑事责任

根据《刑法》第209条第3款的规定，犯本罪，按非法制造、出售非法制造的用于骗取出口退税、抵扣税款发票罪的法定刑处罚。即犯本罪，处3年以下有期徒刑、拘役或者管制，并处2万元以上20万元以下罚金；数量巨大的，处3年以上7年以下有期徒刑，并处5万元以上50万元以下罚金；数量特别巨大的，处7年以上有期徒刑，并处5万元以上50万以下罚金或者没收财产。单位犯本罪的，对单位处罚金，并对其直接负责的主管人员和其他直接责任人员，按自然人犯本罪的法定刑处罚。

十三、非法出售发票罪

（一）非法出售发票罪的概念和特征

非法出售发票罪，是指非法出售各种不能用于骗取出口退税、抵扣税款的发票的行为。本罪的主要构成特征是：

1. 本罪的主体是一般主体，自然人和单位均可以构成本罪。

2. 本罪的主观方面表现为故意，行为人往往具有牟利的目的。一般地说，间接故意和过失不构成本罪。

3. 本罪的客观方面表现为违反国家发票管理规定，非法出售不能用于骗取出口退税、抵扣税款的其他发票的行为。行为人非法出售的是真的发票，至于这些发票是从合法渠道还是从非法渠道获得，不影响本罪的成立。如果行为人所出售的是假发票，不能以本罪处理，应定为出售非法制造的发票罪。一般地说，行为人在实施非法出售行为时，应以发票为交易标的，取得相应价款。如果行为人无偿提供，则不构成本罪。

4. 本罪的客体是国家对发票的监督管理制度和税收管理制度。犯罪对象是普通发票，即增值税专用发票、可以用于出口退税、抵扣税款的发票以外的其他发票。这些发票既不是非法制造的，也不是擅自制造的。

（二）非法出售发票罪的认定

1. 罪与非罪的界限。本罪是数额犯，并不是行为人出售普通发票的行为都以犯罪论处，必须达到一定的数量标准才能构成犯罪。根据《规定》第60条所确定的追诉标准，行为人非法出售普通发票50份以上，应予立案侦查。对于未达到上述数量标准的，可由相关行政部门给予相应的行政处罚。

2. 购买普通发票行为的定性。刑法并没有将购买普通发票的行为规定为犯罪，所以，仅有购买普通发票的行为，不构成犯罪。但是行为人购买普通发票以后又出售的，可以按照本罪论处。

（三）非法出售发票罪的刑事责任

根据《刑法》第209条第4款的规定，犯本罪，按照非法制造、出售非法制造的发票罪的法定刑处罚。即犯本罪，处2年以下有期徒刑、拘役或者管制，并处或单处1万元以上5万元以下罚金；情节严重的，处2年以上7年以下有期徒刑，并处5万元以上50万元以下罚金。单位犯本罪，对单位处罚金，并对其直接负责的主管人员和其他直接责任人员，按照自然人犯本罪的法定刑处罚。

十四、持有伪造的发票罪①

（一）持有伪造的发票罪的概念和特征

持有伪造的发票罪，是指违反有关发票的管理法规，行为人明知是伪造的发票而持有，数额较大的行为。本罪的主要构成特征是：

1. 本罪的主体是一般主体，自然人和单位均可以构成。

---

① 本罪由《刑法修正案（八）》第35条增设。

2. 本罪的主观方面只能是故意,亦即本罪以明知为前提,行为人只有明知是伪造的发票而持有,数额较大的,才可以构成本罪。如果是因为过失或者被欺骗而持有伪造的发票的,无论数额多大,都不能以犯罪论处。

3. 本罪的客观方面表现为违反国家有关发票的管理法规,非法持有伪造的发票,数额较大的行为。所谓"持有",是指在行为人的身上、住所或者其他地方发现由其支配、管理或者控制伪造的发票的行为。所谓"伪造的发票",是指这些发票不是正规的税务部门开具的发票,而是有人根据真实发票制造的假发票。这里所谓的"发票",既包括了增值税专用发票、用于骗取出口退税、抵扣税款的发票,也包括了一般的普通发票。

4. 本罪的客体是国家的发票管理制度以及税收秩序。

(二)持有伪造的发票罪的认定

1. 本罪罪与非罪的界限

本罪的罪与非罪的界限应该从两方面进行考查:第一,非法持有伪造的发票的数额。本罪是数额犯,要求非法持有伪造的发票的数量必须达到较大的程度,才能以犯罪论处。但是因为本罪是《刑法修正案(八)》新增设的一个犯罪,相关的立案标准还没有出台,尚待相应的司法解释。第二,行为人的主观方面,即行为人对所持有的伪造的发票是否明知,若明知,即可构成本罪,否则,不构成犯罪。

2. 本罪罪数的认定

在司法实践中,如果行为人是因为有伪造、出售伪造的增值税专用发票、或者非法制造、出售非法制造的用于骗取出口退税、抵扣税款发票、或者非法制造、出售非法制造的发票的行为而持有这些伪造的发票的,其性质如何认定?究竟是定一罪还是数罪?笔者认为,上述情形可以看作是吸收犯,以前面行为构成的犯罪直接定罪,而不定持有伪造的发票罪。

(三)持有伪造的发票罪的刑事责任

根据《刑法》第 210 条之一规定,犯本罪的,处 2 年以下有期徒刑、拘役或者管制,并处罚金;数量巨大的,处 2 年以上 7 年以下有期徒刑,并处罚金。单位犯本罪的,对单位判处罚金,并对其直接负责的主管人员和其他直接责任人员,依照自然人犯本罪的规定处罚。

第 十 九 章

侵犯知识产权罪

第一节　侵犯知识产权罪概述

一、侵犯知识产权罪的概念

侵犯知识产权罪,是指违反知识产权管理法规,故意侵犯他人的知识产权,情节严重的行为。

知识产权(Intellectual Property)是人们对智力劳动成果所享有的权利,它通常赋予创造者一定期间内对其智力成果享有排他性的使用权。传统上,知识产权又分为两类:一是著作权和邻接权:即授予文学和艺术创作者的权利和表演者、录音制作者和广播电台组织所享有的权利。保护著作权及邻接权的重要目的是在于鼓励和酬劳创造性的劳动;二是工业产权。包括对显著性标志如商标和产地标志的保护;对旨在激励发明创造、工业设计和科技创造的工业产权的保护。其中有发明(由专利权提供保护),工业设计和商业秘密。1979 年刑法对知识产权的刑法保护基本是空白(当时仅规定了假冒商标罪),在改革开放的进程中,人们逐渐认识到知识产权保护的重要性,刑法也增加了知识产权保护的内容。1984 年的《专利法》规定了假冒专利罪。1993 年 2 月,全国人大常委会通过了《关于惩治假冒商标的补充规定》,对商标犯罪作了修改补充,1994 年 7 月全国人大常委会又通过了《关于惩治侵犯著作权的犯罪的决定》,规定了著作权犯罪。1997 年修订后的刑法在吸收了上述《补充规定》和《决定》内容基础上加以完善,形成了我国知识产权刑法保护的规范体系。在 1997 年《刑法》实施以后,最高人民法院、最高人民检察院分别于 2004 年 12 月 8 日、2010 年 6 月 9 日出台了《关于办理侵犯知识产权刑事案件具体应用法律若干问题的解释》和《关于办理侵犯知识产权刑事案件具体应用法律若干问题的解释(二)》两个司法解释,对于我国惩治与打击知识产权犯罪,起到了指导性的作用。

二、侵犯知识产权罪的构成特征

(一) 本类罪的主体既可以是自然人,也可以是单位。自然人只要达到刑事责任年龄,具有刑事责任能力即可,没有身份的限制。单位则包括法人和非法人单位,并且不受所有制和经营形式的限制。就单位知识产权刑事立法而言,经历了一个历史的过程。1979 年《刑法》并没有规定单位侵犯知识产权犯罪,全国人大常委会于 1993 年 2 月 22 日通过《关于惩治假冒注册商标罪的补充规定》,于 1994 年 7 月 5 日通过《关于惩治侵犯著作权的犯罪的决定》,分别规定了单位假冒商标罪、单位侵犯著作权罪。1997年《刑法》不仅吸收了这些内容,而且还增设了单位假冒专利罪、单位侵犯商业秘密犯罪等,从而使侵犯知识产权犯罪在主体上的立法更加完善。

(二)本类罪的主观方面表现为故意,多数犯罪表现为一种目的犯,即行为人必须具有法定的目的才能构成这些犯罪。行为人明知未经权利人允许而侵犯他人的知识产权是本类犯罪故意内容的核心。极个别犯罪还可能表现为间接故意,如侵犯商业秘密罪。但过失不可能构成本章任何一个犯罪。

(三)本类罪的客观方面表现为违反知识产权管理法规,侵犯他人的知识产权,情节严重的行为。

首先,行为人必须违反相关的知识产权管理法规。即未经知识产权享有人的许可而非法使用他人的知识产权。根据我国相关知识产权法的规定,注册商标所有人、专利权人、著作权人都对其智力成果享有专有使用权,未经其许可基于商业目的而使用即构成侵权。但是,经权利人许可而使用的行为则是合法的。因此,未经权利人许可,既是行为侵权的实质所在,又是其违法性的具体表现。

其次,侵犯知识产权的行为表现形式多种多样。本章共规定了七种侵犯知识产权的方式,但集中表现为自己非法使用、帮助别人非法使用他人的智力成果或者有可能导致这种结果的发生。如假冒注册商标罪表现为未经注册商标所有人许可,非法在同一种商品上使用与其注册商标相同的商标的行为;侵犯著作权罪表现为未经著作权人许可,复制发行其作品的行为;销售假冒注册商标的商品罪、销售侵权复制品罪的实质,则是帮助别人非法使用他人的智力成果(不是自己直接使用);侵犯商业秘密罪中的非法披露他人的商业秘密的行为,则可能导致他人使用,从而侵犯商业秘密所有权人的权利的行为,等等。

再次,侵犯知识产权的行为必须达到情节严重的程度才能构成犯罪。本类犯罪属于法定犯,其法定刑较低,法律规定要发生一定的结果才能构成。判断情节是否严重,一般要看违法所得数额或者非法经营的数额大小,同时还要看侵权行为给权利人造成的直接和间接损失的大小。对情节不严重者,不能以犯罪论处,只能责令其承担民事或者行政责任。

(四)本类罪侵害的客体既包括国家对知识产权的管理制度,还包括他人的知识产权。犯罪对象是他人的知识产权。知识产权是对包括著作权、专利权、商标权、发明权、发现权、商业秘密、商号、地理标记等科学技术成果权在内的一类民事权利的总称,是人们基于自己的智力活动创造的成果和经营管理中的经验、知识的结晶而依法享有的民事权利。

三、侵犯知识产权罪的种类

根据刑法分则第三章第七节的规定,侵犯知识产权罪主要包括以下几种:

(一)侵犯注册商标权的犯罪,包括假冒注册商标罪(第213条),销售假冒注册商标的商品罪(第214条),非法制造、销售非法制造的注册商标标识罪(第215条)。

(二)侵犯专利权的犯罪,包括假冒专利罪(第216条)。

(三)侵犯著作权的犯罪,包括侵犯著作权罪(第217条),销售侵权复制品罪(第218条)

(四)侵犯商业秘密的犯罪,包括侵犯商业秘密罪(第219条)。

第二节 侵犯知识产权罪具体罪名

一、假冒注册商标罪

(一) 假冒注册商标罪的概念和特征

假冒注册商标罪,是指违反商标管理法规,未经注册商标所有人的许可,在同一种商品上使用与其注册商标相同的商标,情节严重的行为,本罪的主要特征是:

1. 本罪的主体是一般主体。自然人和单位都可以构成。

2. 本罪的主观方面是故意,行为人明知自己使用的是他人的注册商标。假冒注册商标的动机是多种多样的,通常具有牟利的动机,但有时也可能出于其他动机(如损害其信誉等),因此,是否牟利不是本罪构成的必要要件。

3. 本罪的客观方面表现为行为人违反商标管理法规,未经商标所有人许可,在同一种商品上使用与其注册商标相同的商标,情节严重的行为。

首先,行为人必须违反了商标法律、法规。具体而言,我国管理商标的法律、法规主要包括《中华人民共和国商标法》《中华人民共和国商标法实施细则》《关于执行〈中华人民共和国商标法〉的若干意见》等。另外,我国已经加入了《建立世界知识产权组织公约》《保护知识产权巴黎公约》《商标国际注册马德里协定》等相关的国家公约,并且已经加入 WTO,在司法实践中应注意这些公约与我国国内相关立法的协调适用。

其次,行为人必须是在同一种商品上使用与他人注册商标相同的商标。"同一种商品",是指与商标所有人所申请的商品类别相同的商品,即商品的性能、用途和原料等都相同的商品。根据 2011 年 1 月 10 日最高人民法院、最高人民检察院、公安部《关于办理侵犯知识产权刑事案件适用法律若干问题的意见》,名称相同的商品以及名称不同但指同一事物的商品,可以认定为"同一种商品"。"名称"是指国家工商总局商标局在商品注册工作中对商品使用的名称,通常是指《商标注册用商品和服务国际分类》中规定的商品名称。"名称不同但指同一事物的商品"是指在功能、用途、主要原料、消费对象、销售渠道等方面相同或者基本相同,相关公众一般认为是同一事物的商品。"相同的商标",是指"与被假冒的注册商标完全相同,或者与被假冒的注册商标在视觉上基本无差别,足以对公众产生误导的商标"。[①] 只有在"同一种商品"、"相同商标"这两个相同的前提下,才能构成假冒注册商标罪。

再次,行为人未经注册商标所有人许可使用了他人的商标。注册商标的所有人有两种人:一种是商标权的原始主体。即符合商标申请人资格者,经法定程序取得商标注册证的人;二是继承的注册商标所有人。即按继承或合同转让而成为的注册商标的新的所有人。根据商标法的规定,商标注册人可以通过签订商标使用许可合同的方式,许可他人使用其注册商标,如果经许可使用商标,则不构成犯罪。

最后,构成本罪,必须达到"情节严重"的程度。假冒注册商标罪只有"情节严重"才能构成。而是否情节严重,应从以下几方面着手:一看违法所得的数额。一般情况下,只有违法

[①] 2004 年 12 月 8 日最高人民法院、最高人民检察院《关于办理侵犯知识产权刑事案件具体应用法律若干问题的解释》。

所得数额较大才能构成，数额不大的，一般作为商标侵权行为处理；二是看有无其他情节严重的情况。如非法经营数额巨大，或者经过工商行政部门给予二次行政处罚又假冒注册商标的，或者假冒注册商标产生恶劣的社会影响、国际影响的等情况。

4. 本罪侵犯的客体是他人注册商标专用权和国家商标管理制度。所谓商标专用权，是指商标所有人有排他的、独占的使用该商标的权利（专用权）；商标所有人有转让或出售该项商标的权利（转让权）；商标所有人的商标可以由他的继承人继承（继承权）；商标所有人可以在保留商标使用权时，通过许可协议，允许一方在一定条件下使用其商标（使用许可权），国家正是通过商标法确认商标所有人的商标专用权。本罪的对象是他人已经注册的商标。没有经过注册的商标的品牌，不能成为本罪的对象，如果使用了已注销的商标或者超过有效期的商标，也不构成侵权和犯罪。所谓商标，是指"任何能够将自然人、法人或者其他组织的商品与他人的商品区别开的可视性标志，包括文字、图形、字母、数字、三维标志和颜色组合，以及上述要素的组合。"

（二）假冒注册商标罪的认定

1. 假冒注册商标罪与非罪的界限

在处理假冒注册商标案件时，应注意区分假冒注册商标罪与一般的假冒注册商标侵权行为的界限。根据《追诉标准（二）》第 69 条的规定，下列情形属于"情节严重"，应予立案：（1）非法经营数额在 5 万元以上或者违法所得数额在 3 万元以上的；（2）假冒两种以上注册商标，非法经营数额在 3 万元以上或者违法所得数额在 2 万元以上的；（3）其他情节严重的情形。

此外，应把假冒注册商标罪与一般的商标侵权行为区别开来。如果行为人未经商标所有权人许可，在同一种商品上使用与注册商标相类似的商标，或在类似的商品上使用与注册商标相同的商标，应属于一般的商标侵权行为，而不是犯罪行为。

冒充注册商标的行为也不能按照犯罪处理。所谓"冒充注册商标"，是指商标使用人违反商标法的规定，实施能够使人误认为其未注册商标为注册商标的行为。

反向假冒注册商标的行为如何认定，值得探讨。所谓"反向假冒注册商标行为"，是指在他人的商品上擅自使用自己商标的行为。[1]有学者认为，反向假冒商标是假冒商标的一种特殊形式，情节严重的，也应认定为假冒注册商标罪。[2] 但也有学者认为，反向假冒是一种商标侵权行为，即使情节再严重，我们也不能按照假冒注册商标罪处理。[3] 笔者认为，反向假冒不符合假冒注册商标罪的构成要件，只能算是一种商标使用违法行为，给予行政处罚即可，不能按照犯罪处理。

2. 本罪与生产、销售伪劣产品罪的界限

在司法实践中，行为人实施生产、销售伪劣产品时常常伴随着假冒注册商标的行为，即假冒注册商标与生产、销售伪劣产品罪交织在一起，对此，应如何处理，刑法理论上有不同的观点：一种观点认为，这种情况是想象竞合犯，假冒商标与生产、销售伪劣产品实际上是融为

---

[1] 李永升、朱建华主编：《经济刑法学》，法律出版社 2011 年版，第 330 页。
[2] 王作富主编：《刑法分则实务研究》（上），中国方正出版社 2001 年版，第 697 页。
[3] 张明、廖勇著：《知识产权及其刑法保护研究》，电子科技大学出版社 2006 年版，第 357 页。

一体的一个以假充真行为,应按"从一重处断"的原则处理。①另一种观点认为,这种情况是
法条竞合犯。即这一行为既触犯了假冒注册商标罪的条文,又触犯了生产、销售伪劣产品罪
的条文,应按法条竞合"重法优于轻法"的原则,按生产、销售伪劣产品论处。②还有观点认
为,假冒注册商标与生产、销售伪劣产品是两种独立的犯罪行为,两者既不存在包容或者交
叉关系,也不是一个行为,因此,不是想象竞合犯或者法条竞合犯,而是牵连犯,应按牵连犯
"择一重罪"处理。③笔者认为,后一种观点是正确的。上述情况应按牵连犯的处理原则,从
一重罪处断。

(三) 假冒注册商标罪的刑事责任

根据《刑法》第213条、220条的规定,犯本罪,处3年以下有期徒刑或者拘役,并处或单
处罚金;情节特别严重的,处3年以上7年以下有期徒刑,并处罚金。单位犯本罪,对单位处
罚金,对直接负责的主管人员和其他直接责任人员,按自然人犯本罪的法定刑处罚。

二、销售假冒注册商标的商品罪

(一) 销售假冒注册商标的商品罪的概念和特征

销售假冒注册商标的商品罪,是指违反商标管理法规,明知是假冒注册商标的商品故意
予以销售,销售金额数额较大的行为。本罪的主要构成特征是:

1. 本罪的主体是一般主体,自然人和单位均可以构成。

2. 本罪的主观方面表现为故意,即明知是假冒他人注册商标的商品而仍然予以销
售。行为人将假冒的商品误认为是真正的商品予以销售的,不构成本罪。行为人销售假
冒他人注册商标的商品一般是出于谋取非法经济利益的目的,但本罪的构成不要求该特
定目的。

3. 本罪的客观方面表现为行为人实施了违反商标管理法规,销售假冒他人注册商标的
商品,销售金额数额较大的行为。首先,本罪的构成以违反相关商标管理法规为前提。主要
是指违反了《中华人民共和国商标法》及其《实施细则》。其次,行为人实施了销售假冒他人
注册商标的商品的行为。所谓"销售",其行为方式可以是批发、代销,也可以是零售等,除此
之外,还应包括自销、代销、推销等多种行为方式,既可以是店铺销售,也可以是网上销售。
从行为的性质上讲,甚至还可以包括传销。只要所销售的商品是假冒他人注册商标的商品,
就构成本罪。另外,本罪的构成要求销售假冒他人注册商标的商品必须达到销售金额数额
较大的程度,方能构成。根据2004年12月8日最高人民法院、最高人民检察院《关于办理
侵犯知识资产权刑事案件具体应用法律若干问题的解释》的规定,本罪中所谓"销售金额",
是指销售假冒注册商标的商品后所得和应得的全部违法收入。所得,是指出售后的实际收
入;应得,是指已售出,但还未收到付款的那部分收入。

4. 本罪的客体是复杂客体,即国家的注册商标管理制度和商标注册人的商标专用权。
本罪的犯罪对象是注册商标,未经注册的商标不能成为本罪的对象。

---

① 马克昌主编:《经济犯罪新论》,武汉大学出版社1998年版,第503页。
② 赵秉志主编:《中国刑法特论》,中国人民公安大学出版社1997年版,第348页。
③ 孙国祥著:《经济刑法原理与适用》,南京大学出版社1995年版,第433页。

（二）销售假冒注册商标的商品罪的认定

1. 销售假冒注册商标的商品罪罪与非罪的界限

第一，本罪是数额犯，刑法要求销售假冒商标的商品必须达到销售金额数额较大方能构成犯罪，数额没有达到数额较大的，不能构成本罪。根据《追诉标准（二）》第七十条规定，销售明知是假冒注册商标的商品，涉嫌下列情形之一的，应予立案：（1）销售金额在 5 万元以上的；（2）尚未销售，货值金额在 15 万元以上的；（3）销售金额不满 5 万元，但已销售金额与尚未销售的货值金额合计在 15 万元以上的。第二，本罪虽然不是目的犯，但本罪要求行为人主观上必须出于故意，过失销售假冒注册商标的商品的，不构成本罪。最后，销售假冒没有经过注册的商标的商品，不能构成本罪。多次实施侵犯知识产权行为，未经行政处理或者刑事处罚的，销售金额累计计算。

2. 销售假冒注册商标的商品罪与假冒注册商标罪的界限

从犯罪构成上看，假冒注册商标罪的主体主要是假冒商标的生产者，而销售假冒商标的商品罪的犯罪主体则主要是商品销售者。司法实践中，如果行为人既假冒他人注册商标，又销售假冒他人注册商标的商品，则是集生产者与销售者于一身，既触犯了假冒注册商标罪，又触犯了本罪。这种情况下，可以按照吸收犯的理论，主行为吸收从行为，以假冒注册商标罪进行处罚。

3. 销售假冒注册商标的商品罪与销售伪劣产品罪的界限

假冒注册商标的商品也属于伪劣产品。司法实践中，如果行为人销售的既是假冒他人注册商标的商品，又是质量低劣的产品，则形成一种法条竞合关系，按照法条竞合的处理原则进行定罪量刑。

（三）销售假冒注册商标的商品罪的刑事责任

根据《刑法》第 214 条、第 220 条的规定，犯本罪的，处 3 年以下有期徒刑或者拘役，并处或单处罚金；销售金额数额巨大的，处 3 年以上 7 年以下有期徒刑，并处罚金。单位犯本罪，对单位处罚金，对直接负责的主管人员和其他直接责任人员，按照自然人犯本罪的法定刑处罚。根据上述最高人民法院、最高人民检察院《关于办理知识产权刑事案件具体应用法律若干问题的解释》的规定，销售金额在 5 万元以上的，属于本罪的"数额较大"；销售金额在 25 万元以上的，属于本罪的"数额巨大"。

三、非法制造、销售非法制造的注册商标标识罪

（一）非法制造、销售非法制造的注册商标标识罪的概念和特征

非法制造、销售非法制造的注册商标标识罪，是指违反国家商标管理法规，伪造、擅自制造注册商标标识或者销售伪造、擅自制造的注册商标标识，情节严重的行为。本罪的主要构成特征是：

1. 本罪的主体是一般主体，自然人和单位均可以构成本罪。

2. 本罪的主观方面表现为故意，即明知自己没有承印、销售注册商标的资格、没有得到注册商标所有人许可和委托，而故意非法制造或者销售。行为人非法制造、销售注册商标标识一般是出于谋取非法利益的目的，但该目的并非本罪的构成要件。

3. 本罪的客观方面表现为行为人实施了违反国家商标管理法规，伪造、擅自制造注册

商标标识或者销售伪造、擅自制造的注册商标标识,情节严重的行为。首先,违反国家相关的商标管理法律法规是成立本罪的前提,主要是指违反了《中华人民共和国商标法》及其《实施细则》、《商标印制管理办法》等法律法规。所谓"非法制造",包括伪造和擅自制造。伪造是指按照注册商标标识的式样、文字、图形、颜色、质地及制作技术制作假的商标标识;擅自制造是指未经注册商标人许可或者委托而制造其注册商标标识。所谓"销售",是指销售伪造或者擅自制造的他人的注册商标标识,既可以是销售自己伪造或者擅自制造的他人的注册商标标识,也可以是销售第三人伪造或者擅自制造的他人的注册商标标识。另外,根据刑法规定,本罪是情节犯,非法制造或者销售非法制造的注册商标标识,必须是情节严重的,才构成本罪,对于情节较轻或者情节轻微的非法制造或者销售非法制造的注册商标标识的行为,不以犯罪论处。

4. 本罪侵害的客体是国家对注册商标的管理制度和注册商标专用权。本罪的犯罪对象是商标标识。商标标识主要是由文字、图形或者其组合构成的商标图样的物质载体,是表明注册商标的商品显著特征的识别标记。由于商标标识直接关系到商标权人注册商标专用权的行使,为了加强对商标权人注册商标的保护,1990年国家工商行政管理总局发布了《商标印制管理办法》,对商标标识的印制实施法律上的管理。

(二)非法制造、销售非法制造的注册商标标识罪的认定

1. 非法制造、销售非法制造的注册商标标识罪罪与非罪的界限

第一,本罪是情节犯,只有非法制造、销售非法制造的注册商标标识达到"情节严重"的程度,才能构成犯罪,情节较轻或者情节轻微的,不构成犯罪。根据《追诉标准(二)》第七十一条的规定,伪造、擅自制造他人注册商标标识或者销售伪造、擅自制造的注册商标标识,涉嫌下列情形之一的,应予立案:(1)伪造、擅自制造或者销售伪造、擅自制造的注册商标标识数量在2万件以上,或者非法经营数额在5万元以上,或者违法所得数额在3万元以上的;(2)伪造、擅自制造或者销售伪造、擅自制造两种以上注册商标标识数量在1万件以上,或者非法经营数额在3万元以上,或者违法所得数额在2万元以上的;(3)其他情节严重的情形。第二,本罪的主观方面是故意,要求行为人对非法制造、销售非法制造的注册商标标识必须明知,如果行为人不明知,而是过失地制造、销售非法制造的注册商标标识,则不构成本罪。第三,如果行为人印制的商标标识不是他人经过注册的商标标识,或者是自己伪造的"商标标识",并非他人的注册商标,也不构成本罪,但如果符合其他条件,可能构成其他犯罪。

2. 非法制造、销售非法制造的注册商标标识罪与假冒注册商标罪的界限

两者在犯罪客体和犯罪的主观要件上完全相同。两者的主要区别在于犯罪客观方面不同。假冒注册商标罪表现为未经注册商标所有权人许可,在同一种商品上使用与其注册商标相同的商标的行为,而非法制造、销售非法制造的注册商标标识罪的客观方面却表现为非法伪造、擅自制造、销售伪造、擅自制造的注册商标标识的行为。司法实践中,行为人既非法制造他人的注册商标标识,又将此商标标识用于假冒他人注册商标的商品上的,从刑法理论上讲,属于牵连犯,应从一重罪处罚。

(三)非法制造、销售非法制造的注册商标标识罪的刑事责任

根据《刑法》第215条、第220条的规定,犯本罪的,处3年以下有期徒刑、拘役或者管

制,并处或单处罚金;情节特别严重的,处 3 年以上 7 年以下有期徒刑,并处罚金。单位犯本罪,对单位处罚金,对直接负责的主管人员和其他直接责任人员,按照自然人犯本罪的法定刑处罚。

根据《追诉标准(二)》第七十一条的规定,伪造、擅自制造他人注册商标标识或者销售伪造、擅自制造的注册商标标识,涉嫌下列情形之一的,属于本罪的"情节严重":(1)伪造、擅自制造或者销售伪造、擅自制造的注册商标标识数量在 2 万件以上,或者非法经营数额在 5 万元以上,或者违法所得数额在 3 万元以上的;(2)伪造、擅自制造或者销售伪造、擅自制造两种以上注册商标标识数量在 1 万件以上,或者非法经营数额在 3 万元以上,或者违法所得数额在 2 万元以上的;(3)其他情节严重的情形。涉嫌下列情形之一的,属于本罪的"情节特别严重":(1)伪造、擅自制造或者销售伪造、擅自制造的注册商标标识数量在 10 万件以上,或者非法经营数额在 25 万元以上,或者非法所得数额在 15 万元以上的;(2)伪造、擅自制造或者销售伪造、擅自制造两种以上注册商标的标识数量在 5 万件以上,或者非法经营数额在 15 万元以上,或者非法所得数额在 10 万元以上的;(3)其他情节特别严重的情形。

四、假冒专利罪

(一)假冒专利罪的概念和特征

假冒专利罪,是指违反专利管理法规,未经专利权人许可,假冒他人专利,情节严重的行为。本罪的主要构成特征是:

1. 本罪的主体是一般主体,自然人和单位均可以构成本罪。

2. 本罪的主观方面表现为故意,即行为人明知自己实施的是他人的专利技术或方法,又未获得专利人的许可,而仍然予以实施。行为人假冒他人专利一般是出于获取不法利益的目的,但该目的并非本罪的构成要件。

3. 本罪的客观方面表现为违反国家专利法规,在法律规定的专利有效期限内,未经专利权人许可,假冒他人专利,情节严重的行为。

违反国家专利法律法规,主要是违反《中华人民共和国专利法(第三次修正)》、《中华人民共和国专利法实施细则》(国务院 2010 年 1 月 9 日公布)、《专利文献种类标识代码标准》、《专利文献号标准》和《专利申请号标准》等相关的法律法规。

未经专利权人许可,是构成本罪的前提。根据国家《专利法》的规定,专利的实施分为自行实施、许可实施、转让实施和国家强制许可实施等四种方式。除了专利权人自行实施以外,其他三种方式都是非专利权人合法实施专利权人的专利的情况。其中,许可实施和转让实施的前提都必须是得到了专利权的同意,如果没有经过专利权人同意而实施其专利,就是非法使用,具有假冒专利的性质。

司法实践中,假冒专利的行为主要表现为以下几种方式:(1)未经许可,在其制造或者销售的产品、产品的包装上标注他人专利号的;(2)未经许可,在其广告或者宣传材料中使用他人专利号的,使人将所涉及的技术误认为是他人专利技术的;(3)未经许可,在合同中使用他人的专利号,使人将合同涉及的技术误认为是他人专利技术的;(4)伪造或者编造他人的专利证书、专利文件或者专利申请文件的。

另外,本罪是情节犯,必须是假冒他人专利情节严重的,才能构成本罪。对于情节较轻的假冒他人专利的行为,不以犯罪论处,必要时可给予相应的行政处罚。

4. 本罪的客体是国家对专利的管理制度以及他人的专利权。本罪的对象是专利权人的专利,专利,是指具有新颖性、创造性和实用性的发明、实用新型的技术和外观设计。专利权是国家专利管理机关以国家的名义授予专利申请人在约定期限内对某项发明创造所享有的专有利用的权利。假冒专利权人的专利,直接侵犯了他人的专利权,同时,也破坏了国家有关的专利保护制度。

(二)假冒专利罪的认定

1. 假冒专利罪罪与非罪的界限。

(1)本罪是情节犯,只有假冒他人专利情节严重的,才能构成本罪。根据《追诉标准(二)》第七十二条的规定,假冒他人专利,涉嫌下列情形之一的,应予立案:① 非法经营数额在 20 万元以上或者违法所得数额在 10 万元以上的;② 给专利权人造成直接经济损失在 50 万元以上的;③ 假冒 2 项以上他人专利,非法经营数额在 10 万元以上或者违法所得数额在 5 万元以上的;④ 其他情节严重的情形。非法经营数额,是指行为人在实施侵犯知识产权行为过程中,制造、储存、运输、销售侵权产品的价值。已销售的侵权产品的价值,按照实际销售的价格计算。制造、储存、运输和未销售的侵权产品的价值,按照标价或者已经查清的侵权产品的实际销售的平均价格计算。侵权产品没有标价或者无法查清其实际销售价格的,按照被侵权产品的市场中间价格计算。多次实施侵犯知识产权行为,未经行政处理或者刑罚处罚的,非法经营数额、违法所得数额或者销售金额累计计算。

(2)单纯使用他人专利行为的界限。从上述最高人民法院、最高人民检察院的司法解释看,假冒专利的行为似乎仅限定于在广告、宣传材料、合同、产品上未经他人同意而标注他人专利号的行为。但问题是,如果侵权人没有实施上述假冒专利行为,而是未经专利权人同意,直接使用他人专利,但在相关文件上并未说明,即单纯地使用他人专利,如何认定其行为的性质?有学者认为,刑法第 216 条仅是将假冒他人专利的行为规定为犯罪,但并没有将单纯使用他人专利的行为也规定为犯罪,所以,根据罪刑法定的原则,应该作无罪处理。但笔者认为,既然刑法第 216 条将"说而不用"的假冒专利行为都规定为犯罪了,那么"用而不说"的专利侵权行为也自然应该受到刑罚的处罚,这样理解,既是罪刑法定原则的应有之义,也是贯彻实质刑法观所得出的必然结论。

2. 假冒专利罪与诈骗罪的界限。假冒专利的行为实质上就是一种诈骗行为,所以假冒专利的行为如果同时达到了诈骗罪的要求,可能会同时构成诈骗罪,该种情形下,应当如何处罚?值得探讨。有学者认为,假冒专利行为实际为诈骗行为的一种方式,所以,当自然人实施了假冒专利罪时,同时触犯了诈骗罪。在此二者之间存在包容竞合关系,在这种情况下,这两个法条之间是普通与特殊的从属关系,应该根据特别法优于普通法的原则适用特别法,排斥普通法,所以应当适用假冒专利罪。① 也有学者认为,规定两罪的法条之间并不存在包容竞合的关系,而是行为人在两个犯罪故意的支配下,实施了一个符合两个犯罪的行为过程,应以想象竞合犯,从一重罪。否则,单纯以假冒专利罪论处可能会违背罪责刑相适应的原则。② 笔者认为,行为人的目的是为了谋取非法利益,即骗取财物,而假冒专利仅是一种达到骗取财物的手段,所以两者之间应该是牵连关系,应以牵连犯的处罚原则,从一重罪

---

① 周文锋:"法条竞合视野下的假冒专利罪",载《江西社会科学》2006 年第 6 期。
② 李永升、朱建华主编:《经济刑法学》,法律出版社 2011 年版,第 342 页。

处断。

3. 假冒专利罪与虚假广告罪的界限。两者都表现为欺骗消费者的虚假宣传行为，两者都破坏了市场经济秩序，主观目的都是为了销售自己的产品。但是两者的区别在于：第一，两者的客体不同。本罪的客体是国家的专利管理制度和他人的专利标记权；而虚假广告罪的客体是国家对广告经营的管理秩序和消费者的合法权益。第二，犯罪主体不同。本罪的主体是一般主体，而虚假广告罪的主体则是特殊主体，即广告主、广告经营者和广告发布者。第三，犯罪的客观方面的行为方式表现不同。本罪的行为表现为假冒专利，而虚假广告罪的行为则表现为利用广告对商品或者服务作虚假宣传，即对商品的质量、性能、用途等作引人误解的宣传。司法实践中，可能会出现行为人在对自己的产品或服务进行虚假宣传的同时，假冒他人的专利，可能会构成假冒专利罪。笔者认为，对于这种情形，应该按照想象竞合犯的处罚原则，从一重罪处断。

（三）假冒专利罪的刑事责任

根据《刑法》第 216 条、第 220 条的规定，犯本罪，处 3 年以下有期徒刑或者拘役，并处或者单处罚金。单位犯本罪，对单位处罚金，对直接负责的主管人员和其他直接责任人员，按照自然人犯本罪的法定刑处罚。

五、侵犯著作权罪

（一）侵犯著作权罪的概念和特征

侵犯著作权罪，是指以营利为目的，违反国家著作权管理法规，侵犯他人著作权益，违法所得数额较大或者有其他严重情节的行为。本罪的主要特征是：

1. 本罪的主体是一般主体，自然人和单位都可以构成本罪。

2. 本罪的主观方面是故意。行为人主观上具有非法营利目的。行为人客观上虽然有侵犯他人著作权的行为，但主观上不是出于营利目的，而是为了达到其他目的，则不能构成本罪。过失不构成本罪。

3. 本罪的客观方面表现为违反著作权的管理法规，侵犯他人著作权，违法所得数额较大或者有其他情节严重的行为。

首先，行为人违反了一定的与著作权保护有关的法规。行为人主要违反的是《中华人民共和国著作权法》及其《实施细则》以及我国加入的有关著作权的国际公约，如《伯尔尼公约》、《世界版权公约》和《录音制品公约》等。应当指出，为了照顾社会利益，根据著作权法，在某些特定的情况下，著作权人必须允许他人无偿地使用其作品，在这种情况下使用他人作品则谈不上是违法犯罪问题。

其次，行为人侵犯著作权的行为方式是多种多样的，刑法列举了四种情况：（1）未经著作权人许可，复制发行其文字作品、音乐、电影、电视、录像作品、计算机软件及其他作品的。最高人民法院 1998 年 12 月 23 日施行的《关于审理非法出版物刑事案件具体应用法律若干问题的解释》（本节以下简称《解释》）第 3 条指出："刑法第二百一十七条第（一）项中规定的'复制发行'，是指行为人以营利为目的，未经著作权人许可而实施的复制、发行或者既复制又发行其文字作品、音乐、电影、电视、录像作品、计算机软件及其他作品的行为。"（2）出版他人享有专有出版权的图书的；（3）未经录音录像制作者许可，复制发行其著作的录音录像的;(4) 制作、出售假冒他人署名的美术作品的。

再则,本罪客观上必须达到一定严重程度才能构成,即必须是违法所得数额较大或者有其他严重情节的,才构成本罪,否则,就属于一般的侵犯著作权的违法行为。

4. 本罪侵犯的客体是他人的著作权益。著作权,是指作者对自己的科学、文学、艺术的创作成果即作品所享有的发表、署名、使用等权利。根据 2010 年 2 月 26 日新修订的《中华人民共和国著作权法》第 10 条规定:"著作权包括下列人身权和财产权:(一) 发表权,即决定作品是否公之于众的权利;(二) 署名权,即表明作者身份,在作品上署名的权利;(三) 修改权,即修改或者授权他人修改作品的权利;(四) 保护作品完整权,即保护作品不受歪曲、篡改的权利;(五) 复制权,即以印刷、复印、拓印、录音、录像、翻录、翻拍等方式将作品制作一份或者多份的权利;(六) 发行权,即以出售或者赠与方式向公众提供作品的原件或者复制件的权利;(七) 出租权,即有偿许可他人临时使用电影作品和以类似摄制电影的方法创作的作品、计算机软件的权利,计算机软件不是出租的主要标的的除外;(八) 展览权,即公开陈列美术作品、摄影作品的原件或者复制件的权利;(九) 表演权,即公开表演作品,以及用各种手段公开播送作品的表演的权利;(十) 放映权,即通过放映机、幻灯机等技术设备公开再现美术、摄影、电影和以类似摄制电影的方法创作的作品等的权利;(十一) 广播权,即以无线方式公开广播或者传播作品,以有线传播或者转播的方式向公众传播广播的作品,以及通过扩音器或者其他传送符号、声音、图像的类似工具向公众传播广播的作品的权利;(十二) 信息网络传播权,即以有线或者无线方式向公众提供作品,使公众可以在其个人选定的时间和地点获得作品的权利;(十三) 摄制权,即以摄制电影或者以类似摄制电影的方法将作品固定在载体上的权利;(十四) 改编权,即改变作品,创作出具有独创性的新作品的权利;(十五) 翻译权,即将作品从一种语言文字转换成另一种语言文字的权利;(十六) 汇编权,即将作品或者作品的片段通过选择或者编排,汇集成新作品的权利;(十七) 应当由著作权人享有的其他权利。"它是国家法律保护的重要的知识产权,是公民与法人或非法人单位享有的重要的民事权利。著作权的内容包括人身权和财产权:人身权包括发表权、署名权、修改权、作品完整权。财产权包括复制权、发行权、展览权、播放权、获酬权等。著作权的享有者包括作者以及通过继承、遗赠、委托关系而获得著作权的人,还包括依法或通过委托合同获得著作权的法人和非法人单位。本罪的对象是受著作权法保护的作品。根据《中华人民共和国著作权法》第 3 条的规定:作品的范围是"以下列形式创作的文学、艺术和自然科学、社会科学、工程技术等作品:(一) 文字作品;(二) 口述作品;(三) 音乐、戏剧、曲艺、舞蹈、杂技艺术作品;(四) 美术、建筑作品;(五) 摄影作品;(六) 电影作品和以类似摄制电影的方法创作的作品;(七) 工程设计图、产品设计图、地图、示意图等图形作品和模型作品;(八) 计算机软件;(九) 法律、行政法规规定的其他作品。"

(二) 侵犯著作权罪的认定

1. 侵犯著作权罪罪与非罪的认定

区分本罪罪与非罪的界限,主要从两个方面去把握:第一,本罪是目的犯,行为人须以营利为目的而侵犯他人著作权,才能构成本罪。所以要看行为人主观上是否有营利目的。如主观上不是出于营利目的,而是出于其他目的,则不构成本罪,可作为一般违法行为处理;第二,看违法所得是否达到较大或者是否有其他严重情节。根据 2004 年 12 月最高人民法院、最高人民检察院《关于办理侵犯知识产权刑事案件具体应用法律若干问题的解释》和2007年4月最高人民法院、最高人民检察院《关于办理侵犯知识产权刑事案件具体应用法律若干问题的解释（二）》的规定，以营利为目的，实施刑法第217条所列行为之一，违法所得数额在3万元以上的，属于"违法所得数额较大"，具有下列情形之一的，属于"有其他严重情节"，应当以侵犯著作权罪判处3年以下有期徒刑或者拘役，并处或者单处罚金：（1）非法经营数额在5万元以上的；（2）以营利为目的，未经著作权人许可，复制发行其文字作品、音乐、电影、电视、录像作品、计算机软件及其他作品，复制品数量合计在500张（份）以上的；（3）其他严重情节的情形。第三，不属于刑法列举的四种侵犯著作权和与著作权有关的权益的行为不构成本罪。修订后的《著作权法》第22条共规定了著作权合理使用的十二种情况，在这些情况下使用他人著作权，不构成犯罪。而且修订后的《著作权法》第48条规定，对八种较为严重的著作权侵权行为，可以依法追究刑事责任。然而，《刑法》第217条仅规定了侵犯著作权的四种行为方式，因此，笔者认为，没有规定在《刑法》第217条之内的其他严重的著作权侵权行为，不能以犯罪论处，这是罪刑法定原则的应有之义。

2. 本罪与制作、复制、出版、贩卖、传播淫秽物品牟利罪的界限

两罪都是贪利性犯罪，都有制作、复制、出版、出售作品的行为。二者的主要区别在于：第一，侵犯的客体不同。本罪侵犯的客体是国家著作权管理制度和他人的著作权；而后罪的客体主要是国家对文化市场的管理活动和良好的社会道德风尚。第二，犯罪对象不同。本罪的犯罪对象是受著作权保护的作品，而后者的犯罪对象是依法禁止出版、传播的淫秽物品。第三，客观的行为方式不同。本罪的行为方式表现为复制、发行、出版、制作、出售等行为；而后者的行为方式表现为制作、出版、贩卖、复制、传播等五种。

3. 本罪与非法制造注册商标标识罪的界限

当注册商标标识本身受《著作权法》保护的时候，如果行为人以营利为目的，擅自制造他人的受《著作权法》保护的商标标识时，应当如何处理？笔者认为，此种情形，应该属于一个行为同时触犯了侵犯著作权罪和非法制造注册商标标识罪两个罪名，应以想象竞合犯的处罚原则，从一重罪处断。

4. 本罪与诈骗罪的界限

行为人出售假冒他人署名的美术作品，违法所得数额较大的，应如何处理？在理论界和司法实务界争论较大。第一种观点认为，如果行为人采取诈骗方式，使他人误认为是真品而购买，则该行为完全符合诈骗罪的构成要件，应认定为诈骗罪；但如果行为人告知是假冒他人署名的美术作品，购买者纯粹是为了装饰、欣赏等目的以较低价格购买此假冒作品的，则只能认定为构成侵犯著作权罪。[①] 第二种观点认为，这种情况既构成了侵犯著作权罪又构成了诈骗罪，属于想象竞合犯，应按"从一重处"的原则处理。[②] 第三种观点认为，行为人主观上没有使"出售"和"骗财"这两种行为相牵连的意思时，不成立牵连犯，对其应当按照侵犯著作权罪和诈骗罪两罪数罪并罚；行为人主观上具有使"出售"和"骗财"这两个行为具有牵连意思时，成立牵连犯，按照"从一重处断"的原则处理。[③] 第四种观点认为，如果行为人是

① 张明、廖勇著：《知识产权及其刑法保护研究》，电子科技大学出版社2006年版，第453页。
② 王作富主编：《刑法分则实务研究》（上），中国方正出版社2001年版，第746页。
③ 高铭暄、王俊平："侵犯著作权罪认定若干问题研究"，载《中国刑事法杂志》2007年第3期。

以非法营利为目的,尽管假冒他人署名对消费者也是一种欺骗,但主要是为了销售美术作品,而非骗取钱财,此时只构成侵犯著作权罪;如果行为人以非法占有为目的,假冒他人署名让消费者陷入错误认识的目的是为了得到与对价极不相称的财物,则只能构成诈骗罪。[①]笔者认为,行为人出售假冒他人署名的美术作品,行为方式肯定同时符合侵犯著作权罪和诈骗罪两种,另外,很难说行为人出售假冒他人署名的美术作品不是为了营利,而在此种情况下,"以营利为目的"和"以非法占有他人财物为目的"属于同一性质,所以,可以看作是行为人一个行为同时触犯了侵犯著作权罪和诈骗罪两个罪名,属于想象竞合犯,应按照想象竞合犯的处罚原则,从一重罪处断。

(三) 侵犯著作权罪的刑事责任

根据《刑法》第 217 条、第 220 条的规定,犯本罪,处 3 年以下有期徒刑或者拘役,并处或单处罚金;违法所得数额巨大或者有其他特别严重情节的,处 3 年以上 7 年以下有期徒刑,并处罚金。单位犯本罪,对单位处罚金,对其直接负责的主管人员和其他直接责任人员,按照自然人犯本罪的法定刑处罚。根据 2004 年 12 月最高人民法院、最高人民检察院《关于办理侵犯知识产权刑事案件具体应用法律若干问题的解释》和 2007 年 4 月最高人民法院、最高人民检察院《关于办理侵犯知识产权刑事案件具体应用法律若干问题的解释(二)》的规定,以营利为目的,实施刑法第 217 条所列行为之一,违法所得数额在 15 万元以上的,属于"违法所得数额巨大",具有下列情形之一的,属于"有其他特别严重情节",应当以侵犯著作权罪判处 3 年以下有期徒刑或者拘役,并处或者单处罚金:(1) 非法经营数额在 25 万元以上的;(2) 以营利为目的,未经著作权人许可,复制发行其文字作品、音乐、电影、电视、录像作品、计算机软件及其他作品,复制品数量合计在 2500 张(份)以上的;(3) 其他严重情节的情形。

六、销售侵权复制品罪

(一) 销售侵权复制品罪的概念和特征

销售侵权复制品罪,是指以营利为目的,销售明知是侵犯他人著作权的复制品,违法所得数额巨大的行为。本罪的主要构成特征是:

1. 本罪的犯罪主体是一般主体,自然人和单位均可以构成本罪。

2. 本罪的主观方面表现为故意,即行为人对所销售的物品属于侵权复制品这一事实明知。本罪主观上还要求行为人具有营利的目的。

3. 本罪的客观方面表现为销售侵犯他人著作权的复制品,违法所得数额巨大的行为。"销售"是指将侵权复制品出售给消费者的行为,包括批发和零售两种方式。另外,本罪是数额犯,行为人销售侵权复制品必须达到数额巨大的程度,才能构成犯罪。对于销售侵权复制品数额较小或者数额较大的行为,都不能以本罪论处,只能是一般的违法行为。

4. 本罪侵害的客体是国家对著作权的管理制度和他人的著作权及邻接权。

(二) 销售侵权复制品罪的认定

1. 销售侵权复制品罪罪与非罪的界限

第一,本罪是数额犯,销售侵权复制品必须大"数额巨大",才能构成犯罪。根据 2004 年

---

① 李永升、朱建华主编:《经济刑法学》,法律出版社 2011 年版,第 347 页。

12月8日最高人民法院《关于办理侵犯知识产权刑事案件具体应用法律若干问题的解释》规定,以营利为目的,实施销售侵权复制品行为,违法所得数额在10万元以上的,属于本罪的"违法所得数额巨大"。第二,本罪也是目的犯,要求行为人主观上必须出于营利的目的,才能构成犯罪。如果行为人对于销售物品的侵权性质没有认识,或者行为人虽然销售了侵权复制品,但主观上没有营利的目的,都不能构成本罪。第三,从行为方式上,本罪仅限于"销售"行为,包括批发和零售。如果行为人不是销售,而是赠与、出借或者收买等,不构成本罪。

2. 销售侵权复制品罪与侵犯著作权罪的界限

两罪在犯罪客体和犯罪主体上完全相同。两罪的主要区别在于:(1)对象不同。侵犯著作权罪的对象是各类作品、制品,销售侵权复制品罪的对象则是各类作品、制品的复制品;(2)构成犯罪的要求不同。侵犯著作权罪要求"违法所得数额较大或者有其他严重情节",就能构成犯罪,而销售侵权复制品罪则必须达到"数额巨大"的程度,方能构成犯罪。根据《解释》第5条的规定,司法实践中,行为人既实施了侵犯著作权犯罪行为,又实施了销售其侵权复制品犯罪行为的,只构成侵犯著作权罪,而不构成本罪,不实行数罪并罚;如果行为人在实施了侵犯著作权犯罪行为后,又实施了销售其他侵权复制品犯罪行为的,则同时构成侵犯著作权罪和销售侵权复制品罪,实行数罪并罚。

（三）销售侵权复制品罪的刑事责任

根据《刑法》第218条、第220条的规定,犯本罪的,处3年以下有期徒刑或者拘役,并处或单处罚金。单位犯本罪,对单位处罚金,对直接负责的主管人员和其他直接责任人员,按自然人犯本罪的法定刑处罚。

七、侵犯商业秘密罪

（一）侵犯商业秘密罪的概念和特征

根据《刑法》第219条的规定,侵犯商业秘密罪,是指违反法律规定,侵犯商业秘密,给商业秘密的权利人造成重大损失的行为。本罪的主要特征是:

1. 本罪的主体是一般主体,自然人和单位都可以构成本罪。

2. 本罪的主观方面是一般是故意,过失不构成本罪。[①] 行为人明知是他人的商业秘密而使用、披露。但使用人在应知使用的是他人以不正当手段取得的商业秘密的,同样构成本罪。

3. 本罪的客观方面表现为实施侵犯商业秘密的行为。刑法列举了以下几种形式:
(1)以盗窃、利诱、胁迫或其他不正当手段获取权利人的商业秘密。盗窃商业秘密的方法多种多样,既可以是偷盗权利人商业秘密的有形的载体,也可以是这些东西的复制件;既可以窃取该商业秘密的有形载体,也可以是窃取该商业秘密的信息。所谓利诱,是指利用物质报酬、工作条件或其他物质利益引诱了解商业秘密的雇员及其他知情人员泄露商业秘密。胁迫,是指对商业秘密的权利人或知情人员的人身安全、荣誉、财产等方面的利益进行威胁,以

---

① 因为《刑法》第219条第2款规定:"明知或应知前款所列行为,获取、使用或者披露他人的商业秘密的,以侵犯商业秘密论。"所以有的学者认为本罪的主观方面可能也会包括间接故意和一部分疏忽大意过失。

迫使其泄露商业秘密。所谓其他手段,是指行为人违背商业秘密权利人的意愿,用可以获取商业秘密的其他非法手段获取商业秘密。(2)披露、使用或者允许他人使用以非法手段获取的权利人的商业秘密。披露,是指行为人将非法获取的权利人的商业秘密向他人公开(包括向特定的人公开、向一部分人公开、向社会公开);使用,是指行为人将非法获取的商业秘密加以应用,可能用于生产,也可能用于经营或其他方面(如广告宣传等);允许他人使用,是指行为人允许将其以不正当手段获取的商业秘密供给他人使用。这种允许可以是有偿的,也可以是无偿的。(3)违反约定或者违反权利人有关保守商业秘密的要求,披露、使用或者允许他人使用其所掌握的商业秘密。这种情况,主要是指行为人与权利人之间依据合同的约定而 合法取得了商业秘密,但是违反了与权利人之间有关保守商业秘密的约定,向公众披露其所掌握的商业秘密或者违反约定使用商业秘密或者允许第三人使用其所掌握的权利人的商业秘密。通常是那些因业务关系而了解商业秘密的人员,如供应商、销售商、商业秘密的受让人、商业秘密的出售人、以商业秘密作为投资的合作伙伴;(4)第三人如果明知或应知他人是以不正当手段获取的商业秘密,又使用或者披露他人的商业秘密的,以侵犯商业秘密罪论处。

4. 本罪侵害的客体是商业秘密权。本罪的对象是商业秘密。根据刑法第 219 条第 3 款的规定,所谓商业秘密,是指不为公众所知悉的,能为权利人带来经济利益,具有实用性并经权利人采取保密措施的技术信息和经营信息。因此,商业秘密具有以下特点:(1)实用性。是指商业秘密能为权利人带来现实的经济利益以及通过将来的使用而体现出来预期经济利益或潜在的竞争优势,并且,该信息具有确定的可应用性,是能够解决生产或经营中的现实问题;(2)专有性。是权利人创造、继承或受让而来的,通常由自己加以保护或约定由对方加以保护;(3)保密性。是指该信息是不能从公开的渠道直接获取的,其知晓的范围非常有限。

(二)侵犯商业秘密罪的认定

1. 侵犯商业秘密案罪与非罪的界限。根据刑法第 219 条的规定,侵犯商业秘密,只有给商业秘密的权利人造成重大损失的,才能构成本罪。因此,是否造成重大损失,是区分罪与非罪的重要界限。根据《追诉标准(二)》第七十三条规定:侵犯商业秘密,涉嫌下列情形之一的,应予立案:(1)给商业秘密权利人造成损失数额在 50 万元以上的;(2)因侵犯商业秘密违法所得数额在 50 万元以上的;(3)致使商业秘密人破产的;(4)其他给商业秘密人造成重大损失的情形。

2. 本罪与有关侵犯国家秘密犯罪的界限。与商业秘密一样,国家秘密也是刑法保护的重要对象,刑法第 111 条规定了为境外窃取、刺探、收买、非法提供国家秘密、情报罪,刑法第 282 条规定了非法获取国家秘密罪,刑法第 398 条规定了故意泄露国家秘密罪和过失泄露国家秘密罪。一般情况下,商业秘密不是国家秘密,本罪与上述犯罪所侵犯的对象是不同的。但商业秘密也可以成为国家秘密,当商业秘密成为国家秘密后,本罪就有可能与上述犯罪发生竞合,对此,应适用"特别法优于普通法"的法条竞合犯处理原则,依照有关侵犯国家秘密的犯罪处理。

(三)侵犯商业秘密罪的刑事责任

根据《刑法》第 219 条的规定,犯侵犯商业秘密罪,处 3 年以下有期徒刑或者拘役,并处或单处罚金;造成特别严重后果的,处 3 年以上 7 年以下有期徒刑,并处罚金。单位犯本罪,对单位处罚金,对直接负责的主管人员和其他直接责任人员,按自然人犯本罪的法定刑处罚。根据 2004 年 12 月 8 日最高人民法院《关于办理侵犯知识产权刑事案件具体应用法律若干问题的解释》规定,侵犯商业秘密,给商业秘密人造成损失数额在 50 万元以上的,属于"给商业秘密人造成重大损失";给商业秘密人造成损失数额在 250 万元以上的,属于"造成特别严重后果"。

第 二 十 章

扰乱市场秩序罪

第一节 扰乱市场秩序罪概述

一、扰乱市场秩序罪的概念

扰乱市场秩序罪,是指违反市场监督管理的法律法规,破坏市场交易秩序、竞争秩序、监管秩序,情节严重的行为。

市场秩序,其含义和范围较广,本章犯罪实际上都侵犯了正常的市场秩序。本节犯罪所侵犯的主要是市场秩序中的有关市场竞争、合同管理、自由交易、市场中介活动等方面的秩序。

在市场经济运行中,由于市场经济自身存在的缺陷和不足,即因为市场主体存在追求高额利润、趋利避害的心理,所以他们往往会实施一些违反市场准则要求的行为,而市场本身又不能有效地调节这种市场主体违反市场准则的行为。因此,国家就有必要加以干预,以立法的方式进行调节。虽然在我国的 1979 年刑法和一些单行刑法规范以及附属刑法规范中都有关于违反市场管理秩序的犯罪的规定,但是由于诸法规之间缺少协调,而且由于我国经济近些年的飞速发展,所以,对于该类犯罪的规定存在不少问题。主要有:第一,附属刑法规范的立法规定与 1979 年刑法或者单行刑法的规定有不协调之处。第二,1979 年刑法是社会主义计划经济的产物,但是到了市场经济体制确立以后,社会经济和历史条件已经发生变化,所以有些犯罪的构成也应该随之相应变化。第三,在刑法理论和司法实践中,均将合同诈骗的行为归入诈骗罪之中。合同诈骗固然有其侵犯公私财物的一面,但其侵害的主要社会关系应该是国家的市场管理秩序和经济制度,从这点来说,具有本质上的区别。第四,有的危害社会的行为已经严重地危害了社会,而且达到了相当严重的程度,但是当时无论是刑法典,还是单行刑法或是附属刑法,都缺少相关的规定,如非法转让、倒卖土地使用权罪、损害商业信誉、商品声誉罪,当时就无明文的法律规定可以依据。第五,当时的刑事立法缺少对单位犯罪的处罚规定,致使单位实施了相关行为而无法处罚的情况发生。因此,1997 年刑法修订时,根据上述存在的问题,在原有刑事立法的基础上,对扰乱市场秩序罪进行了修改和完善,形成了现在的惩治与打击扰乱市场秩序犯罪的刑事立法体系。

二、扰乱市场秩序罪的构成特征

(一)本类罪的主体既包括自然人,也包括单位,大部分为一般主体,只有少部分犯罪的主体是特殊主体,如虚假广告罪、串通投标罪、提供虚假证明文件罪、出具文件证明重大失实罪等。

(二)本类犯罪的主观方面既有故意,也有过失。本章中的绝大部分犯罪是故意犯罪,并且是直接故意,同时,有些犯罪还表现为目的犯,行为人必须具有法定的目的方可。一般认为,本章中除出具证明文件重大失实罪可以由过失构成外,其余犯罪只能由故意构成。

(三)本类犯罪的客观方面表现为违反市场管理法规,破坏市场的交易、竞争秩序和管理秩序,情节严重的行为。

首先,本类罪的前提必须是违反了相关的市场管理法律、法规。如《广告法》《反不正当竞争法》《土地管理法》《商品检验法》等。

其次,行为人必须实施了扰乱市场管理秩序的行为。按照《刑法》第 221 条到第 230 条的规定,本章中共规定了 13 种扰乱市场管理秩序的行为,有些犯罪的构成要件中还包含了若干亚层次的行为方式,所以说扰乱市场秩序的行为方式可谓有多种表现。如不正当竞争、虚假广告、损害商誉、合同诈骗、非法经营以及逃避商检等的行为。

另外,行为人实施的扰乱市场秩序的行为必须达到情节严重的程度,方能认为是犯罪。情节严重,一般应从行为人的犯罪数额、给他人造成的损失等方面进行认定。

(四)本类犯罪侵犯的客体是市场秩序。市场秩序,从其本意来说,有广义和狭义两种含义。广义的市场秩序是指市场自身即国家运用经济的、行政的手段来维护市场活动而形成的买卖双方的正常关系。广义的市场秩序包括进出秩序、市场竞争秩序和市场交易秩序。① 而狭义的市场秩序包括市场交易、竞争和市场管理秩序。市场管理秩序是指国家对市场主体进出市场以后的监督和管理而形成的规则的有序状态。②本类犯罪的客体不包括进入市场主体的条件,也不包括违反国家的外贸管制、金融管理、商品生产管理、税收征管、知识产权制度等的有关管理制度。从这个意义上说,本类犯罪所侵害的客体是狭义上的市场秩序。

三、扰乱市场秩序罪的种类

根据刑法分则第三章第八节的规定,扰乱市场秩序罪主要包括以下几种:

(一)扰乱市场竞争秩序的犯罪。包括损害商业信誉、商品声誉罪(第 221 条),虚假广告罪(第 222 条),串通投标罪(第 223 条)。

(二)扰乱市场交易秩序的犯罪。包括合同诈骗罪(第 224 条),组织、领导传销活动罪(第 224 条之一),非法经营罪(第 225 条),强迫交易罪(第 226 条),伪造、倒卖伪造的有价票证罪(第 227 条第 1 款),倒卖车票、船票罪(第 227 条第 2 款),非法转让、倒卖土地使用权罪(第 228 条)。

(三)扰乱市场监管秩序的犯罪。包括提供虚假证明文件罪(第 229 条第 1 款、第 2 款),出具证明文件重大失实罪(第 229 条第 3 款),逃避商检罪(第 230 条)。

---

① 进出秩序是指市场主体和市场客体进入或者退出市场的行为应当符合的有关制度和章程的规定;竞争秩序是市场主体间平等地交换商品、平等地参与各种市场竞争的秩序;交易只需是遵循一定的规定从事市场经营活动而形成的秩序。

② 市场管理秩序其实可以看作是进出秩序的一个组成部分。

第二节　扰乱市场秩序罪具体罪名

一、损害商业信誉、商品声誉罪

(一)损害商业信誉、商品声誉罪的概念和特征

损害商业信誉、商品声誉罪,是指捏造并散布虚伪的事实,损害他人的商业信誉、商品声誉,给他人造成重大损失或者有其他严重情节的行为。本罪的主要构成特征是:

1. 本罪的主体是一般主体,自然人和单位均可以构成。司法实践中,本罪的主体多是从事商品经营或者营利性服务的经营者。

2. 本罪的主观方面表现为故意,且具有损害他人商业信誉、商品声誉的目的。动机不影响本罪的构成。间接故意和过失不构成本罪。

3. 本罪的客观方面表现为商业毁谤行为,即捏造并散布虚假事实损害他人的商业信誉、商品声誉的行为。具体的说,本罪的客观方面的行为必须具备以下条件:第一,必须要有捏造并散布一定的虚假事实的行为。一般是指无中生有地编造一些实际上并不存在的"事实"并将之公之于众的行为。第二,该虚假事实必须是能够将他人的商业信誉、商品声誉下降的事实。第三,该虚假事实可以是关于任何经营者的。一般来说,行为人实施捏造并散布虚假事实以损害他人的商业信誉、商品声誉的行为,都是为了降低他人的竞争力,以使自己从中获利,因此其行为直接指向的一般都是他的竞争对手。构成本罪,捏造和散布缺一不可,如果仅有捏造行为而没有将其散布的,不构成犯罪。最后,构成本罪,必须给他人造成重大损失或者有其他严重情节。

4. 本罪的客体是经营者的商业信誉权、商品声誉权和社会主义市场的公平竞争秩序。本罪的对象是商业信誉、商品声誉。商业信誉,是指经营者通过诚实劳动、遵守商业道德和法律所取得的名誉;商品声誉,是指经营者生产的商品在质量、功能上的良好声誉。

(二)损害商业信誉、商品声誉罪的认定

1. 本罪罪与非罪的界限。本罪的构成以"情节严重或者给他人造成重大损失"为构成要件。也就是说,行为人的行为必须达到《规定》第66条所规定的情形,才可以成立犯罪。对于那些实施了损害商业信誉、商品声誉的行为但情节显著轻微、危害不大的,不以犯罪论处。根据《追诉标准(二)》第七十四条的规定,捏造并散布虚伪事实,损害他人的商业信誉、商品声誉,涉嫌下列情形之一的,应予立案:(1)给他人造成的直接经济损失数额在50万元以上的;(2)虽未达到上述数额标准,但具有下列情形之一的:① 利用互联网或者其他媒体公开损害他人商业信誉、商品声誉的;② 造成公司、企业等单位停产、停业6个月以上,或者破产的;(3)其他给他人造成重大损失或者有其他严重情节的。

2. 本罪与诽谤罪的界限。两者的主要区别在于:第一,犯罪的目的不同。本罪的犯罪目的在于损害他人的商业信誉、商品声誉;而诽谤罪的犯罪目的在于损害他人的人格和名誉。第二,侵犯的客体与犯罪对象不同。本罪的客体是他人的商业信誉权、商品声誉权,其行为对象是商业信誉、商品声誉,其犯罪对象既可以是自然人也可以是法人;而诽谤罪的犯罪客体是人身权利,其犯罪对象只能是自然人。

3. 本罪与虚假广告罪、假冒注册商标罪的界限。若行为人以虚假广告的形式散布其捏造的损害他人商业信誉或者商品声誉的事实,借以诋毁他人,抬高自己,从而在竞争中占据优势,应该属于虚假广告罪和损害商业信誉、商品声誉罪的牵连犯,按照牵连犯的处罚原则,从一重罪处断。同理,如果行为人通过假冒他人注册商标,生产销售伪劣产品,借以打击他人的品牌,从而达到损害他人商业信誉和商品声誉的目的,也属于牵连犯,从一重罪处断。

（三）损害商业信誉、商品声誉罪的刑事责任

根据《刑法》第221条、第231条的规定,犯本罪的,处2年以下有期徒刑或者拘役,并处或者单处罚金。单位犯本罪,对单位处罚金,对直接负责的主管人员和其他直接责任人员,按照自然人犯本罪的规定处罚。

二、虚假广告罪

（一）虚假广告罪的概念和特征

根据《刑法》第222条的规定,虚假广告罪,是指广告主、广告的经营者、广告的发布者违反国家规定,利用广告对商品或服务作虚假宣传,情节严重的行为。本罪的主要构成特征是:

1. 本罪的主体是特殊主体,即广告主、广告的经营者、广告的发布者。所谓"广告主",是指为推销商品或者提供服务,自行或者委托他人设计、制作、发布广告的法人、其他经济组织或者个人;所谓"广告经营者",是指受委托提供广告设计、制作、代理服务的法人、其他经济组织或者个人;所谓"广告发布者",是指为广告主或者广告主委托的广告经营者发布广告的法人或者其他经济组织。

2. 本罪的主观方面表现为故意,即明知是不真实的广告而故意作虚假宣传。过失不能构成本罪。行为人一般具有非法获利的目的,但也可能出于排挤竞争对手等其他不正当竞争的目的,不同的目的不影响本罪成立。

3. 本罪在客观方面表现为违反国家规定,利用广告对商品或者服务作虚假宣传的行为。

首先,行为人违反了国家的相关规定。"国家规定"主要是指《中华人民共和国广告法》和《中华人民共和国反不正当竞争法》以及国家其他有关广告活动的法规。

其次,行为人实施了利用广告对商品或者服务作虚假宣传的行为。主要是对商品的性能、产地、用途、质量、价格、生产者、生产日期、有效期、售后服务,以及对服务的内容、形式、质量、价格等作不真实的、带有欺诈内容的宣传。"虚假"宣传的形式主要有:（1）在广告中对商品的质量作虚假的宣传。如称商品中含有某种成分,实际上没有或者欠缺;（2）在广告中对商品的性能作虚假的宣传。商品没有某种功能却称具有该功能;（3）在广告中对商品的价格作虚假的宣传。广告中宣传的价格与实际价格不符;（4）广告中出示的证明虚假。如将没有获奖的产品宣扬为获奖的国优、部优、省优产品;（5）广告中的允诺虚假。如在广告中允诺的优惠条件实际上得不到兑现;（6）广告中故意设置陷阱。如含糊其词,足以引起与他人商品相混淆或消费者误解的,等等。

最后,行为人实施虚假广告行为,只有情节严重的情况下才能构成犯罪。

4. 本罪侵害的客体是复杂客体,即国家对广告的管理秩序以及消费者的权益。

（二）虚假广告罪的认定

1. 本罪罪与非罪的界限

根据刑法第 222 条的规定，实施虚假广告行为，必须达到"情节严重"才能构成本罪。那些虽然实施了虚假广告行为，但没有达到"情节严重"程度的，不以本罪论处。根据《追诉标准（二）》第七十五条的规定，实施虚假广告行为，涉嫌下列情形之一的，应予立案：（1）违法所得数额在 10 万元以上的；（2）给单个消费者造成直接经济损失在 5 万元以上的，或者给多个消费者造成直接经济损失数额累计在 20 万元以上的；（3）假借预防、控制突发事件的名义，利用广告作虚假宣传，致使多人上当受骗，违法所得数额在 3 万元以上的；（4）虽未达到上述数额标准，但两年内因利用广告作虚假宣传，受过行政处罚 2 次以上，又利用广告作虚假宣传的；（5）造成人身伤残的；（6）其他严重情节的情形。

2. 本罪与诈骗罪的界限

本罪与诈骗罪有时有一定的共同之处：行为人都可能虚构事实、隐瞒真相；行为人的目的都可能是非法获取财物。两者的区别表现在：（1）两罪侵犯的客体不同。本罪的客体是复杂客体，即国家的广告管理制度和消费者的权益；诈骗罪的客体则是公私财产所有权。（2）两罪的客观方面不同。本罪客观方面表现为行为人利用广告对商品或者服务作虚假宣传，通过虚假广告向消费者销售商品或者提供服务，谋取非法利润；诈骗罪则虚构事实，隐瞒真相，非法占有他人财物，与商品的销售和服务无关；（3）两罪主体范围不同。本罪的主体为特殊主体，仅限于广告主、广告经营者和广告发布者；诈骗罪的主体为一般主体，任何年满 16 周岁、具有刑事责任能力的自然人均可以构成；（4）两罪的主观方面不同。本罪的行为人主观上往往具有获取非法利益的目的，但是也不排除行为人有其他不正当竞争的目的；诈骗罪，行为人必须具有非法占有公私财物的目的。不过，在实践中，也可能有的广告主根本不存在实物经营或服务活动能力，出于非法占有他人财物的目的而虚构事实，如编造一个虚假的工程，作虚假广告宣传，收取他人的预付款，此时，虚假广告已经成为行为人诈骗的一个环节，其行为符合诈骗罪的构成特征，如果骗取了数额较大的财物，应以诈骗罪定罪量刑。

3. 本罪与生产、销售伪劣产品罪的界限

本罪与生产销售伪劣产品罪的界限主要有：第一，侵犯的客体不同。本罪的客体是国家对于广告的管理制度和消费者的合法权益；而后者的客体主要是国家对于产品质量的管理制度和消费者的合法权益。第二，客观方面的表现不同。本罪的客观方面主要表现为利用广告对商品或者服务进行虚假宣传，情节严重的行为；而后者的客观方面主要表现为在产品中掺杂、掺假、以假充真、以次充好、以不合格产品冒充合格产品，销售金额在 5 万元以上的行为。当然，行为人以虚假广告的形式销售伪劣产品，应该属于牵连犯，按照牵连犯的处罚原则，从一重罪处断。

（三）虚假广告罪的刑事责任

根据《刑法》第 222 条、第 231 条的规定，犯本罪，处 2 年以下有期徒刑或者拘役，并处和单处罚金。单位犯本罪，对单位处罚金，对其直接负责的主管人员和其他直接责任人员，按照自然人犯本罪的法定刑处罚。

三、串通投标罪

（一）串通投标罪的概念和特征

串通投标罪,是指投标人相互串通投标报价,损害招标人或者其他投标人的利益,或者投标人与招标人串通投标,损害国家、集体、公民的合法利益,情节严重的行为。本罪的主要构成特征是:

1. 本罪的主体是一般主体,自然人和单位均可以构成。司法实践中,主要是指投标人和招标人。

2. 本罪的主观方面表现为故意,即明知自己的串通投标行为会造成损害招标人、其他投标人或者国家、集体、公民的合法权益的结果,而仍然希望并追求这种结果发生。过失不构成本罪。

3. 本罪的客观方面表现为串通投标行为。即投标人互相串通投标报价,损害招标人或者其他投标人利益,或者投标人与招标人串通投标,损害国家、集体、公民的合法权益,情节严重的行为。

第一,投标人互相串通投标报价,损害招标人或者其他投标人利益的行为。该种情况又具体包括以下两种情形:一是投标人为了谋取高额利润,相互作弊提高标价,迫使招标人不得不在过高的标价中选择。二是投标人为了限制彼此之间的竞争,损害招标人的利益,而相互串通故意压低标价,或者协议在类似的项目中轮流中标,使招标者无法择优选择,同时使一些竞争对手的正常标价显得过高,使其不能入围,阻止其进入本应进入的经营领域。

第二,招标人与投标人串通投标,损害国家、集体、个人的合法权益的行为。由于投标者与招标者相互勾结,会使其他投标者参加投标竞争时处于不利的境地,从而破坏正常的市场竞争。同时,这种串通还会使委托招标的国家、集体、个人的合法权益遭受损失。

另外,本罪是情节犯,刑法要求必须是"情节严重"方能构成本罪。

4. 本罪侵害的客体是市场竞争秩序以及招标人和其他投标人、国家、集体、公民的权益。招标与投标是一种进行发包工程、购买成套设备等活动中经常采用的有组织的市场交易行为。在招标投标过程中,无论是投标人之间私下串通,抬高标价或者压低标价,还是招标人与投标人之间串通投标,都违反了招标投标公开公平原则,违背了择优评标和鼓励公平竞争的宗旨,侵害了招标人或者投标人以及国家、集体和公民的合法权益。因此,对于串通投标行为,必须予以严惩。

（二）串通投标罪的认定

1. 本罪罪与非罪的界限。本罪是情节犯,刑法要求必须是"情节严重"方能构成本罪。根据《追诉标准(二)》第七十六条的规定,串通投标,涉嫌下列情形之一的,应予立案:(1) 损害招标人、投标人或者国家、集体、公民的合法权益,造成直接经济损失数额在 50 万元以上的;(2) 违法所得数额在 10 万元以上的;(3) 中标项目金额在 200 万元以上的;(4) 采取威胁、欺骗或者贿赂等非法手段的;(5) 虽未达到上述数额标准,但 2 年内因串通投标,受过行政处罚 2 次以上,又串通投标的;(6) 其他情节严重的情形。

2. 因贿赂而串通投标行为的处理。

在串通投标活动中,投标人为了使串通投标行为得以顺利进行,往往有行贿或者是给予利益的伴随行为,招标人为了获取非法利益,勾结投标人,往往会发生受贿、索贿的行为。对此,若上述的伴随的行贿或者受贿行为已经构成犯罪,则属于牵连犯,应当按照牵连犯的处罚原则,从一重罪处断。

3. 本罪的共犯认定。本罪是必要的共同犯罪,即只有投标人相互串通报价或者招标人与投标人串通投标,共同实施犯罪才能完成。至于投标人相互之间或者招标人与投标人之间的地位、作用以及相互应当承担的刑事责任,则根据案件的具体情况予以确定。

(三)串通投标罪的刑事责任

根据《刑法》第 223 条、第 231 条规定,犯本罪,处 3 年以下有期徒刑或者拘役,并处或单处罚金。单位犯本罪,对单位处罚金,对直接负责的主管人员和其他直接责任人员,按照自然人犯本罪的法定刑处罚。

四、合同诈骗罪

(一)合同诈骗罪的概念和特征

根据《刑法》第 224 条的规定,合同诈骗罪,是指以非法占有为目的,在签订、履行合同过程中,骗取对方当事人财物,数额较大的行为。本罪的主要构成特征是:

1. 本罪的主体是一般主体,自然人和单位均可以构成本罪。

2. 本罪的主观方面是故意。其故意内容表现为行为人采取欺骗手段,具有将对方当事人的数额较大的财物非法占有的目的。

3. 本罪的客观方面表现为行为人在签订、履行合同的过程中,采取欺骗的方法,非法占有"数额较大"的他人财物的行为。合同诈骗罪具有一般诈骗罪的特征,即也是欺骗的方法,使他人"自愿"交付财物。合同诈骗的方法主要有:(1)虚构合同主体签订合同。即行为人以虚构的单位或者冒用他人的名义签订合同,这是合同诈骗犯罪分子最常用的犯罪手段。虚构合同主体,既包括行为人盗用合法主体的名义与他人签订合同,也包括冒用合法主体名义签订合同,还包括捏造根本不存在的主体与他人签订合同。实践中,一些人利用已撤销的单位与他人签订合同,也属于虚构主体的合同诈骗行为。(2)虚构担保。即以伪造、变造、作废的票据或者其他虚假的产权证明作担保的行为,是指行为人提供伪造、变造、作废的票据支付定金或作为抵押物或者提供虚假的以证明行为人对房屋等不动产和车辆等动产具有所有权的证明文件,即以自己不享有所有权的财产作抵押物。(3)设置合同陷阱。即没有实际履行能力,以先履行小额合同或者部分履行合同的方法,诱骗对方当事人继续签订和履行合同的行为。即行为人本身没有履行合同的能力和诚意,却与他人签订合同,先付给小额货款,作出准备全面履约的姿态,骗取全部货物或货款后,就采取推、拖、躲、赖等手段制造"经济合同纠纷",不履行合同的其余义务。(4)卷款逃跑式的诈骗。即收受对方当事人给的货款、货物、预付款或者担保的财物后逃匿的情况。(5)以其他方法骗取对方当事人财物的,如利用签订合同骗取定金或违约金,取得财物后大肆挥霍的或者拆东墙、补西墙式的诈骗。

另外,本罪是数额犯,行为人骗取的财物必须达到"数额较大",才能构成本罪。

4. 本罪侵害的客体是复杂客体。合同诈骗行为,危害了市场经济条件下诚实信用的市场交易原则,侵犯了市场经济的正常秩序;同时,合同诈骗罪的对象是公私财产,因此,又侵犯了公私财产所有权。

（二）合同诈骗罪的认定

1. 本罪罪与非罪的界限

（1）本罪是数额犯，利用合同骗取他人财物，必须"数额较大"，才能以本罪论处。根据《追诉标准（二）》第七十七条的规定，以非法占有为目的，在签订、履行合同过程中，骗取对方当事人财物，数额在2万元以上的，应予立案。

（2）本罪与经济合同纠纷的界限。从理论上看，本罪与经济合同纠纷有着本质的区别：经济合同纠纷，以当事人的违约行为为前提，其危害的是合同产生的债权；而本罪，行为人实施了诈骗行为，其侵犯的是公私财产所有权。但这一原则界限在实践中较难认定，根据《刑法》理论和司法实践以及有关司法解释的精神，对两者的界限，应从以下几方面着手：（1）行为人签订合同的目的。合同诈骗罪，行为人签订合同的目的是为了非法占有财物。经济合同纠纷，行为人签订合同是根据平等互利、协商一致、等价有偿的原则进行的，目的是通过签订合同确定双方的权利义务关系，获得合同上的利益。是否具有非法占有的目的，应该从行为的内容与形式、行为的实践和效果去分析。（2）行为人签订合同的依据。合同诈骗，行为人签订合同，往往没有履约能力，但为了骗取财物，任意夸大履约能力，所依据的是虚构事实和隐瞒真相的手段。或者，行为人签订合同时虽然有履约能力，但行为人并不打算履行合同，签订合同后虚构事实，隐瞒真相，以种种借口，故意不履行合同义务，达到诈骗财物的目的。而经济合同纠纷，签订合同时则有一定的事实依据，有履行合同的能力，只是后来因为工作失误或特殊原因而造成合同没有履行或没有完全履行，形成纠纷，对此，则应按经济合同纠纷处理。应当注意的是，订立合同时有无履行合同的能力，是判断诈骗犯罪的一个重要依据，但不是决定诈骗的依据，有时行为人签订合同时虽不具备履行合同的能力（如没有资金、货源），但事后努力，凭借主观上的经营活动的能力，创造了履行合同的能力，并履行了合同，就不应属于诈骗行为。（3）行为人签订合同后的态度。一般情况下，行为人签订合同后，均会为履行合同作努力。一方当事人如先取得合同的标的物和货款，都会把它们投入到正常的生产经营中去，在发生纠纷时，会想方设法采取补救措施或愿意承担违约责任。而合同诈骗，行为人目的就是为了诈骗财物，因此，取得标的物后，要么用于个人挥霍，要么用于弥补经营亏损、偿还债务，造成无力归还的事实，要么携款逃之夭夭，以此来占有对方财物，因此，一方当事人失去当事人财物后，对财物的使用、处置情况，以及不履行合同对财物的偿还情况，也是判断经济合同纠纷与合同诈骗的一个重要依据。总之应当将案件事实作全面分析，才能得出正确的结论。

2. 本罪与诈骗罪的界限

本罪是从诈骗罪中分离出来的一种特殊诈骗犯罪，当然应该具有诈骗罪的一般构成特征。两者之间是一种法条竞合关系，应该适用法条竞合的处罚原则。问题是，由于司法解释对于合同诈骗罪和诈骗罪的构成犯罪的数额标准规定不一样，诈骗罪的构成数额要比合同诈骗罪低，那么当行为人利用合同进行诈骗，非法占有财物的数额没有达到合同诈骗罪的构成数额但已经超过了诈骗罪的构成数额时，能否可以诈骗罪进行处罚？理论中存在争议。有观点认为，合同诈骗罪属于诈骗罪的一种特殊形式，当上述情况出现时，应严格按照特别法条优于普通法条的处罚原则，既不能按照合同诈骗罪进行处罚，也不能按照诈骗罪进行处罚。另一种观点认为,对刑法的适用应当遵照实质的违法观,上述行为虽然不构成合同诈骗罪,但已经符合了诈骗罪的构成要件,应该按照诈骗罪进行处罚。笔者认为第二种观点是可取的。同样的原则,在合同诈骗罪与有关的金融诈骗罪之间也可以适用。

（三）合同诈骗罪的刑事责任

根据《刑法》第 224 条、第 231 条的规定,犯合同诈骗罪,处 3 年以下有期徒刑或者拘役,并处或者单处罚金;数额巨大或者有其他严重情节的,处 3 年以上 10 年以下有期徒刑,并处罚金;数额特别巨大或者有其他特别严重情节的,处 10 年以上有期徒刑或者无期徒刑,并处罚金或者没收财产。单位犯本罪,对单位处罚金,对直接负责的主管人员和其他直接责任人员,按照自然人犯本罪的法定刑处罚。

五、组织、领导传销活动罪[①]

（一）组织、领导传销活动罪的概念和特征

组织、领导传销活动罪,是指组织、领导以推销商品、提供服务等经营活动为名,要求参加者以缴纳一定费用或者购买商品、服务等方式获得加入资格,并按照一定顺序组成层级,直接或间接以发展会员的数量作为计酬或者返利依据,引诱、胁迫参加者继续发展他人参加,骗取财物,扰乱社会经济秩序的传销活动的行为。本罪的主要构成特征是:

1. 本罪的主体是一般主体,而且只能是自然人,单位不能成为本罪的主体。

2. 本罪的主观方面表现为故意,一般具有非法牟利的目的。但目的不是本罪的构成要件。

3. 本罪的客观方面表现为违反国家规定,组织、领导传销活动,扰乱市场秩序,情节严重的行为。所谓"组织",是指召集多人为首发起或者实施招募、雇佣、拉拢、鼓动多人成立某种组织的行为。所谓"领导",是指对组织的成立以及组织的活动实施策划、指挥或者布置的行为。所谓"传销",是指组织者或者经营者发展人员,通过对发展人员以其直接或间接发展的人员数量或者销售业绩为依据计算和给付报酬,或者要求被发展人员以缴纳一定费用为条件取得加入资格等方式谋取非法利益,扰乱社会秩序,影响社会稳定的行为。[②] 下列行为属于传销行为:（1）组织者或者经营者通过发展人员,要求发展人员发展其他人员加入,对发展的人员以其直接或者间接滚动发展的人员数量为依据计算和给付报酬（包括物质奖励和其他经济利益,下同）,谋取非法利益的;（2）组织者或者经营者通过发展人员,要求被发展人员缴纳费用或者以认购商品等方式变相缴纳费用,取得加入或者发展其他人员加入的资格,谋取非法利益的;（3）组织者或者经营者通过发展人员,要求被发展人员发展其他人员加入,形成上下线关系,并以下线的销售业绩为依据计算和给付上线报酬,谋取非法利益的。司法实践中,还有一种行为,类似传销,称为"变相传销"。"变相传销"通常包括两种情形:（1）冠以其他各种名称的传销经营活动,即实质上是以传销模式从事产品营销,经营者为规避法律又为其营销方式另起了一个名称;（2）"金字塔"推销术。根据世界直销协会的有关资料,"金字塔"推销术在本质上是一种非法融资诈骗行为,是一种操纵者通过几何方式

---

① 本罪由《刑法修正案（七）》第 4 条增设。
② 2005 年 8 月 10 日国务院《禁止传销条例》第 2 条。

招揽人员并收取费用,从而达到敛财目的的行骗犯罪活动。[①] 应该说,本罪中的传销活动应该包括变相传销的方式。

4. 本罪侵犯的客体是复杂客体,既侵犯了市场秩序,又侵犯了公民的财产权或者其他权利。

（二）组织、领导传销活动罪的认定

1. 本罪罪与非罪的界限

从《刑法》的规定看,本罪是一种行为犯,只要实施了组织、领导传销活动的行为,即可构成犯罪。但司法实践中,还要综合考虑各种情节,如果情节显著轻微,危害不大的,也可不按犯罪处理。根据《追诉标准（二）》第七十八条规定,组织、领导传销活动,涉嫌组织、领导的传销活动人员在 30 人以上且层级在 3 级以上的,对组织者、领导者,应予立案追诉。

2. 本罪与非法经营罪的界限

在本罪设立之前,组织、领导传销活动的行为都是按照非法经营罪来处理的。本质上讲,组织、领导传销活动属于非法经营,但既然本罪已经从非法经营罪里面独立出来,两者的区别还是比较明显的。两罪最主要的区别在于犯罪的客观行为表现形式不同,本罪的客观方面表现为以拉人头、收入门费为主要牟利手段,并没有正常的市场交易活动;而非法经营罪的客观方面主要表现为扰乱市场秩序,而且必须有正常的经营活动、真实的商品或标的。

3. 本罪与诈骗罪的界限

本罪与诈骗罪在手段上都有一定的欺骗性,主体都是自然人。两者区别在于:第一,受处罚的行为主体的范围不同。在传销活动中,行为人既是受害者,又是侵害人,而我国刑法仅规定对组织者、领导者进行处罚,对仅仅参与其中的人并不给予刑事处罚;而诈骗罪中行为主体即是单纯的加害人,只要其实施加害行为,并达到刑法所规定的可罚的社会危害性,均应受到刑罚处罚。第二,侵犯的客体不同。本罪是复杂客体,既侵害了市场秩序,又侵害了公民的财产权或者其他权利;而诈骗罪是单一客体,仅侵害了公民财产所有权。

4. 本罪的牵连犯的处理

如果传销活动的组织者、领导者以暴力、胁迫、限制人身自由等方法发展下线,有构成其他相关的侵犯人身权利犯罪的,可以看作是本罪与相关犯罪的牵连犯,按照牵连犯的处罚原则,从一重罪处罚。

（三）组织、领导传销活动罪的刑事责任

根据《刑法》第 224 条、第 231 条的规定,犯本罪的,处 5 年以下有期徒刑或者拘役,并处罚金;情节严重的,处 5 年以上有期徒刑,并处罚金。单位犯本罪,对单位判处罚金,并对其直接负责的主管人员和其他直接责任人员,依照个人犯本罪的规定处罚。

六、非法经营罪[②]

（一）非法经营罪的概念和特征

非法经营罪,是指违反国家规定,进行非法经营活动,扰乱社会秩序,情节严重的行为。

[①] 李永升、朱建华主编:《经济刑法学》,法律出版社 2011 年版,第 365 页。
[②] 本罪经由《刑法修正案（七）》第 5 条修正。

本罪的主要特征是：

1. 本罪的主体是一般主体，可以是自然人，也可以是单位。

2. 本罪的主观方面是故意，行为人具有非法营利目的。间接故意和过失不构成本罪。

3. 本罪的客观方面表现为行为人实施了非法经营行为。行为的方式是多种多样的，《刑法》列举了三种方式：

第一，未经许可经营法律、行政法规规定的专营专卖物品或者其他限制买卖的物品的行为。专营专卖的物品，是指法律和行政法规只允许特定部门或单位经营的商品，如烟草、食盐、部分农业生产资料、部分药品、军工产品、火药产品等。

第二，买卖进出口许可证、进出口原产地证明以及其他法律和行政法规规定的经营许可证或凭证文件。进出口许可证，是指对外贸易的管理部门核发的进出口配额批件许可证等批件。进出口原产地证明，是指用来证明进出口货物原产地的有效证明。其他法律和行政法规规定的经营许可证或批准文件，是指经营国家专营专卖物品或者其他限制买卖物品的许可证和批准文件。

第三，其他严重扰乱市场管理秩序的非法经营行为。这是一种概括性的规定，可根据行为是否违反国家规定和行为是否情节严重确定。根据近年来的相关的立法和司法解释，"其他严重扰乱市场管理秩序的非法经营行为"大致包括：（1）在国家规定的交易场所以外买卖外汇的行为。（2）违反国家规定，非法经营出版物。（3）未经国家有关部门批准，非法经营证券、期货或者保险业务的行为。（4）违反国家规定，非法经营电信业务的行为。（5）非法生产、销售盐酸克伦特罗（即瘦肉精）等禁止在饲料和动物饮用水中使用的药品的行为。（6）违反国家规定，非法经营食盐的行为。（7）违反国家规定，在特定时期哄抬物价、牟取暴利的行为。（8）擅自发行、销售彩票的行为。（9）违反国家规定，使用 POS 机以虚构交易、虚开价格、现金退货等方式向信用卡持有人直接支付现金的行为。（10）违反国家规定，无证生产、销售烟草专卖品的行为。（11）违反国家规定，未经依法核准擅自发行基金份额募集基金的行为。

另外，本罪是情节犯，要求非法经营行为必须达到"情节严重"的程度，方可构成本罪。

4. 本罪侵犯的客体是市场管理秩序。在市场经济的条件下，国家对市场经营行为仍具有行政调控职能，虽然企业的一般超范围经营不会泛泛地作为违法犯罪处理，但一些属于国家规定的专营专卖商品，由于其性能的特殊性，国家对其买卖进行严格的限制，此外，国家对经营方法也有一定的限制，而违反国家规定，进行非法经营的，则扰乱了市场管理秩序，具有一定的社会危害性。

（二）非法经营罪的认定

1. 本罪罪与非罪的界限

认定本罪，应注意区分本罪与一般的非法经营行为的界限。其区分的关键在于非法经营的情节是否严重。《追诉标准（二）》第 79 条根据非法经营的不同对象，确定了不同的追诉标准：

（一）违反国家有关盐业管理规定，非法生产、储运、销售食盐，扰乱市场秩序，具有下列情形之一的：1. 非法经营食盐数量在二十吨以上的；2. 曾因非法经营食盐行为受过二次以上行政处罚又非法经营食盐，数量在十吨以上的。

（二）违反国家烟草专卖管理法律法规，未经烟草专卖行政主管部门许可，无烟草专卖生产企业许可证、烟草专卖批发企业许可证、特种烟草专卖经营企业许可证、烟草专卖零售许可证等许可证明，非法经营烟草专卖品，具有下列情形之一的：1. 非法经营数额在五万元以上，或者违法所得数额在二万元以上的；2. 非法经营卷烟二十万支以上的；3. 曾因非法经营烟草专卖品三年内受过二次以上行政处罚，又非法经营烟草专卖品且数额在三万元以上的。

（三）未经国家有关主管部门批准，非法经营证券、期货、保险业务，或者非法从事资金支付结算业务，具有下列情形之一的：1. 非法经营证券、期货、保险业务，数额在三十万元以上的；2. 非法从事资金支付结算业务，数额在二百万元以上的；3. 违反国家规定，使用销售点终端机具（POS机）等方法，以虚构交易、虚开价格、现金退货等方式向信用卡持卡人直接支付现金，数额在一百万元以上的，或者造成金融机构资金二十万元以上逾期未还的，或者造成金融机构经济损失十万元以上的；4.违法所得数额在五万元以上的。

（四）非法经营外汇，具有下列情形之一的：1. 在外汇指定银行和中国外汇交易中心及其分中心以外买卖外汇，数额在二十万美元以上的，或者违法所得数额在五万元以上的；2. 公司、企业或者其他单位违反有关外贸代理业务的规定，采用非法手段，或者明知是伪造、变造的凭证、商业单据，为他人向外汇指定银行骗购外汇，数额在五百万美元以上或者违法所得数额在五十万元以上的；3. 居间介绍骗购外汇，数额在一百万美元以上或者违法所得数额在十万元以上的。

（五）出版、印刷、复制、发行严重危害社会秩序和扰乱市场秩序的非法出版物，具有下列情形之一的：1. 个人非法经营数额在五万元以上的，单位非法经营数额在十五万元以上的；2. 个人违法所得数额在二万元以上的，单位违法所得数额在五万元以上的；3. 个人非法经营报纸五千份或者期刊五千本或者图书二千册或者音像制品、电子出版物五百张（盒）以上的，单位非法经营报纸一万五千份或者期刊一万五千本或者图书五千册或者音像制品、电子出版物一千五百张（盒）以上的；4.虽未达到上述数额标准，但具有下列情形之一的：（1）两年内因出版、印刷、复制、发行非法出版物受过行政处罚二次以上的，又出版、印刷、复制、发行非法出版物的；（2）因出版、印刷、复制、发行非法出版物造成恶劣社会影响或者其他严重后果的。

（六）非法从事出版物的出版、印刷、复制、发行业务，严重扰乱市场秩序，具有下列情形之一的：1. 个人非法经营数额在十五万元以上的，单位非法经营数额在五十万元以上的；2. 个人违法所得数额在五万元以上的，单位违法所得数额在十五万元以上的；3. 个人非法经营报纸一万五千份或者期刊一万五千本或者图书五千册或者音像制品、电子出版物一千五百张（盒）以上的，单位非法经营报纸五万份或者期刊五万本或者图书一万五千册或者音像制品、电子出版物五千张（盒）以上的；4. 虽未达到上述数额标准，两年内因非法从事出版物的出版、印刷、复制、发行业务受过行政处罚二次以上的，又非法从事出版物的出版、印刷、复制、发行业务的。

（七）采取租用国际专线、私设转接设备或者其他方法，擅自经营国际电信业务或者涉港澳台电信业务进行营利活动，扰乱电信市场管理秩序，具有下列情形之一的：1. 经营去话业务数额在一百万元以上的；2. 经营来话业务造成电信资费损失数额在一百万元以上的；3. 虽未达到上述数额标准，但具有下列情形之一的：（1）两年内因非法经营国际电信业务或者涉港澳台电信业务行为受过行政处罚二次以上，又非法经营国际电信业务或者涉港澳台电信业务的；(2) 因非法经营国际电信业务或者涉港澳台电信业务行为造成其他严重后果的。

（八）从事其他非法经营活动，具有下列情形之一的：1. 个人非法经营数额在五万元以上，或者违法所得数额在一万元以上的；2. 单位非法经营数额在五十万元以上，或者违法所得数额在十万元以上的；3. 虽未达到上述数额标准，但两年内因同种非法经营行为受过二次以上行政处罚，又进行同种非法经营行为的；4. 其他情节严重的情形。

2. 非法经营罪的刑事责任

根据《刑法》第 225 条、第 231 条的规定，犯非法经营罪，处 5 年以下有期徒刑或者拘役，并处或者单处违法所得 1 倍以上 5 倍以下的罚金；情节特别严重的，处 5 年以上有期徒刑，并处违法所得 1 倍以上 5 倍以下罚金或者没收财产。单位犯本罪，对单位判处罚金，并对其直接负责的主管人员和其他直接责任人员，依照个人犯本罪的规定处罚。

七、强迫交易罪①

（一）强迫交易罪的概念与特征

强迫交易罪，是指以暴力、威胁手段强买强卖商品、强迫他人提供服务或者强迫他人接受服务，情节严重的行为。本罪的主要构成特征是：

1. 本罪的主体是一般主体，自然人与单位均可以构成本罪的主体。

2. 本罪的主观方面由故意构成，过失不构成本罪。

3. 本罪的客观方面表现为以暴力、威胁的手段强买强卖商品，强迫他人提供服务或者强迫他人接受服务，情节严重的行为。强迫交易的行为主要表现在两个方面：

首先，本罪的行为人实施了暴力、胁迫行为。所谓"暴力"是指对被害人直接实施伤害、殴打、捆绑等行为，使被害人不能反抗的情形。所谓"胁迫"，是指对被害人进行精神强制造成其心理控制，使被害人不敢反抗的情形。

其次，行为人实施了强迫交易的行为。第一，强买强卖，即以暴力、胁迫手段强行迫使别人卖给其商品或者强迫别人买其商品；第二，强迫他人提供服务或者接受服务，即以暴力、胁迫手段强行迫使他人为自己或者第三人提供一定的服务，或者强迫他人接受自己所提供的服务，并要求对方给予酬金；第三，强迫他人参与或者退出投标、拍卖，即以暴力、胁迫的手段，强行迫使他人参与或者退出投标、拍卖；第四，强迫他人转让或者收购公司、企业的股份、债券或其他资产，即以暴力、胁迫的手段强行迫使他人转让或者收购公司、企业的股份、债券或者其他资产；第五，强迫他人进入或者退出特定的经营领域，即以暴力、胁迫手段强行迫使他人进入或者退出特定的经营领域。

最后，行为人以暴力、威胁手段实施上述行为，情节严重的，才构成本罪。

4. 本罪侵害的客体是复杂客体，既侵害正常的市场商品交易秩序，又侵害了公民的人身权利和财产权利。

---

① 本罪经《刑法修正案（八）》第 36 修订。

（二）强迫交易罪的认定

1. 本罪罪与非罪的界限

暴力和威胁是构成本罪的主要要件，但是必须是情节严重，才能构成本罪。所以，对于本罪所要求的暴力和威胁手段必须予以正确地把握。对于一些轻微的暴力和威胁，不能以犯罪论处，只能作为一般违法行为予以处理。所谓"情节严重"，要结合各种情节综合考虑，如暴力、威胁的手段是否恶劣；是否经常性地实施强迫交易行为；是否多次或者对多人实施强迫交易行为；是否曾经因强迫交易行为而受过行政处罚；强迫交易的数额是否较大；强迫交易是否造成了严重的社会影响。

2. 本罪与抢劫罪、敲诈勒索罪的界限

抢劫罪、敲诈勒索罪属于财产犯罪，一般情况下，本罪与该两罪之间容易区分。第一，客体不同。本罪是复杂客体，主要客体是市场经济秩序，次要客体是公民的人身权利和财产权利；而抢劫罪、敲诈勒索罪的客体主要是财产所有权，次要客体才是人身权利。第二，客观方面不同。本罪的暴力、胁迫是有所限制的，而抢劫罪的暴力、胁迫没有限制，敲诈勒索主要表现为一种精神上的胁迫；第三，主体不同。本罪的主体可以是自然人，也可以是单位，而抢劫罪、敲诈勒索罪的主体只能是自然人。第四，主观目的不同。本罪的目的是为了交易，而抢劫罪、敲诈勒索罪的目的是为了非法占有他人的财物。

3. 为了强迫交易，使用暴力手段致人重伤、死亡的行为的定性。笔者认为，该种情况属于想象竞合犯，应按照想象竞合犯的处罚原则，从一重罪处断。

（三）强迫交易罪的刑事责任

根据《刑法》第226条、第231条的规定，犯本罪，处3年以下有期徒刑或者拘役，并处或单处罚金。单位犯本罪，对单位处罚金，对直接负责的主管人员和其他直接责任人员，按照自然人犯本罪的法定刑处罚。

八、伪造、倒卖伪造的有价票证罪

（一）伪造、倒卖伪造的有价票证罪的概念和特征

伪造、倒卖伪造的有价票证罪，是指以营利为目的，伪造或者倒卖伪造的车票、船票或其他有价票证，数额较大的行为。本罪的主要构成特征是：

1. 本罪的主体为一般主体，自然人和单位均可以成为本罪主体。

2. 本罪的主观方面由故意构成，一般是出于营利目的。即行为人明知自己的行为是伪造、倒卖伪造的有价票证的行为，并且会造成破坏国家对有关有价票证的正常管理制度，而仍然实施伪造、倒卖伪造的有价票证的行为。对于本罪，法律未规定必须是出于营利的目的，因此，行为人只要实施伪造、倒卖伪造的有价票证的行为，是否营利，并不影响本罪的构成。

3. 本罪的客观方面表现为伪造或者倒卖伪造的车票、船票、邮票或者其他有价票证，数额较大的行为。至于本罪数额较大的具体标准，有待司法解释确定。对于不构成犯罪的，应当根据《中华人民共和国治安管理处罚法》的有关规定处罚。所谓"有价票证"，是指中央或地方有关部门制定和发行的，具有一定价值，在规定范围内流通或使用的书面凭证。例如车票、船票、邮票等。所谓"伪造有价票证"，是指仿照真的有效的有价票证的形状、规格、色彩、

图案等方面的式样,采用印刷、手描、影印等方法制作假票证的行为。如果行为人依照真的或有效的票证的式样,通过涂改、剪拼、挖补、褪色等手段将作废或无效的有价票证进行修整以假充真的行为,同样属于伪造的行为,应当以伪造有价票证论。所谓"倒卖有价票证",是指先低价收买然后高价出售,或者为了出卖而收买伪造的有价票证的行为。

4. 侵犯的客体是国家对有价票证的管理制度。其犯罪对象是有价票证。

(二) 伪造、倒卖伪造的有价票证罪的认定

1. 本罪罪与非罪的界限。主要是对行为次数、伪造、倒卖伪造的有价票证的数量、票证价值、行为原因、主观状态,以及非法获利等情况进行综合分析。对于行为人偶尔伪造或倒卖伪造有价票证的,伪造、倒卖伪造的票证数量较少的,伪造票证价额不大的,以及不具备营利目的等行为,应当由工商行政管理部门或者公安机关依法给予相应的行政处罚,不以犯罪论处。

2. 本罪与破坏金融管理秩序方面的伪造型犯罪的界限。本罪与破坏金融管理秩序方面的伪造型犯罪,如伪造货币、金融票证、金融债券等有价证券的行为,具有相似之处,一般都以营利为目的,客观上都表现为伪造或变造的行为。不同之处在于侵犯的直接客体不同,犯罪对象不同。后者侵犯的是金融票证管理秩序,以金融票证等为犯罪对象;而本罪侵犯的客体是有价票证的管理活动,以有价票证为犯罪对象。

3. 对于变造、倒卖变造的邮票行为的定性。根据 2000 年 12 月 5 日最高人民法院《关于对变造、倒卖变造邮票行为如何适用法律问题的解释》规定,对变造或者倒卖变造的邮票数额较大的,应当依照刑法第 227 条第 1 款的规定定罪处罚,即以伪造、倒卖伪造的有价票证罪定罪处罚。

4. 对于非法制作或出售非法制作的 IC 电话卡行为的定性。根据 2003 年 4 月 2 日最高人民检察院研究室《关于非法制作、出售、使用 IC 电话卡行为如何适用法律问题的答复》,非法制作或者出售非法制作的 IC 电话卡,数额较大的,依照刑法第 227 条第 1 款的规定,即以伪造、倒卖伪造的有价票证罪定罪处罚。

(三) 伪造、倒卖伪造的有价票证罪的刑事责任

根据《刑法》第 227 条、第 231 条的规定,犯本罪,处 2 年以下有期徒刑、拘役或者管制,并处或单处票证价额 1 倍以上 5 倍以下罚金;数额巨大的,处 2 年以上 7 年以下有期徒刑,并处票证价额 1 倍以上 5 倍以下罚金。单位犯本罪,对单位处罚金,对直接负责的主管人员和其他直接责任人员,按照自然人犯本罪的法定刑处罚。

九、倒卖车票、船票罪

(一) 倒卖车票、船票罪的概念和特征

倒卖车票、船票罪,是指倒卖车票、船票,情节严重的行为。本罪的主要构成特征是:

1. 本罪的主体是一般主体,自然人和单位均可成为本罪的主体。

2. 本罪的主观方面表现为故意,即行为人一般是出于营利的目的。但不论行为人出于何种目的,只要故意实施了倒卖车票、船票的行为,数额较大,情节严重,即可构成本罪。如果行为人不是为了牟利,而是以原价出售多购车、船票,数额较小,情节轻微,不应以犯罪论处。

3. 客观方面表现为倒卖车票、船票,情节严重的行为。所谓"倒卖",就是先以原价从售票处套购车票、船票,而后高价、变相加价转手出售。

4. 侵犯的客体是车票、船票的管理秩序。犯罪对象是车、船票。车票、船票也属于有价票证。倒卖车、船票的行为,主要是利用陆路、水路交通运输任务繁重,车票、船票的即售和预售紧张的情况下,套购车票、船票而后高价转手出售。这种行为,破坏了国家对车票、船票的管理制度,严重扰乱了交通营运秩序,损害了广大乘客的合法利益。因此,倒卖车票、船票,情节严重的,应依法予以严惩。

(二)倒卖车票、船票罪的认定

1. 本罪罪与非罪的界限

主要是本罪罪与非罪的界限。主要应当考查行为人倒卖车票、船票的情节是否严重,即倒卖数额是否较大、次数是否较多、手段是否恶劣等。如果情节不够严重的,则不构成犯罪,应当作为一般违法行为由公安机关依法给予行政处罚。根据刑法的规定,倒卖车票、船票情节严重的,才构成犯罪。所谓情节严重,主要是指倒卖车票、船票面额较大、获利数额较大的或者屡教不改的等情形。最高人民法院《关于审理倒卖车票刑事案件有关问题的解释》对刑法第 227 条第 2 款规定的"倒卖车票情节严重"作了明确的司法解释。根据这一解释,高价、变相加价倒卖车票或者倒卖座席、卧铺签字号及订购车票凭证,票面数额在 5000 元以上,或者非法获利数额在 2000 元以上的,应当予以立案。对于"倒卖船票情节严重"目前尚无明确的司法解释,可以参照"倒卖车票情节严重"执行。所谓"非法获利数额",是指行为人倒卖车票扣除成本后的非法所得数额。《关于审理倒卖车票刑事案件有关问题的解释》第 2 条规定,对于铁路职工倒卖车票或者与其他人员勾结倒卖车票;组织倒卖车票的首要分子;曾因倒卖车票受过治安处罚两次以上或者被劳动教养一次以上,两年内又倒卖车票,构成倒卖车票罪的,依法从重处罚。

2. 本罪与倒卖伪造的有价票证罪的界限

车票、船票,也属于有价票证。本罪与倒卖伪造的有价票证罪的界限主要在于犯罪对象不同,本罪的犯罪对象是真实的车票、船票,而且仅指车票、船票,不包括其他有价票证;而倒卖伪造的有价票证罪的对象是伪造的有价票证,不仅包括伪造的车票、船票,还包括其他伪造的有价票证。当行为人倒卖的既有真实的车票、船票,又有伪造的车票、船票时,笔者认为,应该以倒卖车票、船票罪和倒卖伪造的有价票证罪数罪并罚。

(三)倒卖车票、船票罪的刑事责任

根据《刑法》第 227 条第 2 款、第 231 条规定,犯倒卖车票、船票罪的,处 3 年以下有期徒刑、拘役或者管制,并处或单处票证价额 1 倍以上 5 倍以下罚金。单位犯本罪的,对单位判处罚金,并对其直接负责的主管人员和其他直接责任人员,依照上述规定处罚。

十、非法转让、倒卖土地使用权罪

(一)非法转让、倒卖土地使用权罪的概念和特征

非法转让、倒卖土地使用权罪,是指以牟利为目的,违反土地管理法规,非法转让、倒卖土地使用权,情节严重的行为。本罪的主要构成特征是:

1. 本罪的主体是一般主体,自然人和单位均可以构成本罪的主体。

2. 本罪的主观方面由故意构成,并且必须以牟利为目的,即行为人明知自己的行为是在非法转让、倒卖土地使用权,出于牟利的目的而积极地追求犯罪结果的发生。犯罪动机可以是多种多样的,但不影响本罪的成立。间接故意和过失不构成本罪。

3. 本罪的客观方面表现为违反土地管理法规规定,非法转让、倒卖土地使用权、情节严重的行为。

首先,行为人违反了土地管理法规。主要是指违反《中华人民共和国土地管理法》及其《实施细则》、《出让国有土地使用权审批的管理暂行条例》等。

其次,行为人实施了非法转让、倒卖土地使用权的行为。"非法转让土地使用权",是指违反土地管理法的规定,将土地使用权予以转让。非法转让土地使用权主要有四种类型:(1) 超过转让人实际享有的土地使用权期限的转让行为;(2) 以联营形式转让土地使用权,未办理土地登记手续的转让行为;(3) 单独转让乡(镇)村企业的集体土地建设用地使用权;(4) 农民土地使用权人在取得土地使用权后,未经营一定期限的转让行为。"倒卖土地使用权",是指违反土地管理法的规定,买入土地使用权后又出售的行为。倒卖土地使用权主要包括两种类型:(1) 单独的倒卖行为,即行为人将本身拥有的土地使用权直接售予他人;(2) 变相的倒卖行为,即行为人本身并无土地使用权,通过买入或者转让方式获得他人土地使用权后再进行出售。

最后,行为人实施了非法转让、倒卖土地使用权行为之一,情节严重的,即构成本罪。所谓情节严重,主要是指非法转让、倒卖土地使用权的数额较大,或造成的后果严重等。本罪的对象是土地使用权,指土地使用者在法律规定的范围内对依法使用的土地占有、使用、收益、处分的权利。构成本罪,必须达到"情节严重"的程度。根据 2001 年 8 月 31 日全国人大常委会《关于〈中华人民共和国刑法〉第二百二十八条、第三百四十二条、第四百一十条的解释》,所谓"违反土地管理法规",是指违反土地管理法、森林法、草原法等法律以及有关行政法规中关于土地管理的规定。根据 2000 年 6 月最高人民法院《关于审理破坏土地资源刑事案件具体应用法律若干问题的解释》第 1 条的规定,下列情形属于非法转让、倒卖土地使用权"情节严重":(1) 非法转让、倒卖基本农田 5 亩以上的;(2) 非法转让、倒卖基本农田以外的耕地 10 亩以上的;(3) 非法转让、倒卖其他土地 20 亩以上的;(4) 非法获利 50 万元以上的;(5) 非法转让、倒卖土地接近上述数量标准并具有其他恶劣情节的,如曾因非法转让、倒卖土地使用权受过行政处罚或者造成严重后果等。第 2 条规定:实施第 1 条规定的行为,具有下列情形之一的,属于非法转让、倒卖土地使用权"情节特别严重":(1) 非法转让、倒卖基本农田 10 亩以上的;(2) 非法转让、倒卖基本农田以外的耕地 20 亩以上的;(3) 非法转让、倒卖其他土地 40 亩以上的;(4) 非法获利一百万元以上的;(5) 非法转让、倒卖土地接近上述数量标准并具有其他恶劣情节,如造成严重后果等。

4. 侵犯的客体是国家的土地管理秩序和土地使用权。国家依法实行国有土地有偿、有限期使用制度。国家作为土地的所有者,将土地的使用权转移给土地使用者,土地使用者取得一定期限的土地使用权,但必须支付给土地所有者一定的费用。土地有偿、有期限使用制度可以采取不同形式。目前我国主要实行出让和转让两种形式,它们是土地有偿、有限期使用制度最基本、最重要的形式。其目的就在于保持社会主义土地公有制的前提下,使土地使用权进入市场,并通过法律、法规的形式严格规范房地产交易行为,以维护市场秩序。非法转让、倒卖土地使用权,情节严重的,应依法追究其刑事责任。

（二）非法转让、倒卖土地使用权罪的认定

1. 本罪罪与非罪的界限。主要应当从三个方面考查：一是看行为人在主观上是否具有牟利的目的；二是看是否违反了法律和行政法规的规定，实施了非法转让、倒卖土地使用权的行为；三是看情节是否严重。根据《追诉标准（二）》第八十条的规定，以牟利为目的，违反土地管理法规，非法转让、倒卖土地使用权，涉嫌下列情形之一的，应予立案：（1）非法倒卖、转让基本农田 5 亩以上的；（2）非法转让、倒卖基本农田以外的耕地 10 亩以上的；（3）非法转让、倒卖其他土地 20 亩以上的；（4）违法所得数额在 50 万元以上的；（5）虽未达到上述数额，但因非法转让、倒卖土地使用权受过行政处罚，有非法转让、倒卖土地的；（6）其他情节严重的情形。

2. 本罪罪数的认定。本罪属于选择性罪名，只实施非法转让行为的，定非法转让土地使用权罪；只实施非法倒卖行为的，定非法倒卖土地使用权罪；既实施非法转让土地使用权的行为，又实施非法倒卖土地使用权的，定非法转让、倒卖土地使用权罪，不实行数罪并罚。

3. 本罪与非法占用农耕地罪的界限。本罪与非法占用农耕地罪有很多相似之处，两者均违反土地管理法规，又都是关于土地资源方面的犯罪。两者的主要区别在于：第一，侵犯的客体不同。本罪的客体是国家的土地管理制度；而后者的客体是国家对农用地的管理制度。第二，客观方面表现不同。本罪的客观方面表现为违反土地管理法规，非法转让、倒卖土地使用权，情节严重的行为；而后者则表现为违反土地管理法规，非法占用耕地、森林等农用地，数量较大，造成农用地大量毁损的行为。第三，主观方面不同。本罪以牟利为目的；而后者则不以牟利为目的。

（三）非法转让、倒卖土地使用权罪的刑事责任

根据《刑法》第 228 条、第 231 条的规定，犯本罪的，处 3 年以下有期徒刑或者拘役，并处或者单处非法转让、倒卖土地使用权价额 5% 以上 20% 以下罚金；情节特别严重的，处 3 年以上 7 年以下有期徒刑，并处非法转让、倒卖土地使用权价额 5% 以上 20% 以下罚金。单位犯本罪的，对单位判处罚金，并对直接负责的主管人员和其他直接责任人员，依照上述规定处罚。

十一、提供虚假证明文件罪

（一）提供虚假证明文件罪的概念和特征

提供虚假证明文件罪，是指承担资产评估、验资、验证、会计、审计、法律服务等职责的中介组织及其工作人员，故意提供虚假证明文件，情节严重的行为。本罪的主要构成特征是：

1. 本罪的主体是特殊主体，即承担资产评估、验证、会计、审计法律服务等职责中介机构及其工作人员。在我国，承担这些职责的机构包括：持有国务院或省、自治区、直辖市人民政府国有资产管理部门颁发的资产评估资格证书的资产评估公司、会计师事务所、审计事务所；经国务院或者省、自治区、直辖市人民政府国有资产管理行政主管部门认可的临时评估机构及其组成人员；会计师事务所及其注册会计师；审计师事务所及其审计师；律师事务所；法律服务中心等。

2. 本罪的主观方面由故意构成，即明知自己提供的是虚假的证明文件，并且这些证明文件提供后会发生扰乱正常经济秩序的危害后果，而仍然提供虚假证明文件的。如果是出

于过失,即由于工作失误等,则不构成犯罪。

3. 本罪的客观方面表现为提供虚假的资产证明、验资证明、验证证明、会计证明、审计证明或法律建议书等证明文件,情节严重的行为。行为方式表现为在资产评估、资证检验、财务审查过程中,弄虚作假,隐瞒真实情况,出具与现实不相符合的证明文件。本罪的犯罪对象为资产评估报告、验资、验证、会计、审计、法律服务的证明文件。所谓资产评估,是指法定资产评估机构中的会计师等承担资产评估职责的人员,依照公司法、会计法、注册会计师法等有关法律规定,在国有企业改建为公司时,或者在有限责任公司和股份有限责任公司的成立、解散或者其他必要的情况下,对其机器、厂房等固定资产、知识产权和债权债务以及流动资金等进行的折抵作价,以核实和确定财产总额。所谓验资,是指法定的验资机构中的注册会计师等承担验资职责的人员,依照公司法、会计法、注册会计师法等有关法律规定,在有限责任公司和股份有限公司成立时,对股东是否出资、是否按规定数额出资以及出资是否及时到位所作的验证并出具相应的证明。所谓验证,是指依照公司法的规定,法定的验资机构对公司财务报告的真实性、准确性和可信性作出的审查。所谓审计,是指国家审计机关依照法律规定的职权和程序,对国务院各部门和地方各级人民政府及其各部门的财政收支、国有的金融机构和企事业组织的财务收支,以及其他依《审计法》规定应当接受审计的财政收支、财务收支的真实、合法效益,依法进行审计监督。所谓法律服务,是指由律师事务所等提供法律服务的机构的人员依照法律的规定,在对公司进行审查后作出关于公司各项情况是否均已符合法律规定的证明文件的活动。根据 2009 年 1 月 7 日最高人民检察院《关于公证员出具公证书有重大失实行为如何适用法律问题的批复》,《中华人民共和国公证法》实施以后,公证员在履行公证职责过程中,严重不负责任,出具的工公证书有重大失实,造成严重后果的,以出具证明文件重大失实罪追究刑事责任。

另外构成本罪,还必须达到情节严重的标准。所谓情节严重,是行为本身的性质或行为的后果、影响等较为严重,并不包括本条规定的人员索取他人财物或者非法收受他人财物的行为,因为这一行为已被定为处以更重刑罚的情节。

4. 本罪侵犯的客体是国家对中介机构及其工作人员的管理制度。

(二) 提供虚假证明文件罪的认定

1. 本罪罪与非罪的界限

本罪是情节犯,行为人提供虚假证明文件,必须达到情节严重的程度,才能构成犯罪。根据《追诉标准(二)》第八十一条规定,承担资产评估、验资、验证、会计、审计、法律服务等职责的中介组织的人员故意提供虚假证明文件,涉嫌下列情形之一的,应予立案追诉:(1) 给国家、公众或者其他投资者造成直接经济损失数额在五十万元以上的;(2) 违法所得数额在十万元以上的;(3) 虚假证明文件虚构数额在一百万元且占实际数额百分之三十以上的;(4) 虽未达到上述数额标准,但具有下列情形之一的:① 在提供虚假证明文件过程中索取或者非法接受他人财物的;② 两年内因提供虚假证明文件,受过行政处罚二次以上,又提供虚假证明文件的;(5) 其他情节严重的情形。

2. 本罪与违规披露、不披露重要信息罪的界限

两者在提供虚假报告方面具有相似之处,但在侵犯的客体、犯罪主体等方面不同。后者的主体,是对股东和社会公众负有提供其真实的财务会计报告义务的公司,其侵犯的客体是

国家对公司的管理秩序。此外，在行为动机上有所不同。前者多是出于为他人牟利的动机而达到自己获利的目的；后者则是基于欺骗他人的动机实现自己非法获益的目的。

3. 本罪与伪证罪的界限

二者的区别主要表现在：(1) 犯罪主体不同。伪证罪的犯罪主体是刑事诉讼参与人，包括证人、鉴定人、记录人及翻译人员；而本罪的犯罪主体是主持评估、验资或验证的评估师、注册会计师、审计师等。(2) 侵犯的客体不同。伪证罪侵犯的客体是公民的人身权利和司法机关的正常活动；而本罪侵犯的客体是国家对工商企业的管理活动。(3) 行为的表现方式不同。伪证罪的行为人行为方式表现在刑事案件的侦查、审判过程中，故意出具虚假的证言、鉴定结论以及翻译文件等；本罪行为人的行为是在公司申请登记或对公司经营进行验资、验证的过程中，所出具的虚假证明文件也都是有关公司成立、经营内容的。

（三）提供虚假证明文件罪的刑事责任

根据《刑法》第 229 条、第 231 条的规定，犯本罪，处 5 年以下有期徒刑或者拘役，并处罚金。犯本罪，同时索取他人财物或非法收受他人财物的，处 5 年以上 10 年以下有期徒刑，并处罚金。单位犯本罪，对单位处罚金，对直接负责的主管人员和其他直接责任人员，按照自然人犯本罪的规定处罚。

十二、出具证明文件重大失实罪

（一）出具证明文件重大失实罪的概念和特征

出具证明文件重大失实罪，是指承担资产评估、验资、验证、会计、审计、法律服务等职责的中介组织人员，严重不负责任，出具的证明文件严重失实，造成严重后果的行为。本罪的主要构成特征是：

1. 本罪的主体是特殊主体，即只能由承担资产评估、验资、验证、会计、审计或法律服务等的中介机构及其工作人员构成。

2. 本罪的主观方面表现为过失，即由于疏忽大意而出具了有重大失实的虚假的证明文件。如果是出于故意，则构成提供虚假证明文件罪，而不能构成本罪。

3. 本罪的客观方面表现为行为人违反法定职责，严重不负责任，出具重大失实的证明文件，造成严重后果的行为。所谓造成严重后果，是指由于出具的有重大失实的证明文件，使国家、集体、个人利益遭受重大损失，导致有关的公司、企业遭受重大经济损失、或者导致公司、企业停产、停业或者倒闭等后果。

4. 本罪侵犯的客体是国家关于经济主体的管理秩序。

（二）出具证明文件重大失实罪的认定

1. 罪与非罪的界限。司法实践中，认定本罪的罪与非罪，应当首先注意行为人所出具的证明文件是否重大失实，一般个别的内容失实不构成本罪。其次，应当注意造成的后果是否严重，如果提供严重失实的证明文件没有造成严重后果，则不构成本罪。根据《追诉标准（二）》第八十二条规定，承担资产评估、验资、验证、会计、审计、法律服务等职责的中介组织的人员严重不负责任，出具的证明文件有重大失实，涉嫌下列情形之一的，应予立案追诉：(1) 给国家、公众或者其他投资者造成直接经济损失数额在一百万元以上的；(2) 其他造成严重后果的情形。

2. 本罪与提供虚假证明文件罪的界限。二者的主要区别在于：(1) 客观方面不同。本罪是由于行为人严重不负责，而出具有重大失实的重大文件的行为；而提供虚假证明文件罪是实施了提供虚假中介证明文件的行为。虚假，既包括这些证明的全部内容都是凭空捏造的，也包括对其部分主要内容作虚假的陈述。(2) 主观方面不同。前者在主观上出于过失；而提供虚假证明文件罪的行为人在主观上是出于故意，即明知自己所提供的证明文件与实际情况不符而故意提供的。

(三) 出具证明文件重大失实罪的刑事责任

根据《刑法》第229条、第231条规定，犯本罪，处3年以下有期徒刑或者拘役，并处或单处罚金。单位犯本罪，对单位处罚金，对直接负责的主管人员和其他直接责任人员，按照自然人犯本罪的规定处罚。

十三、逃避商检罪

(一) 逃避商检罪的概念和特征

逃避商检罪，是指违反进出口商品检验法的规定，逃避商品检验，将必须经过商检机构检验的进口商品未报检验而擅自使用、销售，或者将必须经过商检机构检验的出口商品未报经检验合格而擅自出口，情节严重的行为。本罪的主要构成特征是：

1. 本罪的主体为一般主体，自然人和单位均可成为本罪的主体。主要是指应当向商检机构报检的进出口商品的发货人和收货人。

2. 本罪的主观方面表现为故意，即行为人明知其进出口商品须经检验而逃避检验。过失不构成本罪。

3. 本罪的客观方面表现为逃避商品检验，将必须经商检机构检验的进口商品未报经检验而擅自销售、使用、或者将必须经商检机构检验的出口商品本报经检验合格而擅自出口，情节严重的行为。所谓必须经商检机构检验的进出口商品，是指商检机构和国家商检局、商检机构指定的检验机构对进出口商品实施法定检验的商品，其范围包括：一是对列入《商检机构实施检验的进出口商品种类表》的进出口商品的检验；二是对出口食品的卫生检验；三是对出口危险货物包装容器的性能鉴定和使用鉴定；四是对装运出口易腐败变质食品、冷冻品的船舱、集装箱等运载工具的检验；五是对有关国际条约规定必须经商检机构检验的进出口商品的检验；六是对其他法律、行政法规规定必须经商检机构检验的出口商品的检验。

构成本罪，还必须具备情节严重的情形。所谓情节严重，是指由于行为人违反有关进出口商品法定检验的规定，将法定检验的进出口商品未经检验即进出口，由于商品的品质、数量、重量、包装、安全卫生等情况不符合要求而造成重大损失，或者使用的手段、方法恶劣，造成影响极坏等情形。

4. 本罪侵犯的客体是国家对进出口商品的检验制度。进出口商品检验制度是对外贸易管理制度的一部分，也是市场经济法制的重要组成部分。因此，违反进出口商品检验法律、法规的规定，逃避商品检验，非法进出口必须经法定检验的商品，情节严重的，应依法追究其刑事责任。

（二）逃避商检罪的认定

1. 本罪罪与非罪的界限

本罪的构成以"情节严重"为要件。根据《追诉标准（二）》第八十三条规定，违反进出口商品检验法的规定，逃避商品检验，将必须经商检机构检验的进口商品未报经检验而擅自销售、使用，或者将必须经商检机构检验的出口商品未报经检验合格而擅自出口，涉嫌下列情形之一的，应予立案追诉：(1) 给国家、单位或者个人造成直接经济损失数额在五十万元以上的；(2) 逃避商检的进出口货物货值金额在三百万元以上的；(3) 导致病疫流行、灾害事故的；(4) 多次逃避商检的；(5) 引起国际经济贸易纠纷，严重影响国家对外贸易关系，或者严重损害国家声誉的；(6) 其他情节严重的情形。

2. 本罪与走私废物罪的界限

根据《刑法》第 155 条的规定，逃避海关监管将境外废物运输入境的，以走私罪论处，依照走私罪的有关规定处罚。如果行为人将非法进口的废物用作原料的，同时触犯了逃避商检罪的罪名，这种情况属于想象竞合犯，从一重罪而处断。如果行为人经国务院有关主管部门许可进口固体废物用作原料，虽未逃避海关监管，但却逃避商品检验，擅自将进口固体废物用作原料，情节严重的，则构成逃避商检罪。

3. 本罪与逃避动植物检疫罪的界限

本罪与逃避动植物检疫罪的主要区别在于：第一，依据法规不同。本罪的客观方面表现为违反进出口商品检验法的规定；而后者表现为违反动植物检疫法的规定。第二，犯罪对象不同。本罪的犯罪对象是指列入"必须实施检验的进出口商品目录"的进出口商品和其他法律、法规规定的必须由商检机构检验的进出口商品；而后者的犯罪对象则是进出境的动植物、动植物产品和其他检疫物、装载上述物品的容器、包装物以及来自动植物疫区的运输工具。第三，犯罪客体不同。本罪的客体是国家对进出口商品检验的管理制度；而后者的客体是国家对动植物的检疫制度。

（三）逃避商检罪的刑事责任

根据《刑法》第 230 条、第 231 条的规定，犯本罪，处 3 年以下有期徒刑或者拘役，并处或单处罚金。单位犯本罪，对单位处罚金，对直接负责的主管人员和其他直接责任人员，按自然人犯本罪的法定刑处罚。

图书在版编目(CIP)数据

经济刑法:原理与实训 / 杨辉忠编著.—南京:
南京大学出版社,2014.10
(法学实践教学系列丛书/吴英姿主编)
ISBN 978 - 7 - 305 - 14019 - 8

Ⅰ.①经… Ⅱ.①杨… Ⅲ.①经济—刑事犯罪—刑法
—中国—教材 Ⅳ.①D924.33

中国版本图书馆 CIP 数据核字(2014)第 227712 号

出版发行 南京大学出版社
社　　址 南京市汉口路 22 号　　　　邮　编 210093
出版人　金鑫荣

丛 书 名 法学实践教学系列丛书
丛书主编 吴英姿
书　　名 经济刑法:原理与实训
编　　著 杨辉忠
责任编辑 李　想　潘琳宁　　　　　编辑热线　025 - 83592146

照　　排 南京紫藤制版印务中心
印　　刷 常州市武进第三印刷有限公司
开　　本 787×1092　1/16　印张 23.25　字数 580 千
版　　次 2014 年 10 月第 1 版　2014 年 10 月第 1 次印刷
ISBN 978 - 7 - 305 - 14019 - 8
定　　价 45.00 元

网址:http://www.njupco.com
官方微博:http://weibo.com/njupco
官方微信号:njupress
销售咨询热线:(025)83594756